⊙国家社会科学基金重大招标课题《山西契约文书的搜集整理与研究》（课题批准号：14ZDB036）资助出版

⊙教育部省属高校人文社科重点研究基地河北大学宋史研究中心基地建设经费、河北省人文社科重点研究基地建设经费、河北大学历史学强势特色学科建设经费、河北大学中国史学科"双一流"建设经费资助出版

刘秋根 著

中国传统金融借贷研究

A STUDY OF TRADITIONAL FINANCIAL LENDING IN CHINA

河北大学宋史研究中心博导丛书

中国社会科学出版社

图书在版编目（CIP）数据

中国传统金融借贷研究 / 刘秋根著 . —北京：中国社会科学出版社，2017.11

ISBN 978 - 7 - 5203 - 0127 - 5

Ⅰ.①中… Ⅱ.①刘… Ⅲ.①民间借贷—研究—中国 Ⅳ.①F832.479

中国版本图书馆 CIP 数据核字（2017）第 074450 号

出 版 人	赵剑英
责任编辑	宋燕鹏
责任校对	周 昊
责任印制	李寡寡

出　　版	中国社会科学出版社
社　　址	北京鼓楼西大街甲 158 号
邮　　编	100720
网　　址	http://www.csspw.cn
发 行 部	010 - 84083685
门 市 部	010 - 84029450
经　　销	新华书店及其他书店

印　　刷	北京明恒达印务有限公司
装　　订	廊坊市广阳区广增装订厂
版　　次	2017 年 11 月第 1 版
印　　次	2017 年 11 月第 1 次印刷

开　　本	710×1000　1/16
印　　张	32
插　　页	2
字　　数	492 千字
定　　价	128.00 元

凡购买中国社会科学出版社图书，如有质量问题请与本社营销中心联系调换
电话：010 - 84083683
版权所有　侵权必究

前　言

这是本人第一部论文集，就本书的内容看，其实就是我从 20 世纪 80 年代便开始探讨的专题——中国古代高利贷资本发展史相关成果的一个总集，虽然还不是全面的。记得硕士研究生期间便在先师漆侠先生的指导下选定宋代高利贷资本作为学位论文题目，毕业以后，欲将它的范围扩大到整个古代，至少从战国秦汉写到清代前期，现在看来似乎有点自不量力，但没有想到，漆先生却欣然同意，鼓励我做这种长时段的专题史，这无疑给了我极大的鼓舞。我就从唐代、元代等相近的朝代慢慢向魏晋南北朝、秦汉及明清时代延伸开去，甚至为了理解清代，还一度想将这一研究扩展至近代，即 1840 年以后。于是有了这一系列论文的撰写及《中国典当制度史》《明清高利贷资本》《中国古代合伙制初探》三部专著的出版。后来又转向明清时代钱铺、银号、钱庄问题的研究，一度还曾研究江西商人，自 2011 年又将主要精力转向晋商契约文书的整理及相关问题的研究。虽然有这些转变，但自觉个人学术研究的重心还是高利贷资本，后来的转变也有为了从不同的侧面加深对高利贷资本认识的想法。之所以不用"中国古代高利贷资本论集"而选定"中国传统金融借贷研究"为书名，主要考虑是后者"传统金融借贷"[①] 可以包括"高利贷资本"，而且通过对明中叶尤其是清代中期以来金融借贷的全面考察，我感觉前近代以前的中国金融借贷还有"高利贷资本"不能涵盖的

[①] 《中国经济通史·清代经济卷》第二卷写作时，我受方行先生、经君健先生之命写其关于高利贷资本章节，经先生曾建议我改成"清代借贷"，当时研究还很不够，脑子里全然没有"高利贷资本"以外的内容，故而也未改动，现在看来，经先生的意见也是很有道理的。甚至可以因此加深我对清代金融借贷的认识。希望今后的研究，在这方面有所弥补。

内容，这或许是我至今尚未找到答案的所谓高利贷资本"转化"的问题。从我目前对晋商货币金融暨明清商业金融的粗浅摸索来看，我似乎找到了一些线索，我还会做进一步的研究。也希望在我的第二部文集中有所体现。

本文集大致分为三个部分，一是所谓断代研究，即按中国古代各代按照朝代研究的传统做法，依据研究高利贷资本运行的框架，分别对各代高利贷资本的形式、利率及其对当时经济的影响等做了探讨。二是所谓跨代研究，有"唐宋""明清"甚至"中国古代"的分类，对一些问题作了较长时段的探讨。三是将中国典当史的研究单独列在一起。因材料所限，主要是对宋以后至明清时代的质库、典当业的相关问题作了一些考察。

就材料来看，应可明显看到，宋元时代高利贷资本、质库相关问题虽有黑水城文书，主要是据传世文献写成，而前后战国秦汉、隋唐及明清两代乃至民国大量运用了民间契约文书、账册等类材料，就明清而言，徽州文书、晋商文书、福建包括台湾文书等均有运用。这一方面是因为封建士大夫对于与金融借贷相关的经济史资料的有意遮蔽及忽视，传世文献中相关记载十分匮乏，一方面自20世纪末以后，随着中国工业化进程的完成，民间契约文书及其他文献海量面世，为经济史暨传统金融借贷研究提供了丰富的资料。本集中的一些论文对此作了些相关侧面的解读及探讨。

本集中有些文章是与我指导的研究生合作撰写的，如关于宋代抵当所、抵当库的文章是与王文书同学合作写的，关于清代民国私人借贷账本的研究之文是与王丽颜同学合作撰写的，关于清代晋商典商诉讼呈文的研究之文是与彭志才同学合作撰写的，等等，这些文章撰写过程中，我与他们讨论过一些问题，为他们提供过一些研究角度或某些观点，主要工作是他们做的，这是必须说明的。他（她）们有的毕业后走上了教学科研之路，有些则因种种原因未能走上这条路，但显露出了不错的学术才华，虽然成才之路有许多，但我作为导师有些为之惋惜。

文章收集过程中，只核对了材料，改正了明显的错字、不妥当的标点等，观点、文字一律未改，主要是有点存留历史的味道。几篇写自年轻时候的论文免不了有初生牛犊不怕虎的冲动与尖锐，也有初窥学术之门的欣然，实际上也暴露了知识面不够厚、不够深的问题。现在不加改动，原样呈现出来，也有提请学界师友们批评指正之意。而且按最近的网上定义，20世纪60年代出生的一代人，现在还是"青年时代"，或者不同意此说，但至少还能说，此代人的学术之路还很长，还有进一步学习、改正、提升的机会，我希望以此集勉励自己，鼓足干劲，再向上攀登一把。

自20世纪80年代后期发表关于宋代高利贷资本的几篇论文之后，未再有关于宋史研究的专门论文，虽然在《辽宋夏金代通史》编写时自己也曾写过一些章节。我也不知道这是不是符合先师漆侠先生之意，因为在我进入高利贷资本的长时段研究以后，他曾有让我在写完中国古代高利贷资本便回到宋代研究的意思。但进入清代高利贷资本研究，尤其是接触相关民间材料之后，便拔不出腿来了，结果一路被问题、材料带到了现在这个样子，对宋代研究的回归，越发地渐行渐远了。现在唯一有点安慰自己的是，漆先生写完《宋代经济史》[①]之后，确曾想写一部中等篇幅的中国古代经济史，这是明确跟大家说过的，也曾想让他的几个早期学生往这方面做些专题研究，我的所有研究应该符合他这方面的意思，先生逝矣，不知他对我的这些研究还认可否？

本集出版得到河北省强势特色学科经费、河北大学中国史学科双一流建设经费等的资助，中国社会科学出版社宋燕鹏同志认真审校了本书，订正了不少错误。我的学生王新磊、赵公智、吴一凡、石兴荣、杨伟东等曾为此集校对过资料、改过规范。还有为本集做校对工作的同志工作也很仔细，校出不少作者本人都未能发现的错误。在此一并表示衷心感谢！

刘秋根

2017年5月12日于保定市迎宾宅

[①] 此书是国家重大社科规划课题——中国古代经济史断代研究的宋代部分，初由上海人民出版社出版了前两种，后来改归经济日报出版社以《中国经济通史》的名称出版，漆先生将此书改名为《中国经济通史·宋代经济卷》。

目 录

卷一 高利贷资本发展史断代研究

关于汉代高利贷的几个问题
　　——与秦晖同志商榷 ………………………………………（3）
两宋私营高利贷资本初探 ……………………………………（19）
试论两宋高利贷资本利息问题 ………………………………（29）
试论宋代官营高利贷资本 ……………………………………（39）
元代官营高利贷资本述论 ……………………………………（49）
论元代私营高利贷资本 ………………………………………（59）
明代高利贷资本活动形式 ……………………………………（75）
明代农村高利贷资本 …………………………………………（83）
明代工商业运行与高利贷资本 ………………………………（92）
明代城市高利贷资本 …………………………………………（112）
明代高利贷者的社会构成 ……………………………………（134）
关于明代高利贷资本利率的几个问题 ………………………（144）
论清代前期高利贷资本的活动形式 …………………………（154）
清代城市高利贷资本 …………………………………………（175）
民国时期华北农村银钱借贷分析
　　——基于五本借贷账本的分析之上 ……………………（196）

卷二　高利贷资本发展史跨代研究

古代高利贷资本研究的回顾 …………………………………………（217）
试论中国古代高利贷的起源和发展 …………………………………（225）
关于中国古代高利贷资本的历史作用
　　——读《资本论》第三卷第五编 ………………………………（235）
中国封建社会的利率管制政策
　　——封建国家对资金市场的调控和干预 ………………………（246）
中国封建社会资金市场分析
　　——以高利贷资本为中心 ………………………………………（264）
唐宋常平仓的经营与青苗法的推行 …………………………………（279）
中国古代高利贷资本社会价值初探
　　——以宋代为例 …………………………………………………（288）
唐宋高利贷资本的发展 ………………………………………………（302）
宋代以后工商业中的生产性、资本性和经营性借贷 ………………（317）
明清"京债"经营者的社会构成
　　——兼论账局及放账铺 …………………………………………（332）
论明清京债 ……………………………………………………………（347）

卷三　中国典当业史研究

中国典当史研究的回顾与展望 ………………………………………（373）
关于中国典当史的几个问题
　　——兼评《中国典当手册》及其他三种 ………………………（380）
宋代的抵当所、抵当库 ………………………………………………（400）

试论宋元寺院金融事业

——以长生库资本为中心 ………………………………（418）

明清民国时期典当业的资金来源及资本构成分析

——以负债经营问题为中心 ……………………………（432）

清代典当业的法律调整 ……………………………………（442）

清代山西典商的经营及与地方社会的互动

——以乾嘉两份典商诉状为中心 ………………………（469）

晚清典当业的几个问题 ……………………………………（491）

卷 一

高利贷资本发展史断代研究

关于汉代高利贷的几个问题

——与秦晖同志商榷

  近代大史家陈寅恪先生在为《王国维遗书》所作的序言中说，中国现代文史学术的发展途径不外乎三："一曰取地下实物与纸上之遗文互相释证"；"二曰取异族之故书与吾国之旧籍互相补证"；"三曰取外来之观念与固有之材料互相参证"[①]。20世纪初以来的中国文史学术大体未脱出这三条途径。近年来中国古代高利贷史的研究，便是得力于地下及民间珍藏实物的发掘、利用才得到长足发展的，如秦汉木竹简，敦煌、吐鲁番文书，明清民间契约及故宫档案等。《中国经济史研究》1990年第3期刊载秦晖同志《汉代的古典借贷关系》一文，就是在对汉简所载债务文书进行分析的基础上，通过与希腊、罗马借贷关系的比较来探讨汉代借贷关系的。笔者读后很受教益，尤其在借贷史的研究方法方面，如中外比较、不同朝代的比较等。遗憾的是，该文作者在对汉代借贷关系本身的认识方面存在不少理论、史料方面的混乱和错误，因而磨灭了该文在方法论方面的光辉，谨就其中几个主要的问题商榷如下。

一 古典、封建：汉代高利贷的时代本质

  秦文开篇即明确指出："在汉代发达的古典商品经济土壤上形成的借

 [①] 见《王国维遗书》第1册，上海古籍出版社1983年。

贷关系是与封建高利贷异质的。"① 将汉代借贷关系看成古典借贷关系，表明了作者对汉代借贷关系时代本质的认识。

笔者以为，汉代借贷关系不是所谓的古典借贷关系，而是封建高利贷关系。这首先是汉代占统治地位的生产方式及由此决定的汉代的整体时代特点所决定的。

这种生产方式与此前的奴隶制生产方式及后来的资本主义雇佣劳动生产方式的区别，最关键的除了地主占了大部分土地及其他生产资料剥削小农之外，还有一点就是：直接生产者——小农、小工手中直接占有全部或部分劳动条件如小块土地、工具、牲畜等，生产规模狭小，分工不发达，生产力水平低下。为了生活和再生产，如赋税支付、婚葬嫁娶、饥荒穷乏、购买种子农具等，必然需要经常借贷。在商品货币经济逐步发展的前提下，这些偶然发生的借贷又逐步资本化，从而形成了古代生息资本——高利贷资本。汉代高利贷正是在商鞅变法之后，一方面地主所有制发展，另一方面在独立小农、佃农经济及依附农经济发展的背景下得到大发展，并且随着秦汉以来工商业、货币经济的繁荣走向资本化的。汉代大量"子钱家"的存在，就是这种资本化的典型。

汉代以后诸代直至近代，农村仍是地主占有大部分土地，以租佃、雇工形式剥削小农；直接生产者——小农仍占有部分劳动的客观条件进行生产。在这种生产方式下的农村高利贷封建性质依然如故，虽然它们在利率、运营形式，及在社会金融中的地位已发生了不少变化。据1934年前后国民党政府实业部中央农业实验所对22省部分地区农村借贷的调查，当时半数以上的农家都负有债务，借现金的农家占农家总数的56%。借粮食的农家占农家总数的48%。他们主要向谁去借呢？在银行、信用合作社等近代金融机构还很不发达的情况下，农民主要是向私人（包括地主、富农、商人）以及典当、钱庄、商铺借贷。其中银行只占总数的2.4%，合作社不到3%；钱庄、典当、商铺分别占5.5%、8.8%、13.13%，加起来为27.43%；地主、富农、商人却分别占24.2%、18.4%、25%，共计67.6%。可见，即使将古已存在的高利贷项目如

---

① 秦晖：《汉代的古典借贷关系》，《中国经济史研究》1990年第3期。

典当、商铺放贷及合会等都去而不论，私人高利贷也占据了农村借贷市场的70%弱。① 这和汉代高利贷是一脉相承的。

否认汉代高利贷的封建本质，而称之为古典借贷关系，既不能反映其真正的时代本质，还不免有将丰富的中国历史实际纳入希腊、罗马历史发展模式的嫌疑。

二 抵押、信用：汉代高利贷的运营形式

关于汉代高利贷的运营形式，秦文以为"汉代民间借贷的一个特点是无抵押的信用借贷成为普遍形式……这种体现对平民的人身奴役的抵押制之被消灭，恰恰是古典商品经济的发展带来的进步之一"（第133页）。汉代信用借贷比较盛行是没有问题的，但秦文对汉代抵押借贷的估计却值得商榷。

抵押借贷和典质业是既有联系又有区别的两个概念，前者泛指以物品为抵押的一切借贷行为；后者则是指由专门的机构（被称为质库、解典库、质铺、典库、长生库、当铺等）来经营动产抵押借贷。前者包含后者。

汉代高利贷与其后各代高利贷一样，其运营形式包括信用借贷和抵押借贷，而抵押借贷又依抵押品的不同可分为三种：动产抵押、不动产抵押、人身抵押。我们不敢说，汉代抵押借贷比信用借贷更盛行，但至少可以说，二者在人们经济生活中是同样普遍和常见的。

先看动产抵押借贷。东汉时期的《说文解字》解释"质"是"以物相赘，从贝从所阙"；而释"赘"则是"以物质钱，从敖贝，敖者犹放，贝当复取之也"。"以物质钱"正是对这种抵押借贷的高度概括，说明了这种行为在当时的普遍和常见。② 以至于贪财残暴的东汉大外戚梁冀，在

---

① 吴承禧：《中国各地的农民借贷》，载千家驹编《中国农村经济论文集》，中华书局1926年版，第163页。
② "物"：一般指人之外的各种物品；但在汉代还有另一种含义则是指饮食以外的日常用品。《汉书·景帝纪》载："它物，若买故贱，卖故贵……"；师古注："它物，谓非饮食者。"此与"动产"概念基本相符。

抢掠别人钱物时，在形式上还是采取抵押借贷手段。他见扶风人孙奋家富，于是送给孙奋一匹马为抵，"从贷钱五千万，奋以三千万与之"，冀大怒，将奋兄弟诬陷死于郡县狱中，"悉没赀财亿七千余万"①。

再看不动产抵押。秦汉时期，土地的买卖、租佃、转让得到进一步的发展，以土地等不动产为抵押借贷钱物的行为也经常发生，四川郫县出土的东汉残碑载：

1. 田八亩，质四千，上君进，王岑鞠田……
2. 舍六区，直卡丗四万三千，属叔文……
3. 田丗亩，质六万。下君逻故……
4. 五人直廿万：牛一头，直万五千；田□顷……
5. 五亩，买□十五万；康眇楼舍、质五千。王奉坚楼舍……
6. 王岑田□□，直□□万五千；奴田、婢□、奴白、奴鼠、并五人……
7. 田顷五十亩，直丗万，何广周田八十亩，质……
8. 五千；奴□、□□、□生、婢小、奴生，并五人，直廿万，牛一头，万五千……
9. 元始田六□□，质八千。故王汶田，顷九十亩，贾丗一万，故杨汉……
10. 奴立、奴□、□鼠、并五人，直廿万；牛一头，万五千；田二顷六十……
11. 田顷丗亩，□□□万；中亭后楼，贾四万。苏伯翔谒舍，贾十七万
12. 张王田丗□亩，质三万；奴俾、婢意、婢最、奴宜、婢宜、婢营、奴调、奴利、并……②

---

① 《后汉书》卷三四《梁统列传》附《梁冀传》。
② 不过每一种财产只列出一项价钱，因而无法比较同一财产不同种的价钱的高低。是否在土地商品化发展的前提下，东汉土地所有权便有了层次分化，就像后世有了典价、卖价及田皮价、田骨价一样。这一点的确认还需要更多的史料发掘。见谢雁翔《四川郫县犀浦出土的东汉残碑》，《文物》1974 年第 4 期。

此碑所记财产价格大体属于东汉调查私人田产时的乡里簿书。从中可以看出：

第一，各种财产（奴婢、田宅、牛畜）价格种类共有质、直、贾、买四种。其中田土、宅舍有"质"价，说明以田、宅抵借贷钱物使用的普遍化。①

第二，与"直""贾""买"价相比，"质"的价钱最低。以上所引共有六笔田价可以推算出每亩价格，分别是：每亩质 500 文，质 200 文，买 30000 文，直 2000 文，贾 1578.9 文，质 1000 文。其原因大概是用于"质"的田地，在债务清偿之后即可赎回，因而价格较低吧！

最后看看人身抵押。自战国以来便很常见，秦律说："百姓有责（债），勿敢擅强质，擅强质及和受质者，皆赀二甲。"② 所说"责（债）"不一定都是高利贷，但高利贷当是其中一个重要的组成部分。可见以人为质（抵押）很常见，而且有"擅强质"③ 和"和受质"④ 两种类型。秦封建国家为打击奴隶主、保护小农，曾极力禁止这种抵押行为，实际上是禁而不止，因而在汉代它仍很常见，文献中最著名的例子就是"赘婿"，应劭解释"出赘"，是"出作赘婿也"。颜师古疏曰："赘，质也，家贫无有聘财，以身为质也。"⑤ 这与以身为质，借贷钱物的行为是异曲同工的。赘婿、赘子在秦汉社会地位很低，经常被征发与罪犯、商贾一起去服役、戍边。说明因债务抵押，债务人的人身自由受到了限制，社会地位也下降了。当然与因家贫而鬻妻卖子或自卖为奴的人相比，地位可能要高一点，因为他可以劳务抵偿债务，债务清偿之后便可获得人身

---

① 不过每一种财产只列出一项价钱，因而无法比较同一财产不同种价钱的高低。是否在土地商品化发展的前提喜下，东汉土地所有权便有了层次分化，就像后世有了典价、卖价及田皮价、田骨价一样。这一点的确认还需要更多的史料发掘。谢雁翔：《四川郫县犀浦出土的东汉残碑》，《文物》1974 年第 4 期。
② 《睡虎地秦墓竹简·法律答问》。
③ 即债权人一方强制债务人作抵。
④ 即在债权、债务人双方愿意的情况下以人身为抵押。
⑤ 《汉书》卷四八《贾谊传》。

自由。①

从法律意义上说，这种作为债务抵押的"质"与带有赎回条件的卖身是有区别的，但因二者经济作用是一样的，所以在汉代文献中二者并无明确区别。至魏晋南北朝以后，文献中的记载便分辨得比较清楚了。从而使我们更清楚地发现以人身为抵押借贷在古代的普遍性。

汉代奴隶制残余很严重。因负债沦为奴隶是其中最突出表现之一。王莽末年实行赊贷法，其目的之一是限制私人高利贷，以免小农因借贷而过多地沦为私家奴婢。

总之，汉代的抵押借贷是发达的，抵押制并没有被消灭。

另外，秦文将由抵押向信用借贷的转变视作汉代借贷关系的进步，也不无可商榷之处。第一，如上所述，汉代似乎并不存在抵押借贷向信用借贷转变的趋势；第二，从生息资本的发展历史来看，某一时期生息资本对前一时期的进步并不在于其抵押、信用的形式区别，而在于它所代表、反映的生产方式的变革。就像马克思在谈到现代生息资本与古代高利贷资本的区别时所说：它们的区别"决不在于这种资本本身的性质或特征，区别只是在于，这种资本执行职能的条件已经变化，从而和贷款人相对立的借款人的面貌已经完全改变"。相应的，汉代高利贷对于前此的原始高利贷的进步之处恰好在于它代表的封建生产方式相对于奴隶制生产方式的进步，借款人由封建社会的小农代替了原始农村公社制下的公社成员。而不在于高利贷本身的性质或特征。有意思的是，清末民初由外国传入中国的银行业与从古代留传下来的当铺、钱庄、票号等在借贷方面的区别恰好在于前者重抵押、重担保；而后者重信用、讲义气，如钱庄放款便是以信用放款为主。这也从另一个角度证明了某一时期生息资本的进步与否，不在于其性质或特征，而在于它所反映的生产方式。

---

① 《秦律·司空律》说："有罪以赀、赎有责（债）于公……其弗能入及赏（偿），以令日居之，日居八钱；公食者，日居六钱。"这就是说，有罪被罚赀、赎或有债于公，可以劳务抵偿，一日价钱八文；如果由官府供给饭食，则为六钱。《搜神记》载西汉孝子董永因父亲去世，无力安葬，乃以身为抵，借钱一万葬父，行丧三年后，自动来到主家服役；路遇仙女，助其还债，董永重获自由。这应是现实生活的一种反映。

三 货币、实物：汉代高利贷的物质形态

关于汉代借贷中的物质形态，秦文认为，货币借贷不但在居延地区"几乎是唯一的借贷形态"，而且在汉代的"借贷关系中占绝对优势"（第 128、129 页）。笔者认为，这一估计也是不甚准确的。

虽然无法否认货币借贷在汉代高利贷中比之后世占有更为重要地位，但是不论是在居延地区还是整个汉代统治区，都没有占有绝对优势；因为实物借贷也至少占有同样重要的地位。

笔者据《居延汉简释文合校》（以下简称《释文合校》）重新进行了统计，去除那些可明确判定为实物赀买的文书，而将那些最有可能反映了借贷关系的 35 件文书如表 1 所示：

表 1

编号	债权人	债务人	债务形态	债额	资料出处
1	？	鄣卒	糜子	1 斗	《释文合校》4.12
2	隧长	朱子文？	钱币	600 文	同上 6.17
3	？	隧长	钱币	780 文	同上 24.13
4	候长	骑士	马	一匹直 9500 文	同上 35.2
5	戍卒	隧长	皁练	一匹直 1200 文	同上 35.6
6	程卿？	细君	钱币	5000 文	同上 35.12 135.12
7	士吏猛	？	钱币	？	同上 56.2
8	候长	隧长	钱币	800 文	同上 58.11
9	官女子	隧？	？	？	同上 85.15A
10	？	？	钱币	560 文	同上 123.31
11	里民	隧长	钱币	1855 文	同上 132.56
12	？	？	"假谷"	"卅石少五石"[①]	同上 136.46
13	戍卒	孙游君	？	？	同上 143.8
14	？	？	"逋贷谷"	？	同上 145.8

[①] 由本简全文：似为借谷三年还差若干石不肯还之意。

续表

编号	债权人	债务人	债务形态	债额	资料出处
15	卒	弛刑①	钱币	500 文	同上 157.11
16	里民	候官尉史	?	?	同上 158.3
17	?	候长	钱币	300 文	同上 158.20，182.27A
18	候长	?	借粟还钱	150 文	同上 178.8
19	鄣卒	故尉	钱币？	400？	同上 190.13，190.14
20	?	?	钱偿债	3800 文	同上 209.2A
21	燧卒	燧长	钱币	?	同上 214.34
22	候长	燧长	钱币	"凡九口"	同上 214.60
23	燧长	卒	钱币	?	同上 231.28
24	?	候长	钱	?	同上 259.1
25	卒	里民	?	?	同上 261.42
26	官？	?	还钱②	?	同上 276.14
27	?	?	负钱币愿以帛偿	180	同上 279.16A
28	士吏	卒	以奉钱偿债③	?	同上 279.17
29	卒吏	"卿"？	钱币	1000 文	同上 282.4A，282.4B
30	乡男子莫	赵子回？	钱币	300 文	同上 282.9A
31	谢贤？	弘胜之？	钱币	3500 文	同上 31.12
32	燧长	燧长	?	?	同上 405.2
33	官府	候长	钱币	?	同上 455.14
34	李邑？	候长	钱币	?	同上 507.14
35	燧卒	燧长	官袍	一领直 1540 文	同上甲附 22

注：a. 本表所列，只限于最有可能是借贷关系的债务文书，但是，一则因为迄今为止还未见这类简文出现取息钱的记载，二则简文中习见的"责××钱若干"，其含义是多元的。因而即使本表所列也不能完全肯定它就是高利贷。b. 本表区别债权人、债务人身份的用意只是判明他们究竟是属于军队还是军队以外的系统。故表中凡能判明者均写明身份名称，凡无法判断者均用"?"。

---

① 作"弛刑"似更恰当。《居延汉简甲编》作"驰刑"。
② 此为诣官还债；"官"，是作为债主，还只是作为调节人，不明。
③ 官府以士吏平四月之奉代为偿还债务，可能是钱币。

分析表1可见：以居延为代表的边境地区货币借贷虽有一定的优势，但并不占有绝对优势。因为：

第一，上引35例中，19例是纯粹货币借贷，只占54%多一点；有3例是谷物借贷（4.12，145.8，136.46）；4例是责偿实物价钱（35.2，35.6，132.56，甲附22）；1例是借粟还钱（178.8）；1例为负钱愿以帛偿（279.16A）；其余7例不明。可见实物借贷仍占有一定的地位。

第二，很明显，这一地区借贷关系中的债权人、债务人大致分属于两个系统：一是军队系统：如表1中所指的戍卒、燧长、骑士等；二是官民系统：如里民、官府、士吏等。不用任何统计数字便可发现，不论是债权人还是债务人，前一系统都占有绝对优势。从而反映出了居延地区借贷关系的地区特殊性问题。

我们知道，汉政府为了维持西北边境的国防及军队，在那里投入了巨额的货币及物资，如东汉永初四年，庞参上书邓骘说：因羌寇入侵陇右，为了征战，"官负人责数十亿万，今复募发百姓，调取谷帛"①。桓帝时，段颎谈到此次战争时说：共花费240亿钱，费时14年。② 因此像居延这类地区的商品货币经济是在国防消费的强力刺激下发展起来的，它的"发达"本身既不能说明其他地区商品货币经济，也难以说明军队系统以外民间商品经济的情况。

因此，对于汉简所反映的居延地区借贷关系，我们必须进行具体分析，不能以偏概全。

从反映其他地区高利贷情况的史料看：和魏晋南北朝相比，货币借贷在汉代高利贷中虽然占有更为重要的地位，但并没有什么优势，因为实物借贷，尤其是谷物借贷与之同样重要，如王符说东汉的诸侯贵戚"一旦富贵，则背亲捐戚，丧其本心……宁见朽贯万千，而不忍贷人一钱；情知积粟满仓，而不忍贷人一斗"③。在他眼中这些富人贵戚的放贷是货币、谷物并重的。西汉陵乡侯刘沂因使人打伤家丞，而且"贷谷取

---

① 《后汉书》卷五一《庞参传》。
② 《后汉书》卷六五《段颎传》。
③ 《后汉书》卷四九《王符传》引《贵忠篇》（《潜夫论》中《贵忠篇》与之略有文字差异）。

息过律"而被免除诸侯爵位。① 这两处记载虽限诸侯贵戚，依情理论，地主、富商在有利可图时，贷谷取息是很自然的。

汉代，在发生饥荒时，或春荒时节，政府在救济及迁徙民户之外，最主要的措施便是劝谕豪强大户放贷。如汉武帝时"山东被水灾，民多饥乏，于是天子遣使者虚郡国仓廪以振贫，犹不足，又募豪富人相假贷，尚不能相救，乃徙贫民于关以西及充朔方以南新秦中"②。后来还因郡县水灾，令有关地区官吏"举吏民能假贷贫民者以名闻"③。这里，如果官府的借贷是无利借贷的话，那么，私人放贷则完全可能是高利贷了。所以晁错上书文帝时所说：小农因雨泽无时、急征暴敛，"有者半贾而卖，无者取倍称之息"④。这种倍称之息的高利放贷也应该是一种实物借贷，尤其是如上所述的谷物借贷。

四　利息、利润：汉代高利贷利息的决定

高利贷资本运营的关键当然是其利率高低，那么汉代高利贷利率究竟怎么样呢？首先根据笔者所见材料制表2。⑤

分析表2可见：汉代高利贷中各种高利率也很常见，但整体上说，汉代高利贷利率还是比较低的，从而在中国古代高利贷利率波动趋势中处于波谷状态。

那么，汉代高利贷利率这种状况究竟是由什么决定的呢？秦文以为，是因为汉代已经有了平均利润率，并成了利息率的天然界限。

笔者以为，这一观点是值得商榷的，因为汉代不具备形成平均利润率的历史条件；高利贷利率的这种状况是由与平均利润率无关的许多其他因素决定的。

---

① 《汉书》卷一五下《王子侯表》。
② 《汉书》卷二四《食货志》。
③ 《汉书》卷六《武帝纪》元狩三年。
④ 《汉书》卷二四《食货志》。
⑤ 西汉吴楚七国之乱时，长安各诸侯从军乏资，无盐氏向他们放贷，数月，其息什倍。属意外非常情况，故本表未列。

表 2

编号	时间	资料摘要	具体利率	资料出处
1	文帝时（前179—前157）	"亡者取倍称之息"	谷贷年利100%	《汉书》卷二四《食货志下》
2	汉武帝时（前140—前80）	"子贷金钱千贯……亦比千乘之家"	钱贷年利20%	《史记》卷一二九《货殖列传》
3	成哀之间（前32—公元2）	"赊贷郡国……期年所得必倍"	钱贷年利100%	《汉书·货殖列传》
4	新始建国二年（10）	官府"赊贷与民，收息百月三"	钱贷月利3%	《汉书》卷九九《王莽传》
5	同上	官府放贷"欲贷以治产业者……计所得受息毋过岁什一"	钱贷年利10%	《汉书》卷二四《食货志下》
6	西汉	"今有贷人千钱，月息三十"	钱贷月息3%	《九章算术》卷三
7	东汉前期（25—57）	"富商大贾，多放钱贷……收税与封君比入"	钱贷年息20%	《后汉书》卷二八《桓谭传》

　　本来，前资本主义社会（包括汉代、希腊、罗马）是否存在平均利润率是个不成其问题的问题，因为马克思在《资本论》等书中已作了明确、精彩甚至是针对性很强的回答。所谓平均利润率是指投在不同生产部门的资本因不同的有机构成而获得的不同的利润率在竞争机制作用下，走向平均化而形成的一般利润率。要形成平均利润率，不但要在生产方式本质变化的基础上，形成产业资本对自由劳动的剥削关系，而且这种关系必须扬弃其私人性质，形成社会化的总资本。很显然，这样严格的

历史条件在汉代是不可能具备的,虽然汉代有比较发达的商品、货币经济,商人、高利贷者也积累了为数不少的货币资本,但是旧生产方式的性质决定了它只能在流通领域得到发展,因而绝不可能形成产业资本;而且浩如烟海的小农劳动、奴隶劳动、雇工的劳动等也在家庭、主人、村社的束缚下,在占有部分劳动客观条件的前提下,又哪来的自由劳动呢?既然货币资本与劳动如盈盈一水,可望而不可即;又怎么谈得上总资本剥削总劳动及因此而来形成平均利润率呢?正因为没有平均利润率的制约,汉代高利贷利率像其他诸代一样,会占有全部的剩余价值;而与现代资本主义经济条件下由于平均利润率的制约,生息资本只占有剩余价值或利润的一部分形成本质区别。[1] 总之,因为商品货币资本在汉代社会得到了一定的发展,并在一定程度上促使生产过程从属于自己,就以为汉代有了平均利润率并形成了借贷利率的天然界限,是非常不可思议的。

有意思的是,马克思在写《资本论》时就好像已经预见了这一类错误观点的发生,因而在许多地方都批驳了本质上与秦文类似的错误。如当时流行着一种观点,认为在古代世界(希腊、罗马)产业资本就有了充分的发展,"缺少的只是自由工人和信用事业",马克思认为这是一种谬论,并指出当时杰出的历史学家蒙森在《罗马史》中也在这一问题上一再陷入混乱。[2] 马克思还针对当时混淆财富与资本的观点说:"仅仅有了货币财富,甚至它取得了某种统治地位,还不足以使它转化为资本,否则古代罗马、拜占庭等等就会以此开始新的历史了。"正因为如此,谈论古代的资本,谈论希腊、罗马的资本家是完全错误的,因为这样不过"以另一种说法表明在古罗马和希腊劳动曾是自由的"。可以说,与当时谈论古代罗马有了产业资本、自由劳动相比,秦文肯定汉代便有了平均利润率以及在一定程度上形成了高利贷利率的天然界限,只说明他在这条错误的道路上走得更远。

---

[1] 参见《资本论》第3卷,第240页。马克思写道:"在劳动在形式上还不从属于资本的国家,利息包含着全部利润,不象在资本主义生产发达的国家它只代表生产剩余价值或利润的一部分。"

[2] 《资本论》第1卷,第190页。

既然汉代不存在平均利润率，那么如上所述的汉代高利贷利率这种相对于其他各代的较低状况又是由什么决定的呢？

简单地说大致有以下几个方面的因素。

第一，自战国以来生产力的发展，生产工具的改进，使小农经济得到了发展，在汉代政治统一、政治较为稳定的前提下，作为高利贷主要对象的小农经济地位较为稳定。一般情况下，他们可以较为安定地进行生产、提高产量；在商品经济发展的前提下，还可以将部分剩余劳动产品投入市场，或进行手工业生产及商贩活动等取得一部分收入。从而有效地提高清偿能力、减少拖欠风险，使利率走向稳定或一定程度的下降。

第二，自战国以来发展起来的商业货币资本在汉代得到进一步的发展，社会上富商大贾及大手工业者都积累了大量货币财富，这些货币财富是经常不断地转化为高利贷的，在这种情况下，高利贷的供应显然是比较充足的，那么在供求平衡甚至供过于求的情况下，市场利率较为稳定则是自然的了。

第三，国家政策、法律的限制。中国古代对高利贷利率一般采取了上限管制及实行结构性利率的利率政策，在正式律令中也有有关的条文。这些政策、法律措施在一定程度上施行了，并对限制高利贷过度的利率盘剥、平抑利率起了一定的积极作用。汉代这方面的政策、法律虽未在文献中被完整地流传下来，但有关史籍及出土汉简记载了它们的一些实施情况：如汉武帝时的一些诸侯因"取息过律"而被罚或被废，永始三年（前14）有人上书请求"除贷钱他物律"[①] 等。说明了汉代这方面的法律及政策的存在对高利贷利率起了一定的抑制作用。

五 汉朝、唐朝：汉代高利贷比较研究参照系认识的失误

秦文对汉代借贷关系的考察是以希腊、罗马借贷关系以及唐朝高利贷作为两大参照系的。综观通篇所论，作者基本上是对前者认同，而对

---

① 《居延新简释粹》，兰州大学出版社1988年版，第103页。

后者求异。对于前者,因笔者对希腊、罗马经济史缺乏研究,不敢妄加一词;但对于后者,笔者却发现了许多不敢苟同的地方。主要表现在对唐高利贷利率的认识及解释上。

作者在叙述汉代借贷利率较低的状况之后写道:"魏晋以降各代的公私借贷利率则大大高于此数……的确,唐代法定的官高利贷(公廨钱)月利为40%—70%,相当于480%—840%,法定私人高利贷月利40%—60%,而现存文契竟有高达100%的。'五十之本,七分生利,一年所输四千二百',这样的利率真是骇人听闻。"(第131页)

其错误有以下三点。

第一,对公私借贷月利作了错误解释。笔者曾考察过唐代高利贷利率,所见到的最高月利乃是吐鲁番出土文书中所载15%的贷钱月利,从未见到如上所说40%—60%或40%—70%的月利。检秦文所据《隋唐五代经济史料汇编校注》有关记载方知:这是作者对唐公私借贷中广泛存在的月利4分、5分、6分的记载作了错误解释所致。按照古代的一般情况,年利几分,则为年利百分之几十,如年利4分,则为年利40%;而月利几分,则为百分之几,如月利4分,则为月利4%;若月利要换成年利,则如月利4分相当于年利48%;反之,年利4分,则月利约为3.33分,即3.33%。由几则具体数字可知,唐代情况也不例外。

(一)建中二年(781)夏,朝廷欲置待诏三十员,沈既济上言:认为会导致冗食,因为光是给钱为本取利作为俸钱、干力、厨廪、厅宇修造等,每月须钱100万。"以他司息例准之,当以钱二千万为之本,方获百万之利。"① 可见月利为5%。

(二)开成五年(840)六月,户部奏:"准长庆三年十二月九日敕:赐诸司食利本钱八万四千五百贯文,四分生利,一年只当四万五百九十二贯文。"② 可见四分生利得年利:40592÷82500=49%。

由以上第二例,则知四分生利年得49%,月得4%,由第一例本钱2

---

① 《旧唐书》卷一四九《沈传师传附既济传》。
② 《册府元龟》卷五〇八《邦计·俸禄四》。

万贯，每月获利钱 1000 贯，即为 5%，可见应为月利 5 分。其余均可类推。

值得注意的是，秦文大概也是因袭了王永兴先生在《汇编校注》中对唐利率的解释，[①] 本书列举了《唐六典》《唐令拾遗》中有关借贷取利 5 分、6 分的规定，将它与吐鲁番出土的显庆五年（660）张利富举钱契中"举取钱拾文，月别生利钱壹文"作了对比之后，认为后者是"月利一分，比令文规定的低得很多"。实际上按以上所述正确解释应该是：本 10 文，月取利 1 文，是 10 分的高利；远比令文规定的月利 5 分（5%）、6 分（6%）高得多。笔者在其他的一些论著中也常遇此类错误，故不嫌冗繁，详为述之，希望引起注意。

第二，秦文引《册府元龟》说公廨本钱"五十之本，七分生利，一年所输，四千二百"（第 131 页），实际上检《全唐文》所载应该是"五千之本，七分生利，一年所输，四千二百"。很明显，应从《全唐文》。

第三，作者在叙述唐法定私人高利贷月利为 40%—60% 之后，还说："而现存文契中竟有高达 100% 的。"笔者曾遍阅敦煌、吐鲁番出土诸文书及其他各种文献材料，都未见过如此高的月利，不知作者据何而言之。

综合本文所述，可以确认以下几点。

第一，汉代借贷关系本质上属于封建高利贷，这是由汉代生产方式的封建本质所决定的。

第二，汉代高利贷中信用借贷诚然发达，但抵押借贷同样重要。后者因抵押品的不同又可分为人身、动产、不动产抵押三种类型。从生息资本发展史看：汉代高利贷相对于前此原始高利贷的进步之处在于它所代表的生产方式比后者的进步，而不在于信用、抵押的形式变化。

第三，相对于魏晋诸代，汉代货币借贷显然更为发达，但实物借贷也至少占有与之同样重要的地位，不适当地夸大或抹杀任何一方都是偏

[①] 王永兴：《隋唐五代经济史料汇编校注》第二编第二章，中华书局 1987 年版，第 899 页。

颇的。

第四，汉代高利贷利率与以后各代相比是比较低的，决定这种较低状况的是各种复杂的社会经济政治因素，而与平均利润率无关，因为在汉代商品货币经济以及产业条件下根本不可能产生平均利润率。

（原载《中国经济史研究》1991年第4期）

两宋私营高利贷资本初探

中国高利贷资本起源很早，至春秋战国时代就已相当发达，到宋代又有了更进一步的发展，在社会经济生活中影响越来越大。宋代高利贷资本根据经营者的不同，可划为私营、官营两个部分。本文只拟从外部活动以及内部经营两个方面考察私营高利贷资本在两宋的发展变化。

宋代私人高利贷资本亦可分为两个部分。一是兼营高利贷，这是指一些商人、地主或官僚以自己剥削所得放贷取利的资本；二是专营高利贷资本，这是指由"库户""钱民"等专业高利贷者掌握的高利贷资本，方行先生《清代前期农村高利贷资本问题》一文将高利贷分为高利贷资本和一般高利贷借贷，把地主、商人或官僚这些非专业高利贷者用于放贷的货币或实物排除在"资本"之外。① 但是，笔者觉得这部分货币或实物也与其他本钱一样，都是在自身运动中，以较高的利率使自己得到增值。正如马克思所说："可以把古老形式的生息资本叫做高利贷资本。"② 因此本文将高利贷领域中的货币或实物皆称为高利贷资本，分为专营、兼营两个部分。下面便根据这一区分来论述私人高利贷的活动及其内部经营。

一

专营高利贷资本可分为由"库户"经营的质库资本和由"钱民"经

---

① 方行：《清代前期农村高利贷资本问题》，《经济研究》1984 年第 4 期。
② 《马克思恩格斯全集》卷 25，第 671 页。

营的信用借贷资本两个部分。

就质库资本说,宋人吴曾记载:"江北人谓以物质钱为解库,江南人谓为质库。"① 质库的开设是非常普遍的,不但地主、商人、官僚之家,就连那些"枯槁于山林"②的僧道也开质库以取利,僧人开设的质库当时称之为"长生库"。它与宋代度牒制度有密切关系,按照宋朝的规定,如要为僧,须有政府颁发的度牒,而度牒价格比较高,所以许多寺院就经营长生库,取息以买度牒。如洪迈记载:"永宁寺罗汉院,萃众童行本钱,启质库,储其息以买度牒,谓之长生库。鄱阳并诸邑,无问禅律悉为之。"③ 在南宋钱塘县,一位姓汪的县令刚上任,就有僧"诉百姓负长生库息"。钱塘所在的杭州,属两浙路,两浙路是寺院集中的地方,这里的长生库大概相当普通。不过,这位和尚没能达到目的,汪县令阅其"库簿"之后,对和尚说:"然则取息已多,汝僧自号脱离生死。视世上为昨梦空华",因此"为汝焚此簿。助汝成一善因缘","僧不知所对"④。陆游对和尚们这类孜孜求利的行为很看不惯,称:"今僧寺辄作库质钱取利,谓之'长生库',至为鄙恶。"⑤

除长生库外,其他的质库是由地主、商人或官僚之家经营的(官府也经营抵当库取利,这一点将另文探讨)。韩琦曾经指出:宋代乡村上三等主户是所谓的"从来兼并之家",除地租剥削外,"例开质库,置课场"⑥。《名公书判清明集》记载了许多地主豪强雇人开启质库取利的事例。除地主外,商人也经营质库,《宾退录》卷九引《夷坚志·裴老智数》载:"绍兴十年七月,临安大火,延烧城内外室屋数万区。裴方寓居,有质库及金银肆在通衢,皆不顾,遽命纪纲仆分往江下及徐村,而身出北关,遇竹木砖瓦芦苇椽桷之属,无论多寡大小,尽评价买之,明日有旨:竹木材料皆免抽税征解。城中人作屋者尽取之,裴获利数倍,

---

① 吴曾:《能改斋漫录》卷二《以物质钱为解库》。
② 《陈亮集》卷一六《普明寺长生谷记》。
③ 洪迈:《夷坚支癸》卷八《徐谦山人》。
④ 黄榦:《黄氏日钞》卷九六《知兴化军官讲宗博汪公行状》。
⑤ 陆游:《老学庵笔记》卷六。
⑥ 韩琦:《韩魏公集》卷一八《家传》。

过于所焚。"① 《宾退录》作者考证这件事不是裴老干的,但他指出商人既经营商业又经营质库的事实却是无疑的。

质库一般开设于城市、集镇或其他人口稠密之处。作为首都的东京及临安,质库业就非常发达。如在东京,质库的管理者都有专门服饰:"质库掌事,即着皂衫角带,不顶帽之类。"② 因而很引人注目。因为质库业的发达,东京形成了一些有名的私人质库,据记载:金兵攻下东京后,大肆抢掠金帛、子女,金将斡离不掠得美女二十余人,全部分给其左右亲从,有一部将阿计替得一女子,询其身世,乃是"东京珠子铺王员外女,年十九岁,嫁与质铺周家为媳妇……被番人劫持来献元帅"③。南宋都城临安,质库业比东京更为发达,"府第富豪之家质库,城内外不下数十处,收解以千万计"④。因为质库很多,以物质钱也很方便,如绍兴时,京师人鲁時"送所亲于北闸下,忘携钱行,解衣质于库"⑤。淳熙年间,一位外地小商贩来杭,因亏本"忧忧绕西湖而行,过赤山,见军人取质衣于肆"⑥。

州县质库业也是很活跃的,即使在偏远的广西化州"以典质为业者十户"⑦。《后山丛谈》载:北方曹州有盗夜入举子家,空无一物,只偷到几卷书,是举子平时所著之诗,"就库家质之",质库主人"好其诗不舍手"⑧,说明州城是存在质库的。另外县城也有质库,如齐州长清县"市有李生,以财豪于邑下",他就在县城内开了"典库"⑨。在楚州盐城县,"监都盐仓通直郎王仲京在任,于质户质钱,倍过物价,已赎,仍亏子钱百千"。按质库惯例:所借的钱比抵押品所值的钱一般要少得多,而且取赎时必须连本带息一次还清。但因王仲京是宰相王珪之侄子,这些

---

① 新版《夷坚志·再补》中,此条乃据《宾退录》补收,故本文引《宾退录》。
② 孟元老:《东京梦华录》卷五《民俗》。
③ 黄冀之:《南烬纪闻》附《阿计替传》。
④ 吴自牧:《梦粱录》卷一三《铺席》。
⑤ 洪迈:《夷坚志·乙志》卷一一《涌金门白鼠》。
⑥ 《鬼董》卷五。
⑦ 王象之:《舆地纪胜》卷一一六《广南西路·化州》。
⑧ 陈师道:《后山丛谈》卷四。
⑨ 刘斧:《青琐高议后集》卷一〇《袁元》。

违法现象一时之内也就不敢告发。① 可见盐城县内不仅有质库,而且一家顾客所欠之息钱便达百贯,资本相当可观。同样的,在广大农村也存在质库。以北宋为例,在商品交换发展的条件下,城乡各地兴起了1900个左右的镇和4000多个集市,其中这类以经济活动为中心的集市肯定有相当一部分是深入农村的,② 在这类人口集中之处开设质库是有利可图的。除此之外,还有以下两个因素。第一,乡村大地主的质库肯定有相当一部分是设于农村的。③ 第二,僧道的长生库有很大一部分应在农村,因为寺院、道观大部分处于风景优美、远离闹市的山村,如婺州永康之普明寺就处于现治东北五十里的地方,其长生库就只好设于山林之中。④

除上述质库外,专营高利贷资本是由"钱民"经营的信用高利借贷(包括钱币或实物)。如《长编》记载的那位敢于开封府"诉诸贾负息本钱"并且"尽抱券书至庭"的寡妇胡氏,⑤ 就是这样的专业高利贷者。此外诗人贺铸晚年退居吴下,唯靠"贷子钱自给"⑥。《夷坚志》也记载:乐平八间桥农民张八公,本乃无赖。"一日忽自悔悟,自称道人,唯赊放米谷,取其嬴以瞻家。"⑦ 另外,一些官宦之家有些也以放高利贷为生,如青龙大姓陈晖,原是司农卿陈倩之子,有官不做,而是"畜凶悍辈为厮仆,结连上下,广放私钱以取厚息。苟失期会,则追呼执系,峻于官府,至虚立契券,没其资产,甚则并取妻女"⑧。可见这辈人气焰之嚣张。由此看来,如果按照陈亮的说法,致富就一定要破"五贼"(仁义礼智信),那么,这些高利贷者大概是破得最为成功的,所以陶谷在《清异录》里便以嘲弄口吻记载了一位姓刘的钱民,铸铁为算盘,称之为"长

---

① 《续资治通鉴长编》卷三三一,元丰五年十一月乙巳。以下简称《长编》。
② 李春棠:《宋代小市场的勃兴及其主要历史价值》,《湖南师范学院学报》1983年第1期。
③ 韩琦:《韩魏公集》卷一八《家传》。
④ 《陈亮集》卷一六《普明寺长生谷记》。
⑤ 《长编》卷一七〇,皇祐三年三月戊申。
⑥ 《宋史》卷四四三《贺铸传》。
⑦ 洪迈:《夷坚三志·辛》卷二《张八道人犬》。
⑧ 李之仪:《姑溪居士集》后集卷一九《故朝请郎直秘阁、淮南、江浙、荆湖制置发运副使赠徽猷阁待制胡公行状》。

生铁",并且"日日烧香祷祝天地三光,要钱生儿、绢生孙,金银千万亿化身"①。

兼营高利贷资本,也是整个高利贷资本的重要组成部分,并作为专营高利贷的重要补充,其活动同样是十分广泛的。以下从四方面加以叙述。

第一,是地主向佃户或其他小生产者放贷米谷或钱币。这类借贷在宋代非常普遍。文彦博称之为"举放""课钱"②。王严叟曾指出:"富民召客为佃户,每岁未收获间,借贷赒给、无所不至。"③所以袁采要求地主,"以佃人为重","存恤佃客""耕耘之际,有所假贷,少收其息……不可强其称贷使供厚息"。④地主是否会这么仁慈呢?欧阳修指出:"佃户乏时,举债于主人而后偿之,息不两倍则三倍","场功朝毕而暮乏食,则又举之"⑤。虽然这种两倍或三倍的息说是过期很久以后利息的总量,并未能说明利息究竟有多高,不过由此可以证明地主取息是比较高的。⑥除佃户外,地主也向其他小生产者放债。李仕衡就指出:在河北,"民乏泉贷,每春取绢直于豪力,其息必倍"⑦。这类借贷的特点:一是乘人危急,如青黄不接或自然灾害发生时,"百姓当五谷青黄不接之时,势多窘迫,贷钱于兼并之家,必有倍蓰之息"⑧。二是实物借贷居多数,尤其是粮食,因为借贷者多数是小生产者,在春荒或其他意外事故发生时,缺乏的首先是粮食,而在自然经济仍占统治地位的宋代,物价尤其是粮价往往是很不稳定的。加上一些商人囤积居奇,春秋谷价悬殊,如借钱买谷只会多受商人的一层中间剥削,因此他们多直接借贷谷物,至秋成时再以实物归还。

第二,宋代官僚之家也放债平民、牟取利息。宋代官僚阶层尤其是

---

① 陶谷:《清异录》卷一《不动尊》。
② 文彦博:《文潞公集》卷二〇《言青苗钱》。
③ 《宋会要辑稿》食货十三之二十一,元祐元年四月六日。
④ 袁采:《袁氏世范》卷三《存恤佃客》。
⑤ 欧阳修:《欧阳文忠公文集》卷五十九《原弊》。
⑥ 关于利息问题,本人将另有专文论及。
⑦ 范仲淹:《范文正公文集》卷一一《李仕衡墓誌铭》。
⑧ 魏泰:《东轩笔录》卷四。

那些官高禄厚的大官僚阶层，其俸禄除用于生活消费、购买土地及经营商业以外，也用来放债取利。如北宋初的石保吉"家多财""好治生射利"。有人借了他的钱，"息不尽入，质其女"①。真宗时，名臣曹利用之舅，太子中舍致仕韩君素居棣州"颇恃势放息钱，又私酤酒其家"②。绍兴二十四年，保义郎李琦监和州东关镇税"家颇丰赡，有高指使者，赴官舒州，与其妻来谒，愿贷钱五万为行装，约任终偿倍息"③。另外，一些贵族或小吏也能放债，如宗室赵不渗居常熟县开元乡"数以俸余施贫乏，岁或不登，取贷子钱者，券悉焚之"④。建阳医僧师逸就曾从县吏刘和借钱十千"累取不肯偿，刘愤曰：'放尔来生债'自是绝口不言"。⑤

第三，军队一些将领及驻地附近的豪富也在士兵中放债。苏轼就指出：定州的禁军"大率贫窭，妻子饥寒，十有六、七""盖将校不肃，敛掠乞取，坐放债负，习以成风"⑥。至南宋，军中私人放债之风更盛。绍兴三十一年就有诏指出："殿前司日前诸将下有除尅掊敛、私放债负之类。"⑦除将领外，一些官员豪富之家也"放债于军人，厚取利息"⑧。因为这类行为对军政的危害，政府曾多次下令禁止，但未能奏效，所以私放军债在南宋自始至终存在，淳熙十六年二月四日有一赦令指出："私放军债及质买所辖请给赏赐，前后约束甚严，倘虑有力之人依前牟利侵尅，致使军士不能赡家。"⑨ 开禧元年五月二十五日还有诏说："访闻内外诸军将合干人等有诈作百姓名色，私放军债。"⑩

第四，那些僧道除启质库取利以外，偶尔也以信用借贷的方式放贷钱谷，如婺州永康县普明寺"僧允禧复为如靖谋，从富人乞谷三百石，

---

① 《宋史》卷二五〇《石保吉传》。
② 《长编》卷一〇七，天圣七年二月戊辰。
③ 洪迈：《夷坚志·丁志》卷一三《高县君》。
④ 《江苏金石志》目十三《宗室不渗墓志铭》。
⑤ 洪迈：《夷坚志·丁志》卷五《师逸来生债》。
⑥ 苏轼：《东坡七集·奏议》卷一四《乞增修弓箭社条约状》。
⑦ 李心传：《建炎以来系年要录》（下简称《系年要录》）卷一八八。
⑧ 李心传：《系年要录》卷一八十二，绍兴二十九年五月辛酉。
⑨ 《宋会要辑稿》刑法二之一百二十三；二之一百三十五。
⑩ 同上。

贷之下户，量取其息，以为其徒其前之供"①。吴县光福寺，为追荐辞世的高僧广照，将他生前主管的"长生衣钵米壹佰壹拾硕，转变现钱叁佰叁拾贯文"，加上其他途径得来的钱物购置柴荡五百亩，以其收入，"每至忌辰，依例供祭"②。生前，这位广照大概是放贷米谷取息的。另外建昌资圣寺的长老一次就借给孔目吏范旬钱十千，助其为子娶妻。③

二

关于私人高利贷资本的内部经营，主要论述以下几个问题。第一，它的契约、保证人制度。第二，高利贷经营阶层的产生。第三，它的规模，主要是质库资本的规模。第四，它的各项业务活动。

首先，高利贷关系不论是质库以物质钱还是其他信用借贷，都必须有明确的契约才能成立，北宋初年的法令便反映了这一点，如太祖建隆年间有人上言："新条称，应有典赁、倚当物业与人，过三十周年，纵其文契、保证，不在收赎论。"④ 这种"典赁、倚当"是一种与高利借贷有关的买卖行为，至真宗时期，这种制度趋向完善、严密；"应典卖，倚当庄宅田土并合契四本：一付钱主，一付业主，一纳商税院，一留本县"⑤。就是与那些土地买卖关系不大的一般高利贷也同样须有严格的契约关系。《作邑自箴》卷五《规矩》说：这类契约的订立，"须是呼集邻保对众供写，或不能书字，令代写人对众读示，令亲押花字，勒代写人并邻保系书照证"。可见是十分讲究的。因此这种关系的消除，也须伴随契约关系的消失。《容斋随笔》记载：陕西夏县有刘永一，待人廉谨，"乡人负债不偿者，毁其券"⑥。《清明集》也记载："今人持衣物就质库解百十钱，

---

① 陈亮：《陈亮集》卷一六《普明寺长生谷记》。
② 《江苏金石志》目十二《广照和尚忌辰追荐公据》。
③ 洪迈：《夷坚志·甲》卷六《资圣土地》。
④ 《宋会要辑稿》食货六十一之五六、五七。
⑤ 同上。
⑥ 洪迈：《容斋随笔》卷七《洛中旰江八贤》。

犹凭帖子收赎，设若失去，衣物尚无可赎之理。"①

其次，由于高利贷的发达，在宋代形成了一个专业的高利贷经营者阶层。这个阶层在宋人文献中被称为"行钱""干仆""质库掌事"等。大致可分为两种情况。一是在一般的信用借贷中，很大一部分资本是由"行钱""干仆"经营的。据记载："凡富人以钱委人，权其子而取其半，谓之行钱。富人视行钱如部曲也。或过行钱之家，设特位置酒，妇女出劝，主人皆立侍。"② 钱主与行钱有尊卑之分，但毕竟不是主仆关系。有的高利贷者还委托自己的仆人经营。如陆游记载的胡子远之父便是"委仆权钱"，称之为"干仆"。这种人，从其身份地位以及其经济职能来说，与土地经营管理中的"干人""庄干"是相似的。二是在质库业中，绝大部分是由"质库掌事"经营的。在这里，有的是豪富之家雇别人开启质库，如《庆元条法事类》记载的淳熙十四年六月二七日尚书省批状所说就是这种情况。③ 有的是自己借钱开质库，如《清明集》记载："罗友诚节次领周子遵钱二百七十贯，开张质库，且有文约可凭。"④

导致这个经营者阶层出现的原因，大致有以下几点。第一，单个高利贷资本的活动是很广的。如青龙镇的陈晫，其放贷"远至广南、福建"。如此远的地方若无专门的人协助经营是不行的。第二，在宋代，地主、商人、高利贷者的身份往往是合而为一的。因此，在经营土地或商业的同时，须专门的人来放高利贷。由此亦可见，在中国封建社会不仅有导致政治经济结合的三位一体即地主、商人、官僚的合而为一，也有纯经济性质的地主、商人、高利贷三位一体的情况。第三，与大地主阶级的腐朽有关，⑤ 正因为这个阶层的腐朽，他们所执行的部分经济职能只得由另一部分人来执行。

私人高利贷资本不仅有了专业的经营者阶层，其资本数量也相当可

---

① 《清明集》《户婚·争业·典卖园屋既无契据难以取赎》。
② 廉宣：《清尊录·大桶张氏》。
③ 《庆元条法事类》卷八〇《出举债务·申门·随敕申明》。
④ 《清明集》《户婚门·库本钱·领库本钱人既贫斛酌监还》。
⑤ 关于这个阶层的腐朽，漆侠先生《宋代的商业资本与高利贷资本》有论述。文载《宋史研究论文集》1982 年年会编刊。

观。虽然，反映这方面情况的资料还很缺乏，但是，由一些零散的记载，也足以见其数量之巨，尤其是质库资本。

要开质库，是必须有相当数量的货币作资本的。上引罗友诚领了周子遵二百多贯才开起质库，同书记载的另一位叫罗居汰的为开质库"自庚子岁三月为始，节次共领过本钱一千一百贯"①。这些质库规模都不是太大。令人吃惊的是，一些大型质库，因长年经营，资本数额达几万贯乃至几十万贯。成书于南宋后期的《数书九章》记载：有一质库"有库本钱五十万贯，月息六厘半，令今掌事每月带本纳息共还一十万"②。另一处记载：有甲乙丙三库，资本分别达到493800贯、370300贯、246800贯。《梦粱录》记载：临安数十处质库"收解以千万计"。每次经营额以千万计，那么其资本数量之多是可以想见的。其他类型的高利贷借贷，资本数量亦相当不少，陆游记载的胡子远之父"委仆权钱"，一次得钱引便达五千缗。③

私人高利贷业务活动也是多种多样的。从一般信用借贷来看，它的情况是，直接放出钱币或谷物，至一定期限后加息收回。如地主在春天里将谷物借给别人，秋后加利归还，便是其中一种比较典型的形态；从质库经营看，一般情况是：债务人将一定的物品押给质库，借到一定数额的钱币，到期限后按契约规定加利赎回。这些抵押品大部分是金银、匹帛等贵重物品。如《夷坚志》记载："东平东关民张五，淳熙七年，姻戚从假质物，付以一金钗，过期不反，张自出钱往赎。"④ 另外，一些日常物品也常用于典质，如绍兴十一年，临安鲁時送亲于北闸下"忘携钱行，解衣质于库"⑤，北宋初名将曹翰因罪被谪，一日，太宗遣内侍看望他，他要求以旧衣一包与内侍质钱十千，后来这包旧衣在太宗面前开看，内有下江南图一幅，太宗见图"恻然念其功，即日有旨赴阙"⑥。贷库经

---

① 《名公书判清明集·户婚·库本钱·背主赖库本钱》。
② 《数书九章》第十二《累收库本》。
③ 陆游：《老学庵笔记》卷六。
④ 洪迈：《夷坚志补》卷三《雪香失钗》。
⑤ 洪迈：《夷坚志·乙志》卷一一《涌金门白鼠》。
⑥ 魏泰：《东轩笔录》卷一。

营方式在此完成了一项非常特殊的任务。大概因质库经营的深入而活跃，以致一些贫乏之家竟出现了"赎典赎解不曾休，吃酒吃肉何曾梦"① 的局面。可见，宋代一些人为生活进出质库大概是司空见惯的事。

综合以上论述来看，宋私人高利贷的业务主要是贷款或借出其他实物。正式意义上的存款还未产生。这种存款业务据说直至清代才出现。②但是我觉得，在宋代的典当业中已经出现了这种存款业务的萌芽。如南宋的一些长生库因"缁流创为度僧之名，立库规利，相继进纳，固亦不同。今则不然，鸠集富豪，合力同则，名曰斗纽者，在在皆是。尝以其则例言之：结十人以为局，高下资本自五十万以至十万，大约以十年为期，每岁之穷，轮流出局，所得之利，不啻倍徙，而本则仍在。初进纳度牒之实，徒遂因缘射利之谋耳"③。另外，鄱阳妙果寺，绍兴癸亥，梁企道侍郎寓居于是，"随行王彦谟提辖者，携妻子处僧堂后，以典质取息自给"。④ 可以看出王提辖不是因为窘迫而典出了什么物品，也不可能是直接经营质库或以典质取息，对照上引长生库的资料来看，我觉得他是将钱存在这家寺院的长生库，⑤ 然后靠取息钱以自给，这种业务与正式意义上的银行存款当然是有本质区别的。但将它看成一种萌芽状态的存款是可以的。由此看来，可以说，宋代质库在封建社会的条件下执行了部分银行的职能。研究中国古代金融史，必须注意这一点。

（原载《河北大学学报》1987 年第 3 期，人大复印资料《宋辽金元史》1988 年第 2 期全文转载）

---

① 彭乘：《墨客挥犀》卷一。
② 参见《古老的典当业》，人大复印资料《经济史》1982 年第 9 期。按：此说现在看来明显是不准确的，"正式意义上的存款"，即有息存款，至少北宋时期即已产生了。
③ 《宋会要辑稿》食货七十之一百零二。
④ 《夷坚支戊》卷二《王彦谟妻》。
⑤ 鄱阳一带佛寺，无论禅宗、律宗都开长生库以取利，参见本文上段所述。

试论两宋高利贷资本利息问题

高利贷资本作为一种借贷资本，利息的高低无疑是其中最为关键的问题之一。因此，研究两宋高利贷资本，首先要考虑它。本文打算从两个方面探讨：一是考察所谓的"倍称之息"，二是看看利率究竟有多高以及其有些什么特点。

一

中国封建社会高利贷资本的利率是很高的，这在历代文献中都有所反映，其中关于"倍称之息"的记载又是最为普遍的。因此，许多论著便提出了这样的观点：认为"倍称之息"是封建社会或宋代高利贷的一般利率。仔细分析这种观点，可以发现两大疑问：一、按计利的方法看，有年利、月利等，这个"倍称之息"究竟属于哪一种呢？二、从理论上看，高利贷利率正是与封建社会非社会化大生产且社会上未形成平均利润率相适应的，其利率只受债务人负担能力及供求关系的影响，因而不可能形成一个一般利率，为什么在整个封建时代或整个宋代形成了一个一般的"倍称之息"呢？

通过对两宋高利贷资本利率的全面考察，我认为，文献中关于"倍称之息"的记载虽然很多、很普遍，但是，一方面这类记载非常复杂，需要具体分析；另一方面，除此之外，也有许多比它低得多的利率的记载情况。所以，笼统地说"倍称之息"是两宋乃至整个封建社会的高利贷的一般利率是不恰当的。

虽然不能笼统地说"倍称之息"就是两宋高利贷的一般利率，但是，不论兼营还是专营高利贷，部分地区有"年息倍称"的情况则是肯定的。如宋仁宗天圣六年时，臣僚上言说："切（窃）见陕西诸州县豪富之家，务多侵并穷民庄宅，惟以债务累积，立作倚当文凭，不踰年载之间，早已本利停对，便收所倚物业为主。"① 所谓"本利停对"，也就是年息100%。另外，元丰三年时，琼管体量安抚朱初平上言："海南多贫阙，举贷于豪富之家，其息每岁加倍。"② 南宋时，这种情况也局部存在，如乾道三年八月，有人上言说："临安府诸县及浙西州军，旧来冬春之间，民户艰食，多诣富家借贷，每借一斗限至秋成交还，加数升或至一倍。"③《袁氏世范》卷三也记载："典质之家至有月息什而取一者，江西有借钱约一年偿还，而合子立约者，谓借一贯文约还两贯文；衢之开化借一秤禾而取两秤，浙西上户借一石米而收一石八斗，皆不仁之甚。"④ 这种包括"年息倍称"在内的所谓"倍称之息"是否就是宋高利贷的一般利率呢？笔者认为还须对"年息倍称"的资料记载作些具体分析之后才能回答。

首先，有些记载乃是一种含糊的说法，表示某项高利贷利息高而已，但说明不了利息究竟有多高。如"富者操奇赢之资，贫者输倍称之息"⑤ "豪横兼并之家放债，倍取利息，略无厌足"⑥，这类记载很多，无须一一举例。宋人说到商业利润时，有时也以"倍称"一类的词来证明其高，苏辙就说："夫商贾之事，曲折难行，其买也，先期而与钱；其卖也，后期而取直，多方相济，委曲相通，倍称之息，由此而得。"⑦ 由此大概是难以认为宋代商业利润率就是100%的。

其次，许多资料中的"倍称之息"说的是利率的上限，即放贷者所取利钱数不得过原本。尤其在法令中，对这一点规定很多。成于北宋初

---

① 《宋会要辑稿》食货三七之一二。
② 《续资治通鉴长编》卷三一〇，元丰三年十二月庚申。
③ 《宋会要辑稿》食货五八之五。
④ 袁采：《袁氏世范》卷三《治家·假贷取息贵得中》。
⑤ 《宋大诏令集》卷一九八《禁约取富民谷麦贷息不得输倍诏》。
⑥ 李元弼：《作邑自箴》卷八《劝谕榜》。
⑦ 苏辙：《栾城集》卷三五《制置三司条例司状》。

年的《刑统》卷二六《公私债务》就记载："诸公私以财物出举者，每月取利，不得过六分，积日虽多，不得过一倍。"以每月 6 分息计算，需 17 个月，利息量才达到原本 1 倍，其中年息仅 72%。元丰年间，陈舜俞也指出："民间出举财物，虽取息至重，犹不过一倍。"① 南宋情况也是如此。《庆元条法》便规定：出举财物取息"积日虽多，不得过一倍"②。可见，在政府法令或民间习惯法中，倍息有时乃是作为利息的上限，达到倍息之后不许再取息。而且一般说，超过一年以后，才能达到这个上限。

再次，在有的情况下，所谓"倍称之息"与纳利达几倍的情况一样，是零星纳利几年达到的利息的总量。因为与高利贷打交道的大部分是那些经常缺吃少用的小生产者，因这种小生产结构的经济力量薄弱，任何的天灾人祸都能使生产受到严重影响甚至破产而不能按契约规定期限归还本息。因此，在超过若干年月以后，零星纳利总额便达原本一倍甚至几倍。如隆兴元年三月下诏要求"民间有利息债负……如已出息过本，谓如元钱一贯还二贯已上者，并行除放，其息未及本者，许逐月登带入还"③。袁采也记载了这样的情况：假如有一百贯钱，用于"典质营运"，"三年而其息一倍"，"况又三年而其息再倍"④。很显然，以上各例是因为长期积累的纳利息总量达到原本的一倍。假如与下列唐代的情况对照一下，就看得更清楚了。据记载：元和十一年时官府放免了一部分贞元十一年、十六年、二十年至本年度所纳利总量达十倍、七倍、四倍的高利贷，⑤ 由此，当然不能说高利贷的利率就是 1000%、700%、400%，只能说其利率是年利 47.6%、43.7%、33.3%。因此说，只有看特定的时间内（年、月）利息量与原本的比例才能确定利率究竟有多高。

笼统地认为宋代的高利贷的一般利率就是"倍称之息"是很值得商榷的。那么宋代高利贷是怎样取息的？利率究竟有多高？整个利率又有

---

① 陈舜俞：《都官集》卷五《奏行青苗新法自劾奏状》。
② 《庆元条法事类》卷八〇《出举债负·关市令·赏令》。
③ 《宋会要辑稿》食货六三之二一。
④ 袁采：《袁氏世范》卷一《同居不必私藏金银》。
⑤ 《唐会要》卷九〇《诸司诸色本钱》下。

些什么特点？

二

按照宋人习惯，每一笔高利贷发生之际都必须订立契约文书，契约内容包括所借款项数额、利息高低、担保办法及本利送纳方法等，而其中有关利率的规定大概是最关键的部分。由于至今尚未找到一份实际的借贷文书，只能从一些间接材料推测当时的取息习惯。

宋代高利贷利率有年利和月利两种。年利除"倍数"之外，主要有6分、4分、5分几种；月利也分6分、5分、4分、3分、2分几种。还息付本的办法，有的本利还，如地主在春荒时贷出谷物，秋成时要求本息一起归还，质库以物质钱也是一次归还本利并赎回原物；有的逐月送纳本利，到期纳清，债务消失，小额货币借贷中这种办法比较常见。

不论年利、月利，都是以分或厘为单位计算的。唐代似乎只以分计利，以厘计利的办法还未见记载。而在宋代以厘为单位的办法出现了，尤其是在月利的计算中。

宋人习惯，所谓年利几分，是指年利百分之几十，年利5分、6分，就是50％、60％，"年利倍称"便是100％。月利几分则是指百分之几，如月利3分、4分则是月利3％、4％。这些与现代的计利方法是一致的。但是宋人以厘计利却有些特殊之处。

按今天的习惯，年利几厘，是百分之几，如年利5厘就是5％，而月利几厘，则是百分之零点几（即千分之几），如月利5厘就是0.5％，即5‰，但宋人习惯却不是如此。据考察，宋人以厘计利有以下两个方面的含义：（1）将厘与分一起说时，则厘是分的1/10，如2分5厘之类，便是如此，《庆元条法》也说得很清楚："诸称分者以十分为率，称厘者以一分为十厘。"① （2）如果单独说厘，其含义与分是相等的，如4厘便等于4分。这一点与现代的习惯完全不同。《庆元条法》有这么一条法令："诸以财物出举者，每月取利不得过四厘，积日虽多不得过一倍。即元借

---

① 《庆元条法事类》卷八〇《名例敕》。

米谷只还本色，每岁取利不得过五分（谓每斗不得过五升之类）。"① 如果从今天的含义看，月利 4 厘为 4‰，年利便是 48‰（4.8%），与年利 5分（50%）相差便太远了；在此，只能说，"厘"与"分"的含义相同，即月利 4 厘等于 4 分，那么年利才近于 5 分（48%）。但是，怎样来证明呢？《数书九章》提供了有力的证据。本书是南宋末期数学家秦九韶撰写的一部实用性算术专著，介绍怎样计算土地面积、质库利率、租税等，每一道题都介绍了结果、计算方法、计算过程。由此书计算质库利率的几道题可见：在宋代，单独称厘与分的含义是相同的。如本书卷十二《累收库本》写道："问：有库本钱五十万贯，月息六厘半，令今掌事每月带本纳利共还一十万贯，欲知几何月而纳足，并末后畸钱多少？"结果是：本息纳足共 7 个月，末后一月畸钱 24706 贯 279 文。在介绍计算过程时，写道："置本五十万贯，以六厘五毫乘入其本内，得五十三万二千五百贯文。"如果将 532500 贯减原本的 500000 贯，则得 32500 贯，再以此除以原本的 500000 贯，则得 0.065，即 6.5%，这样月利 6 厘 5 毫等于6.5%，也就是 6 分 5 厘。可见，在宋代，在单独以厘计息时，厘确与分含义相同。该书卷十八《推求本息》条也可以证明这一点。

宋代高利贷究竟有没有一个一般利率？其他请看表 1、表 2，其中的年代除个别记载精确者外，大部分是据所引文献的作者的生卒及资料推算的。

表 1 关于"倍称之息"

年代	利息	地区	资料来源
建隆四年（963）	"臣下倍称之息，岂可诛求"	西蜀	《宋会要辑稿·刑法》二之一
太平兴国七年（982）	"令富民出息钱不得过倍称，违者没入之"	全国	《续资治通鉴长编》卷二二
端拱初（988）	"贫者取倍称之息""有取富民谷麦资财，出息不得逾倍"	全国	《宋史》卷一七三《食货志》食上一

---

① 《庆元条法事类》卷八〇《出举债条·关市令·赏令》。

续表

年代	利息	地区	资料来源
淳化四年（993）	"贫者输倍称之息""宜令有取富人家谷麦，贷息不得过倍"	全国	《宋大诏令集》卷一九八《禁约取富民谷麦贷息不得输倍诏》
宋真宗时（998—1022）	"每春取绢直于豪力，其息必倍"	河北	《范文正公文集》卷一一《李仕衡墓志铭》
大中祥符元年（1008）	"新及第授官人无得以富家权钱倍出息利"	全国	《长编》卷九九
宋仁宗时（1023—1063）	"举债于主人而后偿之，息不两倍则三倍"	全国	《欧阳文忠公文集》卷五九《原弊》
仁宗天圣六年八月（1028）	"不逾年载之间，早已本利停对"	陕西	《宋会要辑稿》食货三七之十二
熙宁年间（1069—1077）	"不免私家举债，出息常至一倍"	全国	《宋会要辑稿》食货四之二三
元丰三年（1080）	"其息每岁加倍，展转增益"	海南	《续资治通鉴长编》卷三一〇（以下简称《长编》）
元丰五年三月乙酉（1082）	"为民有倍称之息，故与之贷钱"	全国	《长编》卷三二四
元祐元年五月乙酉（1086）	"民间之私贷，其利常至于五、六，或至倍蓰"	全国	《长编》卷三七八
北宋末（ —1127）	"豪横兼并之家放债，倍取利息"	全国	《作邑自箴》卷八《劝谕榜》
北宋末（ —1127）	"广人举债总一倍……虽十年不归，息亦不增"	广州	朱彧《萍洲可谈》卷二《广州市舶司理责》
南宋绍兴时（1127—1162）	"以子贷豪取，牟利倍称"	婺州金华	范浚《香溪集》卷二二《吴子琳墓志铭》
隆兴元年二月十三日（1163）	民间债负"出息过本，谓如元钱一贯已还二贯以上者，并行除放"	全国	《宋会要辑稿》食货六三之二一

续表

年代	利息	地区	资料来源
嘉定十六年（或十七年）（1223或1224）	"农事方兴之际，称贷富民，出息数倍"	谭州	《真文忠公集》卷一〇《申尚书省乞拨和籴米及回籴马谷状》
庆元年间（1195—1220）	"而规其倍称之息"	（军队）	《鹤山先生大全集》卷二一《答馆职策一道》

表2　　　　"倍称之息"以外的各种利息

年代	利息	地区	资料来源
太祖时（960—975）	"月息六分"	全国	《宋刑统》卷二六《公私债务》
神宗时（1068—1085）	民间举债"月息一分半至二分"，至重不过一倍	全国	《都官集》卷五《奏行青苗新法自劾奏状》
哲宗元祐元年（1086）	"民间之私贷，其利常至于五、六，或至倍蓰"	全国	《长编》卷三七八
乾道、淳熙（1165—1189）	二分至四分（质库月息），三分至五分（贷钱月息），三分至五分（贷谷月息）	全国	《袁氏世范》卷三《假贷取息贵得中》
乾道、淳熙（1165—1189）	"三年而其息一倍"（月息约为2.78即2.78分）	全国	《袁氏世苑》卷一《同居不必私藏金宝》
乾道、淳熙、庆元（1165—1200）	"每月取利不得过四厘，积日虽多，不得过一倍"，"每岁取利不得过五分"	全国	《庆元条法事类》卷八〇《出举债·负关市令·赏令》
淳熙七年—嘉熙七年（1180—1240）	成贯三分，成百四分，极少亦不下二分，今所收仅一分七厘半（解库年息）	湖、湘地区农村	《清明集》《户婚门·库本·背主赖库本钱》
绍定—咸淳（1228—1265）	每岁纳息三分（质库）	无法判明	《清明集·户婚·库本·质库利息与私债不同》

续表

年代	利息	地区	资料来源
绍定—咸淳（1228—1265）	二分（质库）	全国	《清明集·户婚门·库本·领库本人既贷斟酌临还》
淳祐（1241—1252）	月息六厘半（质库）	全国	《数书九章》卷一二《累收库本》
淳祐（1241—1252）	万贯以上一厘，千贯以上二厘五毫，百贯以上三厘（质库）	全国	《数书九章》卷一八《推求本息》
淳祐（1241—1252）	月息二分二厘（质库）	全国	《数书九章》卷一八《推求典本》

附注：从记载本身无法确知年息或月息，但从质库一般惯例看，有可能是月息。

仔细分析表1、表2，可以发现宋高利贷资本利率有如下特点。

第一，利率上下相差很大。上文谈到，部分地区存在"年息倍称"的情况，但神宗时陈舜俞却指出："民间出举财物……月取息不过一分半或二分。"[1] 若月息2分，年息便是24%，即2.4分，与"年息倍称"相比相差多大！有时"其利常至于五、六，或至倍蓰"[2]，相差也在50%、40%。

第二，质库利率与一般钱谷借贷是不同的，一般地说，质库利率往往要低一点。《袁氏世范》认为比较适中的利率是：质库月息2分至4分；借贷钱谷月息3分至5分。[3] 可见质库利率要低1分。北宋至南宋存在的利率下降趋势也主要表现质库方面，只有在南宋的质库业中才出现许多较低的利率，有的年息仅2分，那么月息就只有1.6分。[4] 这一点，是与质库资本属专营高利贷资本相关的。正因为这样，在其流通过程中除了质钱者的负担能力外，更多地还得受资本供求关系、各地习惯利率的制约。尤其是供求关系，在商品经济发展，社会对流动资金需求增加，

---

[1] 陈舜俞《都官集》卷五《奏行青苗新法自劾奏状》。
[2] 《长编》卷三七八，元祐五年五月乙酉。
[3] 袁采：《袁氏世范》卷三《假贷取息贵得中》。
[4] 《名公书判清明集》《户婚门·库本·质库利息与私债不同》。

许多地主、商人纷纷投资于质库业的情况下，往往供求平衡或供过于求，利率因而趋向稳定或下降。

第三，法定利率与实际上的利率相差较大。虽然法令中对利率规定很多，但限制不了高利贷者的贪欲。《宋刑统》规定是月利 6 分，年利便是 72%，而北宋部分地区，有些年利便达一倍。另外，政府法令中常常将一倍作为取利之上限，而在实际借贷中，则常常是"息不两倍则三倍"①。

第四，不同数量的借贷，有不同的利率，这一点，《清明集》及《数书九章》等书记载很多，可参见表 2，这里不再赘述。《袁氏世范》主张的适中利率有 2—4 分或 3—5 分也可能是考虑了这种因素。这种情况与高利贷存在生产性与消费性借贷两种情况是有关的。正因为一些商人或小生产者为经营或生产，有时也不得不借高利贷，而且数目较大，其利率必须受商业利润率或其他生产盈利高低的限制，而那些小额的消费借贷则没有这种限制，所以这些数目较大的生产性借贷往往比小额的消费借贷利率要低一点。

第五，没有形成全国一致的利率，不同地区有不同的利率。大致可以这么说：东南一带商品经济发达、经济繁荣的地区，利率相对要低一点，而其他一些生产落后、商品经济不发达的地区利率则相对要高一些。由表 1、表 2 情况可见，那些"年利倍称"的情况集中在陕西、海南、江西的一些落后地区，而那些较低的利率都见于南方那些经济比较发达的地区。

第六，北宋与南宋利率不同，仔细分析表 2 可见，由北宋至南宋，利率是在缓慢下降的。当然，这个趋势绝不是一刀切的，从时间上看，有时降了，有时升了；从地域上说，很可能一个地方下降了，而另一个地方却上升了。只是说，从整体上看，有这样一个大致的趋势。从政府法令来看，首先，南宋规定的取利上限比北宋就要低一些。《宋史》记载：端拱初年诏书要求：富人出贷粟麦，"出息不得逾倍"②。可见，只要

---

① 欧阳修：《欧阳文忠公文集》卷五九《原弊》。
② 《宋史》卷一七五《食货志》上一。

总量不过原本，便算合法取利。但在南宋却更多地要求不过五分（年利）。如淳熙九年十月二日诏书要求："借贷人户米谷……仍取利不得过五分。"[①] 虽不能说，利率下降了50%，但法令总是当时实际经济情况的反映，它总是要在社会上出现这种下降趋势，并部分地成为既成事实后，才可能出现这类较以前为低的规定的。其次，南宋法令对实际利率的规定也比北宋要低，北宋初《宋刑统》规定的合法利率是"每月取利不得过六分"，而南宋庆元时规定一月利不过四厘（等于四分），比六分下降了两分。

高利贷资本，在史学界还是个研究得很不够的问题。本文对利息的考察，也只是对宋代高利贷资本研究的第一步。除此之外，还有一系列的问题，如高利贷资本的活动、它与社会再生产的联系等，都有待于今后继续探讨。

（原载《中国经济史研究》1987年第3期）

---

① 《宋会要辑稿》刑法二之一。

试论宋代官营高利贷资本

官府经营高利贷，古已有之，《周礼·泉府》便有官府放贷取息的记载。王莽时也曾仿效《周礼》，赊钱与民以取息，汉以后，历三国两晋南北朝，官府放债取息之事，史阙载。至隋唐，官府经营的所谓"公廨本钱"绝大部分是高利贷资本。宋朝政府也经营着各种形式的高利贷，取息以给公用。对此，一些论著虽已零星论及，但对宋代官营高利贷资本作系统论述者，尚付阙如。本文拟就此问题，从四个方面进行探讨，错谬之处，恳请指正。这四个问题是：第一，官府回易中的高利贷活动。第二，抵当所与抵当库。第三，熙宁、元丰年间官营高利贷资本的大发展。第四，官营高利贷资本利息及其在社会经济中的作用。

一

为应付官府内部宴请、馈赠、迎送或赏赐，宋政府设有公使钱。但这部分钱，"正赐钱不多，而著令许收遗利"[1]。州军利用这些钱进行各种营利性活动，取息以给公用，[2] 便是所谓的回易。公使钱的回易大部分用于经商，如渭州的公使钱有的去解州贩盐，有的去四川贩罗帛，甚至经营交钞[3]；但其中相当一部分是用于经营高利贷的，如"开抵当""许人请贷出息"等。南宋以后，回易继续进行，尤其是诸军回易规模更加

---

[1] 《文献通考》（以下简称《通考》）卷二四《国用考》。
[2] 参见俞宗宪《宋代公使钱研究》，1984年杭州宋史年会论文打印稿。
[3] 尹洙：《河南先生文集》卷二五《分析公使钱状》。

庞大。① 如岳飞在鄂州经营关引、典库、房廊等，加上在其他地方进行回易，其总收入可供岳家军三个月的钱币支出。② 但是，这类活动对军政的影响很坏。至开禧年间，由于专用于防盗的广东沿海摧锋军在进行回易活动时，经常骚扰往来商船，因此广东提刑司要求："今后摧锋军除捕盗外，不许诸司别作名色，差拨下海。所有本军回易止许就屯驻营寨去处，开置铺席，典质贩卖。庶几不为商贾之害。"③ 由此可见回易除经营商业外，相当一部分是经营高利贷，尤其是开设质库。所以这些回易本钱有相当部分是高利贷资本。

二

为了抚养、管理那些失去怙恃的孤幼（主要是官员之家），宋朝政府专门设立检校库，④ 由开封府管理。王安石变法时，推行常平新法，受它影响，熙宁四年五月，吴安持上奏认为：检校库"检校小儿财物，月给钱，岁给衣，逮至长成，或至罄竭"，因此，"乞将见寄金银见钱依常平等仓例召人先入抵当请领出息，以给元检校人户"。⑤ 抵当所设立之后，除检校库外，其他一些机构，如开封府杂供库、国子监、都水监、律武学甚至连市易司都拿出了一部分本钱送抵当所取息。⑥ 开始几年，抵当所一直在检校库之内，属开封府管辖。熙宁五年，又实行市易法，其中的抵当赊贷官钱的业务与抵当所是类似的。所以熙宁九年，都提举市易司认为："本司统辖抵当官钱，然检校库自隶开封府，若本库留滞差失，无缘检举"，⑦ 所以改由都提举市易司统一管辖，并与市易务原有抵当赊钱的业务结合起来。由此亦可见，曾我部静雄先生认为抵当所来源于市易

---

① 汪圣铎：《宋代官府的"回易"》，《中国史研究》1981年第4期。须指出的是，回易本钱除公使钱外，也包括从其他途径聚敛的一些钱财。
② 王曾瑜：《宋朝兵制初探》第296页。
③ 《宋会要辑稿》食货六七之二。
④ 参见加藤繁《关于宋代的检校库》一文，载《中国经济史考证》第二卷。
⑤ 《宋会要辑稿》职官二七之六四。
⑥ 《宋会要辑稿》食货三七之一六。
⑦ 《宋会要辑稿》职官二七之六四。

法之抵当这一观点是可以商榷的。

自此以后，市易法中的结保赊请逐步被废止，全部改为抵当赊请货物及官钱，而其中抵当放钱的业务又逐步合并到抵当所之中，并不断地扩大了经营范围。

元丰二年正月九日，诏令"市易司罢结保赊钱法"①。次年九月，在都提举市易司王居卿请求下又基本革除了结保赊请物货之法②；而保留下来的抵当赊请官钱的业务至元丰四年十二月则完全合并于抵当所之中。当时，在都提举市易司贾青的请求下，于京师新旧城内外开设了四处抵当所，"委官专领，罢市易上界等处抵当"③。以后，市易务主要通过本身贱买贵卖或令商人出抵当赊请货物自卖以平准物价、贸迁物货。④ 抵当放贷专由抵当所管理。《哲宗正史·职官志》所载太府寺统辖的机构也反映了这种分工，太府寺"所隶官司二十有四……莳其贵贱以平百货则归市易上界……飞钱给券以通边籴则归市易下界，听民质取以济缓急，则归抵当所"⑤。

抵当所自从统管抵当放贷业务之后，便逐步向全国各地扩大经营。元丰四年，宋政府在京师设立四处抵当所后，元丰五年，又"推抵当法行之畿县"⑥，元丰六年，又"将诸路常平司市易赊请钱及宽剩钱，五路各借十万，充抵当本钱"。元丰七年八月二十四日又下诏："诸路常平司存留一半见钱，以二分为市易抵当。"⑦ 市易法在元祐时曾被废除过，但绍圣三年又恢复起来，抵当所也随之重新兴置。⑧

宋徽宗崇宁年间，恢复市易法，兴置平准务。虽然平准务仍具有制物价、通财货的职能，⑨ 但在社会经济中，这方面的活动已不太重要了。

---

① 《宋会要辑稿》食货三七之二七。
② 《宋会要辑稿》食货三七之一九。
③ 《宋会要辑稿》食货三七之三〇。
④ 仍令一年出息二分，参见《宋会要辑稿》食货三七之三一。
⑤ 《宋会要辑稿》职官二七之三。
⑥ 《宋会要辑稿》食货三七之三〇。
⑦ 《宋会要辑稿》食货三七之三一。
⑧ 《宋会要辑稿》职官二七之一六。
⑨ 《宋会要辑稿》食货三七之三四。

而与此相反的是，抵当所的经营规模却进一步扩大，在社会经济活动中越来越重要。而且，人们习惯已开始称抵当所为抵当库。崇宁二年，宋徽宗先后诏令："府界诸县除万户及虽非万户而路居要紧去处，市易抵当已自设官置局以外，其不及万户……却系商贩要会处，依元丰条例并置市易抵当"；诸路县镇不及万户"民间缓急难得见钱去处""依旧存留抵当库"①。

抵当所（库）与民间质库有着相同的经营惯例，就是说，在抵当所（库）抵当借贷也必须出息，而且用于抵押的金银匹帛到期不赎，便由抵当所处理。宋政府通过收息及占有这些出限未赎财物得到一笔可观的收入，如建中靖国元年，朝廷五次下敕诸路，将地方所积财物起发上京，其中二月二十三日便是"敕诸路提举司，将见在抵当息钱并起发上京，应副朝廷支用"②。

至南宋后，市易法又被完全废除，唯保留了抵当库。但到这时，文献中已很少见到抵当所的名称，完全习惯于称之为抵当库了。抵当库不断发展，普遍设置，直至南宋末年。但是，质当钱物的赎期，南宋时则有变化：绍兴四年，宋政府"始令诸路依旧质当金银匹帛等""满十月不赎者，并没官"。有人请求依绍圣旧法，以两年为期，但章谊却以"今州县与昔日事体不同，恐难以积压本钱，守待二年"为理由，要求"诸州县抵当物货，并限一年不赎，检估"。章谊的请求得到了宋高宗首肯。③

抵当所（库）基本的经营形式是：民户以金银匹帛或其他贵重物品相抵可以借贷到现钱使用，到一定期后加息还钱并赎回抵当品。这与当时民间质库是相类似的，所以，本文将它当作高利贷资本经营的一种形式——实物抵当借贷来叙述。关于私人质库可参见拙文《宋代私营高利贷资本试探》。④

---

① 《宋会要辑稿》食货三七之三五。
② 《诸臣奏议》卷一〇三，陈瓘《上徽宗进国用须知》。
③ 李心传：《建炎以来系年要录》卷八六，绍兴五年闰二月辛亥、壬申记事。
④ 刘秋根：《宋代私营高利贷资本试探》，《河北大学学报》1987期第3期。

三

熙宁年间，王安石变法对社会经济各个方面产生了巨大的影响，对高利贷资本也不例外。因为青苗本钱及部分市易本钱是一种高利贷资本，促进了官营高利贷资本的发展。

要论证这一点，我想首先确定究竟什么是高利贷资本是非常必要的。因为这个问题不仅与本文有直接关系，而且长期以来使人迷惑不解。如石毓符先生说高利贷"这个名词含糊不清，因为任何高利贷并没有一个明确的界限……将封建时期的贷款行为统称作'高利贷'，似也不很确当"①。这种看法，学界相当普遍，这大概是过分拘泥于利率的高低造成的。其实，高利只是高利贷资本的特征之一，仅以此为标准是难以确定什么是高利贷的。"高利贷资本"一词主要是个历史的、定性的概念，②而不是定量概念。前资本主义社会那种借贷取息的资本不论利之高低，皆可称为高利贷资本，其又可分为利息适中或较低以及利息很高、带盘剥性质的两种。如马克思指出的：高利贷资本便是那种"古老形式的生息资本"③。存在于封建社会中的借贷资本（或称生息资本），只要取息，并且符合货币—货币（货币到更多的货币）运动公式的便可称之为高利贷资本。

明白了这一点，再来观察青苗本钱及部分市易本钱，问题就十会清楚了。

首先，从青苗法来看，其具体办法是：分夏料、秋料两种，分别于正月十三日、五月三十日以前支俵，愿借者几户合伙担保，量个人家产多少借贷，于纳税时随带归还。半年纳息2分，即20%。这些青苗本钱

---

① 石毓符：《中国货币金融史略》第一章，天津人民出版社1984年版。
② 关于定性这一点，本文参考了蒋世绩先生《怎样看待当前农村诸种非银行信用》一文，《经济史研究》1985年第1期。该文写道："判断是否高利贷，除了量的规定性，具有决定意义的还是质的规定性。"不过本文所叙当前农村少量存在的高利贷与封建社会的高利贷资本是有质的不同的。

③ 《马克思恩格斯全集》第25卷，第671页。

就是一种官营高利贷资本。因为，第一，从利息看，法令规定青苗利息是半年20%，则年利40%，而王广廉在河北推行时却曾实行半年30%、全年60%的息率。宋代民间高利贷利息，除那种倍称的年息以外，大部分年利在4分左右，最高不过7.8分，最低达1.8分。① 可见青苗本钱利率比民间高利贷只不过是略低一点，而且个别地区甚至还出现了那种倍称取息或接近倍息的情况，司马光指出：陕西一些地方有时将陈米一斗准折价钱，借与饥民，至还时，"却令纳小麦一斗八升七合五勺，或纳粟三斗，所取利约近一倍"②。苏辙也记载：青苗钱"皆重出息十二，吏缘为奸至蓓息"③。

第二，从青苗本钱的运行来看：它是直接在货币流通过程中得到增殖的，它的运行公式是："货币—货币"，即投入货币，到一定期限后，加息收回，得到更多的货币，与上述高利贷资本的运行公式是完全一致的。

第三，在当时人看来，青苗钱与高利贷是没什么区别的。欧阳修说："田野之民，蠢然固不知周官泉府为何物，但见官中放债，每钱一百文，要二十文利息。"④ 封建士大夫们即使知道"周官泉府"是怎么回事，也是将青苗钱当作高利贷资本看待的。当时人称高利贷资本为"课钱""息钱""子本钱"。韩琦就指出：那些大户乃从来兼并之家"今皆例得借钱，每得一贯，令纳一贯三百文，则是官放息钱也"⑤。文彦博谈到青苗钱时说："此法于乡村之民惟夏秋成熟，折还斛斗、丝帛，即谓之举放；若祇令纳本利现钱即谓之课钱。"⑥

综上所述，可见青苗本钱就是一种由封建政府经营的高利贷资本。

---

① 关于三分之息，从文献记载看，只在河北等地存在过，至熙宁三年三月四日，条例司在回答对新法的攻击时，申明"近又令预给钱，若遇物价极贵。亦不得过二分"。作为一项制度已被废止。关于民间高利贷利息，可参见拙文《试论两宋高利贷资本利息问题》，《中国经济史研究》1987年第3期。本文7.8分、1.8分的年利乃由6.5分、1.5分的月利换算而来的。

② 司马光：《温国文正司马公文集》卷四四《奏为乞不将米准折青苗状》。

③ 苏辙：《栾城集·三集》卷八《诗病五事》。

④ 欧阳修：《欧阳文忠公文集》卷一五《言青苗第一札子》。

⑤ 韩琦：《韩魏公集》卷一八《家传》。

⑥ 文彦博：《文潞公集》卷二〇《言青苗钱》。

但是青苗法又确实是针对私人高利贷资本的，如变法前变法派所说，青苗法"务在优民，不使兼并之家乘其急以邀倍息"①。这两者之间是否矛盾呢？笔者以为是不矛盾的，如上所述，高利贷资本可分为利息适中或较低和利息很高带盘剥性质的两种，发放青苗钱，正是变法派从抑兼并的观点出发，针对那种"取息倍称"、带盘剥性质的高利贷资本，企图经营一种利息较低的高利贷来限制它。实质上反映了高利贷资本内部构成的变化。

其次，从市易法看，元丰三年九月五日，都提举市易司王居卿曾概述市易法主要有三条：结保赊请，一也；契书金银抵当，二也；贸迁物贷，三也。② 其中第一、第二方面是与高利贷资本有关的，其意义有以下两个方面。其一，那些担任市易务监官及勾当官的大商人及来自京师各行铺，充当市易行人的商人，以金银或地产为抵，可以向官府借贷官钱用于收购市场上滞销的货物以及一些外来客商卖不回去而愿于市易务投卖的货物。其二，一般行贩或商人以金帛地产为抵或五人以上结成一保也可向市易务赊请物货或借贷官钱年出息20%。其中第一方面只适合商人，而第二方面则比较复杂，那些赊请物货的一般是商人，而结保或抵当借钱的则除了商人，也可以是其他民户。如熙宁七年正月十九日，知大名府韩绛主张：为避免本路安抚司封桩绸绢陈腐"乞下转运司用新绸绢或银钱对易，或依市易法令民人抵出息"；同年四月八日，神宗论及市易法时，参知政事冯京指出："开封府祥符县给散民钱，有出息抵当银绢米麦、丧葬之目如此七八种。"③ 另外，据熙宁九年正月的诏令：市易务"自今不得赊请钱货与皇亲及官员、公人"④，可知有些"皇亲及官员、公人"曾向市易务借贷官钱。这第二方面中用于抵当或结保赊请，年息20%的市易本钱，是一种高利贷资本。它与青苗本钱的区别是一个主要在乡村，另一个主要在城市流通。但应指出的是，市易本钱中这种用于直接放贷的数量不

---

① 韩琦：《韩魏公集》卷一七《家传》。
② 《宋会要辑稿》食货三七之二九。
③ 见《宋会要辑稿》食货三七之一八、一九。
④ 《宋会要辑稿》食货三七之二四。

占主导地位，所以市易本钱主要还是一种用于控制市场、平抑物价的官营商业资本。

综上所述，既然青苗本钱及一部分市易本钱是一种高利贷资本。那么，它们的投入运行，促使官营高利贷资本在熙宁、元丰时期得到大的发展，同时对私人高利贷资本有某些限制亦属自然了。

四

官营高利贷资本虽由官府统一经营，但由于各地经济发展的不平衡及官吏执行的不统一，其利率亦呈现出复杂的局面，因时、因地而异，从以下三方面来看。

第一，熙宁、元丰时期的青苗钱及部分市易本钱，其利率是较为固定的，分别为年利46%和20%，详情已如上述。第二，利用公使钱或其他本钱进行的回易中的高利贷活动，其利率情况因资料缺乏，暂时无从了解。第三，抵当所（库）的利息率则比较复杂，以下仅就笔者所见资料作一简要概述。

熙宁四年五月四日，开封府检校库在吴安持请求下，"将见寄金银见钱依常平色例召人先入抵当请领出息，以给元检校人户"[1]。其中所说"常平仓例"很显然是当时青苗借贷息率，即年利4分左右。这年十一月，开封府杂供库从左藏库借钱七万贯为本"依古公廨钱支检校库，召人借钱出息"[2]。"古公廨钱"指的是唐代官府用于放债取利的公廨本钱，其利率除唐初有年息倍称的情况外，年利为4—6分，自熙宁九年抵当所并入都提举市易司以后，其利率有些降低。如元丰二年二月二十九日，诏令："应置市易务处，赊请钱并依在京市易务法，听以金银物帛抵当，收息勿过一分二厘。"[3] 元丰五年，知湖州丘孝直指出："在京置四抵当

---

[1] 《宋会要辑稿》职官二七之六四。
[2] 《宋会要辑稿》职官二七之六五。关于唐公廨本钱利率可见王溥《唐会要》卷九〇及李剑农《魏晋隋唐经济史稿》有关部分。
[3] 《宋会要辑稿》食货三七之二七。

所，许以金帛质当见钱，月息一分，欲望推行诸路州县。"① 绍圣三年二月十日，提举梓州路常平等事王雍言："《元丰令》：孤幼财产，官为检校""赀蓄不满五百万者，召人供质当举钱，岁取二分为抚养"。这里说的虽然是元丰时，但同样反映了哲宗绍圣以后的情形，因为这次王雍请"悉复元丰旧令"，得到了朝廷同意。② 政和元年十二月十八日，慕容彦逢奏："孤幼财产，官为检校，不满五千贯召人供抵当，量数借请，岁收二分之息，资以赡养。"③ 大致地说，绍圣至政和年间抵当息率为年息2分是可信的。至南宋后，利率有所回升，如绍兴五年间二月壬申，户部尚书章谊便指出："去岁以调兵，始令诸路依旧质当金银匹帛等，每贯月收息三分。"④ 其年息达3.6分。

由以上所述，抵当所（库）利息较复杂，年利为2—3分，即20%—30%。

综上所述，宋代官营高利贷资本的年利率由高到低，我们可以得到以下一个数列：4分、3.6分、3分、2分、1.2分。如果换算成月利，则是3.33分、3分、2.5分、1.6分、1分；如本文注所引拙文可知，宋代私人高利贷资本的月利率大致有以下几种：8.3分（由年利100%换算而来的）、6.5分、5分、4分、3分、2.5分、2.2分、2分。将二者比较可见，宋代官营高利贷资本的利率比私人高利贷资本一般要低一点。正因为如此，它对社会经济有可能比私人高利贷资本在更大程度上发挥积极作用，这主要表现在它对整个高利贷资本利率的抑制上。

我们知道，宋朝高利贷资本也可分为利息适中的和利息很高、带盘剥性质的两个部分。而影响利率高低的因素不外是两个：一是供求关系；二是债务人的负担能力。相比之下，前者是一个更为直接、更为关键的因素，如果社会上高利贷资本供大于求，则利息便会趋向平稳甚至降低，

---

① 《续资治通鉴长编》卷四四一，元丰五十一月壬辰，此条下考证说："朱本删去，云无施"，这是指未推行诸路，但所说京师抵当所是属实的，因为元丰四年十二月便在京设了四家抵当所。
② 《宋会要辑稿》食货六一之六二。
③ 同上。
④ 参见《建炎以来系年要录》卷八六。其年息达3.6分。

反之便上升。宋朝政府对私人高利贷资本除了利息和借贷时实物与钱币的准折方面所限制外对高利贷资本的经营并不干预，但宋朝政府直接经营高利贷资本却直接影响了整个高利贷资本，对其利率有所限制。第一，官营高利贷资本的利率，尤其是熙丰时青苗钱（四分），部分市易钱（二分）的借贷利率，对私人高利贷来说，无疑是个利率标准，或者说上限。如高出很多，只会失去市场。第二，官营高利贷资本投入借贷领域，社会上高利贷资本供应的骤然增加，从供求关系看，在需求量一定的情况下，供应量的增加只会导致利率的下降。如上引拙文所叙，从北宋至南宋的利息缓慢下降趋势，除不考虑经济发展的因素外，主要还应考虑官营高利贷资本尤其是熙丰时青苗钱及部分市易本钱投入运行在其中所起的平抑作用。

综合本文所述，宋代官府进行的回易有相当部分本钱是用于高利贷经营的，而且从熙宁年间直至南宋末年，宋朝官府还专门开设抵当所（库）取利，官营高利贷资本在熙宁、元丰时期同青苗本钱及部分市易本钱投入运行而得到了特殊的发展。官营高利贷资本尤其是青苗钱及部分市易本钱的借资利率较私人高利贷资本一般要低一些，因而它的投入运行提高了整个高利贷资本的供应量，对利率的缓慢下降产生了积极作用。

（原载《河北学刊》1989年第3期，人大复印资料《宋辽金元史》1989年第4期全文转载）

元代官营高利贷资本述论

官府经营高利贷，自《周礼·泉府》启其端，之后代有其事。元朝存在时间不长，官营高利贷却得到了巨大发展，对当时社会经济产生了深刻的影响，值得我们特别重视。

对元代官营高利贷的研究，早年翁独健先生在《斡脱杂考》[1]中曾个别地涉及了，近年来，乔幼梅老师的《宋元高利贷的大发展》[2]一文，在集中整体描述元代官私高代贷资本的同时，对此也有所论述，并称元代官营高利贷达到了古代官营高利贷的顶峰，但仍很简略。本文拟从它的构成、利率、经营方式及其历史作用等方面再作探索。

一

元代中央、地方各级各类政府及职能部门都有高利贷本钱，情况很复杂，从其功能方面来看，大致是由以下几种构成的。

第一种是其利息主要用于水利、教育、医药、漕运、慈善等项事业。如成都平原著名的都江堰，中统至元初年进行了一次整修，官府所拨款项在工程完成之后还余款201800缗，便委托给灌县守令，放贷与民，每岁取息"以备祭祀淘滩修堰之费"[3]。而以利息充当教育经费更为常见：曲阜孔府所属子思书院，原来便有营运钱万缗"贷于民取子钱，以供祭

---

[1]《燕京学报》第29期。
[2]《中国社会科学》1988年第3期。
[3]《元史·河渠志·蜀堰》。

祀"①。滕州在大德四年前，州守尚敏在州治之南建立了义塾，并且"出己俸以率州士，得钱五千缗，贷诸人，取子息以供师弟子之食"②。江陵府有白水书院，府长官"辍羡俸一千七百九贯，率僚吏为市稻田三十石，其赢犹五千贯，树为学食母钱"③。医药卫生方面的经费开支也有一部分来源于高利贷利息。这主要是指惠民药局的本钱。太宗时，在燕京等十路设立惠民药局，"官给钞本，月营子钱以备药物，仍择良医主之，以疗贫民"。至元二十五年，因官本失陷，一度罢除，大德三年复置。其资本数量：太宗初置时，只给银500锭，大德三年复置时另外拨给各行省钞锭达7935锭、11500索。④

此外，与漕运有关的祭祀开支、行船牵夫廪食及个别屯田所需也都有相应的资本。延祐元年前，名义上政府每年拨给统管海道漕运的海道都漕运万户府中统钞1000锭，作为"牲牢醮祭之费"，实际上一次也未多过。到延祐元年时，当时的漕运万户只得"请假官木千封以贷人，收子钱以供其事，罢官给之费，而岁事丰备"⑤。至治二年，于九思为万户时，为祭祀水神，另外请得官钱500000缗，岁得息18000缗以备祭祀之费。⑥除祭祀之外，大概在成宗之前，还分别拨给福建宣慰司、江浙行省、财赋府一部分钞锭作为借贷之本。关于与屯田有关的高利贷本钱，如世祖至元二十二年八月庚子，"给钞二千四百锭为本，取息以赡甘、肃二州屯田贫军"⑦。

第二种是与唐代公廨本钱类似的，以利息充当官吏堂食、官署土木修缮、驿馆杂用等行政费用的资本。关于堂食本钱，元中央、地方各级官府普遍设立，至大二年，因在朝诸臣多贵族，"时有贺上燕集交好之礼"，原来取官吏俸钱，"则吏属多不给"。于是从左右司六部开始赐给本

---

① 《元史》卷一八〇《孔思晦传》。
② 虞集：《道园学古录》卷八《滕州性善书院学田记》。
③ 柳贯：《柳待制文集》卷一〇，《承宜郎管领拔都儿民户总管伍公墓碑铭并序》。
④ 《元史》卷九六《食货四》。参阅《元文类》卷四〇、《元史》卷八八《百官四》。按《元史》载：中统二年始置，误。
⑤ 《道园学古录》卷四一《昭毅大将军平江路总管府达鲁花赤兼管内功军事黄头公墓碑》。
⑥ 《金华黄先生文集》卷第二三《元故中奉大夫湖南道宣慰使于公行状》。
⑦ 《元史》卷一三《世祖纪十》。

钱以给用，"稍后，诸司援例以请者，皆颁赐焉"①。这是为了朝廷贵官的官场交际所设。至大三年十月辛酉，在三宝奴建议下，又为官僚们添上了工作午餐的费用。②

关于官署修理，彰德路至元五年时，万家奴刺将官府房舍修缮一新，又为衙门建造了大量金银器物及日常生活用品，所费钱物全为本路营运官本历年所得之利息。③元统元年四月至十二月，婺州路府治也进行了扩建及修缮，花用交钞 15000 缗，也全部出自本路官府规运子钱。④至正十七年冬，湖州路守苫思丁"计孳生积镪，斥去浮费，取其赢余"，选择能干之吏，很快将衙门整治一新。⑤

驿传对元朝这样版图极其广阔的大国的统治至关重要，使臣往来、军队调动、文书传送、物资转运等都得经过驿站。因所给驿馆经费不足及站户负担繁重，许多驿站设立了资本，放贷取息以补贴驿站用度。如至元中，姚天福尹真定，因驿馆"馈饩不充""征需日困"，乃"以楮镪贷民，因母取息"⑥。至元十四年丙寅，于永昌路山丹城设立驿站，一开始就给钞千锭，取息以补充邮传之需用。

另外，还有一种并无专项用途的官营高利贷资本，如斡脱所（总管府）、司农司、各地平准库等机构所经营的资本。其中最著名的是官营斡脱钱，主要由斡脱商人经营的商业、高利贷资本。它既投入商品买卖，也用于高利放贷，而以后者为主。早在蒙古国时，国家和蒙古贵族就将大量银钱委托给斡脱商人经营取息。蒙古国及元初，这种高利贷曾大肆其虐，以剥削小生产者，榨取年利倍称以及复利为本的高额利息。至元九年，为了管理有关事务，成立了斡脱所，至元二十年又改为斡脱总管府。⑦从此不但诸王、投下等私人斡脱钱的有关事务有了专门机构管理，

---

① 《元文类》卷四〇。
② 《元史》卷二三《武宗纪》。
③ 《安阳金石录》卷一一。
④ 黄溍：《金华黄先生文集》卷九《婺州路重建府治记》。
⑤ 《两浙金石志》卷一七。
⑥ 《元文类》卷六八。另《滋溪文稿》卷一八《从仕郎保定路庆都县尹尚侯惠政碑铭》记载此事似更详明。
⑦ 《元史》卷九《世祖纪六》。

而且属于国家的部分斡脱钱也走上了正规的官营阶段。如属于总管府的资本，自答实密管理府事之后"持为国假贷，数岁出入，恒数十万锭"①，说明已经开展经常性的业务活动。属于其他官庶所有的斡脱银钱，如有杂剧叙述：千户完颜氏收养落难民户李彦和的儿子春郎，千户临终时，嘱咐承袭了千户官职的春郎要趁外出"催攒窝脱银"之机，寻找自己的生身父母。相认后不久，手下人又逮捕了一个侵欺斡脱银100两的人，经查讯，原来此人正是导致自己一家落难的仇人魏邦彦，于是春郎即以侵欺官银50两即可处斩的法律规定，处死了魏邦彦。② 由此反映出：一般官府也直接经营斡脱银两，并有了相关的法律规定。

除斡脱钱外，其他一般官府如司农司、平准库、各地仓库所进行的高利贷活动也很多，如司农司便有辅用库专掌"转运息钱，以给供输"③。本以倒换钞币、买卖金银为职的各地平准库，有时也干起了放高利贷的勾当。至元十九年，整治钞法条例说："钞库官吏，侵盗金银宝钞出库，借贷移易做买卖使用，见奉圣旨条划断罪。"④ 但官吏暗中违法放贷始终是存在的。基于此，卢世荣理财时（至元二十一年后）以整治钞法虚弊为由，请求由政府"立平准周急库，轻其月息，以贷贫民"⑤。这一建议后来确实施行了，只是在卢世荣覆败后不久很快就被罢除。

尤其值得注意的是，除了上述大概都属于一般偶然借贷的放贷之外，元代一些官府还设立了大量专门经营以物质钱的质库。如属于东宫官属的储政院内宰司在至元三十年设立的广惠库，大概即是质库，因为它的经营方式是"放典收息"，与质库一致；而"广惠"之名也与"诚德""丰义"等私人质库非常接近。⑥ 至顺元年，因拥立皇帝有功，"赐燕贴木儿质库一"，也表明了皇帝或朝廷所营质库的存在。⑦

---

① 姚燧：《牧庵集》卷一三《皇元高昌忠惠王神道碑铭并序》。
② 《元曲选》佚名《风雨像生货郎旦杂剧》。
③ 《元史》卷八七《百官三》。
④ 《元典章》卷二《钞法·整治钞法条画》。
⑤ 《元史》卷二百零五《卢世荣传》。
⑥ 《元史》卷八九《百官志五》。私人质库有关情况可参见《元典章》卷二十七。
⑦ 《元史》卷三十四《文宗纪》。

据上可知，元代官营高利贷的活动范围是非常广泛的，对人们生活的影响也是很大的。正因为如此，"规运""斡脱"等词语成为官府放贷取利的专有名词。《吏学指南》说："斡脱，谓转运官钱，散本求利之名也""规运，谓以官本营利者"[①]。

二

那么，元代官营高利贷资本来源于什么地方呢？概括地说，它主要是通过以下几条途径聚集起来的。第一，政府财政拨给，如行政费用中的堂食本钱、驿馆用度的资本，以及海运祭祀本钱、惠民药局本钱、官府斡脱钱、大司农司辅用库的本钱等。第二，由官僚和一般士人、百姓捐助或者各级官府机构自己筹措，如学校经费的资本及各级官府用于修缮土木的资本。第三，政府没收私人财产时，对私人高利贷的继承。第四，也有一部分资本来源于私人或其他机关的存款。中国古代存款萌芽很早，至宋元时期开始出现有利存款，这主要是在一些官府营利机构及僧寺质库中存在（僧寺质库一般称之为长生库）。

官府在通过以上途径得到资金之后，一般是通过两种方式来经营的。一是直接由官府经营，放贷给官吏、商人、贫民等。它具有严密的、复杂的经营、管理办法。如《秘书监志》记载本监本钱放贷的办法时，详细规定了借贷数量、利息、本息清偿、债务担保、借贷契约账簿的管理、账目的清查监督等内容，由此可见债务保证法在元代的进展及变化。中国古代借贷方面的保证最能典型地体现古代债务保证法的现状以及发展趋势。日本人仁井田陞认为，中国古代债务保证法主要有留住保证、支付保证两种。前者即是由保证人担保债务人不能逃亡或在逃亡发生及债务人死亡时负担偿还债任；后者则是在债务人一般地不能如期偿还时，担保人与原债务人负担同一债负。[②]从发展的角度观察，是后者逐步战胜了前者，从而在保证法体系中占据了统治地位。从现有文献材料，我们

---

① 《吏学指南·钱粮造作》。
② [日]仁井田陞：《中国法制史研究》第二部，第四、五、六章。

发现，主要从宋代青苗借贷中才普遍使用的支付保证，到元代官营高利贷中达到了较为完善的形态：债务人借了秘书监的钞锭，在拖欠本息时，代保人需要月俸代还；主债务人钞锭未还清，保证人即使官限告满，也不能放行；主债务人将家产折价入官抵债，若还有不敷之数时，还必须在代保人名下追征，不足，保人家产同样折价入官。二是由官府召募富户经管、由富户按固定的利率向官府上缴利息。这与唐代公廨本钱令番官、令史及商户、豪富按月纳利的经营方式是一致的。元代官营斡脱钱相当一部分是由富商，主要是回回商人所经营的。另外一些非财务部门的本钱，这种经营方式应该更为普遍。如奉元路天井关孔庙本钱，一开始便是"召募本关王珍、差直等就带营运"取息。因为资料的缺乏，我们对这种方式的过程及许多细节还不甚清楚，有待于今后继续考察。但可以肯定一点，这种方式的实行，无疑大大地扩大了官营高利贷资本的活动范围。

三

元代官营高利贷资本遍布全国，种类齐全，资本数量相当可观。现列简表如下：

表1

编号	机关	资本数量	资料出处
1	惠民药局	初给银500锭、大德三年复置，资本总数为钞7935锭、真贮15000索	《元史·食货志》
2	储政院、内宰司	广惠库钞本5000锭	《元史·百官志》
3	参议府左右司、六部官	各赐钞锭200，计400锭	《元史·武宗纪》
4	奎章阁	营运钱给翰林院2000锭交钞，秘书监1000锭交钞	《秘书监志》卷四
5	司农司	公帑被借走者"为缗数千万"	《牧庵集》卷一一六

续表

编号	机关	资本数量	资料出处
6	平准周急库	无赖之人一言片纸"动辄数千、万贯"	《紫山大全集》卷二二
7	斡脱总管府	数岁出入，恒数十万锭	《牧庵集》卷一三
8	天井关孔庙	中统钞本250缗	《山右石刻丛编》卷三四
9	彰德府	营运官本1232锭37两7钱	《安阳金石录》卷一
10	海道都漕运万户府	官本50000缗	《金华文集》卷二三
11	江淮财赋总管府 福建宣慰江浙行省	500锭钞本 300锭钞本 500锭钞本	《松乡集》卷一
12	海道都漕运万户府	应给钞1000锭	《道园学古录》卷四
13	和林省 甘肃省	给钞2000锭 给钞2000锭	《元史·武宗纪》
14	永昌路山丹城	驿馆给钞1000锭	《元史·世祖纪》
15	侍卫军	一次贷给侍卫军屯田者钞2000锭	《元史·世祖纪》
16	甘、肃二州	给钞2400锭	《元史·世祖纪》
17	灌县都江堰	工程余款201800缗为本	《元史·河渠志》
18	婺州路	营运息钱15000缗	《金华文集》卷九
19	曲阜孔府	子思书院有营运钱万缗	《元史·孔思晦传》
20	江陵府	白水书院学食母钱5000缗	《柳待制文集》卷一〇
21	宁国路学	学租赢藏府中1600锭，被借走隐落	《礼部集》卷一二
22	滕州义塾	钱5000缗为本	《道园学古录》卷八

由于元代钞币变化极复杂，我们难以考知每笔资本究竟属于何种钞锭，因此无法换算成统一的数字。从种种迹象看，这些数字远远不是官营高利贷的全部。理由是：第一，武宗至大三年给左右司六部堂食本钱时，其他中央机构援例以请者，都拨给资本，其数量虽已不可知，但可断言是一个很大的数额。第二，地方性机构，如各行省、各路都有用于

堂食、官廨修理等方面的资本。学校经费开支也绝不止表1所列。第三，属于军队系统的官营资本也是存在的，但目前还未见其数量记载。《元典章》中有好几处提到，官府为限制军官或其他私人的带盘剥性质的高利贷，曾动议由官府以较低的利率或无息向士卒放贷。由此看来，元官营高利贷资本的数量应该是相当庞大的，是否可以说元代达到了封建社会的顶峰还不可知，因为对同样很发达的清代的官营高利贷还缺乏整体估计，无法比较。但是，说它超越唐宋而得到了巨大发展则是完全适合的。

元代官营高利贷对社会经济生活影响有如下几个方面。

首先，高利贷资本的存在及发展是以小生产方式为前提的，官营高利贷也不例外。我们知道，正是小生产者的赋役及其他生产、生活意外事故引起的支付急需，为高利贷的存在及进行残酷剥削提供了广阔的市场。从元代各类官营高利贷资本的去向来看，绝大部分也是借贷给了这类"贫民"，如卢世荣建议设立平准周急库时，便明确规定要"轻其月息，以贷贫民"[1]。至元十五年十一月乙亥时，还明确下令"贷侍卫军屯田者钞二千锭市牛具"[2]。在高昂的利息剥削之下，这类借贷会侵蚀小生产者，使其再生产在更加艰难的条件下进行，使元初经济普遍地凋敝及衰落。

其次，元代官营高利贷有相当一部分被一般官员借去作为生活消费，或被那些贵族及高官强借去用于谄媚上司权贵，买官买爵。如官营高利贷初起时，便有"贷廉吏银，其子钱不能偿者，焚其券"的事情。[3] 秘书监的营运钞锭也允许本监官员如监官、属官、令译史、典书人等借贷，数量分别不许超过30锭、25锭、20锭、15锭。[4] 如果说这一类的本钱主要还是为了维护官员生活，其功用类似于清代养廉银的话，那么以下所叙则完全是另外一回事了，至元间，阿合马在河东按察使任上"贷钱于官，约偿羊马，至则抑取部门所产以输"[5]。很显然，这类借贷行为的普

---

[1] 《元史》卷二百〇五《卢世荣传》。
[2] 《元史》卷一〇《世祖纪》。
[3] 《元史》卷一二四《塔本传》。
[4] 王士点：《秘书监志》卷四。
[5] 《元史》卷一三〇《不忽木传》。

遍化，只能促使元代政治走向腐败。叶子奇评论说："元初法度犹明，尚有所惮，未至于泛滥，自秦王伯颜专政，台宪皆谐价而得，往往至数千缗，及其分巡，竟以事势相渔猎而偿其直，如唐债帅之比，于是有司承风，上下贿赂公行如市，无复纪纲矣。"① 这类借贷不必都是官营高利贷，而且我们也不能说，元代政治由初期向中后期的腐败过程完全是由高利贷造成的，因为这种腐败是一个不受任何社会监督的专制王朝所必然发生的。但是，说官营高利贷对这类腐败现象的发生、存在及走向极端起了推波助澜的作用，则是完全恰当的。与此同时，我们也应该充分认识到，既然小生产方式是高利贷存在的必然前提，那么，它必然能在一定条件下对再生产有某些积极的作用，否则我们便只能把高利贷资本存在及发展的经济根据设立在促使小农破产、使经济走向凋蔽这一破坏性之上。也就是说，在社会稳定、商品经济及多种经营发展、小生产者收入增加的情况下，借贷者提高了清偿能力，便会使利率有可能走向稳定或下降，高利贷资本一定程度的积极作用也就得以显示，从官营高利贷的利率来看，虽然也不乏高昂之利，但与私人利率比还是比较低的。

正因为利率较低，而且官营资本又多集中在城市，因而有相当部分被商人借走，如大德元年前后，召史耀为大司农，赴任后即核查"公帑稽逋"。结果发现，这些钱率"势位家假出为商，久未归其子钱者"②。致和元年九月庚申，中书左丞相别不花言："回回人哈哈的自至治间贷官钞，违制别往番邦，得宝货无算，法当没官。"③ 但在一定程度上也反映出高利贷资本为一般商人尤其是那些本钱少、资金常缺的中小商人所需求的情景。

我们知道，宋代是中国古代商品经济发展时期，这尤其表现在地方市场的开拓——农村市镇集市贸易的大发展。在这种情况下，除了以前的行商、坐贾之外，大批中、小商人应运而生。他们活跃在地方市场上，贩运粮食、蔬果、布帛、日用杂货等，及开小质库、小商店等，从而极

---

① 胡祗遹：《紫山大全集》卷二二。
② 叶子奇：《草木子》卷四。
③ 姚燧：《牧庵集》卷一六《荣禄大夫福建等处行中书省平章政事大司农史公神道碑》。

大地促进了农村商品经济的发展。随着这个阶级力量的壮大，它们对货币资本供应的需求也增大了。元代官营高利贷资本也在一定程度上继承了这一功能，因此，它对当时商人融通资金、活跃商品流通是有一定的积极意义的。由此亦反映出宋朝以后在商业资本向高利贷资本转化的同时，也存在着反向的转化，即高利贷资本向商业资本的转化，这一点自明清以后更为普遍。在评价中国古代高利贷的历史作用时，这一点是必须充分考虑的。

（原载《文史哲》1991年第3期。人大复印资料《宋辽金元史》1991年第4期全文转载）

论元代私营高利贷资本

在中国历史上，元代高利贷资本是比较发达的。因此，这已引起了经济史研究者的广泛注意，① 对元初作为私营高利贷资本典型的"斡脱钱"，以及宋元高利贷的整体发展、利率变化的总趋势都作了卓有成效的研究。笔者拟在此基础上，对元代私营高利贷再作详细探讨。

从元代高利贷资本所有制的角度看，大体上有三种形态：一是官营高利贷资本；二是寺院等宗教机关经营的高利贷资本；三是私营高利贷资本。关于前两者，笔者已分别有所论述，② 本文只以私营高利贷资本为例，对其运营的内容、形式、利率以及社会价值、经济作用等方面的问题作些研究。错谬之处，敬请方家指正。

一

从物质内容上说，元代私营高利贷既有实物借贷（包括谷物、布帛及日常用品等），又有货币借贷（包括交钞、铜钱、白银等）。从货币借贷来看，首先引起人们注目的当然是斡脱高利贷及典当行业。这里，仅就私人斡脱高利贷的发展及官府的干预过程略加叙述。笔者认为，这一过程大体可以划分为以下三个阶段。

太宗七年（1235）以前，是斡脱初起及向中原各地展开活动的阶段。

---

① 如陶希圣、李剑农、翁独健等；乔幼梅《宋元高利贷的大发展》一文载《中国社会科学》1988年第3期。

② 刘秋根：《元代官营高利贷资本述论》，《文史哲》1991年第3期；《宋元寺院金融事业——以长生库资本为中心》，《世界宗教研究》1992年第3期。

早在蒙古政权统治初期，因斡脱商人的活动，斡脱高利贷即已在蒙古草原出现。《黑鞑事略》记载："自鞑主以至伪诸王伪太子等，皆付回回以银，或贷之民而衍其息，一锭之本，展转十年后，其息一千二十四锭。"蒙古政权入主中原之后，斡脱商人势力也乘机渗透进来了。因为战争负担沉重，百姓借贷应付，回鹘商人乘机邀索重利，于是形成了这一时期斡脱高利贷猖獗的局面，① 斡脱高利贷者作为包税人的面目也逐渐显现出来。②

太宗七年至中统二年（1235—1261）是斡脱高利贷在北方各地得到极大发展、斡脱高利贷者作为包税人普遍化并引起蒙元政府重视及干预的阶段。本来随着北方的统一，政局逐渐稳定以及蒙古统治者剥削方式的改变，赋税征收逐渐走向正规，斡脱高利贷是有可能受到一些抑制的，但蒙古政权在灭金后，紧接着就开始了侵宋战争，军马调发十分频繁，军需供应成了人民十分沉重的负担，③ 斡脱高利贷便在赋税支付需要的刺激下愈益猖獗起来，④ 这种高利贷的利率是非常高的，一般年利倍称，而且回利为本、利上加利，对生产的破坏很严重，债务者"往往卖田宅、鬻妻子不能偿"⑤，因而引起蒙元政府的重视及干预。从太宗十二年开始，蒙古政权即规定由政府代偿一部分确因赋税支付而借的斡脱钱，⑥ 并且限制利率上限及禁止回利为本。此外宪宗二年（1252）十月还命"孛阑合剌孙掌斡脱"，即开始设专官掌管与斡脱有关的事务。⑦ 为以后正式斡脱管理机构的设立奠定了基础。

从至元初至元朝末年，是斡脱高利贷者作为包税人的功能逐步减弱、其营运走向正规并向南方各地渗透的阶段。虽然直至大德二年（1298）诸王驸马并投下还向朝廷控诉"随路官员人等欠少钱债"，迫使朝廷不得

---

① 《元史》卷一五一《王玉传》。
② 《元文类》卷五七《中书令耶律公神道碑》。
③ 《元史》卷一九一《谭澄传》。
④ 胡祗遹：《紫山大全文集》卷一六《卫辉提领长官萧公神道碑》。
⑤ 《元朝名臣事略》卷六《总帅汪义武王（世显）》。
⑥ 《元史》卷二《太宗纪》及《元史》卷一五七《刘秉忠传》、《清容居士集》卷二六《裕州知州李公神道碑》。
⑦ 《元史》卷三《宪宗纪》。

不重申以前"为民借子""官为代尝"的圣旨，但随着局面的稳定及中统二年（1261）的统一清理，这一部分的比重大为减少；不过，随着南方的统一，高利贷者却有效地扩大了自己的活动地域，① 并向军队渗透。②

但与此同时，政府对斡脱高利贷的干预也进一步加强了，不但颁布了一系列限制其过度剥削的诏令，而且正式管理斡脱事务的机构也建立起来。至元四年（1267）正式建立诸位斡脱总管府，至元十七年（1280）升为泉府司，专掌"御位下及皇太子、皇太后、诸王出纳金银事"。同时，又设立斡脱所，至元二十年（1283）升为斡脱总管府，③ 其职掌主要是"为国假贷，权岁出入"④。

除斡脱高利贷之外，其他一般商人以及高利贷者所经营的短期或长期货币借贷也很普遍。尤其值得注意的是，与汉代所谓"子钱家"类似的专业高利贷者在元代仍大量存在。如陕西三原龙桥镇的李子敬便是这样的一位高利贷商人。⑤ 有的商人青壮年时期买贱卖贵，辛苦经营，挣得了许多家财，中年以后，却贪图享受，不思进取，转而将资本用于放债，坐收利息，⑥ 从而由商人演变成了专业的高利贷者。⑦ 当然除了这类专业高利贷者之外，偶尔进行放贷、利息在其经济收入中不占主要地位的兼业高利贷者就更为常见了，⑧ 各地城市中的商铺也是常常放债的。至元八年（1271）五月十六日，魏初上言谈到山东滕、峄、淄等州，因官府桩配官盐，下户在"主首"的严催紧逼之下，来到城市关买，"到城无钱，多于铺户之家借贷，以应官司督迫之急"，及关买出局，却于城内贱价卖

---

① 《元典章》卷二七《斡脱钱为民者倚阁》《追征斡脱钱扰民》。按："为民借子"依元刻本当为"为民借了"。
② 《元史》卷一九《成宗纪》。
③ 《元史》卷六、卷一一及卷七、卷一二，二者关系参见《斡脱杂考》第三部分，《燕京学报》第29期。
④ 姚燧：《牧庵集》卷一三《皇元高昌忠惠王神道铭并序》。斡脱钱的管理机构可能是公私两套，前二者管理私人斡脱钱有关事务，后二者则管理官府斡脱钱。
⑤ 王昶：《金石萃编未刻稿》卷中《李君义行记》。
⑥ 《元曲选》第46册《马丹阳三度任风子》。
⑦ 《元曲选》第12册《散家财天赐老生儿》。
⑧ 戴良：《九灵山房集》卷二三《元赠江浙行枢密院都事刘君墓志铭》。

出，得钞还贷。①

此外，元代流行的军官放债绝大部分也是这种货币借贷。至元初，胡祗遹说："今之管军官，视军如草芥。"士兵盘费令其"于己家取债，不百日半年，而出利过倍"②。鉴于这种情况的严重性，至元十年（1273）曾下令"禁军吏之长举债不得重取其息"③，但实际上不但禁而不止，反有愈演愈烈之势。除本人之外，一些军官还"纵令父兄子弟……以出放钱债为名，令军使用，不出三四月便要本利相偿"④。

货币借贷之外，地主、商人的各种实物借贷也是很常见的。由以下所引回鹘文文书可见，这种借贷既有各种食物，也有各种日用品，还有牲畜。结合其他地区的情况来看，这种放贷尤以春荒或其他饥荒时的粮食、种子借贷最为常见和普遍，与下层群众的生产、生活的关系也最为密切。因为这类借贷的普遍及对小农生活影响深刻，所以引起了封建国家的经常干预。大德五年（1297）十月，元政府下令："权豪势要之家佃户贷粮者，听于来岁秋成还之。"⑤ 大德八年（1300），江浙行省奉行圣旨，要求田主对于佃户所贷过的粮食"依例三分取息，毋得多余勒要"⑥。

当然，除残酷勒索者之外，相反的情况也有个别存在。至元时期山东郓州寿良人申屠义"隐于贾，衡量必公，息不取赢，储米以备歉，歉则平粜广贷……贫不能偿所负，焚券勿责"⑦。至正初年，真定等地蝗蝻为灾，朝廷劝谕富民放贷，有田数千亩，岁收万钟的大地主关氏踊跃响应，因而环关氏所居百里之内，"民乏食者相帅有所假贷，君不务取厚利，惟以活人为心"⑧。

---

① 魏初：《青崖集》卷四《奏议》。
② 《紫山大全文集》卷二二《军政·又二·军前身死在逃之弊》。
③ 《元史》卷九八《兵志》。
④ 《通制条格》卷七《军防·禁治扰害》。
⑤ 《元史》卷一九《成宗纪》。
⑥ 《元典章》卷二七《放贷依乡原例》，卷一九《佃户不给，田主借贷》。
⑦ 吴澄：《吴文正公文集》卷六八《故善人申屠君墓表》。
⑧ 苏天爵：《滋溪文稿》卷二〇《元故承务郎真定等路诸色人匠总管府总管关君墓志铭》。

二

　　元代私营高利贷资本从其运营形式来看，不外乎以下两种：一是抵押借贷，二是信用借贷。关于前者，首先值得提出来的是典当业。典当业作为一种组织程度较高的抵押借贷自汉代发明，南北朝时期得到发展，在隋唐、五代、宋辽金夏诸代都很发达。蒙古及元初，因长期战争对各地经济破坏很大，典当业也一度衰落，直至至元年间情况才有所好转。随着全国的统一及局面的稳定，典当业开始复苏，商人、地主以至僧寺、朝廷都开始设立质库。元代地主、商人一般都是既占有土地又兼营商业、手工业，还设立质库、解典库，成为一种土地、商业、高利贷结合的剥削实体。如杂剧中的曹州贾员外便不但有着"鸦飞不过的田产物业"，而且"盖起房廊屋舍、解典库、粉房、磨房、油房、酒房，做的生意就象水一样长将起来"①。这些质库、解典库在城市中十分引人注目。在大都"显宦积硕之家，解库门首，多以生铁铸狮子，左右门外连座，或以白石凿成，亦如上安顿"②。另外有一杂剧中的质库主人被称为"金狮子张员外"③，大概也是解典库门首有了引人注目的镀金铜狮子吧。

　　元代典当业的业务主要是动产抵押放贷，即"以物质钱"；典质物品包括金银、珠宝、衣饰、器皿等。如江西省龙兴路熊瑞于大德六年八月初三日"将珍珠一千二百颗有零及玳瑁统子六个，于诚德库内解讫中统钞一百二十五两"④。至元间京师一解库，典下了"价值数万锭"的白玉朝带⑤。一些质库甚至连一些违禁物品如军官所佩戴的金银牌面也经常典进⑥。但是，典当物品更多的还是城乡贫民或下层知识分子等所典质的日常衣物、器物等。如杂剧中的张屠因断粮只得将棉袄拿到王员外的质库

---

① 《元曲选》第 44 册《看钱奴买冤家债主》。
② 《析津志辑佚》。
③ 《元曲选》第 5 册《相国寺公孙合汗衫》。
④ 《元典章》卷二七《解典·解典金银并二周年下架》。
⑤ 杨瑀：《山居新语》。
⑥ 《元史》卷一〇三《刑法志二·职制下》，《元典章》卷二九《礼制二·牌面》。

中去当两升米①；一寺院的行者戏对其师云："向年间为师父娘做满月……把我的褊衫都当没了。"②

物品典进之后，一般规定一个期限，期限之内，允许加利取赎；期限一过，质库主人便将物品处理发卖，以便加快资本流通。如有杂剧说："别人家便当的一周年下架容赎解。"③ 元贞三年二月，江浙某地有人"将珠翠、银器、衣物于费朝奉家典当钞两，周年后不肯放赎"④。大德年间江西省龙兴路的解典库一般是以两周年或一十八个月为限，而诚德库却是"过周年下架"。元政府当时下令："应典诸物拟合照依金银一体，二年下架。"⑤ 但质库未必完全遵守。

抵押借贷除质库之外，还包括那种没有固定组织机构、经营规则的带有极大偶然性的抵押借贷。与质库不同，这类借贷，既有动产抵押，也有不动产抵押及人身抵押。关于动产抵押，"永嘉民有质珠玉步摇于兄者，赎焉，兄妻爱之，绐以亡于盗，屡讼不获"⑥。以及元代法令规定"诸典质，不设正库，不立信贴，违例取息者，禁之"⑦，可以为例。这反映出质库之外的零星动产抵押也是很常见的。关于不动产抵押借贷，河南安阳"邑民郭元以地质于邢，数十年而后归其地"⑧，可以为例。这类借贷十分普遍，一些地方的百姓"贫苦不能自存，田产物业典卖质当，十去其半"⑨。关于人身抵押借贷，元代比宋代似更为普遍。这种情况在饥荒乏食时尤为严重。如杂剧叙穷儒苏文顺、孟仓士想上京应举，为准备盘费，只好"将这一双男女质当些小钱物，进取功名去"⑩；至元年间，

---

① 《元曲选外编》第 3 册《小张屠焚儿救母》。
② 《元典选》第 35 册《花间四友东坡梦》。
③ 《元典选》第 44 册《看钱奴买冤家债主》。
④ 《通制条格》卷二七《杂令·解典》。
⑤ 《元典章》卷二七《解典·解典金银并二周年下架》。
⑥ 《元史》卷一九〇《胡长孺传》。
⑦ 《元史》卷一〇五《刑法四·禁令》。
⑧ 《安阳县金石录》卷一〇《皇元东路总管府推官司杜君墓碑》。
⑨ 胡祗遹：《紫山大全文集》卷二二《论复逃户》。
⑩ 《元曲选》第 45 册《罗李郎大闹相国寺》。

"江淮岁凶，民以男女质钱，或者转卖为奴"①。元代社会上普遍存在的典雇、典嫁，实际上大部分是因借贷钱物无力偿还而引起的。一经典雇之后，人身便受债主束缚，受债主驱使，最后要想获得自由，还得家人备原价赎买，期限内的雇价便只充当了原借钱物的利息。因而这是一种完全的人身抵押借贷形式。②

中国社会自古以来对人均以义、信为主，而不甚讲抵押，因此，与抵押借贷一样，信用借贷也很常见。元代信用借贷大体有两种情况：一是担保信用。这就是以一个比债务人经济状况更好，或社会地位更高的人作为担保进行借贷。如有人想从财主刘从善处借贷，而其妻李氏却对借钱的人说："你要借钱，我问你要三个人，要一个保人，要一个见人，要一个立文书人。"③ 这一点也为出土的借贷文书所证明。1983—1984年，考古工作者对位于内蒙古阿拉善盟额济纳旗的黑城遗址重新进行发掘，在出土的契约文书中有一份借债契约是这么写的④：

> 立欠钱文字人亦集乃路耳卜渠住人
>
> 韩二今为要钱使用，别无得处，今欠到石巡检中统宝钞贰拾柒两伍千。其钱本人自限正月终交还。如至月不见交还，系同取代保人一面替还。无词恐失，故立（缺）
> 用
> 至元四年十月廿日　立文字人韩二押
> 同取代保人　张二押
> 知见人　葛二押

二是个人信用，即主要以个人的经济收入、人格作保证的借贷。这

---

① 苏天爵：《滋溪文稿》卷一二《元故陕西诸道行御史台治书侍御史赠集贤直学士韩公神道碑铭并序》。
② 参见王恽《秋涧集》卷八四《为典雇身良人限满折庸事状》及《元典章》卷五七《禁典雇》。
③ 《元曲选》第12册《散家财天赐老生儿》。
④ 郭治中、李逸友：《内蒙古黑城考古发掘纪要》，《文物》1987年第7期。

种借贷在亲朋好友、同里乡亲之间比较常见，其一般状态大体上由吐鲁番出土的一批 13—14 世纪的回鹘文借贷文书反映出来。这些文书是 19 世纪以来陆续出土的，陆续刊登于俄、德、日等国杂志，经杨富学教授收集、整理、翻译，使我们对元代高利贷中的个人信用借贷有了丰富的感性认识。笔者所见刊布者共 27 件，举其中 N08、N03 两件如下：

N08

1. 猴年四月
2. 初五，我库玛干
3. 巴依因需要芝麻
4. 从卡里木杜处
5. 用自己的量具借了 20 巴的尔
6. 芝麻，秋
7. 初时节，我将还他 40 巴的尔
8. 芝麻。

N03

1. 马年五月初八
2. 我布尔迷失因需要银钱从括逊奇那里
3. 借了 4 两银子。我将按每月每两 1
4. 钱银子的利息如数偿还①。

　　在元杂剧中也能找到这种个人信用借贷的例子。如有杂剧记载：一秀才卖字画于街市，刚得二百文，恰一老汉被无赖讹诈，需钱二百，老汉与秀才商议说："怎生借与老汉，还与那人去，我一本一利归还。"②
　　综上所述可见，从运营形式看，元代高利贷大体有两种形式：一是抵押借贷，二是信用借贷。其中，前者又分为动产、不动产、人身抵押

---

① 杨富学：《吐鲁番出土回鹘借贷文书概述》，《敦煌研究》1990 年第 1 期。
② 《元曲选》第 1 册《宋上皇御断金凤钗》。

三种；后者又分为担保信用、个人信用两种形式。

除此之外，还有一种介于二者之间的形式也是值得注意的。这就是源于唐末五代、盛行于宋而为元代所继承的预押农作物或产品的借贷，即生产者为生产资金周转，在农作物成熟或产品生产出来之前即预估产量及价值，以之为抵，向富人借钱使用；等收成或产品生产出来之后即以实物作价加息偿还（当然还钱也是可以的）。这种借贷在明清以后乃至近现代农村各地都是很发达的。元代《玉堂嘉话》在谈到青苗钱时说："青苗钱，如今之预取麦钱也，假如即日麦价一贯，借与五百，将来征麦一石。"① 可见，这一现象引起了士大夫重视，说明这种借贷在元代一定在某些地区是比较经常的，而不是一种孤立、偶然的经济现象。

三

关于宋元高利贷资本利率发展趋势，乔幼梅先生已有所探讨，但还有几个问题需要考察，即元代高利贷资本利率的整体状况及其演变趋势、利率结构特点等。元代私营高利贷利率的有关材料见表1。

由表1所提供的材料看，元代高利贷利率在整体上是比较高的，表现在：第一，元代货币借贷利率长期偏高不下。在蒙古、元初年利倍称且以利为本的斡脱高利贷利率的影响下，元代借贷利率陡然上升，加上经济环境的恶化，这种偏高的势头长期未见明显下降，经常处于倍称以上（主要是年利），而且复利为本。这一点在整个中国古代都是很突出的。与元相比，宋明等代，虽然也不乏年利倍称，但远不如元代这样普遍。第二，虽然元朝政府也曾规定月利不过三分，但是并未有效贯彻。因而除了质库（典库、解典库）之外，一般的货币、实物借贷中，倍称之下的各种较低利率（3分、4分、5分等）在元代似乎相对少见。

当然，这种状况也不是一成不变的，从时间上说，元代中后期利率虽然仍未根本改变这样整体上较高的状况，但总是表现出了一定程度的下降及稳定趋势。表现在：第一，从太宗十二年（1240）朝廷下令为百

---

① 王恽：《秋涧先生大全集》卷九八，《玉堂嘉话》卷五。

姓代偿部分斡脱高利贷开始，在汉族官僚、知识分子的影响下，元政府开始对高利贷进行一些干预，一开始限于规定贷款利息总量，自从至元十九年规定放贷月利不过三分之后，政府开始对利率上限予以限定。虽然因元代官僚机构的腐败无能、效率低下以及简单商品经济条件下，国家经济实力、干预手段非常有限，这种利率政策的贯彻是有限的，但毕竟也反映了利率的某种松动。第二，自从南宋灭亡后，随着政局的稳定及秩序的恢复，元初因战争破坏而凋敝的典当业得到了恢复和发展，开始经营利率较其他一般借贷为低的"以物质钱"业务，表明在政局稳定、商品经济恢复的前提下，社会的货币需求有了较正常的供应，利率也就在一定范围内得到了稳定并趋向降低。

可见，整体上说，元代高利贷利率水平处于一种较高的状态，但是中后期比前期的利率有所下降。那么元代高利贷资本利率的结构特点又怎么样呢？可从以下几个方面来予以分析。

第一，市场利率、习惯利率与法定利率。根据利率受市场调节的程度不同，元代高利贷资本可以分为市场利率、习惯利率、法定利率三个层次。所谓法定利率，即是封建国家以法令或政策形式规定下来的利率。习惯利率则是某一地区因特定的经济环境及历史传统而形成的为这一地区大多数人所认可的利率。如文献中一再提到的"乡原例"即是习惯利率的典型表述。市场利率则是在前二者制约下，受金融市场供求关系调节而形成的利率。一般情况下：市场利率＞习惯利率＞法定利率。当然相反的情况或者三者相等的状况也是可能存在的。

第二，民间利率与官府利率。中国古代高利率资本的重要特点便是官私二途泾渭分明，利率方面亦是如此。相比之下，元代官营高利贷利率[1]总是比私营高利贷利率要低一些，所以民间利率＞官府利率。

第三，实物借贷利率与货币借贷利率。中国古代商业高利贷资本的特点是作为一个独立因素处于生产过程之外。货币借贷与主要作为使用价值的实物借贷是二元对立的，而不是只作为资本运动过程中的一个形态变换。因而利率方面区别也很明显，一般情况下前者高于后者，元代

---

[1] 刘秋根：《元代官营高利贷资本述论》，《文史哲》1991年第3期。

也不例外。虽然倍称之息在实物及货币借贷中都比较常见，但是比较低的各种利率则多见于货币借贷之中，尤其是典库的抵押放贷。所以一般情况下，实物借贷利率＞货币借贷利率。

表1　　　　　　　　元代私营高利贷资本利率情况①

编号	年代	地区	利率状况	资料来源
1	太宗四年以后	卫	钱贷月利10%	《秋涧集》卷六一《故云中高君墓碣铭并序》
2	太宗七年以前	藁城	钱贷年利100%	《元文类》卷七〇《藁城董氏家传》
3	太宗十二年前后	北方	钱贷年利100%	《元文类》卷五七《中书令耶律公神道碑》
4	忽必烈潜邸时期	北方	钱贷年利100%（复利）	《元文类》卷六〇《……姚文献公神道碑》
5	宪宗二年	磁州	钱贷年利100%（复利）	《牧庵集》卷二五《磁州滏阳高氏坟道碑》
6	宪宗四年	京兆府	钱贷年利100%（复利）	《名臣事略》卷七《平章廉文正王》
7	中统元年前后	滑州	物贷月利100%（?）	《清容居士集》卷二六《……李公神道碑》
8	中统二年	北方	法定钱贷利息上限100%	《元典章》卷二七《钱债止还一本一利》

---

① 表中为省篇幅，注中细目多简化，以省略号表示，现在看来，有点不妥，然为保持原貌，未予补充。（刘秋根于2016年12月9日）

续表

编号	年代	地区	利率状况	资料来源
9	至元六年	全国	同上	《元史》卷六《世祖纪》
10	至元十年前后	军队	钱贷半年利100%	《紫山大全文集》卷二二《军前身死……》
11	至元十九年	全国	钱贷利率50%—100%	《通制条格》卷二八《违例取息》
12	同上	全国	法令钱贷利3分	《通制条格》卷二八《违例取息》
13	至元二十七年	恩州	钱贷利100%	《元文类》卷六八《参知政事王公……》
14	至元二十九年	全国	谷贷年利50%—100%（复利）	《元典章》卷二七《钱债·私债·放粟依乡原例》
15	元贞二年	河东并州	谷贷利率100%	《元文类》卷六八《参知政事王公神道碑》
16	大德二年	军队	钱贷月利10%—20%	《元曲章》卷二七《多要利钱本利没官》
17	同上	全国	法定钱贷月利3分（3%）	《元曲章》卷二七《多要利钱本利没官》
18	大德六年	河南淮安路	钱贷月利10%	《通制条格》卷二七《解典》
19	大德八年	大都	典库钱贷月利率2%	《元典章》卷二七《解典金银并二周年下架》

续表

编号	年代	地区	利率状况	资料来源
20	大德八年	江西龙兴路	典库钱贷月利10%弱年利100%。按：此利率疑点甚多，可能是指下架之物价值与典当人所得钱币之间的差额所形成的利息	《元典章》卷二七《解典金银并二周年下架》
21	同上	江浙	法令钱贷利3分	《元典章》卷一九《佃户不给田主借贷》
22	大德十一年	处州龙泉县	钱贷利上限100%	《王忠文集》卷二四《故石门书院山长吴君墓志铭》
23	至治元年	军队	钱贷年利100%（复利）	《元典章新集·户部·钱债·军官多取军人息钱》
24	同上	嘉兴（资圣禅寺）	钱贷年利100%	《两浙金石志》卷一五《嘉兴资圣禅寺长生……》
25	至治二年	军队（泉州）	钱贷年利100%	《元典章·新集·私债·军官多取军人息钱》
26	文宗继位之际	汴	钱贷利率上限年100%	《石田文集》卷一四《敕赐太师秦王佐命……》
27	元	？	质库钱贷月利3.6%	《四元玉鉴细草》卷下之四《杂范类会》一十三问
28	元	？	质库钱贷月利4.1%	同上《或问哥豪·一十二问》
29	元	？	钱贷年利100%	《元曲选外编》三册《玉清庵错送鸳鸯被》

续表

编号	年代	地区	利率状况	资料来源
30	元	汴梁？	钱贷年利100%	《元曲选外编》一册《山神庙裴度还带》
31	元	襄阳？	钱贷年利100%	《元曲选》十册《庞居士误放来生债》
32	元	楚州	钱贷年利100%	《元曲选》四十二册《感动天地窦娥冤》
33	元	晋州福阳县	钱贷利率100%	《元曲选》三十二册《崔府君断冤家债主》
34	元	全国	钱贷利率名义年利30%实际100%	《龟巢集》卷七《上周郎中陈言五事启》
35	元	全国	钱资利息上限100%	《元史》卷一〇五《刑法四·禁令》
36	元	？	钱贷年利率67%	《金华黄先生文集》卷二九《华府君墓志铭》
37	元	回鹘地区（吐鲁番）	钱贷月利15%（1件）、10%（2件），物贷年利率100%（8件）、50%（2件），另有7件物贷利率无法计算或未写	据《敦煌研究》1990年第1期所载杨富学文

第四，城市利率与农村利率。虽然自中唐以后，因市镇等地方性市场的活跃，商品货币经济对农村经济的渗透加强了，但从整体上说，即使到元代以后，城市、农村经济仍然是二元对立的，城市商品经济比农村发达得多，手工业、商业以及货币资金多集中于城市，因而货币供应方面的城乡差距也极大。元代官府、寺院、大商人所经营的质库及一般借贷多以各级城市为中心。这一方面是因为城市居民的货币需求量较大，另一方面则是因为在城市中经营性、资本性借贷远比农村中的比例要大。

因此，元代农村资金因而大量流向城市。农村尤其是城郊的大地主多将资本投入城市，或经商，或开解典库，或放债。例如，潞州长子县大地主赵太公富有田土粮食，无事便"去城中去索钱债"①。扬州大财主赵国器"有负郭田千顷"，在城中开设了"油磨坊""解典库"②。蠡州白鹭村地主韩弘道，有万贯家财，也在城中广放钱债。③ 这样，在货币供应较充足的情况下，城市利率比农村利率低一些便是很自然的了。

四

还有必要讨论一下元代高利贷资本对社会经济的作用。乔幼梅先生指出："在元代，社会经济呈现了局部的倒退。之所以如此，蒙古贵族所代表的奴隶占有制之向北中国的渗透是一个重要的原因。而高利贷是促使残存奴隶制得以扩大的有力杠杆。"它还"吞噬了大量的田产……随着高利贷资本的膨胀，高利贷者成为统治阶级而且是这个阶级的上层中的暴发户，社会阶级的变化加快了……有力地冲击了旧的土地势力，使这个势力表现出某种程度的动摇和衰落"④。这一点是正确的。但元代高利贷对社会生产、流通的作用即其经济作用究竟是怎么样呢？乔先生在文中未加以说明，本文拟从这一角度作些探讨。

第一，小生产者的再生产对高利贷资本的依赖。元代经济虽然仍以自然经济为主，但商品货币经济也有相当的发展，因而再生产过程与高利贷有着千丝万缕的联系。小农赋税的缴纳及其他的支付、维持一家人的衣食费用、饥荒时的救济、荒地开垦或进行某项经济作物的种植、种子、农具、肥料的预备等，在相当程度上都依赖高利借贷。此外，手工业尤其是中、小手工业的生产及流通资金周转也在一定程度上依赖高利贷。例如，处州龙泉县的陶户就经常向当地高利贷者如吴益懋之流借贷

---

① 《元曲选外编》第 1 册《刘夫人庆赏五侯宴》。
② 《元曲选外编》第 14 册《翠红乡儿女两团圆》。
③ 《元曲选外编》第 7 册《东堂老劝破家子弟》。
④ 乔幼梅：《宋元高利贷的大发展》，《中国社会假道学》1988 年第 3 期。

生产资金。①

　　第二，商品流通过程与高利贷资本。宋元以来，因地方性小市场的兴起，中小商人阶层兴起并活跃起来。因资本力量的微薄，他们对货币资本提出较强的需求，促进了以高利贷者为主体的资本放贷市场的发展。元代这一势头盛而未衰，以致产生了许多专门向商人放贷的高利贷者。如元初著名的高氏兄弟"主货殖为业""以什一与时驰逐""易彼取此，收息且廉，故声实四出，商贩舆集其门"②。吴益懋除了对陶户放贷外，还向陶器商人放贷资本。③ 另外元杂剧中也有许多借银两经商的例子。如李孝先借庞居士银两锭经商，④ 杨国用借赵客银五两贩卖杂货⑤等。

　　当然，对于农业、工商业对高利贷资本的这种依赖性我们也要做具体的分析。与近代借贷资本由平均利润率决定利息率不一样，在古代，利润在一定程度上反而是由利息率决定的。由于利息的高昂，要想通过借贷扩大再生产是十分困难的。即使有了借债扩大再生产规模的可能性，因利钱的沉重，也会使小手工业者望而却步。如果再加上其他因素（天灾人祸），使之不能及时偿还债务，那么高利贷便会成为农业、手工业者及中小商人的一种深重负担，使得再生产及流通的完成发生困难，甚至在利息的重压下走向破产。因借贷之后"鬻妻卖子""准折田宅""终致破产流离"之类记载在元代文献中是不胜枚举的。但是在商品经济发展、小生产者收入增加、商人的商品流通正常完成的前提下，他们是有可能清偿债务、避免破产的。这样，即使高利贷资本使生产者不可能扩大再生产，但它对再生产、流通过程的作用也有可能在一定程度上表现为积极的作用。

　　（原载《河北学刊》1993年第3期，人大复印资料《经济史》1993年第6期、《宋辽金元史》1993年第4期全文转载）

---

①　王祎：《王忠文集》卷二四《故石门书院山长吴君墓志铭》。
②　王恽：《秋涧集》卷六一《故云中高君墓碣铭并序》。
③　王祎：《王忠文集》卷二四《故石门书院山长吴君墓志铭》。
④　《元曲选》第10册《庞居士误放来生债》。
⑤　《元曲选》第32册《叮叮珰珰盆儿鬼》。

明代高利贷资本活动形式

中国古代至少在西周时期已有放贷取息之事，而得到比较大的发展，则是在春秋、战国之后。以后各代高利贷资本均不同程度地存在着，并不断得到发展，活动形式也日益复杂起来。自宋代以后，因资本积累的发展及流通的加快，在放贷之外，存款也随之产生。关于这一问题，学术界尚无专门探讨，本文拟从存、放两个方面对明代高利贷资本活动形式作一考察。

一

因安全、保密或使用等方面的需要，至少在秦汉时期便有了货币以及其他财物的窖藏之事，唐代以后，还有了比较专门的经营货币寄存的柜坊。但是这种寄存，不论是由私人偶然进行的，还是由柜坊专门经营的，都还只是一种由人的关系而产生的保管，或是一种需要支付费用的寄存，还不是正式的存款。

正式的存款是在北宋中期以后，在官营抵当所中产生的。熙宁四年，宋朝政府设立抵当所，以检校库的财物放贷取利，不久以后，首都东京的一些衙门如开封府杂供库、国子监、都水监、律武学都拿出了一笔为数不少的钱财存于抵当所，委托它生息。明代尤其是明中叶以后，随着商品经济的进一步发展，正式的存款得到了发展和普及。

明代存款多是因为生活的需要存于财主或商铺之中。其中有些看不出有取利息的痕迹，可能还只是一种保管式的寄存，而接受寄存的财主或商铺也不以之为资本进行营运，多数则是要求利息的，接受存储的财主或商铺也以之为营运的资本。

前者如嘉靖前后,南京人顾澄,家饶于财,"有友劳君自东粤来南游,曾以重赀托公而归,归更数年取识,其笥封识宛然……无锡太学周公以千金寄公处,周君死,人无知者,呼其家人还之"①。松江府华亭县杨周,家赀丰腴,"有侠贾者持金三千斤寄公所……迟十年而贾至,公倍其子母钱贡之……坚谢不受"②。

此二例,均未见有用这些存金投入经营的痕迹,甚至还表现为一种侠义性的行为。

后者如松江府上海人浦泽,以农起家,"尝储金二斤在故人顾君德、唐君赟处,托为子母以自给"③。万历前后,"南京大中桥有吴姓者,父子为庠生,家业不窘,门前开一铺,请一先生教子有年矣。其先生患其妻之善费也,乃积赀变产,得二百金,密寄于主人家曰:每年取少利以自给,而本常在"④。

嘉靖前后,"有夏姓者,住嘉兴秋泾桥,夏与徽商吴氏纲纪某甲甚昵,甲有私橐五百金,欲藉主人生息,惧为见疑,乃驾言于吴曰:邻人夏有少积,欲藉主人废著,冀得子钱,然又不欲使人知也。吴信而收置,为经营数年,计子母得一千八百矣"⑤。洞庭商人席祯,明末经营典当于临清,清兵入"临清之破也,悉亡其赀,君恐以累故人之寄橐者,将倒庋还之,绝去什一弗复事"⑥。

以上诸例,大体上都是因为日常生活目的而存款的。其中有的是存于有信义的财主之家,如前三例;有的则是存于商铺、典当之中,如第四例。很明显,这些存款者是按比较固定的利率取息的,其利息的多少与一定时期内生活费的多少应该是相适应的。

总体上说,明代的商铺及财主家庭均接受存款,从地域上看也是比

---

① 周晖:《续金陵琐事》下卷《还金逢杜裕》。
② 何三畏:《云间志略》卷八《杨处士西崖公传》。
③ 何三畏:《云间志略》卷八《浦散小痴传》。
④ 沈瓒:《近事丛残·吴庠生赖银》。
⑤ 姚士麟:《见只编》卷中。
⑥ 吴伟业:《梅村家藏稿》卷四七《太仆寺少卿席宁侯墓志铭》。

较广泛的，有北京、南京、浙江等地，反映出存款是比较普遍的现象。但其信用发展的程度还是很低的，绝大部分还被人的关系所束缚，表现为存款者与接受存款者之间多数是主仆、亲朋故吏、同乡人等关系，因而其发展的局限性很大。而对这种关系的一定程度的突破则是到清代以后。

至于明代存款的利率，尚未见有明确记载。

二

明代高利贷资本的主要业务当然是放款，主要有两种形式：一是抵押借贷，二是信用借贷。

抵押借贷大致又可分为两种：一是由典当铺（有时包括印子铺）所进行的比较专门化的动产抵押放款；二是由商铺、私人所兼营的一般的抵押放款。

由前者看，自南北朝、隋唐以来，典当业均经营动产抵押借贷，自宋以后其业务逐渐丰富，开始向经营存款、放款、钱票发行、货币兑换、信用放款的综合性金融机构转变。就明代典当业看，当铺也与其他各类商铺一样经营了存款，这一点已如上述。明代典当业主要业务仍是动产抵押放款。就抵押的物品来看，似以衣物为主，包括金银珠宝、名人字画、家具器皿、待销的商品等，笔者于《中国典当制度史》中已有所论。

典当铺之外，其他一般抵押借贷情况更为复杂，依抵押的物品之不同，大体有动产抵押借贷、不动产抵押借贷，还有人身抵押借贷。

从动产抵押借贷看，有以金银首饰、古玩、名人字画为质者，有以日常衣物、器皿、工具甚至以牲畜为质者，种类极多，除此之外还有不少特殊的东西。总体上说，地主、商人、官僚、贵族之家以前者居多，一般的农民、手工业者及一些下层知识分子则以后者为多。下面先举一些具体例子。

嘉靖前后，陕西三原有胡汝宽，常常放债，"人困者多仰给，公又放宽期约，即有以田畜质者固辞不取"①。明末江西抚州"乡村农户，身无余钱，方其仰求富民，高下惟命，或质衣物，或为庸力以谷准直"②。王敬臣"尝命仆以银器质子钱家，逾年赎之，而子钱家误与金器，促仆还之"③。松江府上海县大官绅地主潘允端经常接受别人动产抵押，其抵押品主要是古玩、字画、砚石、玉杯、文献典籍等。这由其万历十四年至二十二年的日记得到了反映。④

一些官员和军官则常以应得俸禄为抵借钱。弘治三年七月十八日，兵部尚书马在题本中言："各卫所指挥千百户等官额该见任军政、其余带俸并多余见任俱在各营操练，带俸都指挥亦在其内，各因家道贫难，预将俸粮立约与人揭借使用……"⑤

顾清记载：有一年夏天，因官府征敛峻急，"米价翔贵，民以青苗一亩，典银三钱，纳粮一石，至典田五亩以上"⑥。这是以田亩中的青苗也即秋天的收成为抵押借银。

徽州府歙县岩镇有商人阮弼，其父家饶，乐于赈人之急，"诸告急者至，无虑赢诎应之，无以应则为之出所有而质子钱家，质穷则假他人之有以为质"⑦。在自己没有适合的抵押物品时，竟至于借物作为抵押，充分反映了动产抵押借贷的普遍性。

不动产抵押借贷也很常见，包括房屋、田土、山塘、坟地等。

明初钱唐夏姓者"生殖颇殷，未始乘约以规利，里有以大宅一区质钱，久之，质直与屋等"⑧。明后期南京军官因袭替武职，候选于京师，拖延时日，"一切资斧措办，尽将祖父以来几亩之硗地，几间之破房，多

---

① 温纯：《温恭毅公文集》卷一○《明寿官胡公行状》。
② 艾南英：《天佣子集》卷一○《平籴或问》。
③ 张萱：《西园闻见录》卷七《临财》。
④ 请参阅张安奇《明稿本〈玉华堂日记〉中的经济史资料研究》，《明史研究论丛》第五辑，江苏古籍出版社1991年版。
⑤ 《皇明条法事类纂》（影印本）卷二○，第507—508页。
⑥ 顾青：《东江家藏集》卷三九《回吴巡抚禁戢家人书》。
⑦ 汪道昆：《太函集》卷三五《明赐级阮长公传》。
⑧ 徐一夔：《始丰稿》卷一三《钱塘夏君墓志铭》。

方求质于子母钱家，而后得世袭一官"①。江西临川县有广寿寺，明崇祯前后，"僧讼连，半废其产，时时持产券质子钱家，子钱家皆豪右，以值半收上氓之利"②。

相比之下，田地抵押借贷比房屋更为普遍。

明代佛山霍氏族产有"尝本"、土地，进行放债、收租，其尝例规定"嗣后生揭，凡子孙揭用，不及一两，不论有无产业，只是登簿。……一两以上，即要产业为按，写立文契……计其利与这业时价相当，即要立明卖契，离业开税……如外人生揭，必须通知父老，写立田地文契"。其家训更细致，要求贷放之时，"务要写田地立约，或银钱交手，才有凭据。收债之时，耕田者禾熟催取；窑租者，见卖缸瓦即问"③。

成化二十二年七月初六礼部等上奏反映民情，其中引用松江府上海县老人陆绪的请求说："又典当首饰衣服器服（当为'物'）起三分（当加'利'字）取赎；损坏者，量还本利取赎；欺赖者听告，不追本利给还；无力取赎者，田与债主再种二年交还田主，或加价绝卖。"朝廷同意了这一请求，并更明确规定："典当田地器物等项起例（当为'利'）亦依常例，或备赎取，或计所收花利已勾[够]一本一利者交还田主……无利（当为'力'）赎取者，亦听使再种或加价绝卖。"④ 显然，在这里抵押的土地已经掌握在债主手里，故经过一段时间以后，朝廷为了保证税收（"粮"）明确其所有权之所在，要求按照利息三分，年月虽多，不过一本一利的律例，限定债主在得到相当于原本收入两倍的收益（土地收入）之后，将田地归还田主；如无力赎取，则将土地让与债主再种或加价绝卖给债主。

从以上诸例看，不动产抵押借贷一般有两种情况，一是借贷发生到偿还期间产权没有转移，这样，债务人到期必须连本带利偿还，因为在此期间债主并未从土地上得到收益。二是在此期间土地已经转移，至期

---

① 周晖：《二续金陵琐事》上卷《武弁袭替疏》。
② 艾南英：《天佣子集》卷九《重修广寿谱序》。
③ 石湾：《太原霍氏崇本堂族谱》卷三《霍氏尝例小引》《太原霍氏仲房世祖晚节公家箴》。
④ 《皇明条法事类纂》（影印本）卷二〇，第503页。

债务人只须偿还原本即可赎回土地。

还有人身抵押借贷，即以自身或家里其他人口为抵押进行借贷，大致有两种情况，一种是借贷发生时，人身即已发生转移；另一种是借贷发生时，人身并不转移，只在债务契约上予以登记。前者如永乐初年，彭志为香山县丞，"有以男女质钱，久不能偿，没而为奴者二十余家，诉于官，官无以理之，公至悉为规划还之"①。后者如明末江西建昌，"有巨绅子某甲者，豪横一乡，窥李申妻有色，欲夺之，道无由。因命家人诱与博赌，贷以资而重其息。要使署妻于券，资尽复给，负债数千，积半年，计子母三十余千，申不能偿，强以多人篡夺其妻"②。

除抵押借贷之外，还有信用借贷。信用借贷亦有两种：一是个人信用，二是担保人（中人）信用，这种信用既有对于债务人财产状况的了解，有些还有对于债务人人品及其社会关系的信赖。关于前者，最为典型的要数一些连契约都不订立的借贷了。

如万历前后有"柳御史名彦晖，入京无资，贷富翁陆坦金五十缗，不立券，家无知者"③。有姓孙的徽商，经商于苏州，一次饮酒归，见二客浩叹须五百金，孙乃慨然贷与之，未立券，"左右曰：商者大者积贮倍息，坐列贩卖，未闻有不券而贷者，有贷如此，不如勿往。客曰：第往，余不负若，若岂负余哉"④。

关于后者，韩大成先生称之为"央中借贷"⑤。这是从债务人角度来看的，即债务人亟须用钱，要求中人介绍一位债主；但有时也有从债主一方来考虑，即债主要求介绍债务人的情况。如有借贷契约说："立借契蒋文蕙，系本县医生，为因妻丧，无钱发送，凭保人张胜，借到鲁名下银三十两。"⑥吕坤所揭"告钱债状式"言："某人因缺用于某年月日向

---

① 梁缙：《泊庵集》卷一一《彭县丞墓志铭》。
② 蒲松龄：《聊斋志异》卷八《崔猛》。小说中的具体人物、地点、事件均未必真实存在，本文列出时间、地点等，意在叙述方便而已，以下同此。
③ 徐复祚：《三家村老委谈》卷一《柳布衣》。亦见《花当阁丛谈》卷二。
④ 《明文海》卷四○九《拙客传》。
⑤ 见《明代社会经济初探》，人民出版社1986年版，第127页。
⑥ 《金瓶梅词话》第十九回。

某借去银若干两，粟若干石，加三出利，指中人某，并借约证。"①

借贷、偿还之际中人的情况还得登记入账簿，有放债流水账记载："癸酉年八月十一日，刘知几解粮上京，借去纹银一百两正，作盘缠，凭中叶文。""甲戌年八月初三日，收刘知几本利文银一百三十两，大小六锭，知几自交，无中。"②

由此三例，大体上可以说明保人（中人）在高利贷活动中的普遍性和重要性。从有关材料看，保人不但要牵线搭桥，作合交易，而且在延期、偿还、催讨等场合，保人还要负责传达双方的要求，在许多情况下保人还代偿债务，有些甚至因此破产穷困。

如有邵铨者，"弘治乙丑待试南省，昌化有时姓者，寓京告囊罄，铨怜之，而不能济，乃介时诣同试生假白金数十两，约抵家偿之，后时竟负约，铨慨然倾已赀以偿"③。"成化六年，常熟梅里周泾包眉村徐悌者，尝为所亲周熙假人白金六两，熙无还，债主逼悌偿，其妻又相怨詈，悌乘忿往缢熙家。"④

正因为保人（中人）付出了劳动，利用了自身的人际关系，又有代赔的风险，故做保多有保人钱、中人钱等。林见素言：江西多有害民的"光棍喇虎""牙行经纪"、校尉、书手等，其中书手"擅入府第保债、勒取信钱，名曰领头"⑤。《金瓶梅》载：应伯爵替吴典恩作中借西门庆银一百两，应得银十两为"保头钱"⑥；后来又替李四、黄智作保借西门庆银一千五百两，黄智给了应伯爵银十两为谢礼。⑦《金瓶梅》虽是文学作品，但它所反映的社会生活则应是真实可信的。

因为高利贷放款的普遍化，产生了许多以作保说合为生的人，尤其是在所谓的官吏债的借债中。如在京师北京"又有一等京城小人专一于

---

① 吕坤：《实政录》卷六《风宪约》。
② 《郭青螺六省听讼录新民公案》卷一《富户重骗私债》。
③ 正德《琼台志》卷三七《人物·高行》。
④ 沈周：《石田杂记》。
⑤ 林俊：《见素集》卷二八《禁约民害》。
⑥ 《金瓶梅词话》第三十一回。
⑦ 《金瓶梅词话》第三十八回、第四十五回。

在部前打听举放官债，每遇选时，寻探新除官员邀请到家，置酒说合，强要借与金帛银段疋。其不才官员啗其肥饱，立约借取钱财……"①

除京城外，下面各级城市似亦存在此类中保之人，如福建淳安县南村有何进贵，"家贫，惟作中保以度活，思欲买卖，又无钱本，难以措手，若独以作保，觅些小微利趁口，怎能勾［够］发达，心下思忖……"②

当然，所谓"中人、中见人、保人"等在抵押借贷中也是存在的，但其不如在信用借贷中重要。

从以上所述可见，明代高利贷资本放款的形式大致可归纳如下。

$$
\text{抵押借贷}\begin{cases}\text{动产抵押借贷}\begin{cases}\text{典当铺的专业动产抵押借贷}\\\text{其他高利贷者的一般动产抵押借贷}\end{cases}\\\text{不动产抵押借贷}\begin{cases}\text{不动产转移者}\\\text{不动产不转移者}\end{cases}\\\text{人身抵押借贷}\begin{cases}\text{人身转移者}\\\text{人身不转移者}\end{cases}\end{cases}
$$

$$
\text{信用借贷}\begin{cases}\text{个人信用借贷}\\\text{担保信用借贷}\end{cases}
$$

（原载《史学月刊》1997年第5期，人大复印资料《经济史》1997年第6期全文转载）

---

① 《皇明条法事类》卷二〇，影印本，第496—497页。
② 《海刚峰先生居官公案传》卷三第五十四回公案《决何进贵开赵寿》。

明代农村高利贷资本

中国封建经济运行有一个重要的特点：就是很早便有了较为发达的商品货币经济，有了货币资本的积累，而且商品货币经济虽然时有起伏涨落，但从未中断过。因此，从整体上观察，无论什么历史时期，自然经济总是与一定程度的商品货币经济相伴随，而在作为封建经济运行主体的小农经济单位内部，要想实现生产和消费的平衡，一方面要进行自给性生产，耕以食，织以衣；另一方面必然还要进行商品性生产，以便与其他的农民、手工业者交换产品。这样商品货币经济便成了小农再生产过程的不可或缺的重要环节。在明代，农村商品货币经济得到了发展，而随之而来的是商业、高利贷资本与农村经济运行的关系越来越密切。学术界对明代高利贷资本的发展及对小生产者的剥削情况有所探讨，对其与经济运行的关系则关注不够，本文便拟从这一角度对明代农村高利贷资本做些分析。

一

小农经济是封建社会经济的主体，农村高利贷资本的发展演变便是以小农经济的广泛存在为前提条件的。不但小农的生产离不开高利贷资本，因青黄不接、天灾人祸、赋役征发、婚丧嫁娶、诉讼争斗及其他各种临时急用等都需要经常借贷，就明代情况看，虽然农民的生产性乃至经营性的借贷增加了，但是这种生活性借贷仍然普遍存在。大体上有以下几种。

第一种是日常生活及青黄不接、天灾人祸发生时的谷物及银钱借贷。

广西永宁州民"逮春则啜糜以耕,借贷度日,少遇荒歉则卖男鬻女"①。苏州乡绅赵用贤于万历十六年前后的信中说:"小民一岁之中假贷于业户者,常三、四次……"②弘治前后吴江县"其小民乏用之际,借富家米一石,至秋则还二石,谓之生米,其铜钱或银则五分起息,谓之生钱。或七、八间稻将熟矣,而急于缺食,不免举债,亦还对合"③。

福建各地"每岁末及春杪,各村农佃早已无耕本、无日食,不得不向放生谷之人,借生作活"④。河南各地:"佃户缺食便向主家称贷……谷花始收,当场扣取。"⑤ 上述数例是农民日常生活需求而引起的借贷,春荒及其他灾害发生时这种生活性借贷更为普遍。而一些为富不仁者则乘机赚取暴利,限制这种暴利并劝谕田主向其自身佃户放贷成了地方官府、乡绅乃至朝廷救荒的重要措施。

在浙江,洪武初台州府"宁海及邻县饥,里中富人以麦贷贫乏者,每麦斗责谷二斗三升"⑥。崇祯三年嘉兴府嘉善县陈龙正因"今春米贵民饥,本家于祖居胥五一区,聊施小惠……惟念各县亦有本家佃户,历年服劳,岂忍概遗。今将旧冬缺下糙米,扣算随田者,至冬每斗止加利一升,如旧租清楚,即今开仓,每亩速给白米一斗,至冬每斗加利二升"⑦。在福建漳州龙溪县有王兴逸,洪武年间某年"岁歉谷贵,倒廪以贷,其偿与否不计也"⑧。在江西吉水,洪武初有黄敬"邻里贫民每春夏农事急,无所仰事,辄贷之谷而未尝取其息"⑨。在庐陵陈氏"当乙卯岁歉……复出千斛储之乡,岁以贷人而不收其息……其偿也,斛加三升以为耗"⑩。

---

① 顾炎武:《天下郡国利病书·广西·永宁州》。
② 赵用贤:《松石斋集》卷二七《上申相公》。转引自森正夫文,见《日本学者研究中国史论著选译》第6卷。
③ 弘治《吴江县志》卷六《风俗》。
④ 周之夔:《弃草文集》卷五《广积谷以固闽圉议》。
⑤ 吕坤:《实政录》卷二《养民之道》。
⑥ 方孝孺:《逊志斋集》卷二一《童贤母传》。
⑦ 陈龙王:《几亭外书》卷四《乡邦利弊考》。转引自森正夫文,见《日本学者研究中国史论著选译》第6卷。
⑧ 杨士奇:《东里续集》卷三八《王处士墓志铭》。
⑨ 解缙:《文毅集》卷一三《黄君仲简墓志铭》。
⑩ 刘球:《两溪文集》卷五《义储记》。

在安徽池州府铜陵县，成化二年，"岁复大饥甚于前，时价谷二百五十斤易白金一两"有义士徐昱者"以谷四百斤计银一两，给借与之，约以秋成送还，贫者亦不责偿"①。在南京上元县，佃农种富室之田"时有水旱则富室又假贷而济之，贫民惟出力耕种"②。苏松两地某年，因去年已有风、虫之害，今春又淫雨不止，"于是百姓欲望官司发赈，则库藏久称空虚；欲诣大家称贷，则仓箱先已匮竭；欲望贸布易粟，则迩年商旅不通，布无所售"③。

以上各例限于南方各地，实际上北方亦同样如此。如赵州，成化弘治间俗尚勤俭，至隆庆前后，风气一变，所以"一遇凶荒虽号为富室者亦称贷以卒岁，其他可知也"④。

由以上所述可见，灾荒、青黄不接之际的借贷尤其是谷物借贷在全国各地是相当普遍的。

第二种是缴纳赋役银、粮而引起的借贷。如在南直隶苏、松常三府"地狭人稠，贫民大半佃种富民田产……禾稼才登场圃而催官税者迫于前，征私租者逼于后……随入随去，而室无留粟矣，然犹不足，又为之那东移西以了公私之逋负"⑤。在河南，洪熙初"有司言河南逋租数百万，积久未输"，有廉能之官"令有司宽其刑，缓其期，诱其人之亲厚富实者，从容劝谕相假贷以输"⑥。湖广光州、黄州嘉靖年间有异人梁汝元者，"躬总一族之政""凡徭赋缗钱，时敛而输之公，不给者代为输，薄息而缓其偿"⑦。福建僧道所有的产业达田地总面积的30%，但僧道为结交官府，私买田宅，耗光了寺内积蓄，"一遇官府追征……其势不得不求假于士夫豪富之家矣，士夫豪富乘其有急，要其必从，必欲本少利多，方借

---

① 嘉靖《铜陵县志》卷八《艺文·义翁传》。另，休宁《方塘汪氏宗谱·墓志铭·汪平山》亦载"正德间，岁大歉饥，蓄储谷粟可乘时射倍利"。上引四注与本例作为高利贷的性质不甚明显，本文引用，意在说明饥荒时节高利贷发生的可能性。
② 顾炎武：《天下郡国利病书·江宁庐安·上元县志·前人·寄庄议》。
③ 《明经世文编》卷二四五《徐文贞公集》《上太岳少师乞救荒》。
④ 隆庆《赵州志》卷九《杂考·风俗考》。
⑤ 毛宪：《武进毛古庵先生全集》《谏垣奏草》卷一《言恤灾抚民》。
⑥ 王直：《抑文后集》卷二四《参政孙公神道碑》。
⑦ 《明文海》卷三九九《里中三异传》。

与银应办"①。陕西西安府同官县万历初年"征粮催以十排，侵欺扰害而粮益逋，且上严为提，绝以应，刑烦民急，假贷求免"②。

第三种是日常生活以外的生活性、消费性借贷，如盖房、婚丧之事、宗教、社会活动、奢侈享受、人情来往等。如有人论及地主家庭借贷造楼时说："银子用不尽者，只因借贷之人与工匠之辈，见他起得高大，情愿把货物赊他，工食欠账不取""到了扯不来的时节，那些放账的，少不得一齐逼讨，念起紧箍咒。"③ 河南邓州商人放贷，"其为利也，不啻倍徙"。而本地人"略不计焉，一有婚丧庆会之用，辄因其便而取之"④。南直隶徽州府有徐文者，家富而乐于助人"友戚之婚丧有亟、不具者，率饣鬼之泉布，岁出息听偿，有不足者，罢不与校"⑤。

章潢说："今环浙之境，有献酢而动费数金，竭其身力以奉者；有作嫔而倾赀无量，不足则称贷以益者，纨绮相炫。"⑥ 温州嘉靖前后"俗喜华丽，以盛饰相高，贫者亦勉强俗，假借以为饰"⑦。

二

随着明代农村商品经济的发展，高利贷资本的放贷亦发生了变化，表现在生产性、资本性放贷增加了。这种增加的趋势自宋以来即已显示，如北宋元祐间的某一年"春夏之交，雨水调匀，浙人喜于岁丰，家家典卖，举债出息以事田作，车水筑圩，高下殆遍，计本已重"⑧。明代继承了这一发展趋势，并在深度和广度上有所扩展。

首先农民为了完成其再生产，需要经常借钱购买农具、耕牛、给发

---

① 《明经世文编》卷二二二《聂贞襄文集》《应诏陈言以弭灾异疏》。
② 鹿善继：《鹿忠节公文集》卷九《嘉祥县知县警愚马公暨配卢孺人墓志铭》。
③ 李渔：《十二楼》《三与楼》。
④ 李贤：《古穰文集》卷九《吾乡说》。
⑤ 程敏政：《篁墩文集》卷四二《孝友徐君墓志铭》。
⑥ 章潢：《图书编》卷三八《全浙习俗》。
⑦ 嘉靖《浙江通志》卷六五《杂志》第一一之三《风俗》。
⑧ 苏轼：《东坡全集》卷五七《奏浙西灾伤第一状》。

雇直，或直接借贷种子，就明代而言，即所谓"耕蚕之本，匪借不给"①。以下先举一些实例。

如太湖"洞庭富室席氏，雅好为德于乡里，近山之贫者……以至耕时，则假以田器，种植则假以谷种，器用敝而归之"②。万历年间，朱国桢言：万历某年"四月初十以后，无日不雨，麦已无秋，及至芒种贫民贷本插秧，而淫潦异常"③。熊人霖有诗云："更喜天稍暄，絮衣聊可质，一以修耒耜，一以偿佣直。"④ 成化、弘治间，无锡有华正者"华故饶于田，亩则岁给无息米斛四，佐其镃基铚艾之费，乡族效之，岁凶有券米斛四千聚于庭，乞缓其逋者，处士即裂券罢偿"⑤。

以上第一例、第四例本身还是一种无息借贷，当亦能说明地主对自己的佃户或其他贫民进行生产性放贷的可能。

浙江崇德县农民"育蚕作茧岂徒手博者，饔餐器具皆从质贷，而终岁辛勤，眼昏头白，迨丝缲成，谓卒岁公私取偿，丝市之利，不得独啬"⑥。这就是说，借贷以从事育蚕缫丝生产，丝上市售出之后再偿完所借债务，故此地农户生产、生活依赖蚕桑收入，"蚕月最重，凡借贷契券必期蚕毕相偿"⑦。不独蚕丝生产，其他经济作物亦多如此。

宣德初年的记载说：有一农户，只有妇女三人"以桑麻为业，蚕未成眠，已假客之丝钱矣；麻未临机，已贷客之布钱矣"⑧。可见农村中的这类生产性借贷亦多在贩运商那里借贷，这对商人来说，可能具有一定的预购性质；对于小生者则是一种生产性借贷，以下数例这一点表现得更为明显。

郑晓谈及边储问题时主张"必须议复飞挽，开中盐引，定收本色，

---

① 高拱：《高文襄公文集》卷一六《覆给事中戴凤翔论巡抚海瑞书》。
② 张履祥：《见闻录》卷四。转引自谢国桢《明代社会经济史料选编》中，第212页。
③ 同治《南浔镇志》卷一九《灾祥·又荒政议上甘中丞》。
④ 熊人霖：《操缦草》卷五《田家》。
⑤ 程敏政：《篁墩文集》卷五〇《华处士传》。
⑥ 万历《崇德县志》卷二《物产论》。
⑦ 顾炎武：《天下郡国利病书》《浙江省·崇德县》。
⑧ 赵㧑：《效颦集》卷中《钟离叟妪传》。

仍减斗头,勿征银两,庶使富商豪户,各自赴边,春农之际,既能①资本以助耕种,秋收之时,又能收米粟以易盐引,边地自然充足"②。

李承勋言:嘉靖初,宣府、大同二镇"岁收则米贱难卖而病农;岁歉则米价涌贵无买而病官。又有势力之家刁豪之客乘青黄不接之时,低价撒放于农而秋成倍收五谷"。③

显然这种借贷是边地小生产者向商人预贷生产成本、秋收以谷粟加利偿还。因而当具有高利贷性质,如下例所述一样。

值得注意的是在小农再生产过程中,其生产性借贷与生活消费性借贷的界限并不是那么严格,因为在小生产方式的前提下,维持小农生活的借贷无疑也具有一定的资本的性质,如以上所叙日常生活或灾荒时期的口粮借贷便是这样,而地主对佃户的放贷更是如此。因此在明人的记载中,这两处贷资有时被笼统地称为"资本""工本"等,以下数例可证明这一点。

陈继儒认为:田主应该救济其佃户,按田亩借给粮食"平时借作工本米,凶年借作性命米。工本米至冬月补偿,性命米至丰月补偿,各立券为准"④。显然"工本米"也好,"性命米"也好,都是佃户本人的田粮借贷,平时可能具有帮助佃户完成生产之意,相当于雇人时的工钱,故名之为"工本米",有时还被称为"资本",陈继儒还指出:灾荒时节"田主不肯出资本,以急救佃户,佃户亦不肯出死力,以车救田水"⑤。

张履祥主张春耕时"佃户若系布种无资,每亩贷米二斗,秋成照数还纳白米,不起息。其遇水旱,用力车救,临时酌贷"⑥。他还认为田不能轻易更换佃户,原因之一是田主"又有兴造屋舍之费以劳于前,给发资本以疲于后""天下未有不得其心而能尽其力者也。愚度此地不得不为

---

① 此处当省"借"字。
② 《明经世文集》卷二一七《郑端简文集》《会议大同巡按尚钧题兵饷疏》。
③ 《明经世文集》卷一〇〇《李康惠公奏疏》《会议事件》,又卷一八一《桂文襄公奏议》《进沿边事宜疏》所载同。
④ 崇祯《松江府志》卷一三《荒政·救荒诸议·田主赈佃产》。
⑤ 陈继儒:《晚香堂小品》卷二三《上徐中丞救荒书》。转引自森正夫文载《日本学者研究中国史论著选译》第6卷。
⑥ 张履祥:《杨园先生全集》卷一九《赁耕末议》。

屋几间，募人居之而授之佃治矣。若屋米得遽为，则召旧庄人，明谕之曰：有愿赁此田者，本家给以资本，成熟取偿而不起息。则穷户之称贷而无从者。当有应者矣"。显然此两处"资本"即指向佃户放贷粮米，以便其进行生产。

其次，明代一些较大规模的开垦及经营性农业亦多有借贷作为生产成本的。嘉靖初年南直隶溧阳有马一龙"吏部郎史际者，一龙外家，贷以百金，邑有荒区，久无耕人，一龙用金买牛十头，佣耕作，一岁尽垦，大熟"①。

有人记载明末顾炎武之所以能游历北方、遍访名山大川，乃是"垦田度地，累致千金"，当时"垦荒之地，过于熟田，雁门之垦，以贷资兴之。其时赴官领荒，所费或少，然披草莱，立室庐，其费亦可纪。假令三年而熟，岁息得二百金，其本亦在千金以上，自非素饶于财，又孰肯以重资贷者"②。顾炎武是否贷资开垦进行农业经营，尚不敢确知，然对照上例，这类事情当亦不是不可能的。

更值得注意的是，明中叶以后，江南农业生产方式亦出现了一些新的变化，表现在一些地主、商人或其他富户采用了集中经营的生产，显然这种生产方式对成本的需求更大，故生产过程中在一定程度上依赖高利贷资本。《玉华堂日记》所记载的松江府上海县潘允端家，在其采用集中经营的农庄中，便有不少这样的事例。如反映其生产成本的各条说：

万历十六年闰六月初八日，"包耘田与诸仆，二十亩共银一两二钱"。

万历十七年正月二十九日，"与潘垦田银五两"。

万历十八年九月二十日，"早，发䂞稻银与庄人"。

万历二十一年十一月初二日，"遣人分田种麦，与种麦工本银三两三钱"。

---

① 《名山藏》《贷殖记》。
② 章炳麟：《太炎文录续集》卷六上。

正因为如此，潘允端多次借银应付上述各类生产开支。

如：万历十七年六月初二日"借银二十两，发工□□……"
万历二十二年四月二十九"早，借银发莳秧工本及匠作"。①

以上各分几个方面叙述了明代农村地主、小农的生活和生产与高利贷资本的关系，说明明代农业生产与高利贷资本已经有了比较密切的关系，不但小农日常的再生产，一些较大规模的开垦及经营性农业生产也在一定程度上依赖高利贷资本。那么，生活、消费性借贷与生产性借贷这两种类型的借贷中又以何者占主导地位呢？因资料的缺乏，还无法加以准确的估计。有待今后继续加以注意及研究。

这种依赖关系的加强，一方面表明直接生产者在受到地主的地租剥削的同时，又要受到商人、高利贷者的利润、利息的剥削，这样就促使地主与农民的阶级对立关系发生了新的变化，也就是说他们中间又插入了一个新的剥削阶级。但是从另一方面看，这确实又是农民的生活、生产与商品经济，尤其是商业资本、高利贷资本运行关系密切的一种表现，是一种自然的、必然的经济演化过程。因此，我们既要肯定高利贷资本残酷剥削、与商业资本一道攫占较大份额剩余产品的一面，又要看到，在利率较为稳定、再生产过程顺利完成、商品经济发展、小农谋生之路较多、收入可能增加的前提下通过借贷，顺利完成再生产过程的可能性。明代有些士大夫针对官府下令严禁放债或不许还债的举措提出了一些反对意见，似乎已模糊地意识到了这种经济的必然性，如高拱言："江南之民，其财易耗，耕蚕之本，匪借不给；公私之用，匪借不周；故或资以赡口，或资以足钱粮，是借贷之相济亦久矣。就中严抑取利之禁可也。瑞乃不遵明例，妄禁不许还债。夫债不还于今，则借不通于后……致使食用虽急，称贷无门，异日必以求为自逞，不以安土为乐。"② 陆深言：

---

① 潘允端：《玉华堂日记》，转引自张安奇《明稿本〈玉华堂日记〉中的经济史资料研究》文，见《明史研究论丛》第五辑，江苏古籍出版社 1991 年版。
② 高拱：《高文惠公文集》卷一六《覆给事中戴凤翔论巡抚海瑞书》。

"江南放债，滋豪右兼并之权，重贫民抑勒之气，颇为弊孔，然亦不可废者，何则？富者贫之母，贫者一旦有缓急，必资于富，而富者以岁月取赢，要在有司处之得其道耳。"①

由此看来，我们只有将高利贷资本放入再生产过程之中，作具体的考察，才有可能正确认识其经济作用及历史作用。

（原载《河北大学学报》1998年第1期）

---

① 陆深：《燕闲录》。

明代工商业运行与高利贷资本

一 问题的提出

明代尤其是16世纪以后,中国封建经济进入了一个新的发展时期。与此同时,中国社会各方面(包括经济)也发生了明显的变化。[①] 那么促进这一发展的动力是什么呢?中国经济史学界一般是从生产技术改进,生产效率提高,生产力发展,引起剩余产品增加,使商品经济得到发展,而这种发展又反过来促进地区分工,从而使经济关系改善、经济得到发展这一角度加以论述的,可谓之分工动力论(有的学者称之为"斯密动力",马恩在《德意志意识形态》第一章中亦是持同一观点)[②]。显然这一学说对于明清经济大体上还是适应的。因为整体上说,虽然明代以后,即使生产工具及耕作技术的进步并不大,如作为这一技术核心的冶铁炼钢及农具制造技术,明清与中唐、宋相比,进步更要小得多。但因农业生产集约化程度的提高,单位面积产量颇有提高,从而促进了人口稠密的东南地区作为手工业区域与湖广、四川等作为粮食产区之间的产业分工,以及与此相联系的农产品、手工业产品的长途运销。而这种长途运销又是农业中经济作物种植即经营性农业发展的主要原因。但是与此相关的一些新因素也开始发生作用。表现在随着专业商人的形成及货币资

[①] 许涤新、吴承明:《资本主义的萌芽》,人民出版社1985年版。吴承明:《十六、十七世纪的中国市场》,《市场、近代化、经济史论》,云南大学出版社1996年版,第244—245页。傅衣凌:《中国传统社会:多元的结构》,《中国社会经济史研究》1988年第3期。

[②] 《市场史、现代化和经济运行——吴承明教授访谈录》,《中国经济史研究》1999年第1期。

本的积累，商业资本、高利贷资本在缓慢地向生产渗透，前者表现在商业资本直接投入手工业、矿业及农业，形成手工工场及经营性农业，或者包买个体生产者的产品等；后者表现为高利贷者在原来生活消费性借贷的基础上，开始较为普遍地进行资本性、生产性借贷，尤其是对手工业、商业进行资本性、经营性放贷。为了更好地促进资本的这种投入，当时的手工业、商业经营者和劳动者进行了一系列的创新，如合伙制的发展及向股份化的转变；存款尤其是由专门金融机构经营的存款的发展及普遍化；企业会计制度的进步，等等。目前经济史界对商业资本向生产过程的渗透已经进行了比较深入的研究。但是对于高利贷资本经营性、资本性放贷的发展及与这种渗透有关的一系列的制度创新研究还不够。因而对于明清经济尤其是 16—18 世纪的经济发展动力的研究还不全面。本文试以明代为例，对工商业、矿业中经营性、资本性借贷的增加及其历史作用作些探讨，以期加深对这一问题的某些侧面的认识。

二　明代工商业运行中经营性、资本性借贷的增加

与以前各代一样，明代高利贷资本中仍然存在生活性、消费性的借贷，如城乡贫民因婚丧嫁娶、寻医问药、人情来往、日常衣食不断而导致的借贷；地主、商人、官绅等因奢侈享受及参加一些政治、文化活动而引起的借贷，如不肖子弟的吃喝嫖赌，士大夫的赴任、候选、赴考引起的借贷等，其中许多类型的生活、消费性借贷，如官吏债等在社会上乃至政治上影响是很大的。但是，随着明代尤其是 16 世纪以后商品货币经济发展，高利贷资本亦发生了变化，这种变化除形式、利率等方面外，最主要的就是资本性、经营性借贷增加了，高利贷资本与经济运行的关系越来越密切。其中工商业运行中经营性、资本性借贷的增加更为明显，因而值得我们重视。

首先，明代商业的经营，包括行商、坐贾等在相当程度上依靠借贷获取资金，这种借贷既有经营开始时的开办资本借贷，也有经营过程中的流动资金借贷。以下先从开办资本的借贷谈起，这在中小商人中最为普遍。如在江西吉水之富口有郭肃"洪武中，有姓陈姓毛者，举贷于公

往中盐，约倍偿公"①。景泰五年，"陕西按察司佥事陈泳奏：甘州卫军数人结交边夷，借与银两图利，以致各夷至京广置货物、多起脚力，负累沿途军民"②。泰和鄢叔敬，曾得百金于道，少顷失者回，其人诉说"我媭人也，贷金六十，商于广三年而得利百金"③。《温氏家训》言："大父赤贫，曾借朱姓者二十金，卖米以糊口。"④ 歙县有张公"某姓某名，正德某年以贫故，偕弱息贷富翁白金若干，贩盐来旌德"⑤。《警世通言》载：常州东门外吕玉，因儿子走失，"在家里坐不过，向大户借了几两本钱，往太仓嘉定一路收些棉花布匹，各处贩卖，就便访问儿子消息"⑥。嘉靖前后，南亭韩珂"故携高赀""有客贷金九十，逋累年，自度不能偿"⑦。万历年间歙县有商人名汪伯龄"始胜冠，辄从父兄入蜀，称贷以益资斧，榷茶雅州"⑧。常熟人瞿嗣兴"携家人入苏州，诣富人贷钱为小贾，转息为生，乃稍裕，久之居积为中贾"⑨。《醒世恒言》载：河南萦县有宝华禅寺，寺附近有名张小乙者，"在外面做些小经纪，他的本钱，便是宝华禅寺悟石和尚的"⑩。《新说生花梦传奇》载：湖广黄冈县俞四，原来替人挑担为生，后来生意衰落，"儿女又多起来，只得借些重债，贩贩鱼儿，挑到市里，卖几分度日"⑪。《海刚峰先生居官公案传》载：福建淳安县南村有何进贵者家贫，幼时与徐高交好，高家富足，进贵"一日思忖，必须寻一生活方可，不若明日往徐兄处借些本钱，寻一买卖做，待后起腾些利息还他"⑫。《新民公案》载：福建瓯宁县有罗子义卖米为

---

① 王直：《抑庵文集》卷二七《郭公子齐墓表》。
② 《明英宗实录》卷二三九，景泰五年三月丁丑。
③ 张萱：《西园闻见录》卷一七《好施》。
④ 《温氏母训》。
⑤ 祁门：《张氏统宗谱》卷八《觉庵文颐公传》，引自《明清徽商资料选编》第69页。
⑥ 《警世通言》第五卷。本文引用这类小说材料意图仅是利用其中所包含的制度性的信息，其人物、地点、事件真实性存在与否不计。为与其他类型材料相区别，在正文中标出小说书名。
⑦ 赵南星：《味檗斋文集》卷九《韩太公传》。
⑧ 汪道昆：《太函集》卷五三《处士汪隐翁配袁氏墓志铭》。
⑨ 何乔远：《名山藏》《货殖记》。
⑩ 《醒世恒言》卷二二。
⑪ 《新说生花梦传》第一回。《古本小说丛刊》第一辑。
⑫ 《海刚峰先生居官公案》卷三第五十四回公案《决何进贵开赵寿》。

生，"有兄子仁亦要买米去卖，一日托保叶贵，立批借出吴旺银九两一钱，准作十两，外要加利五两，罗子仁要去买米，只得忍痛受去"①。入中商人亦多有借贷者，宣府张家口堡至隆庆五年始设市场，"市商段布狐皮一切杂货来自苏杭湖广，由临清以至天津、卢沟、通湾，其税不知凡几，乃至市口又重税之，彼富商大贾者操其厚赀，孰肯远出塞上、寄迹穷荒，惟是机利焉（？）民、市井无聊之辈，乃始称贷出息，跋涉山川、蒙犯霜露、担负重茧以与胡儿争杪忽之利，以为蔽体糊口之资，权其赀债子母傲质聚粮之费，与夫涉历关津阅课之征，所余几何"②。"常熟之直塘镇今属太仓有钱外郎者，险人也，家居武断乡曲，其里中有妇赵重阳，色美，钱心慕之，且以其夫贫可饵。一旦召语曰：闻尔有干局者，何乃坐守困穷，吾贷尔钱贩布如何？夫幸甚，即以赀易布，使商于临清。"③

以上诸例大体都是中小商人或小贩为了开始他们的经营而开办资本借贷，其数目亦比较小，多在百金以下，有六十两、二十两、九十两、十两等，但规模较大的借贷亦多有其例，有达一百两、数百两、一千两、数千两乃至一万两者。如开化徐存礼于道旁亭中拾一青囊，内有白金近百两，后还给失主，失主言："某皆徽人，往遂安市木，道此少憩，遗囊乎此，内白金近百两，皆称贷于人者。"④ 直隶新安约嘉靖年间有张时诵者于富豪薛可大处"贷金三百掣盐，傲公别舍，诵死，其贷不可究问，又欠商价四百九十金"⑤。郭霆之父盐运公，有郭垒者，"盐运公爱其人，予三百金，令贷息钱，久之无所得"，另外又"有许守夏者，贷盐运公数百金，服贾于辽东"⑥。慈谿县王福征，偶于溪边拾得金一袋，还给失主，失主言："吾揭债作本，得银一百七十两，欲过江买米，脱袜渡溪，遗失于此。"⑦《十二楼》载：明永乐年间肇庆府高安县有骗子贝喜，曾入京

---

① 《郭青螺六省听讼录新民公案传》卷一《吴旺磊债打死人命》。
② 《明经世文编》卷四五二，梅国桢：《梅客生奏疏》《请罢榷税疏》。
③ 陆粲：《说听》卷下。按：前引《海刚峰先生居官公案传》第十七回公案亦记载了同类型的故事，不过说的是两个徽商之间。
④ 张萱：《西园闻见录》卷一七《临财》。
⑤ 鹿善继：《鹿忠节公集》卷九《义官继庵薛公暨配张孺人墓志铭》。
⑥ 赵南星：《味檗斋文集》卷一三《明文学郭长公暨配焦孺人墓铭》。
⑦ 杨式傅：《果报闻录》。

行骗,住于白下,与一位湖州来的贩笔客商同船,他骗笔商言:"可惜你会我迟了,若还在家,我有的是银子,就借给你几百两,多置些货物,带到京师,卖出钱来还我,也不是什么难事。"①《金瓶梅》载:揽头李四、黄智作官府派购香蜡生意,应伯爵作保,欲于西门庆处借银二千两,西门庆只许一千两,应伯爵请求说:"哥,若十分没银子,看怎么拨五百两货物儿,凑千五儿与他罢。"②有数学题说:"问,贷赀商贩,三次俱获倍息,每次归还三百两,三次母子适尽,原贷若干?"答案是原贷二百六十二两。③万历年间有江西商人危忠"远游滇黔逐什一""户工二部有官商,官商者,领本于部而贸铜于武陵、芜湖沿江境上,故官商以侵渔多部逋,而滇黔大商以急公,故时予贷官商,官商得借以宽追比,部又以是故惩官商侵渔,不时给,于是官商负大商甚,公前后致赀万金,为官商陷失"④。此处是指类似危忠的"滇黔大商"向为官府买办铜材的"官商"放贷资本,因户工二部"铸本"给发不按时而导致"官商"欠债,从而"滇黔大商"资本失陷。应该说是一种数目较大的资本放贷。

明代海外贸易中,商人借贷更为普遍,如福建泉州晋江有诸葛希孟"少食贫,与兄贷富人金,浮海为生,卒大困。富人操子母来算,先世遗产殆尽"⑤。此例未言具体数目,从海商需资较大的情况来看,数目当较大。广东有"贾人子"于广利王庙香火财产中借银经商"三次计共借过数百金,才出洋便遇寇劫取"⑥。在浙江定海双屿港等地"有等嗜利无耻之徒交通接济,有力者出资本,无力者转展称贷,有谋者诓领官银,无谋者质当人口,有势者扬旗出入,无势者投托假借,双桅三桅,连旗往来"⑦。这里所言"转展称贷""质当人口""投托假借"等说的都是借贷。而一些不想或不善经营的富商一般都是待在家里,"每当有一些船只

---

① 李渔:《十二楼》《归正楼》。
② 《金瓶梅词话》第三十八回。
③ 《同文算指》通篇卷四,四库本。
④ 艾南英:《天佣子集》卷八《巡抚川贵军门委用都阃中如范公墓志铭》。
⑤ 《泉州府志》卷六〇《明·笃行》。
⑥ 钱希言:《狯园》卷一一《广利王》。
⑦ 朱纨:《甓余杂集》卷四《嘉靖二十七年十二月初八日双屿港填港工完事》。

准备出海时,他们就把一笔须加倍偿还的钱交给那些随船的人,钱数的多少依航程的长短而定,他们立下一个契约,如果航程十分顺利,则按合同偿付"①。

总结以上各例可见,这种商人的开办资本借贷在盐商、米商、鱼商、布商、木商、笔商、海商、高利贷者及官府采购商等各类商业中都存在;从地区看,则陕西、辽东、江西、河南、湖广、福建、浙江以及苏州、徽州等地均有其例,还有数例未言地区和行业。可见其地区、行业分布十分广泛。

除开办资本之外,明代商人为了继续、改变或扩大他们的经营而需要流动资本时也常借贷,如:《新民公案》载:建宁府大市街有豪富滕宠,"有浙江龙游贩书客人龚十三、童八十在大中寺卖书,折了本钱,托保陈正写了批往滕宠处借出本二十两,未及一年已本息还足"②。弘治元年七月敕书曰:当时客商多不愿入中,"原其所以,皆因始则买锅中纳,多费资本,及到支盐之处,又被官赏、官卖、长芦夹带及官豪势要有力之家挨撑,一时无盐支给,守候年久,只得借债买盐,抵充官课,照引发卖,盘费又给数倍,此客商受亏之弊也"③。崇祯十二年九月二十九日,蓬莱县查获海船夹带参斤,参商仇肖宇、程正吾、吴光福、曹敬台、胡之瑞、严德、王锡等被逮捕,据仇肖宇供称:"本月十三日,伊在程正吾家袖参半斤,被在官参行许载、汪明、霍有光等三人撞遇,仇肖宇等即与讲价,仇肖宇还有半斤……至十五日,仇肖宇又拿出来半斤,许载等用前理饷厅发给奉军门变价官参二斤,当于不在官汪守正当铺,得银三十七两,遂买仇肖宇参一斤,因短少参二钱,只与仇肖宇银三十六两五钱。"④ 此处所言大意是:在官参行商人许载用官府发给的人参二斤当于汪守正的当铺之中,按当时当铺值十当五的规矩,得价银三十七两,他用此银购买了仇肖宇的参一斤。此例说明商人可以用待销的商品为抵押

---

① 《荷兰到东印度的首次航行》,转引自李金明《明代海外贸易史》,中国社会科学出版社1990年版,第132—133页。
② 《郭青螺六省听讼录新民公案》卷一《吴旺磊债打死人命》。
③ 《明孝宗实录》卷一六,弘治元年七月乙丑。
④ 《明清内阁大库史料》卷一二《兵部为报单事第九十九号》。

借出资本再购买，铺商与当铺之间存在流动资金借贷。《金瓶梅词话》载：富豪西门庆临终嘱咐妻子吴月娘说："李三黄四身上还欠五百两本钱一百五十两利钱未篡讨来发送我""前边刘学官还少我二百两，华主簿少我五十两，门外徐四铺内还本利欠我三百四十两，都有合同现在，上紧使人催去"①。说明西门庆既对私人放债，也在其所在城市的商铺放贷。当然这应该不是西门庆私债的全部，只是他至临终时所能记起来的几桩。《豆棚闲话》载：徽商汪华在苏州开当铺，一日，正在铺中闲坐，"忽见一人牵着一马，进门道：在下是个马贩子，贩了五十匹马来，都是一百两一匹的，遇着行钱迟钝，众马嗷嗷，只得将一匹来宝铺，当五十两买料，卖出依旧加利奉还"②。汪员外生性慷慨，一匹马当给了一百两银子。显然这是贩马商人因为销售迟滞，为了继续他们的经营而借贷。在苏州"货物店肆，流溢金阊，贸易镪至辐辏，然倚市门者称贷鬻财，多负子母钱，远方贾人挟资以谋厚利若枫桥之米豆，南濠之鱼盐药材"③。

以上第一例是书铺商人，第二例是入中商人，第三例是官参行商人，当为牙行，第四例是贩马商人，第五例则是概而言之。总的说来都是一种直接的货币借贷，其中有的提供抵押，有的则是一种信用借贷。对于城市铺商来说，还有一种形式的流动资金借贷也很值得我们注意，这就是由铺商与行商（贩运商人）或牙商之间的贷债转化而来的流动资金借贷。封建社会商业的运行除表现为高利贷性质的金融信用之外，也存在着商人之间的商业信用，表现为商人先得货物，过一段时间之后再付款，即所谓的"赊"。如在京师的一些茶庄"茶叶则贷于茶客，亦视其店之局面，华丽者，即无母钱存贮，亦信而不疑，倘局面暗淡，虽椟积千万亦不敢贷矣"④。在杭州市，万历以后，商业日益发达"生齿既众，贸易日多，利息日薄，通都大衢之中，虽铺张盛丽，多贷客货，展转起息"⑤。有杨一清者，"为山西估客，累年贩货，皆于宜沟镇上发市，镇民冯三

---

① 《金瓶梅词话》第七十八回。
② 艾衲居士：《豆棚闲话》第三则。
③ 《古今图书集成·职方典·苏州府部》。
④ 《燕京杂记》，转引自《明代城市研究》，中国人民大学出版社1991年版，第192页。
⑤ 万历《杭州府志》卷一九《风俗》。

畏，赊取其货，不一而足"①。《警世通言》载：无锡布商吕玉贩布期间，"中途遇了个大本钱的布商，谈论之间，知道吕玉买卖中通透，拉他同到山西脱货，就带绒货转来发卖……及至到了山西，发货之后，遇着连年荒歉，讨赊账不起，不得脱身"②。明代后期郑晓言："罢市舶而利孔在下，奸豪外交内调，海上无宁日矣，番货至，辄赊奸商，久之，奸商欺负，多者万金，少者不下千金，辗辗不肯偿，乃投贵官家。"③

那么，这种货债是否有息呢？显然从商业信用的惯例来看，是不取利息的，但在一些情况下，因为所欠货债时间较长，货主一方也有要求利息的，这样货债形式的商业信用便转化成了金融信用，货债成了一种名副其实的流动资金放贷。如上述第二例中引言"辗转起息"已经表现出了这样的可能性。《禅真后史》也记载：有耿姓商人赊价值一千多两的缎匹给河南蔡州一家卢姓的牙店发卖，后耿姓商人去世，十年以后，耿家令家塾教师瞿天民与家仆兔儿去索债，卢店主对瞿天民说："昔日令亲耿君赊缎匹一千余两与小店货卖……蒙大驾光临，该当本利一并奉上，奈春初众客未齐，生计萧索……止措办得本银六百两，有些粗缎布匹杂货等项，共计一百余两，作为利息，伏乞笑纳，余欠本银四百两，另立券约，冬底奉偿。"天民欲接受这一方案，而兔儿却不同意，他宣称："相公且慢着，当初敝主和卢长者交契甚厚，往来最久，故将这若干缎匹在宝店货卖，敝主亡后已及十年，一本一利也该还我二千有余，今日止还这些，本不足，利又薄。"④ 王概在大理寺覆审一起债务案件后记载："切详：高俊等揭借薛樘曲二千块，已还本利银二十六两，别无短少私债。"⑤ 反映出一部分货债也可能转化成一种高利贷，即由商业信用转化成一种流动资金借贷性质的金融信用。

那么明代手工业、矿业中的资本性、经营性借贷的情况又怎么样呢？首先从手工业的情况来看。如《二刻拍案惊奇》载，成化年间，徽州府

---

① 张肯堂：《㵵辞》卷八《张所性、冯三畏》。
② 《警世通言》第五卷。
③ 严从简：《殊城周咨录》引《吾学编》。
④ 清溪道人：《禅真后史》，《古本小说丛刊》第十九辑。
⑤ 时间在天顺某年，见王概《王恭毅公驳稿》下《私债》。

岩石子街有一位卖酒的李方哥，一日与人谈起经营问题，叹息道："小人若有得十两五两银子，便多做些好酒起来，开个兴头的槽坊，一年之间还有得多，只是没寻那许多东西。就是有人肯借，欠下了债，要赔利钱，不如守此小本经营罢了。"① 这位酒店老板虽然最终没能通过借贷扩大生产，但无疑也能说明城市酿酒业通过借贷完成再生产的可能性。有徽商潘次君，"贾昌江、居陶器"，"昌江巧贩者率以下齐杂良金。次君至，则治牛酒会诸贤豪，与之约，自今以往，毋杂下齐以厉陶，众服盟言，乃黜下齐……岁侵，诸陶家庸而掠食，居民聚族为御，率相格斗而启兵端，次君脱身间道归，贷母钱数千缗无所问，寻褽千金授用事者，阴戒之……幸而得达，则召诸贷者俱来，能偿则缓为之期，不能偿则焚其券，诸以陶器售者，无良苦悉居之。后三日，复遣人赍千金授向者戒。又三日，次君亲行，诸失业者匍匐而归。既得次君宽贷，既有余器，争售次君，陶室毕空"②。显然"诸陶家"的资金是借自徽商潘次君的，明清浮梁业陶者，绝大多数还是小生产者，资本微薄，故多依赖高利贷资本满足生产资金需要，而这也为商业资本控制生产创造了一个条件。当然，这种放贷尚未能使生产方式发生大的变化，它仍处在生产过程之外，与小生产者对立。在浙江乌程县乌镇，"里中有中人之家，贷钱开油坊，其雇工人与市上一人剧饮，醉相殴"③。

以上三例中第一例说的是酿酒生产者向其他富商借贷进行生产的可能性；第二例则是景德镇陶瓷器生产从贩运商处借贷资本；第三例则是市镇油坊贷本开设。前两例可能是前店后厂式的手工业店铺，第三例则是纯粹的手工业店铺。说明了城市手工业店铺借贷开办资本及流动资金的一些情况。而一些未设店铺的个体手工业者，不论是专门的手工业者还是与农业结合的家庭手工业者通过借贷进行生产同样普遍，如在河南汝南"农夫工女，蚤夜操作，或以糊口，或有所督迫，辄向大贾预贷金钱，仅获半值，遂输其货以去"④。此例从商人角度具有一定的预付货款

---

① 《二刻拍案惊奇》卷二八。
② 汪道昆：《太函集》卷五一《胡故太学生潘次君暨配王氏合葬墓志铭》。
③ 乾隆《乌青镇志》卷一二引《见闻杂记》。
④ 万历《汝南志》卷四《风俗》。

的性质，但从生产者的角度看则无疑是一种生产性资金借贷，很可能是为了解决原料问题。明代前期有人借一老妇人的口气说："老妾以桑麻为业，蚕未成眠，已假客之丝钱矣；麻未临机，已贷客之布钱矣。"① 有"布赋"记载：苏州"邑人以布缕为业，农氓之困藉以稍济，其为生甚疲"，每日天未明即抱布入市，"腾口说而售我，思得金之如攫，媚贾师以如父，幸而入选，如脱重负"。天明归家，"妇辞机而望远，子牵裳而诉饥"，但是"夫嬰嬰以陨涕，云攘攘者在途，索子钱而不释，并布母以如飞"②。显然这里应是先从高利贷者手里借了成本。《二刻拍案惊奇》记载：在苏州亚字城东，有神偷入一穷苦纺织人家，见夫妻对食，夫满面愁容地说："欠了客债要紧，别无头脑可寻，我不如死了吧。"③ 这种客债有时数额还比较大，如正德初，有商人金德宣贩豆麦于苏州枫桥河下，与一商客相遇，二人成为好友，后者"畀双笥出银二千并一簿授金曰：荷爱长者，敢烦派此于机户，金视之，织龙凤数事也"④。这种资本都是从丝商、布商那里借来的，在这种需求集中时，有时也由牙商统一进行。如苏州吴县有牙商钦允言"其业总商贾资本，散之机杼家而敛其端匹以归于商。计会盈缩而出入之"⑤。

以上所举六例，前三例是从生产者，后三者是从放贷者（商人或直接消费者）角度对这种借贷的一种记载。可见，不论是农村家庭手工业还是城市中专业手工业者其借贷都是比较常见的。这种借贷，如第一、第二例属于有利借贷无疑；其他四例则未言。但不论怎样，即使将这种形式的借贷看作一种预购，这种预购在其收购价格中包含有利因素，因而在一定程度上带有高利贷性质则是无疑的。另外，与商业中一样，手工业中也存在那种实物性质的赊贷，如张履祥谈到明末以来的家庭手工业时说："男耕女织，农家本务""妇人二名每年织绢一百二十匹，每绢一两平价二钱，计得一百二十两"，除去成本，有利润三十两，"若自己

---

① 赵弼：《效颦集》中卷《钟离叟传》。书后有宣德三年序。
② 《明文海》卷四六，徐宪忠《布赋》。
③ 《二刻拍案惊奇》卷三九。
④ 陆贻孙：《说听》卷三。
⑤ 祝允明：《怀星堂集》卷一〇《承事郎钦君墓志铭》。

蚕丝，利尚有浮，其为当织无疑也。但无顿本则当丝起加一之息，绢钱则银水差加一之色"①。也就是说，手工业者因缺乏原料，必须当购，一进一出得付出"加一"之利（10%），显然"当丝"属于一种有息生产资金借贷。在杭州府，《喻世明言》记载说："说这临安府，去城十里，地名湖墅，出城五里，地名新桥，那市上有个富户吴防御……防御门首开个丝绵铺，家中放债积谷，果然是金银满箧，米积成仓。去新桥五里，地名灰桥市上，新造一所房屋，令子吴山，再拨主管帮扶，也好开一个铺，家中收下的丝绵，发到铺中，卖与在城机户。"吴山一日对主管说："我入城收拾机户赊账，回来算你日逐卖账。"②可见吴山的丝行是对机户放贷（赊卖）丝的。另外，明代以来，棉花种植普遍化，江南棉纺织业发达起来，在一些棉纺织业发达而棉花产量不足的地区，则由商人从各处贩来，小生产者则以成品换原料。如张履祥主张"若牙行有棉花可赊，为之经营数十斤，而待其以纺织所得偿之，辗转相断，为便亦多也"③。华亭等地"纺织不只乡落，虽城中亦然，里媪晨抱纱入市，易木棉以归，明旦复抱纱以出，无顷刻闲"④。

　　以上所举四例，除第一例外，名义上说都是没有利息的，但是也不可否认其在偿还时间较长时转化为高利贷资本的可能性。

　　其次从盐业、矿业的借贷来看，如在盐的生产中，彭韶言："庶民之中，灶户尤苦……贫薄之人虽有分业涂荡，自来粮食不充，安息无所，未免豫借他人，凡是煎课余利，尽还债主，而本身之贫，有加无减工。"⑤浙江定海各盐场"商人到场买盐，其弊又有不可胜言者，盖灶之贫者，无盐可货，必先贷其银而商人乘之以牟利，数月之中必取数倍之息"⑥。霍韬指出，有些贫穷灶户"朝有余盐，夕望米麦，不得已则先从富室称

---

①　张履祥：《杨园先生全集·补农书》卷上。
②　《喻世明言》第五卷。
③　张履祥：《杨园先生全集》卷八《与徐敬可书》。
④　正德《华亭县志》卷三。另周凤池《金泽小志》说："松江棉花市，衣被天下，肆中收市之所，曰花布纱庄，布成持以易花，或即以棉纱易，辗转相乘，储其余为一家御寒具，兼佐米盐。"此类关系至清代亦然。故《华亭县志》所言为明清多种地方志所引用。
⑤　彭韶：《彭惠安集》卷一《为进呈盐场图事》。另《皇明奏疏类钞》卷五四亦载此。
⑥　嘉靖《定海县志》卷八《额征·盐课》。

贷米麦，然后加倍偿盐以出息者有矣，故盐禁愈严，贫灶愈多"①。

此三例主要是指灶户因生活所迫向"商人"或"富室"预贷银钱或米麦，但既然在小生产方式下，作为维持生产者生产期间生存的各项开支，均具有一定的可变资本的性质，这种借贷也就表现出了它在一定程度上作为生产性借贷的性质。而在有些情况下，灶户的这种借贷也表现为一种纯粹的生产性借贷，即灶户通过借贷购买工具、雇用人工等。如明末屈大均言："凡民之劳者农，苦者盐丁，竭彼一人之力，所治盐田二三亩，春则先修基围以防潮水，次修漏池以待淋卤，次作草寮以复灶……而筑田筑灶，工本繁多，往往仰资外人。利之所入，倍而出之。"②

那么明代矿冶业中生产性、资本性借贷的情况怎么样呢？因矿禁政策的推行，明代民间矿冶业的发展及商业资本、高利贷资本的流入受到很大的限制，故有关这方面的记载亦比较缺乏，笔者目前仅见到两条，其一是为学术界多所引用的徽商朱云沽一例，朱云沽"少从兄贾……又从兄贾闽，盖课铁冶山中，诸庸人率多处士长者，争力作以称处士，业大饶，会岁不登，处士贷庸人钱百万，既而兄有疾，辄舍业扶兄归"③。此处虽多次说到"庸人"，但还很难断定其是否是真正的雇佣劳动者，很可能仍是个体小生产者，而朱云沽的放贷也是针对这些小生产者的。其二是嘉靖十五年前后，处州府松阳县有叶凤道者"纠合流徒，盗掘矿银、四散打劫财物""同县现获叶浣不合倚山豪横，专招聚矿贼，资助油粮，坐分矿利；举放私债，出入四轿"④。此处叶浣得利通过两条途径，一是"资助油粮，坐分矿利"，此属于一种合伙行为；二是"举放私债"，而这种"私债"主要应该是针对这些矿业劳动者（"矿贼"）的。当然，与以上对盐业劳动者的放贷一样，这种生产性借贷与这些矿业生产者的生活也是密切相关的。明代矿业生产与高利贷资本的关系究竟如何，还值得我们继续加以注意及探讨。

总而言之，明代工商业运行中的资本性、经营性借贷是相当普遍的，

---

① 《明经世文编》卷一八七《霍文敏公奏议》《盐政疏》。
② 屈大均：《广东新志》卷一四。
③ 汪道昆：《太函副墨》四卷《朱处士墓誌铭》。按《太函副墨》卷之四七同。
④ 朱纨：《甓余杂集》卷五《芟除累年矿患，地方宁谧事》。

这种普遍性,当时人也发现了。丘浚针对小商小贩说:"市井小民,营刁锥之利以资口腹……其资本多质于富豪而计日取息为偿。"①明成祖针对入中商人言:"商人米既入官,则当偿盐……商人本钱未必皆已所有,卖其所产,有先捐数倍之利告假于富室而尽勤劳以米,其所望非小。"②马从聘亦言:入中商人,"凡此攘攘负贩之徒皆为利来也。称贷资本,计日起息,以冀赢余之入,今纳银于三年之前,挨卖于三年之后"③。李乐针对一些地方市镇牙商浪费贩商资本的行为,要求官府出示以下晓谕:"这商货又有借本置来者,举家悬望,如何负得他?"④他还记载有些地方的商业资本"十有六七借人者"。这一估计未必精确,但是反映了商人资本性借贷的普遍性则是没有问题的。当然与清代相比,其发达程度仍然要低一些,如矿业生产中的资本性借贷便不如清代那么常见;城市工商业的运行中的资金供需还看不出存在稳定化的迹象,而这些在清代已经表现得相当的明显了。⑤不过即使如此,明代高利贷资本运行中的这一变化仍然是值得注意的。

三 明代工商业店铺的负债经营与资本性、经营性借贷

这种资本性、经营性借贷的增加及普遍,说明了明代手工业、商业运行中负债经营的增加及普遍化。要想考察这种借贷的作用,必然要对这种负债经营的实态进行探讨。

因材料的缺乏,目前学术界对此尚缺乏研究,笔者最近读到一份徽商染店万历十九年至三十二年的查算情况账簿,⑥为我们研究这一问题提供了

---

① 丘浚:《重编琼台稿》卷八《章奏·论厘革时政疏》。
② 《明太宗实录》卷二五,永乐元年十一月戊午。
③ 马从聘:《兰经奏疏》卷一《议通盐法》。
④ 同上。
⑤ 刘秋根:《清代城市高利贷资本》,《中国经济史研究》1996年第4期。
⑥ 见王钰欣、周绍泉主编《徽州千年契约文书·宋元明编》卷八《万历程氏梁店查算账簿》。账簿一般分为四个部分,其中十九年只有东家交本记录;以后各年缺二十年、二十三年、二十四年的记载(花山文艺出版社1992年版)。

极好的细节资料。账簿共记载了十一年的查算资本、利润等方面的情况，大致分为四个部分：一是存项，记载染店实在的货物、工具、原料、现银、日常用品等；二是存还项，记载这家店铺从私人、店铺借贷资金及赊购实物的账目；第三项是东家该得利润的情况；第四项是其他情况，如东家退出、抽走资本的情况等。似是这家合伙制染铺股东年度查账时的查算账目。其中存还项反映的就是其负债经营的情况，综合此项有关数字可见，负债资本在其总资本中占有相当重要的地位。见表1：

表1　　　　　　　徽商程氏染店负债资本情况　　　　　　（单位：两）

时间	总资本数	负债资本数	负债资本比率
万历二十一年	6199.373	2632.95	42.47%①
万历二十二年	9020.944	4681.121	51.89%
万历二十五年	7020.2	2547.34	36.29%
万历二十六年	8034.2	3562.1	44.34%
万历二十七年	7930.028	3375.793	42.57%
万历二十八年	11988.649	7063.37	58.92%
万历二十九年	7272.052	2833.053	38.96%
万历三十年	8576.647	5308.18	61.89%
万历三十一年	8588.624	8449.856	98.38%
万历三十二年	8404.51	6239.272	74.24%

账簿中"存还"一项既包括货币资金借贷，也包括实物赊购，前者有息，后者一般无息，② 表1均作负债资本看，从数量上看，前者是占绝对优势的。从表中情况看，其负债资本占总资本的比率，多数是达40%—50%，最高达98.38%，最低为36.29%，也就是说，通过负债经营，总资本差不多可达到原本两倍以上，较低者也达到原本140%—150%。

那么，这种借贷的利率怎么样呢？账簿有些细项可以推算出利率，据此可见表2。

---

① 万历二十一年的总资本及负债资本数乃据细数推算而来。与原账数字稍有不符。
② 当然，如第二部分所言，这种货债也有转变为有利借贷的可能。

表 2　　　　　　　　　徽商程氏染店资本借贷利率情况　　　　　　（单位：两）

年代	债权人	银数	时间	该得利	月利率
万历二十二年	千户所	175	15个月	30.69	1.149%
万历二十五年	长白	90	3年	48.6	1.5%
	钱家	1000	2.5个月	30	1.2%
	虚斋	100	7个月	9	1.285%
	求兄	100	1年	14.4	1.2%
	求兄	200	7.5个月	18	1.2%
	惺叔	120	1年	18.71	1.3%
	惺叔	100	11个月	14.3	1.3%
	惺叔	100	10个月	13	1.3%
	惺叔	100	9个月	11.7	1.3%
	心予	90	5.5个月	6.42	1.296%
	遵与	110	14.5个月	23.9	1.5%
	以超兄	5.8	14.5个月	1.26	1.49%
万历二十九年	宋	300	4个月	13.44	1.12%
	钱	200	4个月	9.6	1.2%
	钱	100	12个月	14.4	1.2%
	虚斋	100	8个月	10.4	1.3%
	胡	100	8个月	9.6	1.2%
	正吾	60	7个月	7.2	1.7%
	观如	39.95	6个月	3.36	1.4%
	观如	83.762	6个月	7.03	1.4%
	华	25	8个月	2.8	1.4%
	华	100	7个月	9.8	1.4%
	华	100	6个月	8.4	1.4%
	彦升	20	6个月	1.68	1.4%
	彦升	20	2个月	0.28	0.7%
	尔葆	10	7个月	0.98	1.4%
	尔葆	6	3个月	0.25	0.93%
万历三十年	虚斋	100	8个月	10.4	1.3%
	吴典	200	8个月	20.64	1.29%
	胡	120	8个月	11.62	1.21%
	养心	180	7个月	16.88	1.34%

续表

年代	债权人	银数	时间	该得利	月利率
万历三十年	华春	29.828	6个月	2.8	1.5%
	宋	300	4个月	14.4	1.2%
	项宅	70	5个月	4.55	1.3%
	江少山	80	4个月10日	4.6	1.34%
	户承当	190	4个月	9.12	1.2%
	江少山	90	3个月	3.565	1.32%
	希宇	200	3个月	7.2	1.2%
	汪宅	300	2个月	7.2	1.2%
	章明录？	120	2个月	2.8	1.167%
万历三十二年	越	25	6个月23日	2.51	1.485%
	尔葆	5	6.5个月	0.488	1.501%
	尔荷	14.501	6个月	1.308	1.503%
	彦升	150.025	3.5个月	7.89	1.502%
	善年？当	200.5	4个月	12	1.496%
	越会	91	1.5个月	2.048	1.5%
	尔荷	12	1个月20日	0.31	1.546%
	升良	15	8个月	1.8	1.5%
	以松	25	7个月23日	2.585	1.34%
	以松	24	1.5个月	0.482	1.34%
	如会	231	6.5个月	22.523	1.5%
	惺叔	500	10个月	62.5	1.25%
	胡	150	7个月	11.025	1.05%
	胡	20	3个月	0.63	1.05%
	养心	180	6个月10日	15.276	1.34%
	宋宅	300	4个月	13.2	1.1%
	汪宅	300	4个月	14.4	1.2%
	静吾	9.46	3个月	0.39	1.37%
	障岐	300	2个月20日	9.6	1.19%
	当	300	2个月	6.6	1.1%
	君吾？	100	7个月	9.38	1.34%
	观吾	100	1个月20日	2	1.2%
	谢？叔	50	1个月20日	1	1.2%
	当	600	1个月	6.6	1.1%

注：此据账簿中一些既有"该得利"，由有时间的项目推算而成。

从表 2 的数字看，这种借贷的利率虽不悬殊，但不同的人、不同的时间内，利率并不一致。最高的两例是万历二十九年借正吾的 60 两和万历三十二年借尔荷的 12 两，分别为月利 1.7% 和 1.546%，最低的一例是万历二十九年借彦升的 20 两，月利为 0.7%，其余 1.05%—1.5% 中以 1.1%—1.3% 为最多。那么，这个利率处在一个什么样的水平呢？我们拿它与高利贷资本利率的一般情况作些比较便可明白。一般认为，明代高利贷资本的利率是十分高昂的，但若全面分析有关记载便可发现：它一方面确实存在那种年利倍称甚至倍称以上的高昂得率；另一方面，也有适中或较低的利率，大体以月利二至三分为主，低至一分、一分五厘，高至年利倍称或倍称以上。① 可见这家染店资金借贷的利率显然处于其较低的水平之上。

既然这种负债资本在其总资本中占有重要的地位，而其利率又处于较低的水平。那么，其作用究竟怎么样呢？显然，我们还须对其总资本的利润率作些分析，如果利润率比利息率高，则其作用是积极的，反之则是消极的。其整个资本的利润率大体见表 3。

表 3　　　　徽州程氏染店万历中期总资本利润率情况　　　（单位:%）

股东 \ (万历)年度	二十一	二十二	二十五	二十六	二十七	二十八	二十九	三十	三十一	三十二
本修	18	20.63	43.55	18.09	20.3	30.56	16	16	20	16
程观如		20.55	44.19	18.09	20.3	30.56	16	16	20	16
遵与		20.47	43.53	18.09	20.3	30.56	16	16	20	16
吴元吉	18	24.33	43.54	18.12	40.0	82.11	16	16	26.1	16
以超兄			43.55	18.09						
以超娘		19.63								
邦显			43.55	18.09	22.5	35.32	16			
彦升					20.3	30.56	16	16	18.4	16

注：账簿大部分笼统地记载为"该得利"，小部分区分了"正利""余利"。此表利率系据得利总和推算而来。

---

① 这点在刘秋根《明清高利贷资本》中有详细分析，社会科学文献出版社 2000 年版。

从表3资本利润率的情况看，除万历二十九年、三十年、三十二年等三年只得利16%以外，大部分年头得利超过这一水平。最高达40%以上，即使只算利润率中的"正利"①，也比表2中比较常见的月利1%—1.3%（年利12%—15.6%）要高出不少。

另外，如果对债权人的构成进行分析可见，他们并不是某几个固定的人，也不局限于东家的亲朋好友。大体上包括四种类型。一是某些东家的亲友，如"xx兄""xx叔"之类称呼随处可见即可证明。二是金融机构和带来金融信用特点的合会。三是染店的股东。因是合伙制企业，股东较多，一些股东除加入股本外，还对染店有放款。四是除此之外的一般资金持有人。值得注意的是，首先，作为金融机构的典当铺比较经常地对染店放款，且数额常在百两以上。账簿常提到的有"钱典""顾典""千户所典"等。这一方面说明了至明代尤其是明中叶以后，典当作为早期银行业的色彩已经非常浓厚；另一方面说明了这种资本性、经营性资金的供给在明以后有相当大的一部分已经由金融机构来进行。其次，一些债权人似乎是比较固定化地为染店提供资金，有些人的名字连续数年被留在账簿之中。这些人也许是家有闲款而不善经营，故而存储取息。

综合本节所述可见：这家染店通过资本性、经营性借贷所形成的负债资本在其总资本中占了相当大的比重。这种借贷的利率水平是比较低的，相对于总资本的利润率更是低出不少。而且这种借贷的债权人是多样化的，尤其是作为金融机构的典当和带有金融信用性质的合会对本店放款的增加，更是反映这种资金供给发生了新的变化。既然如此，应该说，经营性、资本性借贷对徽州程氏染店资本的运行、扩大是发挥了相当大的积极作用的。

---

① 账簿中只有万历二十二年、二十七年、二十八年、三十一年共四年明确区分《正利》和《余利》。四个年头的《正利》分别为18%、16%、16%、16%。

四 结语

第一，因材料的缺乏，以上第三部分只对一份账簿进行分析，这是否有孤证之嫌呢？如果结合第二部分所述明代高利贷资本中资本性、经营性借贷增加及普遍化的情况分析，答案显然是否定的，故而，我们与其视之为孤证，还不如说，因为它在某种程度上揭示了这种资本性、经营性借贷影响经济运行的机制，因而可以作为全豹之一斑，使我们能够由此更深入地认识到明代尤其是16世纪以后商品经济发展、商业资本扩大与高利贷资本这一新的变化息息相关的历史事实。也就是说，在考虑明清经济发展动力问题时，我们既要考虑分工、技术进步因素，同时也要重视资本投入的因素。

第二，我们知道，中国封建社会的信用主要是高利贷信用和商业信用，国内外学术界对明清信用评价颇低。如大陆学术界对高利贷信用历来都是以否定为主的[1]；中国台湾学者、海外学者对信用本身的发展及信用影响经济运行水平的评价也很低。如张彬村认为：16—18世纪"信用机构和工具都十分简陋""信用供给不足，需求强烈，造成利率偏高"[2]。黄仁宇也指出：因中国这种农业与家庭手工业结合的经济结构，"结果为迟滞银行业务信用贷款之发展"，经商者多为中、小商人，虽有富室放债，而"借款营利者为小规模之客商，其资本仍为化整为零"[3]。言下之意就是，因中国这种特殊的经济结构，中国的信用制度非常落后。实际上，以高利贷信用为主体的古代信用至明代尤其是16世纪以后，得到了相当大的发展，它与同时代西方各国相比，虽显得有些迟滞，但并不如我们所想像的那么落后，它仍然较好地适应了明清以后中国社会经济的发展和新的变化。这由笔者所见明清高利贷信用影响经济运行的诸多事

---

[1] 有关观点可参见上引刘秋根《明清高利贷资本》绪论中的概述。

[2] 张彬村：《十六至十八世纪中国的长程贸易与信用市场》，《台湾"中央研究院"经济研究所，第二次中国近代经济史会议（Ⅲ）》，1989年。

[3] 黄仁宇：《从〈三言〉看晚明商人》，《明史研究论丛（第一辑）》，台北大立出版社1982年版，第512、517页。

例可证明,甚至因为其中具备了近代经营方式的萌芽,使其在资本主义经济侵入中国以后,只要稍加调整,它便能为这种近代经济活动服务便是明证。[1]

(原载《株州高等师范专科学校学报》1999 年第 3 期)

---

[1] 刘秋根:《清代城市高利贷资本》,《中国经济史研究》1996 年第 4 期。并参见黄逸平、袁燮铭《晚清中国钱庄的资本主义化》,《学术月刊》1998 年第 1 期。

明代城市高利贷资本

随着明代尤其是明中叶以来商品经济的发展，明代工商业经济得到发展，原有的大中城市迅速恢复，一大批新兴的工商业市镇兴起，与此同时，随着农村中商品性作物种植的增加，地区性分工的发展，一大批专业、半专业的商人产生了，农村中工商业人口增加了，商业、货币资本的积累也得到了发展。随之，高利贷资本与城市工商业经济的关系也越来越密切。而对这一关系，目前学术界研究尚不够。本文拟在区分两种截然不同性质的借贷的基础上，对明代城市高利贷资本进行探讨，希望有助于对这一关系的认识。

一

整体上说，明朝的城市尤其是大中城市仍是封建政治、军事文化的中心，居住在城市里的仍以各类消费性的人口为主，因而高利贷资本虽然与工商业经济的关系越来越密切，高利贷中的经营性、资本性借贷增加了，但是其生活性、消费性放贷仍然广泛存在。其中影响比较大的主要有以下几种。第一种是城市居民因日常生活而引起的借贷，这里既有各类小商小贩、小手工业者，也包括一些俸禄比较低或家世贫寒的士绅之家、中下层官僚及士兵。有关文献中对后面诸色人物的记载较多。如在松江，"郡庠掌教丘公本岩，名行达，连江人，所入俸金，诸生有称贷者，不论贫富，一概畀之，虽一二年之久不纳子金"[1]。"万历甲戌，济南

---

[1] 于慎行：《谷山笔麈》卷二，卷一五《杂闻》。

有蒋生者，贫而质子钱三十金，久之遂鬻宅于子钱者，其价二百有奇，质钱者以百金当其息，第以百金与之"。① 全祖望记载，明末广东南海有邝露字湛若者"有嗜古之癖，其生平所聚琴剑炉钵之属，充栋接架，皆稀世之珍也，然贫甚，时或绝粮，即以所有付之质库，及不时有余赀又复赎之而归，如此者不一而足"②。正德年间，扬州如皋县令王世臣"操守坚白，门无私谒""每食无常品，日用不足，恒称贷于同僚，俟给俸以偿"③。正德十四年，王阳明亦指出，近年来，各卫所仓场等衙门官吏皆因"家口众多，日用不足，俸资所限，本以凉薄而近例减削又复日甚，加有上下接应之费，出入供应之繁，穷窘困迫、计出无聊"而借贷或贪赃枉法，以致有些人"任满职革而不得去其乡"④。正统四年秋，在南京有顺天府庠生原泰"家贫落魄，往贷镇守襄城伯李隆白金五十两为用"⑤。弘治二年七月十八日，兵部尚书上言指出：在京各卫所指挥千百户等，"各因家道贫难，预将俸钱立约与人揭借使用""放债之家每季关领俸银，少则三五百两，多则七八百两，一家常放数卫，而一卫之利尽为网尽"⑥。所谓"家道贫难"即是"家无恒产""业无蓄积"，因而"饥寒所迫，衣食所累，只得借债典当，暂且聊生"⑦。一般城市贫民借债度日，似更普遍，如"刘福，苏卫人，所居石塔营西，贫甚，恒称贷，负薪以给，日以所赢归债主，满一券则易券复贷"⑧。同城施巷有谢挑盘者，因负阊门外上塘杨家之钱，传说其死后变作牛为杨家拉磨以还债。⑨ "吴门外有一人家，有妻子而极贫，除夕，破衣冒雪出门借贷，莫有应者，怅然过一富贾之门。"⑩

---

① 于慎行：《谷山笔麈》卷二，卷一五《杂闻》。
② 全祖望：《鲒埼亭集外编》卷一七《春明行箧当书记》。另《茶香室四钞》卷二七《当票》亦引《逊志堂集》记载了此事。
③ 嘉靖《重修如皋县志》卷七《秩官》。
④ 王守仁：《王文成公全书》卷一七"公移二"《议处官吏俸》。
⑤ 王锜：《寓圃杂记》卷七《从父偿债》。
⑥ 《皇明条法事类纂》卷二〇，第508—509页，并参见第506页。
⑦ 同上书，第504页，引弘治元年八月右都御史马题。
⑧ 黄暐：《蓬窗类稿》卷五《怪异记》。弘治左右之事。
⑨ 祝允明：《志怪录》《谢老牛》。
⑩ 严有禧：《漱华随笔》卷四《吴门贫妇》。

城市中普遍存在的所谓"印子铺"的放贷大部分当是这种城市贫民所进行的生活性借贷,嘉靖二十五年五月十二日,李凤来上言:京师物价腾贵,小民难以度日,"又一等光棍,开放活应,预先估计小民产业若干,则放与钱若干,每日连本带利收十分之一"①。明代城市中官手工业是由轮班匠、住坐匠生产的,有些住坐匠"兴工之初,工食未领,先称贷以自给,工完支银,计其出息,十已损二矣"②。

第二种是因候选、到任而借贷,即所谓的"京债"或官吏债。如"柳御史彦辉,吴人,入京,贷富翁陆坦金五十缗"③ "俞绘,滑州人,少负意气,为父兄服里正役,输粮入海,时有闽寇,充民兵,有斩艾功,不自叙,为诸生举于乡,赴京过沛,沛令冯,乡人也,贷金"④。宗室鲁府辅国将军观炊,"资产颇丰" "曲阜令孔煦,推择为令,从公贷二百金"⑤,"嘉靖间,一士子候选京师,有官矣,然久客橐空,欲贷千金,与所故游客谈,数日报命:某中贵允贷尔五百金"⑥。万历四十年,广东抚黎通判葛经到任不久,为还京债,只得"令府库吏在官钟运私借库款一百两"⑦。而广州府通判李"官似赘疣,甫到任而债主填门,人谓长安之借贷不少"⑧。有小说叙某村有吾爱陶者,平常作威作福,武断乡里,至五十开外得一官,为排场需要,将村中大小人家,分为上、中、下三等,编成簿册,遍投名帖,并使人传话说:"一则侥幸贡举,拜一拜乡党;二则上京缺少盘缠,每家要借些银两,等待做官时加利奉还。"村农怕事求

---

① 《皇明疏钞》卷二三李凤来《因变陈言以实修省疏》。另《皇明奏疏类钞》卷一八亦载。
② 李昭祥:《龙江船厂志》卷六。
③ 徐复祚:《三家村老委谈》卷一《柳布衣》。此事祝允明《怀星堂集》卷一六《柳义士归金赞》亦载,事在正统某年。
④ 朱国桢:《涌幢小品》卷一一《不负心》。另程敏政《篁墩文集》卷二七《却金诗序》,《元明事类钞》卷二六亦引此事。
⑤ 张萱:《西园闻见录》卷一七《好施》。
⑥ 冯梦龙:《增广智囊补》卷二七《杂智部·狡黠》。
⑦ 田双南:《按闽疏稿》卷三《问过葛通判疏》、卷四《按劾有司疏》。
⑧ 同上。

安，家家前来馈送。① 嘉靖元年，霍韬言："郡县佐贰，或添注四员三员，凡此冗员，俱老耄监生……故于未选，则揭债以往，受任携孥以行，举数十口以仰食一官。"② 故一些大中城市多有以放官吏债为生者，如《续金瓶梅》记载某大城市有名沈越的大财主，"城中当铺、盐店、香蜡店、绸缎店，何止三二十处，伙计有一二百人"，"他一生得利的是三样钱，第一放官例钱，选的新官取京帐的，俱是六折，每六两算十两，每月十五分利，不满一年，只六十两，连本带利就该三百两"③。可见，这种官吏债确有两种情况：一是为了排场而借贷，或是如吾爱陶一样是趁机勒取财物。二是确因候选日久，基本生活无法满足；或是家道贫寒，到任路途遥远，盘费不足而借贷。因此虽然因官吏债的普遍及对明代吏治所造成的不良影响，明代最高统治者从明朝一建立就非常重视，吴元年（1367），朱元璋即说："今新授官多出布衣，到任之初，或假贷于人，则他日不免侵渔百姓"，洪武十年（1377）正月又对中书省臣说："官员听选取之在京者，宜早与铨注，即令赴任，闻久住客邸者，日有所费，甚至空乏，假贷于人。"④ 并且制定了预支数月俸禄以用于赴任的政策，法律中也有"听选取官吏借债与债主同赴任所取偿，至五十两以上者，连债主俱发口外"⑤ 的条文，但朝廷及各级官府具体处理这类案件时，也考虑了两种不同的情况。弘治三年（1490）九月初八日，刑部尚书何在一件关于官吏债的题本中说："看得官吏监生人等借人财物费用，措办衣装器物，置买婢妾等项及与债主同赴任所取偿，已有前项禁例，但近年以来，官吏监生人等，候选年久，多有盘费罄竭、贫不自存，未免借钱举债以救饥寒，以活妻子，未必皆是措办衣装器物、置买婢妾等。"⑥

---

① 天然疾叟：《石点头》第八卷。这类小说材料中具体的人物、地点、事件有些是真实存在或发生过的，小说家不过是加以演绎而已；有些则可能是虚构的，或沿用前代故事。不论怎么样，其细节及细节所反映的制度性的信息一般是真实的、可信的。本文引用此类材料正在利用其制度性的信息。
② 《明经世文编》卷一八五《霍文敏公文集》《嘉靖改元建言》第三札。
③ 丁耀亢：《续金瓶梅》戒导品，第六回。
④ 两条均自顾炎武《日知录》卷二八《京债》。后条见《西园闻见录》卷三〇。
⑤ 《大明会典》卷一七五《刑部》一七《罪名》三《充军》。
⑥ 《皇明条法事类纂》卷二〇，第509、510页。

第三种是因购买官职或行贿保官而借债。如王宗茂刻严嵩"挠吏部之权,则每选额要二十员名,州判三百两,通判五百两,天下名区听其拣选……如应天府监生腾应表,借刁琛银五百两,充为馈送。即除广东德安州判官"①。邹应龙劾严世蕃曾为工部左侍郎,倚严嵩之势干预吏部之权,广致贿赂"世蕃之门,纷然如市","有举人潘鸿业者,欲得山东临清州知州,自携八百金,乃称贷在京昌(?)人一千五百金,托中书严鸿以二千二百金送世蕃,竟除此官"②。胡世宁揭露辽东地方"先年各卫堡备御及千把总等官,镇巡官差遣,各有定价,令其借债买求,往往莅事不久,算其科敛,足勾还债本利,即便取回,另差一官,及本官使用,另差一处,皆有定价,凡客商借与银两,即随本官至彼守取"③。此三类均是公开买卖官职,属于一种非法的、秘密的行为。还有一些情况是明朝政府出于财政目的,允许有钱有粟之家向官府纳粟纳银取得监生、官员资格,这样既可以免役,也取得了做官的资格,因此许多人纷纷买求,其普遍程度似更大。张在自己的遗嘱中对儿子楷、采、桢等说:"正德十年因楷援例入监,凭黄润夫等借汝五叔祖银二百两,又凭表兄蔡诚、表弟蔡济借外祖明七公银六十两,楷自还之。"④叶盛奏言:因户部"许令客商人等进草束马匹等项,给与冠带",以致一些"无耻之徒,前因居官不律,缘事革职为民,一概援例在京纳草进马,意图复任,剥取民财,以偿前债"⑤。除了这种已革官员之外,"纨绔子弟、垂绥荡子,皆得藉祖父之余资,假他人之慷慨,朝进粟而夕拜衔,真如执券以取寄,强梁豪右者,恣其称贷,以收倍称之息"⑥。有人指出义官之滥的状况时说:"近年补官之价甚廉,不分良贱,纳银四十两既得冠带,且任差遣,因缘为奸利,故皂隶、奴仆、乞丐、无赖之徒,皆轻货假贷以纳"⑦,以图得此

---

① 《明经世文编》卷二九六《沈王二公奏疏》王宗茂《纠误国疏》。
② 《明经世文编》卷三二九《邹中丞奏疏》《贪婪荫臣欺君蠹国疏》。
③ 《明经世文编》卷一三四《胡端敏公奏议》《陈言边务情弊疏》。
④ 张羽:《东田遗稿》卷下《遗楷采桢分单》。
⑤ 《明经世文编》卷五九《叶文庄公奏疏·慎重名爵疏》。
⑥ 《明世宗实录》卷五四一,嘉靖四十三年十二月壬申。
⑦ 王锜:《寓圃杂记》卷五《义官之滥》。

封号。更有甚者，一些吏职也常因借债买求而来，如在广西永宁州，为征收赋税，设立了所谓的十总催，"此十总催者，赤手而借重债贿官、贿户吏、贿差头而得票，计一人所费二十金"①。湖广有蕲水县亦有类似的吏名，名"收头"，"蕲之弊，收头为甚，狡伪亡赖者，干觅此役，其先不惜称贷贿官吏以图肆志"②。在北京，"编发辽东之人，俱监左府半年有余，积至二十人，方差一官一舍管解，其所差官舍，先揭债银四五十两干差，本利倍还，而又多取肥差，皆出此二十人之身"③。

第四种是因为各级官府官员、衙吏、军将、财政等方面的制度缺陷而引起的借贷。这种原因的借贷情况比较复杂，借贷的主体既有普通的士兵、解户，也有各级官员。其中影响最大也最为明代统治者关注的是运军借贷问题。明代漕运有支运、兑运，成化七年（1471）后悉变而为改兑之法，由官军直接运至京师，于是运粮军士的欠债问题便由此产生并逐渐严重起来，借贷的原因，据成化八年总理河道王恕认为：运河在扬一带常因干旱阻滞，等到了张家湾一带却已值秋雨连绵，路途泥泞，脚价高贵，"原领耗米雇脚不敷，以致军士借债卖船，凑补上纳"④。据正德六年（1511）户部左侍郎邵宝言，其原因则有两个方面，他说："运军困苦，莫过于私债，始于仓场之滥费，而成于运官之科索，揭借富室，日引月长，倍徙其利，以至无算。"⑤从兰更是总结出了五个方面的原因：第一，"或因漂流磕沉船粮"；第二，"或因原兑粮米湿润，经过三伏，腐烂亏折"；第三，"或因使用不足收受，斛回重大以致挂欠筹斛"；第四，"或因天雨泥泞，车驴脚贵"；第五，"或因不才运官，营干己事，假以雇脚买粮为由，诬借债负，遗累卫所偿还"⑥。此论与弘治元年马文升所言颇为类似。因为这类债务直接影响了漕运，故不久即引起统治者重视，

---

① 顾炎武：《天下郡国利病书》《广西·永宁州》。
② 嘉靖《蕲水县志》卷一《风俗》。
③ 嘉靖《蕲水县志》卷一三四《胡端敏公奏议》《陈言边务情弊疏》。
④ 《名臣经济录》卷五一《乞趁时搬运通州仓粮状》。
⑤ 《明武宗实录》卷八二，正德六年十二月辛巳。并参见《万历会计录》卷三五《土宜附优恤》。
⑥ 《明经世文编》卷一〇八《从司空奏疏》《论漕运积债之害》。并参见《皇明奏疏类钞》卷五三《论漕运积债之害疏》。时间在弘治之后。

从成化年间，明政府即采取种种办法予以治理，然这种债务仍然存在，至嘉靖二十九年（1550），仍有权贵、内监"将银货出贷于运粮军士，就将官船准折拆卖"①。有些"权要贷运军银以罔厚利，至请拨关税给船料以取偿"②。可见这些高利贷者气焰之高，亦说明运军债务问题已经成为明代漕运中的一大痼疾。总的看来，运军债务问题是由制度的缺陷引起的，因为这种缺陷才使得部分与漕运有关仓场官吏、运官等趁机勒索，并因而导致运军借贷应付，豪富权势之家也就可以因此放贷，谋取厚利。

其次，各城市铺行因应付官府采办而借贷、解户因纳粮而借贷、住坐匠因来京服役而借贷、驿站服役人户因人勒索而借贷等，与以上运军借债颇为类似，本质上说，都属于因国家劳役制而引起的额外剥削。关于铺行因为采办而借贷尤以京师最为严重，成化四年（1468），刑科给事中白昂说："前者光禄寺下顺天府铺行买办诸物，不即关于物价，市廛小民，富少贫多，或典卖家赀，或出息假贷，竭尽艰苦，方得完足，又经日长，未得价值，资本既失，无所经营。"③成化七年（1471），姚夔说："各监局所市物料多系宛平、大兴二县各铺行行之京城富家，富家营谋给钞，利至三五倍。"④弘治以后，情况仍是如此，弘治十一年（1498）十一月，李禄说："光禄寺令铺户先出息办纳，延至数月不得关支钱钞，以致负债贫苦。"⑤高拱谈到这类买办累及商人时说：商人领银代纳，"使用甚大……即得领银，亦既受累，乃经年累岁不得关支，小民家无余赀，所上钱粮多是揭贷势豪之物，一年不得则有一年之利，积至数年，何可纪算，及至领银之时，又不能便得"⑥。

而解户的借贷有因盘缠缺乏而借贷者，如有明代小说载："浦城县北乡九日街有一乡民刘知几，因郡知府佥他为北京解户，解银五鞘入京，

---

① 《明孝宗实录》卷一一，弘治元年二月丙辰引马文升之言。《明史》卷七九《食货志》三《漕运》。

② 《明世宗实录》卷二五三，嘉靖二十九年九月未。

③ 《明经世文编》卷八○《白康公文集》《灾异六事疏》。又见《明宪宗实录》卷五三，成化四年四月。

④ 《明宪宗实录》卷九九，成化七年十二月辛巳。

⑤ 《明孝宗实录》卷一四三，弘治十一年十一月。

⑥ 《明经世文编》卷三○一《高文襄公文集》《议处商人、钱法以苏京邑民困疏》。

刘知几因缺少盘缠,托保立批,与本乡富户曾节借出纹银一百两过京。"①有因军士勒索迟滞而债,如京师东安门、西安门守门官军"每遇钱粮进入,辄便拦挡,或将解户赶逐,或将脚子赶打,迟留一日二日者有之,为害千方百计不已,以致解户负累,揭借钱物,累年不得完结,及得批单回家,债主又复逼取,倾家断产"②。住坐人匠的借贷,有因来京盘缠缺乏引起的,如景泰五年林聪说:"天下各色轮班人匠,多是灾伤之民……赴京之时,典卖田地子女,揭借钱物、绢布,及至到京,或买嘱作头人等而即时批工放回者。"③成化四年(1468)八月,"在京住坐军匠及京操班军,往往索取户丁盘费……又有具名立约借贷于官豪而追偿于户丁,累息数倍"④。也有因上工迟误借贷者,何孟春言:天顺以来,工部所掌轮班人匠计共二十一万名,但逃亡事故连岁不断"所司作头人等遇有监局工作,无人应投,或写自己名下文约,或借在官别项银钱雇觅街市守艺之人前去成造,及至该府州县将前项事故人匠请解至京,期限过违,作头人等摭其到迟而有举贷也,百倍而取偿,岁复岁,季复季,人不堪命而逃亡,事故滋益多矣"⑤。在驿站服役的人户的借贷则纯粹是因为官吏勒索引起的,有人论及驿传中所谓"马头之累"时说:"其病本全在编审之初,正副帮贴不相适宜,至论其末,则又在乡民亲自在驿应当,盖乡兵(民?)蠢村,既不知事例规则,而官吏与旧日招募邻近驿旁之人又皆痛痒不关,愚弄侵削,甚至交通使客教唆导引,一切虐使困逼之,而又乘其窘急,借贷举放,获利可至倍徙什伯。"⑥成化十一年(1475)八月,太监钱能于云南进象六只,沿途州县驿传为之预备草粮、人夫、马匹等项,"不期原差官舍崔升、张宗一等一下马,不问草料有无,先行责打三十大板,又行嗔怪不行远接,喝令跟随通事旗军将各该

---

① 《郭青螺六省听讼录新民公案》卷一《富户重骗私债》,《古本小说丛刊》第三辑。
② 倪岳:《青漫稿》卷一四《会议》。
③ 《明英宗实录》卷二三九,景泰五年三月。又见《明经世文编》卷四五《林庄敏奏疏》《修德弭灾二十事疏》。
④ 《明宪宗实录》卷五七,成化四年八月。
⑤ 何孟春:《何文简疏议》卷二《时政疏》。
⑥ 《明经世文编》卷二四六《胡庄肃公奏议》,《与陈临溪大参论驿传书》。

答应人役无故锁项在于象脚，非法拷责，勒索相送银两……只得揭借银两贿送，才方脱放"①。另外，明代一般士兵及其家庭借贷与以上所述颇为类似，有因为将官勒索引起者，如马文升言：陕西腹里在边军士，既有官给骑操马匹，赴边之日，又有总兵等官索要马匹，军士生活全靠月粮六斗，为此"只得原籍津贴财物，置买前去，比至边，则边方该管官旗，或指以置买旗号缨头为名，或假以修理城垣门楼为由，节次科敛，逼迫无奈，又将原买脚力马骡变卖出办，未及一年使用尽绝，或又有倒死官马，随要买赔，逼迫无奈，只得揭借"②。在京城"京卫军士岁给冬衣花布、钞锭，乃内帑所储，守库官员每遇军士开领，需索科送，否则不得开领，以致军士衣不及时，甚则捐借出息，物归债主，而军士终不得用"③。亦有因军制方面的缺陷而引发的，如在辽东前线，管粮郎中部署于广宁，各营卫领取军粮或因路途遥远，或因运粮迟滞，"行者未获一箪之储而旬月之聚粮尽矣，夫是行者皆军中豪猾，力能颐指诸军，月而宣言：我往返皆浃旬，费且尽，赖贷母钱得归耳，某氏收债必倍子钱，若等他日领粮，我当扣若干"④。还有因发饷迟滞而引起借贷，如在辽东"有两三月而后给散者，军丁无食，称贷于有力之家，若起一月之息，所得仅十六七"。所以顾养谦于嘉靖年间巡抚辽东时，针对这种情况，"于市马时立官市法，以其羡八万金别贮，先期给军士，饷至抵补，名常饷"⑤。

另外在城市中还广泛存在那种因富贵人家不肖子弟吃喝嫖赌、溺佛烧丹、文人诗酒往来、士大夫及一般城市贫民家庭因诉讼引起的借贷等。如万历年间有人说当时的一些宗室之家"禄粮未支，先已借贷，一领到手，俱归债主，究其所以，非为酒食燕游之资，则为赌博淫荡之资"⑥。有些宗室则因溺佛而借贷，如天顺年间，左梦麟为云恭王府仪宾，"四镇

---

① 彭韶：《彭惠安集》卷一《奏议》。
② 《明经世文编》卷六二《马端肃公奏议》《恤军士以蓄锐气疏》。
③ 《明宪宗实录》卷六一，成化四年十二月庚子。
④ 《明经世文编》卷三三七《汪司马太函集》《辽东善后事宜疏》。
⑤ 张萱：《西园闻见录》卷七六《恤军士》。
⑥ 《明经世文编》卷三四一《南宫奏议》《酌议宗藩事宜疏》。

国将军溺佛烧丹,四方诸以佛烧丹来者辄骗其金资,居无何,将军贫,积负以万计,无能债家又日欢其门,将军泣欲寻死"①。一般富家不肖子弟亦多有因游狎玩乐而借贷者,如万历年间苏州有大豪富潘,其子潘璧成,"少年即入赀为南国子监生,狠戾淫恣,父爱之,一任其孟浪……璧成在南中游狎邪,所携金不足,则贷之魏公府数千金,索逋者踵至"②。至于文人诗酒之债,自古皆然,明亦不例外,如著名的风流名士祝允明、唐伯虎即是如此。祝允明"有债癖,每肩舆出,则索债者累累相随,盖债家谓不往索,恐吓其复借,而京亦怡然不以为怪也。尝托言款客,往友家借银镶钟数事……又岁尽乏用,遍走阛于所知,托言吊丧,借得白员领五十件,并付质库,过岁首……觅典票,已失之矣"③。唐伯虎一日"与友人浪游大醉,时酒兴未阑,遍索杖头无有也,乃悉典诸友人衣以佐酒资,与诸友豪饮,竟夕忘归,乘醉涂抹山水数幅,明晨得钱若干,尽赎诸典衣而返"④。苏州有文士某"任侠结客,尊酒论文,坐中常满,然力不能给,先世所蓄古器彝鼎、名贤书画,时入质库,以佐酒资"⑤。至于因诉讼往来而借贷,则不仅市井小民,高官贵族、士大夫亦无不如此,李乐言:"巡守二道及本馆禁约专一接受手本,擅理民事,一词才入,非银数钱不差,及至问词,大约官须五六钱,书手二三钱为例,事情稍大,贿及二三两者,余本镇民俱以小本为生,捕官辄指呈堂为由,往来非四五日不了,民所最患,脱衣典当,揭债求免。"⑥ 有官员被刘瑾逮入诏狱,其子张瑭随行"或欺其少,怵以奇祸,赚取白金若干两,瑭不得已,假诸人而与之,公归,宜人极力偿焉,盖累岁乃足,脱簪珥、节服食,展转称贷,略无愠色"⑦。陆灿记载说:浙江鄞县有儿童寄宿于古庙,得人所遗失金一袋,后归还,失主言:这是因为其夫"以事系狱应死,指挥

---

① 李梦阳:《空同集》卷四五《明故朝列大夫宗人府仪宾左公迁葬志铭》。
② 沈德符:《万历野获编》卷二八《守土吏狎妓》。
③ 冯梦龙:《古今谭概》佻达部第一一《祝京》。
④ 唐寅:《唐伯虎全集》《唐伯虎佚事》卷二。
⑤ 徐复祚:《花当阁丛谈》卷四。
⑥ 李乐:《续见闻杂记》卷一〇。
⑦ 邵宝:《容春堂续集》卷一六《张宜人华氏墓铭》。

某者当活之，妾变卖家产及假，遂得金银若干，将以献彼，因裹著破衲中，挈之过庙少憩，不觉遗下"①。天启年间，周顺昌得罪内监，被逮入京，朱祖文因曾受周之恩，誓以死报答，乃随入京，本拟料理后事，"已而悬赇数千，文学（即朱祖文）私幸旦夕告完，或得议死，百计丐贷，都门不足，则走定兴，定兴不足，则走吴桥，冒暑单骑，间关千余里，逗留数十日，捃摭稍就，而吏部已毙狱矣"②。

二

随着明代城市商品经济的发展，明代城市高利贷资本亦发生了变化，除了其形式、利率等因素以外，最主要的就是资本性、经营性借贷增加了，高利贷资本与工商业经济运行的关系越来越密切。

首先，明代商业的经营，包括行商、坐贾等在相当程度上依靠借贷获取资金，这种借贷既有经营开始时的开办资本借贷，也有经营过程中的流动资金借贷。以下先从开办资本的借贷谈起，这在中小商人中最为普遍。如在江西吉水之富口有郭肃"洪武中，有姓陈姓毛者，举贷于公往中盐，约倍偿公"③。景泰五年，"陕西按察司佥事陈奏：甘州卫军数人结交边夷，借与银两图利，以致各夷至京广置货物、多起脚力，负累沿途军民"④。泰和鄢叔敬，曾得百金于道，少顷失者回，其人诉说："我婆人也，贷金六十，商于广三年而得利百金。"⑤ 温氏家训言："大父赤贫，曾借朱姓者二十金，卖米以糊口。"⑥ 歙县有张公"某姓某名，正德某年以贫故，偕弱息贷富翁白金若干，贩盐来旌德"⑦。《警世通言》载：常州东门外吕玉，因儿子走失，"在家里坐不过，向大户借了几两本钱，往

---

① 陆粲：《庚巳编》卷二《还金童子》。按："变卖家产及假"后当有"贷"或"借"。
② 朱祖文：《北行日谱》引《任侠传·朱文学》。
③ 王直：《抑庵文集》卷二七《郭公子齐墓表》。
④ 《明英宗实录》卷二三九景泰五年三月丁丑。
⑤ 张萱：《西园闻见录》卷一七《好施》。
⑥ 《温氏母训》。
⑦ 祁门《张氏统宗谱》卷八《觉庵文颐公传》，转引自《明清徽商资料选编》，第69页。

太仓嘉定一路收些棉花布匹,各处贩卖,就便访问儿子消息"①。嘉靖前后,南亭韩珂"故携高赀","有客贷金九十,逋累年,自度不能偿……"②万历年间歙县有商人名汪伯龄"始胜冠,辄从父兄入蜀,称贷以益资斧,榷茶雅州"③。常熟人瞿嗣兴"携家人人苏州,诣富人贷钱为小贾,转息为生,乃稍裕,久之居积为中贾"④。《醒世恒言》载:河南鄢县有宝华禅寺,寺附近有张小乙者,"在外面做些小经纪,他的本钱,便是宝华禅寺悟石和尚的"⑤。《新说生花梦传奇》载:湖广黄冈县俞四,原来替人挑担为生,后来生意衰落,"儿女又多起来,只得借些重债,贩贩鱼儿,挑到市里,卖几分度日"⑥。《海刚峰先生居官公案传》载:福建淳安县南村有何进贵者家贫,幼时与徐高交好,高家富足,进贵"一日思忖,必须寻一生活方可,不若明日往徐兄处借些本钱,寻一买卖做,待后起腾些利息还他"⑦。《新民公案》载:福建瓯宁县有罗子义卖米为生,"有兄子仁亦要买米去卖,一日托保叶贵,立批借出吴旺银九两一钱,准作十两,外要加利五两,罗子仁要去买米,只得忍痛受去"⑧。入中商人亦多有借贷者,宣府张家口堡至隆庆五年始设立市场,"市商段布狐皮一切杂货来自苏杭湖广,由临清以至天津、卢沟、通湾,其税不知凡几,乃至市口又重税之,彼富商大贾者操其厚赀,孰肯远出塞上、寄迹穷荒,惟是机利焉(?)民、市井无聊之辈,乃始称贷出息,跋涉山川、蒙犯霜露、担负重茧以与胡儿争杪忽之利以为蔽体糊口之资,权其赀债子母僦质聚粮之费,与夫涉历关津阅课之征,所余几何"⑨。"常熟之直塘镇今属太仓,有钱外郎者,险人也,家居武断乡曲,其里中有妇赵重阳,色美,钱心慕之,且以其夫贫可饵。一旦召语:闻尔有干局者,

---

① 冯梦龙:《警世通言》第五卷。
② 赵南星:《味檗斋文集》卷九《韩太公传》。
③ 汪道昆:《太函集》卷五三《处士汪隐翁配袁氏墓铭》。
④ 何乔远:《名山藏》《货殖记》。
⑤ 冯梦龙:《醒世恒言》卷二二。
⑥ 《新说生花梦传》第一回《古本小说丛刊》第一辑。
⑦ 《海刚峰先生居官公案传》卷三第五十四回公案《决何进贵开赵寿》。
⑧ 《郭青螺六省听讼录新民公案》卷一《吴旺磊债打死人命》。
⑨ 《明经世文编》卷四五二梅国桢《梅客生奏疏》《请罢榷税疏》。

何乃坐守困穷，吾贷尔钱贩布如何？夫幸甚，即以赀易布，使商于临清。"①

以上诸例大体都是中小商人或小贩为了开始他们的经营而进行的开办资本借贷，其数目亦比较小，多在百金以下，有六十两、二十两、九十两、十两等，但规模较大的借贷亦多有其例，有达一百两、数百两、一千两、数千两乃至一万两者。如开化徐存礼于道旁亭中拾一青囊，内有白金近百两，后还给失主，失主言："某皆徽人，往遂安市木，道此少憩，遗囊乎此，内白金近百两，皆称贷于人者。"② 嘉靖年间直隶新安约有张时诵者于富豪薛可大处"贷金三百掣盐，僦公别舍，诵死，其贷不可究问，又欠商价四百九十金"③。郭霆之父盐运公，有郭垒者，"盐运公爱其人，予三百金，令贷息钱，久之无所得"。另外又"有许守夏者，贷盐运公数百金，服贾于辽东"④。慈谿县王福徵，偶于溪边拾得金一袋，还给失主，失主言："吾揭债作本，得银一百七十两，欲过江买米，脱袜渡溪，遗失于此。"⑤《十二楼》载：明永乐年间东肇庆府高安县有骗子贝喜，曾入京行骗，住于白下，与一位湖州来的贩笔客商同船，他骗笔商言："可惜你会我迟了，若还在家，我有的是银子，就借给你几百两，多置些货物，带到京师，卖出钱来还我，也不是什么难事。"⑥《金瓶梅》载：揽头李四、黄智作官府派购香蜡生意，应伯爵作保，欲于西门庆处借银二千两，西门庆只许一千两，应伯爵请求说："哥，若十分没银子，看怎么拨五百两货物儿，凑千五儿与他罢。"⑦ 有数学题说："问，贷赀商贩，三次俱获倍息，每次归还三百两，三次母子适尽，原贷若干？"答案是原贷二百六十二两。⑧ 万历年间有江西商人危忠"远游滇黔逐什一"，

---

① 《说听》卷下。按：前引《海刚峰先生居官公案传》第十七回公案亦记载了同类型的故事，不过说的是两个徽商之间。
② 张萱：《西园闻见录》卷一七《临财》。
③ 鹿善继：《鹿忠节公集》卷九《义官继庵薛公暨配张孺人墓铭》。
④ 赵南星：《味檗斋文集》卷一三《明文学郭长公暨配焦孺人墓铭》。
⑤ 杨式溥：《果报闻见录》。
⑥ 李渔：《十二楼》《归正楼》。
⑦ 《金瓶梅词话》第三十八回。
⑧ 《同文算指》《通篇》卷四。

"户工二部有官商，官商者，领本于部而贸铜于武陵、芜湖沿江境上，故官商以侵渔多部逋，而滇黔大商以急公，故时予贷官商，官商得借以宽追比，部又以是故惩官商侵渔，不时给，于是官商负大商愈甚，公前后致赀万金，为官商陷失"①。此处是指类似危忠的"滇黔大商"向为官府买办铜材的"官商"放贷资本，因户工二部"铸本"给发不时而导致"官商"欠债，从而"滇黔大商"资本失陷。应该说是一种数目较大的资本放贷。

明代海外贸易中，商人借贷更为普遍，如福建泉州晋江有诸葛希孟"少食贫，与兄贷富人金，浮海为生，卒大困。富人操子母来算，先世遗产殆尽"②。此例未言具体数目，从海商需资较大的情况来看，数目当较大。广东有"贾人子"于广利王庙香火财产中借银经商"三次计共借过数百金，才出洋便遇寇劫取"③。在浙江定海双屿港等地"有等嗜利无耻之徒交通接济，有力者出资本，无力者转展称贷，有谋者诓领官银，无谋者质当人口，有势者扬旗出入，无势者投托假借，双桅三桅，连旗往来"④。这里所言"转展称贷""质当人口""投托假借"等说的都是借贷。而一些不想或不善经营的富商一般都是待在家里，"每当有一些船只准备出海时，他们就把一笔须加倍偿还的钱交给那些随船的人，钱数的多少依航程的长短而定，他们立下一个契约，如果航程十分顺利，则按合同偿付"⑤。

总结以上各例可见，这种商人的开办资本借贷在盐商、米商、茶商、鱼商、布商、木商、笔商、海商、高利贷者及官府采购商等各类商业中都存在；从地区看，则陕西、辽东、江西、河南、湖广、福建、浙江、广东及苏州、徽州等地均有其例，还有数例未言地区和行业。可见其地区、行业分布是十分广泛的。

除开办资本之外，明代商人为了维持、改变或扩大他们的经营即需

---

① 艾南英：《天佣子集》卷八《巡抚川贵军门委用都阃中如范公墓志铭》。
② 《泉州府志》卷六〇《明·笃行》。
③ 钱希言：《狯园》卷一一《广利王》。
④ 朱纨：《甓余杂集》卷四《嘉靖二十七年十二月初八日双屿港填港工完事》。
⑤ 《荷兰到东印度的首次航行》，转引自李金明《明代海外贸易史》，第132—133页。

要流动资本时也常借贷，如《新民公案》载：建宁府大市街有豪富滕宠，"有浙江龙游贩书客人龚十三、童八十在大中寺卖书，折了本钱，托保陈正写了批往滕宠处借出本二十两，未及一年已本息还足"①。弘治元年（1488）七月敕书曰：当时客商多不愿入中，"原其所以，皆因始则买锅中纳，多费资本，及到支盐之处，又被官赏、官卖、长芦夹带及官豪势要有力之家挨撑，一时无盐支给，守候年久，只得借债买盐，抵充官课，照引发卖，盘费又给数倍，此客商受亏之弊也"②。崇祯十二年（1639）九月二十九日，蓬莱县查获海船夹带参斤，参商仇肖宇、程正吾、吴光福、曹敬台、胡之瑞、严德、王锡等被逮捕，据仇肖宇供称："本月十三日，伊在程正吾家袖参半斤，被在官参行许载、汪明、霍有光等三人被撞遇，仇肖宇等即与讲价，仇肖宇还有半斤……至十五日，仇肖宇又拿出来半斤，许载等用前理饷厅发给奉军门变价官参二斤，当于不在官汪守正当铺，得银三十七两，遂买仇肖宇参一斤，因短少参二钱，只与仇肖宇银三十六两五钱。"③ 此处所言大意是：在官参行商人许载用官府发给的人参二斤当于汪守正的当铺之中，按当时当铺值十当五的规矩，得价银三十七两，他用此银购买了仇肖宇的参一斤。此例说明商人可以待销的商品为抵押借出资本再购买，铺商与当铺之间存在流动资金借贷。《金瓶梅词话》载：富豪西门庆临终嘱咐妻子吴月娘说："前边刘学官还少我二百两华主簿少我五十两，门外徐四铺内还本利欠我三百四十两，都有合同现在，上紧使人催去。"④ 说明西门庆既对私人放债，也对其所在城市的商铺放贷。《豆棚闲话》载：徽商汪华在苏州开当铺，一日，正在铺中闲坐，"忽见一人牵着一马，进门道：在下是个马贩子，贩了五十匹马来，都是一百两一匹的，遇着行钱迟钝，众马嗷嗷，只得将一匹来宝铺，当五十两买料，卖出依旧加利奉还"⑤。汪员外生性慷慨，一匹马当给了一百两银子。显然这是贩马商人因为销售迟滞，为了继续他们的

---

① 《郭青螺六省听讼录新民公案》卷一《吴旺磊债打死人命》。
② 《明孝宗实录》卷一六《弘治元年七月乙丑》。
③ 《明清内阁大库史料》卷一二《兵部为报单事第九十九号》。
④ 《金瓶梅词话》第七十八回。
⑤ 艾衲居士：《豆棚闲话》第三则。

经营而借贷。在苏州"货物店肆，流溢金阊，贸易镪至辐辏，然倚市门者称贷鬻财，多负子母钱，远方贾人挟资以谋厚利若枫桥之米豆，南濠之鱼盐药材"①。

以上第一例是书铺商人，第二例是入中商人，第三例是在官参行商人，当为牙行，第四例是贩马商人，第五例则是概而言之。总的说来都是一种直接的货币借贷，其中有的提供了抵押，有的则是一种信用借贷。对于城市铺商来说，还有一种形式的流动资金借贷也很值得我们注意，这就是由铺商与行商（贩运商人）或牙商之间的货债转化而来的流动资金借贷。封建社会商业的运行除表现为高利贷性质的金融信用之外，也存在着商人之间的商业信用，表现为商人先得货物，过一段时间之后再付款，即所谓的"赊"。如在京师的一些茶庄"茶叶则贷于茶客，亦视其店之局面，华丽者，即无母钱存贮，亦信而不疑，倘局面暗淡，虽椟积千万亦不敢贷矣"②。在杭州市，万历以后，商业日益发达"生齿既众，贸易日多，利息日薄，通都大衢之中，虽铺张盛丽，多贷客货，展转起息"③。有杨一清者，"为山西估客，累年贩货，皆于宜沟镇上发市，镇民冯三畏，赊取其货，不而足"④。《警世通言》载：无锡布商吕玉贩布期间，"中途遇了个大本钱的布商，谈论之间，知道吕玉买卖中通透，拉他同到山西脱货，就带绒货转来发卖……及至到了山西，发货之后，遇着连年荒歉，讨赊账不起，不得脱身"⑤。明代后期郑晓言："罢市舶而利孔在下，奸豪外交内讧，海上无宁日矣，番货至，辄赊奸商，久之，奸商欺负，多者万金，少者不下千金，辗转不肯偿，乃投贵官家。"⑥

那么，这种货债是否有息呢？显然从商业信用的惯例来看，是不取利息的，但在一些情况下，因为所欠货债时间较长，货主一方也有要求利息的，这样货债形式的商业信用便转化成了金融信用，货债成了一种

---

① 《古今图书集成·职方典·苏州府部》。
② 《燕京杂记》。转引自韩大成《明代城市研究》，第192页。
③ 万历《杭州府志》卷一九《风俗》。
④ 张肯堂：《䜌辞》卷八《冯三畏》。
⑤ 冯梦龙：《警世通言》第五卷。
⑥ 严从简：《殊域周咨录》引《吾学编》。

名副其实的流动资金放贷。如上述第二例中引言"展转起息"已经表现出了这样的可能性，《禅真后史》也记载：有耿姓商人赊价值一千多两的缎匹给河南蔡州一家卢姓的牙店发卖，后耿姓商人去世，十年以后，耿家令家塾教师瞿天民与家仆免儿去索债，卢店主对瞿天民说："昔日令亲耿君赊缎匹一千余两与小店货卖……蒙大驾光临，该当本利一并奉上，奈春初众客未齐，生计萧索……止措办得本银六百两，有些粗缎布匹杂货等项，共计一百余两，作为利息，伏乞笑纳，余欠本银四百两，另立券约，冬底奉偿。"瞿天民欲接受这一方案，而免儿却不同意，他宣称："相公且慢着，当初敝主和卢长者交契甚厚，往来最久，故将这若干缎匹在宝店货卖，敝主亡后已及十年，一本一利也该还我二千有余，今日止还这些，本不足，利又薄。"①王概在大理寺覆审一起债务案件后记载："切详：高俊等揭借薛樘曲二千块，已还本利银二十六两，别无短少私债。"②反映出一部分货债也可能转化成一种高利贷，即由商业信用转化成一种流动资金借贷性质的金融信用。

总体上说，明代商业运行中的资本性、经营性借贷是相当普遍的，这种普遍性，当时人也发现了。丘浚针对小商小贩说："市井小民，营刁锥之利以资口腹……其资本多质于富豪而计日取息为偿。"③明成祖针对入中商人言："商人米既入官，则当偿盐……商人本钱未必皆已所有，卖其所产，有先捐数倍之利告假于富室而尽勤劳以米，其所望非小。"④马从聘亦言：入中商人，"凡此攘攘负贩之徒皆为利来也。称贷资本，计日起息，以冀赢余之入，今纳银于三年之前，挨卖于三年之后"⑤。李乐针对一些地方市镇牙商浪费贩商资本的行为，要求官府出示以下晓谕："这商货又有借本置来者，举家悬望，如何负得他？"⑥他还记载有些地方的

---

① 清溪道人：《禅真后史》，《古本小说丛刊》第十九辑。
② 时间在天顺某年，见王概《王恭毅公驳稿》下《私债》。
③ 《重编琼台稿》卷八《章奏论厘革时政疏》。
④ 《太宗实录》卷二五，永乐元年十一月午。
⑤ 马从聘：《兰台奏疏》卷一《议通盐法》。
⑥ 李乐：《见闻杂记》卷一一、卷九。

商业资本"十有六七借人者"①。这一估计未必精确,但是反映了商人资本性借贷的普遍性则是没有问题的。

那么明代手工业、矿业中的资本性、经营性借贷的情况又怎么样呢?首先从手工业的情况来看。如《二刻拍案惊奇》载,成化年间,徽州府岩子街有一位卖酒的李方哥,一日与人谈起经营问题,叹息道:"小人若有得十两五两银子,便多做些好酒起来,开个兴头的槽坊,一年之间还有得多,只是没寻那许多东西。就是有人肯借,欠下了债,要赔利钱,不如守此小本经纪罢了。"②这位酒店老板虽然最终没能通过借贷扩大生产,但无疑也能说明城市酿酒业通过借贷完成再生产的可能性。有徽商潘次君,"贾昌江、居陶器","昌江巧贩者率以下齐杂良金。次君至,则治牛酒会诸贤豪,与之约,自今以往,毋杂下齐以厉陶,众服盟言,乃黜下齐……岁侵,诸陶家庸而掠食,居民聚族为御,率相格斗而启兵端,次君脱身间道归,贷母钱数千缗无所问,寻襁千金授用事者,阴戒之:……幸而得达,则召诸贷者俱来,能偿则缓为之期,不能偿则焚其券,诸以陶器售者,无良苦悉居之。后三日,复遣人赍千金授向者戒。又三日,次君亲行,诸失业者匍匐而归。既得次君宽责,既有余器,争售次君,陶室毕空"③。显然"诸陶家"的资金是借自徽商潘次君的,明清浮梁业陶者,绝大多数还是小生产者,资本微薄,故多依赖高利贷资本满足生产资金需要,而这也为商业资本控制生产创造了一个条件。当然,这种放贷尚未能使生产方式发生大的变化,它仍处在生产过程之外,与小生产者对立。在浙江乌程县乌镇,"里中有中人之家,贷钱开油坊,其雇工人与市上一人剧饮醉,相殴"④。

以上三例中第一例说的是酿酒生产者向其他富商借贷进行生产的可能性;第二例则是景德镇陶瓷器生产对贩运商的资本借贷;第三例则是市镇油坊贷本开设。前二例可能是前店后厂式的手工业店铺,第三例则是纯粹的手工业店铺。说明了城市手工业店铺借贷开办资本及流动资金

---

① 同上。
② 凌蒙初:《二刻拍案惊奇》卷二八。
③ 汪道昆:《太函集》卷五一《明故太学生潘次君暨配王氏合葬墓铭》。
④ 乾隆《乌青镇志》卷一二引《见闻杂记》。

的一些情况。而一些未设店铺的个体手工业者,不论是专门的手工业者还是与农业结合的家庭手工业者通过借贷进行生产同样普遍,如在河南汝南"农夫工女,蚕夜操作,或以糊口,或有所督迫,辄向大贾预贷金钱,仅获半值,遂输其货以去"①。此例从商人角度看具有一定的预付货款的性质,但从生产者的角度看则无疑是一种生产性资金借贷,很可能是为了解决原料问题。明代前期有人借一老妇人的口气说:"老妾以桑麻为业,蚕未成眠,已假客之丝钱矣;麻未临机,已贷客之布钱矣。"② 有"布赋"记载:苏州"邑人以布缕为业,农氓之困藉以稍济,其为生甚疲",每日天未明即抱布入市,"腾口说而售我,思得金之如攫,媚贾师以如父,幸而入选,如脱重负"。天明归家,"妇辞机而远望,子牵裳而诉饥",但是"夫嬰嬰以陨涕,云攘攘者在途,索子钱而不释,并布母以如飞"③。显然这里应是先从高利贷者手里借了成本。《二刻拍案惊奇》记载:在苏州亚字城东,有神偷入一穷苦纺织人家,见夫妻对食,夫满面愁容地说:"欠了客债要紧,别无头脑可寻,我不如死了吧。"④ 这种客债有时数额还比较大,如正德初,有商人金德宣贩豆麦于苏州枫桥河下,与一商客相遇,二人成为好友,后者"畀双笥出银二千并一簿授金曰:荷爱长者,敢烦派此于机户,金视之,织龙凤数事也"⑤。这种资本都是从丝商、布商那里借来的,在这种需求集中时,有时也由牙商统一进行。如苏州吴县有牙商钦允言"其业总商贾资本,散之机杼家而敛其端匹以归于商,计会盈缩而出入之"⑥。

以上所举六例,前三者是从生产者角度,后三者是从放贷者(商人或直接消费者)角度对这种借贷的一种记载。可见,不论是在农村家庭手工业还是城市中专业手工业者中它都是比较常见的。这种借贷,如第一、第二例属于有利借贷无疑;其他四例则未言,但不论怎么样,即使

---

① 万历《汝南志》卷四《风俗》。
② 赵㧑:《效颦集》中卷《钟离叟传》(书后有宣德三年序)。
③ 《明文海》卷四六,徐宪忠《布赋》。
④ 凌濛初:《二刻拍案惊奇》卷三九。
⑤ 《说听》卷三。
⑥ 祝允明:《怀星堂集》卷一〇《承事郎钦君墓铭》。

将这种形式的借贷看作一种预购，这种预购在其收购价格中包含有利因素，因而在一定程度上也带有高利贷性质则是无疑的。另外，与商业中一样，手工业中也存在那种实物性质的赊贷，如张履祥谈到明末以来的家庭手工业时说："男耕女织，农家本务"，"妇人二名每年织绢一百二十匹，每绢一两平价一钱，计得一百二十两"，除去成本，有利润三十两，"若自己蚕丝，利尚有浮，其为当织无疑也。但无顿本则当丝起加一之息，绢钱则银水差加一之色"①。也就是说，手工业者因缺乏原料，必须当购，一进一出得付出"加一"之利（10%）显然"当丝"属于一种有息生产资金借贷。在杭州府，《喻世明言》记载说："说这临安府，去城十里，地名湖墅，出城五里，地名新桥，那市上有个富户吴防御⋯⋯防御门首开个丝绵铺，家中放债积谷果然是金银满箧，米积成仓。去新桥五里，地名灰桥市上，新造一所房屋，令子吴山，再拨主管帮扶，也好开一个铺，家中收下的丝绵，发到铺中，卖与在城机户。"吴山一日对主管言："我入城收拾机户赊帐，回来算你日逐卖帐。"②可见吴山的丝行是对机户放贷（赊卖）丝的。另外，明代以来，棉花种植普遍化，江南棉纺织业发达起来，在一些棉纺织业发达而棉花产量不足的地区，则由商人从各处贩来，小生产者则以成品换原料。如张履祥主张"若牙行有棉花可赊，为之经营数十斤，而待其以纺织所得偿之，辗转相继，为便亦多也"③。华亭等地"纺织不只乡落，虽城中亦然，里媪晨抱纱入市，易木棉以归，明旦复抱纱以出，无顷刻闲"④。

以上所举四例，除第一例外，名义上说都是没有利息的，但是也不可否认在偿还时间较长时转化为高利贷资本的可能性。

其次从盐业、矿业的借贷来看，如有盐的生产中，彭韶言："庶民之中，灶户尤苦⋯⋯贫薄之人虽有分业涂荡，自来粮食不充，安息无所，未免豫借他人，凡是煎课余利，尽还债主，而本身之贫，有加无减。"⑤

---

① 张履祥：《杨园先生全集》《补农书》卷上。
② 冯梦龙：《喻世明言》第五卷。
③ 张履祥：《杨园先生全集》卷八《与徐敬可书》。
④ 正德《华亭县志》卷三。
⑤ 彭韶：《彭惠安集》卷一《为进呈盐场图事》。另《皇明奏疏类钞》卷五四亦载此。

浙江定海各盐场"商人到场买盐,其弊又有不可胜言者,盖灶之贫者,无盐可货,必先贷其银而商人乘之以牟利,数月之中必取数倍之息"①。霍韬指出,有些贫穷灶户"朝有余盐,夕望米麦,不得已则先从富室称贷米麦,然后加倍偿盐以出息者有矣,故盐禁愈严,贫灶愈多"②。

此三例主要是指灶户因生活所迫向"商人"或"富室"预贷银钱或米麦,但既然在小生产方式下,作为维持生产者生产期间生存的各项开支,均具有一定的可变资本的性质,这种借贷也就表现出了它在一定程度上的作为生产性借贷的性质。而在有些情况下,灶户的这种借贷也表现为一种纯粹的生产性借贷,即灶户通过借贷购买工具、雇用人工等。如明末屈大均言:"凡民之劳者农,苦者盐丁,竭彼一人之力,所治盐田二三亩,春则先修基围以防潮水,次修漏池以待淋卤,次作草寮以复灶……而筑田筑灶,工本繁多,往往仰资外人。利之所入,倍而出之。"③

那么明代矿冶业中生产性、资本性借贷的情况怎么样呢?因矿禁政策的推行,明代民间矿冶业的发展及商业资本、高利贷资本的流入受到很大的限制,故有关这方面的记载亦比较缺乏,笔者目前仅见到两条,其一是为学术界多所引用的徽商朱云沾一例,朱云沾"少从兄贾……又从兄贾闽,盖课铁冶山中,诸庸人率多处士长者,争力作以称处士,业大饶,会岁不登,处士贷庸人钱百万,既而兄有疾,辄舍业扶兄归"④。此处虽多次说到"庸人",但还很难断定是否是真正的雇佣劳动者,很可能仍是个体小生产者,而朱云沾的放贷也是针对这些小生产者的。其二是嘉靖十五年前后,处州府松阳县有叶凤道者"纠合流徒,盗掘矿银、四散打劫财物","同县现获叶浣不合倚山豪横,专招聚矿贼,盗助油粮,坐分矿利;举放私债,出入四轿"⑤。此处叶浣得利通过两条途径,一是"资助油粮,坐分矿利",此属于一种合伙行为;二是"举放私债",而这种"私债"主要应该是针对这些矿业劳动者("矿贼")的。当然,与以

---

① 嘉靖《定海县志》卷八《额征盐课》。
② 《明经世文编》卷一八七《霍文敏公奏议》《盐政疏》。
③ 屈大均:《广东新志》卷一四。
④ 汪道昆:《太函副墨》四卷《朱处士墓铭》。按《太函集》卷之四七同。
⑤ 朱纨:《甓余杂集》卷五《芟除累年矿患、地方宁谧事》。

上对盐业劳动者的放贷一样，这种生产性借贷与这些矿业生产者的生活也是密切相关的。明代矿业生产与高利贷资本的关系究竟如何，还值得我们继续加以注意及探讨。

综合本文所叙可见，明代高利贷资本不仅与城市市民的日常生活、社会生活、政治生活有关，商业的运行及手工业、盐业等的生产在一定程度上依赖高利贷资本，尤其是商业中的资本性借贷更为常见和普遍。当然与清代相比，其发达程度仍然要差一些，比如矿业生产中的资本性借贷便不如清代那么常见；城市工商业运行中的资金供需还看不出存在稳定化的迹象。而这些在清代已经表现得相当的明显了。[①] 不过即使如此，明代高利贷资本运行中的这一变化仍然是值得注意的，它是16世纪以后经济、社会变化的一个重要侧面，也是这一变化的重要条件，也就是说，当时商品经济的发展、商业资本规模的扩大，与这一变化是有着密切的关系的。

（未发表，修改于1999年6月29日）

[①] 参见刘秋根《清代城市高利贷资本》，《中国经济史研究》1996年第4期。

明代高利贷者的社会构成

一　问题的提出

封建社会的金融，从广义上说，大致包括以下三个方面：第一，私人金融；第二，公司金融；第三，公共金融。[①] 其中私人金融又包括高利贷与商业信用两种。[②] 与西方中世纪相比，中国封建社会的金融信用中的高利贷要发达得多；与其他诸形式比，其发展最为充分，对社会经济运行的影响也最大。从历史上看，原始社会末期，高利贷即随着私有制的产生和私有观念的深化，由原始互助中演变而成了。春秋战国以后，随着商品货币经济的发展，商业、高利贷资本的积累得到了较大发展，随之，高利贷放贷也就兴盛起来。经过战国到秦汉、中唐以至宋代的发展，至明代，尤其是明中叶以后，进入了一个新的发展时期。这种发展不但表现在其活动形式多样化、利率的稳定与下降、对经济的影响加强等，也表现在高利贷者的社会构成发生了明显的变化。这种变化使社会各阶层的财富向高利贷资本的转化即高利贷资本的积累加快，随之其资本总量在增加，高利贷者的经营更加深入城乡各地。

关于高利贷者的社会构成，韩大成教授曾作过初步的研究。他在

[①] 这里大体上是从需求的角度来探索金融信用的。与中国相比，西方中世纪及近代初期私人金融中的商业信用及公司金融、公共金融相对地说要发达得多。但一般的高利放款却不甚兴盛。而在中国封建社会，则是高利贷款相对发达，商业信用及公司金融、公共金融相对落后，即使到了封建社会后期，公司金融等也还相对弱小。

[②] [意] 卡洛·M. 奇波拉主编：《欧洲经济史》，商务印书馆1998年版。[美] P. 金德尔伯格：《西欧金融史》，中国金融出版社1991年版。

《关于明代高利贷资本的几个问题》一文中指出：放债开当者主要有两种人，一是富商、巨贾，二是权贵势要和地主之家。还指出"至于一般官绅富民之家，放债开当者也比比皆是"[①]。但他只对前面两种人的经营活动作了简单论述。本文欲在此基础上再作详细探讨。

二 商人、商铺对高利贷的兼营

与其他各个历史时期一样，明代高利贷资本的形成也是从各种社会财富向高利贷资本的转化开始的。而社会财富是多种多样的，从财富占有者的身份看，有商人的资本和商铺的利润，有地主的地租、房租，有官僚、军士、将校的俸饷收入，有国家的财政收入，还有种种宗族、合会、寺庙的公共财产以及各种非法的或不明其来源的收入。这些不同形式的收入有相当一部分投入放债牟利，转化为高利贷资本。而最为引人注目的是各地商人尤其是地区性商人集团在本地或跨地域进行货币或实物放贷，商人完全或部分地演变成为高利贷者。

明代商人兼营高利贷尤以徽商、江西商人、山陕商人最为有名。徽州休宁"邑中土不给食，大都以货殖为恒产，商贾之最大者曰举醝，次则权子母轻重而息之"[②]。可见休宁商人除盐商之外，即是以高利放贷为主。这种放贷的大部分像贩运商人一样，是远离家乡，到外地进行的。如嘉万之际有徽商李良朋"携其赀游江淮，逐子母而息者凡五载，息颇美"[③]。徽商程实"为人淳朴，涉猎书史，少客江湖间，尝以木易粟，至姑苏贷之"[④]。总体看来，从明初至明后期，徽商进行放贷、开当的范围已遍及南直隶、湖广、浙江、河南、北京等地。可以说，其放贷的足迹是与他们所进行的其他类型的商业、手工业活动同步的。

除徽商外，其他各地商人亦多在异地放贷、开当，著名的如江西商

---

① 韩大成：《明代社会经济初探》，人民出版社1986年版。
② 万历《休宁县志》《舆地志·风俗》。
③ 婺源：《三田李氏统宗谱》，载张海鹏、王廷元、唐力行编《明清徽商资料选编》，黄山书社1985年版，第25页。
④ 程敏政：《篁墩文集》卷四七《百岁程君墓表》。

人、山陕商人、浙江龙游商人、洞庭商人以及福建商人、广东商人等。明中期何美为湖广汉阳知府，"江右布商群来诱民，取倍息，因之兴讼相仇杀，痛绳之，民始有宁居"①。王士性记载：云南"地广人稀，非江右商贾侨居则不成其地……借贷求息者，常子大于母，不则亦本息等，无锱铢敢逋也"②。据估计，浙江龙游商人合计，人数达三五万人。③ 正统前后，"江右民多居淮兴贷取息，为淫刑以胁利，民畏之如虎"④。明初以来，河南邓州"善农而不善贾，惟不善贾，而四方之贾人归焉，西江来者尤众……凡地之所种，贾人莫不预时而散息钱，其为利也，不啻倍徙"⑤。广东各地江西商人放债亦普遍，所谓"豫章人挟子母钱，入虔入粤，逐什一之利，趾相错也。"⑥

从明代开始，山陕（即山西、陕西）商人的异地放贷亦颇引人注目。如"松潘一镇，五谷不生，户无百金之产，家无石粟之余……称贷为难，往往山陕富翁携资坐取厚利"⑦，陕西三原商人师从政以布商起家，"人以君椎也，争赍子钱贾吴越，往来无宁日，其息倍已，又出捐子钱贷人，其息亦倍，久之，用盐策贾淮扬三十年，累数万金"⑧。

南直隶各地商品经济发达，外出经商者亦多，尤以洞庭商人最为有名，号称"钻天洞庭"。《警世通言》记载：昆山县有宋金，一个偶然的机遇得到强盗所遗"不下数万金"，于是在南京买大宅居住为富人，"门前开张典铺，又置买田庄数处，家僮数十房"⑨。"时思，字文瑞，嘉字人，尝呼巨舟装杂粮千石淮泗间……最后贾彭城，属岁侵，君悉以其货分贷之而博一箧券归。"⑩ 维扬萧希贤在云南开银矿得大利，值明末，希

---

① 黄佐：《广州人物传》卷一五《参政何公》。
② 王士性：《广志绎》卷五《西南诸省》。
③ 戴金：《皇明条法事类纂》成化元年十一月，甘理言。
④ 李东阳：《怀麓堂集》卷八三《前直隶无为州知州杨君墓志铭》。
⑤ 李贤：《古穰文集》卷九《吾乡说》，成化十年刻本。
⑥ 郭子章：《郭青螺遗书》卷一二《山溪白溪石塘三桥记》。
⑦ 章璜：《图书编》卷四八《松潘事宜》。
⑧ 温纯：《温恭毅公文集》卷一一《明寿官师君墓志铭》。
⑨ 冯梦龙：《警世通言》第二十二卷。
⑩ 张萱：《西园闻见录》卷一五《厚德》。

贤乃改业"仍配盐业为商，以其余分设质库，广置田宅"①。这里商人经营矿业得利之后，将所得收入改投盐业及高利贷经营。

因为客商异地放债现象日渐普遍，它引起了明代士大夫及其他各阶层人们的注意。除了其重利盘剥引起受剥削者的反抗之外，因为放债开当，得利优厚而又不必服役纳税，故其经济力量的增长，引起了以土地剥削为主的地主阶级的嫉恨，屡屡形于文献之中。当时，所谓客民与土著之间的矛盾，高利贷活动是其重要原因。如：万历时山东兖州、沂州"迩年以来……编户萧索，物价沸腾，他贾挟母钱渔利于兹者，各辐辏至，而土著日益贫矣"②。湖广之郧阳、襄阳、荆州，河南之南阳，陕西之汉中五府及西安府属之商州五州县，"皆属万山深阻、生理稀疏，土著之民十仅四、三……及访得各省商贩并流来迁户，往往潜居各省，举放私债，典课田地，得利至盈千百，粮差不及分毫"③。万历年间刘少彝言："夫素封之家，即有恒产，而要之践更输挽，其奔走于公家者，亦甚繁且苦矣，独旅人之质库不然，其拥赀甚厚，其利甚渥，其经营又甚逸，而名不挂版图，事不涉催科，抑何其多倖甚也。"④

商人除在异地放债开当之外，其在本地进行高利贷活动的现象亦极普遍。其中有些商人年轻时闯荡江湖、贩贱卖贵，中老年后，或畏于行旅，或为子孙身后计，多抽回资本回乡，或买宅购地，或放债开当。著名的山陕商人、浙江商人、南直隶商人便有相当部分的资本是在本地放贷开当的。嘉靖、万历年间陕西三原商人王一鸣"佐长君化居吴越间为布贾，已稍赢，则又转而鬻贩江淮间为盐贾，家遂大起……里中窭者持券取君囊如寄，或终不能偿，辄为破券"⑤。《醒世恒言》载：太湖有东西洞庭山"西洞庭山有个富家，姓高名赞，少年惯走湖广，贩卖粮食。后来家道殷实了，开起两个解库，托着四个伙计掌管，自己只在家中受

---

① 吴芗厈：《客窗闲话》卷一《萧希贤》。
② 万历《沂州志》卷一《市集》，转引自韩大成《明代城市研究》，第402页。
③ 陈子龙：《明经世文编》卷三四二《吴司马奏议》《条陈民瘼疏》。
④ 刘少彝：《荒箸略》。丛书集成初编本。
⑤ 温纯：《温恭毅公文集》卷十一《明寿官峨东王君墓志铭》

用"①。山西泽州高平"富民贾于外，脱践更，重困下户"，嘉靖四十一年张卤为高平令"阴籍告负子钱者，编以重役，偏困为苏"②。可见高平地方的富裕商民是在本地放债的。

在商人进行的兼营高利贷中，还有一种值得我们注意，这就是商铺以其闲置资金所进行的有利放贷。这种情况以上各例实际已经部分包括，但资料中并未明言，故在此再引数例以资说明。如：正德前后湖州府德清县新市镇，秋冬之际，米市大开，米商纷集，"有粳有糯，皆近地乡民所获，然西北二乡并长兴所致者尤多。岁以冬月粜于此，贩夫商客，籴而转卖他郡者，络绎于道。土之富人亦乘时收积，致歉时射利而贩，亦或举放于窭民，至冬熟责偿之。籴粜盛时呼之行"③。这里设米行的"富人"采取两种经营方式：或粜卖，或放贷，见利而动。湖州府姚让自嘉隆某一年"自适溪迁入郡城，赁采凤坊店，市布为业……一旧家子寒夜携一炉质布数匹而去，及旦涤视之，乃赤金也"④。

除了米铺、布铺、豆腐店之外，钱铺、银匠铺等属于货币经营资本的各类铺店有时也进行有利放贷，尤以钱铺（当时又被称为钱桌）最为引人注目。钱庄、钱铺、钱桌源于何时，目前尚无定论，至少明代中期即已产生则是可以肯定的。明代后期则在各地城市，尤其是商品货币经济比较繁荣的大中城市已经比较普遍地开设了。钱庄、钱铺的主要业务是兑换银钱，有利可图时也放债牟利。明代银匠铺主要是打造、买卖金银器饰，有时似乎也有放贷行为。如苏州有郑灏"尝取后妻，设席既罢，失去一银杯，重数两"，后城隍神告郑灏，"汝孙盗杯以质钱于汝家之东银匠铺中，今犹置架上耳"⑤。

---

① 冯梦龙：《醒世恒言》卷七。
② 王家异：《复宿山房文集》卷二四《嘉议大夫大理寺卿张公墓志铭》。
③ 正德《新市镇志》，转引自《明清时期杭嘉湖市镇史研究》，第204页。
④ 姚世锡：《前徽录》。
⑤ 陆粲：《庚巳编》卷二。

三 地主阶级的高利贷活动

商人之外，地主阶级亦将相当一部分收入投入高利贷经营。这里既有一些有身份的乡绅地主，也包括庶民地主。他们放贷是为了获得比地租剥削更高的收入，有时也借此隐蔽家产，躲避税役。明代这方面例子极多，通州有顾能"蒙故业起田间，遂至巨万……重然诺，急人之难，乡人求贷者，立应之"①。成化、弘治年间，无锡有邹佑之者"每岁出贷米取息，值大歉，有调之者：'货不倍贷乎？'谢曰：乘时射利，先世所不为也"②。镇江有南塘处士，父祖二辈皆力农致富，"迄处士益务开拓，兼陶朱猗顿之业，赀日充裕……凡城之南门外无虑数千户，多所称贷，券积如山，虽素不识，亦乐与"③。

浙江乡绅地主之急于货殖，亦不减于上述吴中之"缙绅士夫"。如湖州府平湖县"屠宫谕应埈，居秋泾桥，有邻人负其子孟元银，以屋基及茔田偿之，孟元不肯受"④。而南浔镇大乡绅地主董份及其家"豪奴"之放债牟利更是这方面的一个典型事例。董份曾为礼部尚书，家里不仅广有田产，而且"有质舍百余处"，"岁得子钱数百万"⑤。还利用家财零星放私债，是一位地租剥削与高利贷剥削相结合的大乡绅地主。其家在乌程、吴江占有数万亩土地，围绕这些土地的经常性讼争，终于酿成群众抗议斗争。万历二十一年（1593），董份之孙董嗣成为缓和矛盾，提出惩戒家奴，弄清田土纠纷是非，允许民户回赎，价不足者予以补足。董嗣成言行一出，立即引起湖州民众的抗议，恰好巡按监察御史彭应参、代理巡抚王汝训来湖州巡视，民众争相投牒，官府立即加以审理，据审理结果，董份及其家奴、管事家许多田产是抵债或低价强购或接受投献而来。据万历二十四年（1596）浙江巡抚刘元霖所奏，在原主投诉、官府

---

① 史玄：《旧京遗事》卷七《淳德》。
② 程敏政：《篁墩文集》卷五〇《邹佑之传》。
③ 方承恩：《文简集》卷三五《南塘处士传》。
④ 光绪《平湖县志》卷二五《丛记》。
⑤ 范守已：《御龙子集·曲洧新闻》卷二。

作出处理的 29 宗田产中，至少有 11 宗是通过与高利贷有关的途径得来的，反映出了董家放贷的经常性及其与土地兼并的深刻关系。如：嘉靖四十三年（1564）钟应奎将房、楼基地 42 亩卖与董椿等，扣除债利银 100 两，亏价 210 两。隆庆六年（1572）张君锡将房屋一所连基地卖与董稠，议价银 44 两，索除债利银 14 两。万历十年（1592），罗奎兄弟解粮进京折米，借董椿京债 40 两完讫，将及半年，椿遂算本利 84 两，见奎田 36 亩 3 分，强令奎写田代赔。万历十年，丁伦将田 140 亩，卖与董僕、董河，价 450 两，扣除债利 100 两。① 当时离南浔不远的范应期家，亦受到了冲击，范应期时升任国子监祭酒，有子范汝讷，田产等项由家仆范权、陈份等经营，其财产数量比董家要少得多，但在剥削的程度方面比董家有过之而无不及，据官府审理结果，其非法事实中至少有三项与高利贷有关。

四　官僚贵族及各种小私有者的高利贷活动

明代文武官员及宗室、外戚、勋臣、内臣等亦多将剥削收入投入高利贷经营。其中，官员放贷问题在上述地主放贷时已有所涉及，如所谓的乡绅地主，许多便是在职官员之家。

这一现象在永乐年间已比较严重。永乐二十二年（1424），大理寺右少卿戈谦上言曰："今自都司卫所、布政司、按察司、府州县官悉令弟侄子婿于所部内倚官挟势买卖借贷，十倍取民。"② 明代运军及其他军士借贷问题相当严重，其中，相当一部分的高利贷债主便是"本管官员"。成化九年（1473）有人说"揭取钱债一节，其中官员作弊，军士苦楚不可胜言，譬如一卫军人或因盘剥费用、被官员侵亏折粮一百石，若借一百两可勾买补，其本管官员乘此机会设托豪富之家，借银二、三百两，倍

---

① 刘元霖：《抚浙奏疏》卷四《勘问董尚书事情疏》，转引自［日］佐伯有一《明末董氏之变》，载《日本学者研究中国史学论著选译》第六卷。其中董椿、董稠、董僕等人在刘元霖疏中是以被告身份出现的，他们经营的是董份的家产，但是多以包揽形式进行，故这些田产及债利交易多是以这些"纪纲之仆"自己的名义进行的。

② 《明仁宗实录》卷五，永乐二十二年十二月癸丑。

写本利五、六百两。"① 万历时，巡抚湖广、都察院右副都御史秦耀"家资田园四五十万，家奴开设典当在无锡苏常各处者十余铺，每铺不啻二、三万金"②。崇祯年间，宣府深井堡守备孙维垣，乃"纨绔骄子"，"借亲眷名色放债与牢伴军四十名，每一名每月银一钱，收本息银一钱四分"③。

明代皇亲国戚及内臣、勋贵的放贷十分引人注目。如"万历以来，诸皇亲四十家④……嘉定伯嗜财，住海岱门新房，放债诸贫民，收其息，寝室积钱常满"。嘉靖时，翊国公郭勋在南京淮安、扬州、临清、徐州、德州等地，开有许多店铺"大放私债"⑤。

因高利贷的经营，只要资本不是很大，经营便相当简单，成本也低廉，而得利却比经商稳定，故相当一部分的小私有者也时常进行谷粟甚至货币的放贷。焦袁熹记载：松江某"村之南有杨心宇者，村民之刻苦治生以立其家者也，给饘粥外，有余资以置什器，又自有田数亩，时时以粟贷人而收其息，岁积粟可二、三十斛"⑥。这位杨心宇有田数亩，可能是一位自耕农或半自耕农，他在维持基本生活之外，也以部分谷物收入放债积粟。"濮阳人刘滋，少为庠生，家贫无以自活，然有心计，去逐什一之利，十余年致数万金。"⑦ "去逐什一之利"含义尚不明，从明代文献的一般习惯看，指高利贷的可能性也是很大的。

五　专业高利贷者的经营活动

随着各种社会财富的投入，高利贷资本开始形成并得到发展。因为，高利贷的经营，不论是典当业还是一般私债，一般都能比较稳定地获利，而且风险较小，因而吸引了许多人专门经营此业，成为专业的高利贷者。

---

① 戴金：《皇明条法事类纂》卷二〇，成化九年十月初日户部尚书杨等题《为救弊等事》，其"债还"当为"还债"。
② 沈鈇：《劾贪婪抚臣疏》，康熙《衡州府志》卷九《艺文志》，书目文献出版社影印本。
③ 《明清内阁大库史料》第一辑《兵部尚书张为纠劾不职将领等事》。
④ 一说三十八家，见原文中小字。
⑤ 《明世宗实录》卷二五三，嘉靖二十年九月。
⑥ 焦袁熹：《此木轩杂著》卷八《村民》。
⑦ 康熙：《濮州志》卷之四《货殖传》。

明代后期，徽商吴氏"家多素封，所殖业皆以典质权子母，不为龃龉"①。苏州吴江县有名缪富者"放利起家数万金，以质库托甥婿张思德"②。常熟县有黄亮功者，从其祖父起，认为种田"不若贷息于人，其息倍收"，便开始"专以权子母为业"，至黄亮功后仍"乐此不疲，岁囷米粟以千计，豆麦花布称是"③。小说中亦多有此类例子，如《无声戏》载：弘治年间，广州府南海县有一位财主，人称他为杨百万。"当初原以飘洋为家，后来晓得飘洋是桩险事，就回过来，坐在家中，单以放债为事。"④除了这些资产较大的专业高利贷者，还有不少中小专业高利贷者。如清初人叙：有侯庭柱者，明末其祖父居山东诸城之南门内，以卖浆为业，年终家中一小偷光顾，其祖父心地慈仁，见小偷家更赤贫，乃以卖浆所积钱一千"悉取而付之"，并劝小偷"以此权子母"以为生。⑤嘉靖年间，通州有陈尧，天性孝友"给其从弟元母钱数百缗，俾岁收其子息以给"⑥。显然，一段时间内，其"从弟"及上例中的这位小偷都将成为专业的小高利贷者。

六　余论

综合以上所述可见，明代高利贷者社会构成的变化是相当明显的。虽然官僚及贵族势力在其中还占有一定的地位，但是，商人及一般的庶民地主在高利贷中的地位越来越重要。尤其是地区性集团商人向高利贷者转化，这是以前各代所罕见的，它是明代以后商品经济及货币资本积累发展的重要表现，也促进了高利贷资本的流动及利率的稳定化。

高利贷者的构成虽然繁杂，几乎所有社会阶层只要稍有资财便能参予。但因经营对象的不同，其构成也有区别。那些比较专业有组织的金

---

① 金声：《金太史集》卷七《寿吴亲母金孺人序》。
② 丁元荐：《西山日记》卷上《法吏》。
③ 墅西逸叟：《过墟志感》（上）。
④ 李渔：《无声戏》第四回。
⑤ 李澄中：《艮斋笔记》卷一。
⑥ 万历《通州志》卷七《名宦·陈尧》。

融机构，如典当、钱铺等，其所有者或经营者主要是那些富于资财的大商富贾等；而那些无组织的私人放款者则既有以上大商富贾等，也包括其他各个阶层，甚至是类似于小商小贩的那些小私有者。

　　明代高利贷者社会构成的特征及变化对于我们理解封建社会经济的社会结构是颇有帮助的。众所周知，中国封建社会经济的社会结构往往表现为地主、商人、高利贷者三位一体，[①] 而中国古代金融是以高利贷为主体的。高利贷的经营即使是典当业，在规模较小时，经营也是相当简单的。这一特点便利了社会各阶层对高利贷的投入。而社会各阶层经营商业、高利贷，转化为商人高利贷者，正是三位一体经济社会结构形成的重要途径。研究明代高利贷者社会构成的意义即在于此。

（原载《河北大学学报》2001 年第 1 期）

[①] 许涤新、吴承明主编：《中国资本主义的萌芽》。中华书局 1985 年版。

关于明代高利贷资本利率的几个问题

一般认为,前资本主义社会的生息资本即高利贷资本是利率非常高昂、剥削非常残酷的,这当然是有根据的。但是,随着研究的深入,档案、民间契约文书及出土材料等的不断发掘,人们发现它除了这一侧面之外,也存在利率适中或较低的一面。明代当然也不例外。就明代高利贷资本利率的研究状况来看,虽然已有研究成果指出了某些地方存在利率下降趋势,但由于着重考察的仍然是高利贷者通过利率手段所进行残酷剥削的一面,对它的另一侧面则显得认识不够。[①] 本文欲在此基础上,对与明代高利贷利率有关的几个问题,包括利率的整体状况、利率的结构特点等做进一步分析和考察,以期对明代高利贷利率有一个较为全面的认识。

明代高利贷放贷大体上分为三类:一是典当铺的比较专门化的动产抵押放贷;二是地主、商人、商铺及其他私有者所进行的实物(主要是谷物)放贷;三是典当铺以外的私人商铺等所进行的银钱放贷。而利率的整体状况亦可从这三个反方面加以考察。

首先,从典当铺的利率来看,高低相差是比较大的。既有四分以上的重利,也有一分到一分五厘的低利,整体上说,以二分、三分最为常见。例如,在苏州,有徽商开当,利息"独不过十一"[②],即年利10%;在南京,"当铺总有五百多家,福建铺本少,取利三分四分;徽州铺本

---

① 韩大成:《明代社会经济初探》,人民出版社1986年版。
② 王世贞:《弇州山人四部稿》卷九五《处士质斋钱翁墓表》。

大，取利仅一分二分"①。有人叙述，万历年间，盐城当铺年利"以什一计而子钱之入可知也，矧其二之而三之乎"②，可见为一分至三分。在明后期的江西抚州城，"其依期取息者，按月三分入息"③。在浙江崇德县石门镇，弘治年间，有徽商来此开当，"倍取民息"，被当时的县令汤沐驱逐，但是后来的焦袁熹却认为，"土著之既贫甚矣，无典铺则称贷之路穷""孰与彼之取什一二之息者，犹有所济，而不至大困乎"④。在浙江吴兴，有徽商开当，"什一取赢"⑤，即年息10%，然这一利率似乎是较低之利。明末以来湖州典当利率情况是"湖郡典息，向例十两以上者，每月一分五厘起息；一两以上者，每月二分起息；一两以下每月三分起息"⑥。

在一些白话小说中也有相关的记载，其高低与以上所言相当接近。例如，《豆棚闲话》第三则载：有徽商在苏州开当，其伙计言，他们是"包定加三利息而来的"。《石点头》第六载：有人在盐城开当铺，"取息二分，还且有限"。《无声戏》第四回言，广东南海县"当铺当一两二两，三分起息；若当到十两二十两，就是二分多些起息了"。《金瓶梅词话》第四十五回载：西门庆家的解当铺利率大致是"三年过来，七八本利相等"，即年利33.3%左右。以上所言石门县当铺"倍取民息"，可能是因为典当铺经营过程中有"值十当五"的惯例，而被这位县令认为是取了"倍称"之息。不过还有一点必须加以说明，以上所引有关记载虽然多指南方，但是因典当业经营稳定，有足值得抵押物品，风险较小，故正常情况下正规典当铺利率的地区性差异是比较小的。所以，这些资料可能在一定程度上也反映了北方地区的情况。据记载，在当时"南北直隶至十三省"，有"自认周年取息二分"的习惯性利率⑦。显然，这一记载反

---

① 胡承谋：《吴兴旧闻》卷二引《小谷口荟蕞》。
② 刘少彝：《荒箸略》赈之五，丛书集成初编本。
③ 艾南英：《天佣子集》卷六《三上蔡太尊论战守事宜疏》。
④ 焦袁熹：《此木轩杂著》卷八《村民》。
⑤ 汪道昆：《太函集》卷五二《南石孙处士墓誌铭》。
⑥ 胡承谋：《吴兴旧闻》卷二引《小谷口荟蕞》。
⑦ 艾南英：《天佣子集》卷六《三上蔡太尊论战守事宜疏》。

映了南北典当利率一定程度的统一性。

　　其次，是各类实物（主要是谷物）借贷利率。这类借贷虽不乏三分乃至二分左右的较低利率，但整体上说以年息倍称（100%）或五分以上最为常见。例如，在北边宣府、大同二镇地方，"又有世家豪商乘青黄不接之时，低价撒放于农而秋成倍收厚利"①；嘉靖年间，陕西三原"里俗出粟与母垺"，商人胡汝宽放贷"减息之半"②，可见既有年利100%者，也有50%者。在河南，梁宋间佃户缺食向主家借贷，利率"轻则加三，重则加五"，加三似为较轻之利，一般以加五、加倍为多，即"民间息谷，春放秋还，有加五者，有加倍者"③。南方各省情况亦与此类似。在南直隶，如两淮各盐场，"贫弱灶丁，朝有余盐，夕望米麦，米麦不得则先从富室称贷，然后出息加倍尝盐者有矣"④。正统、成化年间，苏州府长洲"遭岁恶，富至贷民粟，取息倍他日"⑤。松江府华亭县有人"贷主人粟十石，经二岁，积利至三十石"⑥。当然，利率较低的情况也是有的，苏州吴江县嘉靖年间"米息自四分至七分，绝无所谓倍偿之事"⑦。实际上，正统、弘治年间，无锡便有与此类似之利，即"乡人取租量不以概，而贷息倍于法"，此地有邹忠者放贷，降息十分之二⑧。可见为四分至六分。在浙江，洪武年间，台州府临海县及邻县饥荒，"里中富人以麦贷贫乏者，每麦斗责谷二斗三升"，即年利为130%，有童释卿者，家有余麦放贷则"减息一斗"⑨，可见年利在30%。朱国桢记载，吴兴县"富家平时以子母十五之利，横索贫民"⑩。嘉兴府嘉善县乡绅地主陈龙正家"常年，佃户每亩给借随田米二斗，加利二分"，崇祯三年（1630）春，因当

---

① 陈子龙：《明经世文编》卷一八一《桂文襄公奏议二·进沿边事宜疏》。
② 温纯：《温恭毅公文集》卷一〇《明寿官胡公行状》。
③ 吕坤：《实政录》《民务》卷二《积谷之难》。
④ 黄训：《名臣经济录》卷二三，霍韬《两淮盐法议》。
⑤ 吴宽：《匏翁家藏集》卷六五《陈处士墓志铭》。
⑥ 马愈：《马氏日抄》《谈公绰》。
⑦ 徐师曾：《嘉靖吴江县志》卷一三《典礼志》三《风俗》。
⑧ 邵宝：《容春堂别集》卷八《林泉邹处士状》。四库全书本。按：明代利率之法，即月利三分之法。
⑨ 方孝孺：《逊志斋集》卷二一《童贤母传》。
⑩ 汪日桢：《南浔镇志》卷一九《灾祥》一引朱国桢《又荒政议上甘中丞》。

地米贵民饥，陈乃以低利对佃户放贷，"每亩速给白米二斗，至冬每斗加利二升"①，可见年利在20%。福建、广东两地，正统年间，延平府沙县曾经发生邓茂七起义，而起义之所以发生，与"郡邑长吏受富民贿，纵其多取田租，倍征债息，小民赴诉无所"有关②。此处"债息"主要当是指谷物借贷。在广东琼州府，洪武年间，"田岁二艺而少获，其粮给卫军，军常以一时急征于民，不得米则迫以他物，利厚数倍"③。当然也有较低的利率，如永乐初，福建政和县饥荒，知县黄裳"劝富民发私粟以借饥民""约至秋成，令石息而斗而归"④。

以上共15例，其中三分、二分之例除吕坤所叙梁宋间佃户借贷"轻则加三"一例是一般性叙述之外，其余的均属特殊之例，许多例子还带有赈济性质，如陈龙正之例、永乐初政和县之例，而年利倍称、五分各例则多是对地方习俗的一般性叙述。由此证明，以上所言这种借贷的利率以年利50%—100%最为常见的观点是正确的。

最后，是典当铺以外的由地主、商人、官绅、贵族等及一般商铺进行的货币借贷利率。这种利率的有关记载在史籍中比较多，笔者拟分地区作一些考察。在北方各省，如在京师，"山东在京住坐军匠及京操班军，往往索取户丁盘费……又有具名借贷于官豪而追偿于户丁，累息数倍"⑤，"各监局所市物料，多系宛平、大兴二县各铺行，贷之京城富家，富家营谋给钞，利至三、五倍"⑥。嘉靖前后，真定府南宫县"富民出贷子钱，月规息什一"⑦，陕西各州、县民运粮赴甘肃各卫，"多因路远费繁，上纳不足，出息富室以偿之，富室要取，厚利有一倍至五倍者"⑧。河南郑州有客商放债，"其为利也，不啻倍徙"⑨。除此之外，也有较低利

---

① 陈龙正：《畿亭外书》卷四《乡邦利弊考》。丛书集成续编本。
② 《明英宗实录》卷一七五，正统十四年二月丁巳。
③ 杨士奇：《东里续集》卷三二《中宪大夫肇庆府知府王公墓表》。
④ 黄佐：《广州人物志》卷一三《刑部郎中黄公裳》。
⑤ 《明宪宗实录》卷五七，成化四年八月乙巳。
⑥ 《明宪宗实录》卷六一，成化七年十二月。
⑦ 《嘉靖南宫县志》《风俗》。
⑧ 《明英宗实录》卷二一，正统元年八月丁卯。
⑨ 李贤：《古穰文集》卷九《吾乡说》。

率的例子，如天启年间，有人在定兴商人处借银 100 两，"月索利二金者也"①，可见月利为 2%。在山东，有人在鲁府辅国将军朱观炊，其家"资产颇丰"，"居积贷予什一取赢，久之，家更饶裕"②，此为年利 10%。在河南，前引《实政录》载有告钱债状式所记借银利率为"加三出利"③。总体上看，北方各省此类利率最高达年利 100% 即倍称之息或倍称以上，较低的为月利 1%、2% 到 3% 乃至 10%。

在南方各省，也有记载云：苏淞常一些地方输粮之际，贫民"不免称贷于富家，富家又数倍取利而农益贫"④。溧水县嘉靖年间"其俗春出母钱贷下户，秋收倍收子钱"⑤。在江西吉水县，洪武年中，有人借银经商，"约倍偿"⑥。在浙江，正统年间，按察使轩𫐉上言说："各处豪民私债倍取利息，至有奴其男女。"⑦ 处州小民"或因艰苦借贷而倍出其偿"⑧。开海禁以后，浙江、福建沿海"游手惰民，竞充贩客，微资所挟，倍息以充买补"⑨。在福建，有商人"贾闽清，邑有谢生贷百金，计息当倍"⑩。在广东钦州，因里甲均平徭差繁重，"虽有力之家不免称贷于客人，三数月间一本而偿一利"⑪。在湖广汉阳，天顺年间，"江右客商群来诱民，取倍息，因之兴讼"⑫。在云南，有内地客商来此放债，"常子大于母，不则亦本息等"⑬。与此同时，较低利率的例子似比北方更为常见一些。例如，在苏州吴江县，弘治年间，银钱借贷利率为五分，⑭ 嘉靖年间

---

① 朱祖文：《北行日谱》。
② 张萱：《西园闻见录》卷一七《好施·往行》。
③ 吕坤：《实政录》卷六《风宪约·状式》。
④ 《明宣宗实录》卷九四，宣德七年八月辛亥。
⑤ 汪道昆：《太函集》卷之五二《南石孙处士墓志铭》。
⑥ 王直：《抑庵文集》卷二七《郭公子齐墓表》。
⑦ 《明英宗实录》卷一六一，正统十三年六月甲申。
⑧ 《明英宗实录》卷一九三《废帝郕戾王附录》，景泰元年六月。
⑨ 沈元钦：《秋灯录》卷一七。
⑩ 朱国桢：《涌幢小品》卷一七《笃行》。
⑪ 林希元：《同安林次崖先生文集》卷一二《杂著·钦州驿使议》。
⑫ 黄佐：《广州人物志》卷一五《参政何公》。
⑬ 王士性：《广志绎》卷之五《西南诸省》。
⑭ 弘治《吴江志》卷六《风俗》。

则是二分至五分。① 徽商之资本"皆称贷于四方之大家，而偿其什二三之息"②，即年息20%—30%。嘉靖、万历年间，有徽商"家居，鬻财取什二"③，当亦是年利20%。现存徽州借契之利亦处于这一水平。例如，嘉靖四十年（1561），有孙时者在分家阄书中说：家中所营商铺允许"三分支银，先支者每月一分五厘算，加利还铺"；万历五年（1577）二月二十五日，汪于祜借人银五十两，月利二分；万历四十年（1612）正月十七日，休宁县吴自修当地借银二两，"每月壹分行息"；万历四十四年（1616），张一九当地借银一两五分，每月加利二分；崇祯二分；崇祯三年（1630）九月，歙县鲍士凤当地借银一两五钱"每月加贰起息"；崇祯十二年（1639），程正皞卖地于人，未交业，且租息轻微，恐日后有人执原契欲以原价取赎，契约规定，"倘四年内有此愿，契内买价，依本乡染房例，壹分五厘算息取赎"④。隆庆元年（1567）九月十六日，谢志瑞以田为当，借银六两，月利二分。⑤ 徽州洪氏祁田租谷簿记载了两份租佃契约，规定租银如果延期缴纳，则须"每两每月加利三分"。嘉靖年间，徽商程封经商放债于溧水，"居息于市中，终岁于母不过什一"⑥。在江西宁都等地，佃户不能"即办批田银，田主许之宽假，计银若干，岁入三分，统俟冬收交纳"⑦。江西兴国州有徐延诤者从事农业，"兴场圃之利"，"间以余粟易金逐什一，辄致其资"⑧。大理寺驳正刑部江西清吏司发审的一名犯人的驳稿记载："今冯胜等于天顺五年八月内借到刘全银一百四十五两，至次年四月内已还过银二百二十五两五钱。"⑨ 此两例利率分别为年利10%和月利6.2%。在福建漳州府同安县，嘉靖某年饥荒，乡绅林希

---

① 徐师曾：《嘉靖吴江县志》卷一三《风俗》。
② 金声：《金忠节公文集》卷四《与徐按台》。
③ 许国：《许文穆公集》卷一三《世积公行状》。
④ 安徽省博物馆编：《明清徽州社会经济资料》。第一辑，中国社会科学出版社1988年版，第395、398页。
⑤ 王钰欣、周绍泉主编：《徽州千年契约文书》，《宋元明编》，花山文艺出版社1992年版。
⑥ 汪道昆：《太函集》卷之五二《南石孙处士墓志铭》。
⑦ 魏礼：《魏季子文集》卷八《与李邑侯书》。
⑧ 吴国伦：《甄甑洞稿》卷之三六《明荆府典膳徐君墓志铭》。
⑨ 王概：《王恭毅公驳稿》下。

元建议官府的救济措施之一便是，"若那在官银两，五口之家借与一两，八口之家借与一两六钱，待晚稻成熟使出息三分亦有可还"，但是这一建议似未实行，后因"漳城抢掠四起，顾府尊不能制，乃设法，官司为立券借之富民，每人一两，田熟还一两六钱，不能偿者，官许为偿，数日遂定"①。此例利率分别为银钱放贷利率年利三分和六分。六分为灾荒时富民放贷银钱的实际利率，三分则是作者所主张的官府放贷利率，其中三分之利可能是根据法定利率，也可能是参考了平时的习惯利率，在浙江湖州，官僚大地主董份得放贷利率为三分左右，如万历十年（1582）丁梦鲤、万历十七年（1589）邢洪分别于董份义男董松、董稠处借银60两、50两，年利分别是 24.7% 和 30%②。

从上引诸多文献可以看出，南方各省因材料比较丰富，此类利率记载呈现出了一种复杂的局面，即有七分、八分、九分乃至年利倍称甚至倍称以上的高昂利率，也有月利四分、五分、六分左右的中等偏上的利率，还有三分、二分、一分五厘乃至一分、一分以下的低利率。可见，与北方相比，南方较低的利率可能更常见一些，因而利率的整体水平也可能更低一些。据当时人观察，"南方放债起利每岁只一分二分，北方常至八九分、十分。及至较量起来，则一分二分的利易办，随入随出，其利反多"③。南北利息未必相差那么多，但它在一定程度上反映了南低北高的整体状况。

如果从整体上分析，不论北方还是南方，此类借贷利率大体上可划分为两类：一是月利八九分乃至十分即年利倍称以上的高昂利率；二是月利三四分乃至二分、一分五厘、一分左右的相对较低的利率。那么，究竟哪种类型的利率是一般、正常因而更为普遍的利率呢？如果单纯从一般史籍上记载看，对于前者的记载似乎更多一些，尤其是所谓"倍称之息"的记载更为常见，那么，这是否就证明前者就更为普遍和常见呢？笔者认为还需要进行更具体的分析。首先，从材料上看，如果将上引有

---

① 林希元：《同安林次崖先生文集》卷六《与俞太守请赈书二》。
② 刘元霖：《抚浙奏稿》卷四《勘问董尚书事情疏》。
③ 沈鲤：《文雅社约》劝义十一。

关材料做一分类的话，一种是作为当时士大夫有意记载的史籍、文集、笔记等；另一种是当时人们无意留下来的档案、民间契约文书等。一个明显的事实就是，对这种高昂利率的记载几乎都在士大夫的材料之中，这应该与形成材料的士大夫为了达到某种特定的政治社会目的，往往强调、突出高利贷资本利率高、剥削残酷的一面有关。正因为这样，他们的记载所反映的利率往往是在横征暴敛、天灾流行等特殊情况下的利率而不是正常、一般情况下的利率。如果认为这种材料便能反映明代高利贷资本利率的普遍、一般情况是不正确的。其次，整体上分析有关"倍称"的材料可见，有些确实是年利100%的利率记载；而有些则是在利率较低但积累了一段时间之后所达到的利息总量，而不是某种特定的利率。总而言之，明代高利贷资本一般货币借贷利率从整体上说应该说是以二分、三分左右为主，高达五分、六分甚至十分，低至一分五厘甚至一分。

此外，作为一种无意史料，明代的白话小说及算数著作中一些高利贷利率的记载也大致反映了这一种一般情况，似亦可作为一证。如《醒世姻缘传》第二十七回记载：有商人向开豆腐店的丁利国借银，"他也要二、三分利钱"。《醉醒石》第二回言：明末以来"又有大户加三、加五，盘利准人"。《金瓶梅词话》第十九、三十一、四十五回载有借契云：借银30两，"月利三分"；吴典恩及揽头李四、黄智在西门庆处借银、均为月利五分。《初刻拍案惊奇》卷十、卷十五载：松江府赵老六借银60两，年利约为26.7%；南京秀才陈珩借银100两，"三分起息"；杭州李生借银50两，年利三分。《二刻拍案惊奇》卷三十一载：金华府武义县王良借银2两，年利五分左右。《新民公案》卷一载：福建建宁县有商人借银10两，"未及一年已倍息还足"；瓯宁县吴旺放债，利率"对本加五"；浦城县有人借财主曾节银，年利为三分。《无声戏》第四回载：广东南海县财主杨百万放银，"论十的是一分，论百的是二分，论千的是三分"。《算法统宗》载：有人借银258.2两，"每年加四还利"；有人借银260两，"每年加三起利"；有人借银260两，"每年每两加利钱二钱七分"；有人借银15两，"每月加利二分五厘"[①]。

---

① 程大位：《算法统宗》卷二。

以上各例共有 20 个数字，其中年利倍称 1 个，五分 5 个，四分 1 个，共 7 个数字，其余共 13 个均为三分及三分以下，可见以三分及三分以下为多，高的达年利 100%，低的只有一分。与笔者以上所估计的基本吻合。我们知道，小说及算术书中的记载属于民间文书，即是一种无意中形成的史料，其中具体的人物、地点、事件未必真实存在，但是其中所包含的一些制度性、趋势性的信息则是可资借鉴的，因为它反映了作者对有关制度、发展趋势的一般性认识和概括。

从演变趋势上分析，明代前期至中后期，高利率表现出了某种下降的趋势。虽然从材料上看这一趋势的表现还很不明显，但是存在这一趋势则是无疑的。表现之一，是某些特定的地区或某种借贷利率的绝对下降。例如，苏州府吴江县借米，成化以前是春借一石，秋还两石，至嘉靖前后则是降至四分至七分；借银钱，成化前是五分取息，嘉靖前后则为二分至五分。在浙江新昌县，永乐、宣德以前是借银钱为十分之利，成化以后则大多为加三、加五，即三分、五分之利了。表现之二，是某一较低水平的利率由一个地区向其他地区的推广和普及。例如，明末艾南英鉴于江西抚州城中本地人所开当铺利率太高，曾提出请徽商前来开当，以便展开竞争，压低利率。这一事例，说明徽商经营的典当利率较低及这种低利率向其他地区推广的可能性。另外，以上所举第一、第三类借贷中，于吴江开当的徽商某人以及在南京溧水县放贷的徽商程封大概也可以说是同一类的实际例子吧。

高利贷资本除根据其借贷形态分为以上三种类型之外，还可以根据其他许多标准进行分类。根据其资本化的程度不同，可分为高利贷资本和一般高利放贷；根据其借贷时是否提供抵押，可分为抵押借贷和信用借贷；根据其所有权属性可分为私人借贷和官府借贷；根据其物质形态，可分为实物借贷和货币借贷，等等。不同的借贷有不同的利率，这样便形成了利率的结构特点。从笔者目前所掌握的材料看，明代高利贷利率大致表现出了以下两个方面的结构特点。

第一，抵押借贷比信用借贷利率要低一些。例如，典当铺的抵押借贷与私人的信用借贷比便是如此。虽然后者亦不乏三分以下的较低利率，然其中大量存在的五六分乃至十分以上的高利，这在典当铺中大概是少有的。一般说来，月利三分便是典当铺经营中较高的利率了。在上述第三类借贷中，提供了房屋、土地等抵押品的借贷也比纯粹的信用借贷利率要低一些，尤其是以地权为抵押的借贷。因为高利贷者总是能得到多少不等的地租或整个收益，借贷风险较小，故利率相对较低。例如，上引数份徽州借契中的利率皆在二分以下，便是一证。

　　第二，货币借贷利率比谷物借贷一般要低一些。如上所述，虽然前者亦不乏十分以上的高利，个别甚至高达二十分、三十分，但相比之下，二分左右的较低利率，在货币借贷中已经比较普遍，而在后者中则还非常罕见。

　　综上所述，明代高利贷资本利率依借贷种类、地区及时间的不同而不同。整体上说，典当、商铺的房贷比一般私人的利率要低一些。明代后期比前期要低一些，南方比北方要低一些。明朝政府为了限制高利贷的剥削、稳定社会秩序，也采取了一系列的利率政策及措施，例如，规定利率高低、规定取利总额、强制免除一些非法借贷，等等。这对利率的稳定及下降无疑是发挥了一定的积极作用。

（原载《河北学刊》2002年第5期）

论清代前期高利贷资本的活动形式

中国古代高利贷资本问题，近年来日益引起学术界的重视，清代亦不例外，自20世纪70年代末期以来，有关成果日见其多。但从整体上说，多局限于对某个地区或某一侧面的问题进行探讨，系统全面的研究还是很不够的。笔者计划在此基础上对清代前期高利贷资本进行较为系统的研究，包括资本活动形式、城市高利贷资本问题、农村高利贷资本问题、利率、高利贷资本在社会再生产过程中的作用等，本文是其中的第一篇，拟对清代高利贷资本的形式作一简单的概述。

高利贷资本是一种古老的资本形式，广义上说，它包括两个部分。一是封建地主、商人、贵族、官僚或其他小所有者，以自己的部分家财放债取利，利息收入只作为地租、利润收入的一种补充的一般高利贷。二是从商人、地租、官绅的财富中分离出来的、已经成为一项独立的资本运营形式，通过贷放货币或实物，获取利息收入的有着较严格的资本核算的生息资本；狭义上说，它专指后面这种高利贷资本。本文所叙是从广义上使用这一概念的。从这一角度看，高利贷资本在原始社会公社制时期即已随着租佃、雇佣剥削的产生而由原始的互助中产生了，并且日益成为富有阶级获取社会财富的重要手段。中国古代在西周时期可能即有放贷之事。而它得到比较大的发展，则是在春秋、战国之后。随着高利贷资本的发展，其活动形式也日益复杂起来，尤其值得注意的是，自宋代以后，因资本积累的发展及资本流通的加快，在放贷之外，存款也随之产生并得到了发展，从此高利贷资本便以存、放两种形式活动着。下面便从这两个方面对清代前期高利贷资本形式作一个概述。

一

因安全、保密或使用等方面的需要，至少在秦汉时期便有了货币及其他财物的窖藏及寄存，唐代以后，因商品流通的需要，还有了比较专门化的经营货币（或其他财物）寄存的柜坊，但是这种寄存，无论是由私人偶尔进行的还是由柜坊专门经营的，都还是一种因人的关系而导致的保管，或者是一种需要支付费用的寄存，因而即使是真正的货币储存，也还不是正式意义上的存款。

正式意义上的存款是在北宋中期以后，在官营抵当所中产生的。熙宁四年，宋朝政府设立抵当所，以检校库的钱物放贷取利，不久以后，在东京开封的一些衙门如开封府杂供库、国子监、都水监、律武学都拿出了一笔数量不等的钱财存于抵当所，委托它取息。[①] 明中叶以后，随着商品经济的进一步发展，存款也在社会上普遍起来。

清代前期的存款从经营者角度看，既有典当、钱庄、票号等金融机构所经营的存款；也有一般工商店铺如盐店、布铺、米铺、杂货铺、珠宝铺等兼营的存款；一些在地方上家产殷实且经济信用较好的财主有时也接受他人寄存，并付给薄息。从存款客体看，既有各级官府，也有各类社会性团体如宗祠、会社等，更多的则是私人家庭和个人。从存款的具体内容看，既有按期提息、用于各种专项用途的基金性质的存款，也有因工商经营、日常生活消费而引起的以寄存和生息为目的的存款。从存款的来源看，既有内务府和户工二部拨的资金，也有地方财政的资金，还有为了某项公共目的而由官僚士绅、地主商贾以及一般老百姓摊征、捐助而来的各种款项，更多的则是私人的家财及工商经营过程中的闲置货币。

如上所述，清代前期存款的经营者，既有各种金融机构，如典当、钱庄、票号等，也有各类商铺和各种家财殷实、信用很好的财主家庭。

[①] 抵当所（库）属于宋代官营典当业机构，参见刘秋根《试论宋代官营高利贷资本》，《河北学刊》1989 年第 2 期。

而从业务的发达程度看，当然以各类金融机构所经营的专业存款最为发达。

各类金融机构中经营存款最为引人注目、业务最为普遍者首推典当业。如上所述，典当业从宋代即开始个别地经营存款，明、清以后得到进一步发展。明末徽州人陈锡元助盐商赵昌祺经营，积银八百两，存于赵昌祺的质库中生利。他娶妻之后，谈起生计问题，说："无恐，我有八百金，贮主人典中，汝日坐啖，亦不过羡余微利耳。"① 可见，当时私人于典当存款，不但有了利息，而且可以经常、零星地支用。清代以后，不但私人的各种闲款存于典当之中，大量官款及其他社会性的款项存典生息更是引人注目。从私人款看，则不但有各种各样的家财，更有同乡、同城或异地的工商业者的经营闲置资金。清初人叙："先生本寒素，仅积百余金，于汪氏典中，取薄息以佐薪水。"② 雍正四年，朝廷查抄原直隶总督李维钧的财产，发现除大量田产、房宅、金银、器皿之外，还有大量存款，典商汪廷英的四座当铺，接受其存款达六万多两。③ 道光六年，浙江桐乡且蔡载樾与其弟载坤"合出七百万钱，以七之一祠祀先人，又思田不可遽得，以六百万钱主质库，岁得息钱四十三万"④，这是私人在典当中存款的事例。据孔府档案记载：孔府五品执事官孔继潢在锦州府锦县开设兴成当，因经营不善而亏本倒闭，道光八年，东伙算清总账"共存原本钱十万零七千一百吊，欠外借贷、凭帖往来、生息银两浮存共九万五千三百二十三吊五百七十文"。其中，"生息银两浮存"中包括"存兴成隆本钱八千吊，利钱一千三百四十吊，存兴源烧锅本钱二万吊，利钱九千吊，存西柜本钱一万吊，利钱一万零一百三十九吊六百八十文"。⑤ 所谓"兴成隆""兴源烧锅""西柜"等当是与兴成当同城的各类铺店，它们有一部分闲置货币存于兴成当，并有数量不等的利钱仍存在当中未予提取。

---

① 严思庵：《艳图二则》。
② 姚世锡：《前徽录》。
③ 《雍正朱批谕旨》第40册，雍正十年十月浙江巡抚李卫奏。
④ 陆以湉：《冷庐杂识》卷一五《义田》。
⑤ 《曲阜孔府档案史料选编》第三编第15册，第30页。

社会性存款包括一些宗祠公产、合会资金等。清代宗祠田产及族捐等收入在祭祖、修谱、修祠堂之余多存殷实富户、商铺及典当生息，有些还直接进行放贷。因临时急需而引起的合会自清代以后谋利色彩更浓，所凑集的会金在满足会脚急需之余，多存贮生息。这两种款项的存储重点去所便是典当，尤其是殷实的典当铺。康雍时期的方苞谈到其家族教忠祠的祭田时，要求子孙在他"身后，除祠规所经用。计每岁当余二三十金，子孙锱铢不得私用，积至百余，即付相信典当，取薄息，至六七百金则以买上等冲田"①。乾隆二年，广东顺德大良龙氏凑集139人组成百益会，会银的一部分，即存于典铺取息。② 这是宗祠财产和家族合会的存储。一般非宗族性合会也多如此，如有为丧葬而结成的合会，遇会友病故"即向各会友科会金，除照例给寿金外，稍有赢余，即存贮生息"③。

　　除私人存储之外，大量官款及带有一定官款性质的社会款项也多存典当取息，这类款项属于基金生息性质，种类极为繁杂，整体上说，以下几种是比较常见的。

　　第一种是属于内务府的利息主要用于赏赐八旗兵丁的属于滋生本银系统的款项。雍正元年（1723）奉旨发内库银90万两生息，所得利银赏给八旗并内府三旗官员兵丁，以济其婚丧之用，④ 这种款项在地方亦有设置。雍正十三年三月上谕云："各直省督、抚、提、镇、标下之兵丁，朕俱赏给生息银两，以济其缓急之用。"⑤ 多者达十数万两，少只数千两，一般为1万—3万两。这笔款项的经营方式多种多样：有用于购地收租者，有用于开设各类店铺者，其余多是"发商生息"或"存典生息"，后两者都是存款。雍正七年七月，四川总督黄廷桂将朝廷拨给的兵丁恩赏银两14000两，交存成都13家当商"每月一分生息，以赏给兵丁吉凶之

---

① 《方望溪先生集外·文》卷八《教忠祠祭田条目》。
② 咸丰顺德《龙氏族谱》卷三。
③ 高明三壬《谭氏族谱》卷一八《千益会始末序》。引自叶显恩、谭棣华《明清珠江三角洲的高利贷资本》，见《明清广东社会经济研究汇编》。
④ 光绪《大清会典事例》卷一二一三《内务府·赏恤》。
⑤ 《清盐法志》卷二三二《两广·征榷门·生息》。

事"①。乾隆初，宁夏镇标有生息本银8057两存各当铺生息。②

第二种是不属于生息银两制度系统的各种行政、军事性经费，主要如一些衙门的办公经费、补贴苦差兵丁和官员、添置一些地方的军事设施及辑捕盗匪经费等。如广东南雄为入广东首站，解饷鞘及人犯不绝，"各兵差使劳苦倍增"。嘉庆二十五年奏请动官款10000两，发州存盐、当二商，周年一分生息，以助兵差增给口粮之需。③ 道光二年，江苏省因办公经费不充裕，"于江苏藩库耗羡等项下拨银十万两，发典生息，每年共得息银一万二千两"④。

第三种是各种带有一定社会性质的事业经费，包括教育、河防水利、仓储赈济、各类慈善经费等。关于学校经费，乾隆二十八年，湖南巡抚陈宏谋营建岳麓、城南书院时，其经费原有银4000两发汉镇盐商生息，"又提出年余息银二千五百两，发交湘潭县典商生息……每年纳息银四百五十两"⑤。关于河防水利经费，如道光二十八年八月御史杨彤如等人奏：河南贾鲁河挑挖三次，费银54万多两，钱4万串，挑完即淤垫，许州、开封知府、河南巡抚均受处分，并责成赔修，而且"从前贾鲁河完工后，经该抚奏明，将捐输六十万串，交典铺生息，作为岁修之用，今既责令各员，此项钱文勿庸再作开捐"⑥。可见原计划是要将捐款存典取息的。至于一些中、小型水利工程更是经常采用这一方法满足零星修缮的经费需要。关于仓储经费，包括平粜谷价、维持仓储设备等也多有筹款存典取息。嘉庆二十三年，赵慎修被任命为广西巡抚，"仍创预备仓，捐银万二千，令桂林府买谷积贮，以千金发典肆取息，为岁修费"⑦。至于各类慈善事业经费，除各州县一些固定的慈善机构如留养局、育婴堂、敬节堂、义塚、养济院外，一些临时性的慈善措施也常常筹集款项，存典生

---

① 《官中档雍正翰朱批奏折》第13辑，第707—708页。
② 《清高宗实录》卷八八，乾隆四年三月甲寅。
③ 黄恩彤：《粤东省例新纂》卷三《南雄差兵口粮》。
④ 《东华续录》道光卷二，道光二年闰三月。
⑤ 陈宏谋：《培远堂偶存稿》文檄卷四八《声明书院条规以励实学示》。
⑥ 《东华续录》道光卷一三，道光二十八年八月壬子谕。
⑦ 赵慎畛：《榆巢杂识》卷首《武陵赵文恪公事略》。

息，以为公用。乾隆十九年，河北祁州建留养局，州及盐当商人共捐180金，以60金买田地，"余金畀当商权之，收其租息以瞻留养"①。而创立于雍正十年的江苏泰州北门外的养济堂，其经费来源，除房屋、收租市房、地基、庄田、草田竹园之外，还有存典利息，见表1。

表1　　　　　　　　　　存典利息一览②

典当名	本银种类及数量	月利	年利息	典当名	本钱种类及数量	月利	年利息
张恒章	九九五扬平银169.02两	1分	20千354文	周丰豫	九七八串钱375千	1分	37千500文
丰豫公	九五色九九五平银70.2两	1分	9千24文	戴裕厚	九七八串钱928千125文		93千2文
李德成	九五色九九五平银75.2两	1分	9千24文	刘元益	九七八串钱187千500文		18千336文
王积庆	九五色九九五平银150.4两	1分	18千48文	周丰裕	英洋180圆		18圆

典当之外，钱庄（钱铺、银铺、银号、钱号）、票号亦多经营存款业务。其中钱庄以经营货币兑换为主，大体亦开始经营存款。乾隆五十九年，在清查吉林协领诺穆三侵渔公款的上谕中谈到"各省驻防协领，俱藉俸禄养瞻，家有积蓄者甚少，诺穆三尚寄存帽铺银一千两，钱铺银二千两"③。道光二年，有上谕说："京师五方杂处，市场开设铺号，兑换银钱，原以便民日用，若该商等因有人寄存银两，或托故借入银两，积聚

---

① 乾隆《祁州志》卷二《建置》。
② 宣统《续纂泰州志》卷五《公署·义局附》（所说当是清末情况）。
③ 《清高宗实录》卷一四四六。

益多，遂萌奸计，藏匿现银，闭门逃走。"① 广东番禺潘氏荥阳书院日例规定"其尝银存箱五十两以上者，俱汇交本城殷实银铺周年出息"②。银铺存款还有零星提息作用，有人选雷州知府，而留母于京师"且言所住屋已给房租三年，并有经折可向某钱店按月取钱数千为养赡"③。

与典当一样，钱庄、钱铺亦接官府存款，如属于上述第一种基金性质的存款，其"发商生息"的各类商人中便包括殷实的钱铺，山西大同镇将所领卹兵生息银两9000余两"分借当商钱布各铺领运，每两仅交息银一分"④。崇彝更记载说：北京著名的四大恒钱庄（恒和、恒兴、恒利、恒源），在乾隆、嘉庆之际，因为信用卓著，"官府往来存款及九城富户显宦放款，多倚泰山之靠"⑤。

票号究竟源于何时？史学界迄无定论，较为流行的看法是道光初年。从稍后的材料看，其存款大致有两种类型：第一种是与典当、钱铺存款类似的公私闲款存入。清后期户部银行成立之前，国家公款，在京则存国库，在省则存藩库，后来便将它暂存票庄，因为票庄不但资厚可信，而且代理官吏汇兑；各级官吏私财，尤喜存入票号。后面这种存款有定期、活期两种，以六个月为长期，间有及于一年者；活期则可随时支用，利息为三至四厘，有多至八厘者，官吏私款甚至有不给利息者。⑥ 第二种是与票号的主要业务——汇兑相结合的存款。如著名的日升昌票号张家口分号在道光三十年正月初十的信中说："九月初一日汉（口）交下庐足银三千两，在在口年、四两标分收。自收银之日，各依各标口规与伊行息外，每千两贴伊六两。"这就是说，商人在汉口将银交票号汇往张家口，日昇昌张家口分号接汇票之后，除分两标交兑银两之外，还依"口规"付给一定的利息。

---

① 《清宣宗实录》卷四四，道光二年十一月甲戌。
② 番禺：《荥阳潘氏家乘》卷七《荥阳书院旧例》，见上引叶显恩等文。
③ 梁恭辰：《北东园笔录四编》卷二《雷州太守》。
④ 《宫中档雍正朝朱批奏折》第20辑，第184—186页。
⑤ 《道咸以来朝野杂记》。
⑥ 陈其田：《山西票庄考略》第五章第二节，并参见佚名《山西票庄源流及经营史》（抄本）第三章第三节。

因存款的发展，票号负债资本的扩展是惊人的，咸丰九年，蔚丰厚平遥总号的存款达199037两，等于原资本3万两的6.6倍。① 咸同之际"各票庄存款，多则七、八百万两，少则银二、三百万两，且官款不计利息，其私款之有利息者，不过二、三厘耳"②。所以票号业务此时达到了它的极盛时期。

典当、钱庄、票号之外，清代前期金融机构还有账局、印局，二者在经营放贷的同时，是否亦吸收存款，因无直接材料，目前还不敢断言。然而，与账局类似的，见于南方一些城市的账号则是经营了私人有息寄存的。光绪年间，陕西渭南知县樊增祥审理一桩赖骗案之后记载："焦继华之曾祖于嘉庆年间在四川成都府温江县设立泰和昌号放账生理，亲友寄放银两生息者甚多，道光十七年，又改为益顺和号。"③ 显然"泰和昌"号是兼营存款的。

除上述金融机构外，各类商铺及其他的地主、商人等亦多兼营存储，其中尤以盐商最为著名。与典当一样，盐商所营存款亦有公、私两类，公款的种类主要有两类。第一，属于内务府的以"赏借"运本的形式存在的生息银两，文献中多称之为"帑息"，目的是取息以弥补某些财政项目，主要存在于长芦、两淮两大盐区。乾隆二十二年七月二十六日，长芦盐商王镗因为"今夏河南水灾，将镗装运安阳，林县二处盐斤六千八百余包，值银一万八千余两，连厂地、庐舍全行冲没，缺乏周转之资，故而请求赏借内府闲款银十五万两"。虽带"赏借"字样，实质上是一种基金性质的存款，其用途极为琐碎。乾隆五十四年，长芦盐政穆腾额指出："此项各参商名下应补帑本银四十六万余两内，查有仁寿寺等三处香供并年例，备赏武官，三旗侍卫拴养官马，热河密云县官兵生息及万成等当架本生息年例以备内务府銮仪卫等处充公应用之本银十二万三千余

---

① 此处统计数字均据黄鉴晖《论山西票号的起源与性质之统计》，见《山西票号研究集》第一辑。
② 卫聚贤：《山西票号史》附录引《晋商成败记》。
③ 樊增祥：《樊山集》公牍卷二《武生焦振国上控焦继华一案详稿》。

两，应得到利银一万四千余两。"① 这种息银的利息是比较低的，据不完全统计，乾隆六十年，长芦共有供帑事宜 19 起，其中高利帑银 3 起，免息 1 起，五厘 1 起，一分三厘和一分五厘各 1 起，一分 10 起，② 可见利率多在一分左右。一些学者根据帑息日益成为盐商之累赘，认为帑本银两是一种重利盘剥的高利贷；一些学者则根据利率较低这一事实，认为不能称之为高利贷。实际上，从本质上说，这种帑息亦属于古代高利贷资本，但是它是一种存款，因而利率比放款要低。

第二类是为满足各级地方官府、军队的行政性、军事性及各类副业性经费需要而存储的基金存款。它不限于两淮、长芦，其内容变得极为复杂，以两广盐务为例便可见一斑，从雍正十年前后至道光，盐商所领帑本银两至少有如下一些（见表2）。③

由表 2 可见：编号 1、4、6、9、11、12、15、19、23、24、28、31、32、33、35、36、38、40 大体属利息用于行政性、军费性开支的存款；其余则是利息用于学校、善堂、水利、宗教等事业性经费存款。

以上所述大概主要是由朝廷或地方财政拨出资金设立、由盐运转发本大利厚的盐运商人承担的基金。此外，各地方盐店、盐铺亦同样承担此类官府或社会性款项，如直隶通州于乾隆二十年设立留养局"并劝捐银叁百玖拾两，交盐店每月壹分五厘生息"④。

表 2　　　　　　　　本银利息用途一览　　　　　　（单位：两）

编号	时间	本银数	利息用途	编号	时间	本银数	利息用途
1	雍正十年	130000	赏恤兵丁红白应用	3	雍正十一年	2000	端溪书院膏火
2	同上	2000	端溪书院膏火	4	雍正十二年	8000	赏衅八旗兵丁

---

① 均自《内务府奏销档》，引自李克毅《清代盐商与帑银》，载《中国社会经济史研究》1989 年第 2 期。
② 见上引李克毅文的统计。
③ 据《清盐法志》卷二三二《两广·征榷·生息》。
④ 光绪《通州志》卷二《建置志·养济院》。

续表

编号	时间	本银数	利息用途	编号	时间	本银数	利息用途
5	乾隆元年	42880	岁修围基	23	嘉庆十五年	10000	汉军八旗无米养育兵丁饷银
6	同上	5700	修补军装	24	同上	6485	修葺米艇
7	乾隆二年	2521	育婴堂经费	25	嘉庆十六年	8414	修补塑台水栅
8	同上	2000	粤秀书院膏火	26	同上	13887	修补肇庆、罗定水栅
9	乾隆四年	1300	赏恤标营兵丁	27	嘉庆廿年	4000	越华书院经费
10	乾隆八年	4500	普济堂衣粮	28	同上	2621	马匹变价本银备用
11	乾隆十二年	4000	添补龙门协兵食	29	嘉庆廿四年	15000	育婴堂经费
12	同上	1395	龙王庙等香灯	30	道光元年	10000	资助旗籍举人会试
13	乾隆十五年	50000	潮属修堤经费	31	道光二年	100000	滇省土练经费
14	乾隆十七年	143	普济堂衣粮	32	道光三年	100000	广西捕费
15	乾隆十八年	34000	赏恤兵丁	33	道光七年	100000	选快艇缉捕
16	乾隆二十年	7400	越华书院膏火	34	道光八年、九年	12000	越华书院经费
17	同上	3200	育婴堂经费	35	道光九年	40000	修制军械
18	乾隆廿二年	2000	同上	36	同上	80000	分别闲散旗丁
19	同上	4000	龙门协添补兵食	37	道光十年	120000	交盐商办运
20	乾隆廿七年	2600	端溪书院膏火	38	道光十二年	100000	广西捕费
21	乾隆三十一年	270	普济堂衣粮	39	道光十六年	100000	补潮桥欠款
22	嘉庆二年	5000	地藏庵运柩回籍	40	道光十八年	100000	广西捕费

盐商之外，其他一般工商店铺如布铺、柴米铺、绸缎铺、珠宝铺及一些未必拥有固定工商业经营资本，然家庭经济信用较好的殷厚财主甚至僧道、寺观也是接官府及私人的款项存储的。就官府款项来看，有关文献往往将这类存储与盐、典的存储混在一起笼统地称其为"发商生息""存殷户""商领出息"。如属于内务府的、利息专用于赏恤兵丁的生息银两便是如此。雍正十年，山西太原镇总兵便将基金 6000 两"借给殷实铺户，一分行息"①。大同镇则将所领生息银 9000 两，分借当商钱布各铺领运，每两仅交息银一分。② 此外一般行政性、军费性以及教育、水利、慈善等事业性经费基金也不例外，道光三年夏，江南大水，为赈灾，官员捐廉、士民捐款者达 30100 余缗，后均"存于殷户"③ 取息。直隶隆平县于乾隆十六年设留养局"前令冷廷颐暨士商输银一百五十两，于乾隆十八年三月，商领营运，月息二分"④。

至于各类私人款项，更是常以"委托生息"的形式存于各类行铺及殷实富户。袁枚载：直隶某观察生子，三日后掘地埋胞衣，得藏银 500 两，"以无所用，付之布肆中取息，已五年矣"⑤。福建"长乐县有两生……乙积二十年廪饩修脯之入仅得百金，托甲生息，岁收子钱以为常"⑥。郑光祖亦载："闻里中有某者，家本裕，一寺僧信其可托，密以私蓄五百金授某，以生薄息，竟未立券，但凭纸折取利记数而已。"⑦ 这些都是因家财暂时无用，或为了日常生活的零星支用而存储取息。值得注意的是，因贸易支付也常暂存款。如有商人收债而还，船泊于伏波滩，夜间遇盗，商人请求尽醉全尸而死，并拿出一张证券对强盗说："此项现存某行，执券往索可得。"⑧ 因存款的普遍，有钱之家，钱财多存储生息。

---

① 《官中档雍正朝朱批奏折》第 20 辑，第 184—186 页，见《明清史辨析》。
② 同上。
③ 姚光发：《松江府续志》卷一四，田赋志，赈恤《华亭县知县王青莲倡捐募捐助赈》。
④ 乾隆《隆平县志》卷二《建置志·留养局》。
⑤ 袁枚：《子不语》卷一二《银隔世走归原主》。
⑥ 梁恭辰：《北东园笔录四编》卷五《长乐两生》。
⑦ 郑光祖：《醒世一斑录》卷五《因人为灵》。
⑧ 袁枚：《续子不语》卷一《伏波滩义犬》。

王有光说：财主们是最富于心计的，他们深知钱财"空置一处，与生息于人大相悬矣"。因为如果以半年为期"存钱百千，三分利得一十八千；二分利得十二千；一分利亦得六千"[①]。

以上我们以经营者为主线，对清代前期存款的情况作了一个概述。可见，既有各类金融机构如典当、钱庄、票号等所经营的存款，也有各类工商店铺及一般的商人、官僚、士绅之家所兼营的存款。因为材料的缺乏，我们无法估计各类存款的数量及其在整个存款中所占的地位，但从整体上看，在各级城市、市镇中，存款当以各类金融机构及工商店铺为主；而在农村，当以商人、地主、士绅或其他殷实财主的家庭性存款为主。从发展趋势看，是前者逐渐发展，而后者则逐渐走向衰落，从而表现出由金融机构专营存款的趋势。不过这一整体状况，至清末民国以后，并未根本改观，在广大的农村，仍是以私人家庭性存款为主。清代前期的存款市场处在一种复杂、混乱的局面之中，表现在：经营主体多种多样，利率高低参差不齐，许多经营者欺骗顾客甚至吞冒存款；一般的委托生息多在亲朋好友、宗亲旧戚或十分熟悉的行铺之间进行，被纯粹的人际关系严重束缚着。这些虽然是商品经济发展不够，近代工商业还未兴起的前资本主义社会的必然现象，但对经济尤其是商品经济的发展极为不利，因为经营多元化极不利于通过存款调节市场货币供求状况。同时，它还使大量游资充斥于私人之手，不能顺利地进入商业、高利贷资本[②]的运营，这对利率的稳定及高利贷经营的业务专门化也是相当不利的。

二

高利贷资本的主要业务当然是放款，在清代前期，其放款形式主要有两种：一是抵押借贷；二是信用借贷。

先说抵押借贷，主要大致有两种情况。首先是由典当铺进行的专门

---

① 王有光：《吴下谚联》卷三《有钱弗买半年闲》。
② 此处所指乃狭义上的高利贷资本。

的抵押借贷。典当业自南北朝、隋唐以来均经营动产抵押，自宋以后，典当业的业务随着商品经济的发展逐渐丰富起来，由单纯的动产抵押借贷机关逐渐发展成经营存、放款、货币兑换、钱票发行等项业务的综合性金融机构，甚至还经营不动产抵押和信用借贷。① 不过，其主要业务仍然还是动产抵押借贷，即以衣饰等动产为抵，借取现钱，在规定的期限之内，按规定利率偿还本利，赎回抵押物品；如果过期不赎，则由典当变卖抵押品，以抵本利。关于典当业在清代各地城乡发展、分布的情况，典当铺存款的经营，典当借贷的利率等将在其他有关章节中予以叙述，在此只就其主要业务——动产抵押借贷的一般情况作些叙述。就抵押物品的种类来看，主要有四类：第一类是各类衣服织物，也包括各种皮货；第二类是金银珠宝、首饰头面、古玩字画；第三类是日常铜、铁、锡、瓷、木器皿及生产工具；第四类是米、麦、豆、粟、花、丝等农业、手工业产品。② 甚至士兵的腰刀、头盔、弓箭、军装也常进入典当铺内。③ 借贷发生时，先由经营者估定价值，再以低于这一估价的数额贷给现款，其差额各地不一，有值十当五、值十当二三，也有值十当七八，但最常见的是值十当五，即估价十元，当给五元。一般都规定满当期限，期限长短因地区，抵押物品等的不同而不同，有12个月、16个月、18个月、24个月多种，短促者只6个月甚至2个月至四五个月。正规典当铺在到期之后，一般还留1—2个月。就清代前期的一般情况看，似以24个月为多。

  典当铺之外的一般抵押借贷形式则可依抵押物品的不同分成动产抵押、不动产抵押、人身抵押。

  从动产抵押借贷看，与典当铺一样，这种借贷形式中抵押物品也是无所不包的，即有各种衣物，也有"畜产""工器"。④ 据笔者所见，有以耕牛为抵者，嘉庆十三年十一月，福建南安县林敬兄"因乏银使用，托中将黄牛一只送就与洪英官上为胎，借出母银八大元"⑤；有以衣绵等

---

① 这一点笔者在《中国典当制度史》（专著，即出）中有详细论述。
② 参见光绪《大清会典事例》卷七六四；张焘《津门杂记》；佚名《当行杂记》。
③ 光绪《大清会典事例》卷七一一《军器》等。
④ 魏际瑞：《四此堂稿》卷二《因灾禁逋债》。
⑤ 《闽南契约文书综录》第161契，见《中国社会经济史研究》1990年增刊。

物为抵押的,康熙四十二年十二月十八日,徽州婺源县婺源乡的詹士相家有"云生伯母绵一斤九两,押去九足银一两,常,九兑"①;有以银为抵押的,如道光十三年,四川崇庆州孟怀眕欲外出贩烟,以银一锭重八两向袁槐青押借制钱九千文,三分行息;② 还有以即将进入流通的商品手工业原料为抵押的,据四川巴县档案记载,嘉庆十年二月,雷天开办铁厂乏资,即将铁矿石 20 万斤抵借田学圃银 135 两,加三行息;③ 甚至合会会份亦进入了抵押品行列,在福州郊区,有道光四年九月的契约说:"立会当约郑国枝,自己加有会一场,共计会友十二名,每名会员一千文,今因要钱急用,托首会都向到郑宗子处三面议,当出本制钱六千文正。"④

比动产抵押更为常见的是不动产抵押,而使用最为广泛的不动产则是田地,从目前所发掘的各类材料看,这种借贷是很常见的。在一些地方,借银钱时,提供土地作抵已经成为一种乡例,如湖南芷江县便有"凡借银子,都要写田作抵"的"乡俗",⑤ 广东香山县也存在"借银立约之外,必另写田契作抵"的"俗例"⑥。因为明清以来永佃权的出现及田面、田底权的分离,清代前期的土地抵押借贷既有以田底、田面未分的土地所进行的抵押,也有以单独拥有田面权或田底权的土地所进行的抵押。如果根据高利贷者对田地所有权干涉、控制的程度深浅来分,大致有以下两种情况。

第一是控制、干涉程度比较弱的情况。在这种情况下,高利贷者与债务人订立契约,规定本钱数额、利率、偿还时期及用于抵押的土地的具体名称、四至、面积等之后,或是要求至期备本利偿还,赎回土地;或是由债务人逐月(年)纳利钱(银)、谷(米、麦、粟)等,不限期

---

① 詹士相:《畏斋日记》,《清史资料》第四辑。
② 刑科题本:道光十五年六月廿七日。黄冕堂《清史治要》卷四,齐鲁书社1990年版,第497页。
③ 《清代乾嘉道巴县档案选编》,第301页,《嘉庆十九年四月初三日田学圃告状》。
④ 陈支平:《福州郊区的乡村借贷》,《清代区域社会经济研究》,第825页。
⑤ 刑科题本:乾隆五年二月二十七日张璨题;乾隆十年九月十五日策愣题,见《清代土地占有关系与佃农抗租斗争》上册。第138、142页。
⑥ 同上。

备原本赎回土地。否则由高利贷者取得土地的所有权。有契约说，福建德化县的陈庆超于乾隆六年三月，以载租三十斤的"民田一段"典借康佐使康钱八百文，月利二分，规定至四月末，本利一并收赎。① 直隶高阳县陈家庄的张钰于乾隆三十一年五月间抵地 15 亩，借李大各大钱 15 千，三分起息，言定次年二月清偿，至期不还，地由李大各种。② 这里说的是只规定利率高低，至期备齐本利，赎回土地；至于以土地为抵押，按年（季、月）纳利的胎借、典当在各地似更为盛行，其中逐月纳利银的如福建龙溪蔡象于康熙五十五年十二月以"苗田一段""托中引就借出教主公银壹两，言议每两银钱全年加贰，限至二月十五日，逐年纳利明白"③。而逐期纳利谷的则如安徽省歙县道光十三年十月当地契说：郑知高以"水田一份，四至均照现管，自愿尽行出当与歙邑阳川洪立大名下为业，三面议定，得受时值当价钱（银）一两四（钱）整……其利每年秋收过包谷还燥谷十四斤，送庄过秤"④。

那么逐期纳利谷与逐期纳利银（钱）两种方式中，又以何种占有主导地位呢？笔者统计了已公布的明永乐至清光绪间 39 张徽州土地典当契约，其中属于土地抵押借贷性质的共有 17 契，而 17 契中除明代 4 契外，余 13 契，均为逐年（季）缴纳"净谷""利谷""租利"等⑤。杨国桢统计福建漳州府安溪县康熙至光绪间同类契约共 54 张，其中属于前者 36 张，属于后者 17 张，方式不明者 1 张⑥。可见在广大农村是以逐期纳利谷、至期以原本回赎的方式占主导地位。

在这种形式中，不论这些利银、利谷是否与用于抵押的田地的收益有关，高利贷者离土地所有权还是比较远的，因而这种方式类似于唐宋社会中较常见的"指名质举"⑦。

---

① 《闽南契约文书综录》第 265、417 契。
② 刑科题本：乾隆三十三年三月二十五日刘统勋题。
③ 《闽南契约文书综录》第 265、417 契。
④ 《明清徽州社会经济资料丛编》第一辑，第 411 页《歙县郑知高当田契》。
⑤ 见《台湾公私藏古文书影本》。
⑥ 杨国桢：《清代福州农村土地抵押借贷与典当的数量分析》，《清史研究集》第七辑。
⑦ 同上。

第二种情况是高利贷者不是要求债务人自己定期送纳银、谷,而是要求按契所定利率高低、利息量多少自己征收地租抵利。有台湾契约说:蔡福寿于同治八年六月,以水田一份为胎,借吴隆源号佛面银100大元,议定每年贴利谷15石正,规定"对现耕早晚两季完纳,不得湿口抵塞"①。这里,高利贷者通过对收益权的干预,即自己收租抵利已经开始干涉土地的所有权,从而使原有租佃关系也开始发生变化。如果他迫使债务人作出更大的让步,就更是与土地的典当等可以回赎的土地买卖行为相差无几了。台湾有人于道光二十五年正月以水田一份为抵,于其弟石头、水龙处借银170元,"明约将此本庄田三份得一份听弟收谷抵利息"②。这里借贷刚一发生,用于抵押的水田虽然还没有办理过税手续,但地权实际上已经转移。这种抵押借贷是形成许多地方永佃权的原因之一,福建龙岩州"胎借银钱,纳谷供息者,谓之小租"③。广东惠州府"惠属田地,向有粮、质两项,粮主收租纳赋,质主种稻交租"④。

除土地之外,山林、园圃及房屋、店面亦常用于抵押,它们与土地抵押借贷一样,亦可根据高利贷者对抵押物品所有权干涉、控制的程度高低分成同样的两种情况,详情不赘。

动产、不动产抵押借贷之外,以人身为抵押所进行的借贷亦盛行全国各地。在江苏,乾隆九年有人说:"近年以来江苏省地方偶有偏灾,贫民小户日用拮据,往往割其所爱以救燃眉之急,或将幼小之儿典于巨室;或将已许之女鬻于富家。"天长日久,多有"典主借称抚养年久,勒索重利,捎不放赎者"⑤。在河南,乾隆五年有人说:"凡民间偶因歉岁,将女儿、孩子、养媳当入富户,写定年限,大约身价轻年限少,身价重则年限多也……又有一种租债盘折,勒写儿女身纸者。并有儿女长大收赎时,

---

① 《宋刑统》卷一三《杂令》:"应典卖物业,或指名质举,须是家主尊长对钱主或钱主亲信人,当面署押契帖。"
② 见《台湾公私藏古文书影本》。
③ 道光《龙岩州志》卷七《风俗志》。
④ 刑科题本:乾隆十三年十月二十四日阿克敦题。转引自《清史论丛》第二辑,第74页。
⑤ 《朱批奏折·内政类》乾隆九年九月江苏按察使李学裕奏。

即清身价，又要勒算积年饭食银两者。"① 在琼州"闾左之氓生女，或十余岁辄以质钱，有至二十岁以外未得赎嫁者，所质之主，或转质经数家"②。一些地方还有典妻的恶俗，穷困无聊之家为借取银钱度日，常"出典其妇，妇若生子，子属彼而妇仍归此，盖以妇为本，而子为利也"③。

这些事例都是在借贷发生时，用于抵押的人本身即已转移者，其中有些用于抵押的是成年人，他（她）们有劳动或生育能力，因而其劳动或生育的子女即足抵偿利银，或折还本银，收赎时以原价收赎即可；一种情况是用于抵押的是未成年人，缺乏劳动能力，故契中载明利率，收赎时必须备齐本利银钱，甚至折算饭食银两。

还有些人身抵押借贷，刚开始时并不发生人身转移，只写明以其人为质，本利不能清偿时，才将他交给高利贷者。清初靖南王耿继茂在福州等地放债"每两每月子银加一或五、六分，借银人一家父母妻子俱写入当……如还不妥，一家拘留，计口粮食，着令作工，日课其入，以当息银，妻子貌美者令为娼"④。浙江嘉兴府风俗"以男女质钱，书名于券，逾期不赎，即呼为奴婢"⑤。

各类抵押借贷之外，还有信用借贷，即不要求提供任何抵押物品的借贷，从其信用的种类，可分为两种。

第一种是担保信用借贷，即凭借第三者的信用所进行的借贷，文献中常称之为"央中借贷"。即在借贷发生时，请家产殷实，人品较好或其他较有地位的人为担保人，日后不能按时清偿，担保人负担代偿责任。在这里，担保人与债务人负担的是同一债务。⑥ 闽北建瓯县有道光间的契约说：

---

① 雅尔图：《心政录》檄示卷四。
② 李渔：《资治新书》第二集卷四《风俗》七。
③ 胡衍虞：《居官寡过录》卷二《禁溺女养妇》。
④ 海外散人：《榕城散闻》，《清史资料》第一辑。
⑤ 王启元：《祇平居士集》卷二八《先考敦靖先生述》，所述当是康雍时事。
⑥ 据仁井田陞研究认为，保证制度在中国古代主要有两种：一种是中保人与债务人担负同一债务的支付保证；另一种是中保人只保证债务人不逃亡的留住保证。参见《中国法制史研究》有关篇章。

立借字人张木有，今因缺少铜钱使用，托保就在李茂光边借出铜钱六千文正，其钱三面言议每年每月行息青谷一担……

道光七年十有 日立借字人 张木有

保借人 陈翰清

代笔 家木兴①

显然上述借券中的"保借人"即是担保人，它在各地借贷中称呼不一，有"为中人""凭中人""居间""保人""在见银人""中人"等。对于担保人的代偿责任，有些契约作了明确规定，有些则不作规定。如福州郊区刘开良于嘉庆十四年请侄刘克为担保，借郑宗子谷100斤，规定冬成日本利一并清还，"不敢拖欠，倘有此情，系保认代还无词"②。湖南永绥厅客商、营将向苗寨放债，"借债必浼富苗作保，贫不能偿，保人代赔"③。所以一些地方家产殷实且人品较好者便成了经常性的担保人，湖南湘阴县有郭彪"或他人相称贷，要君一言为质，及期责偿于君，辄量偿之"④。如果债权人强横豪势，担保人甚至要遭受人身之殃。"顺治初，满人橐溢，长安新定，谓其易与，往往告贷，须一人预券，如百金例愧五缗，月征子钱，不爽时刻。少负进则移坐预券者，诟辱及之……朝士预券，非代偿，则株累，叵测如此。"⑤ 此处"预券"当是担保人。

第二种情况是个人信用借贷，这种借贷既不提供抵押品，又不请中保，只须订立契约，定期偿还即可，有些甚至连契约都不订。这在同乡同城、亲朋好友等相互熟悉、相互比较了解的人们之间或者数额比较小的情况下比较常见，如有台湾借单便属此类。

---

① 傅衣凌、陈支平：《明清福建社会经济史料杂抄（三）》，《中国社会经济史研究》1986年第4期。

② 陈支平：《清代福州郊区的乡村借贷》。傅衣凌、陈支平《明清福建社会经济史料杂抄（三）》，《中国社会经济史研究》1986年第4期。

③ 宣统《永绥厅志》卷三〇《巡抚陈宏谋奏》，乾隆二十九年。

④ 《曾文正公文集》文集卷三《湘阴郭府君墓志铭》。

⑤ 谈孺木：《北游录》纪闻下。

凭单借过

怡成宝号来山母佛银贰佰员，言约每月每佰贴利息佛银贰元，限至肆个月，备出母利银额清还明白，赎回原借单，不敢短欠。今欲有凭，合立借单壹纸，付执为照。

道光拾陆年陆月初壹日　立借单启丰①

如果说这里还订立了契约的话，许多借贷，甚至连契约都不订立。乾隆四十六年九月三十日，贵州威宁州顺化里拖洛寨李保借者约钱八千，是"每月三分起息，并未立约"②。乾隆五十五年，河南光州喻成修因修房缺费，借用王四海钱十千零七百文，"议定二分起息，冬底清还，没有立约，也没中人"③。

抵押、信用借贷之外，还有一种介于二者之间的高利贷形式，这就是由商业资本转化而来的期买或预押作物，这种形式又有两种类型。

第一种类型是比较纯粹的高利贷形式，即以未成熟的作物为抵，借贷银钱，收成之后，加息偿还。方苞说，因赋敛不时，小农"典当无物，借贷无门，富豪扼之，指苗为质，履亩计租数月之间，利与本齐"④。显然这是一种与土地抵押类似的、纯粹的高利贷形式。在四川井研，蚕丝生产发达，"其奸巧大猾，挟厚资牟厚利，贫民有所假贷，则先与之钱，指树蜡为券，减常贾而仇之，俗谓之卖空仓"⑤。这里有两种可能性：如果借贷的"贫户"自己售出产品，以货币清偿，则属于第一种情况；如果"贫户"借贷货币待收成后以产品加息折偿，则属于以下将要叙述的情况了。

第二种情况是高利贷资本与商业资本结合形式，即小生产以作物或产品为质借贷货币，作物收成或产品制成，以作物或产品加息折还。各地商品性作物种植因生产成本更高，这种借贷尤其多见。在广东，拥有

---

① 《台湾私法债权编》，第135页。
② 刑科题本：乾隆四十八年三月十九日李本题，见《清代地租剥削形态》，第792页。
③ 刑科题本：乾隆五十六年五月二十六日穆和蔺题，见《清代地租剥削形态》，第478页。
④ 方苞：《望溪先生文集》集外·文集卷一《请定征收地丁银两札子》。
⑤ 光绪《井研志》卷八。

货币资本的商人开设糖房"春以糖本分与种蔗之家，冬而收其糖利。旧糖未消，新糖复积"①。云南普洱属著名茶叶产区，一般也是"商人先价后茶""重债剥民，各山垄断"②"冬前给本春收茶"③。江西赣州"各邑皆业苎，闽贾于二月时放苎钱，夏秋收苎，归而造布"④。手工业中，屈大均言："以通商故，闽粤人多买吕宋银至广州，揽头者就舶取之，分散于百工之肆，百工各为服食、器物偿其值。承平时，商贾所得银，皆以易货。"⑤ 清代后期，山东莱州府有一种草帽缏的商品生产，"这一行业为富有者所组织，他们常给小耕作者预付货款从而取得他们的制造品，并且还使他们经常负债"⑥。这虽是1870年的事例，实际上也在一定程度上反映了清代中期以来的情况。这种借贷对生产者是一种生产资本借贷，对于商人来说，既有定金，也有预付货款、垫支资本的性质。属于商业资本与高利贷资本结合，支配小生产的一种形式。它虽然与上述其他高利贷形式一样，并不改变小生产方式。但它与再生产过程已经有了某种固定的联系，因而在一定程度上改变了游离于生产过程之外的性质。

这种预押借贷，有时还以实物贷放的形式表现出来，即借贷实物资本、作物收成或产品造出，以作物、产品加利偿还。这种放贷在农业中是肥料、石灰、种子等，广东花县"佃耕之甿，积惰而饕，牛、种、灰、粪悉贷于豪黠，比及收获，折算殆尽，已复称贷"⑦。在湖南黔阳"石为灰，将耨时，撒灰于田……灰多出桐木，煅灰者，二、三月间，大船装载，放田户记簿，谓之放灰，收获之后收灰谷，岁以为常"⑧。显然上述资料中的"豪黠""煅灰者"应是一些富有资本的商人、地主，他折收谷米的目的应该不是自己消费，而是为了囤积出卖（或用于放贷），其放贷

---

① 屈大均：《广东新语》卷一四。
② 倪蜕：《云南事略》。
③ 光绪《普洱府志》卷四八引许廷勋《普茶吟》。
④ 乾隆《赣州府志》卷二。
⑤ 《广东新语》卷一五。
⑥ [英]威廉逊：《华北游记》，第132页，转引自《中国近代农业史资料》第一辑，第526页。
⑦ 乾隆《花县志》卷一。
⑧ 同治《黔阳县志》卷一六。

也就具有了实物资本的性质。

以上是清代前期高利贷放贷形式的概况，可见，既有各类动产、不动产、人身抵押借贷，也有信用借贷，后者又可分为担保信用、个人信用两种情况。如用图表示，大致如下：

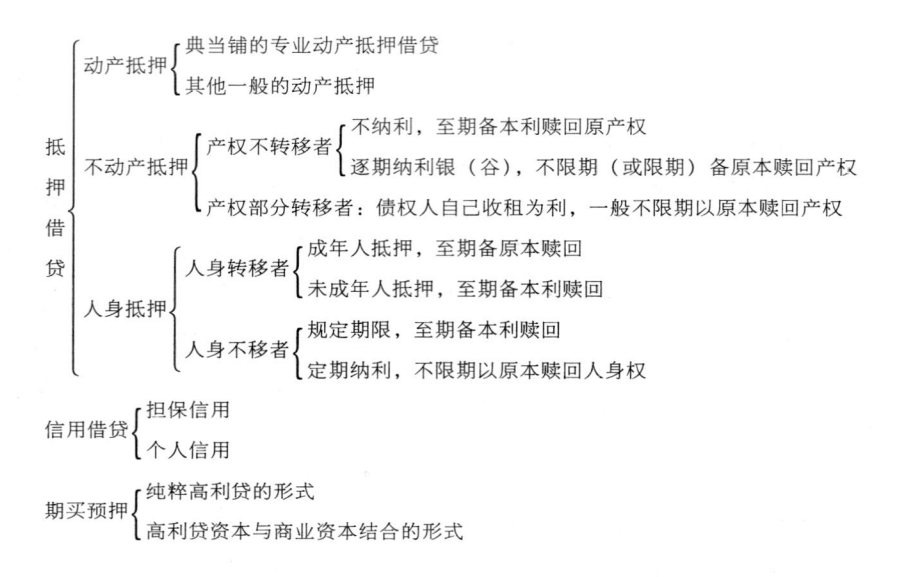

抵押借贷
- 动产抵押
  - 典当铺的专业动产抵押借贷
  - 其他一般的动产抵押
- 不动产抵押
  - 产权不转移者
    - 不纳利，至期备本利赎回原产权
    - 逐期纳利银（谷），不限期（或限期）备原本赎回产权
  - 产权部分转移者：债权人自己收租为利，一般不限期以原本赎回产权
- 人身抵押
  - 人身转移者
    - 成年人抵押，至期备原本赎回
    - 未成年人抵押，至期备本利赎回
  - 人身不移者
    - 规定期限，至期备本利赎回
    - 定期纳利，不限期以原本赎回人身权

信用借贷
- 担保信用
- 个人信用

期买预押
- 纯粹高利贷的形式
- 高利贷资本与商业资本结合的形式

（原载《中国经济史研究》1995 年第 1 期）

清代城市高利贷资本

高利贷资本与地主制经济、商业资本一样，是中国封建社会的重要经济形态，它不但存在于广大的农村，也活跃在广大的城市、市镇，对城市工商业经济产生重大的影响。对于后者，学术界似乎注意不够，本文拟对清代前期城市高利贷资本作些探讨。

一

清代城市高利贷资本从经营者角度来看，主要有以下几个方面。一是一些专门的高利贷机构如典当铺、印子铺、账局、钱铺（银号）、票号等所经营的信贷。二是不设专门机构而以放高利贷为生的专业债户所进行的放贷。这里既有财大利厚、经营性强、带有持续性的大债户，也有本小利微、靠小本放贷维持生活的中、小高利贷者；还包括一些从财主那里领取一笔资本到外地放债的专业高利贷经营者。三是一些工商铺店以经营闲款兼放私债。四是地主、商人、富农、士绅和富有军卒、流民等小私有者以自己的家财放贷取利，其中前两种情况是一种有了独立的资本形式和资本核算、以谋利为目的的高利贷资本，而后两种，因其资本有的依附商业资本，有的甚至只是以自己的家财放贷，虽然具有了生息资本的某些特征，但严格地说，它还不是独立的高利贷资本。清代城市高利贷资本的发展主要表现在前两种情况的高利贷资本得到发展。而尤其引人注目的现象则是各地区性的商人集团进行跨地域的货币及实物贷放，使高利贷资本的积累得到发展，形成了全国性的资本、资金流动。

其实这种现象明代中期以来即如此，正统年间"江西民多居淮兴贷取息"[①]。嘉万之际有徽商李良朋"携其赀游江淮，逐子母而息者凡五载，息颇美"。清代前期继承并发展了这一趋势。各地方商人集团均有相当大的资本投入高利贷的经营，如随着江南地区城市、市镇经济的发展，以生产及开展粮食、棉布、丝绸等贸易为主的市镇大量兴起，徽商商业、高利贷资本乘机大量涌入这一地区，江苏扬州"质库无土著人为之，多新安并四方之人"[②]。常州江阴县"质库拥资孳息，大半徽商"[③]。浙江平湖县当湖镇"新安富人挟赀权子母，盘踞其中，至数十家"[④]。仁和县塘栖镇，明末以来便是"徽杭大贾，视为利之渊薮，开典顿米、贸丝开车者，骈臻辐辏"[⑤]，与徽商齐名的晋商，清代以来亦开展了大规模的异地放贷，"直隶州县，名系山西富户挟赀而来，囤积米石，放债盘利"[⑥]。在山东，据乾隆年间人说："东省各属内现在晋省等处富商大贾，越境放债，贱价准折。"[⑦] 在京师，山西商人更是盛极一时，乾嘉以来"汾平两郡……富人携资入都，开设账局，遇选人借债者，必先讲扣头"[⑧]。南方各省上亦有晋商足迹，有记载说："山西富人钱青，专事刻剥，同里有汪孚者……往投钱青门下……不数月，出白镪数万与汪，使往杭州放债，取称贷之息。"[⑨] 因此，道光初年有"西客利债，滚剥遍天下"的说法[⑩]。

徽商、晋商之外，其他各地商人亦多越境放债，如在广西桂林府灌阳县"无大商贾……其典当开设，皆楚越客民，往往操奇赢、坐廛市"[⑪]。

---

① 《怀麓堂集》卷八三《前直隶无为州知州杨群墓志铭》。
② 康熙《扬州府志》卷七《风俗》。
③ 《古今图书集》卷七一五《职方典》《常州府部·风俗考》。
④ 康熙《平湖县志》卷四《风俗》。
⑤ 光绪《塘栖志》引胡元敬《栖溪风土记》。
⑥ 乾隆《无极县志》卷末·附录。
⑦ 《孔府档案史料选》第三编，第六册，第41页。
⑧ 李燧：《晋游日记》乾隆六十年闰二月二十一日。
⑨ 张岱：《夜航船》卷五《汾州客》。
⑩ 包世臣：《安吴四种》卷六《闸河日记》。
⑪ 康熙《灌阳县志》卷三《风俗》。

广西平乐府,湖南等外省商人"视为利薮,每揭财来此生息,剥取异常"。① 在湘西苗区,有所谓营账、客账,为讯兵所为,"客帐名衡、宝、江右客民住市场放之"②。

商人除异地放贷之外,亦多在本地放贷。乾、嘉间,陕西渭南南原之坳底村有贺士英者,其父善贾,创设典当于附近之杨郭镇、铁楼镇,后来,贺士英"以家事倚兄弟,而以一身总理诸质库,后岁岁增设,增至三十处,散布于渭南、临潼、蓝田、咸宁、长安数百里之间"③。江苏上元县约在嘉、道间有李氏家族"以资雄于乡,由里门至京国,不持资而行,沿途巨区名镇皆设有质库,足供往来"④。山东文登县,清初典当多由乡里"小有之家"开设,数量众多但资本微细,"城市大当,始以仟计,亦不过二、三千而止"。"乾隆三、四十年间,本地商人越海贸易,获息既多,乃于各市开设大当。"嘉庆年间有黄县客商,投资十万两"在邑东关开设大当三座,本各三万有奇"⑤。厦门吴元长"家巨富,告贷者有求辄应,或百金,或数百金,积券盈箧"⑥。

商人之外,其他各阶层人们的财富亦多投入高利贷经营,著名的如官僚士绅、军将士卒、军流配犯等,明后期贵族官僚之家放债开当的便很多,有记载说:"万历以来,诸皇亲四十家……嘉定伯嗜财,住海岱门新房,放债诸贫民,收其息,寝室积钱常满。"⑦ 清代以后,此风更盛,康熙时,有人上言:"今文武各官,或兼事商贾,质库连肆、估舶弥江"⑧,可见问题之严重。著名贪污大王和珅的家产除大量现存金银、田产、房产、浮财之外,还有"借出本银钱所开当铺十二座,及家人刘全、刘印、刘陔、胡六自开、伙开当铺共八座"。"借出应追本利银二万六千

---

① 雍正《平东府志》卷四《风俗》。
② 宣统《永绥厅志》卷三〇。
③ 路德:《柽华馆文集》卷五《贺达庭墓志铭》。
④ 邓嘉缉:《扁善堂文存》卷下《亡室李宜人权厝铭并序》。
⑤ 光绪《文登县志》卷三下。
⑥ 梁恭辰:《北东园笔录》三编卷五《吴元长》。
⑦ 史玄:《旧京遗事》,一说三十八家。
⑧ 李元度:《国朝先正事略》卷五《施清惠公事例略》。

三百十五两。"① 嘉庆四年被撤职抄家的秦承恩，搜出"会票借券十纸。共借出市平色银一万三千零六两"②。同时被抄的额勒春家产亦有"借账目银三万三千三百五十两"③。

军官及一些富有的士卒亦是重要的高利贷经营者，这一现象在康熙年间即已相当严重，因而引起统治者关注。康熙二十一年九月，康熙说："驻防镇江、杭州、福建等处汉军官兵，皆恣意妄为，侵占廛市，擅放私债，多买人口。"④ 雍正二年十月癸酉，"八旗大臣等议复条奏，内称：佐领骁骑校等，系管辖兵丁之员，乃有借放重利银两，每月支领钱粮之时，勒令清偿本利，以致兵丁生计匮乏"⑤。关于这类借贷的禁令在清代有关钱债的法令文献中很多，反映出它是普遍的。

许多并无多少资本的小私有者亦多为放贷者，这里，有开设小典、小押以谋生的军流配犯，乾隆间长沙县"安置军流各犯，原挟有微资者，竟与地方无赖之徒，私行开设典押小铺"⑥。在苏州"为因羁縻军流入犯起见，有一犯准开一店之议"，以致"苏城内外，私开小押，重利盘剥者，竟有数百十家"⑦。有以个人所得修脯放贷者，"山阳邱梦余……积修脯若干缗，权子母，久之，子本相侔，生息渐裕"⑧。还有的得到不法收入亦放贷经营以求增殖，南浔镇有蔡三者"饮博无赖，贫不聊生，与比邻朱廷焕善，朱亦浮荡不事生产，共谋窃近寺铜佛，熔铸小钱，转相售卖，获利甚厚，会两人有隙，分银各营生理，蔡以银贷人，取倍称息，家日以裕"⑨。

值得一提的是，清代皇室，各级官府或社会团体也以生息基金的形式将相当大的一笔资本投入了高利贷资本经营，表现在：第一，直接开

---

① 《史料旬刊》第七期《嘉庆诛和珅案·绵恩等折》。
② 《文献丛编》第二十四编《查抄秦承恩家产物件清单》。
③ 《内务府来文》嘉庆四年二月二十六日，《北京师范大学学报》1978年第6期。
④ 《清圣祖实录》卷一〇四。
⑤ 《清世宗实录》卷二五。
⑥ 《湖南省例成案》卷三三《钱债·严饬私开典押小铺》。
⑦ 《江苏省明清以来碑刻资料选集》一二《金融卷》。
⑧ 徐珂编：《清稗类钞·义侠类·郝某雪邱梦余冤》。
⑨ 陆长春：《香饮楼宾谈》卷二。

设当铺或放贷取利，如湖广提督岳超龙于雍正十年领取皇帝赏给兵丁生息银 12000 两营运生息，"于常德府城招商开典"①。福州将军的 18000 两生息银则是"于兴、泉二府各设当铺一座"②。据韦庆远先生统计，目前能了解其经营情况的雍正七年至十三年各省衙署 48 笔生息银两中，便有 13 笔是用于投资开典当铺的，总资本达 147700 两之多③。另外，从康雍之际起，皇帝还自己派人投资开设当铺谋利，据现存《内务府奏销档》记载，先后有账可查的当铺即达 30 余座，每座资本为 20000—50000 两，也有一些地方政府将部分生息银两直接借贷给商人、旗民、官吏等，在盛京，便多将其借贷给中、下级官吏，如"盛京内务府管下吕凤章，乾隆十六年四月二十八日借官当局本银二百两……倪得禄，乾隆十六年十二月二十九日借官布局本银一百两……官誉隆，乾隆十六年九月二十六日借官布局银一千二百两"④。不过这种直接放贷开当在整个生息银两的营运中地位不是十分重要。第二，将生息银两，发交商人营运，让商人定期纳息，其中有些是存于殷实商铺取息，这部分资金便变成了商业资本；有些则存于典当、钱庄等高利贷性质的店铺尤其是典当之中，这部分资金便转化成了高利贷资本。不过这种资金从本质上说是一种存款，有关情况笔者另文已有所述。⑤

总而言之，清代各阶层的人们都将相当部分的财富投入高利贷经营，尤其是明中叶以来的商人跨地域的放债最为引人注目。因为这种投入，清代城市高利贷资本积累得到发展，高利贷资本与城市经济运行的关系也在走向密切化。

清代高利贷资本的发展，是从康熙中、后期开始的，乾隆时达到高峰，我们可从典当铺的数量来看，乾隆时有人说："查康熙五十年前一州一邑当铺止一所或数所，或并无一所；五十年后，以迄于今，旧无当铺

---

① 《宫中档雍正朝奏折》第 19 辑，雍正十年四月奏。
② 《宫中档雍正朝奏折》第 20 辑，雍正十年十一月。
③ 韦庆远：《明清史辨析》，第 227—228 页。
④ 乾隆二十二年《黑图档》第 14—15 号，引自《明清史辨析》，第 275 页。
⑤ 刘秋根：《论清代前期高利贷资本的活动形式》，《中国经济史研究》1995 年第 1 期。

之州邑今皆有数所矣；其旧有数所者，今或至五六十所七八十所矣。"①其所说康熙五十年前情况未必准确，如苏州府常熟县在康熙二十年时，便有典铺达37家。②但是所说康熙五十年以后典当业得到大发展则是可信的，从此之后，城乡各地典当铺面随处可见，而大中型典当则集中在各地城市。在北京，仅内务府所属皇当便达30余所，加上民当据说至少有200名所③；汉口一镇达39所，④ 在直隶保定府，即便是"处山麓、幅员小"的完县，乾嘉之际，城关当商也有7家之多⑤，浙江乌程、桐乡县的乌青镇，居民只万余户，而"两镇典业在商业极盛时期相传有十三家之名，洪杨前犹有七典"⑥。

从表1可见，康熙年间，全国光是在官府领帖开设的合法典当铺户便达7695户，嘉庆年间发到23139户，许名非法开设的私押、小当还不包括在内。

表1　　　　　　　　　　清代典当铺分布情况　　　　　　　（单位：户）

地区年代	康熙二十四年	雍正二年	乾隆十八年	嘉庆十七年	资料出处
直隶	2266	2060	2922	1967	分别见：
江苏	1507	1470	1935	1333	《康熙会典》(奏销册)
安徽	304	421	约743	887	
浙江	559	598	1006	1072	
江西	38	46	133	335	《雍正会典》(奏销册)
湖北	111	145	517	546	

---

① 《官箴指要·论今剩语》《钱贵之由》。
② 《明清苏州工商业碑刻集》，第120页。
③ 乾隆三年三月初六日，户部尚书兼内务府总管海望奏："据御史明德奏称，京城大小当铺不下二百座。"见《朱批奏折》；据乾隆九年九月壬子，鄂尔泰所言则是"京城内外、官民大小当铺六、七百座"，见《东华续录》乾隆卷六。
④ 《朱批奏折》，乾隆十年正月初十日湖北巡抚晏斯盛奏。
⑤ 民国《完县新志》卷七《商业》。
⑥ 民国《乌青镇志》卷二一《工商》。

续表

地区年代	康熙二十四年	雍正二年	乾隆十八年	嘉庆十七年	资料出处
湖南	42	15	50	138	《会典则例》
福建	95	115	880	1575	
山东	516	585	1351	874	《会典事例》
山西	1281	2602	5175	4695	
河南	237	369	1035	555	
陕西	200	533	372	1482	
甘肃	406	695	约543	1625	
广东	130	247	115	2688	
广西	3	3	33	197	
云南	0	0	265	503	
贵州	0	0		2667	
合计	7695	9904	18075	23139	

此表1系日人安部健夫根据典税目所制。① 其中有些数目变化过于剧烈，殊可怀疑，如贵州典铺数目由无统计一下子达到2667户。其原因还待研究。

这些数字包括城乡，那么城市典当铺的地位怎么样呢？表2是民国时期江苏省的情况。②

由表2可见，民国二十年江苏省各县典当，从数量上说，城市比乡村要少得多，只占总数的35.05%，但从资本总额上看相差又不是太多，其资本占全省资本总额的43.45%，说明城当单个资本比较雄厚，清代前期是否如此，还不敢说，然大体趋势应该是相间的。从数量上说，城市典当铺少于乡村，但资本总额却又比较接近。而这一状况应该也能大体说明城市高利贷资本在整个高利贷资本中的地位。

---

① 转见罗炳绵《近代中国典当业的分布趋势和同业组织》（上），载《食货》第八卷第2期。清前期当税是每铺每年银五两。

② 陈公博：《中国经济年鉴》第一回第十三章《商业》二二〇，民国二十一年至二十二年，转见前揭罗炳绵文。

表 2　　民国廿年江苏省各县城当与乡当的比较

县名	乡当数	乡当资本数	相当于总资本	城当数	城当资本数	相当于总资本	备考
镇江	4	157000	20.79%	5	370000	70.21%	
金坛	—	—	—	3	122.500	100%	
溧水	—	—	—	1	100000	100%	
丹阳	3	160000	34.33%	4	306000	65.67%	
杨中	1	22500	48.39%	1	24000	51.61%	
溧阳	—	—	—	4	119000	100%	
宜兴	1	50000	26.32%	2	1400000	73.68%	
吴兴	15	814000	96.67%	1	28000	3.33%	
南通	12	453500	54.67%	3	140000	23.59%	
靖江	—	—	—	1	80000	100%	
常熟	12	393400	76.41%	8	326200	45.33%	
如皋	9	268500	79.32%	2	70000	20.68%	
嘉定	5	117000	77.64%	1	33700	22.63%	
青浦	4	200000	100%	—	—	—	
南汇	17	338500	84.52%	2	62000	15.48%	
太仓	4	134000	48.91%	3	140000	51.00%	
松江	11	320000	63.23%	6	186100	36.77%	
奉贤	10	191000	88.07%	1	26000	11.98%	
海门	6	290000	100%	—	—	—	
崇明	12	未详	100%	—	—	—	
江阴	4	191000	82.08%	1	417000	17.92%	
吴县	18	549900	32.72%	26	1130600	67.28%	
昆山	2	39000	23.08%	2	130000	76.92%	
泰兴	8	405500	70.71%	3	168000	29.27%	
宝山	5	130000	87.84%	1	18000	12.16%	
金山	4	120000	60.00%	2	80000	40%	
川沙	1	55000	73.33%	2	20000	26.67%	
启东	2	130000	100%	—	—	—	
江都	8	242000	51.27%	3	130000	48.73%	
宝应	—	—	—	1	97000	100%	

续表

县名	乡当数	乡当资本数	相当于总资本	城当数	城当资本数	相当于总资本	备考
盐城	2	160000	66.67%	1	80000	33.33%	
阜宁	1	40000	100.00%	—	—	—	
仪征	—	—	—	1	54000	100%	
泰县	—	—	—	1	40000	100%	
东台	1	30000	17.65%	2	140000	100%*	*东台县数字中城当资本占总资本份额当为82.35%
无锡	19	496100	51.23%	14	567545	48.77%	
高邮	1	未详	100.00%	—	—	—	
淮阴	—	—	—	1	未详	100%	
合计	202	6597900	56.55%	109	5070347	43.45%	

综上所述，因社会各阶层资本投入的增加，尤其是商人资本投入的增加，使清代前期城市高利贷资本积累得到了发展。康熙中后期以后，城市高利贷资本明显地活跃起来了。

二

高利贷资本的放贷无非两种情况：一是生活消费性的放贷；二是资本、经营性的放贷。那么，清代城市高利贷资本放贷的情况又怎么样呢？

明中叶以后，中国封建城市经济虽然得到了发展，却并未发生本质的变化。整体上说，作为城市经济主体的城市商业仍以消费性交易为主，与这一特点相适应，各类生活性、消费性借贷在各地城市仍然广泛存在。

生活消费性借贷中最为常见的是城市贫民因日常生活如衣食住行以及交往、吉凶、各种意外事故等所产生的各种借贷。这些城市贫民除手工业者、小商贩及其他下层劳动者之外，还包括贫寒官僚士绅之家、中下层知识分子等，乾隆四十八年有人说：福州"地广人稠，贫苦之家，十有六、七，以零星衣物质当，亦此辈为多"①，所说当是前者，而在北京有竹枝词所云："世家强半久虚空，借贷无门到处同，小押钱来方籴米，早餐饿到夕阳红。"②"十月初冬天气寒，皮裘典尽客衣单，投供几载无消息，魂梦时惊到了班。"③ 所说当是后者。

除此之外，在城市还广泛存在的是官僚士绅、世家贵族、富商大贾、城居地主土豪乃至一些浮华浪子，因升官、入学、社会交往及其他各种奢侈、腐化生活（吃喝、赌博、嫖娼等）等引起的借贷。而其中最有名对清政治社会生活影响最大的则是所谓的"官吏债"，即新官上任、候选为了生活、盘缠、排场等而借贷。这种借贷唐代以来即多见诸文献，清代因其对政治生活的严重影响，最高统治者曾屡加禁止，并制定了借俸赴任的政策，但收效似乎不大。这种借贷开始由商铺、商人或其他富绅兼营，如"单有益，宛平人，重利放债，算析秋毫，凡有远省铨选，借伊银钱，甚至三扣，人号为单算盘"④。北京钱铺自清初以来"外城则专与汉官往来，彼时朝官有定员，官之资格，铺人一一知之，且有外任之望，此辈钱铺随时接济，便利殊甚"⑤。

这种借贷风险比较大，但利息率很高，"以九扣三分为常，甚有对扣、四扣、三扣者"⑥，因而收入是很丰厚的，吸引了大量商人将资本投入这种经营，于是在一些大城市产生了许多专门靠放债为生的人，有的还设立了专门的机构，当时被称为"京债局""账局""账行"等，《日下新讴》谓："外任官员出京揭债，另有放债之局，皆西人开设为账

---

① 《福建省例》第四六二，《台湾文献丛刊》本。
② 《都市新竹枝词》《市井门》。
③ 曾衍东：《道光都门纪略·道光都门杂泳·候选诗》，转引自《北平风俗类征》，第167、463页。
④ 《小豆棚》卷三《大算盘》。
⑤ 概巢子：《旧京琐记》卷九《市肆》。
⑥ 梁章钜：《退庵随笔》卷七。

行。"① 山西富人"携资入都，开设账局，遇选人借债者，必先讲扣头"②。

这种借贷对清代政治生活的影响很坏，如康熙年间刘荫枢所说："朝廷之职官，竟为债主厮养。"③ 为偿还债务，"抵任后亏挪库项，剥削小民，希图弥补，种种贪黩，自此而生"④。而清代律令曾严加禁上，但收效似乎不很明显。

清代各级城市中的生活性、消费性借贷种类还有不少，但是这类借贷与城市工商业经济并无直接的、本质的关系，所以在此不拟详细讨论。

三

随着清代城市经济的发展，城市高利贷资本放贷亦发生了变化。中唐以来地方小市场和以工商业为主的市镇相继兴起，大批中、小商人也活跃起来，促进了日用品长途贩运贸易的发展及各级城市日用品贸易比重的增加。与此同时，城市手艺人和加工铺店在逐渐向小商品生产者转化，因而城市的生产功能增强了，甚至还形成了不少专业性生产城市，而随着生产性的深化及货币资本投入的增加，一些城市、市镇手工业或其他地方工矿业中，产生了资本主义的萌芽。与这种发展相适应，城市高利贷资本对工商业者的资本性、经营性放贷增加了，城市高利贷资本与城市工商业经济运行的关系也密切了。这种资本性、经营性放贷从行业分既有商业中的流通性资金借贷，也有手工业、矿业中的生产性资本借贷。不过就大机器工业以前的实际情况看，除航运、矿业等少数行业，多数手工业与商业在经济形态上并无二致，都是以流动资本为主、固定资本不占重要地位，因此许多材料很难区分其究竟是对手工业者还是对商人放贷，这是我们必须加以注意的；从经济运行的不同阶段看，则既有经营起步时的开办资本（或亦可称之为原始资本）借贷，也有经营过

---

① 前因居士：《日下新讴》。
② 李燧：《晋游日记》卷三。
③ 《清史稿》卷二六七，此疏上于康熙年间。
④ 《钦定光绪大清会典事例》卷七六四《钱债》。

程中的流动资金借贷。

从城市商业与商人的资本性、经营性借贷来看，首先是一些商人和商铺主尤其是中小商贩，为了开始他们的经营而进行的开办资本借贷，以下先举一些具体事例。

江西南昌县康熙间有姓蒋者，因家贫"乃质衣冠，得钱八百，贩粟五斛，肩鬻于市"①。这是一种小商贩的开办资本借贷，它在资本借贷中最为普遍和常见。

浙江嘉兴县梅会里顺康间有郑明者，处馆为生，"束修之入积累十金，或劝君营什一之利，君乃畀里人褚已浮舟于泖，贩吉贝花"。"邻有曹甲贷君白金二镒，卖药于肆。"②

清初山东东昌府有王心斋，家贫"浼中保贷富室黄氏金作贾，中途遭寇，丧资，幸不死，至家，黄索偿，计子母不下三十金"③。

实际上，大部分的开办资本借贷比"钱八百""十金""子母三十金"等规模要大一些，一般在百金以上，有数百、一千、数千直至数万等多种。

康熙年间"晋中范姓贷其乡富人段姓金，贸迁洛、汝间，初折阅，益锐身为之，积三十余年"，"计息有二千余金"④。

乾隆间安徽庐州知府令当商减息，遭到拒绝。祝即宣扬将江苏各银号支借数百万两银子，开典当竞争，祝家巨富，典当"诸商知不能相难，只得听从"⑤。

山东曲阜孔府执事姜玉照"于嘉庆十五年七月内，合伙贸易，揭到增义号京钱八百千，二分半行息"⑥。

嘉道间江苏山阴城中有王文虎者，乃李铁桥廉访之"工人"，"与其兄文龙就市头设地摆摊卖果菜，继而积资渐裕，则赁铺屋，贩京果南货，

---

① 蒋士铨：《忠雅堂文集》卷七《先考府君行状》，《初月楼闻见录》卷八亦见此条。
② 朱彝尊：《曝书亭集》卷七七《文学郑君圹志铭》。
③ 蒲松龄：《聊斋志异》卷七《商妇》。
④ 张九钺：《陶园文集》卷五《晋义贾传》。
⑤ 光绪《崇明县志》卷一七。
⑥ 《曲阜孔府档案史料选编》第三编第15册，第94页。

迨廉访归里，复贷以千金，遂置业开行，居然称富贾"①。

道光间四川重庆府城有刘万铨"同薛盛明、吕涛伙开恒生钱铺，有开亿发靛行唐帮仪于道光十八年在口口去银一百九十余金"②。

从以上各例看来，商人或商铺要开始或者换一种经营，其开办资本在相当程度上是依赖高利贷的；从数量上说，有从数金到数万的；从地域上说，江苏、浙江、安徽、江西、四川、山东等地皆有，反映了这类借贷的普遍性。

实际上，比这类借贷更为普遍的是行商或商铺为了继续他们的经营，或扩大他们的经营规模而进行的流动资本借贷。这方面的例子极多。

有乾隆间求借信说："郡城小典，客腊开张，生意甚属清淡……不料三月间桃花涨发，近乡各典俱以阻水停当，致乡间质物者鳞集，郡城晨下小典所存，仅足支应本月……兹特奉恳太翁，鼎力于省中代会银二千两，或尊处可以通融，更免一番辗转。"③乾隆间，天津长芦盐商"秋冬攒运之时需本尤多，往往称贷于人，未免民间息重"④。

江西玉山县有海商"素运海货，以囊空，向土豪贷银千二百两，约一载倍利偿还，置货后，遣伙附舶出洋"⑤。嘉庆十六年八月，有木商刘成万在巴县上诉说："去年陆续借刘仙玉银一千一百五十余两，并廖德降银七百八十两，办运木植来渝发卖。"⑥道光十六年台湾有借银单说："凭单借过，怡成宝号来山母佛银贰佰元，言约每月每佰元贴利息佛银贰元……"⑦下将清代后期几件台湾地区的、大致可以定为店铺间流动资金借贷的借银单的有关情况见表3，或可见此种借贷情况之一斑。

---

① 梁恭辰：《北东园笔录》四编卷二《王文虎》。
② 《清代乾嘉道巴县档案选编》，第358页，此处所佚为"铺、借"二字。
③ 《分类详注饮香尺牍》卷三《借贷类》。乾隆刻本。
④ 《内务府奏销档》乾隆四十九年十月长芦盐政征瑞奏，转自李克毅文，载《中国社会经济史研究》1989年第2期。
⑤ 《劝戒录类编》第十章《义与下义之戒》。
⑥ 《清代乾嘉道巴县档案选编》，第323页。
⑦ 《台湾私法债权编》，第135页。

表3　　　　　　清代后期台湾流动资金借银单情况

编号	时间	债仅人	债务人	银额	利息	资料出处
1	光绪十四年十二月二十三日	林盈星号	邱镒源	40元	年息谷8石	《台湾私法债权编》，第133页
2	光绪十六年闰二月	戴德记	陈栋记	30元	月息2.5分	同上书，第845页
3	光绪十六年三月十五日	林本源宝号	金吉成	6000元	年息6厘	同上书，第134页
4	光绪十八年九月一日	林本源宝号	泰成	4000元	年息6厘	同上书，第134页
5	光绪二十年九月二十九日	林水生	吴昌记	190元	月息2分	同上书，第132页
6	光绪二十二年正月初一	许府大字荣财府	林应坤	250元	月息2分	同上书，第133页

从以上叙述看来，清代城市商业的资本借贷是相普遍的，清人对这种普遍性也已明显地感觉到了，康熙间赵士麟说："照得杭城百万生灵，五方杂处，济济攘攘，夙称饶庶，要皆揭货贸贩，朝谋夕食，外成簇锦之形，实少中人之产。"① 道光时，江苏有人说："大凡贸易，不能悉属现货，时有所称贷于人，亦或为人所负。"② 在江西新城"为商贾者多假贷为生"③。

随着清代城市经济生产性的加强，各类手工业、矿业生产得到发展，其资本需求也旺盛起来，对高利贷资本的依赖也逐渐加深了。

先看各种城市手工业店铺的资本借贷，这种店铺除少数由大商人资本控制者外，多数经营规模狭小，资金不足，因而经常需要借贷货币资金以购买原料、准备工具及租赁房屋等。

清初，广州"闽粤人各贾吕宋银至广州，揽头者就舶取之，分散于

---

① 赵士麟：《读书堂采衣全集》卷四三《捐赔营债第一咨》。
② 梁恭辰：《北东园笔录续编》卷三《程太令》。
③ 鲁九皋：《山木居士外集》卷一《中田保甲图说》。

百工之肆，百工各为服食器物偿其值"①。这里这些商人是否要求利息，未明确记载，以理推之，若时间较长，应该是有利息的。故从手工业者方面看则是一种流动资金融通。

嘉道间苏州各机户，将经纬交给机匠工织，"行车甚巨，获利甚微。每有匪匠，勒加工价……甚将付织经纬，私行当押，织下纱匹，卖钱侵用"②。既然机匠可以将"付织经纬"用于当押借贷，机户本身在资金缺乏时，以当押方式借取资金也是完全可能的。

道光六年巴县商人沈春芳在巴县上诉说：其父沈元良与徐巽坤、徐奉恩合资开机房，本钱不足，徐巽坤等"再三央父借贷钟元兴等银两一千余金"③。

道光年间，曲阜县城有孔传成"欲揭钱买羊绒作毡帽生理"，于道光七年二月，在开合成号杂货铺的李克恭手中借京钱二百千，"张立荣、夏正寅作保，立给揭约，注明每月二分行息"④。

除这种直接的货币借贷外，还广泛存在为解决原料问题而形成的实物借贷，主要有两种情况。其一是小生产者以棉布、麻布、绸绢等产品换取商人、商铺的棉花、丝、麻、线布等生产原料。这从商人角度看是一种预买；从手工业者方面看则是一种流动资金融通，但因其利息还只是隐含在商人售出成品之后所得利润之中，故其高利贷资本性质很不明显；再加上这种关系属于商业资本控制手工业生产的一种形式，且与资本主义萌芽问题相关联，学术界多所探讨，在此不赘⑤。其二是手工业者以赊买形式转得原料，产品售出后，再加利偿还价钱。清初张履祥谈到家庭丝织业时说："妇人二名，每年织绢一百二十匹，每绢一两，平价一钱，计得价一百二十两。"除去成本，可得利三十两。"若自己蚕丝，利

---

① 《广东新语》卷一五《货语·银》。
② 《江苏省明清以来碑刻资料选编》，第13—14页。
③ 《清代乾嘉道巴县档案选编》，第349页。
④ 《孔府档案》第88册，第19页《兖州府移覆为李克恭……已饬曲阜提究事》，北京图书馆藏复印本；上引《曲阜孔府档案史料选编》第三编第十五册似未见。
⑤ 有关材料可参见正德《华亭县志》、《北东园笔录》四编卷五《换棉花》、《金泽小志》卷一、咸丰《南浔志》卷三〇引施国祁《吉贝吉暇唱》自序、《里乘》卷六《甲与乙为善友》、道光《鹤山县志》卷二、民国《双林镇志》卷一六《物产》、民国《濮院志》《农工产》等。

尚有浮，其为当织无疑也，但无顿本则当丝起加一之息"①。就是说，一般农户无钱囤积较多的原料，只得临时赊借，日后成品售出，再用"加一"之息偿还。所说虽为农村家庭手工业，当亦能大致说明城市机户囤备原料时借贷的情况。另据巴县档案载：重庆商人贾仕杰于嘉庆十一年在巴县上诉说："嘉庆十一年，有土主场人罗长友在城开帽铺生理，在蚁父贾天顺铺内赊取毡片等货，该欠价银一百余两……次年蚁父控经铺府，讯明押追，长友将伊得当伊母舅马光明熟土柴房屋当约一纸，计当价银六十两，凭余兴顺等给蚁父折抵息案，云伊还乡，催光明赎当还银揭约。"② 这是帽铺向商铺赊购毡片作原料，一年多后，因无钱偿还，只得以他自己当买他人房地的契约临时抵押，以表示愿意偿还本利之意。

除了这种手工业之外，各地矿业生产中的借贷关系似更发达。与一般手工业不一样，矿业、航运等业是少数利润率相对地比较高，商业资本流入及商业资本向产业资本转化比较多的领域，因而矿业生产领域，高利贷资本的活动亦比较活跃。

在盐业生产领域，明末以后，"凡民之劳者农，苦者盐丁，竭彼一人之力，所治盐田二、三亩，春则先修基围，以防潮水；次修漏池，以侍淋卤；次作草寮以复灶……而筑田筑灶，工本繁多，往往仰资外人，利之所入，倍而出之"③。乾隆元年，朱轼说："凡灶户资本，多称贷于商人，至买盐给价，则权衡子母，加倍扣除。"④ 如在两淮"各场盐丁，本属穷民，专以煎晒盐勩为业，每田盐勩不能接济，向各灶户重利借贷，以资日用，生计甚为拮据"⑤。

四川盐业除少部分工场手工业生产之外，一般灶户亦多小生产者，富顺、犍为"两厂半皆穷灶，买水煎盐，佣工薪炭，咸资借贷，商人购盐长短应付……"⑥ 一些合股经营的盐井，股东资金亦多来源于借贷，即

---

① 张履祥：《杨园先生全集》《补农书》上。
② 《清代嘉道巴县档案选编》，第220页。
③ 屈大均：《广东新语》卷一四。
④ 《皇朝经世文编》卷五〇《请定盐课疏》。
⑤ 《清高宗实录》卷四〇一，乾隆十六年十月癸亥。
⑥ 唐炯：《成山老人自撰年谱》卷五，引自《中国近代手工业史资料》卷二，第125页。

"业主多租与佃客开淘,佃客资本多出于称贷,一井而伙煎者数人"①。

盐业之外,煤、铁、银、铜等矿的开采、冶炼生产中借贷也很普遍。从煤矿的开采看,如河南登封"乾隆四十二年七月间,梁允升与张九思伙开煤窑乏本,揭借王家骏钱文,三分起息,四十三年三月内王家俊催讨无偿"②。

北京西部煤窑,有乾隆四十七年六月十三日的契约说:"立会本做窑合同人晋泰同表兄林兴,因祖业内有胡炭窑一座……今因乏本,情愿同中说人会到宋利宝、赵玉德出本开做……公同议定做窑工本清钱五百千正,如过额再用钱文,照借例三分行息,官中公认。"③

四川巴县有嘉庆七年六月十八日的合伙约说:任国祥、易正清等七人合开煤洞,议定"所获利息七人除本均分……至伙内或有不足,在外借贷,不与伙内相干"④。

可见不论是作为合股整体还是参与煤矿合股组织的个人都有借贷,在铁矿冶炼中,嘉庆十九年四月初三,田学圃在巴县控诉说:嘉庆十年二月,雷天开开铁厂,至五月出铁矿286000斤。为了煽炼成铁,乃"亲书借券,将铁矿二十万斤抵生本银一百三十五两,每月加三行息,限是秋煽铁售银还生"⑤。另嘉庆十八年九月十三日,况国珍、吴天禄等四人亦合伙开立铁厂,"共立成顺字号,在外拈借银两作本,支给矿山、柴山以及厂内办干"⑥。

在银矿开采中,乾隆初有何植苕者,居桂阳城南"采银大凑山,数载资荡尽,州人相戒莫肯假贷岁已尽,家无十日粮,矿丁坐食其家者,犹十许人"。后来偶尔得到上等银矿,则货币资金、实物资本放贷者纷至

---

① 《蓬溪县志》卷一五《风俗》。见《自贡盐业契约档案选辑》,第216页。
② 刑科题本、乾隆四十三年九月二十五日,河南巡抚郑大进题,见《清代的矿业》下,第452页。
③ 见邓拓《从万历到乾隆——关于中国资本主义萌芽时期的一个论证》,《历史研究》1956年第10期,又载中国人民大学清史研究所等编《清代的矿业》下,中华书局1983年版,第422页。
④ 《清代嘉道巴县档案选编》,第258—259页。
⑤ 同上书,第301页。
⑥ 同上。

沓来①，嘉庆、道光间广西贵县天平山、三岔顶银矿"常有一二千至三四千人开采，不过主要是外来流民向矿商借贷挖掘，将矿砂卖给矿商，扣还本息，属个体生产，"②可见银矿开采冶炼中不论是在个体小生产还是商人控制的工场中，借贷情况都很常见。

以上事例，反映了清代城市工商业及盐业、矿业等依赖高利贷资本进行资金融通的大致情形，随着这种放贷的普遍及发展，这种资金供需关系开始表现出某种稳定化的趋势，这是中国古代以高利贷资本为主体的信用制度高度发达的一种表现，同时也为高利贷资本向近代借贷资本的转化创造了条件，因而值得我们注意。这一趋势主要可从以下两个角度予以观察。

首先，从行业角度看，一些工商行业已经比较稳定地依赖借贷来开始或继续他们的经营，著名的如清代的粮食、棉花、丝等便于长途贩运的日用品贸易商人，便是季节性地从典当铺取得流动资本的，即这些商人以待销或滞销的粮食、丝绵、棉花等于典当铺质押，借出银两，作为追加的资本再次投入运营。雍正六年七月初，浙江总督李卫奏："嘉湖二府属县，每年新谷登场……即有经营之辈，买米当银复当，亦皆于次年就地粜卖。"③而"囤当之物，并不独米谷也；每年遇蚕丝告成，及秋底棉花成熟，此等商户，一如收当米谷之法"④。在江宁、杭州等地丝商在购丝时一般"把银子交与行主人做丝，拣头水好丝买了当在当铺里；当出银子，又赶着买丝，买了又当着"⑤。而这种借贷对于商人扩大运营规模是颇有效率的，如上述粮商"随收随典，约计一分本典，非买去四、五分本银数之米谷不止"⑥。

其次，在航运业领域，亦存在这一现象，如在福建厦门与台湾鹿耳门等港口城市，嘉道以来有一种专门供应海商的高利贷，人称之曰"水

---

① 同治《桂阳直隶州志》卷二〇《货殖》。
② 《太平天国在广西调查资料汇编》，第21—24页。
③ 《雍正朱批谕旨》第四十一册，第52页，李卫奏。
④ 《皇清奏议》卷四四《请禁囤米谷状》，乾隆十二年。
⑤ 吴敬梓：《儒林外史》第五十二回。
⑥ 《皇清奏议》卷四四《请禁囤米谷状》，乾隆十二年。

利"，即"内港多礁石，舟未出洋，遇风辄碎，以金贷商船，置货往北洋，每番镪百圆取二十圆、十八圆不等；由厦兑台，每百圆亦取五、六圆或八、九圆，曰'水利'，风水不虞，并母钱没焉；贷于本处者，曰'山单'，每百圆唯取二、三圆，不包定风水也"①。可见本地海商是比较固定地通过某些高利贷者或机构获得资金的，虽然因风险因素的不同，所取利息的高低各不相同。上海沙船运输业对钱庄业的资本放贷的依赖亦是如此。上海钱庄业乾隆时便已比较发达，乾隆四十一年成立了钱业公所，到嘉庆初年，总数发展到124所。当时关东、山东商人将当地豆货借沙船贩运至上海，而后从上海贩回棉布销售，上海钱庄在其出海时，常以大宗款项贷予沙船。②近代通商之后，因新式火轮的采用，沙船业受到打击，"于是藉屋粟、权子母者无不病"③。这时"权子母者"无疑应包括上海钱庄行业，可见他们之间的资金融通关系是比较固定的，以至于达到了一损俱损、一荣俱荣的程度。

再次，从地区角度加以观察，随着上述各类资本性、经营性借贷的发展，一些城市的工商业与高利贷者尤其是城市铺商与一些固定的高利贷信用机构之间已经建立起了固定、经常的资金融通关系。下面以北京、汉口为例略加说明。

在北京，自明代以来，山西商人的势力便很大，清以后，他们不但贩运各地土特产、工业品，还经营典当铺、钱铺、账局、票号等，而在资本性、经营性借贷的经营方面，尤以账局最为引人注目。早期账局以放京债为主，后来逐渐对工商业放款，随着北京商业的发展及资金需求的扩大，账局与各铺店、行商的资金信用关系也日益密切和稳定，据咸丰三年时的人说："都中设立账局者，山西商人最伙，子母相权，旋收旋放，各行铺户皆藉此以为贸易之资。"而且"大都世世相承，历有年所"④。当咸丰三年，太平天国军队威逼天津、北京等地，引起京、津金融危机，账局因此止账

---

① 刘家谋：《海音诗》。见《台湾杂咏合刻》。
② 《上海钱庄史料》，第734页。
③ 光绪《松江府续志》卷五《风俗》引《上海志》。
④ 清档，侍读学士宝钧三年三月十四日奏折，转引自黄鉴晖《清代帐局初探》，载《历史研究》1987年第4期。

不放时，北京各工商行铺便因缺乏资金供应而纷纷歇闭。

除各类工商铺店之外，"钱店之懋迁半出账局"①"无账行则钱店无从转运"②，在咸丰三年的危机中，北京钱店亦因账局止账而关闭达百家之多③。可见北京工商业各行铺及高利贷机构是固定地依赖账局供应流动资金的，而这种稳定性更集中地表现在账局的放款与偿还的方式上。据王茂荫在咸丰三年的描述："闻账局自来借贷，多以一年为期，五六月间，各路货物到京，借者尤多。每逢到期，将本利全数措齐，送到局中，账局看后，将利收起，令借者更换一券，仍将座银持归，每年如此。"④

汉口，素有九省通衢之称，清代以后，工商业更如繁荣，是著名的"天下四镇"⑤之一，随着城市工商业的发展，高利贷资本亦活跃起来。典当、钱庄、票号、炉房等机构纷纷设立，其中票号的活动更为引人注目。有关于汉口的竹枝词说："子金按月按时排，生意无如票号佳。"⑥那么票号与工商业的关系如何呢？据记载：武昌武胜门外有塘角"醝艘贾舶，咸集于彼，初为荒野，今皆筑室，列廛市肆里遥，百货齐萃矣"。道光二十九年，塘角停泊的千余艘盐船、货船遭火焚毁，结果票号牵连受累。因为，"塘角无与于汉口，汉口之性命存焉；火灾无与于票号，各行之倒帐归焉"⑦。可见汉口的行商坐贾在相当程度上与票号形成了比较稳定的资金融通关系，除票号外，汉口银号、钱铺亦经营放款，上引《汉口竹枝词》注云："近日银号……专恃放票，店本六千至一万不等，放票或五十余万两。"⑧自乾隆年间钱票盛行以来，它成了各类金融机构扩大信用的重要工具，汉口钱庄亦不例外，它们一方面通过"票存"接受存款，另一方面又通过"放票"放出贷款，经营规模扩大到了原本的十多倍，不过之所以能够如此，当有赖于对工商业的放款及商人的大宗存款。

---

① 清档，侍读学士宝钧三年三月十四日奏折。
② 《戴经堂日记》，《中国近代货币史资料》第一辑上，第346页。
③ 《宫中原折》《祥泰奏请借库帑开设银钱号折》，引自《清代档案丛编》第十一辑。
④ 王茂荫：《王侍郎奏议》卷三。
⑤ 顾祖禹：《读史方舆纪要》。
⑥ 《汉口竹枝词》。
⑦ 同上。
⑧ 同上。

综合上述可见，清代前期手工业、商业、盐业、矿业等的运行与城市高利贷资本的资本性放贷有着不可分割的联系，而且无论是从行业还是从地区角度观察，这种资金信用关系都在一定程度上走向稳定。

四

高利贷资本是中国封建社会一种重要的经济形态，我们必须将其置于社会再生产过程之中加以考察，才能比较全面地认识它的性质和作用。

封建社会前期，作为城市经济主体的城市工商业主要是为满足各种非生产性人口需求的消费性交易及与此相适应的铺店加工、服务行业，而高利贷资本便以各种生活性、消费性放贷为主，这种借贷的盛行，本身是基于城市中下层阶级的贫困，风险大、利息高，剥削是非常残酷的。因而遭到各朝各代社会舆论的谴责鞭挞，便是很自然的了，这种借贷在清代各地城市仍然广泛存在。但是随着明清以来城市经济的变化，高利贷资本也在发生变化，表现在生产性、经营性以及资本性借贷增加了，不但商人进行各种贩运、放贷、开铺经营需要经常地进行开办资本、流动资金的借贷，更值得注意的是城市手工业及盐业、矿业的生产者或经营者也常常通过借贷来完成其再生产过程，其中包括一些带有资本主义萌芽性质的工场手工业亦是如此，这种资金的需求和供应之间已经表现出了稳定化的趋势。与以上那种生活性、消费性放贷不同的是，这种借贷的利率高低必然受到它所投入的工商各业的利润高低的制约和影响，如果利息过高，经营无利，他就不会借贷了。而只要经营过程比较顺利地完成，债务人就有可能偿还债务，并获得应得的利润。因而清代工矿业生产及城市商业的运转，与高利贷资本是息息相关的。由此看来，清代城市高利贷资本已经突破了各种生活、消费性放贷及对个体小生产者放贷的藩篱，与商业资本乃至早期产业资本有了程度不同的、千丝万缕的联系。这就预示着一种新的变化，即高利贷资本开始逐渐地褪去其封建的颜色，向近代借贷资本转化，尽管其规模还小、力量还不大。

（原载《中国经济史研究》1996年第4期）

民国时期华北农村银钱借贷分析

——基于五本借贷账本的分析之上

对于民国农村借贷的研究成果已有不少,专家学者据材料从不同角度对民国农村借贷进行解读。以下仅举数例对学术界的相关研究略加阐述。李金铮教授综合使用了农村调查、民国县志、报刊、档案及口述史料对借贷关系与社会变动之间的相互影响进行探讨,成书《借贷关系与乡村变动》与《民国乡村借贷关系研究》。温锐主要运用文史资料与兴国、寻乌的农村调查,成文《民间传统借贷与社会经济》,阐述了民间借贷对社会经济的破坏性及不可或缺性。韩德章、詹玉荣以严中平的《中国近代经济史资料选辑》为主体资料,从宏观上分析了高利贷的起源发展、近代基本状况、形式与作用、性质与特点,最后强调,新式农业金融的兴起不仅不能解体反而巩固了农村的高利贷剥削关系。[①] 傅建成在其文章《二三十年代农家负债问题分析》中使用河北、江苏、浙江等地的农村调查及严老、章老的资料选辑,充分论证了二三十年代以农村负债面广、利率高、非生产性负债为主等特点。王天奖的《近代河南高利贷》利用地方文献、报刊、乡村调查资料对高利贷在河南农村的肆虐情况进行描述。侯建新在其著作《农民、市场与社会变迁——冀中11村透视并与英国乡村比较》中同样利用《农情报告》与《中国近代经济史资料选辑》中的数据对冀中

---

① 韩德章、詹玉荣:《旧中国农村高利贷》,《中国农史》1984年第4期。

农村的借贷情况进行了分析。唐致卿在专著《近代山东农村社会经济研究》中对近代山东农村借贷情况进行研究时，主要材料来源于鲁档①及农村调查报告。

相关研究还有不少，这里不再一一列举。综观有关论著，可见多数研究多建立在各种农村调查报告、当时人研究论著、档案等文献资料的基础之上，而对藏于民间有关材料则注重不够。笔者近年来收集到一些民间账本，其中便有一些清末民国年间的高利贷账本。通过对这些账本进行数理分析，使我们对民国民间借贷的利率、借贷习惯、记账方法等有了一些不同于前人的认识。

因为文章篇幅所限，本文仅就笔者手中掌握的 5 本民国时期华北 3 省的农村借贷账本进行分析。这 5 本账本分别是《民国山西文约账》《山东老大家地宅账》《山西集资存利簿》《民国烟台借贷册》《民国赞皇放贷账》。

本文拟先对这些账本作一些初步的文献分析，然后从利率、借贷数额等作些概括分析，最后对账本的计账特点作些会计学的分析。

《民国山西文约账》是一本由竹纸装订而成的厚册子，长约 30 厘米，宽 17 厘米，厚有 2 厘米。在账本的书根位置描有"文约账"三个字。由于缺少封面，本文便以《民国山西文约账》，作为此账本名称。记账者用毛笔竖向进行记录，字体为行书。该账本共记载了民国八年至二十二年间的 170 条借贷记录。内容包括债务人姓名、借贷时间、债务数额、行息方式、还款情况等（其账式见图 1）。记录时，以债务人姓名为题头，按时间顺序留空记载借款事实及行息条件，插空记录还款付息情况。对于多种货币的使用或以物抵债时，则详细注明了换算和计量方式。完账时，则在该账页粗体写上"清"或以打圈为标记。该账本借贷条件列明，还款付息情况清晰，还有查账、转账的记录。可以说，《民国山西文约账》是一本专业的放贷账。

《山东老大家地宅账》是一本 32 开大小、厚约 1.5 厘米的小册子。青布封面，黑线右侧装订。封面上横向写有"老大家地宅"，左侧竖写

---

① 山东档案馆馆藏档案。

"咸丰七年十月初九日立",因此便以《山东老大家地宅账》来命名此账本。账本基本采用腰格斗方账式,但将竖纹贯通腰格。账本的正面记录的都是借贷账目,时间从"二十五年"至"二十九年",共有借贷记录161条。内容包括债务人、借贷时间、债务数额、保证人、行息方式等(其账式见图2)。《山东老大家地宅账》反映了1936—1940年山东老大家及其附近乐邑、惠民邑(即昌乐县、惠民县。"邑"是对县级的雅称)等地区农村的借贷关系。有关老大家的土地买卖契约均抄写在纸的背面,共有75张,契约时间从乾隆五十七年一直到民国三十二年。其中乾隆朝5张,嘉庆朝1张,道光朝15张,咸丰朝8张,同治朝6张,光绪朝31张,民国8张,1张时间不明。经笔者考证,借贷账与土地契约均为民国时期的记录,封面上的"咸丰七年十月初九日立十四年"仅为第一张契约的成契时间。

《山西集资存利簿》[①]记录了民国十四年至十九年赵氏一族集资经营祠堂的账目。祠堂由七、八、九甲经理人轮流进行经营。账目记录在一本长约24厘米,宽15厘米,厚约0.5厘米的账本上,账本内为蓝色腰格通天条账式。账目由毛笔行书记载,条理比较清晰(其账式见图4)。在账本中共出现两类利息,一类为祠堂存款利息,均低至1分;另一类为私人向祠堂借贷的利息,高至2.5分,甚至4分。从这两类行息方式笔者推测,三甲经理人轮流经营祠堂一年,年初收到的祠堂款项于下一年的年初连本带息交给下一任经理人,月息1分。经营期间,经理人可以将款项借给私人收取利息差。当然,对私人进行放债只是经营方式的一种。

《民国烟台借贷册》账本长约18厘米,宽12厘米,是一本很薄的小册子。内采用红色腰格通天条账式,使用毛笔行书记载。《民国烟台借贷册》的记录十分简洁,有的借贷记录只有债务人姓名和借贷金额(其账式见图3)。此账中的借贷利率较低,月息1.5分在17条记录中出现11次。还有的记录的行息方式只注明借贷期

---

① 以上账本缺少封面或有封面而没有相关文字,《山西集资存利簿》《民国烟台借贷册》《民国赞皇放贷账》的名称均由笔者根据内容为其命名。

限（"十个月为期"）。还款付息的记录在该账本中也很少出现，17条中只有4条有寥寥数笔的还款记录。另外值得注意的是，账中有17条借贷记录，时间跨度却从民国十三年至二十一年，且借贷多集中在正月，说明该债权人并非专业放债者。综合上述特点，笔者认为该债权人的借贷范围狭窄，常于青黄不接时向熟人低利放贷，并非专业放高利贷者。

《民国赞皇放贷账》是一本赞皇农村的私人借贷账本。账本长25厘米，宽17厘米，仅有14页、22条借贷记录。账本使用的是空白的麦秸纸订成，内兼用毛笔和一种笔迹较轻的炭笔，笔迹较潦草，记录的随意性很强（其账式见图5）。该账本记载了民国十三年至二十一年的借贷记录，时间跨度也很大。

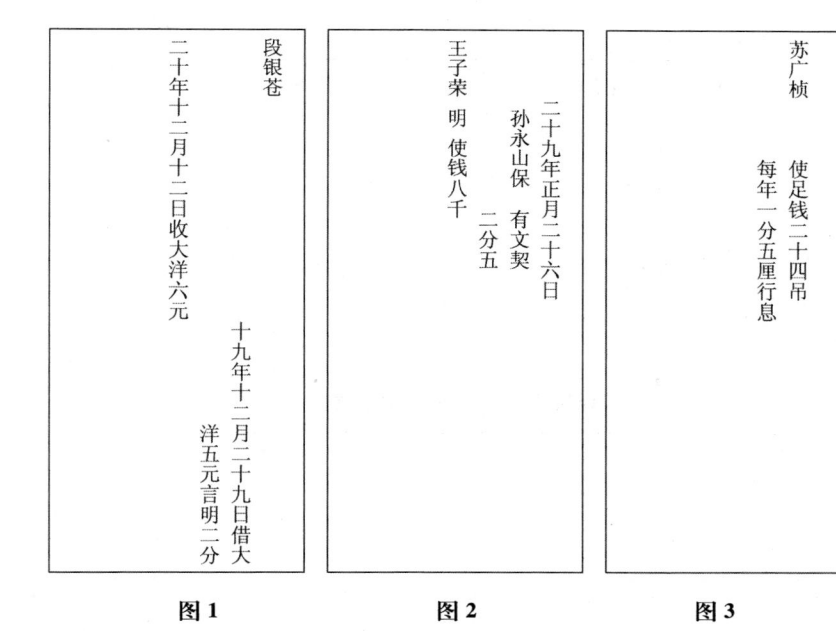

段银苍　二十年十二月十二日收大洋六元　十九年十二月二十九日借大洋五元言明二分

图 1

王子荣　明　使钱八千　二十九年正月二十六日　孙永山保　有文契　二分五

图 2

苏广桢　使足钱二十四吊　每年一分五厘行息

图 3

十四年 杜凤奇 三月初十日使钱四吊文三

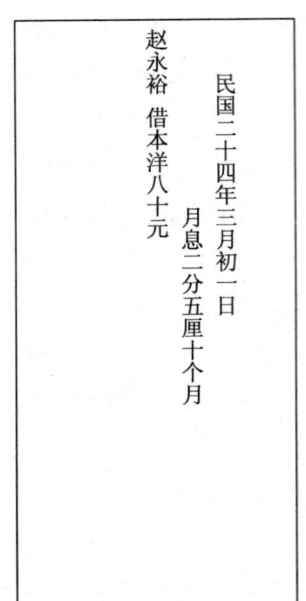

十四年十二月二十日收利钱八百文　下欠四百四十文

民国二十四年三月初一日

赵永裕 借本洋八十元 月息二分五厘十个月

图4　　　　　　　图5

一　利率分析

利率是高利贷研究的核心。我们拟首先对 5 本账本所记录的利率情况进行数据分析。

表1　　　　《民国山西文约账》利率情况

月利率	出现次数	比例（%）（保留一位小数）
不详①	2	1.2
1 分以下	1	0.6
1—1.5 分	7	4.1
1.6—2 分	109	64.1
2.1—2.5 分	45	26.5
2.6—3 分	3	1.8
3.1—3.5 分	1	0.6

---

① 从记载内容和还利情况均无法得知利率情况。

续表

月利率	出现次数	比例（%）（保留一位小数）
3.6—4 分	1	0.6
4 分以上	1	0.6
总计	170	100

表2　　　　《山东老大家地宅账》利率情况

月利率	出现次数	比例（%）（保留一位小数）
不详	3	1.9
1.6 分	1	0.6
1.8 分	5	3.1
2 分	2	1.2
2.5 分	133	82.6
3 分	17	10.6
总计	161	100

表3　　　　《民国烟台借贷册》利率情况

月利率	出现次数	比例（%）（保留一位小数）
不详	2	10.5
1.5 分	11	57.9
十个月为期①	4	21.1
2 分	1	5.3
2.5 分	1	5.3
总计	19	100

表4　　　　《民国赞皇放贷账》利率情况

月利率	出现次数	比例（%）（保留一位小数）
3 分	17	77.3
3.3 分	1	4.5

① 未说明具体利率数额。

续表

月利率	出现次数	比例（%）（保留一位小数）
3.6 分	1	4.5
3.8 分	1	4.5
5 分	1	4.5
10 分	1	4.5
总计	22	100

表 5　　　　　　　　《山西集资存利簿》利率情况

月利率	出现次数	比例（%）（保留一位小数）
2.5 分	4	57.1
3 分	2	28.6
4 分	1	14.3
总计	7	100

由于《民国山西文约账》、《山东老大家地宅账》所记载数据较多，可分析性更强，所以我们着重从这两个账本进行分析。

在《民国山西文约账》，如表 1 所示，月息 1.6—2 分即年利 1.9—2.4 分占了 64.1%；月息 2.1—2.5 分占 26.5%。也就是说，90.6% 的借贷年利为 1.9—3 分，且集中程度非常高。另一个十分值得注意的地方就是，月息 2 分、2.5 分出现比例很大。在此账所载的 170 条（2 条利率不详）借贷记录中，以每月 2 分、2.5 分行息的次数分别为 95 和 32，两者占总次数的 74.8%。这说明，不仅此地利率趋于稳定，而且已经开始出现"公认利率"①。

《山东老大家地宅账》中此种集中趋势则更加明显。161 条借贷记录中（其中 3 条利率不详）只出现了 5 种不同月利率，分别为 1.6 分、1.8 分、2 分、2.5 分和 3 分。其中以每月 2.5 分行息的借贷出现 133 次，占 82.6%，是绝对的"公认利率"。

这种情况在其他 3 个账本中也有反映，《山西集资存利簿》中月息

---

① 我们暂且把这种借贷双方经常使用的具体利息率称为"公认利率"，是常利的具体化。

2.5 分在 7 次借贷中出现 4 次，占 57.1%。《民国烟台借贷册》中月息 1.5 分出现 11 次，占到 57.9%；另外该账中记录简洁，有些行息方式仅注明"十个月为期"，说明应该存在一种借贷双方常用且均认可的利率水平。《民国赞皇放贷账》中月息 3 分出现 17 次，占 77.3%。

而以前对华北乡村借贷利率统计多依赖民国时期的调查报告与文献资料。在李金铮、韩德章与詹玉荣、侯建新的文中引用中央政府 1934 年的《农情报告》，同时，傅建成文中使用严中平的《中国近代经济史统计资料选辑》（1933—1934）数据也同样来源于《农情报告》中的"各地农村一般借贷利率（1933—1934）"。现截取此表如下（见表 6）。据此表分析得出，民国时期"现金借贷年利在 30% 以上的占 54.4%"，"并且利率一直处于不断上升之中"①。还"应当指出的是，上述利率只是根据调查中的普通利率计算得来的，对真正的高利贷利率并未加以计算。但实际上，在各地农村中盛行的高利贷利率比一般普通利率高出许多"②。同时华北四省的农民借贷利率"与全国平均数相比，3—4 分、4—5 分的比例较高"③。河北、山西、山东、河南四省 3 分以上的借贷利率分别占到总数的 46.7%、80.4%、58.9%、88%。甚至在山西、河南两省 5—6 分的借贷利率还分别占到 12.2% 与 16.0%。这说明民国时期华北农村借贷利率常在 3—5 分的高位徘徊。

表6　　　　　　　　华北四省农民借款利率（年利）（1934）

省份	各种借款利率的比例（%）				
	1—2 分 （10%—20%）	2—3 分 （20%—30%）	3—4 分 （30%—40%）	4—5 分 （40%—50%）	5—6 分 （50%—60%）
河北	6.6	46.7	43.8	2.5	0.4
山西	2.6	17.0	40.6	27.6	12.2
山东	5.4	35.7	37.0	20.0	1.9

---

① 韩德章、詹玉荣：《旧中国农村高利贷》，《中国农史》1984 年第 4 期。
② 傅建成：《二三十年代农家负债问题分析》，《中国经济史研究》1997 年第 3 期。
③ 李金铮：《借贷关系与乡村变动——民国时期华北乡村借贷研究》，河北大学出版社 2000 年版。

续表

省份	各种借款利率的比例（%）				
	1—2分 （10%—20%）	2—3分 （20%—30%）	3—4分 （30%—40%）	4—5分 （40%—50%）	5—6分 （50%—60%）
河南	1.2	10.8	52.8	19.2	16.0
四省平均	4.0	27.6	43.5	17.3	7.6
全国平均	9.4	36.2	30.3	11.2	12.9

资料来源：据《农情报告》1934年第11期整理。转引自李金铮《借贷关系与乡村变动——民国时期华北乡村借贷研究》，第86页。

两相比较可知，5本账本除《民国赞皇放贷账》整体利率水平超过3分，其他账本利率多维持在月息2.5分（即年利3分）以下，在《民国山西文约账》与《民国烟台借贷册》中竟出现了年1.9—2.4分、1.8分的"常利"。这些统计数字低于上述学者的3—6分的年利水平。另外，账本反映的利率开始集中化，反映借贷利率出现稳定趋势，且在此基础上出现"公认利率"。

二 借贷规模

由账本记载可见，华北乡村各地借贷规模也颇不一致。学术界目前对这一问题注意还不够，这里尝试作些初步分析。

表7　　　　　　　　　5本账本中制钱借贷规模

账本	借贷数额（千文）									
	0—5[①]		5—10		10—15		15—20		20以上	
	出现次数	所占比例(%)	出现次数	所占比例(%)	出现次数	所占比例(%)	出现次数	所占比例(%)	出现次数	所占比例(%)
民国山西文约账	34	20.0	25	14.7	13	7.6	16	9.4	41	24.1

① 包含5，下同。

续表

账本	借贷数额（千文）									
	0—5①		5—10		10—15		15—20		20以上	
	出现次数	所占比例(%)	出现次数	所占比例(%)	出现次数	所占比例(%)	出现次数	所占比例(%)	出现次数	所占比例(%)
《山东老大家地宅账》	24	14.9	64	39.8	22	13.7	24	14.9	27	16.8
《山西集资存利簿》	0	0	0	0	0	0	0	0	0	0
《民国烟台借贷册》	2	11.8	5	29.4	2	11.8	1	5.9	5	29.4
《民国赞皇放贷账》	14	63.6	3	13.6	0	0	0	0	0	0
总计	74	19.5	97	25.6	38	10.0	41	10.8	73	19.3

表8　　　　　　　　　5本账本中的其他货币借贷

账本	借贷数额	出现次数	所占比例（%）
《民国山西文约账》	大洋3元	4	2.4
	大洋5元	2	1.2
	大洋6元	3	1.8
	大洋7元	2	1.2
	大洋8元	1	0.6
	大洋10元	7	4.1
	大洋14元	1	0.6
	大洋15元	3	1.8
	大洋20元	5	2.9
	大洋25元	2	1.2
	大洋27元	1	0.6
	大洋30元	1	0.6
	大洋70元	1	0.6
	七二白洋5角	1	0.6
	七二白洋1元	1	0.6

---

① 包含5，下同。

续表

账本	借贷数额	出现次数	所占比例（%）
《民国山西文约账》	七二银洋3元	1	0.6
	票洋10元	1	0.6
	票洋15元	1	0.6
	票洋25元	1	0.6
《山东老大家地宅账》	无	无	无
《山西集资存利簿》	大洋60元	1	14.3
	大洋26元	1	14.3
	大洋80元	2	28.6
	大洋35元	1	14.3
	大洋50元	1	14.3
	大洋10元	1	14.3
民国烟台借贷册	大洋11元	1	5.3
	铜元50吊	1	5.3
	京钱5吊850文	1	5.3
	京钱3吊	1	5.3
民国赞皇放贷账	大洋2元	1	4.5
	大洋1元	2	4.5
	大洋6元	1	4.5
	大洋4元	1	4.5

由表8可知，各地借贷规模存在很大不同。《民国山西文约账》、《山东老大家地宅账》与《民国烟台借贷册》中反映的借贷规模既有5千文的小额借贷，又有20千以上的较大数额借贷。其中制钱借贷额超过50千的在《民国山西文约账》、《山东老大家地宅账》中分别出现17次、3次。《山西集资存利簿》中，出现的7次借贷记录均银元借贷，超过20元[1]的有6次。"20元与一户的半年口粮、一亩水田或一头耕牛在同一量级。"因此《山西集资存利簿》中的借贷均属大规模借贷，与小规模的应

---

[1] 彭凯翔：《"水浅而舟重"：近代中国农村借贷中的市场机制》。刘秋根、马德斌主编《中国工商业、金融史的传统与变迁》，河北大学出版社2008年版。

急性借贷不同。与它正好相反,《民国赞皇放贷账》中的借贷规模则集中为 0—5000 文的小额借贷;借贷规模小、利率高,正好反映了贫困地区农村借贷的特点。

将账本信息与现有的研究成果对比,我们发现,对于华北地区乡村借贷规模的研究尚属薄弱。在多篇学术成果中则忽略借贷数额的研究而侧重于利率分析。李金铮教授的《借贷关系与乡村变动——民国时期华北乡村借贷研究》中,对负债额的分析也仅限于有调查资料支撑的河北的深泽、定县以及北平郊区两个农村;山西省仅提到平顺县,其他省份欠缺。

对于借贷额研究存在的另一个问题是,账本信息与现有资料的不对称。从账本上看,制钱仍在很多农村地区流通无阻,而现有的资料与成果却以银元为主,出现信息的不对称。同时民国时期币种混乱,也给账本的解读增加了难度。这样,5 本账本以制钱借贷为主,造成了信息的浪费。

三 借贷中的保证人

"中保人作为社会经济运行的一个重要环节,直至 20 世纪上半期仍然普遍存在。究其原因,关键在于他们负有一定责任并发挥着特有的社会经济功能。"[①] 中保人分为中人和保证人两种,而二者又经常合二为一。借贷关系中的保证人分为两种,负清偿责任的保证人以及非负清偿责任的保证人。负清偿责任的保证人不仅具有中人的撮合、见证的作用,在债务人无法履行还款付息的义务时要代为(部分或全部)履行;非负有清偿责任的保证人相当于中人,但有时要监视债务人并督促其及时归还债务。

在 5 本账本中有的必有保证人,有的则很少出现。在《民国山西文约账》的 170 条借贷记录中,出现保证人的只有 2 条;而在《山东老大

---

① 李金铮:《20 世纪上半期中国乡村经济交易中的中保人》,《近代史研究》2003 年第 6 期。

家地宅账》中，161条记录中无保人的只有13条，有时保人还不止1个，且121个借贷记录既有保人又有文约或当契。《山西集资存利簿》《民国烟台借贷册》中的借贷记录皆无保人；《民国赞皇放贷账》中出现3条有保人的借贷记录。至于账本中出现的保人究竟是否负有清偿责任则无从考证。

  借贷关系中有无保人与当地的习惯有很大联系。在山东无棣、聊城等县习惯将保人分为"保人不保钱及人钱两保"①。"保人不保钱"是指保人只负责保证债务人不逃离本地和债务关系的确实性，但不负还款付息的责任。"人钱两保"则两方面都要保证。在5本账本中，只在《山东老大家地宅账》和《民国赞皇放贷账》中可以各找到一条可以确定保证人性质的记录。《山东老大家地宅账》中有"二十六年十二月二十五日，王文聪使钱十六千，吕吉庆保，二分有文契"。"二十六年十二月二十七日，吕吉庆使钱五千，王文可保，二分，有文契。二十八年八月初六日收本钱五千，与王文聪下条收利钱五千，下欠利钱五千。"从这两条相应的记录中可以看出，债务人王文聪所欠利钱6947文是由保人吕吉庆来支付的，而且数目基本吻合。这样，保人负责付息但不还本，只负责债务的一部分。在《民国赞皇放贷账》中有"韩清路十四年十二月二十日，使钱六吊文「三」②，韩九月、韩付清保三吊"。说明保证人在债务人无法还款付息的情况下，必须承担一定数额的债务。

四 账本账面分析

  账面分析主要包括两个内容，一个为《民国山西文约账》中的记账方式；另一个为借贷记录中出现的第三方。《民国山西文约账》记载内容全面且具有代表性，所以主要以它为例进行分析。

---

① 《山东民商事习惯调查会第二期报告》，《司法公报》1923年总第179期。
② 表示行息方式为月息三分。

（一）记账方式

在文约账中借款记录以债务人姓名为题头，分上下两联来对出入款项进行记录，基本符合账本中典型的上收下付制度。但是由于个人账本，记载具有一定随意性，并不严格遵守这一制度。主要借助"借""收"等字眼强调了流入或流出的方向性。但是对于"取钱""取洋"这种方向性不明显的词汇经常上下联均会用到，应该区别对待。

"取钱"若出现在债务人完本付息之前，这种记录等同于借入钱款，要按月付息；当记录出现在债务人完本付息之后，说明此款项为债务人完账后的余款，自然转化为原债权人（记账方）的负债。此类记录有六条。如图6与图7，段金喜和索富喜的借账记录。经计算，段金喜于十八年的四月十九日应付本息总额31200文，实付32340文，余款为1140文。于是段又取钱1140文。索富喜截至二十年正月十八日共付本利钱154920文，应交本利钱135520文，多付19400文。因此才有"四月二十八日

段金喜

十八年二月十六日 借钱本三十千文 言明二分

四月十九日收大洋六元〔五千三百九十〕取钱一千一百四十文

图6

索富喜

十六年二月二十四日 有约按月二分 借钱本七十千文

十八年四月二十八日收大洋七元〔五五六〇〕

二十年正月十八日收大洋二十九元〔四千，钱一一六千〕

四月二十八日取钱二千五百二十文〔作数剩下〕

图7

取钱二千五百二十文，其余作数剩下"。由此可看出对于余款的两种处理方法，一是全部取清，二是作数剩下。剩在账上的余款可能转为生息资本用于放贷取利，也可能与其他账目对冲①。

关于段辛未的两个账目（图8、图9）几乎涵盖了上面的所有特点。在十四年的账目中下联有两次"取钱"记录，第一条"从前账卜来取钱四千四百一十文"出现在还本付息即文中"十六年十一月十九日收钱一十三千文"之前，所以属于借贷，与前面所借的钱本20千文一起计息。第二条记录"十六年十二月二十日取钱三千文"出现在完账之后，说明是债务人的余款或其中的一部分，属于记账方的负债。"从后账卜来收钱四千四百一十文本利""从前账卜来取钱四千四百一十文"分别出现在前账的上联与后账的下联正好展示了账目之间相互对冲的记录方法。

图8

段辛未 从旧账移来十年十二月三十日 从天秀名下一千咱的二千五，言明二分 十一年十二月初一日收利钱七百文"从杂计卜来" 借钱本三千五百文 十二年十二月初七收利钱七百文"从杂计卜来" 十三年十一月初五门收利钱五百文"二姐用" 十四年十二月初七日收利钱一千四百文"钱一百二十，□□八十" 十五年十二月初七日收钱七百文"利钱" 十七日收利钱二百文 从后账卜来收钱四千四百一十文本利

图9

段辛未 十四年十二月二十六日 言明二分，二十三个，一千二五 十五年十一月二十日收钱五百文 借钱本二千五百文"利钱" 十六年十一月十九日收钱一十三千文 言明二分，十一月，四百四十 十五年十二月二十八日借钱本二千文"羊钱" 从前账卜来取钱四千四百一十文 十六年十二月二十日取钱三千文

作为一名专业的高利贷者，资金来源问题必须考虑。吸收存款，赚取利率差便是解决方法之一。《民国山西文约账》中就有存款记录约27

---

① 指余款用作账本上所开账户之间的债务清偿。

条。存款记录的记录方式与借款记录类似,使用"收""取"二字分方向记录,如图10与图11。有时,记账者会在存款者姓名前加一个大大的"收"字以示区别。这种存款一般利息较低,多为一分五、一分二甚至只有一分。收款者对于大额存款十分欢迎,如果取款甚至上门服务。文约账中多次出现"送至家中""送至门口"的记录。

图10

刘未根

十一月二十三日 收现大洋十元 母手
言明一分二

十八年三月十七日取现大洋一十元零八角

图11

刘未根

十八年七月十四日收钱三一百千文
十二月十四日取本利钱二百零六千文
言明十二月?钱六千

九月十四日收钱本一百一十五千文
十八年十二月十四日收钱本一百千文
言明一分五

十九年九月十四日从账内移出 收钱本一百千文
按月一分二

十二月初十日取利钱三千六百文
四千,钱一百一十二千,票,二五三元,付义生泉二十五元

二十年十月二十日取大洋二十八元

(二) 借贷记录中出现的第三方

除了中保人,借贷记录中还可能出现其他第三方。他们在借贷关系中所处的地位如何?与借贷双方的关系如何?解答这些问题是我们充分了解当时的借贷关系的重要前提,需要账本提供独特的重要资料。在文约账中,这类信息一般出现在小字备注中,通过分类整理,笔者共发现三种起不同作用的借贷第三方。他们一般以一种较为固定的简略说法出现,例如"某某手""付某某""某某用"。如下图12至图14。

"己手""妻手""母手""伊母手"等类似的说明经常出现在文约账的借款和还款记录之后。从字面意思来看应该是指款项的经手人,但是究竟是指借方的经手人还是贷方的经手人则不得而知。直至后来出现备

注有"伊母手"的记录。很明显，出现在借款记录后的备注"某某手"指借款方的提款人；若出现在收款记录后则指付款方的送款人。记账者把这些细节详细地记录下来有利于对借贷事实的追认。就笔者目前所掌握的材料看，经手人一般为借方的亲密关系人，不对债务履行承担责任。

在账本中的收款记录后经常会利用"某某付"和"付某某"形式进行备注。"某某付"是指所收款项的代偿人，如果代偿人正好与记账者也存在借贷关系，便可利用账面直接进行划拨。具体的操作为，在此项收款记录后备注"某某账顶"或"某某账拨"（在文约账中常简写为"某某丁""某某卜"）。而"付某某"的情况在文约账中常与"义生泉"联系在一起。从账本记载上看，在收项后面常备注"付义生泉""卜义生泉"。由此笔者推测"义生泉"应是一钱庄或票号等有存款业务的金融机构，而记账者在义生泉有自己的账户。付款者只要把钱付至义生泉或利用账户进行划拨，再凭贴通知收款人即可完成支付。

"某某用"作为备注在借、收两项后均可能出现，但意义不同。当它出现在借项后时，指借款方与用款方为不同的主体，这时会出现一系列问题。例如：二者之间的关系如何？与债权人的关系如何？债务由谁来清偿？首先，应该可以确定的是，这种借贷的债务双方实际应为用款方和放贷者。在文约账中，这一类的借贷共出现 25 条，其中标明为用款方还款的记录有 10 条。据记账者的记录风格，笔者推测，剩余的 15 条即为借款方代为偿还。由于放贷者对于实际用款方信用情况怀疑，通常不会冒险进行开户放贷。但如果把信用好的中保人直接作为借款方写入文书，则可大大降低倒账风险，这是放贷者所乐见的。因为借款方在借贷关系中所担当的角色比中保人有更加明确的代偿责任。这也许可以解释为什么 170 条借贷记录中只出现了 2 条中保人记录。而当这种备注出现在收项后时，通常是指放贷者收款后的用途。例如账中出现的"己用""二姐用""三妹用"，无须多言。

段振声　「银苍用」

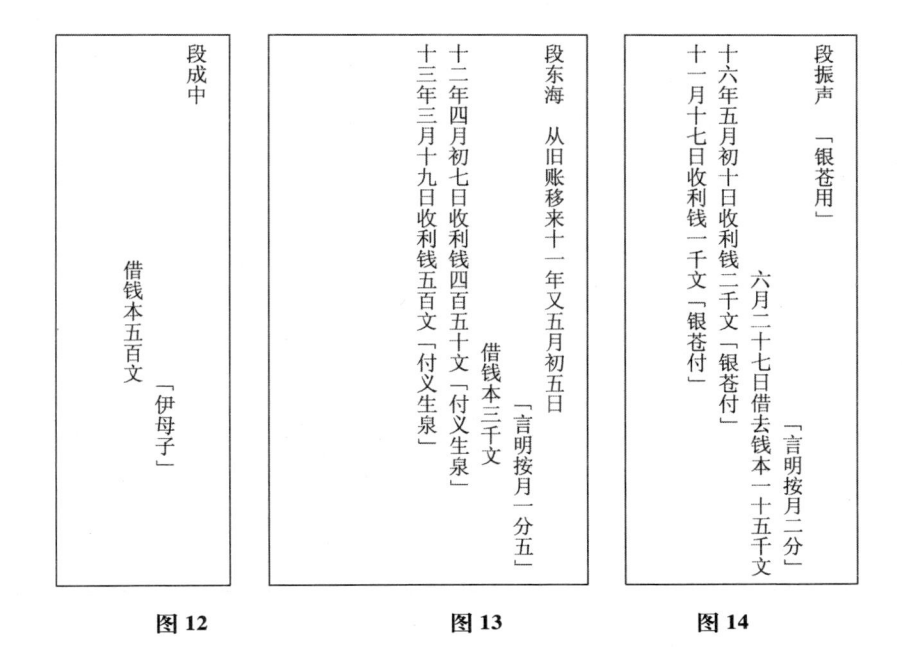

十六年五月初十日收利钱二千文「银苍付」

十一月十七日收利钱一千文「银苍付」

六月二十七日借去钱本十五千文「言明按月二分」

图14

段东海　从旧账移来十一年又五月初五日

借钱本三千文「言明按月一分五」

十二年四月初七日收利钱四百五十文「付义生泉」

十三年三月十九日收利钱五百文「付义生泉」

图13

段成中

借钱本五百文「伊母子」

图12

五　结语

根据以上分析，我们发现民国时期农村借贷利率多维持在月息 2.5 分，即年利 3 分以下，低于学者们所认定的 3—5 分的年利水平。另外，账本反映的利率开始集中化，反映借贷利率出现稳定趋势，且在此基础上出现"公认利率"。另外我们还从账本所反应的借贷规模、借贷习惯以及账本账面等方面对这 5 本账本进行了分析。其实账本传递给我们的信息还有很多，例如《山东老大家地宅账》中的地宅契约从某种程度上对借贷范围的反映，《民国山西文约账》中对物价及货币兑换的记载等。然而由于时间和精力有限，笔者未对其进行深层挖掘。

但是我们已经认识到，借贷账本作为反映借贷关系的第一手资料，我们可以而且应该在借贷研究中予以关注与运用，而本文只是这种类型研究的一个初步尝试而已。

（原载《古今农业》2012 年第 3 期，与王丽彦同学合作）

卷 二

高利贷资本发展史跨代研究

古代高利贷资本研究的回顾

中国古代高利贷资本起源极早,并且与它的孪生兄弟——商人资本一样存在于极不相同的社会形态之中,在当时人们的经济生活中占有极其重要的地位。因此,作为古代货币金融史研究的重要方面,越来越引起学术界的重视。笔者近年来在探索这一问题的同时,对学术界这方面的研究状况作了全面的跟踪了解,现据笔者所见,对这一研究的历史、现状及发展趋势作一简要的评述及展望。述及的情况以近十年以来的研究为主。

由于高利贷在古代金融史上占有重要地位,所以早已引起了学术界的注意,早年如陶希圣、李剑农、鞠清远、翁独健诸先生都有所论述,如陶希圣《元代西域及犹太人的高利贷与头口搜索》[1]、鞠清远《唐代经济史》、李剑农《魏晋南北朝隋唐经济史稿》、翁独健《斡脱杂考》[2] 等。另外,20世纪二三十年代,随着当时社会经济变革的开始,为了改良典当业,人们对古代及近代高利贷的重要形式——典当业作了初步考察及论述,如杨肇遇《中国典当业》、区季鸾《广东典当业》等[3],这一系列成果的出版、发表,使我们对中国古代高利贷有了一个初步的认识。

新中国成立后,20世纪50年代至60年代,也有人对高利贷资本继续进行个别的研究和探讨。如彭信威《中国货币史》[4] 中的有关章节便多

---

[1] 《食货》1935年第一卷第七期。
[2] 《燕京学报》1941年第29期。
[3] 其书出版极早,笔者所见系近年台湾影印本,名之曰《中国典当业资料二种》。
[4] 群联出版社1954年初版,1958年由上海人民出版社再版。

所涉及。李文治《清代鸦片战争前的地租、商业资本、高利贷与农民生活》、① 邓云乡《清代的高利贷》《话说清代当铺》② 等文，对清代高利贷有所概说，但提供资料不多，论述也极简略，与前一时期比，进步不大，因此离科学地认识高利贷的发展规律还很远。至于 20 世纪 60 年代后期至 70 年代末，中国古代高利贷的研究几处于沉寂状态，以致我们拿不出什么值得一提的成果。

进入 20 世纪 80 年代以后，随着经济改革的进行，人们更深入地认识到了经济史研究的重要性，而随着中国古代经济史尤其是商品货币经济研究的深入，高利贷问题的重要性越来越突出，加之近年来对隋唐五代及明清等历史时期的大量出土文物及民间经济资料进行了整理和研究。使这一问题的研究越来越兴旺。

这一研究大体上可以宋代为界分为前后两个时期，前一个时期即先秦至隋唐五代；后一个时期即宋元明清时期。以下分述其大概情形。

前一个时期高利贷发展史的研究是以敦煌、吐鲁番出土的高昌、唐五代时期大量借贷契约、账历等文书的整理及研究为中心的，由武汉大学历史系、新疆博物馆、国家文物局共同编写的《吐鲁番出土文书》（笔者所见已出至第八册）是继《敦煌资料》（第一辑）之后贡献给学术界的又一重大成果，其中为高利贷的研究提供了大量第一手的资料。通过对这些原始资料的复原、整理及结合文献材料进行的研究，形成了一批重要成果，从而使我们对隋唐五代乃至西夏高利贷的发展状况及其与当时社会经济生活的关系有较前远为深入的认识。如吴震《敦煌石室写本唐天宝初年〈郡县公廨本钱簿〉校注及跋》③ 一文经过周密考证，并结合文献材料进行对比研究，较为详细地探讨了遍布当时各州县的公廨本钱的情况，推算出当时州县公廨本钱总数不下 934727 贯。马世长《地志中的"本"和唐代公廨本钱》④ 一文则在进一步考察敦煌博物馆第五八号卷子（即上述公廨本钱簿）的基础上，探讨了唐代诸司及郡县公廨本

---

① 《经济研究》1956 年第 1 期。
② 《新民晚报》1963 年 10—12 月。
③ 《文史》第十三、十四辑。
④ 《敦煌吐鲁番研究论集》，中华书局 1982 年版。

钱的源流、数量、用途、管理、利率及其兴废过程等，两文结合，使我们对以公廨本钱为主体的唐代官营高利贷资本有了一个较全面的认识。

对于当时私人高利贷资本的认识也因文书的研究整理变得更为丰富。综合论述隋唐五代私人高利贷资本的文章，有陈国灿《唐代的民间借贷——吐鲁番、敦煌等地所出唐代借贷契券初探》[①]、唐耕耦《唐五代时期的高利贷——敦煌吐鲁番出土借贷文书初探》[②]。两文汇集了大量出土文书材料，对唐五代时期民间借贷中债权人和债务人的身份和债贷原因，民间借贷的类型、利息率、违约处罚、担保及高利贷与当时土地制度的关系等都有所研究，同时对借贷契约本身的问题如文书类型、契约形式在唐五代时期的变化等，也作了一些有益的探索。其次如姜伯勒《敦煌寺户制度》[③] 一书，对敦煌番占时期张议潮光复之后寺院中寺户与寺院之间的高利贷关系也作了深入分析，并指出了高利贷剥削收入在寺院经济收入中越来越重要的事实，为我们认识高利贷在特定经济部门中的地位提供了一个典型事例。另外，在借贷契约本身的文书学研究方面，陈国灿用力最多，如《西夏天庆年间典当残契的复原》[④]《敦煌所出诸借契年代考》[⑤]《对未刊敦煌借契的考察》[⑥] 等，都是作者近年来的力作。这些考察，进一步提高了文书本身的使用价值，使笔者对当时借贷关系的感性认识更加丰富和深入了。

综上可见，隋唐五代时期高利贷的研究因为出土文书材料的带动，其成绩还是相当可观的，虽然还有一系列的问题，如没有或少有文书材料出土的沙州、西州以外各地区高利贷的研究；高利贷资本对当时社会经济的影响等都还值得继续研究。但相比之下，这一时期的研究无疑还是比较强的。

---

① 《敦煌吐鲁番文书初探》，武汉大学出版社1983年版。
② 《敦煌学辑刊》总第8期及1936年第1期。
③ 姜伯勒：《敦煌寺户制度》，中华书局1987年版。
④ 陈国灿：《西夏天庆年间典当残契的复原》，《中国史研究》1980年第1期。
⑤ 陈国灿：《敦煌所出诸借契年代考》，《敦煌学辑刊》1984年第1期。
⑥ 陈国灿：《对未刊敦煌借契的考察》，《魏晋南北朝隋唐史资料》第5期，武汉大学出版社1986年版。

对隋唐以前各代即先秦、秦汉魏晋南北期各代高利贷资本，目前还未见全面、系统的探讨，在有关论著中都把东周及其以后各代的高利贷当作重要经济现象来考察，并充分估计它对社会经济所产生的深刻影响，而对高利贷本身的利率、活动类型等却缺乏全面的实证研究，如傅筑夫先生《中国经济史论丛》[①]及其所著多卷本《中国封建社会经济史》（已出1—4卷）便是这类论著的一个典型代表。当然个别的探讨还是存在的，如因南北朝时期寺院经济的突出和发达，很早便引起了学术界的注意及研究，作为寺院金融主体的高利贷也因此得到了初步认识，近年来，简修炜、夏毅辉《南北朝时期寺院地主经济初探》[②]一文结合佛教经律，对寺院高利贷进行了较为深入的论述。文章指出：因当时传入中国的佛教经律如《十诵律》《僧祇律》等允许僧及寺院放贷取利以供佛用、僧用，加上当时世俗高利贷的普遍，寺院及上层僧侣个人的高利放贷便因此盛行起来，主要形式是寺院典当业（相当于后世的质库、当铺业）及寺院、僧侣私人的一般、偶然的钱谷放贷。这一问题的探讨最近又有所加强，表现在谢重光《晋唐寺院商业和借贷业》[③]对晋唐间寺院高利贷的专门研究。虽然如此，我们对这一时期高利贷的发展历程中的许多细节仍不甚清楚，有关的材料发掘也很不够，亟须加强研究。

后一个时期即宋、元、明、清各代高利贷的研究近年来也得到加强，如宋元二代，在漆侠老师《宋代的商业资本及高利贷资本》[④]的影响下，连续有不少的论文面世，如乔幼梅《宋元高利贷资本的发展》[⑤]一文，在对宋元高利贷活动网络整体描述的基础上，具体探讨了由北宋至南宋再至元代利率由高到低再到高的发展趋势及形成这一趋势的原因，对元代生产关系的倒退与高利贷的关系也有所论述。刘秋根《试论两宋高利贷

---

① 傅筑夫：《中国经济史论丛》（上、下），生活·读书·新知三联书店1980年版。
② 简修炜、夏毅辉：《南北朝时期寺院地主经济初探》，《学术月刊》1984年第1期。
③ 谢重光：《晋唐寺院商业和借贷业》，《中国经济史研究》1989年第1期。
④ 漆侠：《宋代的商业资本及高利贷资本》，《宋史研究论文集》，河南人民出版社1984年版。
⑤ 乔幼梅：《宋元高利贷资本的发展》，《中国社会科学》1988年第3期。

资本利息问题》①一文，则更进一步具体分析了宋代高利贷的利率的状况及几个整体特点，强调指出，对宋代乃至整个中国古代文献材料中常见的所谓"信称之息"必须作具体分析，而不能笼统地认为它是中国古代商利贷的一般利率。此外，本文作者还连续发表了《两宋私营高利贷资本初探》②《试论宋代官营高利贷资本》③两文，使我们对宋代官私高利贷的活动、利率，对当时社会政治、经济的影响有了一个比较全面的了解。

元代官私高利贷有一个引人注目的现象就是：西域回鹘商人经营高利贷非常普遍，而且利息一般都很高，那么造成这一现象的原因是什么呢？除了蒙古贵族与回鹘商人有着传统的友好关系，而元代初年，因兵事频繁、政烦赋重导致劳动者又必须经常借贷之外，据杨师群同志对散见于国外报刊的数十种年代可推定为13—14世纪的回鹘文借贷契约的整理研究④可见，这一点还与回鹘地方本来就盛行这种高利贷有关。同时值得指出的是，由于宋元时期出土借贷契约文书缺乏，这一研究在一定程度上填补了这方面的空白。

明清时期高利贷资本的研究因一般文献及档案、方志、谱牒材料的异常丰富，具有以前各代所不可比拟的便利条件。近年来，这一便利得到发挥，因而出现了不少的成果，如韩大成《关于明代高利贷的几个问题》⑤便从高利贷的几种形式、它的残酷剥削、它的作用等几个方面对明代高利贷资本作了初步探讨。文章认为，明代高利贷资本主要有三种活动形式：一是央中借贷，二是典当物品借贷，三是"短押"；而它的利息普遍很高，远远超过"取利不过三分"的法律规定，而且有种种额外勒索，因此其剥削是很残酷的，只是因为高利贷者的激烈竞争，其利率才表现出稳定或下降。关于明代高利贷的历史作用，本文指出，它虽然促

---

① 刘秋根：《试论两宋高利贷资本利息问题》，《中国经济史研究》1987年第3期。
② 刘秋根：《两宋私营高利贷资本初探》，《河北大学学报》1987年第3期。
③ 刘秋根：《试论宋代官营高利贷资本》，《河北学刊》1989年第2期。
④ 杨师群：《吐鲁番出土回鹘文借贷文书研究》，《敦煌研究》1990年第1期。
⑤ 韩大成：《关于明代高利贷的几个问题》，《明代社会经济史初探》，人民出版社1986年版。

进了与土地财产相对立的货币财产的形成,但总的说来,它加强了地主土地所有制,使小生产者处境更差,再生产在更加艰难的条件下进行。

近年关于清代高利贷的研究也产生了一系列的成果,其中方行《清代前期农村高利贷资本问题》①是较早的一篇,文章从高利贷资本及一般高利借贷的各种形式、利率、高利贷对小农再生产的作用等方面,探讨了清代前期农村高利贷问题,文章强调指出,对于清代高利贷资本的历史作用应结合它与再生产的关系作具体分析。事实证明,在清代前期商品经济发展的前提下,高利贷与再生产已经有了不可分割的联系,高利贷利率也出现了下降之势。在这种情况下,我们不能再夸大其寄生性,以免模糊我们对它的客观经济根据的认识。

清代发展到康、雍、乾时,达到了其繁盛时期,随之高利贷也发展及兴盛起来,韦庆远《康雍乾时期高利贷的恶性发展》一文,将它称为恶性、畸形的发展,作者指出,当时除了官僚、贵族、军官、兵丁、商人、地主等私人放债之外,封建国家及皇帝本人也将大批货币资本投入高利贷经营。但资本供应的增加并未使当时利率得以下降,相反当时不论实物还是货币借贷,其利率都很高,剥削十分残酷,正因为如此,高利贷资本的发展并没有为康乾盛世的到来及保持发挥任何积极作用,反而严重抵消、瓦解了这种繁荣,因而必将加速它走向凋萎及衰败的过程。

正因为从康熙时期开始,封建国家及皇帝本人资本的大量投入,官营高利贷资本得到巨大发展,加上这方面的文献、档案记载又极丰富,因此近年来引起了清史学界的特别注意,重要的成果如韦庆远《康熙时期对"生息银两"制度的初创和功用——清代"生息银两"制度兴衰过程研究之一》②便对清代官营高利贷主体"生息银两"的创立过程及其在社会经济生活中的作用作了初步探讨。其次如叶志如《乾隆时内府典当业概述》③、王小荷《清代两广盐务中的"帑息"》④、宋秀元《从档案

---

① 方行:《清代前期农村高利贷资本问题》,《经济研究》1981年第4期。
② 韦庆远:《康熙时期对"生息银两"制度的初创和功用——清代"生息银两"制度兴衰过程研究之一》,《中国社会经济史研究》1987年第3期。
③ 叶志如:《乾隆时内府典当业概述》,《历史档案》1985年第2期。
④ 王小荷:《清代两广盐务中的"帑息"》,《清史研究通讯》1985年第2期。

史料的记载看清代典当业》[1] 等文，也主要利用档案材料对清官府高利贷的某一侧面进行了探讨。

清代高利贷的研究还有一个重要的特点就是，地区性的研究非常引人注目。如周力农利用台湾公私藏文书对台湾"胎借银"这一重要商利贷形式的研究《清代台湾的"胎借银"》[2]，叶显恩、谭棣华《明清珠江三角洲的高利贷》[3] 一文利用地方志、谱牒材料对珠江三角洲诸县高利贷的探讨；陈支平《清代福建乡村借贷关系分析》[4] 一文，利用作者从事社会经济调查所得到的闽南农村的一些清代民间借贷契约材料对清代福建农村借贷关系的具体分析；王廷元《徽州典商述论》[5] 一文，对明清重要地方商人——徽商中的典当商人的活动、利息等方面的具体论述等都使我们对清代高利贷资本在各地的活动形式、利率、在地方经济中的地位及其与商业资本的关系有了许多新的认识。

另外研究明清史的同志还非常注重史料的调查、发掘，收集、整理大量与高利贷有关的新材料，如各种稗官野史中的记载，各地金石文字、档案、方志、谱牒中的材料等，重要的如谢国桢《明代社会经济史料选编》[6]，安徽省博物馆编《明清徽州社会经济资料丛编》[7]，自贡市档案馆等合编《自贡盐业契约档案选辑（1732—1949）》[8]，洪焕椿《明清苏州农村经济资料》[9] 等，以及《明清苏州工商业碑刻集》[10]《孔府档案选编》[11] 等都收集了大量与借贷、典当有关的契约、档案、谱牒、金石文字

---

[1] 宋秀元：《从档案史料的记载看清代典当业》，《故宫博物院院刊》1985年第2期。
[2] 周力农：《清代台湾的"胎借银"》，《清史论丛》第六辑。
[3] 叶显恩、谭棣华：《明清珠江三角洲的高利贷》，《平准学刊》第三辑。
[4] 陈支平：《清代福建乡村借贷关系分析》，《明清福建社会与乡村经济》，厦门大学出版社1987年版。
[5] 王廷元：《徽州典商述论》，《安徽史学》1986年第1期。
[6] 谢国桢：《明代社会经济史料选编》（上、中、下），福建人民出版社1980年版。
[7] 安徽省博物馆编：《明清徽州社会经济资料丛编》，中国社会科学出版社1988年版。
[8] 自贡市档案馆等合编：《自贡盐业契约档案选辑（1732—1949）》，中国社会科学出版社1985年版。
[9] 洪焕椿：《明清苏州农村经济资料》，江苏古籍出版社1988年版。
[10] 《明清苏州工商业碑刻集》，上海人民出版社1980年版。
[11] 《孔府档案选编》（上、中、下），中华书局1982年版。

等方面的新材料，从而极大地便利了这一问题的研究。

以上概述了近几年来国内高利贷资本发展史的研究情况，应该指出的是，港台及国外学者对中国古代高利贷问题也进行了大量的研究。但目前因笔者掌握情况还很不全面，不能在此加以评述，当俟以后进行。

总而言之，通过史学界几年以来的辛勤耕耘，在高利贷资本研究领域已经结出了累累硕果，研究水平有了明显的提高，各个时期高利贷资本发展脉络已经基本清楚，因此贯穿整个中国古代对高利贷资本进行整体研究的条件已经基本具备，只要我们坚持以马克思主义为指导，勤奋努力，写出一部中国古代高利贷发展史，从而为中国古代部门经济史的研究开辟一个新的领域是完全可能的。

（原载《中国史研究动态》1991年第4期）

试论中国古代高利贷的起源和发展

高利贷资本作为前资本主义社会的生息资本，在中国古代社会经济中占有重要的地位。关于它的研究，近年来已引起学术界的注意和重视，已经刊出不少的研究成果，但总体说来，其空白及薄弱环节还是不少，关于中国古代高利贷的起源及最初发展的问题便是如此。本文拟结合一些民族学材料，从以下两个方面，专门探讨这一问题。

一

关于中国古代高利贷的起源问题包含两个方面：一、它究竟起源于什么时候？二、它究竟是怎样起源的？

关于第一方面的问题，因为殷商及殷商以前的历史文献不足征信，也缺乏这方面的考古材料，因此确切考证目前还不可能。从已有文献材料看，中国古代借贷取息之事最早出现在西周，《周礼》记载说："泉府，掌以市之征布，敛市之不售，货之滞于民用者，以其贾买之……凡赊者，祭祀无过旬日，丧纪无过三月；凡民之贷者，与其有司辨而授之，以国服为之息。"

其大意是：泉府，掌以"征布"收购市场滞货，平价卖给顾客……如果民众因祭祀、丧纪缺用也可赊买，但不能超过旬日和三个月的期限；如果民众想借贷，也可会同借贷者所在官司，分别种类授予他。"以国服为之息。"这段记载的关键是"以国服为之息"，关于这一点，历代聚讼纷纭，异说并出。郑司农云："贷者，谓从官借本贾也，故息，使民弗利，以其所贾之国所出为息，假令其国出丝絮则丝絮偿；其国出缔葛则以绤葛偿。"郑玄则以为是"以其于国服事之税为息也；于国事受园廛之田而贷万泉者耆出息五百；王莽时，民贷以治产业者"①。二郑之注及贾氏之疏释说很详细，但诚如清代史学家赵翼所说："国服为之息一语本不甚了了"，二郑之注多是"臆度之词"②，那么，究竟该如何解释呢？明儒丘濬的说法似乎更合理一些。他认为"以国服为之息"是"不以钱而以力焉"，即"偿本之后，以服役公家为息。服……供服役之服也"③。原因在于，第一，"服"在古代有"服役""服劳"之意，如《论语·为政》"有事，弟子服其劳"；西汉晁错所说"今农夫五口，其服役者不下二人"④。湖北江陵凤凰山汉墓出土的汉文帝时期的竹简记载着，在里胥组织下，结伙完成较大劳役的公约，便被称为"服约"⑤。第二，先秦或秦汉时，以劳役抵偿债务或债务利息的情况是很普遍的，就周代情况说，如周穆王时的曶鼎铭文记载：有一年饥馑，匡季手下的人强借了曶约十秭禾，曶将此事告诉了东宫，东宫马上命令匡季赔偿，匡乃以田五田、奴隶四人赔偿，并当面赔礼道歉。但曶坚持要赔禾，东宫只得命令匡季"偿曶禾十秭，遗十秭，为廿秭，〔如〕来岁弗偿，则付卌姊"⑥。这段材料反映了两种东西存在的可能性：（1）当时牟利倍称的谷物借贷存在乃至盛行的可能性；（2）以劳役抵偿债务存在的可能性。匡季一开始以五田及四名奴隶赔偿，可能是以田及奴隶本身的估价赔纳，也完全可能是以五田及四名奴隶的劳动抵偿。

就秦代看，秦律规定："有罪以赀、赎及有责（债）于公……其弗能入及赏（偿），以令日居之，日居八钱；公食者，日居六钱……百姓有辟赎责（债）而有一臣若一妾，有一马若一牛，而欲居者，许。"⑦ 这就是说，如果犯了罪要罚赀、赎或有官债未偿，必须在规定的日子里服役以

---

① 《周礼·地官司徒下·泉府》，此据《周礼注疏》卷十五。中华书局1979年影印本郑玄注、贾公彦疏。
② 赵翼：《陔余丛考》卷三三《放债起利加二加三加四并京债》。
③ 丘濬：《大学衍义补》卷二五《制国用·市籴之令》。
④ 《汉书·食货志》。
⑤ 裘锡圭：《湖北江陵凤凰山十号·汉墓出土简牍考释》，《文物》1974年第7期。
⑥ 释文见郭沫若《奴隶制时代》，《郭沫若全集·历史编》第三卷，第93页。
⑦ 《睡虎地秦墓竹简·秦律十八种·司空》。

抵偿债务，每日可抵八钱；如果家里有奴婢（臣、妾）及马、牛，想用来服役抵债者也允许，反映出秦代这类事情的普遍。由此看来，丘濬将"以国服为之息"解释成以劳役抵债是合理的。至于这种利率究竟有多高，就无从计算了。郑玄所说万息五百，显属臆测，不可确信。

《周礼》托名周公，实际上系战国或西汉人排比前代史事所做，不过它也部分地反映了西周的情况则是无疑的。由此看来，中国古代高利贷在文献中是起源于西周时期，我们当然还绝不能认为，中国古代高利贷事实上就是起源于西周时期。这个时间的具体确定还有待于材料的发掘及理论上的突破。

关于第二方面的问题，从中国南方一些在新中国成立前还处于原始社会末期的民族如云南西盟佤族、独龙族、傈僳族、苦聪族、海南岛合亩制地区黎族等的借贷发生发展史看，高利贷是在原始公社制经济解体、个体私有经济产生的原始社会后期，随着私有财产和私有观念的发生、发展，由原始互助中产生的，它经历了由原始互助到借贷再发展到高利贷这样一个演变过程；中国古代中原地区的高利贷大致也产生于与此类似的社会发展阶段，经历了相同的演变过程。

上述少数民族至新中国成立前，已处在原始公社共产制瓦解的阶段，私有财产及个体经济都已经产生，私有观念也得到了发展，因此租佃、雇工、高利贷诸剥削形态都已产生并得到了发展。从种种迹象看，其中的高利贷剥削是从原始互助中逐步演变而来的。

这种原始互助在个体家庭之间曾经长期存在，它属于互通有无，没有利息而且不用偿还。傈僳族中有所谓的"华以迪来霍"，"华以"是"我"，"迪来霍"的意思是"互相要"，不论认识与否，只要开口要东西，一般不拒绝。碧江怒族有"要粮"的习惯，缺粮时向亲戚要，一般不用偿还；金平苦聪人只要没粮食吃了，便背着箩出去讨吃，主人一般也不吝啬，只要有一箩玉米也要分一半给讨吃者。而基诺族人在公社制时也认为，公社成员之间，吃穿有余者帮助缺吃少用者是天经地义的事情，是无所谓偿还的。

这种原始互助随着私有财产及私有观念的发生发展成了必须偿还的借贷，如苦聪人中便有了各种实物借贷，无利，任何时候归还都可以；

九村怒族，凡是同族因疾病、死亡或缺乏种籽，均可向村内外亲友告贷，包括牲畜、粮食及少量货币，无息，但必须偿还，不过即使少还一点，主人也并不计较，如借一头大水牛，还一头小一点的（当然，借者一般是还一条大一点的，以示感谢）。

随着私有观念进一步深化，这种借贷便逐步演变成高利贷，开始是在异村、异姓之间，后来在同村、同姓之间也产生了高利贷。西盟佤族在解放前高利贷剥削便已十分流行，中心区的大马散，高利贷已经很流行，但近亲一般无利或低利，异姓借贷则非利息不可，并且父债子还，代代相承；中课寨高利贷关系更普遍，起先限于寨与寨之间，同寨无息；后来本寨异姓也要求利息；至新中国成立前十几年高利贷终于突破血缘关系的限制，形成了"无贷不利"的局面。同姓之间不但要付利息，而且欠债久了，同样抄家、拉人。而在基诺族，据老人们说，在他们的上一辈，借粮食还是今年借100斤，明年仍还100斤，至解放前夕，则变成今年借100斤，明年须还150—200斤的高利贷，还不起时，还须以换工的办法来抵偿。至于海南岛合亩制地区黎族则只在共耕合作的亩与亩之间是高利贷，亩内借贷一般是无息；部分地区甚至还停留在无利借贷阶段，不论亩内还是亩与亩之间都是无息，而且不计时间。

这些民族尤其是云南怒族、西盟佤族高利贷的发生，据调查，普遍反映与外来影响有关系，因为这些民族的周围有先进的汉族及其他少数民族存在，有着较为发达的商品货币经济，有些高利贷便是因此产生的。如碧江县九村怒族，高利贷是在国民党进入怒江地区以后产生的，新中国成立前25年，一些农户为在本村或外地收购黄连、生漆等土产到营盘街等地出卖，产生了货币需要，从而接受了汉族、拉祜族在该村所放的高利贷，受此影响，至新中国成立前十几年，本村富裕户也开始放高利贷；对西盟佤族的调查表明，近百年来的大烟种植，引起的商品货币经济发展大大刺激了债利关系的发展，在马散寨，借钱做生意是高利贷的重要原因之一。

以上所述表明，在少数民族地区高利贷的产生与外族的影响有关系。实际上，由于私有观念及贫富分化的发展，无利借贷在其发展的过程之中，已经孕育着有利借贷的胚胎。碧江县色得乡卡石自然村，一些富裕户放粮，名义上无利，实际上借时是青包谷，还的却是干包谷。福贡县木古甲和谷乃比村怒族，过去借牲畜祭祀，还大还小都可以，后来逐步发展成只能还大，不能还小；借生产生活用具，过去借什么还什么，后来逐步变成借旧还新、借少还多，否则富裕户则不愿意出借。说明即使没有外来影响，借贷也有可能演变成高利贷剥削关系。

古代高利贷资本刚一产生，马上显露其粗野的掠夺本质，成了富裕户剥削贫困户、积累财富的重要手段。碧江九村的高利贷分年利、月利和街利，以年利为多，利率为50%，到期不偿则以复利计算，无力偿还则以土地、牲畜、工具抵偿；福贡木古甲和谷乃比村，高利贷一般是三月利、利率50%，青黄不接或荒年利率更高，达100%；西盟佤族中课寨50%，但多为复利，按几何级数累进，即"驴打滚"。在翁戛科和龙坎寨，甚至有100%的复利，有些人户向富裕户借一斛谷子或两块半开，十年后得还一头大水牛。它的原始掠夺性还充分表现在"抄家"的习俗上，如在西盟佤族，若债务人无力偿还，根据习惯法，债权人可以任意拿走其粮食、工具、衣服、家具、牲畜等，甚至拉走小孩，往往以债务人破产特别是人口买卖为终结；卖出的人口部分成为妻妾、养子，大部分成为奴隶，因此高利贷又成了奴隶制度成长的重要原因。[①]

中国古代中原地区，高利贷的起源也经历了大致相同的发展过程，产生于大体相同的历史阶段。理由何在呢？

第一，中原地区华夏族家庭公社向农村公社过渡时期是在西周，[②] 而最早有关借贷取息的材料又正好出现于西周时期。这大概不是巧合。也就是说，《周礼·泉府》赊贷取息之政虽然是官府经营借贷，实际上可能正好说明了农村公社条件下民间有息借贷存在的可能性。

第二，东汉时期"正卫弹"这种农村公社组织内部赊贷取息的存在，[③] 也从侧面说明了农村公社条件下高利贷产生及发展的可能性。西周

---

① 上述材料参见李根蟠、卢勋《早期债利、雇工和土地剥削关系的产生》，《民族学研究》第五辑；程德祺《基诺族原始社会形态试析》，载《原始社会初探》，中央民族学院出版社1988年版；中南民族学院民族研究所《试论解放前黎族合亩地区的社会形态》，《民族学研究》第六辑。

② 俞伟超：《中国古代公社组织的考察——论先秦两汉的单—僤—弹》，文物出版社1988年版，第44—52页。

③ 同上书，第135页。

时期，公社仍被称为"单、弹"在"单、弹"内部有定期分配土地及共同协作耕种的制度，① 表明它还是一种带有原始互助、平均主义的经济组织。这种公社组织在后代曾长期存在，黄巾起义后，官府为了迅速恢复社会秩序，利用这种公社组织的外壳建立了带有军事性质的——正卫弹，如河南南阳出土的《鲁阳都乡正卫弹碑》所示，这种公社组织为了维持内部活动费用，积聚了一些粮食钱物用于放贷，取息以充用，碑文曰：

〔前略〕
□府文于侧，纪弹之利。其辞曰：
□弹。国服为息，本存子衍，上供正卫，下给更赋，民用不□，□□。
〔下略〕②

其大意是说：官府建立了正卫弹，又储备了一些钱物、粮食，以之出贷，取息来供给正卫、更赋这类雇佣兵。

既然为东汉官府所利用的正卫弹与原来的"单、僤、弹"等公社组织是一脉相承的，那么由正卫弹内部高利贷的存在可以推知，在一般农村公社内部及公社与公社之间是完全有可能存在高利贷的。

从西周以后不久的春秋战国及以后各代借贷的整体状况看，除了高利贷之外，无息借贷甚至不用偿还的互助在民间及官府与百姓之间也是普遍存在的，反映出中国古代高利贷也可能经历了由互助到借贷再到高利贷的逻辑发展过程。

二

中国古代高利贷最初大发展是从西周末年开始的，从西周末年开始，中国古代商品经济得到恢复，至春秋后，进入大发展时期，这时商人地

---

① 俞伟超：《中国古代公社组织的考察——论先秦两汉的单—僤—弹》，第57—70页。
② 同上书，第135页。

位大大提高，商业范围扩展，铜铸币在各地流行起来。战国以后，商业发展更进入一个新的阶段，随着铁工具的使用和牛耕的推广，农业、手工业生产力提高了，导致社会上剩余产品数量增加；当时铜铸币大量增加，称量货币——黄金普遍使用，形成了全国性的商品货币流通，在交通要道形成了许多商业繁荣的都市，出现了许多有名的富商大贾，他们手里积累了大量的货币资本，高利贷便随着货币资本的大量积累及当时人们货币需求的增加发展起来了。不但各种借贷形式都已基本具备，高利贷利率体系也发育完全了，在这种背景之下，它对当时各个阶层的经济生活尤其是小生产者的再生产产生了深刻的影响。

从其借贷形式看，大致可分为以下两种：一是抵押借贷，二是信用借贷。

关于抵押借贷，笔者目前尚未见到直接、翔实的材料。先秦政治生活中，以人为质在各诸侯国之间很常见，称之为"质"或"当"。从一些与此有些联系的例子可见，此时大概也盛行以人或一般动产为抵押进行借贷，最著名的是"赘""赘婿"的例子。

《史记》载："淳于髡者，齐之赘婿也，长不满七尺。"《索隐》称："赘婿，女之夫也，比于子，如人之疣赘，是余剩之物也。"①

《汉书》载："商君遗礼义，弃仁恩．并心于进取，行之二岁，秦俗日败，故秦人家富子壮则出分，家贫子壮则出赘。"关于赘，"应劭曰：'出作赘婿也。'师古曰：谓之赘婿者，言其不当在夫家，亦犹人身体之有胼赘，非应所有也。一说，赘、质也，家贫无有聘财，以身为质也……"②

《说文解字》赘："以物质钱，从敖从贝阙，敖者犹放，贝当复取之也。"

综合以上所述可见，赘婿的含义似可从两个方面来看，对于女方来说，赘婿犹身上之胼赘；对于男方来说，则是因为家贫，没有聘财，只得以身为质。这与以身为抵押借贷钱物，正有异曲同工之妙，反映了人身抵押借贷在当时社会上的存在。而《说文》对"赘"的解释，更直接

---

① 《史记》卷一二六《淳于髡传》。
② 《汉书》卷四八《贾谊传》。

地证实了以一般动产为抵押借贷钱物的事实。

相比之下，关于一般性的以契约为准，无须人身或物品为抵押的信用借贷则在文献记载中非常常见，概括来说，大致有以下一些形态。

第一，饥荒或青黄不接时的谷物借贷。如《管子》载："人之贷粟米，有别券者几何家?"① 这一记载，说明当时齐鲁地区谷物借贷很普遍，并深深地影响了社会，因而使得作为政治家的管子都认为这是国君应该掌握的重要政治情况。而管子在另一处所说："耕耨者有时，而泽不必足，则民倍贷以取庸矣。"② 更明确地说明了水旱不时与高利贷的关系。另外，宋国所在地区，在宋平公时发生饥荒，宋平公除了"出公粟以贷"之外，还要求"大夫皆贷"，结果宋虽饥荒而没有饥饿之人。③ 这里虽然没有明言是高利借贷，但我们可从两个方面推知当时宋国地区应该存在高利贷。（1）如果说，各诸侯国"公粟"属于无利借贷的话，那么大夫私人之粟则可能是有息的高利贷。（2）即使公家及大夫私人之粟都是无利借贷，还完全可能满足不了广大饥民的需求，因而给富商、地主的高利贷留下了市场。

第二，平时急切乏用时的钱币借贷。战国齐孟尝君因养客过多，"邑入不足以奉客，使人出钱于薛"④，便属于这种借贷。纵横家苏秦一开始去燕国"贷人百钱为资，及得富贵，以百金偿之"更反映了这种借贷的常见及高利率存在的可能性。因此，苏秦的妻妾嫂妹对他所说：周人，"逐什二以为务"也应该是属于这一类的借贷。⑤

第三，因统治者赋敛无度或战争所引起的货币或实物借贷（应该是以实物为主）如：齐桓公对管子所说："峥丘之战，民多称贷负子息以给上之急，度上之求。"⑥ 管子在文章中写道："凡农者，月不足而岁有余者也，而占征暴急无时，则民倍贷以给上之征矣。"⑦ 孟子也认为：赋敛以

---

① 《管子》卷九《问》。
② 《管子》卷一五《治国》第四十八。
③ 《左传》襄公二十九年。
④ 《史记》卷七五《孟尝君传》。
⑤ 《史记》卷六九《苏秦传》。
⑥ 《管子》卷二四《轻重丁》。
⑦ 《管子》卷一五《治国》第四十八。

"贡"法最差,"凶年粪其田而不足,则必取盈焉",使百姓"终岁勤动而不得已养其父母,又称贷而益之"①。

不论是抵押借贷还是信用借贷大概都必须订立契约,因而至少从周代开始,商品交换及借贷领域,契约关系便已发达起来。按《周礼》记载,西周便有了专门的"质人"掌管商品买卖契约的发放及管理②。如上引因宋饥,平公及各大夫都出粟以贷,其中"司城氏贷而不书",所谓"不书"大概是不订契约,说明当时一般借贷订立契约是常规。战国孟尝君放钱于薛,一年之后,因歉收,"贷钱者多不能与其息",于是,只得派门下客冯驩前去收取,为了笼络人心,冯乃召集债务人饮酒高会,命令诸人"持券如前合之,能与息者,与为期;贫不能与息者,取其券而烧之"③。反映出每一笔债务都订立了契约,而且债主与债务人各持一份,债务消失时,契约亦予以销毁。

那么上述两个方面的借贷,其利率怎么样呢?从仅有的文献材料看,此时的利率主要有以下几种。

1. 如上引《管子》所说,因上征暴急无时,则"民倍贷以给上之征矣",另外,《管子》还记载说:桓公有一次为了促使农民返归田亩,从事农作,想行抑商的措施,于是在管仲请求下,下令派人调查齐国各地的产业及债务情况,其中齐国西方谷物借贷利率就是"其出之〔中〕钟也一钟"即 100% 的利率④。

2. 有 50% 的利息,如上引。管仲派人调查到的利率情况是:南方贷钱利息"其出之中伯伍〔十〕也"即为 50%,东方贷谷利息"其出之中钟五釜也"也是 50% 的利率。

3. 有 20% 的利息。如上引,齐国北方贷钱利息为"其出之中伯二十也"即 20%,另外周人"逐什二以为务"也是 20% 的利率。

整体上看,此时利率有以下两个特点。

1. 贷钱利率低于贷谷利率。如上述,贷钱利为 20%—50%;后者则

---

① 《孟子·滕文公上》。
② 《周礼·地官司徒下·质人》。
③ 《史记》卷七五《孟尝君传》。
④ 《管子》卷二四《轻重丁》。

是 50%—100%。

2. 紧急情况下的借贷比平常的借贷利率要高；如旱荒或横征暴敛引起的借贷都是高昂的倍称乏息。

我们知道，春秋战国时期既是商品货币经济最初大发展的时期，也是个体小生产者摆脱村社土地制度，走向独立小农、小工、雇农或依附农的历史阶段。正是这种个体小生产者，既形成了封建制度成长的广泛基础，[①] 也为高利贷的发展提供了广阔的市场，小农的赋税支付、吉凶婚丧时的急迫用度，荒歉、饥荒时的缺乏都是形成高利贷的最好机会。因此，高利贷是小生产者维持再生产及生活所必需的，是古代产业条件下的必然产物。在平常条件下（没有饥荒、战争、暴政等外来破坏性因素的影响），只要收入较为稳定，它对高利贷还是负担得起的，因而对维持再生产也是能起一定的积极作用的。因为收入稳定及增加了，借贷风险会降低，利率便会趋向稳定及下降。当然在古代生产力水平及社会政治条件下，这样的"平常条件"也是极不容易获得的，因而高利贷经常在饥荒、战争、暴政时发生，从而助纣为虐，将小生产者推向破产的边缘，饥荒、战争、暴政→借高利贷，无力清偿→或苟延残喘，或流离失所或老稚填沟壑、壮者为盗贼，几乎是小生产者经常性的命运，尤其是在王朝末年，饥荒、暴政双管齐下时更是如此，从而充分显示出了高利贷资本在古代经济中的消极作用。

在商品经济大发展的前提下成长起来的春秋、战国高利贷资本成了当时地主、商人、贵族积累货币等社会财富的重要手段，而货币资本的这种积累，又为秦汉商业货币经济的发展奠定了雄厚的社会基础，富商大贾、大手工业者纷纷涌现，货币财富不断向他们手中集聚。

（原载《河北学刊》1992 年第 2 期，人大复印资料《经济史》1992 年第 2 期，全文转载）

[①] 漆侠：《关于中国封建经济制度发展阶段问题》，载氏著《求实集》，天津人民出版社 1982 年版。

关于中国古代高利贷资本的历史作用

——读《资本论》第三卷第五编

马克思在《资本论》第三卷第五编中，首先探讨了资本主义生产方式前提下生息资本的形成及结构，然后对这种资本在前资本主义社会的表现形式即高利贷资本也进行了定性研究，形成了比较系统的生息资本理论。在这一理论指导下，随着近年来有关新材料的不断发现，尤其是出土材料、档案材料及民间契约文书的发掘和整理，中国古代高利贷资本的研究得到了较大的进展。随之在几个整体性的问题上产生了分歧，如关于高利贷资本的概念，中国古代高利贷资本的历史作用，高利贷资本向近代借贷资本的转化，等等。而分歧的形成既与材料掌握的不同有关，更与对马克思的这一理论的认识和理解有关。以下拟以历史作用问题为例，主要结合明清高利贷资本的有关事实，从理论上做一些厘清工作。

一

因高利贷资本中的相当部分利率高昂、剥削残酷，而且采取了多种手段获取额外收入，在债务人不能及时偿还时，还常常夺取债务人土地、房产及其他财物，甚至差押债务人及其家人为奴为仆，因而不但引起各个历史时期官府的限制、打击，社会各阶层对高利贷资本也常加谴责和攻击。在西方，如古希腊的亚里士多德认为："高利贷受人憎恨完全理所当然，因为在这里，货币本身成为赢利的源泉，没有用于发明它的时候的用途"；"因此，在所有的营利部门中，这个部门是最违反自然的"[1]。西方中世纪，高利贷一直被教会视为非法而遭禁止；在伊斯兰教经典中，放债取息也是一种被禁止的行为。至 16 世纪路德还大声疾呼："在世界上人类再没有比守财奴和高利贷者更大的敌人了"；"高利贷者和守财奴绝不是正直的人，他们作恶多端，毫无人道，他必然是一只恶狼，比一切暴君、杀人犯和强盗还凶狠……应该把一切高利贷者处以碟车刑和斩首"[2]。这种观点虽然反映了高利贷受害者的某种义愤之情，却并未对它历史的、经济的作用进行科学分析。马克思在《资本论》第三卷中全面分析了高利贷资本的本质和历史作用，在这一理论的指导下，中国经济史学界对中国古代高利贷资本历史作用问题亦作了很多的分析。这些观点，从整体上说以否定为主。首先是一种全盘否定的观点，有些还与中国封建社会长期延续问题联系起来。早期的观点，如刘兴唐以唐代为例说："这种高利贷，在中国社会发展过程中所起的作用，我们很可以看出它是阻止了商业资本之发展。在某一个时期中，它固然加速了农村经济破产之过程""政府的高利贷事业，对于农村经济之摧毁，是比私营和寺营来得特别凶狠"[3]。傅筑夫论及战国秦汉的高利贷资本时认为："高利贷资本却从头到尾是社会经济的一种强烈的腐朽剂，它所起的是纯粹的破坏作用。"高利贷资本"是从战国年间开始突出发展起来的货币经济这样一棵毒藤，结出的如此硕大的毒瓜之一"[4]。黄冕堂先生在研究清代高利贷资本时亦指出："作为生息资本在前资本主义社会内的表现形态高利贷资本的社会作用全然是消极的。"它总是"迫使再生产在日益悲惨的条件下进行。""使生产力呈麻痹和萎缩状况。""高利贷资本越发展，活动越

---

[1] 亚里士多德：《政治学》第一篇第十章。
[2] 路德：《给牧师们的谕示：讲道时要反对高利贷》，转引自马克思《剩余价值理论》第三册，第 596—597 页。
[3] 刘兴唐：《唐代之高利贷事业》，《食货半月刊》第一卷第 10 期，1935 年。
[4] 傅筑夫：《中国经济史论》下册，生活·读书·新知三联书店 1980 年版，第 545—546 页。

猖獗，则社会生产必定愈加停滞不前。"① 其次，一些观点虽然从社会意义上肯定了它一定的积极作用，但整体上说仍然是否定的或基本否定的。如王彦辉探讨汉代豪民私债的社会影响时指出"豪民私债被用于生产消费时，客观上具有扶持社会生产的作用"，"有时也能起到支助政府救济灾荒、筹措军费等作用"。但是"它对社会机体的侵蚀性，对社会生产的破坏性是其存在价值的主要方面。因为它加深了官僚政治的腐败，造成了农民大批破产流亡，社会矛盾日益尖锐"②。乔幼梅则以元代高利贷资本为例指出："高利贷是促使残余奴隶制得以扩大的有力杠杆"，但是另一方面，"元代的高利贷资本之有力地冲击了旧的土地势力，使这个势力表现出某种程度的动摇和衰落"③。韩大成研究明代高利贷资本后指出，高利贷资本是"加强地主土地所有制的重要手段"，"它使小生产者处境更坏更苦，从而使部分社会再生产，不得不在更加困难的条件下进行"。"它使社会矛盾更加复杂和激化。"④ 当然不同的观点也是存在的，方行在探讨清代农村高利贷资本时说："农村高利贷正是以小农经济的存在为条件。""随着商品货币经济的发展，高利贷资本在社会生产过程中作用的增大是一种经济必然性。"虽然因利息率很高，高利贷往往给小农带来严重的经济后果，因而对农民的危害是很严重的，但高利贷资本往往存在一个利率较低的部分，而农民的收入却往往是个变量，因而偿债能力提高、通过借贷维持甚至促进社会再生产也是可能的。⑤ 而在商业货币经济更为发达的一些先进地区，如江南地区，农民的米麦花豆丝的质押借贷可以说是近代企业为生产进行抵押借贷的萌芽状态，高利贷资本发展所形成的金融业由于包括农民的生产借贷，可以说已开始具有若干成分的资金市场的性质，它加强了维持农民生产周转的作用，⑥ 笔者在具体探讨

---

① 黄冕堂：《清史治要》，齐鲁书社1990年版，第460—461页。
② 王彦辉：《汉代豪民私债》，《中国史研究》1994年第2期。
③ 乔幼梅：《宋元时期高利贷资本的发展》，《中国社会科学》1988年第3期。
④ 韩大成：《关于明代高利贷资本的几个问题》，载《明代社会经济初探》，人民出版社1986年版。
⑤ 方行：《清代前期农村高利贷资本问题》，《经济研究》1984年第4期。
⑥ 方行：《清代前期农村市场的发展》，《历史研究》1987年第6期。

清代前期城市高利贷资本中的生活消费性与经营性、资本性借贷之后指出：清代前期不但商人的贩运、开铺需要经常进行资本借贷，手工业、矿业、航运业的生产者及经营者也常进行借贷，这表明清代工矿业及商业的运行与高利贷资本息息相关，清代高利贷资本已经开始向近代借贷资本转化。① 陈支平在分析清代闽南乡村借贷契约时指出："清代福建农村的高利贷，它虽从各个方面严重地侵蚀着小农经济，但不可能完全吞噬小农经济，甚至在某种程度上，维持了濒临破产的小农经济的继续运转。""那种认为在高利贷网罗下小农经济纷纷破家的观点，显然带有很大的片面性。"② 那么马克思在《资本论》中又究竟是怎样评价高利贷资本的历史作用的呢？马克思的这些论述又在多大的程度上适用于中国古代的情况呢？以下三点是我们应该注意的。

第一，马克思正确地评价了高利贷资本的保守性。他指出："高利贷资本有资本的剥削方式，但没有资本的生产方式。"③ "高利贷和商业一样，是剥削已有的生产方式，而不是创造这种生产方式，它是从外部和这种生产方式发生关系。高利贷力图直接维持这种生产方式，是为了不断重新对它进行剥削。"④ 也就是说，高利贷资本曾经在极不相同的社会形态中存在，不论在哪种社会形态之中，它都与这种社会形态之下的生产和商品流通发生或多或少的关系，但是从整体上说，不但高利贷资本主要源于地租收入、商业利润收入及诸种形式的其他个人及团体的收入，而且其对生产、流通的放贷具有极大的偶然性。也就是说，它是从外部与某种特定的生产方式发生联系的，与社会生产、流通并无本质的联系。因此，生产方式的变革与否并不能由高利贷资本本身来说明；相反的，高利贷资本本身的变革与否，必须由生产方式的变革来说明。也就是说，高利贷资本只是破坏小生产者仍然是自己生产条件的所有者的生产方式，因而使货币财富集中起来。但在历史条件并不具备，即生产方式本身并

---

① 刘秋根：《清代城市高利贷资本》，《中国经济史研究》1996 年第 4 期。
② 陈支平：《清代福建乡村借贷关系举证分析》，载《明清福建社会与乡村经济》，厦门大学出版社 1987 年版，第 227 页。
③ 《资本论》第三卷，人民出版社 1975 年版，第 676 页。
④ 同上书，第 689 页。

不发生本质变化时，这种破坏与集中作用是不足以成为一种新生产方式产生的媒介的。"只有在资本主义生产方式的其他条件已经具备的地方和时候，高利贷才表现为形成新生产方式的一种手段；这一方面是由于封建主和小生产遭到毁灭，另一方面是由于劳动条件集中于资本。"①

第二，马克思对前资本主义社会高利贷资本历史作用的探讨是从生产方式变革，即由小生产方式向现代社会化大生产转变，或者说从研究资本主义生产方式起源的角度所作的一种整体估价，它并没有对高利贷资本与前资本主义社会生活、再生产、商业资本运行的关系作具体的研究。当然，《资本论》作为一部政治经济学的理论著作，不可能也没必要作这样的实证研究。从以上所述马克思对高利贷资本保守性的估计及以下将要叙述的马克思对两种高利贷形式的作用及性质的估价皆可证明这一点。

第三，马克思在评价前资本主义社会高利贷资本的历史作用时，主要只是针对高利贷的两种形式，这就是，"第一，是对那些大肆挥霍的显贵，主要是对地主放的高利贷；第二，是对那些自己拥有劳动条件的小生产者放的高利贷。这种小生产包括手工业者，但主要是农民"②。因此其历史作用也主要是表现在："一方面，高利贷对于古代和封建的财富，对于古代和封建的所有制，发生破坏和解体的作用；另一方面，它又破坏和毁灭小农民和小市民的生产。总之，破坏和毁灭生产者仍然是自己的生产资料的所有者的一切形式。"③ 因此，一方面高利贷资本使小生产方式陷入贫困的境地，因为其利率的高昂足以剥夺小生产者的全部剩余劳动，"不是发展生产力，而是使生产力萎缩，同时使这种悲惨的状态永久化，在这种悲惨的状态中，劳动的社会生产率不能像在资本主义生产中那样靠牺牲劳动本身而发展"④。另一方面它又使奴隶主或封建主陷入高利贷之中，使他们对劳动者的压迫更加残酷，"因为他自己被压榨得更厉害了"⑤。显然这两个方面都表现为一种消极的作用。但从另一个角度

---

① 《资本论》第三卷，第 675 页。
② 同上书，第 672 页。
③ 同上书，第 674 页。
④ 同上书，第 673—674 页。
⑤ 同上书，第 675 页。

看，这种消极作用又表现为一种积极的形式，因为它瓦解和破坏这些前资本主义社会的所有制形式，"而政治制度正是建立在这些所有制形式的牢固基础和它们同一形式的不断再生产上的"①。同时，如上所述，在其他条件具备的地方，这种破坏还表现为形成新生产方式的一种手段。

综上所述，马克思对高利贷资本历史作用的论述，主要是从生产方式变革角度进行的，他正确估价了高利贷资本的保守性，主要针对高利贷中的两种具有特征的形式，谴责了高利贷资本对前资本主义社会小生产方式的冲击和破坏作用。

应该说，马克思的这种估价主要是依据西方古代中世纪的历史情况作出的。这一估价理论性极强，因而具有普遍的指导意义，但也有其局限性。我们必须在这一理论的指导下对中国古代高利贷资本的历史作用作出新的理论及实证的研究，而不是局限于马克思这些具体结论。

从这一角度看，以下几点是应该注意的：首先，西方古代中世纪的历史发展道路与中国是完全不同的。在西方中世纪，城市与乡村是对立的，作为商业、货币资本主要活动领域的城市是独立的，10世纪至11世纪城市商品经济复兴以后，拥有货币权力的城市商人、手工业者和高利贷者通过赎买乃至武装对抗，至12世纪，终于获得城市自治权，形成了初期的市民社会，城市与乡村开始分离。城乡的这种分离和对立，既削弱了封建领主的权力，也有利于城市经济交流和商品流通；相反在中国却并没有产生这种对立和运动。中国古代，在秦汉时代，也与罗马时代一样，"上层社会的田园理想渗透着整个社会，由于地主乡绅从社会上、政治上和文化上支配着农村和城市。城市本身不是一个有机体，而是在城市—农村连续统一体的更广泛发展过程中一个机构"②。因此，虽然在19世纪以前，中国的城市化程度可能并不比西方低，但是因为中国没有经历类似西方的历史运动，这种"城市与乡村无差别的统一"③也就没有被打破，城市始终基本上是各级封建政治和军事中心，

---

① 《资本论》第三卷，第675页。
② 《欧洲经济史》第一卷，商务印书馆1985年版，第11页。
③ 《马克思恩格斯全集》第四卷上册，第478页。

商人、手工业者、高利贷者虽然拥有货币权力，但他们没有自己独立的活动地盘，没有相适应的行政、司法权力的保护，也就不可能形成相适应的市民社会，他们只有仰仗封建的特权，与封建主权力融为一体，才有可能得到保障和发展。与这种情况相对应，中国封建社会在生产上形成了小农和小手工业牢固结合的结构；在流通中市场的狭隘性，缺乏大规模的国际贸易市场；在分配上则形成了地主、商人、高利贷者三位一体的体制。① 处于这种不同的整体社会经济条件下的高利贷资本，其活动形式、内容及其历史作用与西方当然是有区别的。我们应该充分考虑到这种区别。

其次，既然马克思在这里所评价的只是高利贷资本在前资本主义社会的两种"具有特征的形式"，所谓"具有特征的形式"无非是说，这两种形式是高利贷资本作为生息资本最适应以自耕农和小手工业主占优势的生产方式的要求，反映高利贷资本与这种生产方式的联系的本质的形式，那么很自然的一个问题就是，既有"具有特征的形式"，就应该还有不具有特征的形式，或者说"从属的形式"。马克思在《资本论》中并未对后者进行具体的研究，因而对其作用也就没有加以评论。但马克思并未否认它的存在。如马克思言："商人借贷币，是为了用这个货币牟取利润，是为了把它作为资本使用，也就是为了把它作为资本耗费。因此，即使在以前的社会形式内，贷款人对于商人的关系，也完全和它对于现代资本家的关系一样。"② 也就是说，在前资本主义社会，也存在商人为了牟取利润而借货币的形式。那么与以上两种"具有特征的形式"相比，这种形式的地位怎么样呢？马克思在谈到以上两种"具有特征的形式"之后说："我说的是具有特征的形式。同一些形式会在资本主义生产的基础上再现，但只是作为从属的形式。"③ 由此可见，既然前资本主义社会高利贷资本存在"具有特征的形式"，而这种形式会在资本主义生产的基础上作为"从属的形式"再现，那么我们应该说，前资本主义社会高利

---

① 参见《资本主义的萌芽》第六章，人民出版社1985年版。
② 《资本论》第三卷，第671页。
③ 同上书，第675页。

贷资本也存在"从属的形式",而且这种形式会在资本主义生产的基础上作为"具有特征的形式"再现。这一关系可见表1。

表1

资料种类 \ 放贷形式及属性	对小生产者及地主显贵的放贷	对商人的放贷
资本种类	具有特征的形式	丛书的形式
	↓	↓
近代借贷资本	从属的形式	具有特征的形式

表1中,箭头表示资本之间及资本的不同形式之间存在转化的关系,即高利贷资本会转化为近代借贷资本;高利贷资本中的"具有特征的形式"会转化为近代资本下的从属的形式前者中的"从属的形式"会转化为后者中的"具有特征的形式"。

再次,如果抛开马克思对历史作用的估计(即其保守性的估计)不论,则其对高利贷资本中"具有特征的形式",即对小生产者、地主的放贷的经济作用是作了完全消极估计的。马克思甚至特别针对亚洲说:"在亚洲的各种形式下,高利贷能够长期延续,这除了造成经济的衰落和政治的腐败以外,没有造成别的结果。"① 马克思对亚洲(印度、中国、伊斯兰国家地区)高利贷资本有多少了解,我们不太清楚,但这些具体论述在多大程度上适用于中国则是我们必须考虑的。这里且不谈高利贷资本对地主的消费放贷的作用问题,只就其对小生产者主要是小农的生产性、生活性放贷的作用作些探讨。我们知道,中国封建社会的小农经济是一种自然经济和商品经济相结合的模式,或者说是一种自给性生产与商品性生产相结合以追求温饱的模式。在这种生产模式下,小农首先必须确保自给性的生产,但同时它也有一定的甚至是规模比较大的商品性

---

① 《资本论》第三卷,第672页。这种联系的本质主要有两层含义:一是它是从外部与这种生产方式发生联系,与生产过程并无本质联系;二是主要满足小生产者的支付需求。

生产。① 小农的生产及消费都是在家庭内部实现的，这里既有实物的平衡，也有价值的平衡，这种经济的运行既有实物的运动，也有资金的运动。随着封建社会商品货币经济的发展，资金运动的地位日渐突出，这样作为货币资本运动形态的高利贷资本在小农的再生产和生活中的地位便提高了，至少从宋代开始，关于小农生产的生产与生活普遍地依赖于借贷的言论便屡屡见于文献之中。这种借贷的作用怎么样呢？需要分别予以论述。如果是纯粹的应急性的生活性借贷，他们可以借此延续家庭人口的生存，使再生产在原有的或缩小的规模上反复；如果是生产性的借贷，尤其是在一些经济性作物或开发性、经营性农业生产中的借贷，则有可能维持原有规模的再生产甚至在一定程度上扩大再生产。

当然，这一切是否成为可能，还得考虑以下两个因素。一是利率的高低，如果利率特别高，不但占有了农民的剩余劳动，还要占有其必要劳动，这样便只能使再生产条件越来越恶化。二是借贷之后，是否还有其他的意外因素的冲击，如官府临时的急征暴敛、水旱蝗灾、战争动乱以及家庭人员的疾病死亡等。这些因素既是导致小农借高利贷的重要原因，又是促使小农借贷的回旋余地缩小的重要因素。因此，如果利率特别高，而且与其他意外的因素结合在一起，小农便只有走向破产，甚至生存都会成为问题，即使历尽千辛万苦维持了再生产，也会在高利贷的网罗下，永世难得翻身。但是并不是所有的高利贷都会使借贷的小农走向破产，因为利率适中或较低、各种天灾人祸较少的情况也同样是普遍的，因而通过借贷维持乃至在一定程度上扩大再生产也同样是普遍的。尤其是在封建社会后期，随着商品货币经济的发展，一方面小农家庭可以通过各种途径获得货币收入，提高偿债能力；另一方面小农纯生产性的借贷在增加，这种借贷，尤其是其中经济性作物种植或开发性农业而进行的借贷，因借贷额较大，风险相对较小，且其中一部分还与其经营收入相关，故利率相对较低。在这种情况下，高利贷资本对小生产者发挥积极作用的可能性也就增大了。总而言之，我们对高利贷资本在小农

---

① 方行：《清代经济史》（打印稿），小农经济篇第二章、第七章。

及小生产者再生产过程中的作用，必须注意具体分析，不可一概而论。

最后，如上所述，马克思对高利贷资本中不具特征的形式即商人的经营性、资本性借贷并未具体研究，那么对中国古代高利贷资本中这种借贷形式的作用我们又该怎样估价呢？对于这一点，学术界尚无专门探讨。笔者曾在一篇论文中详细叙述了清代城市工商业乃至航运业中依赖借贷经营的情形，然对其作用亦未作具体评价①。这里结合中国古代城市商品经济的特点，谈几点浅见。

在中国古代，与生产中农业手工业紧密结合及生产的分散性相适应，中国封建社会的流通市场也是狭隘的。整体上说，这种市场共有四种类型，即地方性小市场（墟集贸易）、城市市场、区域市场和全国性市场（长距离贩运贸易）。其中城市市场是以贵族、官僚、士兵、奴仆的消费需要为基础发展起来的，因此这种贸易并不反映社会分工和交换的发展，大部分城市是封建政治、军事中心。虽然明代以来，兴起了一大批商业城市，但直至近代其仍不占优势。而区域市场则反映的是各地区因不同的地理条件和生活习惯形成的特产贸易，虽属商品经济，在相当程度上也残留自然经济的痕迹。全国性市场自宋代以后有所发展，表现在粮食、日常生活用品长途贩运得到发展，主要是粮食和手工业产品之间的交换。但这种市场直至明清时期仍存在很大的局限性，很少反映农业的地区分工。因此，封建社会市场是以地方性小市场为主的，在这种市场上活跃的是以中小商人甚至小商小贩为主的商人队伍，他们的主要来源是离开生产的农村人口。这种中、小商人的资本规模是狭小的，许多小商小贩甚至没有多少资本核算，其营运资本和家财界限并不很清楚，而其资金也是经常匮乏的。为此，他们采取争取亲朋好友帮助、与人合伙、领取有钱人资本②、借贷资金等方式，但其中使用最广的还是最后这种借贷资金的办法。当然大商人的经营也是需要借贷的，尤其是他们对流动资本的需求更是经常性的。因此，中国古代高利贷资本对商人的资本放贷便相当发达。虽然比较具体的、时间比较早的商人账册非

---

① 《中国经济史研究》1986 年第 4 期。
② 必须定期缴纳利钱。

常罕见，但从其他方面的一些文字记载也发现，至少在明清以后，商人通过借贷或与人合伙获得经营资金相当普遍。因此，如果说封建社会商品货币经济的发展有赖于商业资本总量的扩展和单个资本规模的扩大的话，那么，这种扩展和扩大在相当程度上是与高利贷资本的活动分不开的。

（原载《史学月刊》2000年第3期，人大复印资料《历史学》2000年第8期，全文转载）

中国封建社会的利率管制政策[*]

——封建国家对资金市场的调控和干预

一 问题的提出

基于《圣经》以及亚里士多德的思想，放债取息在西方半世纪被教会视为非法，因而遭到了教会长期的攻击和打击。相反，在中国则没有这样的思想及制度障碍，只要不取过分高昂的利率，便被视为合理、合法的。政府不但允许私人经营借贷取息，不少朝代的政府还自己经营高利贷，牟取利息以补贴各类财政需要，不过中国封建国家也对高利贷进行了诸多的限制和干预，制定了不少的法律、政策和措施。而其中影响最大的当属关于利率的法律和政策。研究这一问题，对于认识以高利贷资本为主体的中国古代金融信用本身的演变是有意义的，对于了解封建国家调控以及干预经济的特色及手段也是有借鉴意义的。学术界对这一问题已经有所涉及[①]，尚乏专门研究。本文欲在此基础上对这一政策的演变过程作一长时段的分析。

---

[*] 本文是从广义角度理解"政策"这一概念的，它既包括各种法律规定，也包括各种政策、措施。事实上各朝代各级政府制定这类政策措施时，常以重申有关借贷利率的法律规定的形式出现。

[①] 根据笔者所见，目前以下成果涉及这一问题：a. 经君健《清代关于民间经济的立法》，《中国经济史研究》1994 年第 1 期。b. 霍存福《元代借贷法律简论》，《吉林大学社会科学学报》1995 年第 6 期。c. 刘秋根《中国典当制度史》第六章第二节，上海古籍出版社 1995 年版。d. 刘秋根《明清高利贷资本》第四章第三节，社会科学文献出版社 2000 年版。

二 利率管制政策的起源及其在汉唐间的发展

封建国家对于借贷的政策起源是很早的,春秋时期晋文公流浪完毕,回国执政后"公属百官,赋职任功,弃责薄敛,施舍分寡,救乏振滞,匡困资无……"①《管子》一书记载了许多国家想方设法使高利贷者免除农民债务的事例,如"桓公曰:峥丘之战,民多称贷负子息以给上之急,度(通渡)上之求,寡人欲复业产,此何以洽?"管子请求对于称贷之家"皆垩白其门而高其闾"。并且使八使者式璧而聘之,于是"称贷之家皆折其券、削其书"②。此二例皆属政府强制免债之例,虽未直接针对放贷利率,但在一定程度上具有了利率管制政策的意义。魏文侯时李悝著《法经》,"其律始于盗贼……其轻狡、越城、博戏、借假不廉、淫侈踰制以为杂律一篇,又以具律具其加减"③。秦律亦有不少有关借贷的规定,如:"(贷)人赢律及介人。"这里《法经》所谓"借假不廉"当即是放贷贪图利息;秦律中所谓的"赢律"即过律④,亦是取息过律之意。可见对借贷利率的法律规定。由此看来,至少自战国时期开始,各封建政府即比较普遍地有了针对借贷利率的法律和政策,汉代不但继承了这一政策、法律,而且执行得相当严格。居延汉简记载的汉成帝永始三年诏书言:"言既可许,臣请除贷钱他物律。"⑤ 这个"贷钱他物律"的内容怎么样呢?从一些具体事例可见其一斑,如文帝四年河阳侯陈信"坐不偿人债过六月,夺侯,国除"⑥。旁光侯刘殷"元鼎元年坐贷子钱不占租,取息过律,会赦,免"⑦。陵乡侯刘沂"建始二年,坐使人伤家丞,又贷谷息过律,免"⑧。由这几条看,汉律关于借贷的法律至少包括以下几个

---

① 《国语》卷一〇《晋语十》。
② 《管子》《轻重丁·第八十三》。
③ 《晋书》卷三〇《刑法志》。
④ 《睡虎地秦墓竹简》,《法律答问》,文物出版社1978年版。
⑤ 薛英群等:《居延新简释粹》,兰州大学出版社1988年版。
⑥ 《史记》卷一八《高祖功臣侯者年表》。
⑦ 《汉书》一五《王子侯年表》上、下。
⑧ 同上。

方面的内容：（一）不许超过契约所规定的期限。（二）不论放贷货币还是放贷谷物都不许取超过法律所规定的利率。（三）高利贷的本钱及利息收入必须申报财产税。其中第二、三条即是关于利率的法律规定。

　　魏晋南北朝时期对于利率的政策，首先是强制免除一些远年债务。两汉时期对官府振贷便常有免除之诏，昭帝元凤三年（前78）春正月诏曰：因水灾"使使者振困乏，其止四年毋漕。三年以前所振贷，非丞相御史所请，边郡受牛者勿收责"①。东汉和帝永元十六年（104）七月诏云："贫民受贷种粮及田租、刍槁，皆勿收责。"② 这些诏令主要是针对官府的"振贷"，似未及私人借贷，魏晋以后的有关诏令却是针对所有公私债负的，三国吴赤乌十三年（250）"八月，丹阳、句容及故鄣、宁国诸山崩，鸿水溢。诏原逋责，给贷种食"③。孙权崩，诸葛恪辅政"罢视听、息校官、原逋责、除关税"④。晋武帝泰始元年（265），即位改元，大赦"复天下租赋关市之税一年，逋债宿负皆勿收"。南北朝时期有关诏令也多规定具体期限，南朝宋元嘉二十一年（444）"诸逋债在十九年已前，一切原除"⑤。齐永明十年正月诏："诸责负众逋在七年以前，悉原除，高赀不在例。"⑥ 相比之下，北魏的有关规定则要具体一些。北魏宣武帝永平四年（510）夏，针对寺院中日益高利贷化的僧祇粟，主张加以全面清理，"若收利过本，及翻改初券，依律免之，勿复征责，或有私债，转施偿僧，即以丐民，不听收检"⑦。这里，涉及北魏利率政策的三个方面：第一，利息总量的上限是原本的一倍；第二，不许翻改契约；第三，私人若将私债本钱施舍给僧祇粟，也得与僧祇粟一样，予以免除。

　　隋唐五代时期，政府关于利率的法律政策，大致可以分为以下几端。

　　其一，规定利率上限。就唐代情况看，主要有两种情况，一种是一

---

① 《汉书》卷七《昭帝纪》。
② 《后汉书》卷四《孝和孝殇帝纪》。
③ 《三国志》卷四一七《吴主传》。
④ 《三国志》卷四一七《诸葛恪传》。
⑤ 《宋书》卷五《文帝纪》。
⑥ 《南齐书》卷三《武帝纪》。
⑦ 《魏书》卷一一四《释老志》。

般公私债务放款的利率,另一种是典吏、富商等所领官府本钱,按规定向官府纳缴利钱的利率。二者有时是统一的,有时则有区别。《唐令拾遗》引唐令言:"诸公私以财物出举者,任依私契,官不为理。每月收利,不得过六分。"开元十六年(728)二月十六日诏云:"天下负举祇宜四分收利,官本五分取利。"① 显然后者即是捉钱经营之人向官府纳利钱的比率②,从唐代的整体情况看,这一利率往往比直接的贷款利率要高,如贞观十二年三月时的利率大概是"人捉五十贯以下,四十贯以上""每月纳利四千一百,年凡输五万"③。可见年利达100%以上;玄宗开元六年(718)七月的规定则是七分,即"五千之本,七分生利,一年所输,四千二百"④。唐后期这种利率则在月息五分,⑤ 或者四分。⑥ 而前者即一般私人放款法定利率也规定在五分左右。如开成二年的敕文规定"不得五分以上生利"⑦。

　　其二,规定取息总量的上限,并强制放免超过这一上限的债务。即不论利率多高,债主所得利息的总量不得超过原本的一倍。所谓,"积日虽多,不得过一倍"⑧。这也就是说,如果债务人已经送纳了相当于原本一倍以上的利息,便只能要求偿还原本;若达到两倍则须停止征理。宝历元年(825)正月七日敕云:"应京城内私债,经十年以上,曾出利过本两倍,本部主及元保人死亡,并无家产者,宜令台府勿为征理。"⑨ 开

---

　　① 《唐会要》卷八八杂录。
　　② 如果是官府直接经营,则是其直接的法定放款利率;如果是富商典吏领本经营,则不是直接的放款利率,而只是向官府按月纳利钱时的利率。这些领本经营的人有的是用于放贷;有的则是"任居市肆,恣其贩易"(《册府元龟》卷五〇五《俸一》贞观十二年(638)三月)。故这一利率不能说就是直接的放款利率。
　　③ 《册府元龟》卷五〇五《俸一》。
　　④ 《全唐文》卷三百四崔涵《议州县月料钱状》。按:《册府元龟》卷五〇五《邦计·俸禄二》同条为"五十之本"云云,误,当以《全唐文》为是。
　　⑤ 参见《旧唐书》卷一四九《沈传师传》和《唐会要》卷八十一《考上》贞元元年敕。
　　⑥ 如武宗会昌元年河中、晋、绛、慈、隰等州观察使孙简奏,这类本钱是"逐月四分收利";开成五年六月户部奏,诸司食利本钱"四分收利"。分别见《册府元龟》卷五〇八《邦计·俸禄四》和《唐会要》卷九十三《诸司诸色本钱下》。
　　⑦ 《宋刑统》卷二六《受寄财物辄费用》。
　　⑧ 《唐令拾遗》见王永兴《隋唐五代经济史料汇编校注》第一编第二章。
　　⑨ 《唐会要》卷八一八《杂录》。

成二年敕云："如未办计会，其利止于一倍。"① 五代时对达到一倍以上的私债利率处理规定得非常细致。后梁末帝龙德元年规定："公私债负，纳利及一倍已上者，不得利上生利。"② 另外，后梁贞明六年四月，后唐明宗长兴元年二月，晋高祖天福六年（941）八月，均有类似诏书。以后唐明宗长兴元年二月乙卯诏书所定之制最为详明。诏书言："应有诸色私债，纳利已经一倍者，只许征本，本外欠数并放；纳利已经两倍者，本利开放。"③ 由此看来，上限大致都是一倍，若达倍称以上，则只能要求归还原本。但高利贷者往往是贪得无厌的，于是有关规定即强调，超过这个规定以上则要被官府强制免除。

当然，对于领取官府公廨本钱进行经营者，所纳利息总量则没有统一的规定。从官府清理这些本钱的情况看，有的领本经营者曾纳利息达到原本十倍以上，元和九年十二月敕云："秘书省等三十二司食利本钱数内有重摊转保，称甚穷者，据所欠本利并放；其本户中纳利如有十倍以上者……本利并放；其纳经五倍以上，从今年十二月以前应有欠利并放。起元和十年正月以后，准前计利征收。"④ 按照这一精神，元和十一年九月、元和十四年对东都御史台及御史台和秘书省等三十二司的食利本钱，进行集中清理放免。⑤ 而文宗太和三年则又重新规定，区分是自己纳利还是摊认保人纳利，分别予以处理，即"在京诸司使食利钱，已纳利五倍已上者，本利并放，有摊保人的纳利计两倍已上者，其本利亦放免"⑥。这种私债放免与官府本钱区别对待的原则，迟至五代仍是如此。后晋天福六年八月诏云："私下债负征利及一倍者并放，主持者不在此限。"⑦ 这里的"主持者"可能是官府本钱，也可能是私人本钱的领本经营者，不论如何，它与一般私人放款的利息总量上限是明确区别处理的。

---

① 《宋刑统》卷二六《受寄财物辄费用》。
② 《旧五代史》卷一〇《梁书·末帝纪》。
③ 《册府元龟》卷九三《帝王·赦宥》十三，并参见《旧五代史》卷八十《晋书·高祖纪》。
④ 《册府元龟》卷五〇七《邦计·俸禄三》，亦见《唐会要》卷九三《诸司诸色本钱下》。
⑤ 分别见《册府元龟》卷五〇七《邦计·俸禄三》；《全唐文》卷六三《上尊号赦文》。
⑥ 《唐大诏令集》卷一〇《太和三年疾愈德音》。
⑦ 《旧五代史》卷八〇《晋书·高祖纪》。

其三，复利管制，依唐人法令所言即不许回利为本、利上生利。也就是说不论所欠债款多少，时间长短，只能按原借款项数额计利不能将利息计入本钱征收。《唐令拾遗》所引法令规定：取利不过六分，"又不得回利为本，及过一倍"①。可见这一规定是与对取息总量的规定相关联的。咸通八年（867）五月，德音诏规定百性私债"又辄不得许利上生利，及迴利为本，重重征收"②。

三 宋元二代利率管制政策概况

宋元二代对利率的管制政策与唐大体类似，然法定利率有所下降，大体说来，包括以下几个方面。

其一，规定利率上限。依《宋刑统》规定是"每月取利不得过六分"③。这一规定是继承唐代后期而来，南宋法定利率则有所下降，即"诸以财物出举者，每月取利不得四厘""每岁取利不得过五分"④。不过比较特殊的是，北宋初年，一度规定，只要不过年利倍称，即100%就是合法，如太平兴国七年规定："令富民出息钱不得过倍称。"⑤ 端拱初又规定："有取富民粟麦资财，出息不得逾倍。"⑥ 宋人未从法律上规定官府放贷的利率，但实际经营中的官有高利贷资本利率比上述私债法定利率要低一些，如主要针对农民青苗钱粟放贷是半年利20%，主要针对城市市民和商人的市易务赊放物货或放贷钱款，其利率一般是年利20%，⑦ 后来应开封府检校库之求，又设立了抵当所，经营抵押放贷，其利率则为月利一分至二分。⑧ 这种利率的规定虽是政府行为，但它对市场上的利率也

---

① 《唐令拾遗》自王永兴《隋唐五代经济史料汇编校注》第一编第二章。
② 《唐大诏令集》卷八六《咸通八年五月德音》。
③ 《宋刑统》卷二六。
④ 《庆元条法事类》卷八〇。按：此处"厘"与"分"相等。此是宋人习惯，可参见《中国经济史研究》1987年第3期刘秋根文的详细考证。
⑤ 《续资治通鉴长编》卷二二。
⑥ 《宋史》卷一七三《食货志》上一。
⑦ 可参见漆侠《王安石变法》，上海人民出版社1963年版，第127—132、157—162页。
⑧ 《宋会要辑稿》三七之二七，元丰二年正月九日；《长编》卷三三一。

会有一定的影响，但它还不是法定利率。元代以后，法定利率上限似乎要低一些，至元十九年（1282），朝廷下令，今后钱债"每两出利不过三分"①，大德二年（1298），法律规定"一两钞一月三分家利钱，已上休要者"②。大德八年（1304），江浙行省要求财主放贷的利率也是"钱债依例三分取息"③。

其二，取息总量上限管制，强制放免取利达到或超过这一上限的债负：与唐代一样，这一上限一般也是"倍称"，即100%，依《宋刑统》及《庆元条法事类》的规定即是"积日虽多，不得过一倍"④。绍兴二十三年（1154）七月下令"诸路民间私债，还债过本者""依条除放"，隆兴元年（1163）二月十一日又下令：民间债负"出息过本，谓如元钱一贯已还二贯以上者，并行除放"⑤。

元代的有关规定大体亦是如此，大致在太宗十二年（1239），针对当时因斡脱高利贷利率特别高昂的状况，规定："凡假贷岁久，惟子本相侔而止"之后⑥，元政府一直是坚持利息总量（不论具体利率低及借贷时间长短）不过100%的政策的，中统二年（1261）诏令规定"民间私借钱债，验元借底契，止还一本一利"，并且要求已还者通算至一本一利为止。⑦ 至元六年（1269）九月戊午"敕民间贷钱取息，虽逾限止偿一本息"⑧，大德二年（1298）又重申先帝圣旨，要求"委是已身钱债，另无异词，依一本一利归还"⑨。达到这个总量之后，元政府也规定，由政府强制免除。中统元年（1260）刘秉忠上书主张凡高利贷中"陪［倍］偿

---

① 《通制条格》卷二八《杂令·违例取息》。
② 《元典章》卷二七《私债·多要利钱本利没官》。
③ 《元典章》卷一九《户部五·种佃·佃户不给田主借贷》。
④ 见《宋刑统》卷二六及《庆元条法事类》卷八〇。
⑤ 两条分别见《宋会要辑稿》食货六三之十一、十二，并参见《建炎以来系年要录》卷一百六十五。
⑥ 《元史》卷二。
⑦ 《元典章》卷二七《户部十三》《私债·钱债止还一本一利》。
⑧ 《元史》卷六《世祖本纪三》。
⑨ 《元典章》卷二七《户部十三》，《斡脱·斡脱钱为民者倚阁》。

无名，虚契所负，及还过所本者，并行赦免"①。他的建议为上引中统二年的诏书所采纳。除取利总量外，还规定达到这个总量之后，"续到文契毁抹"，即削除契约，免去债务。至元二十九年（1282）规定，放粟取利总量也必须是一本一利，"如有续到文契，钦依已除条贯追断"②。

其三，禁止利上生利，回利为本，即不许征收复利。与取息总量上限的规定相适应，宋元法令也禁止回利为本的行为。前引《宋刑统》的规定是："又不得回利为本。"③《庆元条法事类》的规定是："诸以财物出举，而回利为本者，杖陆十。"④ 元初的斡脱高利贷，号称羊羔儿息，其利"岁则倍之，次年则并息又倍之"⑤。除此之外的一般钱谷借贷，有时也是"有当年不能归还者，将息通行作本，续到文契，次年无还亦如之"⑥。元政府对此没有明确法律条文，但从其限制取息总量及各种诏令、政策多次揭示这种借贷利息来看，它对这种行为也应该是禁止的。

其四，关于强制蠲免利息或整个本息。这在第二部分即限制取利总量时有所叙述。值得注意的是，宋统治阶层对高利贷在小生产者生活、生产中的必要性已经有了比较清楚的认识，故一方面主张免除超过利息总量以上的债务，另一方面也反对不分青红皂白一切都予以免除。绍兴二十三年七月二日"温州布衣万春上言：乞将民间债务还息与未还息，及本与未及本者并与除放"。但是户部不同意，其理由：一是灾荒之年灾荒发生时仍有赖于高利贷资本；二是"民间私债，还利过本者，已节次放至绍兴十七年"。因此改为"将民间所欠私债还利过本者并与除放"⑦。

---

① 《元史》卷一五七《刘秉忠传》。《元典章》卷二七《户部十三》《私债·钱债止还一本一利》。
② 《元典章》卷二七《户部十三》《放粟》。
③ 《宋刑统》卷二六。
④ 《庆元条法事类》卷八〇。
⑤ 《国朝文类》卷五七《中书令耶律公神道碑》。
⑥ 《元典章》卷二七《户部》一三《放粟》。
⑦ 《宋会要辑稿》食货六三之二一。

四 明清时期对前代利率管制政策的继承

明清时期的利率政策继承了宋元时期的基本内容，但适应商品经济及社会的发展变迁而发生了较大的变化。尤其是清代以后，官府与民间社会力量相结合推行的一系列减免利息的措施，更使中国封建社会利率管制政策进化到了一个新的阶段。明清时期所继承的、与前各代利率管制政策基本相似的内容，大致有以下三个方面。

第一，关于利率上限及取息总量的限制。明朝的正式法典及诏令、宝训对利率的上限及取利息的总量有明确的规定。明太祖朱元璋的宝训中便要求："今后放债，利息不得过二分三分。"[1] 明律的规定是："凡私放钱债及典当财物每月取利并不得过三分，年月虽多，不过一本一利。"[2] 各个时期的诏令及地方各级官府处理债务案例、制定有关政策时基本上都是按照这一上限及取息总量的规定行事的。正统元年（1436）陕西居民因运边粮，费用繁重而借贷于富室，利息奇重，行在户部主事侯复请求"宜令官司禁革，止许子本相侔，庶几民不重困"[3]。成化二十一年（1485）八月，御史谢文针对漕运军士借债问题，请求将欠债旗军一一根究，"准其在运偿还，不分债负远近，止许加利三分，若有已还原本并三分之利，改约再增者，即便停止原券，对众烧毁"[4]。清代法律及地方官府政策措施，对全国及某一地方的利率上限也有规定，顺治五年（1648）四月即"谕户部：今后一切债务，每银一两，止许月息三分"。同年十一月又诏："势豪举放私债，重利剥民，实属违禁，以后止许照律每两三分行利，即至十年，不过照本算利，有例外多索者，依律治罪。"[5] 正式法

---

[1] 章潢：《图书编》卷九二《凡乡约一遵太祖高皇帝圣训》。
[2] 《大明律集解附例》卷九《户律·钱债·违禁取利》，参见《大明会典》卷一六四《户律二·钱债》。
[3] 《明英宗实录》卷二一，正统元年八月辛卯。
[4] 《明经世文编》卷一八，丛兰《从司空奏疏·论漕运积债之害》，并参见《宪宗成化实录》卷二六九成化二十一年八月庚寅；《万历会计录》卷三五《附优恤》。
[5] 《清世祖实录》卷三八，顺治五年四月丁未；十一月八日。

典中则将私债与典当财物一同规定即"凡私放钱债及典当财物每月取利并不得过三分，年月虽多，不过一本一利"①。按律例之解释即是"如借银一两，与本相等，是谓一本一利"②。地方各级官府处理有关案件时基本上是按此办理的，当然根据具体情况作了一些变通。赵申乔针对康熙年间一些地方"富贵之户""放银勒谷"，利率十分高昂的情况，下令"每银一两，不许取利于三分之外，每谷一石，止许加利三分之内"③。

其二，禁止利上取利，回利为本，即禁止复制。上述关于取利总量限制的规定实际上已经内含这样的意思，从明代的规定看，如明太祖圣训要求：取息不过二分、三分，不许"年月过期、叠算不休"④。正德年间，王守仁在江西所订乡约指出："该本地大户、异境客商放债取息，合依常例，毋得磊算。"⑤ 成化九年（1473）十月针对官员及卫所军官于所部放债导致军士贫困的情形，户部题准，要求"严加禁约"，"各处把总官亲躬查审该营卫所官军原借某人本银若干，一年者依例每两起息三分，年久者止许一本一利。其利止（当为'上'）增利者，悉为减除"⑥。

清代以后相关法律规定更加清楚，顺治五年（1648）十月规定：三分行利"即至十年，不过照本算利，有例外多索者，依律治罪"⑦。依《大清律例》之解释即是：月利三分，若借银一两，"积至三十三个月以外则利钱已满一两""年月虽多，不得复照三分算利，即五年十年亦止还一本一利"⑧。显然这种一本一利的取息总量上限是内含不许利上取利含义的。

---

① 《大清律例新修统纂集成》卷一四《户部钱债》，并参见光绪《大清会典事例》卷七六四《户律钱债》。
② 同上。
③ 赵申乔：《赵恭毅公剩稿》卷六《严禁轻价勒谷示》。
④ 章潢：《图书编》卷九二《凡乡约一遵太祖高帝圣训》。
⑤ 《王文成全集》卷一七《南赣乡约》。
⑥ 《皇明条法事类纂》卷二〇《违禁取利·各边管军官所于部内放债强买马匹》。
⑦ 《清世祖实录》卷四一，顺治五年十一月八日。
⑧ 《大清律例新修统纂集成》卷一四《户部·钱债》。

五　明清时期利率管制政策的新发展

明清正式法律政策对利率的管制大体如上所述，但明清尤其是清代以后，各级政府及社会为了维护地方稳定，保护小农、小手工业者、小商小贩，限制高利贷者的过度剥削，常常在这一律例的基础上再推行减利的政策。这是明清时期利率管制政策的新发展。

明代这种减利政策当处于萌芽状态，各级政府减利之举仅仅表现在饥荒时节，强迫或劝谕积钱积谷较多的大户减息向自家佃户或其他缺食人户放贷，与此同时，以官府的力量保证偿还。上引永乐初福建政和县饥荒时，县令黄裳劝富民放贷，秋成加息20%归还，而当时的实物借贷绝大部分在三分以上至五分乃至十分，因而此举无疑是一种减息行为。吕坤针对河南一些地方地主向佃户放贷利率很高，"勤动一年依然冻馁"的状况，要求"今后佃户缺食，主家放给，亦照官仓加二，如有平借平还者，乡约纪善以凭优处"①。另外，饥荒之际官府要富户发粟贷饥者，不取息，而由官府免除富户之徭役以代息。永乐初，刘辰为江西布政司参政"岁饥，劝富民贷饥者，蠲其徭役以为之息，官为立券，期年而偿"②。这似乎还是地方政府的个别行为，史载："仁宣之世，仁政亟行……大户贷贫民粟，免其杂役为息，丰年偿之。"③

清代减利措施则开始经常化、细密化。其内容主要有以下数端：第一，在三分的基础上降低五厘至一分的利率；第二，推行差额利率制度，即贷款额越大，利率越低；第三，在一些特定的时间里降低利率，以利债务人清偿。

各地减息主要针对典当铺，因为正规典当在官府领帖，经营比较稳定，便于管理和控制，但对于一般私债也常采取减息行动。嘉庆八年（1803），苏州府针对流民俞三观等重利盘剥的案例，下令"嗣后如有外

---

① 吕坤：《实政录》卷二《民务·养民之道》。
② 《明史》卷一五〇《刘辰传》。
③ 《明史》卷七八《食货志二·赋役》。另余继登《典故纪闻》卷一〇载：宣德十年前后，给事中年富所言荒政亦有这一措施。

来流民，在苏放私债者，一两以内，三分取息；五两以内，二分八厘取息；五两以外，二分五厘取息；十两以外，二分取息；其在百两以上，本钱愈重，其利亦当递减。且只许按月计利，不许本利滚盘，倘敢故违，照律惩治"①。乾隆五年（1740），河南各地重利盘剥的情况亦极严重，为此，官府要求"合行通饬减利""上年被水州县，出示晓谕，如有本年取索债务者，止许二分收息，倘债主情愿，缓至明年仍准三分计算，至于陈年夙债收利已过于本者，永远不许索讨"②。

针对当铺的减利政策，清初即已实施，持续至清末。许多地方经过激烈的斗争才得以实现。顺治间，镇江府金坛县"当质铺俱系徽商，典利三分，银水戥头，几极五分，诸生则控之县，求减恤民。诸商敛银八两，浼王、冯二绅，王则为酌之曰；两外二分五厘，两内则仍三分，诸生复叫号通衢曰：求减典利，为贫民也，穷民有两外之典乎？"③康熙以后，这类行动多起来，其减利举措亦已比较全面。江苏常熟县，康熙四十二年（1703）规定"每两及钱数，概行二分，设多递减"。而且"以月二十五日起，直至又次月初十日止，统计四十五日，止取一月之利……"④浙江湖州府，典当铺的减利经历了更长期的斗争。康熙以前，湖州典当利率情况是"十两以上者，每月一分五厘起息；一两以上者，每月二分起息；一两以下者，每月三分起息"。因贫民衣饰有限，每票多在一两以下，故一两年之后，无力取赎，常被典当铺当作满货卖掉，后来有童国泰者控之官府，与典当商结讼十三年，康熙初，"巡抚金公轸恤民瘼，准行审勘，断定概行一分五厘起息"⑤。不久，徽州典商黄成山以受贿控诉平湖县令景贞运，典息又增至三分，"后赵恭毅公申乔抚浙，题请分半起息，立石永为定例"。赵去任，典商又谋翻案"独山阴赵赡侯，侨居我湖，不惮劳怨，遍控各宪，始得仍遵赵例"⑥。

---

① 《明清苏州工商业碑刻集》第九目，江苏人民出版社1981年版，第121、123页。
② 吕坤：《实政录》卷三《檄示·为麦收将属通饬减利收债以恤贫民事》。
③ 《金坛狱案》。
④ 《明清苏州工商业碑刻集》第九目，第121、123页。
⑤ 同治《湖州府志》卷九五。
⑥ 光绪《平湖县志》卷二五。

大体从乾隆以后，在典当业得到大发展的同时，此类减利行动更加普遍，措施也更为细密。而且除了上述规定低于三分的利率上限、差额利率制度、足月过五日方许取利等项制度之外，还规定了冬底年初减利或达到一定期限之后让利一至两个月的制度，等等。在有些地区不但利用了政权的强制力量，还借用了商人之间的竞争等经济力量。在江苏，在康熙年间各项措施的基础上，规定更加完善，乾隆二十六年（1751），常州府规定"以三十日为一月，扣算足月之外，所余零日，五日以内，不许加利；十日以内，许收半月之利；十日以外，许收一月之利；其五日内旋当旋赎者，亦收半月之利"①。在江西，大约在乾隆初年，按察使凌㷆在一则告示中告谕商人"照得典铺酌让利息，原经本司会议，徐行息仍旧二分，如有当物期满一年取赎者，让利一月，二年取赎者，让利二月"②。在湖南，乾隆十六年（1751）九月，规定各地典当"凡一两以下至十两，以二分五厘行息，其自十两至百两以上，均以二分行息"。"其每年十月初十日至正月初十日一月之内，毋论数之多寡，各照历年成例，以二分取息向赎。"③ 在陕西，"他省质物者，出息不过二分，秦独三分"。嘉庆时藩司徐炘"劝谕众商令减息，众商不可，徐公申劝之，又减冬三月息为二分，他月仍旧。有渭南县南坳底村贺士英者闻之，慨然曰：此非官力所强也，吾质库三十处，散布于渭南、临潼、蓝田、咸宁、长安数百里之间，在省垣者八。吾者减，则众商皆减矣。仍改为终年二分，分榜于通衢，于是远近质物者争赴贺氏质库，不数月，西、同、凤、乾、邠五郡四十余州县质库凡八百余，悉改为终年二分"④。

关于强制蠲免利息甚至整个本息的问题。所谓蠲免，即在一个特定的时期，由政府强制性地下令免除全国或某一个地区高利贷利息甚至整个本息。这种政策在魏晋隋唐五代宋元时期似较多见，明清以后则很少见。一般情况下，只要利息合法，或虽超过，尚未引起纠纷，封建政府并不加以干涉，因而这一政策，仅表现为对一些十分苛刻的放贷进行管

---

① 《江苏省明清以来碑刻资料选集》十二，第305页。
② 凌㷆：《西江视臬纪事》。
③ 《西江政要》卷九《严禁典铺票内楷书字迹，毋许违例巧取重利并愿留取赎定例》。
④ 民国《续修陕西通志稿》卷三四。

制和打击，及强制蠲免一些利息总量超过倍称的借贷本息，如弘治二年（1489）七月十八日，针对军官指俸借债养家，一些放债之家"少则三五百两，多则七八百两，一家常放数卫，而一卫之利皆为网尽"的状况。兵部题准"除已前揭过俸钱，计其得利，不止数倍，自榜文出日为始，尽行革罢，不许再行索取。若是一向未还，及以后再有揭借者，止依大明律出息，年月虽多，不过一本一利"①。清代前期，至少从康熙年间开始，对于旗债、营债和街市印子钱、转子钱即进行管制和打击，如魏际瑞曾针对浙江旗债猖厥、天灾流行反而逼债的情况，要求"除旗丁奉旨严禁，不许放债？有禁，后复放者许百姓不还外，其余一切债负，俱于来年秋成取偿。若逞强"折人家、私妻女者，许本人鸣告地方，有司申究治罪，财本悉断入官"②。赵士麟于康熙二十年（1681）前后为浙江巡抚，处理杭州旗兵私放印子钱问题时，因其本息已达三十余万，而债务人多为穷苦无聊之辈，粉身碎骨亦难清偿，于是赵士麟代民偿债，但要求旗兵让利减本，一开始旗兵们同意，利全让，本减半，后经会同将军衙门反复谕劝，乃同意"每两让六完四""尽取原券清算，三万余"。于是赵自己捐银一万"在省之盐使，尚依藩臬、学使、盐司递捐以足，葛藤永断"③。

另外，明清律中对于以下诸种借贷，也是明令禁止的，假如借了，不但债主、债务人都要分别治罪，所借债款，不论本利多少，一律免除。第一，"凡势豪举放私债交通运粮官，挟势擅拿官军、绑打凌辱，强将官粮准还私债者"。第二，"听选官吏监生等借债与债主及保人同赴任所取偿至五十两以上者"。第三，"举放钱债买嘱各卫委官，擅将欠债军官、军人俸粮银物领去者"。第四，"军职将印当钱使用者"。第五，"在京住坐军匠人等揭借"，不于原借之人名下索取而"执当印信关单勘合等项公文""赴原籍逼扰者"。第六，"有负欠私债，两京不赴法司而赴别衙门、

---

① 《皇明条法事类纂》卷二〇《违禁取利·军职债主多取俸利问罪追还枷号一月例》。
② 魏际瑞：《四此堂稿》卷二《因灾禁？逼债》（？处疑有脱漏）。
③ 赵吉士：《寄园寄所寄》卷上，并参见《读书堂采衣全集》卷四三《抚浙条约下·捐赔营债》。

在外不赴军门有司有越赴巡抚、巡按三司官处各告理及辄具本状奏诉者"。① 清律中所述同类行为更多，主要似有以下一些，如：第一，"佐领骁骑校领催等有在本佐领或弟兄佐领下指扣兵丁钱粮放印子钱者"。第二，"民人违禁向八旗兵丁放转子、印子、长短钱粮者"。第三，"监临官吏于所部内举放钱债、典当财物者"。第四，"内地民人与土司交往借债者"。第五，"放债之徒用短票扣折违例巧取重利者"②。

六　中国封建社会利率管制政策分析

中国封建国家对高利贷利率的管制政策起源是很早的，如果说李悝《法经》中的禁令可作为这一政策的最早规定的话，那么，由此直至南北朝则是这一政策的形成及早期发展的时期，因材料的缺乏，许多有关的细节还不甚明朗，但这一政策的基本框架应该说已经形成了；隋唐五代宋元时期则是这一政策发展成熟的阶段；明清时期则是发生较大变化的历史时期。

中国封建社会利率政策大致可概括为以下几点。第一，限制利率高低，即规定利率上限。第二，限制取息总量，即规定取利总量上限。第三，禁止复利。第四，强制免除全部债务或取息总量超过原本一倍的债务。第五，减息或降低利率。从整体上看，前三项是这一政策最基本最核心的内容，是每个历史阶段都具有的；第四项则在宋元以后发生了明显的变化，即不再强制进行全国性的、不分利率、地区、借贷种类的蠲免，而实行地区性或考虑了取息总量及时间的蠲免。而第五项则是明清时代以后才有的内容，是这一政策的前后变化之一。

因资料的缺乏，战国秦汉至南北朝的法定利率如何尚不清楚，汉代盛行二分之息，但这是否法定利率则还不能确定，唐代则是五分或六分，北宋的规定承唐为六分，后来逐步下降，南宋的规定是四分，元代以后直至清代前期正式法律规定均是三分，但明中叶以后，因公私降利行为

---

① 《大明律集解附例》卷九《违禁取利》。另《大明会典》卷一六四《钱债》同。
② 《大清律例新修统纂集成》卷一四《户部钱债》。

的普遍化，①使放债利率尤其是典当业法定利率实际上比三分要低一些。可见，法定利率表现出了下降的趋势，是这一政策的前后变化之二。

造成这一变化的原因大体可从以下三个方面予以把握。首先，与商品货币经济的不断发展有关。在商品货币经济不断发展的情况下，一方面，商业、高利贷资本的积累会逐步得到发展，资本的活动地域会随技术及社会条件的改善在而扩大和深入，这样，资本的供应及流动性增强了，商人和商人之间、高利贷者和高利贷者之间便会产生竞争。这样利率的稳定和下降便有了可能。因为货币供应的增加会使高利贷者之间产生竞争，货币资本会向利率高的地方流动，平抑这些地区的利率。另一方面，从需求的角度看，随着商品货经济的发展，社会生产及流通、消费等对货币、资本的需求也会增加。小生产者作为借贷的主体在商品经济得到发展的前提下，它们可以通过多种途径改进生产、增加收入，以便在借贷进行再生产的前提下，也能有效地完成再生产，偿还债务，从而减少拖欠风险，降低名义利率；商人、手工业者作为重要的借贷者，他们的资本性、经营性借贷也在得到发展，这种借贷因与生产流通过程直接相关，因而利率是相对较低的，这对于利率整体水平的下降也是很有好处的。而随着利率整体水平的下降，法定利率的水平当然就会逐步下降。

其次，与封建国家控制、干预经济的方式变化有关。中国封建社会较早地形成了统一的帝国和强烈的统一全国的观念，为了维护其统治及防御北方游牧民族的入侵，封建国家必定维持一支大规模的军队，建立规模庞大而有效的官僚机构，为此它必然对经济施以控制、干预，建立一定的经济体制，以便从经济的机体上榨取到他们所需要的人力、物力等。其对经济的控制、干预，大体可以宋为界，分为前后两大历史时期。封建社会前期，封建国家对经济的控制和干预采取的是一种刚性的或者说强制性更强的方式，表现为全民兵役制、按人头或按户收税、人口的强制迁移、大规模的屯田营田、土地国有制及全国性的田制（占田制、均田制）以及对再生产过程的强制干涉等；在封建社会后期，则更多采

---

① 此处不涉及私人降息行为及其影响。

取软性的或者说非强制性的方式，表现为雇佣兵制、赋税主要按田产征收、国有土地走向私有化、政府不再确立田制、人口非强制性迁移、不直接干涉生产过程等。封建国家更多的是通过专卖制度或商品市场流通这一体制实现对社会产品的搜括和征集。利率政策中降息政策的推行及全国性蠲免政策的废除，正是这一转变的组成部分之一，而整体上的这一转变又是促进利率管制政策变化的重要原因。

再次，主要从清代前期降利政策的推行情况来看，这一政策的实施还有赖于社会中间阶层力量的兴起，这一阶层包括乡绅、各级学校生员、退职官员或其他一些热心社会公益事务的商贾、大户等。各种减利行为的推行是借助了这一社会力量的，往往形成官府主导、社会推动、互相协商的办事方式。实际上，不光是在利率问题上，封建社会后期的仓储、水利、道路、市政工程、慈善事业、航运、学校等事业的兴办、维持、经费筹措及管理也无不如此。而这一趋势可能是开始于宋，尤其是南宋以后的水利、仓储的兴修、维持等方面。

从这一政策的历史作用来看。与中国相比，西方中世纪及近代早期形成了一种完全不同的信贷系统，这就是更多地通过商业信用、合伙、年金购买等方式以筹得商业、手工业、国家财政（从城市共和国到王室财政）所需资金，而这些信用主要是通过票据进行的，如商业信用便主要通过汇票的承兑、转让及贴现进行，这样汇票便逐渐形成为一种货币替代物，不但可以大大节省硬币、节约流通费用。更重要的是通过各种票据的流通来筹措资金，逐步发展了一种非人格化的、社会化的资金交易方式，这种交易方式不可避免地可能会因投机及具体经营过程中的失误而产生风险，但与狭隘的、以人的关系为基础的人格化交易方式如直接的货币借贷相比，风险无疑是大大地分散了。这种体制的形成其首要的因素当然是经济的，主要是以陆上或海上商品的长途贩运贸易的需求为基础的，但基于西方特定的政治体制和宗教伦理而形成的那种对高利贷的严厉禁止政策，对此应该说也发挥了相当大的作用。

反观如上所述中国古代的情况可见，封建政府虽然制定了利率管制政策，对高利贷进行了诸多的限制和干预，但只要不取过律之利或不影响社会安定，封建政府不但不加禁止，反而加以维护，不少朝代其还亲自经营，取利以弥补某些财政需要，如汉代、唐代、宋代、金代、元代、清代等。这一政策对形成如上所述中国古代金融信用以直接的货币借贷为主的总特点是有很大的促进作用的。而这一特点的形成，又使中国古代的金融信用长期被束缚于人的关系之中，影响了资金交易方式社会化进程，而这一点对 16 世纪以后中国经济制度的近代化进程产生了相大的影响。

附记：本文选题的确定是在两年之前，记得当时宋史研究中心（时为历史研究所）所在平房小院中，正当初夏，空气湿润，我和先生聊起了自己的工作，偶尔谈起古代利率政策问题，没想到先生极为赞赏，且命我写成文，我当即打了个提纲及部分初稿，后因他事干扰，未能完稿。没想到先生却于 2001 年 11 月 2 日匆匆去了，此文是不可能再呈先生教正了，我自己也不可能再聆听先生的教诲了。谨以此文拜献于先生灵前，以表我无限的哀思和遗憾。

（原载《漆侠先生纪念文集》，河北大学出版社 2002 年版）

中国封建社会资金市场分析

——以高利贷资本为中心

一般认为市场包括商品市场与生产要素市场,后者又包括土地市场、劳动力市场、资金市场,相比之下,对资金市场研究还很不够。这里从供求关系角度对中国封建社会资金市场问题作几点分析。在中国封建社会,很早便有了商品货币经济及商业、高利贷资本的积累,而且与以小农为主体的小生产方式的要求相适应,这种商品货币经济及商业、高利贷资本的积累任何时代都不同程度地存在着,因此随着高利贷资本的长期运动和发展,随着高利贷资本与经济运行关系的不断深入和稳定,资金市场便逐渐形成了。"资金市场"这一概念既指资金供求双方集中进行资金融通的场所,也指因经济运行需要而引发的资金供求关系。在各种资金供求关系得到相当发展,生产性、经营性资金的供求在其中占有比较重要的地位时,资金市场就有可能形成。本文首先即结合供求关系的发展变化对中国封建社会资金市场量的扩大的进程作些考察。

一 与小生产方式相适应的资金市场量的扩大

中国封建社会经济的基本经济制度是地主制经济,与之相适应的是以佃农、自耕农为主体的小生产方式,这是一种以自给性生产和商品性生产相结合的生产方式。因此随着商品货币经济的发展,生产资金问题会日益突出,与这种需求相适应,高利贷资本中的生产性放贷便逐渐发展起来。

　　小农的生产、生活借贷大致包括以下五种情况。一是因日常生活消费包括衣、食、住、行等引起的借贷。二是因婚丧嫁娶及社会交往所引起的借贷。三是因封建赋役繁重所引起的借贷。四是因战争、水旱等自然或人为灾难而引起的借贷。五是因种子、肥料、耕牛、工具等生产资金需求而引起的借贷。因小生产方式的特殊性，其借贷的生产性、生活性有时无法严格区分，其中第二、第三种无疑是没有多少生产性的，第一、第四种虽是生活性借贷，但也有一定的生产性借贷的性质。姑以第一、第四种和第五种情况作为生产性借贷，分析一下它的起源及其发展。从时间阶段上看，这种借贷起源是相当早的。《逸周书》和《国语》中个别关于官府聚藏谷物而后对小农进行放贷的事例便有了一定的生产性借贷的性质。在反映战国以后情况的《管子》一书中记载了有关高利贷情况调查的事例，有关政府利用商业、高利贷资本运动特点向农民放贷以控制农民的事例，以及国家利用行政权力和道德说教促使高利贷者免除债务的事例。其中不少例子中的借贷具有了生产性借贷的性质。近年出土的湖北包山楚简有一部分记载的是因某地官府借债不还所引起的诉讼，其中有相当一部分是借贷黄金去籴买种子，当亦反映了当时高利贷中生产性借贷存在的可能性。

　　封建社会前期，或者说中唐以前，以土地国有制为主，封建国家在经济资源的配置方面占有主导的地位，正因为如此，封建国家在灾荒或战乱之后实行的各种"赈贷""廪贷""赈恤"和国家为督促无地、无生产工具的农民归农，或为开发某些荒凉地区所进行的借贷以及常平仓、义仓的借贷等对当时生产资金的借贷影响是很大的。这种借贷除犁牛、种子等直接的生产资金借贷之外，小农的粮食借贷也带有一定的生产性。当然这种借贷没有也不可能完全取代私人高利贷者的资金放贷。中唐以后，尤其是宋以后，随着均田制的崩溃，地主土地私有制得到大发展，国家土地所有制表现出衰落之势，这样封建国家对资源配置的影响下降。从资金供求关系的整体上说，私人高利贷者的地位上升，资金供求的市场化得到进展。虽然还有官府直接的高利贷经营，常平仓、义仓的借贷及各种救济性借贷，但显然以私人高利贷资本的放贷为主。与此同时，赋税体制及军事体制发生了巨大的变化，客户人身依附关系逐渐松弛。这种社会分工的发展，使农民有了更多的时间从事生产，其生产独立性及经济力量加强了，他们在商品生产中的地位也上升，随之其再生产对资金的需求也得到了发展。明清以后随着商品经济的进一步发展，形成了经济作物与粮食作物种植的地区性分工。我们知道，经济作物的种植，所需成本比一般粮食作物要高得多，这样小生产者对生产资金的需求便得到了更为明显的发展，比较著名的如桑蚕生产、烟叶生产、茶叶生产、甘蔗生产、桐子生产、柑橘生产等，均依赖从相应的商人或高利贷者那里借贷生产成本。另外，随着商品货币经济的发展，一般粮食生产中的生产成本借贷也得到发展，尤其是借贷的稳定性和普遍性得到进展。

以上所述乃是历代小农的生产性借贷随着商品经济的发展而逐步扩展的情况。依其发展程度的区别，我们还可以将生产性借贷分再细分为以下几种：第一，因日常生活缺乏或灾荒引起的以粮食为主的借贷；第二，一般粮食生产中直接借贷种子，或借贷货币购买耕牛、农具、种子、肥料，给发雇直、工本等；第三，在蚕桑生产、茶叶生产等经济作物生产中的各种生产成本借贷；第四，水利兴修、土地开发中资金的借贷。因经济发展水平的差异这种不同的借贷在不同的历史时期存在的情况是不同的。从整体上说，前两种借贷历朝历代都是存在的。而第三、第四两种则是中唐宋以后才得到发展、明清以后才走向普遍化的。

关于手工业生产，其中一部分已包含在对小农生产性借贷的叙述之中，因为小农的手工业、农业的生产往往是结合在家庭这一生产单位之中的。独立的手工业，尤其有一定资本积累的手工业店铺的相关情况则在以下叙述。

与生产方面以小生产为主的特点相适应，中国封建经济在流通方面的总特点是以狭隘零散的地方小市场为主（包括墟市贸易与绝大部分镇市贸易），包括城市市场、区域市场以及全国性市场（长距离贩运贸易）。而全国性市场即长途贩运贸易到明清时期才得到了比较明显的发展。虽然历朝历代都存在程度不同的国际贸易，但不存在什么稳定的有影响的海外市场，以至直至 16 世纪以后，大量手工业品运销国外，往往直接带回大量的银币，而不是相应的手工业、农业产品便是明证。

与这一特点适应的是，在这一市场上活动的商人是以中小商人为主的，其中相当一部分是从农业中分离出来的农民或兼营商业、放贷的地主官僚士绅等。明清以后，随着徽商、晋商等地方性商人集团的产生，专业商人才得到比较明显的发展。而商业的形式限于行商、坐贾及居中撮合行商与铺商、行商与生产者之间交易的牙商、经纪等，专业的批发商未能得到大的发展，城市手工业店铺则多采取前店后厂的形式。当然这里也不是否认富商大贾的存在，从《史记·货殖列传》所谓"素封"至明清徽商、晋商中的豪商大贾，便是这一阶层存在并影响社会经济的明证。

与小农等小生产者不同，商人（包括独立手工业者）尤其是中小商人为了启动或扩大他们的经营，是需要经常性的资金供应的。为满足这一需求，商人主要通过以下几个途径。一是直接借贷别人资金；二是与人合伙，吸收亲朋好友的闲置资金；三是吸收存款或"委托生息"之款[①]；四是通过赊购等商业信用行为。[②] 这几种筹措资金的方式都有与资金市场有关。

以下主要以第一种方式为例来加以论述。

借贷经商是十分古老的事情，《周礼·地官·司徒·泉府》有"凡民之贷者，与其有司辨而授之，以国服为之息"的记载。此句郑司农的解释是"贷者，谓从官借本贾也，故息，使民弗利。以其所贾之国所出为息也"。可见有借贷资本经商之意。如果说《周礼》反映了战国秦汉时期情况的话，应该说当时借贷经商是比较多见的了。《孙子算经》有"今有贷与人丝五十七斤，限岁出息一十六斤"的记载，这里应该是对手工业者的原料性质的实物放贷。

在封建社会前期，即中唐以前地方市场、城市市场、区域性市场、全国性市场都是程度不同地存在的，但就其交换的商品而言，区域性市场及全国性市场恐都以奢侈品贸易及以盐、铁等为代表的地方土特产品

[①] "委托生息"：存款与"委托生息"之间不好明确区分，都是按约定的，或当时市场上比较固定的利率取息，只是有些"委托生息"带有一定的企业债券的性质。

[②] 赊购：是商人之间的行为；预付：则指贩运商人与生产者之间，但生产者在此是一身二任，他既是生产者，又是商人。

贸易为主；城市基本上作为军事政治中心，商品交换的基本形态是农产品与地租、俸禄收入的交换，基本不反映社会生产分工的扩大。再加上坊市制的束缚，市场的扩展受到严重影响。因资料的缺乏，对这一历史时期商人的负债经营详情尚了解不够，但资金的供求还处在一种个别的、偶发的阶段则是无疑的。

中唐尤其是宋代以后，随着经济的发展及军事、赋税体制的变化，小农尤其是佃农经济地位的提高，商品交换的内容开始发生本质的变化，区域性市场及长途贩运开始转向以粮食、布帛等日常用品为主。同时，坊市制的崩溃及镇市的兴起使市场网络走向细密，市镇总量达到两千多个，城市市场对周围乡村经济的渗透加强了，与此同时，商人的资金需求也得到了大发展，不但商业、城市手工业的资金借贷得到了发展，使借贷经营更加普遍化，借贷的规模增大；而且随着这种普遍化而来的是宋代工商业资金的供求在一定程度上走向稳定化，如北宋东京私人高利贷者、官府市场抵当所与工商业者之间，海外贸易商人与广州的高利贷者之间，东南一带的粮商与质库之间，等等。

明清以后，以日用品如绸缎、棉布、棉花、粮食等为主的长途贩运得到了大发展，城市的经济功能加强，形成了以苏州、汉口等城市为代表的经济中心城市，城市市镇贸易网络更为细密，一些市镇成为商品的集散地。这样，商人的资金需求得到进一步的发展，工商业店铺或行商通过借债形成的运营资本规模往往达到原本的两倍以上，资金供应稳定化的行业、地域更为广泛。尤其值得注意的是宋元时期比较罕见的矿冶、航运业等行业中的借贷经营也得到发展并走向稳定化。

综上所述可见，随着小农生产性借贷及商人手工业者经营资本借贷的发展，中国封建社会资金市场供求总量是逐渐发展的。与此同时，资金市场主体、业务、利率等也发生了相应的变化，这将在下文论述。

二 资金市场主体的演变

就资金市场主体看，在封建社会或者说唐朝中叶以前，主要是个人，还有官府、寺院，一般是直接进行经营，后来逐渐产生了质库。质库源于何时？目前有汉代说、南朝说，持后说当然也是有根据的，但笔者认为汉代便可能已经产生，因为作为其业务基础的动产抵押借贷在汉代也已相当普遍和常见。唐代以后，质库，包括私人开设的和寺院开设的质库则是肯定存在的，而且在不断得到发展，五代时封建国家或地方藩镇也设立了官营的质库。除质库外，还有几种机构值得我们注意，一是南朝时期的"邸"或"邸舍"，这是由当时公主、王公及其他高官贵族设立的经济机构，据唐长孺先生考证，"邸"的业务是以放高利贷为主的，不过我们尚不清楚它究竟只是一种管理机构，还是一个有资本核算的经营机构。二是唐代的柜坊问题，柜坊是唐代市场上储存钱物的机构，但就目前所见史料看，这种存款是无息的，也未见柜坊以所存款项进行再放贷，故而其是否算一种金融机构，尚存疑。唐后期一些史料有"僦柜"之名，依胡三省之注解，其经营业务与当时的质库极其相似。胡之注当有其根据，宋代以后，也有一些材料记载：有经营者领别人本钱开质库，但一段时间后，资本主查问，这位经营者却说开的是柜坊，反映柜坊的业务确有可能与质库业务类似。① 三是寄附铺。日本一些学者解释成与质库类似的机构，但我觉得目前资料尚嫌不足，兹不论。四是唐代一些大中城市的商铺也有进行放贷者。

　　至于私人、官府、寺院除质库等专门机构之外，还有以家财包括地租、俸禄、商业利润收入、国家财政收入、施舍收入等进行放债经营。其中私人包括地主、商人、贵族、军将、僧侣及其他小私有者。其经营往往与家财没有多大的区别，也没有什么严格的会计核算，值得注意的是，在这些私人高利贷者中还成长出了不少专业的高利贷者，如汉代的"子钱家"。在这些"子钱家"之下，因资本规模的扩大，还出现了专门经营者。使资金市场的网络向更广的地域、更多的行业伸展和渗透。

　　中唐尤其是宋代以后资金市场主体在私人、官府的一般放贷方面并无明显变化，但金融机构却变丰富了。从金融机构看，首先值得注意的还是质库，当时私人经营的称为质库、解库、典库、解典库等，寺院经营的叫长生库。宋官府经营的叫抵当所或抵当库，元代官府也经营了质

---

① "僦柜"也可解释成"租出去的柜坊"之意，只有租出去了，才有可能储存钱物。

库，然无专门称呼。

　　除质库之外，还有几种机构也与资金的融通有关。一是唐以来便有的金银铺。金银铺主要是进行生金银买卖和金银首饰的打造，因为白银在宋以后走向货币化，所以有些学者认为金银买卖也有货币兑换的功能。其次金银铺还有些存储功能，如有人拿一块银子存于金银铺然后零星取钱使用。这样的记载至明初还存在。二是宋代金银铺还兼营交引的买卖业务，故金银铺有时又叫金银交引铺，不过这种买卖是地区性的，主要在北宋首都东京、南宋首都临安及与对人中粮草商人支付代价有关的地区，如明州等地存在。这种交引买卖提前兑现了商人资金，便利了流通，有一定的资金融通的意义。三是宋代榷货务。这是管理宋代禁榷物资的机构，包括茶、盐、香药、矾等物的买卖，以现钱或这些专卖物质兑现交引、经营官营便钱业务等。显然其兑现交引、进行便钱都有一定的资金融通意义。四是发行交子的商铺榷货务。早期交子由成都富商联手发行，以代替笨重的铁钱，本来带有钱票性质，如果商铺以此代替现钱放贷，则具有了一定的资金融通性质，但尚未见这样的资料。而且后来由政府控制发行，逐渐演变成一种国家强制信用的纸币了。五是发行寄附会子的机构。北宋末年至南宋初，东南一带民间盛行会子，以寄附钱物为本，发行汇票，即是一种汇票同时间的调动，故而也具有了一定的资金融通的意义。又作为一种信用货币流通。显然这与榷货务经营的便钱一样是便利了资金在地区的流通，但是，其后来同样也被宋政府控制，逐渐演变成了一种国家强制信用的纸币，失去了当初的意义。其所谓的"寄附"含义究竟如何，是否可以解释成唐及北宋以来的寄附铺呢，亡就是能否说寄附会子是由寄附铺发行的呢？如果是，这则是一个了不起的创造，寄附铺也可以说是资金市场上一个相当重要的角色。可惜目前尚无材料实证。日本学者在这个问题上大做文章，并因此对唐宋以来的寄附铺给予了相当高的评价，甚至是过分高的评价。六是平准周急库。元代行用纸钞，其地方货币管理机构名平准库，元世祖时，有一个时期，任命卢世荣理财，卢世荣请求设立平准周急库，以较低的月息，向百姓放贷，但其施行详情如何却不得而知。卢世荣不久被处死，其政事当亦废。七是斡脱总管府与泉府司。本是元代管理斡脱商人事务的机构，后来也进行了放贷经营。宋元二代官府除开设质库外，也进行了其他钱物放贷，最著名的是宋代的青苗钱物放贷及市易务的货币及实物放贷。私人高利贷者亦包括地主、商人、贵族、官僚之家，类似于"子钱家"的专业高利贷也是广泛存在的，如元代的斡脱商人的主要职能便是放债。宋元二代专业的放贷经营者或者说代理人叫"行钱"，他们往往领主人资金进行放债，按一定比率分取所得利息，但与主人之间存在一定的依附关系。

明清以后，资金市场主体发生了较大的变化。从金融机构这一角度看，原有质库仍然存在，但更多地被称为典当、当铺等，与以前各代的质库业比，经营的典当业地位日益重要，最著名的是徽商和晋商。典当之外，最值得注意的是钱铺（钱庄、银号）。钱铺源于何时，尚无定论。《水浒传》中有所谓的兑坊，明代从事钱币兑换者有时也被说成"以兑钱为业"。但其经营业务如何却不得而知。故而钱铺当是在白银货币化进程最终完成并与铜钱比较固定地成为商品交易的货币以后，由原有的钱桌、钱柜等演变而来的。其业务情况一开始比较单一，后来逐渐多样化起来，成为一个综合性的金融机构。其次是账局。账局源于清乾隆间，可能更早一些，一开始是放官吏债，后来逐渐地也对商人放贷，而且其地位越来越重要。主要是由山西商人经营的。但我发现类似的机构其他地区商人可能也设立过，如《樊山批判》即记载了陕西商人在成都设立账铺的事；《歧路灯》中也记载了专门放贷的铺面对一些旧家大族的不肖子弟放贷的事情。

再次是票号。票号亦是由晋商创立的一种金融机构，一般认为最早的票号大致设立于道光初年，多由丝绸、颜料等铺面转化而来。

另外，值得注意的是明清时期的商铺也常执行部分的金融职能，尤其资本殷实、信誉较高的商铺，包括布铺、杂货店、绸缎店乃至烧锅店等。

从总体上说，明清时期在资金市场上从事各种金融活动的机构，虽然处在一种多元复杂而混乱的状态之中，但与前代情况比，发展是相当明显的，基于民间自由工商业的发展及由此而导致的对资金融通需求的稳定化，宋元时期许多尚无专门经营机构经营或民间经营不久即被官府控制、摧残的各种业务，如兑换、汇兑等，至明清以后都有了专门的机构经营。虽然私人、官府的一般放贷还占有相当重要的地位，但是金融机构在资金市场上的地位却越来越重要，尤其是商人手工业者的流动资金更越来越依赖这些机构予以满足，从而表现出了对私人高利贷者的一种排挤。这应该是封建社会后期资金融通即资金市场的运作走向社会化或者说近代化的一种表现。

从私人、官府的一般放贷来看，明代各级官府似乎未经营放贷，而清代则从中央到地方乃至皇帝本人均是经营高利贷的，除开设质库外，也进行了一般的放贷，可以说形成了一张官营高利贷放贷的大网。明清官僚贵族除设质库之外，也经常将俸禄收入投入放债；而占主导地位的则是商人及一般庶族地主，尤其是地区性商人集团跨地域的放贷经营更引人注目，这方面除晋商、徽商之外，如明代江西商人在西南、两淮地区的大规模放贷，陕西商人在西北及北方各地的放债等也是很有名的。他们之中相当一部分是专门的高利贷者。

三　资金市场业务的演化

从资金市场的业务发展看，历代私人、官府进行的一般放贷的业务形式基本上是抵押借贷和信用借贷，前者是以房宅田地、奴婢或借贷者家庭成员为抵，或以家中衣物、首饰、农具等值钱之物为抵押借贷钱物[①]；后者则不用提供抵押物品，只凭担保人或借贷者本人的信用进行借贷。宋以后，还有一种预押、预购，即生产者以未完成的产品为抵押，向商人借贷成本，生产完成后以产品偿还。宋元时期这种预押多局限于粮食生产及家庭手工业，明清以后则向经济作物生产领域及手工业作坊扩展。

私人一般放贷业务较长时期的发展及普遍化，往往是形成某种专门金融机构的基础，如战国秦汉以来动产抵押借贷的发展是形成质库、典当业的基础；自明以来官吏放债的发展及普遍化是形成清代账局的基础；

---

① 典质库、典当是这种借贷的专门经营机构。一般私人也常进行这种借贷。

自明代以来一般私人、商铺兼营的汇兑业务的普遍化则是形成清代票号的前提条件。

金融机构开展的业务,首先,仍从质库典当业来看,其动产抵押借贷业务从其产生之日起直至清代都是存在的,但是从中唐尤其是宋代以后,其业务却发生了较大的变化,由单一业务向多种业务转化,主要表现在:第一,存款业务的发生。学术界对存款发生的研究集中于唐代柜坊,但这些钱物存储是否有利息,尚无法确认,故不能算是正式的存款。有息存款是在宋代官营抵当所及元代寺院解典库中首先发生的,私人质库是否也存在尚无确证。至明代以后则在私人典当业中不但可以存款,而且其利息可以零星取用。清代以后,因各级官府公款及社会性款项的大量存典,更促进了典当存款的发展,而典当存款的发展,则大大地扩大典当运营资本的规模。第二,动产抵押放贷业务的发展。宋代以后,在一般动产抵押放贷的基础上,典当业经营者允许农民、商人以粮食、丝绵、棉花等生产品抵押,向他们放款。这种业务的开展,使商人可以扩大资本运营规模,小农可以因此比较稳定地获得比一般私人高利贷者利率低的生产资金。这种业务开始于宋,[①] 兴盛于明清。第三,钱帖的发行。这种业务似乎是出现在清代以后,近现代典当业也继承了这样的业务。一开始是因为现钱不足,后来却成了典当业扩大资本的一种手段。由此可见,质库、典当的业务是随着商品货币经济发展的需求逐步发展的,宋代以后,它基本上变成了一种综合性的金融机构并具有了一定的近代借贷资本的性质。明清以后因存款业务的进一步发展和钱帖业务的开展,其资金供应更具有了稳定化及社会化的特点,其近代性质似乎也更加浓厚了。

其次,钱铺业务。中国古代有时也有外国货币流入,如南北朝隋唐时期的西部边州,明清时期的东南沿海,但主要是国内货币。早期是铜币与实物币并用;宋元时期是钱楮兼用;明清时期则银钱并用。白银货币化完成之后,铜币和白银有了相对固定的比价,真正的货币兑换业务在钱桌、钱铺中产生了。一开始是单纯兑换,在其资本规模扩大之后,

---

① 唐代"僦柜"也有产生了这种业务的可能性。

大致在明后期又开始对商人与城乡居民进行资金的放贷，而且多与兑换结合。清代前期以后，钱铺（包括钱庄、银号）又开展了存款业务和钱票发行业务，而钱票发行又是与放款结合的，即以钱票向商人放贷，故而又叫"放票"。"放票"的进行及商人对放票的利用，从钱铺、钱庄一方说，扩大了资本规模和信用范围，即创造了新的信用，同时也使资金市场与商品交换即生产过程形成某种本质的联系，成为生产过程的一个本质的要素。近代以后洋行通过钱庄原有的金融网络推销外国工业品或购买中国的土特产品便主要利用钱庄的这一业务形成。如洋行便常接受中国商人或掮客委托钱庄开出的庄票，卖给这些商人、掮客各种洋货。后来钱庄因为资金有限，开始开出庄票向外国银行拆借款项。与此同时洋行也将庄票委托银行代收，而洋行在收购中国土产商人丝茶等货物时，便可向这些商人开出支票，再让土产商把支票解入钱庄，钱庄就从外国银行处收款。这样银行便通过对各方来往资金互相轧抵，而避免以现银清算，既扩大了信用，又节省了现银，加快了商品流通。这些事实一方面说明了外国银行对中国金融业的控制，也表明了清代以后的钱铺、钱庄、银号的业务已经具有了相当浓厚的近代化气息。

再次，关于账局的业务。早期账局以对举人、候选官员放贷为主，后来也开始对行商及各类铺商放贷。尤以北方各地城市最为有名，基本上是一种信用放贷。据王茂荫的描述，商人只要定期将所欠本息拿到账局，账局予以点查，收下利息，本钱仍可持归，继续运营。账局直至咸丰年间在资金市场上势力仍比较大。

复次，关于票号业务。汇兑源于唐之飞钱，宋代之便钱。明中叶以后，在货币资本的积累及全国性的流动、全国或区域性经济中心城市的形成，各地与这些中心城市资金往来的经常化，汇兑业务亦得到了发展，直至清代乾隆之间，仍由殷实之家或商铺兼营，兑现者也限于私人之间。清代道光以后，大概随着这种业务的普遍化及其他技术条件的发展，如所谓民信局的产生，专营汇兑的票号产生了。票号的产生不但便利了商人的交易活动，解决了运现的困难和危险，更重要的是，后来票号还与汇兑相结合向商人放款，同时也接受商铺及居民存款，从而极大地便利了商人交易，促进了经济的发展。但这种汇票似乎还没有通过背书承兑转变成信用货币在市场流通，从而使其积极作用受到一定的局限。除了这种汇兑之外，还有一种汇借亦值得注意。如乾隆年间的材料记载：有人在某府城经营典当，想要扩大资本，便请求自己的朋友从省城汇借银子若干，并承诺一段时间后，连本带利偿还。徽州文书中有不少借券亦名"会票"，可能是这种与汇兑结合的异地借贷的契约。

最后，值得注意的是，明清时期的商铺虽不是金融机构，但常开展某些金融业务，最常见的是接受私人、官府的存款，其中私人款项既是一种一般存款，一些数额较大的"委托生息"之款也具有债券的性质，一般是定期交息，到期还本。尤其同城商铺往往互相存款取息，以便充分运用资金、减少闲置；一些富于资财、信誉较好的商铺还常为人开出或承兑汇票。

以上对资金市场的业务演变作了一个简单概述，由此可见，在封建社会前期，其业务还是比较单一的，唐宋以后出现了不少带有近代意义的业务形式，只因民间工商业力量尚弱及官府的控制摧残而未能正常发育，明中叶以后这些业务才逐渐发展起来，并由专业的金融机构来经营，随着生产方式的变化及这些业务与经济运行关系的稳定化，资金市场亦开始与经济运行暨社会再生产发生某种本质的联系，资金市场的近代化气息也日渐浓厚。

四 资金市场利率的演变

与资金市场供求总量增加，业务日渐丰富及近代化，金融机构日渐发展及在资金市场份额增加的趋势适应，资金市场的利率也发生了变化，呈现出波浪形起伏及整体上趋向稳定下降的趋势。资金市场利率包括放款利率、汇率、存款利率等，这里以资料较为丰富的放贷利率为例予以说明。

首先，与中国古代商品经济发展的几度兴衰相适应，借贷利率呈现出两度起落，呈波浪式下降的发展态势。具体说来，战国秦汉时期利率大致处于一个较低的水平。苏秦的家人说：周地的人们"力工商""逐什二之利"，虽然说是一般工商，无疑也在一定程序上反映了当时的一般借贷利率水平。西汉司马迁与东汉的桓谭谈到当时的货币借贷时，都以年利20%来概括；王莽变法，年利也为10%—36%。说明秦汉社会一般货币借贷利率是比较低的。至魏晋南北朝以后，利率水平上升了，这一趋势似乎直至唐初。从吐鲁番出土的高昌国及唐前的借贷契约看，绝大部分实物借贷利率都在年利倍称之上，货币借贷月利都在六分以上。大致自开元之后，利率才有所下降，"私债五分"的法令，虽然未必都能遵守，但应该还是反映了当时利率水平的下降。这个趋势一直保持到宋代，尤其熙宁、元丰之后，下降之势更为明显，一分、一分半的低利在官私借贷中产生了。南宋以后这一趋势仍然保持，如湖湘农村一分七至二分的质库利息。元代以后，利率却陡然上升，突出地表现在货币放贷利率，且不说元初那种年利倍称、利上取利的羊羔儿息，就是元朝中、后期以后，货币借贷年利100%的情况也普遍存在，虽然自至元后期以后，这个高涨之势有所缓解，如部分地区质库恢复了三分之息，贷谷50%的较低年利率也出现了。但总体上还是很高的，如元代诸杂剧所反映的元代一般银钞借贷，其利率几乎都在年利倍称以上。自明中叶，即明成化以后，随着经济的恢复和发展，才重新出现下降之势，如绍兴新昌，在永乐、宣德时代是借谷、借银加五、加六或取对合（即倍称之息），至成化以后则加五、加三而已（即五分、三分）。明朝中叶以后，虽然也不乏高利，但在货币借贷中三分或三分以下的利率非常普遍。尤其是随着宋元以来典当业的长期发展，自明中叶以后，质库、当铺利率下降非常明显，以至弘治以后，典当一分、二分之息成了一些地区最一般的利率，如《此木轩杂著》所说，徽商去外地开当，"取什一、二之息"。这个较低的利率水平至清代仍然保持着，尤其是乾嘉之后。据黄冕堂先生对乾隆二十六年、嘉庆二十年、道光二十二年共68年的有关债负问题的刑科题本中的案件所做的统计可见，年或月利三分的共274件，二分利的128件，总计402件；五分利的52件，年利超过一倍的95件，后两种合计147件。从总量上看，后者不及前者的一半，反映出清代高利贷利率相当部分还是保持在一个借贷者可以接受的、较低的档次上的，而且其中有大量一分、一分半的利率，黄先生在统计中并未加以考虑。如果再加上自明代以来典当经营的"谷典"及地主开设的谷押业务在清代得到进一步发展，使长期降下来的谷物借贷利率进一步有所下降这一点,清代利率的整体水平比明代又有所下降,尤其是在商品经济较发达的东南地区更是如此。

以上叙述了古代借贷利率波浪式起伏的态势,从另一角度看,其利率整体上又是趋向下降的,从资料比较丰富的隋唐以后各代的情况分析,唐宋时法定利率一般是四分、五分、六分,而明清则一般是三分,法定利率一般反映当时利率的中等水平,它的下降无疑在相当程度上反映了实际利率的下降。以货币借贷为例,每月十分之一的利率在唐西州、沙州地区货币借契中很常见,内地官僚、贵族私债也多是什一之息,如:唐前期"公主之室""勋贵之家""放息出举,追求什一"。中唐以后,这一利率水平开始下降,至宋代,货钱月息以三分至五分为适中。明清以后,则以二分、三分为多,一分五厘、一分甚至九厘、八厘等低利率也流行起来。到了清代后期,二分之息就被视为重息,十分之息则被看作罕见的带盘剥性质的利率了。光绪年间的樊增祥说:"月利十分,闻所未闻。"又说:"事在光绪十二年,迄今八载,现负二分重息,何得彼此均不筹还。"至于清代后期利率究竟详情如何,因在本文范围之外,此不赘述。

总而言之,中国古代高利贷利率呈现出了波浪式起伏和整体上下降的趋势。

五 结语

以上从四个方面对中国封建社会即 18 世纪前后及其以前各代的资金市场作了一个整体的分析,由此可见:

第一,因商品货币经济的发展,中国古代经济运行过程中的资金问题日益突出,与此相适应,中国古代资金市场的容量是逐渐扩大的。

第二,随着社会生产、流通对资金需求的发展即资金市场容量的扩大,资金市场的主体亦逐渐发生变化。由私人、寺院、官府分散兼营,市场主体混乱无序向由金融机构集中专门经营、市场主体相对固定发展。尤其是 17 世纪以后,大部分的金融市场开始由金融机构占有,而那种数额较大、需求供给比较稳定的市场,更主要由金融机构予以满足。

第三，资金市场业务经历了由单一简陋向复杂多样的演变，如由单纯的放款到存款产生，到货币兑换产生，再到汇兑产生及专门经营货币兑换、汇兑的金融机构形成等。

第四，从借贷利率看，大致呈现出了波浪式起伏及整体下降的特点。整体上说，中国古代资金市场经过长期自身发育，到17—18世纪已经达到一个相当成熟的阶段，从而较好地适应了这一时期经济的发展及生产方式的新变化。但相对于同时期的西方，表现出了发展迟滞的特点，其主要表现在市场社会化方面发育迟缓，市场运作受到前近代社会狭隘的共同体关系网络的极大束缚。相关法律制度尚不足以冲破这一网络。广义上说，资金市场还应包括商业信用、合伙制、官府对私人的借贷。商业信用与高利贷一样属于个人信用范畴；合伙制与官借民债则分别是近代股份有限公司制度暨公司信用及国债制度暨公共信用的源头。值得我们重视，因篇幅所限，这里从略。

(原载《李埏教授九十华诞纪念文集》，云南大学出版社2003年版)

唐宋常平仓的经营与青苗法的推行

青苗法是北宋王安石变法时的一项重要新法，关于它的具体做法、执行状况及当时经济生活的关系等问题，学术界已多有探讨，本文试就青苗法的推行与唐宋时期尤其是北宋熙宁以前常平仓的经营二者之间的关系略陈管见。

一

青苗法又称常平新法，其具体办法是：将常平、广惠仓现有的1500万贯石全部换成现钱，以现钱普遍借贷给广大乡村民户，有剩也可借贷给城市坊郭户。人户以五户或十户为一保，由上三等户作保，分夏料、秋料两季借贷，时间分别在正月三十日、五月三十日以前，分别于五月、十月随二税偿还，各收息二分。[①]

那么青苗法究竟来源于何处呢？

---

① 参阅《宋会要辑稿》食货四之十七、十八；食货五三之八。另外，换成现钱，有两种情况：一种是部分谷物确实与转运司等兑换成了现钱；另一种是只将现有粮食折为现钱数，以便计息，而并未换成真正的现钱。所以，第一，人户既可借见钱，也可借斛斗。第二，现钱出贷仍主要是原为籴本。因而《宋史》卷三二七《王安石传》说："青苗法者，以常平籴本作青苗钱，散与人户，令出息二分，春散秋敛。"《温国文正司马公文集》卷五四《乞趁时收籴常平斛斗白札子》也说："熙宁之初，执政以旧常平法为不善，更籴本青苗钱，散与人户，令出息二分，置提举官以督之。"另外《宋会要辑稿》食货五十三之八载：熙宁二年闰十一月二十四日，条例司上言也说明，虽然熙宁元年有将谷物斛斗变成现钱的诏书，但并未彻底执行，因为"若悉令变转，移之三路，则诸路却缺斛斗，恐不为便，诏淮南等路前诏更不施行，所积斛斗伴只留本处"。

其具体做法主要是参考了李参在陕西为预籴军粮而散的青苗钱之法①以及王安石在鄞县任地方官时的一些借贷之政。②

而从青苗法作为官府主持的有利借贷这一点来看，其直接的思想来源又是《周礼·泉府》中所述借贷取息之政。王安石曾命众臣修《周礼新义》，因而《周礼》不但深刻地影响了王安石本人的思想，而且成了推行变法的理论根据，在青苗法遭到以韩琦为首的反对派的激烈攻击时，王安石便是以《周礼》为依据予以反驳的，而后来韩琦又上书论辩，也引《周礼》为借口。③

可见，青苗法是在《周礼》的思想基础上吸收了李参及王安石任地方官时的一些做法推行的。但是李参的办法实际是一种预籴军粮，是否有息，还不好下结论；王安石在鄞县的借贷之政，虽出借钱谷取息，但是否是常平仓的钱谷似乎也不敢肯定，因宋代熙宁前地方常平仓属提刑司专管，除了诏令移用者外，是不许挪用的。

既然青苗法是常平新法，那么它的推行必然与常平仓的经营有密切的联系。实际上，它是在唐宋特别是北宋熙宁以前常平仓职能变化的基础上推行的，是在常平仓的经营存在一系列弊病的情况下对它的一次重大的改革。

唐宋常平仓的经营主要有三种形式：赈、贷、籴。赈，即赈济，政府在灾伤紧急情况下，以常平仓粟无偿赈济，或作粥救人，此法只可施于一时，而不可长久，可长久者是贷与籴。贷即是春荒或饥荒时，改府下令将常平仓出借，秋收时收回；而籴，即是年丰谷贱时，加价收籴；

---

① 参见《宋史》卷三三〇《李参传》。另外周辉《清波别志》卷下也记载：李参在陕西"视民乏时，令自隐度谷麦之入预贷官钱，至谷麦熟则偿，谓之青苗钱。数年后，军食常有余，其后青苗法，盖取诸此"。

② 参见《宋史》卷三二七《王安石传》以及《邵氏闻见录》卷一一："王荆公知明州鄞县……所行之法皆本于此。"此外明人李日华《六研斋笔记》卷一（四库本）载："王介甫令吾浙之鄞，鄞滨海，其民冬夏乘筏采捕为生……故民得指田为质，以贷豪右之金。豪右得乘急重息之，介甫特出官钱轻息以贷，至秋则田亩安然足偿，所谓青苗法也。"可见王安石的借贷之政除谷物外，也有货币借贷。

③ 《宋会要辑稿》食货四之二十四转四之二十三，此处本书顺序颠倒。此奏实际上是王安石所为，韩琦之再次上书可见。同上四之二十七。

年歉谷贵时，则减价出粜，但减价不许亏官本。通过籴粜以平抑谷价。应该说，后者才是常平仓的主要职能，但是宋自淳化三年设立常平仓以后，常平仓虽然也平价籴粜以平谷价，但是一则因官吏怠慢及豪强地主把持，籴粜常遭破坏。① 二则自从常平仓设立之后，便与太祖乾德二年设立的义仓的职能②互相混合，大量用于赈贷，即用于救济灾荒③甚至将常平仓所储籴本及谷物挪用作军费。④ 三则自从政府实行和籴粮草之后，常平仓的大部分平籴职能已由和籴取代。常平仓除赈、贷之外，已是有名无实。

那么，在这种借贷过程中，人户是否要出息呢？从现在掌握的资料看，王安石变法是最早大规模实行有息借贷的，但最迟从仁宗时候起，士大夫之中便有人这样主张，并付诸实施。而且有意思的是，他们也是以《周礼·泉府》之言为其思想根据的。景祐二年（1035），御史中丞杜衍便上疏以为："国家列郡置常平仓，所以利农民、备饥岁也。然而有名无实者，制度不立耳。臣以为立制度在乎量州郡之远迩，计户口之多寡；取贱出贵，差别其饥熟；信赏必罚，责课于官吏；出纳无壅，增减有制；本息之数，勿假以供军；敛导之时，禁其争利……此法之设，盖以抑兼并、惠贫弱，苟行之必信，守之必坚，本息渐增，则公私获利矣……议者若云，圣朝不当以出息为名，此又不稽其实也。周公制民之贷者，以

---

① 《曾巩集》卷四九《本朝政要·常平仓》载："淳化二年，诏置常平仓，命常参官领之……复旧制也。"而《宋史》《太宗纪》《食货志》、《宋会要辑稿》食货五三之一、《长编》卷三十三均载常平仓最早设立于淳化三年六月，而《曾巩集》记为淳化二年，问题何在？当考，本文从《长编》等书之说。

② 《长编》卷四乾德元年三月"是月，令州县复置义仓，官收二税，石别输一斗贮之，以备凶俭"。

③ 《宋史》卷一七六《食货志》上四："自景祐初，畿内饥，诏出常平粟贷中下户，户一斛，庆历中，发京西常平仓粟振贫民。"《长编》卷一一四景祐年二月癸巳、卷一三五庆历二年二月壬辰、卷一三七庆历二年八月壬申等记载都是如此。

④ 《宋史》卷一七六《食货志上》四："（景祐中）后又诏：天下常平钱粟，三司转运司皆毋得移用，不数年间，常平仓积有余食，兵食不足，乃命司农寺出常平钱百万缗助三司给军费。久之，移用数多，而蓄藏无几矣。"参见《长编》卷一二九康定元年十二月丙戌。《宋会要辑稿》食货五三之七载：庆历六年因常平仓籴中的弊病，下令废定梓利三州常平仓，而主管常平的司农寺却认为："有常平仓，倘饥馑之岁，可备赈贷。"因而请求不废。可见常平仓谷物用于赈贷成了它的基本职能。

国服为之息。又贷万泉者入息五百，亦取之以其道耳。"庆历二年（1042），余靖也上疏指出：景德年间起置常平仓"付司农寺系账，三司不问出入，每至夏秋两熟，准市价加钱收籴，其出息本利钱只委司农寺主掌，三司不得支拨，自后每遇灾伤赈贷，使国有储蓄，民免流散者，用此术也"①。可见，在杜衍、余靖先后提到的常平仓经营中都有出息之说，如"本息渐增""其出息本利钱""本息之数"等。这些息来源于何处呢？其中一部分来自粜价与籴价的差异，即因出粜一般高于籴价，从而使政府得利。但是从杜衍以周公制民之贷为例及宋代常平仓谷物大量用于借贷的事实看，肯定也有一部分息是来自借贷之中。因而王严叟说："臣按祖宗赈济旧法，灾伤无分数之限，人户无等第之差，皆得借贷，但令随数纳无数而已，未尝有有息也……其后多刻薄之吏，阴改旧法，必待灾伤放税七分以上，方许贷借，而第四等以下方免出息。"② 可见，太祖太宗以后，在赈济借贷中，三等以上户都是要出息的，而在这种赈贷之中，有义仓谷物、有各地上供米、有军储粮食，也有相当部分是常平仓的粟麦谷稻。③

除了这种常平仓及其他谷物的有息借贷之外，在青苗法之前宋代官府还有钱币的有息放贷，所以当宝元年间王雍判三司理欠凭由司时，便发现"民有贷息钱，户已绝而籍不除，有司阅籍，责息不已，及久年之逋，皆锢其子孙什保数百辈，寒窭愁痛，愿以死偿而未得"。因而王雍"乞一切纵去，朝廷从之"④。正因为如此，由官府主持轻息借贷成了当时士大夫们解决社会问题的方法之一，如苏辙在仁宗末年便主张，授公田于无田之民，并且由公家贷款给他们用于购买耕牛、室屋、器皿之类，因为"使富民相贷，则有相君臣之心，用不仁之法，而收太半之息。其不然者，亦不免于脱衣避屋以为质，民受其田而上不享其利……故其势

---

① 见《诸臣奏议》卷一〇七杜衍《上仁宗乞定常平制度》；卷一〇七余靖《上仁宗编借支常平仓本钱》。
② 《宋文鉴》卷六〇王严叟《请依旧法赈济免河北贷粮出息》。
③ 参见《宋史》卷一七六《食货志上》四、《长编》卷一二九康定元年十二月丙戌、《宋会要辑稿》食货五三之七所引诸借贷材料。
④ 《苏舜钦集》卷一五《两浙转运使司封郎中王公墓表》。

莫如官贷以赒民之急，周官之法，使民之贷者与其有司辨其贵贱，而以国服为息，今可使郡县尽贷而任之，以其土著之民以防其逋逃窜伏之奸；而一夫之贷，无过若干，春贷以敛缯帛，夏贷以收秋实，薄收其息而优之，使之偿之无难，而又时免其息之所当入以收其心"①。当然苏辙主张的"官贷以赒民之急""薄收其息而优之"，是否是常平钱物还不敢遽然肯定。但结合以上王雍之所见及王安石在鄞县的贷钱取息来看，在青苗法实行之前，除了常平仓实物有息借贷之外，还存在着官府与民户之间的货币有息借贷这一点则是可以肯定的。

既然神宗熙宁以前，常平仓谷物的有息借贷，至少已部分地成为事实，并且官府与民户之间的货币有息借贷也在一些地区存在着；既然在《周礼·泉府》思想影响之下，由政府主持轻息借贷以济民之急需，以抑制豪强兼并的主张在仁宗时便已非常流行；既然常平仓的籴粜平粜功能实际上已有名无实，那么，在熙宁变法时，推行青苗法，即常平新法，在保存部分原有职能的同时，将常平钱物斛斗普遍轻息借贷给广大民户，以济其窘迫便完全是自然的事情了。同时也可见，青苗法的源头，还必须从常平仓经营的本身寻找。

二

如果从常平仓的经营这个角度来看，类似青苗法的做法在唐代便已经出现，从祖国西陲出土的唐代文书及唐代其他文献记载都反映了这一点。

唐代自贞观年间设置常平仓之后，至玄宗开元年间得到发展，在全国各地普遍设置。② 唐代常平仓经营除了平籴平粜之外，也大量用于借贷，这种借贷有些是无息的，但也有相当部分是有利息的，而且用常平仓的籴本来放贷取利。

如吐鲁番出土的几件常平仓粟出借契约便反映出有些常平仓粟出贷

---

① 《栾城应诏集》卷一〇《进策五道·民政下·第二道》。
② 参见张弓《唐朝仓廪制度初探》第五章，中华书局1986年版。

是有息的，转引如下。

〔交河县之印〕
(1) 保头令狐义诠请常平仓粟壹硕伍斗付身，
　　保内康义节准前粟壹硕付身，
　　保内颜玄感准前粟壹硕感，
　　保内支奉仙前准粟两硕付男咬盛领，
　　保内王令仙准前粟两硕付身令仙，
　　问得前件人等连保状各请上件粟至
　　时熟依官数收纳，如保内有人逃避不办输
　　纳，连保之人能代纳不，但义诠等各请前件粟
　　〈问〉〈依〉〈实〉
　　时熟准熟送纳，所有保内欠少，并请代纳被　□　□　□
　　谨牒
　　　　　　　广德三年二月　　日

〔交河县之印〕
(2) 保人前别将卫元敬年五十三
　　保人郭行运年六十
　　保人康智亮年四六
　　保人索希进年卅
　　保人宋良胤年廿五
　　刘日升请举常平仓粟伍硕，日升领
　　〔问〕
　　门得上件人款称请举前件粟，
　　时熟，官征收本利日，能代均纳否？仰
　　□，但元敬等保知上件人，官粟征日，办
　　□□□东西不办输，连保人等
〔下阙〕
(3)〔上阙〕

保内　大寿请　　　　　　　　

保内　王行质请两硕，付身领。

问得上件人等，各请前件粟，依官法征

□，至时熟征，保内有人逃避，不办输纳，连保之人，能代纳否？

仰举者但大忠等各请前件粟，如

〔至〕

□征收，保内有不辨输纳，连保人并请代

〈纳〉。被问依实，谨牒。

　　　　　广德三年二月　　日

（4）保头宋虔祐请常平仓粟两硕，付身，

　　保内索崇光请粟两硕，

　　保宋义实请粟两硕，付男文复领，

　　保内梁由吾请粟叁硕，付身领，

　　保内康智亮请粟三硕，付男琼心领。

　　　　　　　　〔保〕〔内〕　〔西〕

　　问得上件人状，各请前件粟，依官生利。得至时熟征

□，□□有人东□逃

　　〔等〕〔各〕〔请〕

避，不办输纳，连保之人能代输纳否？但虔祐〈等〉〈各〉〈请〉前件粟，如至征收之日，保内有人东西，不办输纳□□，□□□愿代纳，被问依实，谨牒。

广德三年二月　　日

〔交河县之印〕

（5）保头苏大方请粟叁硕，付大方领　　　

　　保内康虔实请粟壹硕，付妻王领　　

　　保内曹景尚请粟两硕，付身领，

　　保内杨虔保请粟两硕，付身领，

　　保内卫草束请粟两硕，付自草束。

问得状称上件粟至十月加参分纳利者，仰答□。

〔输〕

保内有人东西逃避不办输纳，连保之人能代□

〔等〕〔保〕　　　　　　　　　〔粟〕

纳□否者，但大方□□知上件人所请常平仓□□□

〔依〕〔实〕〔谨〕〔牒〕

如□□□□□均摊代纳，被问□　□　□　□，

〔三〕〔年〕〔二〕　　①

广德□　□　□月　　日

由文书二所说"官征收本利日"、文书四"依官生利"、文书五"上件粟至十月参分纳利者"可见，这些常平仓粟在春荒时出借是有息的，不过利率比当时私人谷物借贷要低一些，从大量出土文书及文献材料证明，当时私人谷物春借秋还，一般是加五、加七、加倍，即50％、70％、100％的利率。

除此之外，常平仓的籴本也用于有息借贷。唐代官营高利贷很盛，唐初便有公廨本钱的设立，政府拨钱，由高户及番官把捉，放贷取利，用于官员俸料及公廨房屋修理及官僚厨食等，号"捉钱令史"，除此之外，唐代中央及地方的各级官府还以其他各种名义筹款用于借贷，取息以充公用。在这种风气影响之下，常平仓的籴本钱也被卷入了这股官高利贷的潮流。开元七年（721）六月敕书说："关内、陇右、河南、河北四道及荆、扬、襄、夔、绵、益、彭、蜀、汉、剑、茂等州，并置常平

---

① ［日］仁井田陞：《唐宋法律文书的研究》第四章。转引自王永兴《隋唐五代经济史资料汇编校注》第一编下，第二章。引文中（1）（2）（3）（4）（5）的标题乃本文作者所加。另外还可参阅吐鲁番出土的"唐借贷仓粮纳本利帐"（载国家文物局、新疆博物馆，武汉大学历史系编《吐鲁番出土文书》第八册、阿斯塔那二三〇号墓文书二六；文物出版社1987年版）这个文书共分十行，其中第四行是"和仲子纳本二石二斗五升、和□□"。第五行是"僧玄莫欠利四斗八升不纳，孟麦欠利□□"；文书本身并未说是常平仓斛斗，从唐代只有常平仓、义仓普遍用于借贷的事实推测，它有可能是如上述的常平仓谷物出贷时的账历。

仓，其本上州三千贯、中州二千贯、下州一千贯，每籴具本利与正仓同申。"① 很明显，这些籴本在用于籴入之前，是在用于放贷取息，因而才需要"具本利与正仓同申"。

综上所述，在唐代至少有一部分常平仓籴本钱及籴入的谷物用于有息借贷。正因为如此，我们可以说青苗法的产生及推行与前代常平仓的运营完全是一脉相承的。

当然青苗法作为常平仓制度的一次空前绝后的大变革，我们还得从历代常平仓经营及其与当时社会经济生活的关系等多方面来考察研究它，尤其是熙宁初年以前宋代常平仓的经营更需要详细探讨，才有可能发现实行青苗法的必然性。

（原载《河北大学学报》1989 年第 4 期）

---

① 王溥：《唐会要》卷八八《仓及常平仓》；据《册府元龟》卷五〇二《邦计》除上述四道外，还包括河东道；"等州"除上述十一州外，还包括资州，共十二州。

中国古代高利贷资本社会价值初探

——以宋代为例

在古代，高利贷资本受到了人们广泛的谴责，这种倾向在近人著述中也时有表现。而对它的社会价值作实事求是的探讨者，却并不多见。本文拟以宋代为例，从高利贷资本与再生产及人们的日常经济生活的联系出发，对中国古代高利贷资本社会价值作初步分析。

一

中国古代经济发展的重要特点之一是，以自然经济为主，但商品经济也有一定程度的发展，并在一定条件下，还相当的发达和繁荣。在宋代，这种商品货币经济主要表现在三个方面：一是商业资本，如一些城市的交引铺及各行商人，进行各种贩运贸易的大行商等；二是借贷资本，如官府经营的青苗钱物、常平仓、义仓赈贷，私人经营的货币、实物借贷；三是货币经营资本，如一些城市的金银铺、官府经营的便钱等。处在这种历史条件下的人们，尤其是生产者，在再生产乃至日常社会生活中，必然与高利贷资本密切相关。

首先，关于社会再生产与高利贷资本的关系，可以从以下两个方面来看。

第一，农业方面，在许多场合，生产者直接依靠高利贷以延续再生产。如对荒地的垦种，因需要一笔预付资金，许多开垦者（主要是小农）

便需借贷,因而从北宋初年开始便有人主张由政府出钱、粮借贷或由官府组织,向私人借贷,以便劝谕农民开垦,如至道二年(996),陈靖便有这种主张。① 宣和六年(1124),也曾下诏河东、京西两路"其已流移之民,弃下田产。量行借贷,召人耕垦"②。这类措施,在南宋一代,尤其是其初年实行更多。如果说,这类官府借贷大部分是无息借贷的话,那么其中的私人借贷便不是这样了。③ 如王安石变法时,便规定:开垦废田,兴修水利,"工役浩大、民力不能给者,许受利人户于常平、广惠仓系官钱斛内,连状借贷支用。仍依青苗钱例,作两限或三限送纳,如是系官斛斗支借不足,亦许州县劝谕物力人出钱借贷,依例出息,官为置簿及催理"④。可见,其中有官府青苗钱,⑤ 也有私人物力人户的借贷,从其"依例出息"看,无疑是一种私人高利贷。基于此,我们可以推测,像大观三年,提举广西常平等事洪彦升主张的,因广西地广人稀,有可耕之处,所以可以"募民给地使耕,系官若私举行价贷应副开垦,俟其就绪,三年而后量起税租,渐偿宿贷"⑥,其中的"私举"虽没有像以上那样明确必须"依例出息",也完全可能是私人高利贷资本。

除这种需要大笔资金的情况之外,在其他许多场合,小农进行再生产也经常借私人高利贷以为"耕种之资"。如苏轼在元祐五年(1090)提到浙西一带的情况说:"春夏之际,雨水调匀,浙人喜于岁丰,家家典卖,举债出息以事田作,车水筑圩,高下殆遍,计本已重。"⑦ 另外,南宋真德秀也指出:"三等下户,才有寸土,即不预粜,其为可怜更甚于无田之家,当农事方兴之际,称贷富民,出息数倍,以为耕种之资。"他们

---

① 《长编》卷四〇,至道二年七月庚申。
② 《宋会要辑稿》食货六十九之四十四,宣和六年十二月二十日。
③ 《宋会要辑稿》食货二之四十五,绍兴六年正月二十八日等。
④ 《宋会要辑稿》食货一之二十七、二十八。
⑤ 参见漆侠《王安石变法》(上海人民出版社1979年版)第149页。这种青苗钱比当时一般青苗钱利率要低,漆侠师考订指出为年息10%。
⑥ 《宋会要辑稿》食货一之三十。
⑦ 苏轼:《东坡全集》卷五七《奏浙西灾伤第一状》。

租用耕牛、购买种谷"一切出于举债"①，至于那些"无田之家"即客户的情况更是如此，因而袁采便要求地主对客户"耕耘之际，有所假贷，少收其息"②。叶适也指出了这样一个事实："小民之无田者，假田于富人；得田无以为耕，借资于富人；岁时有急求于富人。"③ 在这种借贷中，有粮食也有钱币借贷，其中粮种借贷，尤为普遍。因而陈傅良在桂阳军劝农时特别告诫说："生借种粮，贫者不免，先须量力，莫据眼前借贷太多，偿还不易，及至空穷，却谋昏赖，所是富家亦合量本收息，除豁积欠，难以积年登带，恣为贪婪。"④

第二，高利贷资本与制茶、制盐等生产的关系也密不可分。如官榷前的四川茶业中，许多佃食茶园为业的人户，一般是"逐年举取人上债利粮食，雇召人工，两季薅刈，指望四月少满前后造作汔茶，投场破卖，得钱填还债利，并送纳诸般税赋"⑤。淮南煮盐亭户为了再生产，有时也须借贷。如绍圣三年正月九日，"发运司言：淮南亭户例贫瘠，官赋本钱六十四万缗，皆取办诸路，以故不时至，民无所得钱，必举倍称之息；或鬻凭由，不能得直之半，是以多盗卖而负官课"⑥。这些大概都是些中、下等亭户，而一些上等富足亭户却"不充役次，以盐折税，或有未尝亲煞波之劳，居近盐场，货钱取息，射利为厚"⑦。除盐业外，其他许多手工业再生产也多与高利贷有联系。如民间纺织业，真宗时，河北转运使李仕衡指出："民乏泉货，每春取绢直于豪力，其息必倍。"⑧ 文同《丹渊集》卷二《织妇怨》诗也有如下描写："三日不住织，一匹才可剪……昨朝持入库，何事监官怒。大字雕印文，浓和油墨污；父母抱归舍，抛

---

① 真德秀：《真文忠公文集》卷一〇《申尚书省乞拨和籴米及回来马谷状》及卷六《奏乞蠲免夏税苗》。
② 袁采：《袁氏世范》卷三《存恤佃客》。
③ 《叶适集·水心先生别集》卷二《民事》下。
④ 陈傅良：《止斋先生文集》卷四四《桂阳军劝农文》。
⑤ 吕陶：《净德集》卷一《奏为官场买茶亏损园户，致有词讼喧闹事状》。
⑥ 《宋会要辑稿》食货二十四之三十一。
⑦ 楼钥：《攻媿集》卷八八《敷文阁大学士宣奉大夫致仕赠特进汪公行状》，并参见《宋史》卷四百《汪大猷传》。
⑧ 《范文正公文集》卷一一《李仕衡墓志铭》，此外《宋会要辑稿》食货三十七之五、《长编》卷七十三大中祥符三年闰三月己未、《通考·市籴考》等皆载此事，内容基本相同。

向中门下。相看各无语，泪迸若倾泻；质钱解衣服，买丝添上轴。不敢辄下机，通宵停火烛。"此外苏轼还记载了这样一件事，熙宁四年正月时，"中使传宣下府司买浙灯四千余盏，有司具实值以闻"，后来皇帝又下令"减价收买，尽数拘收，禁止私买以须上令"。苏轼以为不可，因为"卖灯之民，例非豪民，举债出息，畜之弥年，衣食之计望此旬日，陛下为民父母，唯可添价贵买，岂可减价贱售"①。可见，这些花灯生产者也是靠借贷维持生产，只有节日来临，市场有了需求时，他们才可能偿还成本，赚回一年衣食。

其次，人们在日常经济生活之中也必须经常与高利贷资本打交道，尤其是在一些急迫场合，以下分别叙述。

第一，在缴纳赋税时，下等人户甚至上户有时都要借高利贷，如《长编》记载：宋太祖开宝年间"岭南民有逋负者，县吏或为代输，或于兼并之家假贷"②。可见，这些代输的县吏有时也不免借高利贷偿还。至于那些普通农民因急政暴敛而借债纳税便更为普遍。如政和元年（111）三月二十一日诏书指出："起发上供物色，元丰法系年终起绝。崇宁年指挥分一半于六月起绝，因致催督紧急，细民举借出息，使兼并坐获厚利。"因而诏令"依旧条限年终起发尽绝"③。南宋王炎指出："炎世家于徽，江东之人也，窃见比年，中产之家困于输赋之难，举债鬻产以应县官之期限者十室而五。"④ 当然，一些上户地主之家有时也免不了如此，袁采便告诫那些地主说："凡有家产，必有税赋，细是先截留输纳之资。临时为官中所迫，则举债认息，或托揽户认纳，而高价算还，皆可以耗家。"⑤

第二，为了丧葬婚娶，不少人户也被迫借贷出息。秦观指出，在当时社会奢侈之风影响之下，"嫁子娶妻丧葬之费，其约者钱数万，其丰者至数百万，中人之家一有吉凶之事，则卖田畴，鬻邸第，举倍称之息，

---

① 苏轼：《东坡文集》卷五一一《谏买浙灯状》。
② 《长编》卷一三，开宝五年三月乙亥。
③ 《宋会要辑稿》食货七十之二十一。
④ 王炎：《双溪集》卷一九《上林鄂州书》。
⑤ 袁采：《袁氏世范》卷三《税赋宜预办》。

犹弗能给"①。福建地方风俗"最重凶事，其奉浮图，会宾客，以尽力丰侈为孝，否则深自愧恨，为乡里羞。而奸民游手，无赖子弟幸而贪饮食、利钱财，来者无限极，往往至数百千人。至有亲亡秘不举哭，必破产办具而后敢发丧者，有力者乘其急，时贱买其田宅，而贫者立券举责，终身困不能偿"。到至和年间，蔡襄知泉州、福州时才有所禁。② 而一些地方，则重喜事，如苏舜钦叙述他的父亲处家孝友，"嫁三孤姪，所有资送不足，而举倍息钱，必丰而后已"③。

第三，在春夏青黄不接或发生灾荒之际，人们为生活所迫，与高利贷资本的联系就更为密切了。魏泰说："百姓当青黄不接之时，势多窘迫，贷钱于兼并之家，必有倍蓰之息。"④ 而大的灾荒发生之际，政府除了采取免除租税，以常平或其他上供米赈贷、赈粜等救济措施之外，劝谕豪强大户向饥民放贷也是"荒政"的一个重要组成部分。北宋英宗时，因开封府及京西、京东水灾，司马光便主张除了采取其他救济措施之外，还可以"告谕蓄积之家，许令出利借贷与人，候丰熟之日，官中特为理索，不令逋欠"⑤。神宗熙宁元年（1068）时，畿甸、河北、京东大旱"蝗螟遍野，谷价踊贵"。宇文之邵便主张在被灾之郡"许富者举息于下户，官给以质验，待丰岁偿其所贷，逋者官为治之，其息不过一倍"。并且认为"此有余赀者乐为，而滨死之众可救沟壑之命"⑥，南宋时，这类举动所见更多，乾道七年（1171）十月五日，因江西、湖南诸州郡旱伤，下诏两路帅漕，臣"日下措置，官为借种，责守令劝谕、招诱大姓假贷贫民，与依赈粜赈济赏格推恩"⑦。其中这种私人借贷无疑是有息的高利贷，就如朱熹知南康军时所措置的一样，劝谕上户"其下户无种粮者，上户当兴悯恻之心，广加借贷，目今施惠，既可以结邻里之欢，将来收

---

① 秦观：《淮海集》卷一五《财用》下。
② 欧阳修：《欧阳文忠公文集》卷三十五《端明殿学士蔡君墓志铭》。
③ 苏舜钦：《苏学士文集》卷一四《先君墓志铭》并序。
④ 魏泰：《东轩笔录》卷四。
⑤ 司马光：《温国文正司马公文集》卷三一《蓄积札子》。
⑥ 《宋文鉴》卷五十三宇文之邵《上皇帝书》。
⑦ 《宋会要辑稿》食货一之四十六。

成，亦自不失收息之利，庶几过此荒年，各保安业"①。

除这种直接的信用借贷之外，还有抵押借贷，如经营实物典质放贷的质库。淳熙五年（1178）前后，南康军旱灾，知军朱熹便要求本处质库不许关闭，因为"质库户平时开张库店典质钱物，利息所入不为不多，才值旱伤时，辄以阙钱关闭利息所入不为不多，才值旱伤时，辄以阙钱关闭，遂致细民急切阙用，无处质当"②。一些地主大户虽未开设专门的质库，但他们经营的类似抵当的业务在这种时候也很活跃。如南宋淳熙十一年（1184），"岁饥，畿内小民或以农器、蚕具抵粟于大家，苟纾目前，明年，皆有失业之忧"。当时的临安府只得下令"断以东作之日，先以还之，俟蚕麦讫事而归其子本，大家不遵令，小民负约不以时偿，皆坐罪"③。这种质当，与农民以实物质于质库得钱籴米以渡饥荒相比，显然更为有利，因为它可以减少一层中间剥削。

第四，宋朝实行科举制度，大批知识分子通过这一途径入仕。在这些进士们的期集、赴官时，往往与高利贷资本发生千丝万缕的联系。因而真宗时规定"新及第援官人无得以富家权钱倍出息利，至任所偿还"，并要求"所在察举之"④。熙宁五年（1072）时还下诏："赐新及第进士钱三千缗，诸科七百缗，为期集费。"因为原来"进士诸科旧用甲次高下率钱，贫者或称贷于人，过于浮费"⑤。说明，新科进士诸科借高利贷者为数不少，不过由此也透露出一个信息，这就是，有相当多的中小地主、商人乃至富足农民的子弟也通过寒窗苦读考中进士，爬上统治阶层。正因为如此，才会出现"进士登科，娶妻论财"，"市井狙会，出捐千金"，则进士"贸贸而来"的情况。⑥

第五，封建官员在平常政治生活中也免不了要求助于高利贷，尤其在赴任、待阙或家庭中出了意外之事，急切缺用或衣食不继时。如章得

---

① 朱熹：《晦庵先生朱文公文集》卷九《再谕上户邮下户借贷》。
② 朱熹：《晦庵先生朱文公文集》卷九《约束质库不许关闭等事》。
③ 陆游：《渭南文集》卷三四《尚书王公墓志铭》。
④ 《长编》卷六九，大中祥符元年五月戊辰。
⑤ 周煇：《清波杂志》卷三。
⑥ 《宋文鉴》卷六〇丁骘《请禁绝登科进士论财娶妻》。

象知信州玉山县不久"以忧去，服除，再知玉山县，带京债八百千赴任，既而玉山县数豪僧为偿其债"①。至于一些官员于待阙之日俸禄不继，借债度日则更为普遍。范仲淹在庆历年间指出，咸平以后"民庶渐繁，时物遂贵，入仕门多，得官者众。至有得官守选一、二年，又授官待阙一、二年者，在天下物贵之后，而俸禄不继，士人家鲜不穷窘，男不得婚，女不得嫁，丧不得葬者，比比有之。复于守选待阙之日，衣食不继，贷债以苟朝夕"②。即使在任期内，或因俸禄不丰，或生活奢侈借债者也为数不少，如"李文靖公沆初知制诰，太宗知其贫，多负人息钱，曰：'沆为一制诰，俸入几何？家食不给，岂暇偿逋耶。'特赐钱一百三十万，令偿之。"③而雷有终在官时，轻财好施，丰于宴犒，"身没之日，宿负不啻千万"，最后"官为偿之"④。在这种场合，高利贷造成政治腐败，也是完全可以想见的。像范仲淹指出的，这些官僚赴任之前借了钱"到官之后，必来见逼，至有冒法受赃，赊举度日，或不耻贾贩，与民争利，既非负罪之人，不守名节，吏有奸赃而不敢发，民有豪猾而不敢制。奸吏豪民得以侵暴，于是贫弱百姓理不得直、冤不得诉，徭役不均，刑罚不均"⑤。以至于或者以自己监临的官物出举，⑥或者"以告身及南曹历子于贾区权息钱"⑦，甚至像集庆军节度使同平章事宗谔还"尅留宗室俸，以还己所贷息"⑧，其所造成的政治腐败是很明显的。

第六，士兵在平常军事生活中也必须经常与高利贷资本打交道。这种情况，人称"军债"⑨。北宋苏轼知徐州时，发现逃军很多，他曾追索其原因："盖近岁以来，部送罪人配军者皆不使役人而使禁军。军士当部

---

① 魏泰：《东轩笔录》卷一五。
② 范仲淹：《范文正公文集·政府奏议》卷上《答手诏条陈十事》第五。
③ 释文莹：《玉壶野史》，《宋史》卷二八二本传同。
④ 《宋史》卷二七八《雷有终传》。
⑤ 范仲淹：《范文正公文集·政府奏议》卷上《答手诏条陈十事》第五。
⑥ 《宋刑统》卷一五《假借官物不还·监临主司以官物私借及贷借人》《庆元条法事类》，卷八《出举债务·勅·杂勅》也规定："诸监临官质当所监临财物及放债者，徒二年。"反映出这种情况的普遍。
⑦ 《宋会要辑稿》刑法二之二。
⑧ 《长编》卷二八五，熙宁十年十月庚辰。
⑨ 《宋会要辑稿》刑法二之一二四。

送者，受牒即行，往返常十日，道路之费非取息钱不能办，百姓畏法不敢贷，贷亦不可复得，惟所部将校乃敢出息钱与之。归而刻其粮赐，以上下维持，军政不修，博奕饮酒，无所不至，穷苦无聊则逃去为盗。"① 在军中，质库高利贷活动也很活跃，如河东一带用钱，本来是铜钱二品均等，因铁钱轻而盗铸者多，所以仁宗庆历六年间，改为以铁钱三当铜钱一，当时赵温瑜知晋州"以货币骤亡十之六、七，贫者必先受其弊矣，因密占诸军校，令军中有质贷者，约三日尽赎归，毋得畜钱于家，日满然后颁行其诏"②。可见，大量军人在质库质当了钱物。南宋时的情况也是如此，如临安的殿步军"多贷钱出戍，令母氏妻代领衣赐，出库即货以偿债"③。

二

中国封建生产方式的基本特点，一是由生产者本人占有生产条件（土地、工具等）进行生产。在这里，虽然生产者可以自由地发展他的全部个性，但是生产规模是狭小的，社会分工是不发达的。④ 二是以自然经济为主，而以简单商品经济为其补充。正是在这种简单商品经济的条件下，小生产者在再生产及生活两个方面，及其他非生产者因生活享受或其他意外事故对支付手段的需求，为高利贷资本的存在及发展提供了广阔的市场，从而也就与古代社会的再生产过程产生了很广泛的联系，但是它与古代商业资本一样，主要是"剥削已有的生产方式，而不是创造这种生产方式"⑤。而且因为它可能占有直接生产者的全部剩余劳动，而不改变生产方式，⑥ 所以，在高利贷剥削下的小生产者，即使不发生意外也有可能不但不能扩大再生产，反而只能在缩小的规模上反复再生产，

---

① 苏轼：《东坡全集》卷五二《上皇帝书》（元丰元年）。
② 苏颂：《苏魏公集》卷五八《朝散大夫累赠户部侍郎赵公墓志铭》。
③ 陈世崇：《随隐漫录》卷五（《笔记小说大观》本）。
④ 《资本论》卷一，第289页；卷三，第674页。
⑤ 《资本论》卷三，第689、674页。
⑥ 《资本论》卷三，第689、674页。

最多只能重复简单再生产。如果再发生什么意外事故，不能如期偿还，高利贷者还会占有小生产者的生产条件，如土地、房屋等，以至占有债务者及其家庭成员的人本身。

高利贷资本对土地的兼并，就宋代来看，主要是通过"质当""倚质""准折""倚当"等手段进行的。如北宋大中祥符时，永兴军"所部豪民多贷钱贫民，重取其息，岁入不逮，即平入田产"①。天禧时，河北发生饥荒，"贫民倩（借）豪家息钱未偿纳者，即印券取其桑土"②。仁宗天圣时，有人上言指出："陕西诸州县豪富之家，务多侵并穷民庄宅，惟以债务累积，立作倚当文凭，不喻年载之间，早已本利停对，便收折所倚物业为主。"③ 当时河北也因"水旱蝗灾，被豪富之家将生利斛斗倚质桑土"④。徽宗政和年间，有一年"浙西水灾，民户艰食，豪右之家往往将离业人户已种麦田恃强占据，仍以积年宿负倍息重叠准折，州县受情理索，甚于官债，故丰年不免流徙"⑤。南宋也与此类似，乾道年间南康军"放债豪强之家为缘旱伤，人无以偿，多被强取去猪羊，以至入其家搜夺种子豆麦之类，及抑令将见住屋宇并桑园田地折价折还，人无所归，遂致流移"⑥。卫泾也指出："豪民放债，乘民之急，或取息数倍，积日累月，或托名典本算至十年，夺其屋使不得居，夺其田使不得食，流离困饿。"⑦

值得注意的是，地主阶级的土地也在高利贷者兼并之列，中国古代地主阶级对土地的占有，有两个重要特点，第一，它是以家族为占有单位的，家内父兄等尊长在，卑幼无权处理家产。⑧ 第二，实行分家析产

---

① 《长编》卷八六大中祥符九年四月辛丑；卷九十一天禧二年四月庚辰。
② 同上。
③ 《宋会要辑稿》食货三十七之十二天，圣六年九月枢密副使姜遵上言。
④ 《宋会要辑稿》食货一之二十四，天圣六年九月转运使杨娇上言。
⑤ 《宋会要辑稿》食货六十九之四十四，宣和十年五月三日；按：宣和无十年，上一条为宣和六年，此条应为宣和七年。
⑥ 朱熹：《晦庵先生朱文公文集》卷九《戒约上户体认本军宽恤小民》。这是朱熹在淳熙五年前后知南康军时于奏中提到的乾道时的情况。
⑦ 卫泾：《后乐集》卷一九《谭州劝农文》。
⑧ ［日］中田薰《店宋时代的家族共产制》（《法制史论集》卷三下，岩波书店1970年版）对此有很好的研究。

制,即家产继承是诸子平均。高利贷者正是通过这些无权无知的卑幼将手伸向了地主阶级所有的土地。如真宗时,鉴于开封府民孙亮诱富家子韦日新游饮无度,私举息钱,破坏家产,因而在大中祥符二年下诏:"或不闻尊长,潜举息钱,颇开狱讼之源……自今有诱人子弟,求析家产,恣为下逞,及辄坏坟域者,仍逐处即时捕捉……其知情放债人所假钱物不在还理之限。"① 在南宋,高利贷者对那些有产之家子弟昏愚不肖者,"及有缓急,多是将钱强以借与……待其息多,又设洒食招诱,使人结转,并息为本,别更生息。又诱其将田产折还"②。从其"颇开狱讼之源"来看,高利贷者的这种行为对封建统治的稳定显然是不利的。因而正式法令也禁止这类行为。《宋刑统》便规定:"诸家长在……而子孙弟侄等不得辄以奴婢、六畜、田宅及余财物私自质举,及卖田宅(无质而举者亦准此)。"③ 但这种法令执行不一定是很严格的,诚如袁采所说:"法禁虽严,多是幸免。"正是在高利贷的这种冲击之下,才出现了那种"富儿更替做"④"贫富无定势,田宅无定主"⑤ 的情况,地主阶级的地位也因此变化无常,大起大落。

如果土地还不足以还清债务,高利贷者还会差押债务人的身体作为抵押,或者以其劳动抵偿债务,这类债务人当然主要是小生产者。这样,高利贷资本便转化成了一种超经济的力量,从而对劳动者社会地位的提高,尤其是对客户人身依附关系产生不良的影响。这种情况自北宋初便是如此,太祖时,岭南民"或于兼并之家假贷,则皆纳其妻女以为质"⑥。太宗时曾命令:"江浙福建民负人钱没入男女者还其家,敢匿者有罪。"⑦ 真宗时的石保吉家世高贵、富于财货,"有染家贷钱,息不尽入,质其

---

① 《宋会要辑稿》刑法二之九,大中祥符二年正月十二日。另《长编》卷七一、《宋史》卷七有简要叙述。
② 袁采:《袁氏世范》卷三《兼并用术非悠久计》。
③ 《宋刑统》卷一三《杂令·典卖指当论竟物业》。
④ 《长编》卷一三,开宝五年三月乙亥。
⑤ 袁采:《袁氏世范》卷三《富室置产当存仁心》。
⑥ 《长偏》卷一三,开宝五年三月乙亥。
⑦ 《宋史》卷五《太宗本记二》。

女"。后来其家上诉于真宗,才被迫遣还。① 神宗时也有人指出,海南贫民,"举贷于富豪之家,其息每岁加倍,展转增益,遂致抑雇儿女,脱身无期"②。徽宗时,青龙大姓陈晊"广放私钱以取厚息,苟失期会,则追呼执系,峻于官府,至虚立契券,设其资产,甚则并取妻女,间分遣所亲厚"。③ 南宋南康军都吏樊栓贪污公款、冒受俸禄而暴富,"置买膏腴,跨连邻境……生放课钱,令部曲擒捉欠债之人,绷吊拷讯,过于官法"④。

这些被"没入""抑雇"的人,有些是可以以自己的劳动抵偿债务的,如陈舜俞谈到北宋前中期高利贷不能偿还时,"至有改为后期,变庸赁"⑤ 即是说的以劳务还债。但在被差押期间,这些人地位很低,甚至形同奴婢。如《宋刑统》说:"妄以良人为奴婢用质债"。⑥ 如果是客户向地主的借贷,这种不良影响便看得更为明显,如开禧元年,夔州路运判范荪谈到皇祐官庄客户逃移法时说:"凡借钱物者,止凭文约交还,不许抑勒以为地客。"⑦ 可见因借债而沦为人身不自由的地客的情况,在北宋及南宋都是存在的。就在皇祐后不久,朱寿隆曾为夔州路转运使,"岁恶民移,寿谕大姓富室畜为田仆,举贷立息,官为置籍索之,贫富交利"⑧。与流移各地、无以为生,甚至与枕籍道途相比,为田仆当然要好一些,但因此而失去了人身自由则是完全可以肯定的。从历史上看,宋代客户相对于唐代部曲客矣等,地位是有所提高的,人身依附关系是有所松弛的,但是作为一种与封建地产权力相对立的货币权力的高利贷资本并未对此做出什么贡献,反而产生了不良影响。

由以上分析可见,高利贷资本有可能夺走生产者的全部剩余劳动,

---

① 《宋史》卷二五〇《石保吉传》。
② 《长编》卷三一一,元丰三年十二月庚申,体量安抚使朱初平言。
③ 李之仪:《姑溪居士集》《后集》卷一九《故朝请郎直秘阁淮南、江浙、荆湖制置发运副使赠徽猷阁待制胡公行状》。
④ 《后村先生大全文集》卷一三九《饶州州院申勘南康军前都吏樊性冒受爵命伏》。
⑤ 陈舜俞:《都官集》卷五《奉行青苗新法自劾奏状》。
⑥ 《宋刑统》卷二六《公私债务》。
⑦ 《宋会要辑稿》食货六十九之三十八,开禧元年六月二十五日,这是范荪要求参照皇祐官庄客户逃移法处理当时夔州路客户迁逃问题时,谈到的皇祐法内容之一。
⑧ 《宋史》卷三三三《朱寿隆传》。

在一些时候还会占有小生产者的几乎全部生产条件（土地、家资）甚至部分或全部地占有生产者本身，因而对中国古代经济起了相当严重的腐蚀、破坏作用，但为什么高利贷资本在古代仍然长盛不衰呢？笔者认为，正是因为在一定的前提条件之下，它至少还能对社会再生产的延续发挥一定的作用，为生产、生活所必需，才能如此。

这些前提条件表现在：第一，高利贷资本除了那种"年息倍称"者之外，宋代还较多地存在四分左右的高利贷，在正常情况下（即不发生意外天灾人祸），这些高利贷是小生者生产、生活所必需，也是他们基本上负担得起的。① 诚如袁采所说；这类借贷，放者可以得利，"还者亦可无词"，正是"贫富相资，不可阙者"②。第二，在一定期限之内，高利贷的剥削量是个恒量，劳动者主要是农民的经济收入则是个变量，农民除土地所得之外，还有家庭手工业或其他家庭副业所得，另外，外出当雇工也可取得一些收入以补贴家庭收入。③ 第三，封建政府对高利贷的各种限制和赦免，使高利贷的剥削程度有可能降低一点，这无疑对生产者是有利的。在限制方面，宋政府不仅对利率高低及回利为本有规定，这在《宋刑统》《庆元条法事类》及各个时期颁布的诏令中都有表现，④ 而且对贷偿过程中实物与货币的准折也有限制。本来民间习惯是允许借钱还钱或借钱以实物折还的，⑤ 但在这种准折过程之中，因实物价格的变化，易受商人的中间剥削。如农村中普遍存在的春秋谷贷，如果以钱折还粮食，因粮价的春秋涨落，受商人的中间剥削便很严重。如南宋临安诸县"富有之家放米，与人约，每米一斗为钱五百……及至秋成，一斗不过百二、三十，则率用米四斗方籴得钱五百以偿去年斗米之债"⑥。因

---

① 参见刘秋根《试论两宋高利贷资本利息问题》，《中国经济史研究》1987 年第 3 期。
② 袁采：《袁氏世范》卷三《假贷取息贵得中》。
③ 这点参考了方行先生《中国封建社会的经济结构与资本主义萌芽》，《历史研究》1981 年第 4 期。
④ 《庆元条法事类》卷八〇规定：出举财物"每月取利不得过四厘，积日虽多，不得过一倍"，"诸以财物出举而迴利为本者，杖六十"。
⑤ 文彦博：《文潞公集》卷二〇《言青苗钱》。
⑥ 《宋会要辑稿》食货五十八之五，乾道三年八月二十五日。

此官府一般规定有利债负，不许准折。① 如上引临安府的情况，官府便要求："诸路州县约束人户，应今年生放米谷只备本色交还，取利不过五分，不得作米钱算息。"② 《庆元条法》对此还有更明确的规定。在赦免方面，宋政府为收买人心，对于那些取息总量超过原本一倍以上，且无力偿还者，在许多时候都强制予以赦免。如绍兴二十三年（1154）七月二日"温州布衣万春上言：乞将民间债负还息与未还息，及本与未及本者并与除放"。但是户部不同意，因为一来，若发生灾荒仍有赖于高利贷资本；二来，"民间私债还利过本者，已节次放至绍兴十七年"。因而改为"将民间所欠私债还利过本者并予依条除放"③。孝宗时，这类举动也很多，乾道元年正月一日诏书便要求"民间欠负私债如纳息过本，并予除放"④。这类诏书当然是从维护封建统治秩序、缓和社会矛盾出发的，但也在一定程度上减轻了过度的剥削。

诚然，在高利贷的剥削之下，即使具备以上两个前提条件，它也不可能扩大再生产，甚至重复再生产都发生困难，但是，与破产流亡甚至填死沟壑相比，借高利贷以延续生产、生活，无疑更为有利一些，高利贷资本的最起码的积极作用也就在这里显示出来。

正是基于高利贷资本的这种状况，宋人中有见识者都认为对它既要限制又要维护。如陈襄便针对两种对立的思想评论说："官司阿从豪民者，凡债负不问虚实，利息过倍，一切从严追理，则豪民必至兼并，小民有冤亡告者；又有矫是弊者，不问是非，一切不理，则豪民不敢贷，一遇岁饥，或新陈不接，小民束手相视饿死。本欲恤之，而不知反以害之，要在平心遵法而行耳。"⑤ 连宋高宗也认为，高利贷如果只还本"一例除放，则上户不肯放债，反为细民之害"⑥。这种观点反映了宋代社会生产生活对高利贷资本的依赖，是值得重视的。因而我们只有在充分认

---

① 《名公书判清明集》《户婚·争业·漕司送下互争田产》。
② 《宋会要辑稿》食货五十八之五，乾道三年八月二十五日。
③ 《庆元条法事类》卷八十规定："元借米谷者，止还本色……仍不得准折价钱。"
④ 《宋会要辑稿》食货六十三之十一、六十三之二十三。
⑤ 《州县提纲》《随宜理责》（丛书集成初编）。
⑥ 《宋会要辑稿》食货六十三之八，绍兴二十三年五月十四日。

识高利贷资本消极作用的同时，认识到高利贷资本最起码的积极意义，才能充分认识它在封建社会存在及发展的必然性。

（原载《中国经济史研究》1990年第4期）

唐宋高利贷资本的发展

中国古代高利贷资本发展至唐代，进入一个完备、发达的时期，高利贷资本各种经营形式、各种利息都已具备；高利贷对社会经济及人们的生活影响也越来越大。至宋代它又得到了进一步的发展。考察这种发展变化，对于认识中国古代经济发展规律及唐宋之际社会经济的变动都是很有意义的。近年来，史学界对唐宋高利贷分别进行了研究，但是还没有人将二者结合起来作整体考察。本文拟从高利贷经营和形式两个角度对这一发展作简要叙述。

一　唐宋高利贷经营的发展

唐宋高利贷资本经营的各种形式与利息已经完全具备并不断得到发展。这种形式主要有两种：一是抵押借贷；二是信用借贷。

首先，抵押借贷方面，又可分为质库业及一般、简单的抵押借贷两种。

第一，质库业，即典当业，是抵押借贷中较高级、专业性的形式。它起源很早，在南北朝时期与人们生活的关系便已非常密切了，[①] 唐宋以后得到进一步发展，当时人一般称之为质库，宋人有时也称之为解库。熙丰以后官府设立的质库被称为抵当免行所，后来又逐步改为抵当库、抵库等。

[①]　参见《南齐书》卷二八《褚渊传弟澄附传》、《南史》卷七〇《甄法崇孙甄彬附传》、《南齐书》卷四二《萧坦之传》等。

质库业的基本业务是以物质钱,即以金银绢帛等贵重物品及衣服、铜镜等日常用品质钱使用,至期加息赎回。关于唐代质库的经营,在吐鲁番出土的一份质库账历中得到了清晰的反映,[①] 账历共十三段,现将前三段有关情况列为表1。

表1

序号	贷款人	抵押品种类	贷款时间	数量	取赎时间	期限
1	卫通	绢一丈四尺	正月十八日	120文	其月廿四日	6日
	尹娘	故黄布衫一	正月十八日	100文	其月廿三日	5日
2	杨二婚	故白小绫领巾一	正月十八日	20文	二月七日	19日
	张元爽	故白布衫一	正月十八日	100文	（缺）	
3	□阿四	小绫衫子	正月十八日	50文	其月十九日	1日
	李思庆	故紫小绫袷被子一	正月十八日	120文	三月十日	1月零22天

从表1中所反映的情况可见:(1) 用于质钱者绝大部分是衣物、绢帛等日常用品;(2) 借贷者大部分是那些缺吃少用的小生产者及城市贫民,因为不但贷钱数量大部分是十几文至百十文;而且所质之物也只是"汗衫""布衫""袂裙""麻鞋"等换季衣物。与杜甫诗所谓"朝回日日典春衣"[②],大抵同属季节典当。(3) 为了加快资金周转,唐代质库实行了灵活的经营政策,这不仅表现在抵押品名目繁多,使用随意,连极碎白布衫、粗麻布鞋等都能质取数十文钱,而且表现在取赎时及还本付利办法也很灵活,表1中,取赎期限有、两个月、一个月;有数日乃至一日、两日的;有一次偿清本利,取回质物;也有分期偿还。如账历第九段中的崔基、第十段的王爽等。另外,如果原先所质之物有其他的急用,还可以用其他的物品代替等。

在宋代"江北人谓以物质钱为解库,江南人谓为质库"[③],用于质贷

---

① 账历可见《吐鲁番出图文书》第五册《阿斯塔那二〇六号墓文书》。
② 《全唐诗》卷二二五《曲江二首》之二。
③ 吴曾:《能改斋漫录》卷二《以物质钱为解库》。

者也主要是金银匹帛及日常用品。如钱惟济知成德军"有伪为自金质取缯钱者,其家来告,惟济密谓曰:第声言被盗,质者当来责余直,即得之。已而果然"①。南宋"乐平东关民张五,淳熙七年,姻戚从假质物,付以一金钗"②。

值得注意的是:除了一般的以物质钱之外,以谷质钱或以物质谷的经营方式在宋代质库中也兴起了,这便是明清质库经营中所谓的"谷典"③,以谷质钱主要是粮商为资金融通,于粮食收获、谷价低贱之时,将所购粮食当于质库,当银钱,再去收购,以便扩大资力;或是小民于夏秋收获之后亦以谷质于质库,质取银钱使用。后种情况主要是城乡居民尤其是乡村居民冬春口粮缺乏时二以家中器物、农具等于质库之家质谷吃用,收获之后加利赎回,就宋代的情况看,似乎主要是前一种,即粮商的以谷质钱。南宋宁宗庆元元年六月七日,两浙饥疫,权两浙运副沈洗言:"今来米价已高……探闻商贩之家,多有积米,藏积碓坊,质当库户,犹欲待价。"④ 可见,饥疫之际,粮食投机商们不是将粮食及时出粜,而是囤积起来:有的存放在粮食加工厂——碓坊之中,有的则质当于质库之中。显然粮商之所以将粮食质当于库户之手,目的应该是当出货币,再去收购以扩大其运营规模。

第二,简单的、一般的抵押借贷。据抵押品的不同,它又分为动产、不动产、人身抵押三种形态。即法令中所谓"以奴婢、六畜、田宅及余财物私自质举"⑤。从动产抵押来看,如唐李选帅江西,忽有故友落魄子弟来投,问其家产所在,"悉云卖却……复问曰:有一本虞永兴手写《尚书》,此犹在否?其人惭惧,不敢言卖,云:暂将典钱"⑥。这是以字画等

---

① 《续资治通鉴长编》(以下称《长编》)卷一〇二,天圣二年三月己卯,《宋史》卷四八本传同。
② 《夷坚志·补》卷三《雪香失钗》,官府抵当库的质当可参见《长编》卷四四一,元丰五年十一月壬辰等。
③ 明清主要是此二类,可参见《皇清奏议》卷四四汤聘《清禁囤米谷状》,秦承恩《皇朝经世文编》卷四〇《劝民间质谷谕》。
④ 《宋会要辑稿》食货五八之二十二。
⑤ [日]仁井田陞:《唐令拾遗》,自《宋刑统》卷一三《杂令》。
⑥ 赵璘:《因话录》。

质钱的典型例子。在敦煌出土的借契中我们还见到了许多以日常生活用品为抵借贷钱、谷的例子。

> 普光寺户借麦契（伯二六八六）（一）李和和借
> 契□□年二月六日，普光寺人户李和和为种子
> 及粮用，遂于灵图寺常住处便麦肆汉硕，粟捌
> 汉硕。典贰升挡壹□〔下略〕①

宋代，如冯京为馆职时，"与刘保衡为邻居，尝以银器从保衡贷钱，保衡无钱，转以银器质于人，代之出息"②。王安石变法时推行的市易法中有"契书金银抵当"的办法，其中以金银为抵借贷官钱，即属于这种动产抵押借贷。

从不动产抵押看，即如《宋刑统》转引唐令所指出的"将产业等上契取钱"③。产业包括田地、房宅、碾硙、店铺、山园等。文献称此类借贷为"典""帖""质当""典质""倚当""抵当"等。吐鲁番出土的"贞观廿二年桓德琮典舍贷钱契"是其中以房宅为抵借贷的一个典型例子。

> 贞观廿二年八月十六日，河南县□□索
> 法惠等二人，向县诉桓德琮□宅价
> 钱，三月未得。今奉明府付坊正追向县
> 坊正、坊民，令遣两人和同，别立私契，
> 其利钱限至八月三十日付了，其赎宅价
> 钱限至九月三十日还了。如其违限不还，任元
> 隆宅与卖宅取钱还足，余乘（剩）任还桓
> 琮。两共和可，画指为验
> 〔下略〕④

---

① 《敦煌资料》第一辑附录及第五章所载，中华书局1961年版，第459页。
② 《长编》卷一八九，嘉祐四年三月壬子。
③ 《宋刑统》卷二六《公私债负》引成二年八月二日敕。
④ 《吐鲁番出土文书》第四册《阿斯塔那二〇四号墓文书》一《桓德琮典舍契》。

这里，桓德琮以自己的房宅为抵借贷，但因未及时送纳赎宅价钱及利钱，钱主张元隆、索法惠便在县里提起了诉讼，在坊正等调和下，双方重新订立私契，规定了偿还价钱及利钱的期限及仍不如期清偿时的处罚办法。不过，这里并未发生不动产的转移，因而赎取之时，仍须缴纳利钱。另外，唐太和中，处士姚坤"居于东洛万安山南……坤旧有庄、质于嵩岭菩提寺"①，至于以土地为抵的借贷，更是常见。这在唐初已是如此，吐鲁番出土的"唐显庆四年（659）白僧定贷麦契""乾封三年（668）张善熹举钱契"等都反映了这种关系。如：

显庆四年十二月廿一日，崇化乡人自僧
定于
武城乡王才欢边举取小麦肆百升（斛）将
五年马埒口部田一亩，更六年胡麻井
部田一亩
准麦取田。到年年不得田耕作者，当还麦
肆百升入王才，租殊佰役，一仰田主，渠破水謫
一仰佃
〔下略〕②

这种事例在文献中也时见之，如卢群"先寓居郑州，典质良田数顷"。后任义成军节度使、郑滑观察使"至镇，各与本地契书，分付所管令长，令召还本主，时论称美"③。说明原来的地主为借贷钱物，向卢群抵押了土地。

宋代继续了两税法以来的社会发展潮流，一方面封建契约租佃制在社会生产方式中占据了统治地位；另一方面，土地、店宅等不动产的买

---

① 《太平广记》卷四百五十四《狐·姚坤》引《传记》。
② 《吐鲁番出土文书》卷七《阿斯塔那第二〇号墓文书》六。按：所引契约文书按原契第行字数排列。
③ 《旧唐书》卷一四〇《卢群传》。

卖、抵押因限制的完全取消而更加盛行。如李允正于雍熙四年（987）"以居第质于宋偓"①"陕西诸州县豪富之家，务多侵并穷民庄宅，惟以债务累积，立作倚当文凭，不逾年载之间早已本利停对，便收折所倚物业为主"②。因为这类抵借的普遍，宋政府为此制定专门的法律措施，社会上倚当、质当等也与典卖有了严格区别。如卫径说："富者吞并，则以倚当为典卖；贫者昏赖，则以典买为倚当。"③ 从人身抵押看，虽然不如秦汉、魏晋时那么普遍，但还是相当多见的。如唐文宗时，有一年苏州大水"饥歉之后，编户男女，多为诸道富家虚契质钱，父母得钱数百，米数斗而已"④。而柳州地方的风俗则不论荒歉与否"以男女质钱，约不时赎，子本相侔则没入其家"⑤。宋代，如太祖时岭南民"或于兼并之家假贷，则皆纳其妻女以为质"⑥。太宗时曾下诏说："江浙、福建民负钱没入男女者还其家，敢匿者有罪。"⑦ 说明这几路以人身为抵押借贷者人数不少。正因为如此，唐宋律令中都有禁止"妄以良人为奴婢用质债"的条文。⑧

其次，便是信用借贷，即法令中所谓"无质而举者"⑨。它在唐宋官、私高利贷中也都非常普遍。唐官府公廨本钱、宋代的青苗钱及用于"结保赊清"放贷的市易本钱绝大部分都是这类信用借贷；私人借贷中，春夏借贷、秋天归还的谷物、粮种借贷⑩与那种平时急切乏用的小额货币或其他实物借贷基本上也是信用借贷。

---

① 《宋史》卷二七三《李允正传》。
② 《宋会要辑稿》食货三十七之十二，天圣六年八月，姜遵上言。
③ 卫泾：《后乐集》卷一九《谭州劝农文》。
④ 《全唐文》卷七十二文宗《令百姓收赎男女诏》。
⑤ 《朱文公校昌黎集》卷三二《柳子厚墓誌铭》。
⑥ 《长编》卷一三，开宝五年三月乙亥。
⑦ 《宋史》卷五《太宗本纪》至道二年七月闰月庚寅。
⑧ 《唐律疏议》卷二六、《宋刑统》卷二六等。《庆元条法事类》卷八〇也说："诸以债务质当人口（虚立人力、女使雇契同）杖一百，人放还便，钱物不追，情重者奏裁。"
⑨ 《唐令拾遗》，见《宋刑统》卷一三《杂令》。
⑩ 《全唐文》卷二三《发诸州义仓制》说："农桑之际，多闻粮种，咸求倍息。"西陲所出契约帐历，这类契约极多。宋代灾荒时，官府鼓励"富室有蓄积者，官给印历，听其举贷，量出利息"。见《温国司马文正公文集》卷三六《赈赡流民札子》。

这类借贷不提供或指定抵押品，但一般有担保人，并且也订立契约。在唐代，敦煌、吐鲁番出土的大量信用借贷契约生动地证明了这一点。①虽然宋代至今仍无契约出土，但由文献记载可见，实际借贷中，还是非常讲究订立契约的，要求借债订立契约时，必须"呼集邻保对众供写，或不能书字，令代写人对众读示，令亲押花字，勒代写人并邻保人系书照证"②。

由以上所述可见，唐宋高利贷资本经营形式大抵有抵押、信用借贷两种，而抵押借贷又分为典当业及一般简单的抵押借贷两个方面。其中典当业大抵是以动产为抵押品的，而一般抵押借贷，除动产抵押之外，还有不动产、人身抵押借贷两种。通过多种形式的经营，高利贷资本的活动网络撒向了四面八方，而宋代高利贷资本的发展即表现在：这张网所覆盖的范围更为广泛，高利贷的经营更加深入。第一，质库业（即典当业）的经营进一步深入农村。这一点与宋代地方小市场——草市镇的兴起有密切关系，因商品经济的发展，宋代各地兴起了近2000个镇和4000多个集市，在这类以经济活动为中心的地点开设质库是有利可图的，就像徽宗时设立官营抵当库时所考虑的那样，这些地方"井邑翕集"属于"商贩要会处"③，一般民众有了比较固定的货币需求。另外一些乡村大地主所设质库应该是深入农村的。第二，独立经营者的发展。在唐代除公廊本钱外，私人借贷的大部分是由资本所有者本身所经营的。而宋代"库户""钱民"等专营高利贷者乃至一些大地主、商人等兼业高利贷者的资本却大量地由"行钱""质库掌事"等独立的经营者经营。如北宋著名的大桶张氏，部分资本便是由行钱进行经营的④；南宋商人陈泰则利川各地的驱俭进行放贷，陈泰乃抚州人，"每发辄出捐本钱，贷崇仁、乐

---

① 如《吐鲁番出土文书》六册《阿斯塔那四号墓文书》《龙朔元年龙惠奴举练契》、《敦煌资料》第一辑，第464页《附录·马令慈举钱契》等，在宋代这类货币借贷被称为"息钱""课钱""子本钱"。
② 李元弼：《作邑自箴》卷五《规矩》。
③ 《宋会要辑稿》食货三十七之三十五，崇宁二年六月十八日诏。
④ 廉宣：《清尊录》《大桶张氏》。

安、全溪诸债户,达于吉之属邑,各有驵侩主其事"①。质库经营中,这类经营者就更多了,《庆元条法事类》中便有关于富豪之家雇债人开张质库的记载,② 这批人被称为"质库掌事",在东京、临安等大中城市中非常引人注目。③

二 唐宋高利贷资本利息的变化

如果说,唐宋高利贷资本经营形式已经基本完备,并且不断深入人们的经济生活,那么,唐宋高利贷资本利率也随着这种发展发生了深刻的变化。

唐宋高利贷资本利率非常复杂,随机性很大,不但利率种类除年利、月利之外,半年利、季度利及各种临时规定的利率也广泛存在,而且利率的高低也极随意,除一时一地的习惯法之外,一般都临时规定,没有一定之规,再加上有关资料的缺乏,因此,要想严格确定某一时期、某一地区利率究竟怎么样,是非常困难的,以下仅据笔者所见对唐宋高利贷利率问题中常见的倍称之息问题、由唐到宋高利贷利率的演变趋势及其成因作一大致的概述,为便于这种考察,先将有关材料制成表2、表3:

表2　　　　　　　　唐宋"倍称之息"情况

编号	年表	利息情况	资料来源
1	开元二十五年（737）	"收质者,非对物主,不得辄卖;若计利过本不赎者,听告市司对卖"	[日]仁井田陞《唐令拾遗》

---

① 《夷坚支癸》卷五《陈泰冤梦》,这条资料,宋史界多有引证。一些同志据《永乐大典》校"债户"为"绩户",从内容方面来讲是正确的。然在本文看来,陈泰的放贷既然是一种放贷行为,我们似不必计较其放贷对象是"债户"还是"绩户"。
② 《庆元条法事类》卷八〇。
③ 孟元老:《东京梦华录》卷五《民俗》。

续表

编号	年表	利息情况	资料来源
2	天宝以来（742年以来）	安西、北庭番人在长安者"举贷以取倍称之利"	《资治通鉴》卷二三二，贞元三年七月胡注
3	唐代宗大历以来（766年以来）	禁军大将"皆以倍称之息贷钱于富室，以赂中尉"	《资治通鉴》卷二四三、《旧唐书》卷一六二《高瑀传》同
4	唐德宗时（780—804）	为纳赋税"无者求假而费其倍酬"	《陆宣公奏议》卷一二第四条
5	唐德宗贞元中（794年前后）	苏州海盐县戴文，富而贪，"每乡人举债，必须收利数倍"	《太平广记》卷四三四《戴文》
6	唐宪宗元和年间（807—820）	农民"遇凶年则息利倍称不足以偿逋债"	《白氏长庆集》卷四六《策林》十九
7	唐宪宗元和九年（814）	"秘书省等三十二司食利本钱……纳利十倍以上，本利并放；纳利五倍以上，欠利并放"	《册府元龟》卷五〇七《邦计部·俸禄》三
8	后梁末帝龙德元年（912）	五月丙戌制日："公私债负，纳利及一倍已上者不得利上生利。"	《旧五代史》卷十
9	（时间未定）癸未年四月十五日	敦煌平康乡百姓彭顺子"便麦两硕，至秋四（硕）；粟两硕，至秋肆硕"	《敦煌资料》第一辑五丁《彭顺子便表粟契》
10	宋太宗太平兴国七年（982）	诏："富民出息钱不得过倍称，违者没人之。"	《长编》卷二一
11	宋太宗淳化四年（993）	"贫者输倍称之息""宜令取富人家谷麦，贷息不过倍"	《宋大诏令集》卷一九八《禁约民取富人谷麦贷息不得输倍诏》
12	宋真宗时（998—1022）	"每春取绢直于豪力，其息必倍"	《范文正公集》卷一《李仕衡墓志铭》
13	宋仁宗时（1023—1063）	"举债于主人后偿之，息不两倍则三倍"	《欧阳文忠公集》卷五九《原弊》
14	宋神宗熙宁年间（1069—1077）	"不免私家举债，出息常至一倍"	《宋会要辑稿》四之二十三

续表

编号	年表	利息情况	资料来源
15	宗哲宗元祐五年（1056）	"民间之私贷，其利常至于五、六，或至倍徙"	《长编》卷七八
16	北宋末（1129年前）	"兼并之家放债，倍取利息"	《作邑自箴》卷八《劝谕榜》
17	宋高宗绍兴（1131—1162）	"以子贷豪取，牟利倍称"	《香溪集》卷二二《吴子琳墓志铭》
18	唐孝宗隆兴元年（1163）	令："民间债负，出息过年，谓如元钱一贯已还二贯以上者，并行除放"	《宋会要辑稿》食货六十三之二十一
19	宋宁宗嘉定十六年（1223）？	"农事方兴之际，称贷富民，出息数倍"	《真文忠公集》卷一〇《申尚书省乞拨和籴米及回籴马谷状》

表3　　　　　　　　唐宋"倍称之息"以下利息情况

编号	年代	地区	利率情况	资料出处
1	唐太宗贞观十七年（643）以前	京师	贵族"放息出举，追求什一"	《旧唐书》卷七八《高季辅传》
2	唐高宗显庆五年（660）	西川	三月十八日天山县南平张利富举钱钱10文"月别生利壹文"	《吐鲁番出土文书》第六册《阿斯塔那四号墓文书》二
3	唐玄宗开元六年（718）七月	全国	公廨本钱"五千之本，七分生利"	《册府元龟》卷五〇六《邦计·俸禄》
4	唐玄宗开元十六年（728）二月	全国	"天下负举祗宜四分生利，官本五分生利"	《唐会要》卷八八《杂录》
5	唐代宗广德三年二月（765）	西川	交河县常平谷物出贷"至十月三分纳利者"	[日]仁井田陞《唐宋法律文书研究》第四章
6	唐德宗建中二年夏（781）	京师	某衙公廨钱"当以钱二千万为本，方获百万之利"	《旧唐书》卷一四九《沈传师传》
7	唐德宗建中七年七月（786）	？	苏门悌举钱15千文，至八月纳16千文（月利6%强）	《敦煌资料》第一辑五《附录》

续表

编号	年代	地区	利率情况	资料出处
8	唐德宗贞元元年十二月（785）	?	六品以下本州升中上考者，纳银钱一千"元置本五分生利"	《唐会要》卷八十一《考》上
9	开成二年（837）八月	全国	"今后应有举放……不得五分以上生利"（敕）	《宋刑统》卷二六
10	戊寅年三月十七日（后梁贞明四年，918）	敦煌	"其上件斛斗分付二老宿……等五人执帐，逐年于先例加柒生利"	《敦煌资料》第一辑五丁
11	戊子年六月五日（后唐天成三年，928）	敦煌	便粟两硕，至秋三硕七；使粟肆斗，至秋六斗，便粟壹硕，至秋一硕五斗	转引自《隋唐五代经济史资料汇编校注》第一编下第二章《戊子年六月五日公廨麦出便与人历》
12	宋太祖时（960—975）	全国	令：月息不过六分	《宋刑统》卷二六《公私债负》
13	宋神宗时（1068—1085）	全国?	民间私债有"月息一分半至二分"者	《都官集》卷五《奏行青苗新法自劾奏状》
14	宋哲宗元祐元年（1086）	全国?	"民间之私债，其利常至于五六"	《长编》卷三七八
15	乾道—淳熙（1165—1189）	南方	典质运营，"三年而其息一倍"	《袁氏世范》卷一《同居不必私藏金银》
16	乾道—庆元（1165—1200）	南方	息："每月取利不得过四厘"，"每岁取利不得过五分"	《庆元条法事类》卷八〇《出举债负·关市令·赏令》
17	淳熙七年—嘉熙七年（1180—1240）	湖湘	"成百四分，极少亦不下二分"（解库年息）	《清明集》《户婚门·库本·背主赖库本钱》
18	绍定—咸淳（1228—1265）	?	"每岁纳息二分"（质库）	《清明集》《户婚门·库本·质库利息与私债不同》

由表2至表3所提供的情况可见：

第一，"倍称之息"及几倍之息的记载文献中较为常见，所谓"倍息"几乎成了高利贷的代名词。仔细分析可见，主要是以下几种情况。（1）正式法令或习惯法中，倍称之息是私人借贷取息量的上限。《唐令拾遗》所载唐令及《宋刑统》《庆元条法事类》都有"积日虽多，不过一倍"的条文。五代梁末帝龙德元年诏书所说："纳利及一倍已上者，不得利上生利。"[①] 宋太平兴国七年诏令："令富民出息钱不得过倍称。"[②] 这里包括年利、半年利为10%者及利率为倍称以下的利率积累一段时间之后所达到的利息总量。这个总量不过一倍便是合法。（2）一些年利、半年利及一些临时规定的利率实际上已达倍称；个别甚至达到几倍。如欧阳修说北宋佃户，"举债于主人而后偿之，息不两倍则三倍"[③]。南宋谭州一带"农事方兴之际，称贷富民，出息数倍"[④]。（3）一些倍息及几倍之息是借贷者不能及时偿还本利而陆续缴纳的利息的总量；或者主持放债者向钱主交纳的利息的总量，前者如唐代陇西水门村刘钥匙对债务人借贷总是"积年不问"，忽一日执券算之"即倍数极广"[⑤]。后者如主持唐公廨本的人，纳息总量也常达原本的五倍、十倍。[⑥] 后晋天福六年（941）法令也有"私下债负，征利及一倍者并放；主持者不在此限"[⑦] 的说法。因此，对文献中经常出现的"倍称"或几倍之息，我们必须注意具体分析。

第二，整体上看，谷麦等实物借贷利率由唐至宋变化不甚明显，而货币借贷则呈下降之势，表现在：（1）官府高利贷资本利率呈下降之势：唐前期至后期，公廨本钱便有所下降，由表2可见：这个月利，由开元六年（718）的7分多，至开元十六年（728）和建中年间的5分，

---

① 见表2有关条。
② 见表2有关条。
③ 见表2有关条。
④ 见表2有关条。
⑤ 见表2有关条。
⑥ 见表2有关条。
⑦ 见表2有关条。

至开成五年（840）的4分。而宋代则进一步有所降低，如用于放贷的青苗钱，半年利2分，年利4分，月利约3.3分；用于抵当放贷的市易钱大部分是年息2分，抵当所在元丰年间的抵押放贷有时月息只有1分。① 可见唐至宋，利率是逐渐下降的。（2）既然官营高利贷资本利率表现出了下降之势，那么，它总是在商品经济发展、社会上货币供应增加的条件下，与社会总体利率水平下降相适应。虽然这一下降之势在文献材料表现得并不明显，从表3可知，唐前期那类小额货币借贷月利多至10%，甚至15%、20%，官府规定的利率也常达5分、6分，宋代以后虽然也不乏5分、6分乃至倍称的货币借贷利率，但是出现了许多唐代十分少见的低利率：如北宋熙宁前后的1.5分至2分的月利，南宋一些地区的2分、2.2分、2.5分的质库年利等，反映了宋代私人借贷利率整体水平有所下降。

我们知道，近代借贷资本利率是在资本统治各个产业部门、社会产品绝大部分商品化的前提下，随着社会平均利润率的升降而升降的；而在古代，主要是自然经济，虽然有了商品经济及商业高利贷资本，但它与当时的产业部门并无本质必然的联系，它们是从外部与之相对立的，因而也就无所谓平均利润率，借贷利率升降只能从其本身的供应关系来寻找。从这个角度看，唐宋高利贷利率的下降，是与因商品经济的发展，货币资本的积聚，导致社会上货币供应的增加有关系的。从种种迹象看，唐代中后期以后，因商业的发达，一些豪富手中积聚了大量货币，使高利贷资本的货币供应大大增加了。

史载：自建中以后，"富家大商多积钱以逐轻重"②。"定州何明远，大富……资财巨亿。"③ 唐末富商王酒胡，曾一次捐钱三十万贯，助修朱雀门；另一次安国寺试新钟，一次舍钱十万贯④。

宋代商品货币经济较之唐代有了巨大的发展，这一点已为学术界所公认，只要看看宋仁宗皇祐初高达二千二百多万贯的征商额及

---

① 见表2有关条。
② 李翱：《李文公文集》卷九《疏改税法》。
③ 张鷟：《朝野佥载》卷三。
④ 《玉泉子》，另《中朝故事》卷上亦载此事，"定州"改称"镇州"。

元丰年间五六百万贯的岁铸币额,① 便可知这一发展的水平了。与此相适应,富商大家手中也积累了大量货币,并比唐代更引人注目。

史载:北宋东京地方"资产百万者至多,十万而上比比皆是"②。南宋申师孟"以善商贩著声于江湖间,富民裴氏访求得之,相与甚欢,付以本钱十万缗,听其所为。居三年,获利一倍,往输之至家,又益三十万缗"③。

这些被积聚的货币当然不会长期沉默,就像刘禹锡描写商客所云:"趋时鹜鸟思,藏镪盘龙形。"④ 这些蓄藏的货币就像蛰龙一般,风云际会便会腾空而起、兴风作雨。不过它们得等待一个取得最大限度利润的好时机,"藏镪非倍息而不出"⑤ 的记载可以证明这一点。当然它们可以投入商业或者土地买卖,但是既然高利贷较之商业更为保险而又有利可图,更多投入这一领域是很自然的,在投入不断增加、借贷者取得货币的途径增加、同行业竞争加剧的情况下,利率便走向稳定或一定程度的下降了。

本文所叙可以简要地概述如下。

第一,唐代以后,高利贷形式基本完备,大体上有信用借贷、抵押借贷两种,后者又依抵押品的不同可分为动产抵押、不动产抵押、人身抵押三种形式。

第二,唐宋高利贷利率很复杂,大体上说,由唐至宋实物借贷利率变化不大,而货币借贷却表现出了一定的下降趋势。这一点是随着唐宋商品经济的发展,官府、私人手中大量货币的积聚导致社会上借贷货币供应增加出现的。

---

① 龚鼎臣《东原录》言:"天下诸商税钱每岁二千二百万贯";《文献通考》卷九引毕仲游《中书备对一》载熙丰间铸铜、铁钱总额594万贯。
② 宗祁:《景文集》卷二八《乞损豪强优力农札子》、《宋会要辑稿》食货一之八同。
③ 洪迈:《夷坚三志·辛》卷八《申师孟银》。
④ 刘禹锡:《刘宾客文集》卷二一《杂兴》二十一首《贾客词》。
⑤ 《全唐文》卷二三玄宗《申严铜禁制》。

附记：本文参考大量唐史学者的论著，因篇幅所限，有些未能注明，谨致谢意！

(原载《史学月刊》1992年第4期)

宋代以后工商业中的生产性、资本性和经营性借贷

一 问题的提出

在中国封建社会，高利贷资本与商业资本、小农经济一样都是重要的经济形态。中国封建社会的金融信用与西方中世纪社会相比，有一个明显的特点就是：高利贷信用特别发达。[①] 而高利贷从其借贷内容看，主要有两种方式：一种是生活消费性的借贷，包括因日常生活、婚丧嫁娶、赴官候选、赋役缴纳等引起的借贷；另一种是生产性、资本性和经营性的借贷，包括农业、手工业、矿冶业生产引起的借贷及因经商引起的借贷等。从中国封建社会的整体看不论是在其前期还是在中、晚期，这两种内容的借贷均不同程度地存在，因材料的缺乏，我们无法估计各个历史时期包括材料相对较丰富的清代以后两种内容的借贷在整个高利贷中的地位如何。但是有一个变化则是比较明显地存在的，这种生产性、资本性和经营性的借贷尤其是工商业矿冶业中的这种借贷得到了比较明显的发展，这一发展为元明二代所继承，在乾隆中后期（18世纪后期）发展到了其巅峰状态，并开始向近代借贷资本转化。叙述这一发展过程，不但对于中国古代信用借贷本身是有益的，对于正确认识宋代经济发展

[①] 整体上说历史上的金融信用大致可分为三个方面，第一是私人信用；第二公可信用；第三公共信用。其中第一方面又包括高利贷信用和信用两种。就中世纪及近代初期而言，西方商业信用及公共信用比中国相对要发达一些。

水平,也当是有价值的。

四十多年前,日本学者宫崎市定氏曾撰《关于中国近世生业资本的借贷》一文,① 文章简要地叙述了宋以来城市阶级的变化及城市市民的各种借贷,与本文颇有关系,然其所谓"中国近世"即中国封建社会后期之意。其所谓"生业资本"也并不专指本文所言之生产性、资本性和经营性借贷,还包括各种生活消费性借贷。近年来研究明清高利贷资本的学者对明清信用借贷与工商业运行的关系也作了一些探讨,如张彬村对16—18世纪长程贸易与金融信用关系的探讨②;刘秋根对清代城市工商业中的资本性、经营性借贷的考察,对明代工商业运行与高利贷关系的研究③;黄鉴晖对账局票号与山西商人商业活动关系的探讨等。④ 然尚未专门系统地研究这种借贷,尤其是未能对其在宋元明清这一较长历史时段中的发展变化作系统的考察。

二 宋元手工业商业中的生产性、资本性和经营性借贷

宋代商人的资本性借贷,有私人高利贷者经营,北宋中期以后,宋政府市易务也开展这种借贷。我们先从商人借贷经商说起,这种借贷有时是启动资金借贷,如南宋端平初年,有黎润祖者,赁范雅之屋开设米铺,又因与范雅"人情深熟",则于范雅边假贷少钱,以为"开肆之资",至端平三年(1236),"展算加利",总额达一百七十一贯。⑤ 还有一种是经营开始之后的流动资金借贷,如北宋末,"高密县刘三郎者,以商贾为业,久之销折殆尽,因夜过一桥,闻人呼其姓名曰:汝善人也,我借汝

---

① [日]宫崎市定:《关于中国近世生业资本的借贷》,《东洋史研究》第11卷第1号。
② 张彬村:《十六至十八世纪中国的长程贸易与信用市场》,《第二次中国近代经济史会议》,"中央研究院"经济研究所1989年版。
③ 刘秋根:《清代城市高利贷资本》,《中国经济史研究》1995年第1期;《明代工商业运行与高利贷》,《株洲高等师范专科学校学报》1999年第3期。
④ 黄鉴晖:《中国银行史》,山西经济出版社1994年版。
⑤ 《名公书判清明集》卷之九《户婚门·争财·掌主与看库人互争》。

钱本……他日于桥下果得万缗，自此累镪甚富"①。这里若剥开这层迷信油彩，当能说明商人借贷流动资金的一些情况。除商人外，城市手工业者的资本性、经营性借贷也是经常性的，尤其是那些独立的专业的手工业者。北宋真宗时有石保吉，"累世将相，家多财……好治生射利"，"有染家贷钱，息不尽入，质其女，其父上诉，真宗亟命还之"②。这里未具体说明染家是否将所借资金用于生产，但是当存在这种可能性。苏东坡于熙宁四年（1071）正月上奏指出，东京市场上的卖灯之民，"例非豪民，举债出息，畜之弥年，衣食之计望此旬日"③。显然这里的花灯生产者是靠借贷资本进行生产的。而民间纺织业也是如此，其初给的形式，如大中祥符三年（1010），河北转运使李仕衡言："本路岁给诸军帛七十万，民间罕有缯钱，常预假于豪民，出倍称之息。"④ 如果这还是在封建国家的赋税强制下，由小生产者所进行的偶然的生产本钱借贷的话，那么，以下所言就是生产者与商人之间那种经常性、一般性的资本依赖关系了。江西布商陈泰，"以贩布起家，每岁辄出捐本钱贷崇安、乐溪、全（金）溪诸债（绩）户，达于吉之属邑，各有驵主其事"。如驵侩曾小六便"用渠钱六百千，为作屋停货"，"今积布至数千匹"⑤。北宋中期王安石变法时，曾推行市易法，其内容主要有两个方面：首先是商业方面的内容，表现在市易务收购市场上的滞销产品，赊给商人发卖或自己进行商品买卖，这方面前人论述已多，此不赘述。其次是金融方面的措施，表现在：第一，直接资金供应，城乡居民或商人、手工业者在生活缺乏或经营缺本时，可以结保或提供抵押向市易务借取现金，年出息20%。

---

① 马纯：《陶朱新录》。
② 《宋史》卷二五〇《石保吉传》。
③ 苏轼：《东坡全集》卷五一《谏买浙灯状》。
④ 马端临：《文献通考》卷二〇《市籴考一》。按：此事《范文正公文集》卷一一《李仕衡墓志铭》，《续资治通鉴长编》卷七三，大中祥符三年闰二月己未皆载，以《文献通考》最为通润。
⑤ 洪迈：《夷坚支癸》卷五《陈泰冤梦》。按：此条有学者据《永乐大典》卷一三四三六认为"债户"当为"绩户"，"全溪"当为"金溪"。从内容看，甚是。如郭正忠《宋代包买商人的考察》，《江淮论坛》1985年第2期；而乔幼梅则认为"债户""绩户""从校勘学的一般通则看，两存可也"，见《宋元时期高利贷的发展》，《中国社会科学》1988年第2期。笔者认为，陈泰的行为作为一种资本放贷，可以不必计较他是"债户"还是"绩户"。

其中的抵当借贷后来又与府司检校库抵当所开展的抵押放贷相结合，成为一种专门的政府抵押贷款。第二，间接资金供应，一般商人在流动资金缺乏，而又愿意借取现金时，可以向市易务赊请物货发卖，到期加息20%归还。形式上说，这是一种商品赊买，实际上，它是商人融通资金的一种手段，属于资本借贷。其中的第一种情况则是一种实物形式的资金借贷。元代也是基本是继承了这一发展势头的。《元曲选》中便有不少中小商人借本经商的例子，如李孝先因家境贫寒，向庞居士借银两锭，外出经商。① 杨国用在表弟赵客家借了五两银子，置些杂货，外出贩卖。② 另外元代还产生了一些比较专门地对商人及手工业者进行资金放贷的高利贷者，如元初有著名的高氏兄弟，"主货殖为业"，以"什一与时驰逐"，"易彼取此，收息且廉，故声实四出，商贩舆集其门……每每贷子钱，有不克偿及群居邸舍，积本傡直而负者，审其窘，悉折券无难色"③。可见高氏兄弟是在经商积累了财富之后，转而经营仓库业、旅游业及向商人放贷。而有些高利贷者除对商人外，还对手工业者放贷，如作为陶瓷生产中心的处州龙泉县有吴益愻者，便是这样的高利贷者，"有张丙者，贷君陶器，货于长沙，其价不赀，而舟车艰难，耗折大半，君闵其情，凡了本合征者，尽丐之。陶户假贷于君，有久不能偿者，则聚其券焚之，一置不问"④。

　　随着这种资金借贷关系的进展及普遍化，在宋代的某些地区或行业中已经形成了某种工商业资金供应的稳定化趋势。东南地区粮商与质库业之间便是如此。宁宗庆元元年（1195）六月七日，"权两浙运副沈诜言：窃见两浙州县亦多饥疫……今来米价已高，若罢赈粜，窃虑翔踊，惟是在市之米辐辏，庶几其直日平。探闻商贩之家，多有积米，藏积碓坊，质当库户，犹欲待价"⑤。可见粮商们掌握了大量存米，并将它们堆积在碓坊之中或质当于质库之中。为什么他们要将粮食质当于质库呢？

---

① 臧晋叔编：《元曲选·庞居士误放来生债》。
② 臧晋叔编：《元曲选·盯盯珰珰盆儿鬼》。
③ 王恽：《秋涧集》卷六一《故云中高君墓志铭》。按："撅"当为"傡"。
④ 王袆：《王忠文集》卷二四《故石门书院山长吴君墓志铭》。
⑤ 《宋会要辑稿》食货五八之二二。

显然是为了取得流动资金、扩大资本运营规模,利用手中粮食的季节性差价牟取厚利。这由明清以后的同类记载看得十分清楚,如乾隆十二年(1747),汤聘上言:"近闻民间典当,竟有收当米谷一事……奸商刁贩,恃有典铺通融……随收随典,辗转翻腾。约计一分本银,非买至四、五分之米谷不止。"① 值得注意的是,宋代这种借贷关系已经引起了朝廷和士大夫们的重视,并影响了广大地区粮食的流通,因而这一关系应该是经过了一段时间的发展,已经不是一种偶然发生的经济现象了。在当时的海外贸易中,海外贸易商与当地富有资财而又愿意亲自出体系的富豪之间也结成了这种资金供需关系。这种借贷能既有货币又有实物。如北宋时期的广州,据朱彧记载:"北人过海外,是岁不归者,谓之住蕃;诸国人至广州,是岁不归者,谓之住唐。广人举债总一倍,约舶过回偿,住蕃虽十年不归,息亦不增。富者乘时畜缯帛、陶货,加其值与求债者,计息何啻倍徙。"② 这些富者所畜存的"缯帛""陶货",由那些缺乏资金的中小海外贸易商人借贷出海,销售之后,再加利归还,与一般的货币资金放贷的功能是完全相同的。这种资本供需关系的形成对海外贸易的发展是非常有利的。另外,从北宋中期实行市易法时首都东京各类工商业户对市易务资金的借贷情况看,在一些工商业发达的大城市中也应该是存在这种稳定化的供需关系的,且这种关系已不限于一两种行业。元祐年间(1086—1093),废罢市易法,清理积欠。苏辙说:"见今欠人共二万七千一百五十五户,共欠钱二百二十七万贯……(下略)。"③ 今将有关情况统计见表1。④

市易钱放贷情况比较复杂,我们难以明确分辨哪些是资本放贷,哪些是生活消费放贷。但可以肯定的是表中编号2、5所指属于资本放贷的可能性要大一些。姑以此作为资本借贷者,则共为1792户、1893800贯。

---

① 琴川居士:《皇清奏议》卷四四《请禁囤米谷状》。
② 朱彧:《萍州可谈》卷二《广州市舶司理债》。
③ 苏辙:《栾城集》卷三八《乞放市易欠钱状》。按:此据四部丛刊本,四库全书本第三十九卷数字与此本略有不同。
④ 表中200贯以上人户系以"小姓"总九减欠200贯以下人户数,不包括"大姓"及"酒户"数。

分别占户数的 6.63% 和总钱数的 83.43%，即占户数 6.63% 的大户借走了相当于 83.43% 的资金。可见，资本借贷应该占了相当大的比重；从户数看，如果以 62∶1740 作为大商人和中小商人的比例，则前者占 3.48%，后者占 96.5%。反映出中小商人对资本的需求更为迫切，市易务在一定程度上比较稳定地满足了当时商人尤其是中小商人的资本需求。

表 1　　　　　　　　　　北宋市易务放贷情况

编号	户种类及数目	占总户数	钱数（贯）	占总钱数	户均钱数贯
1	共计 27155 户	100%	2270000	100%	83.59
2	大户 35 户、酒户 17 户	0.228%	1540000	67.84%	2433.7
3	小姓共 27093 户	99.77%	820000	36.12%	30.27
4	欠 200 贯以下户 25353 户	93.36%	466200	20.53%	18.39
5	欠 200 贯以上户 1740 户	6.41%	353800	15.59%	203.33

值得注意的是，这种稳定化趋势在元代也一定程度上是存在的，如上所述，处州龙泉县吴益懋例便反映了富有资财的富人与商贩及手工业者之间是存在一定程度上的比较稳定的资金供需关系的。

三　明清手工业商业中生产性、资本性和经营性借贷的发展

明清工商矿冶各业的资金借贷与宋元时期一样，既有开办资本借贷，也有流动资金借贷。其借贷数额既有数两、数十两、一百两等小额借贷，也有数百两乃至数千两以上的大额借贷，并且涉及各种行业，既有行商、坐贾、海外贸易商，也有手工业作坊、矿冶工场等。我们先从明代行商、坐贾尤其是中小商人为了开始他们的经营而进行的开办资本借贷说起。

在明代，如泰和鄢叔敬，曾得百金于道，少顷失者回，"其人曰：我婺人也，贷金六十，商于广三年，而得百金……"[①] 清代如江西南昌县康

---

① 张萱：《西园闻见录》卷一七《好施》。

熙间有姓蒋者，因家贫"乃质衣冠，得钱八百，贩粟五斛，肩鬻于市……"①其规模较大的借贷，明代如郭霆之父盐运公，霆之堂兄郭垒"资用不给，盐运公爱其人，予三百金，令货息钱，久之无所得"，"有许守夏者，贷盐运公数百金，服贾于辽东"②。万历年间有江西商人危忠，"远游滇黔逐什一"，"户工部有官商，官商者，领铸本于部贸铜于武陵，芜湖沿江境上。故官商以侵渔多部逋，而滇黔大商以急公，故时予贷官商，官商得借以宽追比，故又是故惩官商侵渔不时给，于是官商负大商愈甚，公前后致赍万金，为官商陷失……"③ 清代如乾隆嘉庆间山西汾阳有商人赵疤子"懋迁为业，性诚朴有信行"，有富室"笃爱之，贷之资五百，不问其居积，久之，渐亏所付，携其金赴审阳"④。江苏山阴城中有王文虎者，乃李铁桥廉访之"工人"，一开始"与其兄文龙就市头设地摆摊卖果菜，继而积资渐裕，则赁铺屋，贩京果南货，迨廉访归里，复贷以千金，遂置业开行，居然称富贾"⑤。

除开办资本外，还值得注意的是，明清商人为了继续或扩大他们的经营也常有借贷。在明代，如崇祯十二年（1639）九月二十九日，蓬莱县查获海船夹带参斤，参商仇肖宇、程正吾、吴光福、曹敬台、胡之瑞、严德、王锡等被逮捕，据仇肖宇供称："本月十三日，伊在程正吾家，袖参半斤，被在官参行计载、汪明、霍有光等三人撞遇，仇肖宇等即可与讲价，仇肖宇还有半斤……至十五日，仇肖宇又拿出半斤，许载等用前理饷厅发给奉军门变价官参二斤，当于不在官汪守正当铺，得银三十七两，遂买仇肖宇参一斤，因短少参二钱，只与仇肖宇银三十六两五钱。"⑥此处所言大意是：在官参行商人许载用官府发给的人参二斤当于汪守正当铺之中，按值十当五的规矩该得价银三十七两，他用此银购买了私商仇肖宇的参一斤。此例说明商人可以用待销的商品为抵押借出资金再购

---

① 蒋士铨：《忠雅堂文集》卷七《先考府君行状》。另《初月楼闻见录》卷八亦载。
② 赵南星：《味檗斋文集》卷一三《明文学郭长公暨配焦孺人墓铭》。
③ 艾南英：《天佣子集》卷八《巡抚川贵军门委用……范公墓志铭》。
④ 王肇华：《达亭老人遗稿》《消闲戏墨》卷上。
⑤ 梁慕辰：《北东园笔录》四编卷二《王文虎》。
⑥ 《明清内阁大库史料》卷一二《兵部为报单事第九十九号》。

买，铺商与当铺之间存在流动资金借贷。清代如有乾隆问求借信说："郡城小典，客腊开张，生意甚属清淡……不料三月间桃花涨发，近乡各典俱以阻水停当，致乡间质物者鳞集郡城，晨下小典所存，仅支应本月……兹特奉恳太翁，鼎力于省中代会银二千两，或尊处可以通融。更免一番辗转……"① 山西汾州有贾义士"挟其赀，以放债营利，往往遍天下。义士贷其赀而依以居……（樊）谓义士曰：始吾以营业乏势，势且殆矣，自弟来吾家，家中小裕"②。

那么，明清手工业矿业中的资本性、经营性借贷的情况又怎么样呢？首先从明代手工业的情况看，如在河南汝南"农夫工女，蚤夜操作，或以糊口，或有所督迫，辄向大贾预贷金钱，仅获半值。遂输其货以去"③。此例从商人角度看有一定的预付货款的性质，但从生产者角度看，应是一种生产资金。很可能是为了解决原料问题。另有人借一织妇的口气言："老妾以桑麻为业，蚕未成眠，已假客之丝钱矣；麻未临机，已贷客之布钱矣。"④ 显然这里应该是从放贷的商人手中借贷了生产成本。清初张履祥引《沈氏农书》言："男耕女织，农家本务"，"妇人每二名每年织绢一百二十匹，每绢一两平价一钱，计得价一百二十两"。除去成本，有利润三十两，"若自己蚕丝，利尚有浮，其为当织无疑也。但无顿本则当丝起加一之息，绢钱则银水差加一之色"⑤。也就是说，手工业者因缺乏原料，必须当购，一进一出得付出"一加一"（10%）之利，显然"当丝"属于一种有息生产资金借贷。

这里讲的应该主要是一些男耕女织式的家庭手工业的生产成本借贷。至于那种独立的手工业者，尤其是手工业作坊的启动及持续经营所需成本更多，借贷似乎更为常见。如湖州府桐乡县乌青"里中有中人之家仙钱开油坊，其雇工人与市上一人剧饮而醉"⑥。这是手工业作坊的开办资

---

① 饮香居士：《分类详注饮香尺牍》卷三《借贷类》。
② 朱翊清：《埋忧集》卷八。
③ 万历《汝南志》卷四《风俗》。
④ 赵弼：《效颦集》中卷《钟离叟妪传》（书后有宣德三年）。
⑤ 张履祥：《杨园先生文集》《补农书》卷上。
⑥ 乾隆《乌青镇志》卷一二《见闻杂记》。

本借贷。在陶瓷业中，如有徽商潘次君"贾昌江居陶器"，"岁既浸，诸陶家庸而侵食，居民聚族为御，率相格斗……（次君遣人至陶家所在地）召诸贷者俱来，能偿则缓为之期，不能偿则焚其券，诸以陶器售者，无良苦悉居之。后三日，复遣人赍千金授向者戒。又三日，次君亲行，诸失业者匍匐而归。既得次君宽责，既有余器，争售次君，陶室毕空"①。显然"诸陶家"的资金是借自潘次君的。明清浮梁业陶者，多数虽然是手工作坊，但生产规模狭小，资本微薄，故多依赖高利贷资本满足生产资金需要。从整段记载看，这里也不止徽商潘次君一人，还有其他"诸贤豪"也进行这种生产资金预贷。

清代城市手工业借贷经营也是常见的。道光年间，曲阜县城有孔传成"欲揭钱买羊作毡帽生理"。于道光七年（1872）二月十六日在开杂货铺的李克恭手中借走京钱二百千，"张立荣、夏正寅作保，立给揭约，注明每月二分行息"②。道光六年（1826），磁帮商人沈春芳在巴县控诉说：其父沈元良与徐巽绅、徐奉恩合资开机房，本钱不足"再三央父借贷钟元兴等银两一千余金"③。以上诸例都是手工业店铺进行流动资金借贷的例子。

与一般的工商业比，明清盐业、矿冶业中借贷的发展表现得更为明显。在明代，如彭韶言："庶民之中，灶户尤苦……贫薄之人虽有分业涂荡，自来粮食不充，安息无所，未免豫借他人，凡是煎课余利，尽还债主。"④ 明代矿业开采、冶炼多矿盗，一些矿盗实际上是一些资本主，如嘉靖十五年（1536）前后，处州府松阳县有叶浣"倚山豪横，专招聚矿徒，盗掘矿银，资助油粮，坐分矿利，举放私债，出入四轿"⑤。这里"资助油粮，坐分矿利"应当说是一种合伙行为；而"举放私债"则是一

---

① 汪道昆：《太函集》卷五一《明故太学生潘次君暨配王氏合葬墓志铭》。
② 《孔府档案》第八册，第19页。按：此为北京图书馆藏复写本，曲阜师范学院编《曲阜孔府档案史料选编》三编十五册似未见，齐鲁书社1980年版。
③ 《清代乾嘉道巴县档案选编》上册，四川大学出版社1989年版，第349页。
④ 同上书，第301页。
⑤ 彭韶：《彭惠安集》卷一《为进呈盐场图事》。另，《皇明奏疏类钞》卷五四、《西园闻见录》第二十五亦载此事。

种对这些矿冶业生产者的资金放贷行为。

清代盐业如清初广东"凡民之劳者农，苦者盐丁，竭彼一人之力，所治盐田二、三亩，春则先修基围，以防潮水；次修漏池，以待淋卤，次作草寮以复灶"。"而筑田筑灶，工本繁多，往往仰资外人，利之所入，倍而出之。"① 尽管如此，灶户也必须借贷，因为只有这样，才能完成再生产过程。有记载说："垣商（场商）亦必先放放草本，使之修亭补口，而盐亦各归主顾，不入他垣，放借多者至有盈千累万，故灶户乐为商效。"② 煤、铁、铜等矿的开采、冶炼及瓷器的制造等业中，如河南登封，"乾隆四十二年（1777）七月间，梁允升与张九思伙开煤窑乏本，揭借王家骏钱文，三分起息，四十三年三月内，王家骏催讨无偿"③。在巴县，田学圃于嘉庆十九年四月控告说：嘉庆十年（1805）二月时，有雷天开铁厂，至五月办出铁矿二十八万六千斤，为了煅炼成铁，乃"亲书借券，将铁矿二十六万斤抵生产银一百三十五两，每月加三行息，限是秋煅铁售银还生"④。

另外，工商业矿冶业中资金供求的稳定化关系在明清尤其是清代以后也得到了一定的发展，这一点首先表现在一些地区性商人集团所在地区那些富有资财者往往与善于经营者形成经常的稳定化的资金供求关系，即所谓"资本"关系。如山西商人"平阳泽潞豪商大贾甲天下，非数十万不称富，其居室之法善也。其人以行止相高，其合伙而商者，名曰伙计。一人出本，众商共而商之；虽不誓而无私藏，但父或以子母息丐贷于人而道亡，贷者业舍数十年矣。子孙生而有知，更焦劳强作以还其贷"⑤。在徽商中，如徽州府黟县"俗尚贸易，凡无赀者，多贷本于大户

---

① 朱纨：《甓余杂集》卷五《艾除累年矿患、地方宁谧事》。
② 屈大均：《广东新语》卷一四。
③ 鲍梅君：《南陵志贾》总述。转引自《中国资本主义的萌芽》，人民出版社1985年版，第640页。
④ 刑科题本、乾隆四十三年九月二十五日郑大进题。转引自中国人民大学清史研究所、档案系合编《清代的矿业》下，中华书局1982年版，第452页。
⑤ 沈思孝：《晋录》。这种"贷本"关系的进一步发展，有可能成为真正的合伙关系。

家，以为事蓄计"①。

清代这种稳定关系尤其在海商的经营中最为盛行。广东海澄县"田多斥卤"，自明末以来"饶于心计者，视波涛为阡陌，倚帆樯为耒耜，盖富家以财，贫人以躯，输中华之产，驰异域之邦，易其方物，利可十倍"②。这里当是经营者"贫人"领取"富家"的资本进行经营。清初，台湾郑氏政权为了满足庞大的军饷需求，在山海两路各设五大商，允许一些商人领取资本，到海外进行贸易，按固定的利率收取利息，著名的领本经营商人有曾定老、伍乞娘、龚孙观、龚妹娘等。如顺治十一年（1654）正月"曾定老等就伪国姓兄弟郑祚手内领出银贰拾伍万两，前往苏杭二州置买绫、湖丝、洋货，将货尽交伪国姓讫"③。这种资金供需关系稳定的趋势则还可从行业、地区角度予以观察。如一些工商行业已比较稳定地依赖借贷来开始或继续他们的经营，著名的如粮食、棉花、丝等日用品贩运商人便是比较稳定地、季节性地从典当取得流动资金的，办法是：商人以待销或滞销的商品于典当铺质押，借出银两，作为追加资本再次投入运营。如雍正六年（1728）七月初，"李卫奏：嘉湖二府属县，每年新谷登场……即有经营之辈，买米当银复买，亦皆于次年就地粜卖"④。显然，这"经营之辈"是一专业的或兼业的粮商。同样前引乾隆年间汤聘上奏所指出类似关系亦是如此。在航运业领域亦存在着这种趋势，如嘉道以来在福建厦门与台湾鹿耳门等港口城市，有一种专门供应海商的高利贷，人称之曰"水利"，往北洋及由厦门往台湾的商人便能以比较固定的利率很方便地由此得到贷款。⑤

其次，从地区角度观察，随着上述各类工商借贷的发展，一些城市工商各业与高利贷经营者尤其是铺商与高利贷资本已经建立起比较稳定的资金信用关系，尤以北京、汉口、佛山等商业、手工业发达之地最为

---

① 万承风：《训导汪庭榜墓铭》，转引自傅衣凌《明清商人及商业资本》，人民出版社 1956 年版，第 75 页。
② 《海澄县志》卷一五《风土志》，引明志。
③ 《明清史料》已编第六本，第 575 页，《福建巡抚许世昌残题本》。
④ 《雍正硃批谕旨》第四十一册，第 52 页，李卫奏。
⑤ 《海音诗》，见《台湾杂咏合刻》。

明显，这里以汉口为例稍加说明。汉口素有九省通衢之称，清代以后，成了著名的"天下四镇"① 之一，随着其工商业的发展和繁荣，高利贷资本亦活跃起来，典当、钱庄、票号、炉房机构纷纷设立，票号的活动更引人注目，当时人说："子金按月按时排，生意无如票号佳。"武昌武胜门外塘角，"鳞艘票舶，咸集于彼，初为荒野，今皆筑室，列廛市肆里遥，百货齐萃矣"。道光二十九年（1849），塘角停泊的盐、货船千余遭火灾，一夕焚毁，结果票号牵连受累，所谓"九九归原谁受累，大东道主是西帮"。因为"塘角无与汉口，汉口之性命存焉，火灾无与于票号，各行之倒帐归焉"。从这一记载看，票号不但对武汉的工商铺户存款，而且可能对来往于武汉的贩运商人放款。票号以外，汉口银号、银铺亦经营放款，名曰"放票"，所谓票，即是铺票，自乾隆间盛行以来，成了各类金融机构扩大经营规模的重要手段之一，一方面通过"票存"接受存款，另一方面又通过放票放款，汉口有些银号"专恃放票，店本六千到五万不等，放票或至十余万两"②。"放票"规模达到原本规模的十多倍，当有赖于工商业的繁荣及其对工商业放款的盛行。这反映出武昌汉口工商铺店乃至有关的贩商与票号、银号之间的资金供需关系是比较稳定的。

四 结语

（一）综上所述可见，宋以后工商矿冶业的生产性、资本性与经营性借贷，依其部门的不同，主要有：第一，手工业者生产经营过程中的借贷，这里有两种情况：有些是手工业与农业结合的兼业的个体小手工业，他们的借贷没有多少经营性质。有些则是手工业作坊甚至规模较大的手工业、矿冶生产工场，那么其借贷与商人的借贷一般无二，是一种资本性、经营性的借贷。第二，商人开始经营或经营过程中的借贷，这种借

---

① 顾祖禹：《读史方舆纪要》。
② 以上所引均见叶调元《汉口竹枝词》。自刘昌际、潘际湘文，载《平准学刊》第二集。

贷依商人之种类不同：有贩运商人的借贷、有铺店商人的借贷，明清以后还有牙商的借贷。依商业运行的阶段性有经营开始时的启动资金借贷，也有经营过程中的流动资金借贷。

（二）若考察这种借贷在整个封建社会后期发展趋势，可以发现，第一，这种借贷在宋代达到了一个比较高的发展水平，如上所述，宋代某些行业、地区的工商业生产性、经营性资金供应已经在一定程度上走向稳定化。第二，明清尤其是明中叶以后与宋相比则又有比较明显的发展。如：宋元时期比较罕见的矿冶业、盐业等生产过程中的借贷得到普遍的发展；就清代前期而言，工商运行过程中资金供求关系稳定化的趋势更为明显、地域更广、行业更多，而且由专门的金融机构如当铺、钱铺、银号、账局、票号等所占有的市场份额更大。总而言之，明清尤其清代前期以后，因为这种借贷的发展，其作为近代借贷资本的特色已经非常浓厚。[①] 在此，如果我们放宽视界便可发现，这一过程是开始于宋代的。[②]

（三）自加藤繁《柜坊考》等发表以来，中外学者对中国近代金融信用的形成问题作了长期大量的探讨，尤其是日野开三郎氏用力最勤，他先后发表了《三柜》《唐代寄附铺与柜坊》《唐代金融业者"柜坊"的形成》等多篇长文对唐宋的柜坊、寄附铺及其与早期金融业的联系作了详尽的考证和分析。[③] 国内学者在这方面比较重视明清以后的钱庄、账局、票号的研究，其代表有张国辉先生对清代前期钱

[①] 当然，如下所述，近代金融的形成暨高利贷资本向近代借贷资本的转化不仅表现在其借贷内容的变化，也表现在其他方面，如利率的下降及稳定化乃至利率行市的出现；放贷形式的多样化，如有息存款的产生及发展等。这些均超出本文所论。可参见刘秋根《明清高利贷资本》有关章节，社会科学文献出版社2000年版。

[②] 张泽咸以为："柜坊寄附铺以及在下面将要讨论的飞钱和质库等等，实已具有近代初期金融市场的某些业务雏形，正是唐人商品经济有了较大发展的反映。"（《唐代工商业》，中国社会科学出版社1995年版，第340页）这里是说由借贷形式看，与近代金融多有近似之处。但并不能由此认为，高利贷资本向近代借贷资本的转化暨近代金融的形成是从唐代开始的。

[③] 见《日野开三郎东洋史学论集》第五卷，三一书房版。

庄的研究,① 黄鉴晖先生对清代账局、票号的研究②,等等。应该说中国近代金融体系整体上是从西方传进来的,但是以高利贷信用为主体的中国古代金融信用在其长期的演化过程中无疑已具有了相当程度的近代金融信用色彩。对这一研究有两条途径:一条途径是考察其放贷的主体、形式、利率等,如仔细考证柜坊是否存在有息存款及利用存款进行经营等,这是十分必要的,学术界已有的研究成果大体如此;还有一条途径则是探讨放贷的内容,因为近代金融暨近代借贷资本一个最明显的特点是在近代社会化大生产的基础上,平均利润形成,借贷资本与生产过程形成本质的联系,即形成为生产过程的一个本质要素。从以上所述可见,本文即取这一途径,对西方近代金融体系(以银行为主体)传入之前,中国近代金融形成的长过程中借贷内容变化的这一侧面作了一个简要的探讨。

(四) 从历史发展的实际情况看,宋代确定是中国历史上一个充满魅力的时代,且不谈它与刚从黑暗时代走出来的西欧相比,其经济、文化发展程度要高得多,就是与其前后各代相比,其经济文化也确实辉煌灿烂。学术界注意较多的是宋与唐的对比研究,或者说瞻前性研究,如著名的唐宋变革论,③ 尽管有关唐宋变革研究成果的观点千差万别,但他们都认为自宋以后,中国社会在政治体制、经济形态、阶级结构、思想文化诸方面均发生了巨大的变革。这些研究凸显了宋代的历史地位,是值得我们注意的。但是宋代与其以后各代相比,其历史地位又怎么样呢?关于这一点,学术界研究还很不够。数十年前,在资本主义萌芽问题讨论中,学术界曾有人提出宋代资本主义萌芽说,与这一问题很有关系,

---

① 张国辉:《清代前期的钱庄和票号》,《中国经济史研究》1987年第4期。
② 黄鉴晖:《论山西票号的起源和性质》,《山西票号研究集》第一辑;《清代账局初探》,《历史研究》1987年第4期。
③ 关于日本学术界这方面的研究历史可参见宫泽知之的概述,载谷川道雄编《战后日本的中国史论争》第五章《宋代农村社会史研究的展开》第三节《唐宋社会变革论》(河合文化教育研究所),国内学者从20世纪50年代研究分期问题、土地制度问题开始即对此进行了不少研究,亟须整理和概括。

但因有关材料尚不充分,此说未引起太大的反响。[1] 十多年前漆侠师提出了两个马鞍形学说,认为至少从人口、垦田、生产工具等方面看,中国封建社会经济表现出了两个马鞍形的发展轨迹,而宋代恰处于第二个高峰的顶点,元代及明代前期有所下降,明中叶以后方逐步恢复并有所发展。这样既比较了其与以前各代,也比较了其与以后各代发展水平的差异。[2] 而本文所述借贷内容的发展及其变化正与这一发展轨迹大体吻合,当可为这一学说添一新说。

(原载漆侠主编《宋史研究论文集——国际宋史研究会暨中国宋史研究会第九届年会编刊》,河北大学出版社 2002 年版)

---

[1] 束世澂《论北宋时资本主义关系的产生》(《资本主义萌芽问题讨论集》下,生活·读书·新知三联书店 1957 年版,第 804 页以下)认为:北宋时"资本主义工场手工业已在若干重要工业部门中(如矿冶、制造、造船、造瓷、丝织、印书等)发展着,并且已部分改变了封建社会的面貌,并反映在思想上,产生了重商主义。因而我们可以肯定,在北宋时,社会上已存在资本主义的萌芽,并且这一萌芽还不只是稀疏出现"。

[2] 邓广铭、漆侠:《两宋政治经济问题》第四章《宋代社会生产力的发展及其在中国古代经济发展过程中所处的地位》,知识出版社 1988 年版。

明清"京债"经营者的社会构成

——兼论账局及放账铺

京债，在明清文献中，主要指士人或官员因赴考、赴选、在京候选、生活、赴任而借债。对于京债，目前学术界尚乏系统研究，仅叶世昌先生有文涉及，① 且较简略。有鉴于此，笔者意欲对明清京债问题做较全面的探讨。本文拟探讨京债经营者问题，包括其社会构成、专门化，并论述京债经营与中国传统重要金融机构之一——账局之间的关系以及账局与放账铺之间的关系等。

一 京债经营者的构成及其专门化

明代，朝廷便很注意京债问题，为防止官员借贷京债，曾规定借给赴任官员"道里费"。清代时，也试图通过实行预借俸禄或养廉银制度以解决官员的路费问题来预防京债。此外，国家通过法律途径还不断明令禁止京债，严惩放债者、告诫借京债的官员。但似乎这些都没有阻止京债的风行乃至肆虐、猖獗。之所以如此，可能主要有两个方面原因。一、京债从不乏顾客。年年都有大批的新任官吏和改选官吏，此外，还有大量官员存在攀比、奢侈浪费之风。二、京债利润高的诱人。赵翼言："至近代京债之例，富人挟资住京师，遇月选官之不能出京者，量其他之远近、缺之丰啬，或七八十两作百两，谓之扣头，甚至有四扣、五扣者，

---

① 叶世昌：《中国古代的京债》，《河北经贸大学学报》1998年第3期。

其取利最重。"① 京债七扣、八扣是常有之事，甚至有三扣、四扣者。在高利息的诱惑下，各阶层的人们将大量资金投入京债经营，哪怕铤而走险，也在所不惜。正因为如此，京债经营群体不断扩大。

从明代开始，在社会各阶级，主要是城市富商大贾、官僚贵族兼营，同时也逐渐成长出专门经营者，尤其是从商人中成长出来的专门经营者群体更引人注目。

明代"京债"经营者中有贵族，如"鲁府辅国将军观㸌，号毅斋，父镇国王子禄厚赀产颇丰，公与兄弟中分……然公居积贷予什一取赢，久之家更饶裕……曲阜孔弘煦推择为令，从公贷二百金，命下而弘煦死，子姓以田及器物来偿"②。这位辅国将军是一位善于经营的高利贷者，他便对本地去选官的人放"京债"；有卫所军余，如"有骁骑右卫军余李纪，同伊已故兄李本"便"专一举放官吏私债，多取利钱肥已。成化十一等年以来，有官吏、监生、举人、承差韩春、（莫）[英]茂等，因在吏部候选，各亦不合违例与李纪等借银置办衣服等项，多寡不等"③。有中贵，如"嘉靖间，一士人候选京邸。有官矣，然久客橐空，欲贷千金，与所故游客谈。数日报命，曰：某中贵允尔五百"④。有一般"富翁"，如"正统间，柳公华，字彦辉，以监察御史督捕闽浙二省，事竣便道还吴。汾湖陆坦，富翁也，来饯公行。公从陆贷银五十两为入京赀，未立券"⑤。还有被官府称"京城小人"，如吏部尚书姚夔等言："又有一等京

---

① 赵翼：《陔余丛考》卷三三《放债起利加二加三加四并京债》，商务印书馆1957年版，第721页。晋商经营京债，有"三不还"之说，即"未到任丁艰者不还，革职不还，身故不还"。见佚名《燕台口号一百首》。

② 张萱：《西园闻见录》卷一七《好施·往行》。

③ 戴金：《皇明条法事类纂》卷二〇《违禁取利·举放官吏钱债五十两以上与债主俱充军》，台北文海出版社1985年影印本。

④ 冯梦龙：《智囊》卷二七《京邸中贵》，中州古籍出版社1986年版。

⑤ 此事多处有载，情节略有不同，如认为乃是柳华居忧，再入京因而借贷，即"故御史柳公华居忧，尝起复。嘉定陆坦与倾交，持白金五十两来睃，不受，以贷则受，乃受（？）去。公起巡闽中，死邓茂七之乱"。而徐复祚《三家村老委谈》卷一《柳布衣》认为是"柳御史名彦晖，吴人，入京无资，贷富翁陆坦金五十缗，不立券，家无知者。"《花当阁丛谈》卷三《柳布衣》所述则与《三家村老委谈》相同。总起来说，最可能的情况是：柳华，字彦辉，因有父母之丧而回到家乡——苏州某地，"富翁"陆坦与之有交情，后朝廷起用为御史，要到京选官，因手头缺乏，入京无资，只得在陆坦处借银五十两。后来其子生活长期艰难，却千方百计仗义还债于陆坦死后之事，则无差别。

城小人，专在部门打听举放官债，临行，债主同到任所，以一取十，少者累年不足，多者终任莫偿。"①

　　清代兼营京债者群体有一般富民之家，如嘉庆年间，有"潘蒋氏之夫早故，该氏向在京城与夫弟潘曾启同居，其时朱恂亦在京候选，与潘曾启亲戚相好。嘉庆元年叁月，朱恂选授湖北布政司经历，有同族人朱肇奎欲随便同往湖北，凭朱恂见中向潘蒋氏借银四百两，二分起息，立有借约。至十六年，潘蒋氏同子潘廷昇前赴湖北，向朱肇奎索讨前欠"②。有官吏及其家人，如清乾隆初年，原琼州知府袁安煜居住省城广州，其"其用事家人王泉、刘坤实为伊之羽翼，至今仍放官债，且欲令子入籍广东"③。另外如"贵阳府公幕朱七即朱琅、刘昆，揽权纵恣"，二人与刘昆之弟刘嵩"互相盘踞，表里为奸"。刘昆先因声名狼藉，"逐出黔境，嗣仍私回"。"刘嵩资其财势，于省城广设行肆，盘剥官债"④。还有不明身份的"部民""市井牟利之徒""小人"。如有官箴书这样告诫初入仕者："得缺后，或有使费，不可向部民、在京商贾者假借，盖一有借贷，则彼于我有相挟之心，我即于彼有相感之心。"⑤

　　但在有关文献中，记载最多的还是商人。这在明代白话小说中，记载最多，如《初刻拍案惊奇》记载：有张多宝者，领大商人郭七郎之本十万两，来到京都，"在京都开几处解典库，又有几处绸缎铺，专一放官吏债，打大头脑的……还居间说事，卖官鬻爵"⑥。《金瓶梅》便至少有四处介绍西门庆，其他生意有变化，而每次都未忘记介绍他放"官吏债"，借此他不但得利，还因此结识官员，并为以后的商业经营服务。如王婆介绍西门庆是"家有万万贯钱财，在县门前开生药铺，家中钱过北

---

① 《明宪宗实录》卷七七，成化六年三月已亥，按：《皇明条法事类纂》卷二〇《违禁取例·成化六年三月二十日吏部尚书等题为申明旧制禁约事》，所言应是同一份版本，但后者比前者更详尽。
② 佚名《雪心案牍》第十一册《登州府嘉庆二十三年分　江苏民妇潘蒋氏京控原任宁海州参革知州朱恂延欠不偿一案》。
③ 《清高宗实录》卷一〇一，乾隆四年九月壬戌。
④ 《清宣宗实录》卷之一七一，道光十年七月乙亥。
⑤ 胡衍虞：《居官寡过录·勿向部民借贷》，《官箴书集成》第五册。
⑥ 凌濛初：《初刻拍案惊奇》卷二二《钱多处白丁横带　运退时刺史当艄》。

斗，米烂成仓……又放官吏债，结识人"①。《金屋梦》记载：东京城有大财主沈越，"城里当铺、盐店、香腊店、绸缎店，何止二三十处，伙计有一二百人"。而最得利是放三样钱，其中"第一放官例钱，选的新官取京帐的，俱是六折，六两算十两，每月十五利。不消一年，只六十两，连本就该三百两"②。

随着商人"京债"放贷的普遍与常见，再加放"京债"确实是一项稳定得利的高利贷，故而这种经营在逐渐走向专门化，出现了不少专门经营此项业务的商人。明代小说《贪欣误》记载：有苏州人张福来到京师寻亲不着，却在找到住处后掘藏致富，"陆续变换了银子，便开一个印子铺。日盛一日，不三年，长起巨富……富名广布，凡四方求选之人，皆来借贷并寻线索。京师大老，内府中贵，没有一个不与他往来，皆称为张侍溪家"③。以致一些中保人专作"官吏债"的中保，如《金瓶梅》记载：西门庆的十兄弟之一——吴典恩，"乃是本县阴阳生，因及革退，专一在县前与官吏保债，以此与西门庆往来"④。

清代以后，商人放京债、官吏债，比之明代更是引人注目，如《儒林外史》记载：杭州丝商陈正公，在南京卖丝，其朋友毛二胡子引诱他去放京债言："这里胭脂巷有一位中书秦老爷要上北京补官，攒凑盘程，不得应手，情愿七扣的短票，借一千两银子。"⑤《履园丛话》记载："道光庚寅五月十九日大雷雨，高邮新工汛震死三人在太平船上，行人聚观。询之，乃分发广东候补知府卓龄阿与其妻关氏，并本船舵工一人。""或言卓在京时，负人七万余金，债主十三人皆山、陕放账者，跟随坐索。"⑥《道咸宦海见闻录》记载：张集馨在道光年间选上了陕西粮道，出京债花了一万七千多金，其中九千两是托人从广东洋行借得的。⑦如雍正所说的

---

① 兰陵笑笑生：《金瓶梅词话》第三回《王婆定十件挨光计 西门庆茶房戏金莲》。
② 丁耀亢：《金屋梦》第八回《沈富翁结贵埋金 袁指挥失魂救女》。
③ 罗浮散客鉴定：《贪欣误》第四回《彭素芳 择郎反错配 获藏信前缘》。
④ 兰陵笑笑生：《金瓶梅词话》第十一回《潘金莲激打孙雪娥 西门庆梳笼李桂姐》。
⑤ 吴敬梓：《儒林外史》第五十二回《比武艺公子伤身，毁厅堂英雄讨债》。
⑥ 钱泳：《履园丛话》卷一七《报应·孽报》。
⑦ 张集馨：《道咸宦海见闻录》道光二十五年记述。

"专放官吏债之人",雍正元年(1723)上谕谈到:"外任官及监管税务人员未行到任,先营立房产,置买仆婢,修饰衣服,不顾利息轻重,恣意借贷银两。其专放官吏债之人,揣其用急,故行揩勒。"①

尤其是晋商,更是形成了专门的"京债"经营群体。我们亦先从小说的记载来看,《后红楼梦》记载:一日,贾政审案,其中一起是"放账的西客聚赌,被兵马司拿住,西客倒反殴差,不肯到案"。贾政细细审问,至少有王公茂、孙茂源、叶隆昌、王大有四人,"他们因为有两位部员老爷放了外省府厅,要想放一个对扣转票的狠帐,故此先托人去勾了他的亲友来赌,访问这个出京的官儿有老亲没有,身上有别帐没有,就便许他们的抽头。那些中间人嫌他太狠了,这班西客就拿出旧帐来给他们瞧,说是那一省那一位统是这样的"。贾政看了这本账,大怒,将这些山陕商客"各人重处了十板,追出各契,光着身递解回原籍去"②。清代中期白话小说《俗话倾谈》记载:"山西当商,多在江南金陵大城放官账,结党为之。有一放账客,系姓关者,亦山西人。在金陵大闹烟花,折去资本。"③ 可见,清代前期,商人尤其是山陕商人,即所谓"西客"对"京债""官吏债"的经营,在社会上已经相当引人注目。不但京师,其他各地也相当常见,而且是结党为之。在《清实录》等文献中这些山西商人常被称为"山西民人",乾隆五十年(1785)二月某日"谕军机大臣等,据特成额奏,黄陂县典史任朝恩,因借山西人刘姓、李姓银两,在署坐索,情急自缢毙命"④。

此外,作为金融机构的钱铺、钱庄也没有忘了插手"京债"经营,如《醒世姻缘》载:山东武城县秀才晁思孝选了华亭知县,于是武城县"城中开钱桌的,放钱债的,备了大礼,上门馈送。开钱桌的说道:如宅上用钱时,不拘多少,发帖来小桌支取。等头比别家不敢重,钱数比别家每两多二十文,使下低钱任凭拣换……(放债的)这家说道:我家有

---

① 《世宗宪皇帝上谕八旗·谕行旗务奏议》卷一《诏令奏议·诏令之属》。
② 逍遥子:《后红楼梦》第二十三回《林绛珠乞巧夺天工 史湘云迷藏露仙迹》。
③ 邵彬儒:《俗话倾谈》卷三《闪山风》。
④ 《清高宗实录》卷一二二六,乾隆五十年三月癸亥。

三百,只管取用"①。清代如《旧京琐记》载:"其下者为钱铺,外城则专与汉官往来,彼时朝官有定员,官之资格,铺人一一知之,且有外任之望,此辈钱铺随时接济,便利殊甚。"显然所谓"随时接济"即是贷与京债。有意思的是,本书记载"票庄"时,也说是"有外放官吏,百计营图以放款……即京官之有外任资格者,亦以奇货居之,不惜预为接济"②。

二 账局的产生及发展

随着"京债"经营的经常化,山陕商人及其他经营者开始设立专门的机构进行此项业务,而这种机构多被称为"账局",它至少在乾隆年间已经相当盛行。关于账局,黄鉴晖先生作了开创性的研究。③ 这里仅对黄先生研究还薄弱的几个方面作些补充,主要强调了京债与账局兴起的关系,并对账局与放账铺的关系作了新的探讨。

虽然经营账局即经营京债有时风险很大,如上引材料中所说的"三不还"。但是,因为它得利总的说来是比较稳定、比较高的。故而随着账局的发展,它引起了社会各阶层的注意,得到了较大的发展。这种发展主要表现在以下三个方面。

第一,账局在地域上向全国各地扩展。虽然主要还是设立于北京,但在北方及南方各地皆可见账局的开设。如嘉庆十三年(1809)十二月有上谕内阁说到刑部侍郎广兴因婪赃拿问,查抄家产,其家产"不但房地甚多,财物尤夥,除现银及借出存帐银七千余两不计外,又访出存放账局银三万七千两,并整玉如意多至六柄,洋呢羽缎等料多至一千余件,他物称是"④。嘉庆二十年(1815)七月的一次上谕要求:"著步军统领、顺天府五城各衙门严行查禁。如有违例私设账局者,即行拏究。"⑤ 这些

---

① 西周生:《醒世姻缘传》第一回《晁大舍围场射猎 狐仙姑被箭伤生》。
② 夏仁虎:《旧京琐记》卷九《市肆》。
③ 黄鉴晖:《清代账局初探》,《历史研究》1987年第4期。
④ 《清仁宗实录》卷二〇四,嘉庆十三年十二月乙巳。
⑤ 《清仁宗实录》卷三〇八,嘉庆二十年秋七月丁酉。

账局是设在北京,但道光三十年(1851)十二月某日的上谕中指出:"陕西臬司多慧,性情贪鄙,在山西多年……该员与在省开设账局之孟春亭结拜兄弟。"① 说明山西省城太原设有账局。道光年间贵州贵阳府为发审贵州抚藩臬各衙门发下来的案件,成立发审公局,所请幕友中有劣幕朱琅、刘昆,二人与刘昆之弟刘嵩"互相盘踞,表里为奸"。"刘嵩资其财势。于省城广设行肆,盘剥官债,包揽词讼,与朱琅结姻,以为党援。凡遇官员到省,一面放债,一面勒荐私人。"② 此处所谓"行肆"当即经营"官债"的账局之类。如若如此,则贵阳是有账局的。再举一个晚些时候的例子:咸丰六年(1856),张起鹓因"总理粮台,侵渔帑项"而被革职拿问。查抄家产,发现张起鹓"置买完县城内账局一所,铺号德生长,药铺一所,铺号永和堂,完县中下邑账局一所,铺号德生厚。又完县乡下堆积贩卖粮食若干万石。此外存银处所,有京中城外臧家桥源义和钱铺,保定府生源银号等语"③。可见张起鹓在完县便有账局两所,一所在完县县城,另一所似在乡下。④ 此条虽在咸丰三年,但也说明道光年间的情况。另外,据清政府后来的统计,最早的一家账局,便是由山西汾阳县商人王庭荣于乾隆元年(1736)开设的,名叫"祥发永",资本是四万两。⑤ 据黄鉴晖先生的分析,道光前后,北京的账局便有由外省人设立的,至第二次鸦片战争以后,账局开始设立分号,这些分号似乎是遍布全国的,⑥ 虽然主要是在一些商业大都市,且多在作为晋商地盘的北方各城镇。

第二,账局的业务得到发展。账局的主要业务当然是放京债、宦吏债。如乾隆年间《晋游日记》记载:"汾平两郡,多以贸易为生。利之十倍者,无如放官债。富人放携资入都,开设账局,遇选人借债者,必先讲扣头……京师游手之徒,代侦某官选某缺,需借债若干,作合事成,

---

① 《清宣宗实录》卷二四,道光三十年十二月丁丑。
② 《清宣宗实录》卷一七一,道光十年七月乙亥。
③ 《清宣宗实录》卷一九六,咸丰六年四月丙辰。
④ "中下邑"不知何义。
⑤ 黄鉴晖:《清代账局初探》,《历史研究》1987年第4期。
⑥ 黄鉴晖:《清代账局初探》,第115—116页。

于中分润焉，曰拉纤。"① 又有口号曰：在北京"□帐西行骛若鹰，深机朘利占层面；九成对扣三分利，尚勒穷员赴任凭"，原诗附白："外任官员出京揭债，另有放债之局，皆西人开设为账行。"② 这一点直到道光、咸丰、同治以后仍是如此。清政府之所以对账局屡兴禁纲，便是因为账局对官员放债，官员腐败。如嘉庆皇帝嘉庆二十年有上谕言："御史巴龄阿奏：请严禁私放官债一摺，候补候选官员在京借用重利私账及放债之徒勒掯盘剥，本干例禁。著步军统领顺天府五城各衙门严行查禁，如有违例私设账局者，即行拏究。其潜赴外省官员任所索欠者，该督抚访闻一并查参究治。"③

放贷京债，虽然整体上能比较稳定地得利，但如上所说，如果就每一笔京债，或某一个经营者来说，其风险还是不小的，官吏革职、丁忧、身故可以不还，而且面临官府的捉拿、法禁。据笔者所见到一份账局对官员放账的账册记载，放债对象共有六十多位，放出去的银两共有十万多两，而坏账却达50%。可见风险之大。④

最值得注意的当然是账局在对官员放款的同时，逐渐开始向商人放款。北京的账局是怎么开始向商人商铺放款的，目前还不很清楚。从搜索《清实录》的情况看，直到嘉庆年间，与账局有关的记载才逐渐多起来，而且都与官员有关，或是官员开账局，或是官员存款于账局，或是官员在账局借债，或是官府禁止私开账局。应该是在"京债""官吏债"的经营不足以运用其资本时，账局才较多地开始经营对商人的放款的。另外，账局暨"京债"的经营者，原本就是经营其他行业的商人，而商铺经营放款、存款，包括对商人及商铺放款，在清代也是很常见的。⑤ 账

---

① 李燧：《晋游日记》卷三，乾隆六十年闰二月二十一日。
② 前因居士（黄竹堂）：《日下新讴》。
③ 《大清仁宗睿皇帝实录》卷之三百八 嘉庆二十年秋七月丁酉。另外，《钦定大清会典事例》卷一〇三九《都察院·五城·违例放债》亦载：嘉庆二十五年。"饬令五城御史，严禁私设账局，向候补候选官员，勒掯盘剥。"
④ 北京晋商博物馆展览文物。《清度支部档案》宣统二年（1910）十月注册。转引自黄鉴晖《清代账局初探》，《历史研究》1987年第4期。
⑤ 参见刘秋根《明清高利贷资本》第一章第一节、第三章第一、二节，社会科学文献出版社2000年版，第28—43、133—175页。

局像其他商铺一样，转而对商人放贷，也不是什么难事，只不过这样的事，在不至于影响社会秩序时，是不会引起官府及士大夫的注意的，故而在文献之中难觅其踪影。咸丰三年（1853），因南方太平军的逼迫，北京的账局立意收本不做，引起市面恐慌，故而当时御史王茂荫提出了让北京的账局照常营业，主要是照常对各商铺乃至钱铺、当铺放贷资金的要求，与此同时还要求当铺也要照常营业，以利贫民。这应该也能反映咸丰以前，至少嘉庆道光以来的情况。

除京债放款，账局还逐渐生发出存款等业务。如嘉庆时的广兴，因出差婪赃而被革职拿问、抄没家产，其"不但房地甚多，财物尤夥，除现银及借出存账银七千余两不计外，又访出存放账局银三万七千两，并整玉如意多至六柄，洋呢羽缎等料多至一千余件，他物称是。此外又有代广兴寄存银两之盛师曾、盛时彦二人，查其家内，现有存银取利确据"[1]。可见其家产有不少是以存款的形式存在的，而重要的存储地方之一便是账局。另处，如上引述的多慧与开账局的孟春亭把持公事，"遇有州县领解各款，非经该员与孟春亭之手不办"[2]。这里应是多慧利用孟春亭的账局，代理"州县领解各款"。

当然，账局除存放款之外，还兼营商业，黄鉴晖先生在论述这一点时，将它作为账局的局限性，甚是。[3]

三 放账铺的发展、业务及与账局的关系

值得注意的是，清代还存在一种高利贷机构——放账铺，这种机构源于何时尚不能确定，但乾隆年间的以后得到了较大的发展，且与账局发生千丝万缕的关系则是可以肯定的。这种发展亦表现在以下三个方面。

---

[1] 《清仁宗实录》卷二四，嘉庆十三年十二月乙巳。

[2] 《清宣宗实录》卷二四，道光三十年十二月丁丑。按：张集馨《道咸宦海见闻录》咸丰元年记述言："孟春亭者，乃放利债之人，多慧在潞安府时，即与交往……原奏所称孟春亭包解钱粮，与多慧结拜等事，未必无因。提讯孟春亭坚不吐实。"中华书局1999年版，第132页。

[3] 参见黄鉴晖《清代帐局初探》，《历史研究》1987年第4期。

第一，当时已经普及全国各地，至少在广东、四川、河南、陕西等地都能见到放账铺的踪影。在山东德州，八旗兵丁魁哥于康熙年间买张寅为奴，后来，"魁哥将银两交张寅开铺放账，张寅亦私蓄资财"①。在陕西凤翔府大荔县"王万同同已故胞兄王万年与连丰同领澄城县民连思增本银，开设放账铺生理。道光八年十一月间，雷登云央中雷青云、魏世玉约借伊铺银二十两，每月一分五厘行息，质地五亩"。② 在河南舞阳，乾隆间有风俗告示要求"囤粮放账铺，宜照例取息，不可重利盘剥，致干法宪"。③ 另外开封似乎也可见到放账铺的踪影，据反映清代前期开封经济、文化的小说《歧路灯》记载：在与士绅谭家来往的商家之中，有一家由王经千负责经营的泰和号便是以放"揭债"④ 为主的商号。这应是一家放账铺。在四川成都，据樊增祥光绪年间的公牍记载："焦继华之祖于嘉庆年间在四川成都府温江县设立泰和昌号放账生理"⑤，显然，这两处开的是放账铺⑥。在广东的广州、佛山等地，据乾隆时人龙廷槐言：在广东南海"大镇为省城、佛山、石湾，其行店为当铺、放账铺、换银铺、洋货铺、珠宝铺、参茸行、布行、木行、生铁行……"⑦ 可见其中有放账铺。

第二，放账铺的资本组织得到发展。表现在放账铺的合伙经营得到发展，上引材料中所提到的凤翔府大荔县王万同等人的放账铺是"王万同同已故胞兄王万年与连丰同领澄城县民连思增本银"开设的。⑧ 这里所

---

① 中国第一历史档案馆编：《清代土地占有关系与佃农抗租斗争》上册，中华书局1988年版，第3—4页。
② 邱煌：《府判录存》卷五。道光刻本。
③ 道光《舞阳县志》卷六《风俗·厚风俗告示附》。
④ 李绿园：《歧路灯》第三十回《谭绍闻护脸揭息债，茅拔茹赖箱讼公庭》。依《歧路灯》第四十八回的记载，当时商铺及城乡居民欠债种类大概有三类，一是"揭债"（有息货币借贷）；二是"借债"（无息短期借贷）；三是"货债"（赊商铺之货物）。见第444页。
⑤ 樊增祥：《樊山集·公牍》卷二《武生焦振国等上控焦继华一案详稿》。
⑥ 按：放账铺之存在与否，经营状况如何，为学术界注意尚不够。这里多引了几例，稍作了些考证，今后还需继续注意。
⑦ 谭棣华：《从〈佛山街略〉看明清时期佛山工商业的发展》，《清史研究通讯》1987年第1期。
⑧ 邱煌：《府判录存》卷五。

谓"同领"者有三人：王万同、王万年、连丰，出本银的是连思增。依山陕商人资本组织惯例，双方应是一种银股与人力股结合的合伙制。这在其他凤翔府各地工商店铺合伙中有实例可证。如在宝鸡县，"何文炳之父何金印，何牲之父何金章系亲兄弟，何金印居长，金章居次，在家务农。于乾隆五十七年，领有谢姓资本三百串，开设公正成□花铺，至嘉庆四年积本钱三千五百串。何金印已身附入资本钱三十串。嘉庆十一年，何牲亦入铺内学习生理。迨后陆续共积本钱七千一百串，连何金印本钱三十串，所得息钱本半人半"①。后因分利不公，至道光年间引起词讼，先在本县讼争，道光二十年官司打到了凤翔府，据府审讯其道光十一年截数算明分账清单如下：

原资本钱七千一百三十千文，共得息钱一万二千七百四十一千三百八十一文。资本应分一半息钱六千三百七十千六百九十文，下存一半息钱六千三百七十千六百九十文，是何文炳同众伙计十一人应分之数。铺内资本一半系三千五百六十五串，即按照此数作为三分五厘六毫五丝摊算，是何文炳同众伙计十一人应分之股数。②

上述王万同等人"同领"连思增的本银开设的放账铺，应是与何金印、何文炳父子与何金章、何牲父子同领钱东"谢姓"开设的花铺是一种类型的合伙制。

笔者见到一份放账铺的合伙合同更详细地反映了这方面的情况。合同如下。

立合同人史正纪、宿尔炽、合盛永、木立恒、宿尔休、二合永，今因意气相投，同心协力，在麻会镇设立庆万亨记放账生理，备佃资本不齐，共立人银股份七股壹厘，开张于后，异日天赐获利，按

---

① 邱煌：《府判录存》卷五。
② 同上。

股均分，务须秉公贸易，确勿假公济私。统计合同约柒纸，各执壹张，铺中公存一张，以为永远凭据，公议五年合帐，如有私心，神灵监察。

第肆号

计开

合盛永　佃本钱壹千千文　作为壹股。

本立恒　佃本钱壹千千文　随人力作为壹股柒厘。

宿尔炽　佃本钱五百千文　作为半股。

宿尔休　佃本钱壹千千文　作为壹股。

史正纪　佃本钱壹千千文　随人力作为壹股柒厘。

二合永　佃本钱五百千文　随人力作为壹股二厘。①

合同中所言麻会镇应是位现在山西忻州市忻府区的麻会镇。清代这里是一个工商业颇为繁华的市镇，商人在这里设立放账铺便不难理解了。由这份合同可见，这家放账铺由六方组成，其中合盛永、二合永应是以字号出名。货币资本达五千千文，并设立了人力股。总资本达七股一厘，货币资本股占70.1%，人力股占29.9%，可见接近三七分成的比例。可见也是一种人股与力股结合的合伙制类型，与以上两类不同的是：这是钱股股东兼做伙计，其在分得银股之利的同时，还可分得人力股的利润所得。

第三，放账铺的业务得到发展。放账的主要业务当然是放款，但也发展出存款等多样化的业务。其中放款，如在上述凤翔府大荔县王万同等人的放账铺里"道光八年十一月间，雷登云央中雷青云、魏世玉约借伊铺银二十两，每月一分五厘行息，质地五亩"②。而在开封府的泰和号，便向乡宦谭家放债，有一次，因娶妻、还赌债等，谭家人不敷出，于是谭家少爷谭绍闻便找到了泰和字号的掌柜王经千，"说要借一

---

① 北京晋商博物馆展览文物：《合伙合同》。
② 邱煌：《府判录存》卷五。

千五百两，二分半行息"①。实际上所谓"放账"即放款之谓。存款，如上述四川温江县那家叫泰和昌的放账铺，"亲友寄放银两生息者甚多，道光十七年又改为益顺和号，至今开设"。与泰和昌老板同族的焦承武先在李氏店中为伙计，后入泰和昌号为伙，"从李氏号中带过银八百两，寄存生息。迨（道光十七年），改换字号，已积有一千余金，照旧食利"②。

此外还有商业经营，如上述河南舞阳的放账铺，既有高利贷，而且有所谓的"囤粮"，这当是一种与粮食有关的商业经营。另有一则记载，未明言是放账铺，但其业务却与以上所言舞阳"囤粮放账铺"十分相似。据记载：道光二十年（1840）凤翔府审判了一起放账欠债案，原县案卷所记原委是："张本礼之兄张本魁于嘉庆十一年陆续借过白生焕钱一百七十五串无偿。于十二年将地三十九亩有奇，当给白生焕管业，地仍张本礼租种，每年交租谷四石。后又陆续借过一百串，将场园当给白生焕。后又借钱一百零五串，将地六亩当给。其地俱仍归张本礼租种，每年交租二石。张本礼又向白生焕续找钱八十串，写作三十九串，所续之价，自十二年至二十五年，租谷全清。道光元年以后至十九年，拖欠租谷五十余石。"府审再研讯，得知其后来。

> 张本礼之兄张本魁于嘉庆二十年，与白生焕清算帐目，共欠钱二百串有奇。还过麦石作钱七十余串，到十三年七月初四日清算，共欠本钱二百四十五串，利钱五十三串，又借钱六串，除还去二十八串，实欠钱二百七十五串，本利共钱二百零五串，白生焕在内将钱一百七十五串作为当价，令张本礼将地三十九亩出典，下欠钱一百串作为本钱，陆续滚算，至嘉庆二十五年又将园场一所当与白生焕管业，作价一百串。余剩未还之钱，将一百零五串折当地六亩有奇，将八十串作为初次当地所赎之价，载在三十九亩地约之尾。但据张本礼则称："伊兄张本魁系白生焕铺伙，在铺内效力奔走，收放

---

① 李绿园：《歧路灯》第三十回。
② 樊增祥：《樊山集·公牍》卷二。

账债，白生焕念其勤劳，议明所当之地，每年流交谷，俟年满之后，抽约赎地，是以当日种地并无租约。①

显然，这应是由张本魁出资，而由白生焕负责的放账铺。而其所开展的业务，正是所谓的"囤粮放账"，也就是说，它一方面放账，另一方面又接受人户的地亩抵押，而接受这种抵押之后，不是卖出地亩抵债，而是收取麦子，也就是说，是为了获得地亩上的粮食收益。这里大段引用有关的记载，是因为它正好揭示了放账铺的经营内情。

作为一个金融机构，还自身进行商业经营，反映了放账铺与账局一样，但它还带有相当大的不成熟性。

那么，放账铺与账局的关系究竟如何呢？目前笔者所见材料中并无明言。从山陕商人既在全国各地，尤其是在华北各地经营放账铺，又在北京等大中城市经营京债，开设账局来看。所谓"账"局与放"账"铺，当存某种渊源关系，如果大胆地作一个合理的猜测，应该说，很有可能账局在早期便是放账铺，在它们以经营京债为主时，便被人们称为"账局"。

四 结语

京债经营者有贵族、官吏、富商大贾等。随着经营的发展，经营者群体趋向专门化，出现专门经营京债的机构——账局。账局除了放贷"京债"之外，还对商人放款。这种经营弥补了钱铺、钱庄、银号对商人放款的不足，对清代中期以来的商业发展是有利的。如果不论"京债"，则账局与在南北各地流行的放账铺相当类似。本文对于放账铺经营的情况及其与账局的关系作了论述。值得今后继续关注。

账局因其在进行京债经营的同时，对商人的资本放贷，使其与早已形成的钱铺、钱庄、银号及在其后才出现的票号一样，成为中国18—19世纪一种重要的综合性金融机构，成为中国早期银行业的重

---

① 邱煌：《府判录存》卷三。

要组成部分之一。放账铺是否对商人放贷目前资料不足，尚不能确言，但这种可能性也是存在的，故而它也可能是中国早期银行业的重要机构之一。

（原载《河北大学学报》2011年第2期）

论明清京债[*]

京债是古代社会尤其是城市社会最为常见、最为统治者关注的借贷之一，在中国金融发展史上，京债不但与封建吏治的良窳有关，且与其后发生的金融机构——账局也有相当关联。然学术界关注还很不够。叶世昌先生虽有专文论及，[①] 但还比较简单。这里专注明清二代，对京债研究中几个比较薄弱的问题再作论证，包括"京债"的界定、京债的成因、京债的利息剥削、京债的对封建政治的危害、官府对京债的禁止等。[②]

一 "京债"之界定

在明清文献中，所谓"京债"，除了最为常见的士人、官员因为赴考、赴京、在京生活、候选、赴任而借债称为"京债"之外，还有其他的含义。故而有必要结合明清文献对本文所论"京债"做一个界定。大体说来，所谓"京债"的含义可能有以下几种情况。

如果从严格意义上说，"京债"即是卸任官及监生人等在京候选或者得缺之后赴任，资费不足引起的借贷。这一含义中，就内容而言仅指官员监生人等候选及赴任，就地点而言仅指京师。这就是顾炎武所考证的："赴铨守候，京债之累，于今为甚。"之中的"京债"。从顾炎武在说完这

---

[*] 国家社会科学基金项目"中国古代高利贷资本发展史"（06BZS016）中期成果。

[①] 叶世昌：《中国古代的京债》，《河北经贸大学学报》1998年第1期，又载叶氏《中国经济史学论集》，商务印书馆2008年版，第390—395页。有关内容又可参见其所著《中国金融通史》第一卷，中国金融出版社2002年版，第468—470、570—571页。

[②] 至于京债与账局的关系问题值得专门探讨，笔者计划另文专门论述。

句开场白之后，所引的《旧唐书》及明吴及洪武年间的事例也是如此，如引《旧唐书》的材料记载："中书奏：赴选官多京债，到任填还，致其贪求，罔不由此。"① 清代赵翼考证所言"近代京债"也是如此，赵翼言："至近代京债之例，富人挟资住京师，遇月选官之不能出京者，量其他之远近、缺之丰啬，或七八十两作百两，谓之扣头，甚至有四扣、五扣者，其取利最重。"② 明清法令中言"听选官吏监生人等借债"即是这种意义上的京债。如《明律》所记明律条目便是："听选官吏、监生人等借债，与债主及保人同赴任所取偿，至五十两以上者，借者革职，债主及保人各枷号一个月发落，债追入官。"③ 光绪《大清会典事例》所记清律条例亦言："听选官吏、监生人等借债，与债主及保人同赴任所取偿，至五十两以上者，借者革职，债主及保人各枷号一月发落，债追入官。"④ 此债又名曰"官吏债""官债"，明人夏昂言："吏部听选官吏监生人等，守候日久，往往称贷于人，名曰官吏债，其利皆取偿于民。"⑤ 清人所言即是："京官初膺外任及京中候补州县等官，每多借官吏债使用。"⑥ 山西汾州、平阳两府"多以贸易为生，利之十倍者，无如放官债。富人携资入都，开设账局，遇选人借债者，必先讲扣头"⑦。

除文官之处，武官之候选、赴任借债亦多称"京债"或"官吏债"⑧。明代军职袭替，亦多借债。万历四十三年（1615），南京兵部署部事南工部尚书丁宾等上疏指出："南京各卫军官俸薄差繁，日损月瘠，食无半饱，身无完衣。每值赴北袭替，盘费无措，或指俸米而揭借，或向

---

① 见《旧唐书》卷一八《武宗纪》会昌二年二月丙寅。顾炎武所言见《日知录》卷二八《京债》。
② 赵翼：《陔余丛考》卷三三《放债起利加二加三加四并京债》。
③ 《大明律集解附例》卷九《户律·钱债·违禁取利》。另李东阳、申时行《大明会典》卷一七五《罪名三·充军》同。
④ 《钦定大清会典事例》卷七六四《刑部户律·钱债·违禁取利》。
⑤ 《明孝宗实录》卷一四，弘治元年五月丁亥。
⑥ 光绪《钦定大清会典事例》卷一三三《吏部·处分例·重利盘剥》。
⑦ 李燧：《晋游日记》卷三，乾隆六十年正月初一至四月十五日。黄鉴晖校注，山西经济出版社2003年版，第73页。
⑧ 《清仁宗实录》卷一三一，康熙二十六年冬十月辛未。

亲友而哀求，或卖房屋而求费。"① 清代康熙时"汉军外官赴任、每借京债、整饰行装、务极奇丽。且多携仆从，致债主抵任索逋"②。而这种花费，既包括生活费，也包括为谋取此缺，或谋取另外一个善缺，或者改变一下挨选秩序，尽快被选上而去贿赂部官或吏员而需用的钱财。

从所发生的地区来看，当然以京师最为普遍，但不绝不止于此，因官员赴京师候选者，大多来自各地方，故在地方各城市，尤其是大都市，放官吏债、京债者亦不鲜见。这点以下论及经营者时，还会详论。③ 这里仅举两例白话小说中的材料，如明代《金瓶梅词话》中记载西门庆放"官吏债"的地方至少有四处，如王婆对潘金莲介绍西门庆"家有万万贯钱财，在县门前开生药铺，家中钱过北斗，米烂成仓……又放官吏债，结识人"④。可见，放官吏债是西门庆谋利及结识人的重要手段。另处，西门庆的朋友吴典恩，也"专一在县前与官吏保债，以此与西门庆往来"⑤。清代，在《儒林外史》中也记载：嘉兴府典商毛二胡子向在南京卖丝的丝商陈正公说："我昨日听得一个朋友说：这里胭脂巷有一位中书秦老爹要上北京补官，攒凑盘程，一时不得应手，情愿七扣的短票，借一千两银子。我想这是极稳的主子，又三个月内必还。"⑥ 可见地方放京债、官吏债者也是大有人在。当然，放官吏债最兴盛的还是京师，如清代小说《海公大红袍全传》载："这京都地方，最兴的是放官债并印子钱。"⑦

由以上所引大致可见，在明清人观念中，及正式法令规定中，大体是把官员因候选、赴任花费而引起的借贷，称之为"京债"或"官债"

---

① 周晖：《二续金陵琐事》上卷《武弁袭替》。
② 《清仁宗实录》卷一三一，康熙二十六年冬十月辛未。
③ 关于京债经营者，后专门成文，故而本文没有了这一节。见《河北大学学报》2011年第2期。
④ 《金瓶梅词话》第三回《王婆定十件挨光计 西门庆茶房戏金莲》，人民文学出版社2000年版，第44页。除此处，至少还有第七回、第九回、第六十九回三处介绍了西门庆放官吏债之事，见同上版第78、183、983页。
⑤ 《金瓶梅词话》第十一回《潘金莲激打孙雪娥 西门庆梳笼李桂姐》，第128页。
⑥ 吴敬梓：《儒林外史》第五十二回《比武艺公子伤身 毁厅堂英雄讨债》，第291页。
⑦ 《海公大红袍全传》第八回《正士遭逢坎坷》，第48页。

"官吏债"。实际上，称之为"官债"最为妥帖。而官府为解决这一问题而采取的预借俸禄、养廉银的措施，也是针对这种情况的。这可成为所谓"京债"的基本含义。当然在然在明清文献中，称之为"京债""官吏债""官债"者，也绝不限于此义。

明清时代，所谓"京债""官吏债""官债"，大致就是以上四个方面的含义，而本文所论没有这么宽泛，仅指为赴任、候选或候选时为谋善缺而贿赂官吏而借的债，既有在京师，也有在地方所借之债，不包括一般性的买官捐官、贿赂上司、民户在京师或其他地方因为纳税而借的债，虽然后者与严格意义上的"京债""官吏债"在形态上十分相似。

二 "京债"之成因

明清文献中，"京债"之形成常被说成选官者追求奢侈腐朽生活造成的，当然是有根据的。但是一般说来，还有两个方面的客观性原因：一是部分家境贫寒的知识分子通过科举走上仕途，他们能够由家乡来到京师参加科举，已经是家徒四壁了，如果还要在京师观政、候选，生活肯定是十分困难，如果所选之地稍微再偏远一点，那就更是雪上加霜了。对此，除了借债，恐也没有别的出路。

二是官府为了解决"京债"引起的吏治败问题而采取的预先借给俸禄或养廉银的措施，主要也是为了解决道里盘费的问题。朱元璋建吴时，即已意识到这个问题。吴元年（1367），选拔、任命了一批地方官，除赐给一批实物外，还规定要给"道里费"。洪武元年（1368）、洪武十七年（1384）两次强调给与"道里费"[①]。清乾隆十四年决定允许新选官员预支养廉银时，也是"于引见得缺之后，准其于户部具呈预支，酌量道路之远近以定多寡，知照该上司于该员到任后，扣除归款，不愿者听"[②]。可见也是考虑路程费用问题。如果举一些具体史料来说，如明代万历四十三年（1615），有人言："初留都各卫所官，每承袭北上，既苦途费之

---

① 此据顾炎武《日知录》卷二八《京债》。
② 《清高宗实录》卷三五四，乾隆十四年十二月丙子。

艰，尤苦京候之久，称贷而行，即约扣俸抵偿，故有到任数年，不得食禄者。有无亲戚可借，终身不得袭替者。"① 清人吴铤批评所谓"南北互选"之制时说："士大夫离家既远，动涉数千里，既不能为人择地，复不能为地择人，跋涉之劳，近者或至旬日，远者并不止于旬时……具舟楫往返之费，备室家俯仰之资，士大夫甫及释褐，岂能尽自己出，必先称贷子母以济其乏，及其偿也，将如之何。"② 王心敬更具体地论述了这种弊端，他指出：全国幅员万里，如极南选极北，极东选极西，"路途甚有在七八千里外者。纵令妻子眷数至少，亦且不下八九口十余口人，况等而上之，自二十口以至三十口者往往有之。即初赴任而费已不赀，又无论岁中必一一探候父母、顾盼全家之费矣。方其积年往来京师，非变易产业，便借贷亲知。不但科贡从寒士出身为然，即荫生捐纳，亦往往一赴远任，即债累满身矣"③。

清代如《儒林外史》记载：有毛二胡子者对丝商陈正公说："这里胭脂巷有一位中书秦老爹要上北京补官，攒凑盘程，一时不得应手，情愿七扣的短票，借一千两银子。我想这是极稳的主子，又三个月内必还。"④《都是幻》记载：有商人南斌者船泊扬州，见人吵闹，南斌问起，"那人答道：小弟是浙绍山阴人，是个草芥前程。因借了这位路爷的京债，选了江都县典史，不料做得一年穷官，如今又勾了回去，盘费俱无。这路爷一时逼起，立刻要还，故此将这两个小女，要吊了去"⑤。可见，总的说来，"京债"主体成因就是"攒凑盘程，不得应手"。

当然，"京债"之成因还是比以上所述复杂得多，且不论家贫与否，就其共同的费用种类略加论述。首先是考上科举以后观政、候选期间的生活费用。明代弘治三年处理与"京债"有关的事情，制定有关条例时，有人指出"近年以来，官吏、监生人寺，候选年久，多有监费罄竭，贫不自存，未免借钱举债，以救饥寒，以活妻子，未必俱是措办衣装、器

---

① 《明神宗实录》卷五二九万历，四十三年二月甲甲。
② 《皇朝经世文续编》卷二一《吏政四·铨选》，吴铤《前因时论二·南北互选》。
③ 《皇朝经世文编》卷一七《吏政三铨选·答问选举·王心敬》。
④ 吴敬梓：《儒林外史》第五十二回《比武艺公子伤身，毁厅堂英雄讨债》，第291页。
⑤ 《都是幻》（梅魂幻）第五回《寻残梦寻着女诸葛》。

物，置买婢妾等项"①。天启元年（1621）有人指出：

> 举人坐监者，例选有司，未坐监者，例须就教，非假请托，仪制司不与列名，而坐监者八九年不能授职。举人原无廪禄，不过盘费数十金耳。而居家有费，行路有费，在京守候有费，未选有讨缺之费，既选有制衣办礼之费。凡此诸费称贷不赀，不必之官，而已知其不能为廉吏矣。②

这之前单纯说的是生活费用，之后则共有五种费用，前三种即是正当生活费用，即"居家有费，行路有费，在京守候有费"。另外，如《二刻拍案惊奇》记载：有乡里财主元自实者与缪千户者邻居，"一日缪千户选授得福建地方官职，收拾赴任。缺少路费，要在自实处借银三百两。自实慨然应允"③。嘉靖间，"一士人候选京邸。有官矣，然久客橐空，欲贷千金"④。也是这类型的借贷。

其次，为了谋取善缺而去行贿，或是为了结交要路而去馈送，或是为了上任而制办衣装、舆马、准备家人婢仆，或是纯粹为了上任追求奢侈华丽而恣行浪费。所有这些都有可能引发"京债"，并因此陷入其经营者的罗网。明代有人总结说："今寒士一旦登第，诸凡舆马仆从饮食衣服之类，即欲与膏粱华腴之家争为盛丽，秋毫皆出债家。"⑤清代康熙年间上谕指出："又汉军外官赴任，每借京债整饬行装，务极奇观，且多携仆从。致债主抵任索逋，复谋赡仆从衣食，势必苛敛于民，以资用度。"⑥这是为了制备行装、追求华丽生活而引起的"京债"，天启四年（1624），有御史上言指出：

---

① 《皇明条法事类纂》卷二〇《违禁取利·举放官吏钱债五十两以上与债主俱充军》。
② 《明熹宗实录》卷一，天启元年三月十五日。
③ 凌濛初：《二刻拍案惊奇》卷二十四《庵内看恶鬼善神，井中谈前因后果》，北京十月文艺出版社1994年版，第397页。
④ 冯梦龙：《智囊》卷二七《京邸中贵》，中州古籍出版社1986年版，第721页。
⑤ 陶奭龄：《小柴桑喃喃录》卷上，崇祯刻本。
⑥ 光绪《钦定大清会典事例》卷一一四六《八旗都统·公式禁令一》。

有司自知府而下以及典史除选之日，称贷多金，编历大都之肆，购求谁浔之鬒，凡为到任先资者，不一而足，彼其未出，明春而京债物积，已种不得不取之数矣，比临地方，则逆新送旧有馈，初见有馈，辞别有馈，岁时伏腊有馈，喜庆生辰有馈，使尽规目□阙之精神，巧作交欢之肺腑，其太甚者，则趋权贵以成名，结要津而广誉，给繇之外，别有往来，入计之前，饶多问候，此等繁费，为从有司慨捐家业，赢得好官，不借民间，系忽乎，抑各抱点金之术，足备周旋也，不过以地方之物力充衙门之使费，递逐递征，谁非民出。①

清代允许中举者与主考官拜认师生关系，但是"科甲所认师生，凡遇一切事件，无不暗为关照；及门生外升道府州县，于师生同年处所，必须留赠银两，名曰别敬。以致不计利息重轻，甘受奸商盘剥。是服官之始，已负重累"②。这是为了送礼而借"京债"；另外，候选时为了谋缺，也常借"京债"，如崇祯时有人谈到当时选官的弊端时说：

凡谒选者，除甲科有应授之官，挨选之序，即神奸不敢上下其手。至举贡监生及吏员末品虽考有定职，而选期之先后，历役之虚实，铨部不得过而问也。各官未谒，掌选先叩承行，议缺则以贿之多寡定美恶，订期则以馈之轻重约早晚，起文赴部者不敢投文，而奸胥直匿为覆瓿之物。白役入都者，并无文劄，而奸胥径收为药笼之人，正堂佐贰早选善地，定价一二千金，次亦不下数百金，至白役冠带上卯出序，又不下百金。素封之家固倾囊以免珠桂之苦，寒薄之子亦请贷以求速化之荣。否则听其株守数年，哀号呈乞，若罔闻也。③

---

① 《明熹宗实录》卷八，天启四年五月初十日。
② 《清宣宗实录》卷二四一，道光十三年七月乙未。
③ 《崇祯长编》卷三六，崇祯三年庚午七月。

这里所言大意是：正规科举考取者，选官时作弊的可能性较小，但对于那些捐纳买官者，为了选上官职，则需行贿，贫寒之家便不免借"京债"了，即"请贷以求速化之荣"。小说中这种费用，在谋缺的黑市上，还有定价，明代小说《二刻醒世恒言》记载：福建人田甫，来到京师"一贫如洗，只靠那借京债，干办前程"。他浼求钱乙干办此事，钱乙告诉他："要做黑虎跳，须得五百两银子，就选得主簿，乃是现缺；如要做活切头，须要上千哩，我都有脚力可做。"①

三 "京债"的利息剥削

明清法律有一个三分之律，即不论什么借贷，只要不违三分之限，就是合法借贷。大体说来，"京债"的名义利率多数是不会超过这一上限的，② 但是"京债"的经营者却有种种额外剥削之法，如种种的扣折等。这里我们先举一些白话小说中的记载，看看当时人们究竟是如何看待"京债"的。反映明代情况的小说，如《金瓶梅》记载：吴典恩选了驿丞，要赴任，找西门庆借了一百两，"每月五分行利"③。上引《金屋梦》记载富豪沈越所放的"官例钱"，其利息情况是六折月利十五利，即六折借给，按月15%的比率取利。④ 清代小说如《儒林外史》所载一例只是说以七扣短票，借一千两，⑤ 未言具体利率，应是三分之利。《后红楼梦》所说西客对外放官员放债也是"对扣转票"⑥。《品花宝鉴》载：财主奚十一选了广西一个知州，在潘三的账局里借债，但条件十分苛刻。奚十一对人言："不料此时将对扣的帐来借给我……我本来零零碎碎使了他三千银子，他如今加上利钱，就算四千。再借给我二千两做盘缠，就要我写了一万银子的欠票，到江南太爷任上先还五千，到广东再还五千。他

---

① 冯梦龙：《二刻醒世恒言》上函第八回《张一索恶根果报》。
② 本节不称之为"利率"，而名之曰"利息剥削"，其义即在于此。
③ 《金瓶梅词话》第三十一回《琴童藏壶觑玉箫 西门庆开宴吃喜酒》，第369—370页。
④ 《金屋梦》第八回《沈富翁结贵埋金 袁指挥失魂教女》，第58页。
⑤ 吴敬梓：《儒林外史》第五十二回《比武艺公子伤身 毁厅堂英雄讨债》，第291页。
⑥ 《后红楼梦》第二十三回《林绛珠乞巧夺天工 史湘云迷藏露仙迹》，第296页。

叫两个伙计同了去，我此时无法，只好依他。"① 二千的银子，借票写了一万，是个倒二八扣。

这种状况在其他材料中得到了印证，明代"俞绘，滑州人，少负意气。为父兄服里正役，输粮入海。时有闽寇，充民兵，有斩艾功，不自叙。为诸生举于乡，赴京过沛。沛令冯，乡人也，贷金。既下第，谒得歙县训导，冯已死矣，遗金还其子珏"②。此处未记利息情况，由另一处可见，此次还金比较义气的借贷，其利息是至"成化乙未，绘遣其子以金倍息来归"③。此为倍称之息，但是我们不知道具体时间是多长，故而也不知道具体利率有多高。有时人们为了强调"京债"剥削程度之高，竟说"京债"是"以一取十"④。显然也是模糊言之。

清代民间及官府对"京债"的关注，比之明代是有过之而无不及。先说民间，如乾隆时的李燧记载山西商人所开账局对选人放债"必先讲扣头。如九折，则名曰一千，实九百也。以缺之远近，定扣头之多少，自八九至四五不等，甚至有倒二八扣者。扣之外，复加月利三分，以母权子，三月后则子又生子也，滚利垒算，以数百金。未几而积至盈万"⑤。北京的竹枝词说：北京的西商或账局放"京债"多是"九成对扣三分利，尚勒穷员赴任凭"⑥。另有口号则云："利过三分怕犯科，巧将契券写多多。"有注云："近日山西……放债，率皆八分加一，又恐犯法，惟于立券时逼借钱人于券上虚写若干，如借十串，写作百串之类，旗人尤受其

---

① 陈森：《品花宝鉴》第五十八回《奚十一主仆遭恶报 潘其观夫妇闹淫魔》。
② 朱国桢：《涌幢小品》卷一一《不负心》，远方出版社 2001 年版，第 261 页。
③ 程敏政：《篁墩文集》卷二七《却金诗序》。另：A. 据此处，乃是冯令怜其贫而借给银两，未言借贷原因。B.《涌幢小品》载冯令之子为冯珏，而此处载冯令之子则为冯朋玉。明代文献对不怎么多见的义事，总是不吝文字，竞相记载，有时难免有不小的差别。
④ 即所谓"又有一等京城小人，专在部门打听举放官债。临行，债主同到任所，以一取十。少者累年不足，多者终任莫偿"。见《明宪宗实录》卷七七，成化六年三月己亥所载尚书姚夔所言。
⑤ 李燧：《晋游日记》卷三，乾隆六十年闰二月二十一日，第 73 页。
⑥ 前因居士：(黄竹堂)《日下新讴》(抄本)。按：所言：又是"九成"，又是"对扣"，其义不易解，最有可能的是九扣三分利，即九扣之外，仍加三分利。均见路工编选《清代北京竹枝词》(十三种)，北京出版社 1962 年版。

害。"① 这里当亦反映"京债"情况。其名义利率达到八分，或至加一即十分之一，然后还要虚写若干，并按虚写之数取息。《陔余丛考》认为当时的"京债"利率是"量其他之远近、缺之丰啬，或七八十两作百两，谓之扣头，甚至有四扣、五扣者，其取利最重"②。民间实际发生的"京债"也有利息不是那么高的，如：

> 潘蒋氏之夫早故，该氏向在京城与夫弟潘曾启同居，其时朱恂亦在京候选，与潘曾启亲戚相好，嘉庆元年叁月，朱恂选授湖北布政司经历，有同族人朱肇奎欲随便同往湖北，凭朱恂见中向潘蒋氏借银四百两，二分起息，立有借约。③

这里朱肇奎虽不亲自借贷，但与"京债"非常相似，当能说明"京债"的利率情况。上引张集馨于道光年间所借广东某洋行的"京债"九千两，是九厘行息，借汪衡甫同年五百两，是二分行息。④

再说官债，康熙年间即受到官府关注，乾隆以后更甚。如康熙年早期，刘荫枢曾疏言"京师放债，六七当十，半年不偿，即行转票，以子为母。数年之间，累万盈千"⑤。雍正、乾隆乃至嘉庆、道光间未见有什么改变，世宗上谕说到"京债"问题时说："外任官及监管税务人员未行到任，先营立房产，置买仆婢，修饰衣服，不顾利息轻重，恣意借贷银两。其专放官吏债之人，揣其用急，故行挦勒，既以六七百两为千两，又取三分四分重利。"⑥乾隆谈到"京债"问题时多次提到利息剥削问题，如乾隆五十年上谕中说："前因山西民人刘姓等重扣放债，索欠逼毙黄陂县典史任朝恩一案，已降旨将刘姓等严究办理矣。前闻康熙、雍正

---

① 得硕亭：《草珠一串》。
② 赵翼：《陔余丛考》卷三三《放债起利加二加三加四并京债》，第701页。
③ 《雪心案牍》第十一册《登州府嘉庆二十三年分 江苏民妇潘蒋氏京控原任宁海州参革知州朱恂延欠不偿一案》。
④ 张集馨：《道咸宦海见闻录》，道光二十五年记述，第78页。
⑤ 《清史稿》卷二七六《刘荫枢传》。按：在此疏之前作者还上过有关"京债"的疏，故主要当是反映了"京债"利率的情况。
⑥ 《世宗宪皇帝上谕八旗·谕行》。

年间，外官借债。即有以八当十之事，已觉甚奇。今竟至有三扣四扣者。"① 嘉庆四年（1799）上谕中说："给事中德连奏请严禁放官吏债一折。据称京官初膺外任。及京中候补州县等官。每多借官吏债使用。以一千而除去扣头等项。所得不过数百两。不一二年闲。遂至数千。"② 在一些具体案例中，如乾隆四十年（1736）上谕中说到："福纲在京补授承德县时，即托素识之候补吏目李康宁说合，立票借寇姓、李姓、郭姓等八扣银三千五百余两。"③ 乾隆五十年（1785）甚至发生"黄陂县典史任朝恩。因借山西人刘姓、李姓银两，在署坐索，情急自缢毙命"的案件，究其原因"乃该犯等甚至以三扣取利，在署坐索，逼毙职官"④。

综上所述可见，明清"京债"利息剥削确实是相当高昂的。从名义利率看，并不比其他借贷种类高，最高只有五分、四分，一般不超过三分，也有二分，甚至还有一分以下的。这当然取决于数额大小、风险大小等。但是，这种折扣性的习惯，则使"京债"剥削十分残酷。正因为如此，它加重了"京债"的危害，引起了明清政府的重视及禁止。

四 "京债"的危害

本来，只要利率适当，没有那些过分苛刻的折扣剥削之法，赴任官员也能够有所节约，不至于借贷太多，超出个人偿还能力，毕竟这种借贷对于那些长途赴任的官员来说是必要的，在明代的预借俸禄及清代的养廉银制度的支撑之下，也不至于产生什么严重的危害。但问题是如上所述，不少"京债"借贷双方均超出了这种界限。这样便导致了"京债"对封建政治的危害，导致了封建政治的腐败。

明代如田双南弹劾广州府通判李珍：

---

① 《清高宗实录》卷一二二六，乾隆五十年三月癸亥。此事《会典》亦引用，见光绪《钦定大清会典事例》卷一〇三三《吏部·处分例·重利盘剥》。
② 《钦定大清会典事例》卷一三三《吏部·处分例·重利盘剥》。
③ 《清高宗实录》卷九九〇，乾隆四十年九月壬子。
④ 《清高宗实录》卷一二二四，乾隆五十年二月乙酉。

性资朴茂，举动卑汙，一时止是顽冥，人如木偶，百为无可表见，官似赘疣，甫到任而债主填门，人谓长安之借贷不少；署增城而钱粮加一人，谓数月之剥取甚多。百户王崇政侵屯，被告业已差役行拘，而复听自投，则十五两之入假手赖赞耳。

还有广东抚黎通判：

臣覆问得一名葛经，年四十一岁，直隶太平府芜湖县人，由选贡于万历三十九年十月二十五日，除授广东琼州府抚黎通判，于四十年四月十八日到任。状招：经不合不守官箴，贪酷宣淫无忌。莅任未几，因欠京债，又不合令府库吏在官钟悉运私借库银一百两，并滥收书门皂壮共索得程贽多赃凑填前债。后府查出私借情弊，致累本吏代陪，向经苦讨始还……又每遇取办紬段等物俱系发票在官铺户刘大朝、洪文、吴振明、吴振萃、吴爵华取用。经又不合不给全价，刘大朝该价银二十七两三钱，只给八两，尚少十九两三钱。①

《清高宗实录》中记载了数例"京债"引发的案件，如乾隆二十七年（1762）县令，不能廉洁自持，乃以借欠京债，屡次勒索商埠绅士银两，致令何朝相畏刑毙命"②。乾隆四十年，"福纲在京补授承德县时，即托素识之候补吏目李康宁说合，立票借寇姓、李姓、郭姓等八扣银三千五百余两。福纲到任后，六月初间，李姓、郭姓持票至承德县索取。福纲无银偿还，遂向铺户勒借清还等语"。乾隆认为："福纲甫为县令，即揭借多金，以致勒索部民财物，其罪实无可逭。"③ 也有官员被债主逼迫的，如乾隆五十年（1785）上谕据特成额奏指出，"黄陂县典史任朝恩。因借山西人刘姓、李姓银两，在署坐索，情急自缢毙命"。乾隆认为："重利盘剥，本干例禁。乃该犯等甚至以三扣取利，在署坐索，逼毙职官，情

---

① 田双南：《按粤疏稿》卷四《按劾有司疏》、卷三《问过葛通判疏》。
② 《清高宗实录》卷六六四，乾隆二十七年六月乙巳。
③ 《清高宗实录》卷九九〇，乾隆四十年九月壬子。

尤可恶，必应严审治罪，并将各该犯家私籍没入官。"①

从这些个别案例来看，其主要的危害还是借了"京债"之后挪移库银以及勒索商人商铺，实际上还包括非法增加税收、苛敛百姓，以便得银偿还"京债"。故而从明初开始即引起朝廷及各级官府注意，朱元璋初建吴国，在任命了两百多名郡县官后，"上语中书省臣曰：新授郡县官多出布衣，到任之初，或假贷于人，或侵渔百姓，不有以养其廉，欲其奉公难矣"②。洪武十年朱元璋又对中书省臣说：

> 官员听选之在京者，宜早与铨注，即令赴任，闻久住客邸者，日有所费，甚至空乏假贷于人，昔元之弊政此亦一端。其常选官淹滞在京者，辄经岁月，资用既乏，遂流为医卜，使贤者丧其所守，实朝廷所以待之者非其道也。自今铨选之后，以品为差，皆与道里费，仍令有司给舟车送之。著为令。③

但朱元璋所实行的这些防弊之政并未防止"京债"的发生及对吏治的严重影响，可以说，历朝有识之士谈到官员选任及赴任问题时，无不以此为忧。尤其是科举以外的选官途径，更引起广大官员士大夫侧目。国家因此制定了明确的法令，发布了大量行政禁令，还制定了预借俸禄及养廉银制度，但只取得一时的效果，故而"京债""官吏债"历洪武至崇祯，再至整个清代前期、中后期，均不同程度地存在着，对吏治产生了程度不同的影响与危害。

成化六年（1470）三月二十日吏部尚书等题本中说：一些不才官员赴任之前借贷"京债"，"临行，债主遂与同到任所，以一取十，或被其主行使事，或听其说事过钱，鞭撲求取，唯偿私债，经营思虑，则及公

---

① 《清高宗实录》卷一二二四，乾隆五十年二月乙酉。
② 《明太祖实录》卷二十四，吴元年秋七月丙子。
③ 《明太祖实录》卷一一一，洪武十年春正月甲辰。按：此两事，顾炎武《日知录》卷二八《京债》、《西园闻见录》卷三〇《吏·铨选·前言》等均有引用，所记年代有些不同，这里从实录。

务。少者累年不足，多者终任莫偿"①。天启元年（1621）三月十五日，山东道御史傅宗龙所上言指出：被选官员借了"京债"，"不必之官，而已知其不能为廉吏矣。其有脱然无累而能以功名自表见者几何人哉"②。天启四年（1624）五月初十日山东道御史杨方盛上言所说比之傅宗龙所更为严重。"有司自知府而下以及典史除选之日，称贷多金，编历大都之肆，购求谁得之轸。凡为到任先资者，不一而足，彼其未出，明春而京债切积，已种不得不取之数矣，比临地方"。还有各种繁费，"此等繁费，为从有司慨捐家业，赢得好官，不借民间，系忽乎。抑各抱点金之术，足备周旋也。不过以地方之物力充衙门之使费，递逐递征，谁非民出。然则民安得不贫，盗安得不起，而世安得不乱也"③。崇祯五年（1632）十一月乙未，吏部文选司郎中王三重上言谈到选法之弊时说："古今循卓之治总不外洁己爱民。乃讨官讨选惟钱神之有灵，谋缺谋升以竿牍为捷径，借贷于旅邸，取偿于地方，民安得不穷，而盗安得不炽乎。此正今日之通弊。"④

清代康熙年间郭琇上书谈到提学之臣莅临各地督学时，因事先借了大量"京债"而导致学政腐败的情况时说：

> 乃迩来学臣一经差出，即肆意妄费，先负京债若干，及至地方考试……大约督抚司道以学臣为垄断，学臣借督抚司道为护符，而学臣复何所畏忌。故考试生童线索遍满通衢，因州县之大小，定价之多寡。奔竞成风，举国若狂，是学臣之纳贿，先入私囊者已十有七八矣。且学臣考试俱由知府提调，各知府于属下州县，凡有贿通学道者，先检得其人，及案临之日，勒不发案送考，以为要挟之具。学臣不得已因求调停其间，每一州县揽去二三名不等，甚至州县奔

---

① 《皇明条法事类纂》卷二〇《违禁取例·成化六年三月二十日吏部尚书等题为申明旧制禁约事》，文海影本，第496—497页。按：据实录，此奏乃吏部尚书姚夔所上，文字比《皇明条法事类纂》简略。见《明宪宗实录》卷七七，成化六年三月己亥。
② 《明熹宗实录》卷一，天启元年三月十五日。
③ 《明熹宗实录》卷八，天启四年五月初十日。
④ 《崇祯长编》卷六五，崇祯五年十一月己未。

竟，多而价最高者，知府尽为包去。一府之人号曰老爷学。是府官之要挟包揽又不知几何人，兼之本地势宦之情面，京札之投托。又不一而止，以致芸牕寒士俱被摈落而滥入黉门者，俱属膏粱纨绔，目不识丁之人，将明伦一席止为钱神交易之地，又安得有人材哉？①

此事引起了身处徽州婺源县浙源乡一个下层知识分子的注意及感叹，他在日记中记载说：

> 邸报传来，川湖总督郭公秀[琇]上疏陈提学考试之弊甚详。大约言：提学未出京即负债若干，到任之后，先以贪婪，清白[还]债负，不得不听、掣肘于督、抚、司、道，各奉常例钱多少。而按临各府，又必须提调官为线索。既有痛脚在提调官手里，于是弊端百出，不能禁止。②

嘉庆四年（1799）上谕中说："向来放债人等。私用短票扣折。重利盘剥。例禁綦严。乃日久废弛。仍行违例巧取。候选官员等。既不知自爱。堕其术中。又复自顾考成，隐忍甘受，遂使谋利之徒，罔知顾忌，而所借债帐，日久累重，无以清偿，因而挪移官项，朘削小民。"③ 至道光年间此类情况仍相当严重，道光十三年上谕说："州县为亲民之官，洁己爱民，方为称职。近来不肖州县，在京需次，即任意挥霍，从而称贷，到任后非亏短仓库，即朘削闾阎，所在多有。"④

一些老耄监生及纳粟入监的监生，或一些州县末品官职的选任，借债而求者、借债而赴任者，比之正常渠道选任的官员，"京债"问题更为严重，对地方政治的危害更为严重。嘉靖元年，霍韬指出："郡县佐贰，或添注四员、三员，凡此冗员俱老耄监生，艰难省祭（察？）或纳粟入

---

① 郭琇：《华野疏稿》卷三《肃清学政疏》。
② 詹士相：《畏斋日记》康熙三十九年八月二十六日，《清史资料》第4辑，中华书局1983年版，第201页。
③ 光绪《钦定大清会典事例》卷一一六〇《步军统领·职制禁令一》。
④ 《清宣宗实录》卷二三五，道光十三年四月庚戌。

监，希图厚获者，故于未选则揭债以往，受任携孥以行。举十数口以仰食一官，责望一官以富厚一世，则政何由不弊，民何由不穷。"①崇祯三年（1630）七月庚寅福建道试御史龚守忠上言：那些举贡监生及吏员末品虽考有定职，但多数因借债得选，"此辈幸而得官，则昔之倾囊者思偿其原费之资，称贷者莫堪其债主之逼。莅任未几，或比正赋而加耗，或指积粟而倍罚，或择殷实而局骗，或准短状以资取。地方鸡犬不宁，流离罔恤"②。此二例讲的是一些末员末品及举监生为买官、选官、赴任而借债从而引起地方政治黑暗。

有人分析了借"京债"的官员从被人要挟到人性扭曲的过程，使人产生无限感叹。《居官寡过录》作者规劝赴任的官员说："得缺后，或有使费，不可向部民、在京商贾者假借，盖一有借贷，则彼于我有相挟之心，我即于彼有相感之心。到任所，彼或要说人情、要赢告状，不从则彼必以我为忘恩。从之则我县为彼而枉法。故宁可省费，不可枉法。"③清人彭洋中谈到官员选官、赴任因贫借债而声名狼藉，引起心里扭曲的过程：

> 今之仕者大半为贫，然往往为贫所累。初仕时，冠裳舆马道路旅食应酬之费，率由称贷，侈者不顾其后，姑以快其夙昔疾贫之心，称贷子母，遂已累累，于是有贿赂钻营以求肥缺者，得缺之后，夙逋益多，于是有挪移库项者，有滥索民间者，盖其初任已声名狼藉，所谓臣东家嫠妇遇强暴所污，因不复自爱惜者，比比矣。及其既久，亏空愈深，有罄其囊橐不足以偿，而欲归不得者，有习于奢侈，回顾家中所储，不足供其用，而不欲归者，有侥幸升擢，且拥厚赀，而所欲无厌，垂老而不知归者。④

可见，由借债而走向贪腐，不但是对国家吏治的败坏，也是对个人

---

① 《明经世文编》卷一八五，霍韬《霍文敏公文集·嘉靖改元建言》第三劄，第1893页。
② 《崇祯长编》卷三六，崇祯三年七月庚寅。
③ 《居官寡过录》《勿向部民借贷》。
④ 盛康辑：《清朝经世文续编》卷二四，彭洋中《吏政七·守令上》《寄贺石农明府书》。

的危害。对官员来说，慎始是多么的重要。

五　官府的禁令——兼论预借俸禄及养廉银制度

明清朝廷对"京债"的禁令，在正式律令中只有简单的一条。《明律》言："听选官吏监生人等借债与债主及保人同赴任所取偿至五十两以上者，借者革职，债主及保人各枷号一个月发落，债追入官。"①《清律》亦载同一律条言："一听选官吏监生人等借债与债主及保人同赴任所取偿至五十两以上，借者革职，债主及保人各枷号一个月发落，债追入官。"②

与其他种类的案件不一样，在处理有关"京债"的案例时，未见有地方省一级的针对性立法，而主要是由朝廷制定的法令及政策。这种政策可能主要包括两个方面。一是依据《明律》或《清律》中针对"京债"的专门之律对"京债"加以禁止。二是依据一般借贷的法令，对"京债"加以调整。

关于前者，首先表现在针对一些具体案例中，重申此条律意，对"京债"加以禁止。明成化元年（1465），诏书"禁放官债，凡假姓名诓财物者，事发，枷号部门三月，发烟瘴充军七年十二月"③。成化六年（1470），针对候选官员、监生人等浪费己资，借贷"京债"，"京债"经营者的气焰嚣张，官员借贷"京债"之后败坏政治，朝廷要求"此等之徒最为害治。前项奸弊，若不严加禁约，诚恐弊孔滋漫，事无成效。天顺年间，曾有榜例，人不遵守，往往有犯。合无本部再行出榜，申明禁约，今后但有假托姓名，诓骗官吏、监生人等财物者，事发问罪，枷号

---

① 《大明律集解附例》卷九《户律·钱债·违禁取利》。另《大明会典》卷一六四《刑部六·律例五·户律二·钱债》；《大明会典》卷一七五《刑部十七·罪名三·充军》（嘉靖二十九）均载此律条。

② 《大清律例新修统纂集成》卷一四《户部·钱债》。另光绪《大清会典》卷七六四《刑部·户律·钱债》亦引此条。尚有注曰："谨案：此条系原例。"按：这条律条包括三个要件：第一，必须是借了"京债"；第二，必须达到五十两以上；第三，必须是债主与官员同至任所索取。在一些具体案例中，正是从这个三个方面来重申或运用这一律例的。

③ 《钦定续通典》卷一〇八《刑·刑制下·元明》。

部前三个月①，连当房家小发烟瘴地方充军。若官吏、监生人等请托营求，被人诓骗财物者，一体治罪。其有借人财物费用，买办衣装、器物、置买婢妾等项，又与债主同赴任所取债者，官与债主，俱发口外充军。仍乞敕锦衣卫，差人密切访察挨拿。庶几选法澄清，而弊源自绝矣"②。弘治十三年（1500）奏准："凡听选官吏监生人等借债，与债主同赴任所取偿至五十两以上者，连债主俱问发口外充军。"③ 天启六年（1626），兵科给事中吴国华在所上疏中指出：因为"京债"盛行：

> 流俗渐入，谁能不波，一登科第，怒马鲜衣，日贷钱债，又安得不为吮膏吸髓之计。今制科之彦，悉集辇下，六月之铨，更倍尝时。诚敕部院晓谕候铨诸臣，务崇俭素，勿尚华奢，更敕五城御史，严禁债保人等举放官债，不得过五十两，违者，入官，债主保人，悉照大明律治罪。则防贪于未萌，视追赃于既往，功更万耳。得旨，严追贪赃，力挽士侈，皆安民至论。该部即与覆行。④

雍正元年（1723）八旗都统在奏中指出：一些借了"京债"的官员为了偿还债务，"将正帑那移偿还，以致钱粮亏空者往往有之"，故而请求禁止。

> 应如所请，凡外任及监管税务官员，除平常借贷银两外，将以六七百两为千两，勒取三分、四分重利者。令该旗参领、佐领、骁骑校等不得具保，倘有私行潜保之人，查出交部治罪。其遣人往任所取私债者，令地方官查拏解部治罪。奏入，于雍正元年十二月十二日奉旨：凡外任官员平常借贷银两，令该旗注册，如有过二千两

---

① 《明会典》卷一一《吏部十·事例》。
② 《皇明条法事类纂》卷二〇《违禁取例·成化六年三月二十日吏部尚书等题为申明旧制禁约事》。文海影本，第496—497页。此条还可参见《明宪宗实录》卷七七，成化六年三月己亥条之节选。
③ 《明会典》卷一一《吏部十·事例》。
④ 《明熹宗实录》卷六〇，天启五年六月庚寅。

者，奏闻。或仍有潜行借贷者，放银之人首出，令借者偿两倍。借银之人首出，不令偿还。若经旁人首出，将银入官，赏给旗下贫乏人等，仍从重治罪。①

雍正皇帝欲推行的这一系例措施是相当别致的，但推行情况如何，尚不得而知，其子孙也稀见模仿者，只有道光十三年（1837）的一次禁令，其精神与此有些类似。此后各代的禁止措施则与此不甚一致，这道诏书主旨是要挽回送礼颓风，认为这样"既已别无糜费，则资斧易于措办，且例准在部借支养廉，但能节俭自奉，即可无需负债"。于是下令"步军统领、顺天府、五城各衙门出示严禁。如有奸商出放官债者，除将该员照例议处外，并将重利盘剥之人，治以应得之罪。仍追银入官"②。而如同属于一般性严禁"京债"的嘉庆四年（1799）的禁令则与上述明代的诏令更为相似。

  嘉庆四年谕给事中德连奏请严禁放官吏债一摺。据称京官初膺外任及京中候补州县等官每多借官吏债用……重利盘剥，例禁綦严，乃日久废弛，仍行违例巧取。候选官员等既不知自爱，堕其术中，又复自顾考成，隐忍甘受，遂使谋利之徒，罔知顾忌……不可不严申例禁。著步军统领顺天府五城各衙门，严行禁止，并密访查拏，倘有前项情事，即随时惩办。③

相对明代而言，多数相关政策已不是简单的禁止、打击，而是采取了多种类型的政策，力图对"京债"加以调整规范。这在以下还会详论。

---

① 《世宗宪皇帝上谕八旗·谕行旗务奏议》卷一《诏令奏议类·诏令之属》。
② 《清宣宗实录》卷二四一，道光十三年七月乙未。另光绪《大清会典事例》卷一〇三九《都察院·五城·违例放债》亦言："道光十三年，饬令五城御史，严禁奸商出放官债，重利盘剥。"
③ 光绪《钦定大清会典事例》卷一三三《吏部·处分例·重利盘剥》。并参见光绪《钦定大清会典事例》卷一一六〇《步军统领·职制禁令一》。按：光绪《钦定大清会典事例》卷一〇三九《都察院·五城·违例放债》亦引同一条上谕禁令言："嘉庆四年，饬令五城御史，严惩牟利之徒，不得向候选官员，私用短票扣折，重利盘剥。"细味此处所载，似又仅是禁止短票及重利盘剥，而不是一般性的严禁。

就后者言，政府不是简单地禁止"京债"，而是主要依据关于借贷的一般法律规定，对"京债"的利率、借贷过程中的折扣、债主随官员至任所讨债等问题加以禁治。康熙年间，刘荫枢上疏言："京师放债，六七当十，半年不偿，即行转票，以子为母，数年之间，累万盈千。是朝廷职官，竟为债主厮养。乞敕严立科条，照实贷银数三分起息。"① 此虽未直言就是"京债"，但很明显，说的就是"京债"。显然这里是按照一般借贷利率的法律规定，对"京债"的利率及折扣问题加以规定。乾隆二十三年议准："嗣后在京放债之人，凡有通挪借贷，务遵定例取息，按年计算，其三月倒票刁风，交步军统领、五城御史出示晓谕，永行禁止。如示禁之后，仍有短票盘剥情弊，查访确实，即行严拏，交部治罪，其银入官，借债之人，许其自首免罪。"② 乾隆五十年在针对山西商人逼毙"京债"官员的案件的一次上谕中言：

> 而市井牟利之徒，因得以重扣挟制，甚至随赴任所，肆意索偿，逼毙官吏。似此已非一案，实属不成事体……若有不肖之员，不知节俭，甘为所愚，仍向若辈借用银两，亦难禁止。但总不准放债之人，随往任所，并令各该督抚严行查察。如有潜赴该员任所追索者，准该员即行呈明上司，按律究办。倘隐忍不言，即致被逼索，酿成事端，亦不官为办理。庶可杜市侩刁风，而不肖无耻之员亦如所儆戒。③

这是乾隆皇帝面对政府推行了预支养廉银制度之后，仍有大量被选官员借"京债"以致个别官员因此自杀的局面，而发出的无可奈何之词。仅想从两个方面对这种"吃人"的债务加以限制，一是禁止债主随任索债；二是规定法律不保护与"京债"有关的借贷。作为债务人的官员即使被逼，官府亦不为理。嘉庆二十年（1815）七月针对御史巴龄阿严禁私放官债之奏，谕内阁："候补、候选官员、在京借用重利私帐，及放债

---

① 《清史稿》卷二七六《刘荫枢传》。
② 光绪《钦定大清会典事例》卷一○三九《都察院·五城·违例放债》。
③ 《清高宗实录》卷一二二六，乾隆五十年三月癸亥。亦可参见光绪《钦定大清会典事例》卷一三三《吏部·处分例·重利盘剥》所引本条。

之徒勒掯盘剥。本干例禁。著步军统领、顺天府、五城各衙门严行查禁。如有违例私设账局者,即行拏究,其潜赴外省官员任所索欠者,该督抚访闻一并查参究治。"①

明清二代曾采取预支俸禄或养廉银的办法解决官员赴任的道里费问题,主要是旅费问题。据《日知录》记载:

> (吴元年)除郡县官二百三十四人,赐知府、知州、知县、文绮四、绢六、罗二、夏布六,父如之,母妻及长子各半。府、州、县佐贰官,视长官半之,父如之,母妻及长子又半之。各府经历、知事,同佐贰官,州县吏目、典史,视佐贰官又半之,父母妻子皆如之。其道里费,知府赐白金五十两,知州三十五两,知县三十两,同知视知府五之三,治中半之,通判推官五之二,州同知视府通判,经历及州判官,视府同知半之,县丞主簿,视知县又半之,知事吏目典史皆十两,著为令。②

清代乾隆十四年,为了解决因"京债"引起一些官员的贪腐问题,决定推行预支养廉银的制度。数目据《清高宗实录》所载,见表1、表2:

表1　　　　　　　　清代外官文官预支养廉银数目③

省份	道、府	州、县	同知、通判	州同、州判	佐杂等官
云南	一千两	六百两	四百两	二百两	六十两
贵州	九百两	五百两	三百五十两	一百五十两	五十两
四川、广东、广西、福建、甘肃、湖南	八百两	四百两	二百两	一百二十两	四十两
江西、浙江、湖北、江苏、安徽、陕西	七百两	三百两	二百五十两	一百两	四十两
奉天、河南、山东、山西	五百两	二百两	一百五十两	八十两	四十两
直隶	三百两	一百五十两	一百两	六十两	三十两

---

① 《清仁宗实录》卷三〇八,嘉庆二十年秋七月丁酉。
② 顾炎武:《日知录》卷二八《京债》。按:此事《明太祖实录》卷二四吴元年秋七月丙子亦载。
③ 《清高宗实录》卷三五四,乾隆十四年十二月丙子。

表 2　　　　　　　　　清代外任武职预支廉银数目①

省份	副将	参将	游击	都司、卫守备	营守备	卫所千总	营千总
云南	四百两	二百四十两	二百两	一百五十两	一百两		
贵州	三百六十两	二百二十两	一百八十两	一百三十两	九十两		
四川、广东、广西、福建、甘肃、湖南	三百二十两	二百两	一百六十两	一百二十两	八十两	六十两	四十两
江西、浙江、湖北、江苏、安徽、陕西	二百八十两	一百八十两	一百四十两	一百两	七十两	五十两	三十五两
河南、山东、山西	二百四十两	一百五十两	一百二十两	都司九十两、卫守备八十两	六十两	四十两	三十两
直隶	二百两	一百二十两	一百两	都司七十两、卫守备六十两	五十两	二十五两	

这里文职借支养廉银比武职略高，总的说来，最多达一千两，最少只有二十五两。如果依当时人所言，这个数目，如果不追求奢华，是足够赴任，而不必借"京债"的。据乾隆五十年（1785）三月的上谕指出："出京赴任，均有在部借支养廉之例，自道府副参，以致微末员弁，准借银数，自千两至百十两不等……在各该员果能自行撙节，已足敷用。若任意花费，正复何所底止。"② 总而言之，从数目上看，无论贫富，上任、候选均是一笔沉重的负担。以致明清政府的预支俸禄、养廉的措施亦不能制止因此而导致的"京债"横行。如预支养廉银制度实施十多年之后，"京债"在京师仍盛行，户部议奏指出："月选文武各官，在京支借养廉，

---

① 《大清高宗纯皇帝实录》卷四五二，乾隆十八年十二月壬午。
② 《清高宗实录》卷一二二六，乾隆五十年三月癸亥。

原欲使该员无重利称贷之累。乃近日月选各官,仍有逋欠累累,致酿事端者。"① 以致乾隆皇帝都发现一些选官"既借官项,仍复揭借多金,致市侩随任索取,遂登参牍者"②。

余 论

"京债"问题事关吏治好坏,是明清政府十分关注却又无法解决的问题,由本文所述情况来看,可以说是禁令不止,放贷不止,最后连皇帝也是无可奈何了。因为"京债"的形成,不但在于路途遥远、候选期长、一些官员家庭经济困难,或是官员生活奢侈腐化、花费巨大,还在于当时的官场尤其是清代官场上层奢侈生活成风,因而导致掌握选权的官员、吏胥,处处需索,以满足其难饱的欲壑。官场生活奢侈、请客送礼成风,形成了巨大的需求,这也必须有人来满足。这些初步仕途的官员面对以后的前途考量、面对这如巨人般的人情世界,是无可选择的,只能花尽家财,如果还不足,就只得求之于高利贷者了。更在于封建专制统治下的等级授职制及与之相适应的职业官僚制度。因为前者,官员必须对上级负责,他的前途、荣誉乃至身家性命都取决于他的上级,这样,他不但要完成上级给予的各种任务,甚至不惜对老百姓敲骨吸髓,而且从被选上官员或是从初入仕途开始即给上级送礼联络感情,就是必要的功课了;因为职业官僚的缘故,其不惜家财、名誉去谋取职务,去贿赂一切与选官有关的官员甚至吏胥,而这两样花销永远都是个无底洞。在这种情况下,京债便不可遏止地盛行起来了,也难怪"京债"的经营,竟成了晋商选择行当时最为有利的职业,以致最后构成了当时的重要金融机构——账局的主要业务之一。

总的说来,京债除了导致封建专制政治更为腐败之外,确实没有产生什么别的好的或坏的后果,唯一可以说还有一点积极意义的就是对账局的形成与发展起到了推动的作用,而账局的经营,据咸丰三年(1853)

---

① 《清高宗实录》卷六六五,乾隆二十七年六月甲寅。
② 《清高宗实录》卷七〇一,乾隆二十八年十二月辛丑。

王茂荫所言，除了对官员放贷京债之外，还对城市铺店商人放款及长途贩运商放款商人放款。这一放款业务弥补了钱铺钱庄银号对商人放款的不足，对清代中期以来的商业发展无疑是有利的。正因为如此，账局才能与在其前便早已形成的钱铺、钱庄、银号及在其后才出现的票号一样，成了中国 18—19 世纪一种重要的综合性金融机构，构成为中国早期银行业的重要组成部分之一。当然这是需要另外专门论述的了。

（原载《裴汝诚教授八秩寿庆论文集》，中华书局 2011 年版）

卷 三

中国典当业史研究

中国典当史研究的回顾与展望

典当业作为古代高利贷资本的一种形态，在中国古代乃至现代的经济社会中占有重要的地位，它的兴衰是中国古代经济变化的一个重要标志。自 20 世纪 80 年代以来，中国金融机构也由单一的银行——信用合作社系统走向多样化、多层次，表现在：一是银行系统本身的专业化的进展及经营方法的改进；二是银行以外的各种信用机构及手段日趋发达，使资金市场呈现出活跃状态，如城市信用社、邮政储蓄、各种投资公司、证券交易机构等。在所有这些金融机构中，还有一类不甚引人注目的行业——典当，也在悄然兴起，并引起了人们的重视和注意。因此，系统、全面研究典当的兴衰、沿革对于我们认识中国古代经济，尤其是古代生息资本（高利贷）的演变规律，对于当今典当认识自身、改善经营都是十分有意义的。

关于典当业史的研究是从 20 世纪二三十年代开始的，出于重振及改良典当业的目的，当时学者集中对清末以来典当业的历史及其现状进行调进、研究，并针对当时金融形势变化、典当业衰落的现状，提出改革意见和措施，产生了许多专门的著作和论文。另外，因为典当业在人们经济生活还占有重要的地位，所以当时许多调查和研究各地经济或金融状况的著述也都把典当业作为项目之一。限于篇幅，本文只对那些专门介绍、研究典当业的论著和论文作些介绍。据笔者所见，这方面的重要著作有：杨肇《中国典当业》[①]、

[①] 杨肇：《中国典当业》，商务印书馆 1993 年版，台北学海出版社 1972 年影印本。

宓公干《典当论》①、区季鸾《广东典当业》②、《北京典当业之概况》③等。其中杨、宓二氏之书是对典当业的全面研究。杨氏《中国典当业》分概说、种类、组织、设备、营业、管理、票簿、书体、待遇、当税十个方面对清末以来的典当业作了一个制度上的考察；宓氏《典当论》则不但在杨氏书的基础上考察了当时中国典当制度的一般情况，而且大量依据已有研究成果及自己调查所得对全国典当业的运行状况乃至当时世界其他各国的公私典当作了全面、详细的考察，并提出了许多改革典当业的建议。至于《广东典当业》《北京典当业之概况》，则是对一个地方典当业制度及实况的调查。

当时的经济研究者还撰写了大量的论文，如陆国香《中国典当业资本之分析》④《山西之当质业》⑤，吴石城《天津典当业之研究》⑥等，对当时典当业某些方面作了些经济学、社会学的研究及调查。

除此之外，各类统计学、社会学性质的调查也都在有关章节中汇集了大量当时典当业活动状况的资料。这类资料种类繁多，数量极大，大致有以下两类。一是一些统计性质的"年鉴""志"中有关的典当业情况资料，如《上海市年鉴》⑦《中国经济年鉴》⑧《中国劳动年鉴》⑨《财政年鉴》以及各省年鉴等。二是在一些经济社会调查中的有关章节，著名的如韩德章《浙西之农村借贷制度》⑩、《浙江省农村调查》⑪（这一调查还包括河南、陕西、江苏、广西等四地）、赵宗煦《江苏省农业金融与地权异动之关系》⑫，萧铮主编《民国二十年代中国大陆土地问题资料》之

---

① 宓公干：《典当论》，商务印书馆1936年版。
② 区季鸾：《广东典当业》，台北学海出版社1972年影印本。
③ 《北京典当业之概况》，北京联合准备银行调查室编并出版，1930年。
④ 陆国香：《中国典当业资本之分析》，《农行月刊》第三卷第5期，1936年。
⑤ 陆国香：《山西之当质业》，《民族》第四卷六期，1936年。
⑥ 吴石城：《天津典当业之研究》，《银行周报》第十九卷，第36期，1935年。
⑦ 《上海市年鉴》，中华书局1936年版。
⑧ 陈公博等编：《中国经济年鉴》。
⑨ 实业部编：《中国劳动年鉴》，1934年版。
⑩ 韩德章：《浙西之农村借贷制度》，社会调查所1932年版。
⑪ 行政院农村复兴委员会编：《浙江省农村调查》，商务印书馆1934年版。
⑫ 赵宗煦：《江苏省农业金融与地权异动之关系》，台北成文出版社、美国中文资料中心印行。

一。这一资料乃根据民国时期地政学院毕业生调查报告、毕业论文影印,涉及田赋、土地、租佃、金融等。在金融一类里对许多省市、银行、典当等作了介绍,包括江苏、四川、河南、湖北及宜兴县等,这类资料在一些社会、经济,尤其是农村经济调查中所见极多。这由冯和法编《中国农村经济资料》①可见一斑,限于篇幅,这里就不作详细介绍了。

综合20世纪二三十年代对典当业的研究可以发现以下两个特点。第一,集中于当时的典当业,对典当业的历史沿革则研究不够。从具有代表性的杨、宓、区三氏的专门著作来看,虽然每一部都有一个"概说"或类似的章节,以概述典当在古代的起源及其历史沿革,但限于当时的条件,这些概述蒐集的材料不多,论述亦极其简略。因而典当一千多年来的历史在当时的著作中仍是朦胧未明的。第二,集中于典当业本身的制度及其状况的调查、研究,对于它在整个金融中的地位及其对经济的影响则研究得还不够。总之,这时对典当业的研究,相当程度上还是资料的收集及整理,正规的历史学的研究可以说刚刚起步,但是他们的开创之功是不可抹杀的。

自此以后,典当史的研究在缓慢地进展,20世纪五六十年代,研究中国金融的学者们对古代的货币及近现代银行、钱庄、纸币等方面的研究用力颇大,因材料的缺乏,对于典当业的研究则注意不够。虽然也有一些专门的文章如邓云乡《话说清代当铺》,②大多数只在有关著作中附带研究,如彭信威先生《中国货币史》③ 在谈到每一个朝代的信用及信用机构时,对它的历史进行了简要考察。李文治《中国近代农业史资料》(第一辑)④ 也收集了清代尤其鸦片战争后大量农村典当业活动的资料,惜未见进行全面系统的研究。

典当业的正规的历史学的研究是从20世纪70年代后期开始的,随着中国经济史研究越来越引起人们的重视,随着出土文书及档案材料的不断发掘,古代典当业的面貌越来越清楚地呈现在人们面前。对于20世纪

---

① 冯和法编:《中国农村经济资料》,上海黎明书局1933年版。
② 邓云乡:《话说清代当铺》,《新民晚报》1963年12月6日。
③ 彭信威:《中国货币史》,上海人民出版社1958年版。
④ 李文治:《中国近代农业史资料》(第一辑),生活・读书・新知三联书店1957年版。

70年代以来国内外学者的研究成果，我们似可从以下两个方面予以概述。

第一方面，对于中国古代典当史的研究。古代文献中有关典当业的记载是从南北朝时期开始的，而且多集中在佛教、寺院，一些论著在论述寺院地主经济时便涉及寺院典当业，如简修炜、夏毅军《南北朝时期的寺院地主经济初探》①便结合反映佛教僧侣生活的《行事钞》的有关规定，对寺院高利贷暨典当业作了探讨。隋唐五代的典当业，近年来因吐鲁番出土文书的整理及利用，也得到了研究，陈国灿在整理利用吐鲁番出土的唐质库账历的基础上，对唐代的典当制度作了研究，即《从吐鲁番看出土的质库帐看唐代的质库制度》②。宋辽夏金元时期，是典当业的大发展时期，不仅私人经营质库（亦称解库、典库等）有了发展，政府及佛教寺院也开始大量经营，曾我部正雄在其所著《宋代政经史的研究》一书专辟《宋代的质屋》③一章，对宋代私人质库、寺院质库（长生库）、官府抵当所等作了简要的论述。日本学者日野开三郎则专对宋代寺院长生库的情况作了分析（《关于宋代长生库的发达》④）。辽、夏典当业也是很兴盛的，近年来亦引起了学术界的重视，陈国灿《西夏天庆间典当残契的复原》，⑤在考释、复原敦煌所出天庆十一年典商裴松的一批典当底契的基础上，对西夏的典当业及其与经济的关系作了探讨。而《西夏法典——天盛年改旧定新律令》⑥的翻译出版更为我们提供了不可多得的针对典当业的古代法律的资料。台湾学者黄敏枝《宋代佛教社会经济史论集》⑦在论述宋代寺院典当业——长生库的同时，对辽、金统治时期寺院长生库的经营实况也蒐集了不少材料，进行了描述。另外，近

---

① 简修炜、夏毅军：《南北朝时期的寺院地主经济初探》，《学术月刊》1984年第1期。
② 陈国灿：《从吐鲁番看出土的质库帐看唐代的质库制度》，武汉大学历史系编《敦煌吐鲁番文书初探》，武汉大学出版社1983年版。
③ [日] 曾我部正雄：《宋代的质屋》，《宋代政经史的研究》，昭和五十八年版。
④ [日] 日野开三郎：《关于宋代长生库的发达》，《日野开三郎东洋史学论集》第七卷下，三一书房1980年版。
⑤ 陈国灿：《西夏天庆间典当残契的复原》，《中国史研究》1980年第1期。
⑥ [苏] E. N. 克恰诺夫俄：《西夏法典——天盛年改旧定新律令》，李仲三汉译，宁夏人民出版社1988年版。
⑦ 黄敏枝：《宋代佛教社会经济史论集》，台北学生书局1986年版。

年来有关宋代高利贷资本的文章论著也将官私典当业作为高利贷的活动形态之一,进行了系统的探讨。如本师漆侠先生《宋代的商业资本和高利贷资本》,[①] 对宋代私人质库的论述。刘秋根《试论官营高利贷资本》[②] 对宋代官营抵当所的发展、经营及其利率的考察。相比之下,元明二代典当业至今仍无专文论及,笔者曾撰《试论宋元寺院金融事业——以长生库资本为中心》一文对元寺院典当业——长生库的经营、资本及其经济意义进行了探讨(由《世界宗教研究》刊出)。清代典当业文献资料丰富,除了上述彭信威、李文等前辈学者在通论性质的书中附带论及外,一直未见专门研究,但近年来随着清代档案资料的整理利用,这种局面有所变化,当然整体上说,研究仍然还集中于清代官营典当业方面,如叶志如《乾隆内府典当业》[③]、韦庆远《论清代后的"皇当"》[④] 等利用内务府奏销档对乾隆时期由内务府开设典当的资本、用途、经营管理等方面的研究;韦庆远《论清代"生息银两"与官府经营的典当业》[⑤] 对清代中央一些机关及地方官府、八旗利用"滋生银两"所经营的典当业的起源、发展过程、经营及其与清代政治、经济形势的关系的探讨等都是如此。另外韦庆远先生关于清代"生息银两"制度的系列研究(《清代康熙时期生息银两制度的初创和运用》[⑥]《清代雍正时期生息银两制度的整顿和政策演变》[⑦]《清代乾隆时期生息银两制度的衰败和收撤》[⑧])也蒐集了不少有关清代官营典当业发展实况的档案及文献材料,值得我们重视。

[①] 漆侠:《宋代的商业资本和高利贷资本》,《宋史研究论文集》,河南人民出版社 1984 年版。
[②] 刘秋根:《试论官营高利贷资本》,《河北学刊》1989 年第 2 期。
[③] 叶志如:《乾隆内府典当业》,《历史档案》1985 年第 2 期。
[④] 韦庆远:《论清代后的"皇当"》,《明清史辨析》,中国社会科学出版社 1989 年版。
[⑤] 韦庆远:《论清代"生息银两"与官府经营的典当业》,《明清史辨析》,中国社会科学出版社 1989 年版。
[⑥] 韦庆远:《清代康熙时期生息银两制度的初创和运用》,《明清史辨析》,中国社会科学出版社 1989 年版。
[⑦] 韦庆远:《清代雍正时期生息银两制度的整顿和政策演变》,《明清史辨析》,中国社会科学出版社 1989 年版。
[⑧] 韦庆远:《清代乾隆时期生息银两制度的衰败和收撤》,《明清史辨析》,中国社会科学出版社 1989 年版。

当然关于清代私人典当业,也有了一些成果,主要有方行先生《清代前期农村高利贷资本问题》①对清代前期农村典当业主要是其中的特殊形式——《谷典》(谷押)的研究。王廷元《徽州典商述论》,②对明清主要是清代著名徽州商人中的典当商人的活动情形、利率等方面的探讨。叶显恩、谭棣华《略论明清珠江三角洲的高利贷资本》③对高利贷形态之一的典当业在珠江三角洲地区的活动的论述。韦庆远利用档案材料对清代著名大官僚如明珠、徐乾学、官梦仁、刘翊宸、黄焜、年希尧、李维钧、福长安、和珅、琦英、胡光墉等人开设典当的情况及其与清代政治关系的探讨(《论清代的典当业与官僚资本》④),另外日本学者安部健夫也主要利用《雍正硃批谕旨》等对清代官、私典当业作了一些探讨(《清代典当业的发展趋势》⑤)。

第二方面,对于中国现代典当史的研究,与古代比,中国近现代典当业有关资料要丰富得多,这方面的研究条件也优越得多。这方面用力最勤、成果最丰富的当推香港的罗炳绵,1970年以来,他连续发表了数篇长文,结合清代以来典当业的演变趋势对民国时期的典当业作了较为系统的探讨,主要有《近代中国典当业的社会意义及其类别与税捐》⑥《清代的银两生息制度和民国后的农民贷借所》⑦《近代中国典当业的分布趋势和同业组织(上、下)》⑧《清代以来典当业的管制及其衰落(上、下)》⑨,民国时期典当业的重大问题,罗文都涉及了,当然应该研究的问

---

① 方行:《清代前期农村高利贷资本问题》,《经济研究》1981年第4期。
② 王廷元:《徽州典商述论》,《安徽史学》1986年第1期。
③ 叶显恩、谭棣华:《略论明清珠江三角洲的高利贷资本》,《平准学刊》第三辑,中国商业出版社1986年版。
④ 韦庆远:《论清代的典当业与官僚资本》,《明清史辨析》,中国社会科学出版社1989年版。
⑤ [日]安部健夫:《清代典当业的发展趋势》,《清代史研究》,日本创文社1971年版。
⑥ 罗炳绵:《近代中国典当业的社会意义及其类别与税捐》,《近代史研究辑刊》第七辑。
⑦ 罗炳绵:《清代的银两生息制度和民国后的农民贷借所》,《大陆杂志》第五十五卷第三期。
⑧ 罗炳绵:《近代中国典当业的分布趋势和同业组织(上、下)》,《食货》第八卷第二、三期。
⑨ 罗炳绵:《清代以来典当业的管制及其衰落(上、下)》,《食货》第七卷第五、六期。

题还是不少的。因现代典当业材料的丰富，为典当业的地区性研究提供了条件，这方面近年来也已经开始，如马冠武《试论近代时期广西典当业》①、杨树屏《北京典当业的兴衰》②、王喜坤《抚顺典当业沿革》③等都对某一地区典当业的演变及其在当时经济中的地位进行了考察。另外，一些在旧中国与典当打过交道的人对典当业的回忆性叙述，也为我们提供了不少典当业活动的细节（多载于《文史资料》及其他分载省、市文史资料），但多是将典当业作为商业行当之一进行一般性的介绍。限于篇幅，这里就不一一作介绍了。总之，民国时期的典当业问题，该研究的问题还是不少的。

除研究探讨之外，近年还发表了不少与典当业直接有关的原始文献，著名的如杨联陞根据美国哈佛大学汉和图书馆珍藏抄本整理、点校的《典业须知》④、丁红整理的《典务必要》⑤、齐思整理的《当行杂记》⑥等，对清咸丰以来典当业的内部组织、典当物品的种类及辨别等由此可得到不少生动、具体的认识。

（原载《中国史研究动态》1992 年第 8 期。人大复印资料《经济史》1992 年第 9 期全文转载）

---

① 马冠武：《试论近代时期广西典当业》，《社会科学家》1987 年第 4 期。
② 杨树屏：《北京典当业的兴衰》，《燕都》1988 年第 2 期。
③ 王喜坤：《抚顺典当业沿革》，《抚顺社会科学》1988 年第 2 期。
④ 杨联陞：《典业须知》，《食货》第一卷第四期，民国六十年七月。
⑤ 丁红整理：《典务必要》，中国社会科学院近代史所编《近代史资料》，中国社会科学出版社 1983 年版。
⑥ 齐思整理：《当行杂记》，中国社会科学院近代史所编《近代史资料》，中国社会科学出版社 1983 年版。

关于中国典当史的几个问题

——兼评《中国典当手册》及其他三种*

  自 1987 年典当行业在中国大陆复出①，至今已有十三个春秋，随着典当业的发展，对典当业历史、现状、对策、理论等方面的研究亦引起学术界重视。而汇集本世纪以来重要调查、研究典当业的成果，容纳与典当业经营直接有关的法律、法规信息的《中国典当手册》的出版，可以说是对这十多年来研究的一个总结。本书规模宏大、内容丰瞻、编撰精心，是一部重要的行业性历史文献，不论对于典当业的学术研究、具体经营还是制定政策和法规都将产生重要的影响。但本手册在与典当史有关的一些问题上还有许多值得商榷之处，而且，其中部分同类问题还出现在其他三种典当史著作之中。概括起来说，问题主要表现在以下几个方面。

---

  * 《中国典当手册》辽宁人民出版社 1998 年 7 月出版，分正、副两编，两大册。以下简称《手册》及《手册副编》。其他三种包括：（一）《典当史——中国典当业的历史考证》，曲彦斌著，上海文艺出版社 1993 年版，以下简称《典当史》。（二）罗炳绵《中国典当业的起源和发展》，《食货》第八卷第 7 期。以下简称罗炳绵文。（三）《近代中国典当业》，中国文史出版社 1996 年版，绝大部分为解放前典当业从业人员回忆文章。常梦渠所撰"概论"部分涉及典当史的一些内容。

  ① 在大陆废止典当业时，台湾、香港、澳门地区仍然存在典当铺。

一　关于中国典当业的起源问题

关于这一问题，从罗炳绵文到《手册》一致认为是起源于南北朝时期南朝的寺院，这从文献材料看，当然也是可以备一说的，但在论述这个问题时，这些论著却对南北朝时期寺院所进行的这种抵押放贷行为有所夸大。如罗炳绵文认为"可以肯定南朝已有佛教寺院办的当铺"（第312页）又推测道："中国最早的当铺原来的名称是'寺库'或'长生库'"，又认为寺库"应是'寺院质库'的简称，但后来'质库'又成为私人开办的当铺的专称，以别于佛教寺院的'寺库'了（第311页）"[1]。显然这种断定是轻率的、无法实证的。其理由有以下几点。

第一，相比之下，关于南北朝时期（不光是南期）的历史文献中有关动产抵押借贷的事例虽然比汉代要多一些，但大体上都还是一种由私人或寺院兼营的一种副业，还看不出有设立了专门机构的迹象。这些事例除为典当史界熟悉的南朝甄彬、褚渊二例之外，以下补充的数例也是如此。第一例是北魏末年李元忠退闲后，不事家产，家贫，有客来访，见"庭室芜旷，使婢卷两褥以质酒肉，呼妻出，衣不曳地"，去世之后，因为家贫"未及赙至，金蝉质娟，乃得敛焉"[2]。第二例是同一时期的羊敦，乃北魏良太守，雅性清俭，"属岁饥馑，家馈未至，使人外寻陂泽，采藕而食之。遇有疾苦，家人解衣质米以供之"[3]。第三例是南朝梁时处士庾诜喜仁好施"邻人有被诬为盗者，被治劾，妄款，诜矜之，乃以书质钱二万，令门人诈为其亲，代之酬还"[4]。显然这些都是一些以动产为抵押进行借贷的例子，在这里我们不知道具体进行这种放贷的主体是什么，因而由这样一些具体行为的实例尚不能断定这一时期是否已经有了专门经营这种抵押借贷的机构。正像有了其他信用借贷行为的具体实例，也不能断定南北朝便有经营这种信用借贷的机构一样（就像钱铺、账局

---

[1]　见前引罗炳绵文，第312、311页。
[2]　《北史》卷五三《李灵传曾孙李元忠附传》。
[3]　《魏书》卷八八《羊敦传》。
[4]　《梁书》卷五一《庾诜传》，参见《南史》卷七〇《庾诜传》。

一样)。

第二，是否有了"寺库""长生""质钱帖子"这一类的词语，就可以断定专门的动产抵押借贷机构产生了呢？笔者认为答案基本上是否定的，我们且看提到这些词语的事例，第一例是甄彬一例中有"寺库""常住库"之词，此例学术界已经比较熟悉，此不赘。第二例言：梁时有名僧释僧于杨都庄严寺八座法轮讲法，因佛法精通，听众最盛，场地迫狭，"因舍什物施拟立大堂，虑未周用，付库长生，传付后僧"①。这里有"付库长生"一词。第三例是南齐东昏侯杀权臣萧坦之，又逮捕其兄萧翼宗，"检家赤贫，唯有质钱帖子数百"②。这里有"质钱帖子"一词。这里第一例说明"寺库""常住库"确实进行了动产抵押借贷；第二例中的"付库长生"无疑也是某种使金钱升值、获取利息的行为；第三例表明了这种抵押借贷（不限于寺院所经营者）已经比较规范。但是"寺库""常住库""库"之类无疑是寺院的仓库之类，主要功能当是储存财物，进行某种放贷可能只是其偶然行为，不能见有"库"一类的词便认为其是长生库；"长生"③一词则自秦以来即已常用，是某种吉祥祝福，与借贷并无必然联系，而"质钱帖子"也未必一定要专门的典当机构才能使用，一般富豪大户也是完全可能的。它也还不能算是独立的典当机构。

总而言之，南北朝时期已经存在产生长生库、质库之类专门典当机构的可能性，而且可能性比汉代还增大了。但是目前还不能肯定南北朝时期是否已经形成了专门的、独立的典当机构。由此看来，考察典当业的起源既要考察动产抵押放贷的萌芽，也要考察专门的、固定的带有经营性质的典当放贷机构的产生。前者是典当业初步的、萌芽的阶段，后者才是其正式的高级的阶段。只有到了高级阶段，才能说典当业正式形

---

① 释道宣：《续高僧传》卷五《梁杨都庄严寺沙门释僧传》。
② 《南齐书》卷四二《萧坦之传》。参见《资治通鉴》卷一四二《南齐·东昏侯上》，永元元年八月，胡三省注曰："质钱帖者，以物质钱，钱主给帖与之，以为照验，他日出子本钱收赎。"
③ 王昶：《金石萃编》卷四所载秦瓦当文字共有四种，均为"长生无极"四字。

成了。也就是说对南北朝时期有关这种典当行为的记载不能不适当地拔高。①

二 关于历代寺院典当业历史

与这一问题有联系的是，对于以后各代寺院典当业历史的论述也存在类似的问题。如对于隋唐三阶教的"无尽藏院"，罗炳绵说：隋代信行和尚创建无尽藏，"唐代名'无尽藏院'，是寺库的金融机构。到宋代名'长生库'、解库或解典库"②。甚至说"无尽藏的意思是'长生钱'……也就是以金融赚取利息，赚取利息最好的方法就是开当铺（质库）"③。这里将"无尽藏"定性为金融机构或许勉强可以，但是直接将它等同于宋代寺院典当机构长生库，则证据还很不足。遍阅有关三阶教的记载，知其"无尽财"并未进行专业的放贷经营，其有时借贷，也属无息，因而没有谋利性质，不能说它就是典当机构。④ 其次对于北朝僧祇粟问题也是如此，《魏书·释老志》记载：世宗永平四年（61）诏言："僧祇之粟，本期济施……但主司冒利，规取赢息，及其征责，不计水旱，或偿利过本，或翻改券契，侵蠹贫下，莫知纪极。"罗炳绵文据此认为："北朝寺院出贷僧祇粟，民间向寺院典当田地住宅是必定有的，但典当衣物农具等有没有，还不能肯定。"⑤ 显然资料所言是指"主司"剥削残酷，

---

① 笔者在《中国典当制度史》中主汉代说，认为"很可能是典当业在汉代即已萌生，到南北朝时期得到一定的发展"。（上海古籍出版社1995年版，第5页）当时未能明确指出起源问题的这两个阶段，是应该修正的。准确地说，汉代与南北朝典当业均只能说尚处于初级的阶段。

② 见罗炳绵文，第312页。按《典当史》，第36页对唐化度寺的财物也认为"质贷是其主要来源之一"。

③ 罗炳绵文，第314页。

④ 有关三阶教及无尽藏院的文献记载，中日学者已经多次引用，似无须再引。可参见道端良秀《支那佛教寺院的金融事业》（《大谷学报》第十四卷一号）及吴永猛《中国佛教经济之发展》（《佛教经济研究论集》附录，台北大乘文化出版社1977年版）。

⑤ 罗炳绵文，第313页。

既要求高昂的利率，在不能偿还时，还改订契约，以便继续取利。① 所谓"券契"是指借贷契约，与是否典当田地住宅是毫无关系的。

罗炳绵文所言，《典当史》《手册》及常梦渠文都是同意的，有关论述不再赘引。②

另外，对与寺院典当业有关的史料的解释也有一些问题，主要有以下几点。

第一，《手册》论及南北朝典当业时说："与此同时，北朝佛寺亦行质贷。《太平广记》卷四五四载：北魏孝文帝元宏的太和年间（477—499），'（姚）坤旧有庄，质于嵩岭菩提寺，坤持其价而赎之'。"③ 实际上细读原文，知此事乃是唐文宗太和年间（827—835），因为此条后叙，"坤应制，挈夭桃入京，至盘豆馆……忽有曹牧遣人执良犬，将献裴度"④。众所周知，裴度乃唐宪宗至文宗时名相，时正在朝。

第二，《夷坚志》云："建昌孔目吏范荀为子纳妇，贷钱十千于资圣寺长老。经二十年，僧既死，荀亦归摄，因循失于偿逋……先是徐父奉直大夫者寓居彼寺，寺之人用常住物假其名以规利，奉实因是颇掩有其资，以宁与闻之，故致然。"⑤ 《典当史》引此条作为南宋寺院长生库进行放贷的根据。但仔细分析起来，实难确证。因为：（一）其放贷主体是"寺之人"，并且是假居于本寺的徐奉之名进行，资本虽属常住，但显然是寺僧个人的非法行为。所以最终资本为人所攫取，也只能哑巴吃黄连。（二）放贷之人"资圣寺长老"一死，便"因循失于偿逋"，这要是在寺院长生库中是不可能发生的。（三）"常住物"是否就是长生库的钱物尚不能确证。

第三，《手册》解释长生局"即长生库"，下引《两浙金石志》关于

---

① 据笔者对历朝高利贷资本及有关法律政策了解的情况看，所谓"翻改券契"，是在不能偿还时，改订契约，将所欠利息打入本钱，重新取利。而这种"回利为本"的行为是历朝法律所严禁的行为，因为它加重了对债务人的剥削。
② 见《手册》，第25、14、107页，和《典当史》，第169页，另参见第26—29页。
③ 《手册》，第107—108页，另见《典当史》，第29—30页亦同。
④ 《太平广记》卷四五四《姚坤》引《传记》。
⑤ 洪迈：《夷坚支志》甲集卷六《资圣土地》。

长生局的记载,① 细绎起来,长生局确与生长库有关,但还不能说就等于长生库,而是说某些有钱财的檀越,一个人或几个人合作,凑一笔资金,结成一个局,进行经营,以其利息支付寺院的各种需要,如寺院的修理等,这种谋利之局,可称之为长生局,在长生库进行,但不等于就是长生库。

三 关于典当业历史发展的其他一般情况

除寺院典当外,对于官营及民间典当在各朝各代的发展状况,《手册》等书的论述亦常有夸大及无法证实之处。以下分隋唐、宋元、明清三个阶段加以论述。

关于隋唐典当业,首先是寄附铺问题。从罗炳绵文至《典当史》至《手册》,均将唐代寄附铺(包括宋代寄附铺)当作典当业看待。如罗炳绵同意清代学者瞿灏及日本学者宫崎道三郎的意见,认为"寄附铺既代人卖玉钗等物,遇客人急需,先质押若干,或索性低价买入,是很自然的事。那么即使与当铺略有不同,它无疑地是典当发展史中一个重要角色"②。《手册》解释"寄附铺"是"中国古代曾兼营过典当的商业机构。最早出现在唐朝,是当时都市中受托寄卖物品的商铺,后有些又附设质库兼营,或以质贷业务为主,与柜坊并存"③。唯有《典当史》论述似乎谨慎一些,在表达了类似的意思之后特别说明,这只是一种尚无实际材料证明的"假说性判断"④。实际上这个问题,加藤繁在考证柜坊时,已经说得很清楚,即认为寄附铺不是什么典当铺,⑤ 有关材料也不能证明寄附铺进行了抵押放贷。为什么还要费那么多笔墨去考证这种关系呢?

---

① 《手册》第13页所引见《两浙金石志》卷一五。
② 上引罗炳绵文,第316页。
③ 《手册》,第22、111、108页。
④ 《典当史》,第35页。
⑤ [日]加藤繁:《中国经济史考证》第一卷《柜坊考》。日野开三郎亦在加藤基础上作了更为细致、详尽的考证,亦未寻觅出寄附铺与典当业有什么关系的线索来,见《唐代的寄附铺和柜坊》,载《日野开三郎东洋史论集》第五卷。

其次是关于唐代的皇当、官当问题。唐代典当业是很发达的,《手册》这样叙述道:唐代典当业"形成了一窝蜂似的官、民、商、寺多头并举、竞相逐利的兴旺局面"①。又在叙述清代典当业说:"而清代典当业则重又回归到唐宋时那种皇、官、民当多头并重的局面。"② 罗炳绵亦认为唐代典当业有商办、官办、寺办三种。③ 实际上从材料上看,商、民、寺④营典当在唐代存在是肯定无疑的,是否还有皇当、官当,则大可商榷,其中类似于清代那样,由内务府直接经营、收入由皇帝个人直接支配的皇当在唐代肯定是不存在的;唐代各级官府以公廨钱、粟为代表的谋利事业很兴盛,是否直接开设了质库,则还不敢肯定。虽然从史料记载看,五代后唐是肯定存在官营质库的⑤,但这一点也不能证明唐代就一定有官营典当。

关于宋元典当业,首先是关于宋代抵当所的问题,罗炳绵文认为:"抵当所设立之初,是为小本商人周转金钱而设,后来却变成与当铺性质相似的机构",以下引《宋史·食货志》所载参知政事冯京、王居卿二人所言之后,又说:"市易法出息放钱,抵当(契要金银为抵)终究是最稳妥的赚取利息的方法,也是最方便的……抵当所就是在这样情况下产生的。"⑥ 实际上罗文在此混淆了市易务所进行的抵当放贷与抵当所的关系。从《宋会要辑稿》等书的记载看,抵当所是在熙宁四年(1072)五月在吴安持的奏请下设立的,一开始与市易法并无关系。吴安持认为:由开封府管理的检校库"检校小儿财物,月给钱,岁给衣,逮至长成,或至罄竭",因此,"乞将见寄金银见钱依常平仓例召人先入抵当请领出息,以给元检校人户"⑦。因而设立抵当所,开始抵当所在检校库内,受开封府管辖。熙宁五年,市易法实行,其业务主要是抵当放贷官钱及赊请物

---

① 《手册》,第111页。
② 同上书,第108页。
③ 上引罗炳绵文,第313页。
④ 实际上商与民大可不必分开,均称之为"民",或总称之为"私人"即可。
⑤ 《册府元龟》卷九二《帝王部·赦宥》所载后唐明宗天成二年十月辛丑诏曰:"如是在城回图钱及公私质库,除点简实在外。"
⑥ 上引罗炳绵文,第317页。
⑦ 见《宋会要辑稿》职官二七之六四。

货，其中前者与抵当所所营业务十分类似，于是熙宁九年（1076），将属于检校库的抵当所改由市易司统一管辖。① 只有到此时市易司原有抵当借贷官钱的业务才与抵当所的业务统一起来。故而认为抵当所源于市易法抵当是不准确的。②

其次，《手册》言：宋代典当业"由多业兼营逐渐转向以专业经营为主，业已成为社会经济的专门行业"③。实际上，如前所述，严格地说，某些寺院、某些地主、商人、商铺在经营他业的同时，兼营了某些动产或不动产抵押的借贷，尚不能称之为典当业，必须在此基础上形成专门的、有一定的资本核算的经营机构时，才能说有了典当业。就这一点而言，典当业是无所谓专营、兼营的。当然如果从古代经济社会构成的角度看，则是存在专营、兼营的，因为地主、商人、高利贷者（包括典当业开设者）往往是三位一体的，也就是某一位富有家财之人，既可能以其全部家财开设质库（当铺），这样他就是一位专门的经营者，明清文献中常见的"典商"一词相当一部分应是这种专门经营者；但也有一部分是只以资本中的一部分投入典当业，这样他就是一位兼营者。但是各个时代究竟是兼营者多，还是专营者多，尚无明确记载可以证明，至于具体的数字统计就更谈不上了。总而言之，无论从哪个角度看，均难以证明宋代典当业（包括唐代元代等）究竟是兼营的多，还是专营的多。

再次，关于宋代柜坊是否附设质贷的问题，唐代柜坊兼作类似于质库的抵押放贷业务的问题，因有《旧唐书》《资治通鉴》等书的记载及胡三省对"僦柜"的注，确实大体上可以这么说。而宋代的柜坊，如果说像日本学者加藤繁那样，将它完全说成一个赌博及打架斗殴的贼窝子，诚然不对，④ 但像罗炳绵文那样臆测："但到了宋代，因工商业的发展繁荣，柜坊的生意范围似乎更扩大到可质押物品，只有扩大到质押物品，

---

① 见《宋会要辑稿》职官二七之六四。
② 可参见刘秋根《试论宋代官营高利贷资本》，《河北学刊》1989年第2期。
③ 《手册》，第110页；亦见《典当史》，第40页。
④ 在南宋人的判语集《名公书判清明集》中也确有人领人资本开质库，数年之后主家控诉于官府，领本经营者却说开的是柜坊的例子。《名公书判清明集》卷之九《户婚门·库本钱·领库本人既负斛监还》。

然后才会经常有赌博场面随着柜坊而产生。"① 则是毫无根据的。

复次,《手册》言:"而清代典当业则重又回到唐宋时那种皇、官、民当多头并举的局面。"② 清代皇、官、民当并存的局面是确实无疑的,唐代是否有皇当、官当的问题已在上文提出了质疑。那么宋代情况如何呢? 宋代私人典当业、官府典当业、寺院典当业都是比较兴盛的,但是否还有皇当则尚无材料证明,虽然宋代的财政也存在内藏与左藏的分别,前者属于皇帝控制的财政系统,后者则是三司(后为户部)控制的国家财政系统,北宋中期以后各级市易务是经营了官营典当业的,到南宋军队和地方官府也参与了经营。但是内藏系统是否像清代内务府那样搞了各种经营活动,以至开设了质库,则尚无材料证明。

最后,在对宋元典当业(包辽夏金各朝)的一般叙述中,还有个别对史料的解释错误的问题,其中主要是把与典当业无关的史料说成与典当业有关,如《手册副编》作为典当史的原始材料引用了《夷坚支志》甲集卷九"潼州关张庙……天佑坐黩窜,尽籍其货"一条,仔细读来,实与典当业毫无关系。虽自古以来典当业便将关云长推为财神,但材料中也没有一丝迹象说明此条与宋代典当业有什么关系③。《宋史·贺铸传》言:诗人贺铸晚年因家贫,只得靠"贷子钱自给",本看不出与典当业有什么关系,《典当史》却硬将它与所引的文天祥信中所言"金碗在质库某处质之"云云一条与质库经营有关的材料并列,以说明宋代文人与典当业的关系。④

在叙述与宋同时的金朝的典当业时,这方面的问题更为严重,如《典当史》引《金史》卷四七《食货志》所言:"民略从其便,卖、质于人无禁"一条及《金史》中的《李晏传》《移剌子敬传》《高汝砺传》等,认为这些材料反映出"金王朝历时未久,中国典质业却在其统治的一方领域承前代继续显示着生机与利弊"⑤。实际上所有这些记载中所记

---

① 上引罗炳绵文,第316页;另《典当史》,第40页。
② 《手册》,第108页。
③ 《手册副编》,第1024页,《典当史》,第149页。
④ 《典当史》,第42—43页。所引文天祥言见《文山全集》见卷五《回巽斋欧阳先生》。
⑤ 《典当史》,第49页。

典当、质卖行为均不能确定就是典当业所为，因为进行这种放贷者完全可能是那些未设质库的地主商人及官僚豪富之家。另外还有引用错误，如罗炳绵文认为："在金国经营典质生意时，都必须要立'信帖'。"而其所引的《金史·刑法志·禁令》条："诸典质不设正库，不立信贴，违例取息者禁之。"① 在《金史·刑法志》中并未发现，查《元史》知此条乃《元史》卷一〇五《刑法志·四禁令》所载。虽然元代刑法典的撰修，与金代《泰和律》等有一定的继承关系，但是《元史》中此条是否源于金却并无资料可以证明。因而这条记载不能证明金存在所谓"信帖"。

关于明清时代典当业的一般情况，首先是《手册副编》言：在明代"有人估计全国各种当铺可能达到两万多家。商人比较集中的安徽和山西形成典当业的徽帮和晋帮"②。这里共有三处错误。1. 明代当铺总数究竟多少，尚无法统计，而此文叙述亦未援引任何论著或原始材料作为根据。因而数字是不可靠的。2. 徽商的形成，不是指安徽，而是指徽州诸县。而且在明代也无安徽省，只有南直隶省，包括清代安徽及大部分江苏地区。3. 徽商在明代典当业中是已经很有地位，而晋商大概要到清代之后才在典当业中占有重要地位，虽然晋商在其他商业领域自明代起便在北方地区相当有名。

其次，《手册》又说："早期的金融业实质上是货币经营业，它是货币商人经营货币商品的一系列活动。由于历史的原因，早期的金融业除了典当所经营的货币借贷活动外，并没有产生货币兑换和货币汇兑。随着货币流通规模的不断扩大，货币的借贷、兑换和汇兑才开始出现。担负职能的是钱庄和票号。"③ 这段叙述存在一系列的概念和史实错误，就其主要之点辩证如下。1. 不论早期、晚期，金融业均不等于货币经营业，从广义上说，金融业包括而不是等于后者，货币经营业，是指完成货币流通过程中必需的纯技术性职能的行业，如货币的汇兑、兑换等，为此而投入的资金形成货币经营资本；除此之外还有各种借贷，为此投入的

---

① 罗炳绵文，第318页。
② 《手册副编》，第941页。
③ 《手册》，第146—147页。

资金形成高利贷资本。2. 早期如唐宋时期的金融业，货币的汇兑、兑换无疑也是存在并有相当的规模的，如唐代户部及诸司经营的飞钱，宋代榷货务、各地方官府及大商人经营的便钱、寄附会子等均是汇兑。而货币的兑换也不是钱庄产生以后才有的，唐宋时期的金银铺除了生金银买卖、金银手饰打造之外，也在一定程度上进行了货币兑换业务。这些在经济史界已成常识，在此不拟细述。总而言之，否认早期（即钱庄产生之前）货币经营业的存在是没有道理的。

再次，如罗炳绵文以为，明代当票"多由店铺里面的'学生'自行印刷，写当票的字迹必另为一格，普通人不易辨认"[①]。《典当史》认为："同以往历代有些当业附属于僦柜、钱庄等情况相反的是，由于清季当业发达而出现兼营他业牟利的趋势。"[②] 二者所叙均有可能存在。但作者未引证有关材料，故属于无法实证的观点。

最后，《手册副编》言"当铺是资本主义社会的产物"[③]。这一观点是让人觉得奇怪的。仔细分析其整个叙述，方知其是误解了马克思的论述，马克思在《资本论》中的原话是：在现代信用制度下，高利贷本身依然存在，"对于那些不是或不能在资本主义生产方式的意义上进行借贷的个人、阶级或情况来说，生息资本都得保持高利贷资本的形式。例如在下列场合：或者出于个人需要到当铺进行借贷；或者把钱借给那些享乐的富人供他们挥霍浪费……"马克思的意思是：在资本主义生产的前提下，部分生息资本有可能保持高利的形式，而这种形式包括为生活需要到当铺去借钱或富人因挥霍享受要借钱这样两种形式。显然，我们由此绝对不能认为当铺是资本主义社会的产物，因为这是违背历史常识的，也是与马克思的原意相违背的，至于当铺究竟是什么社会的产物，则以上所论已经相当清楚，无须再叙。

---

① 罗炳绵文，第 323 页。

② 《典当史》，第 73 页。按：如果说部分唐代典当业可能附属于僦质业尚有可资证实的材料的话，那么，说典当业附属于钱庄则是毫无根据的。

③ 《手册副编》，第 1125 页。

四 关于典当业发展过程中的业务及制度

关于典当业发展过程的有关业务及制度研究方面存在的问题可从以下两大方面予以观察。首先，在对这种业务制度的一般性论述方面，主要有以下几点。

一是典当存款问题。《典当史》认为"隋唐以降，平民利用柜坊、典当调剂缓急，富户、商贾亦藉以存款生息周转"①。这里唐代商人及一般平民在柜坊存款以便生活经营之需是史学界尽人皆知的常识。但这种存款是否有息，则尚无材料证明。这一点日本学者加藤繁、日野开三郎等人已进行细致的梳理、考证，无须赘述。但唐代一般私人质库或寺院质库是否也进行了这类存款则是毫无踪迹可循的。当然至宋代以后，在官营典当业——抵当所中是经营了正式有息存款的。私人质库也常有款项存储，但是否有息，则同样没有材料可资确证。②

二是唐代"官本质贷"的利率及业务种类问题。《典当史》又引开元十六年二月十六日敕："比来公私举放，取利颇深，有损贫下，事须厘革。自今以后，天下负举但宜四分取利，官本五分取利。"③认为"这一敕令显然对官本质贷持偏护态度，允其利高于民商"④。实际上这条材料针对的是一般的高利贷，与典当业包括"官本质贷"有关但并无直接关系。另外《典当史》还说：唐代质贷业"有的以动产或不动产为抵押，有的以契据为抵押"⑤。据笔者所见，唐代质库放贷时抵押品多是动产，主要是各色衣饰、器皿，⑥是否以不动产及各种契据为抵则尚不能实证，一些土地、房宅买卖中的典质行为尚不能证明是典当业所为。

---

① 《资本论》第三卷，第679页。
② 参见刘秋根《中国典当制度史》第三章第二节。
③ 此条引自《唐会要》卷八八。
④ 《典当史》，第38页。《手册》，第277页，所载典当资料中亦有这一敕令，实际上当删。
⑤ 《典当史》，第39页。
⑥ 见上引刘秋根书，第143页，第三章第一节。

三是人口典当问题。古代借贷常以人口为抵押，属于古代高利贷中抵押借贷的一种，但是典当业在一般情况下是不接受人口的典当的。而《典当史》以民国时期天津大恶霸袁文会的小押当收当活人为例，认为"中国典当业初兴之际即已出现以此方式借用高利贷的"。① 并且引用韩愈《应所在典贴良人男女等状》《宋史·石保吉传》《宋史·马亮传》《宋史·吴奎传》等记载，试图加以证实。但这些材料所言"遂相典贴""质其女""质其妻子于富室""评取物产及妇女"等及元代以后的"典雇"行为均无旁证可以确定是当时质库或长生库所为。

四是唐代典当业的满货处理问题。罗炳绵文叙"唐代押当拍产……只以典当动产而言（不动产如田地庄宅等不论）"，唐开元二十五年令已规定："'动产质，至利过本不赎，即行拍卖'。所谓动产的典当，包括布衾、木枕、梳等日用必需品及其他金属制品、首饰之类。"② 此条法令引用时只笼统注明为《宋刑统》，但遍翻《宋刑统》并未见关于动产质的这条唐开元法令，③ 且从文字上看，所谓"拍卖"亦非唐人语，据杨联陞先生考证，古代（包括唐代）佛寺之中时有拍卖之举，如高僧死后，其衣饰用具等即在寺中公开竞价卖出，类似后代北平市场上的"唱衣"。然亦无"拍卖"之词。④ 在《宋刑统》中只有以下条与罗文所言相近，即"诸公私以财物出举者……每月取利不得过六分，积日虽多，不得过一倍。收质者非对物主，不得辄卖，若计利过本不赎，听告市司对卖，有剩还之。如负债者逃，保人代偿"⑤。此条所言，似是指在一般性质的借贷中，高利贷者如果收了债务人的抵押品，在后者过期不偿时，只有通告官府才能卖出抵押物品，以折还原债本利，有剩还要还给原主。显然与典当业并无多大关系，不是专指动产质，其所谓"对卖"也没有"拍卖"之意，不过是指债权、债务人双方在场而已。

如果说以上是对典当业业务及营业制度的一般论述不准确的话，《手

---

① 《典当史》，第239页及以下。
② 罗炳绵文，第313页。
③ 其所参见的1936年商务印书馆出版黄现瑶《唐代社会概略》，笔者一时无从寻见。
④ 杨联陞：《中国制度史研究》，江苏人民出版社1998年版，第183—186页。
⑤ 《宋刑统》卷二六。

册》所作与典当史有关的一些名词解释就更是如此了。以下依《手册》之页码先后，逐一辩证之，为简明起见，凡《手册》所引原始材料，本文均不再转引。

1. 出举：《手册》释"即'质举'"①。按：不准确，质举只是出举之一种。所引《唐令拾遗》"诸公私以财物出举者"云云亦不能证其所释。

2. 财神股：《手册》释"中国旧时合资当铺中的一种股份。指以货币出资认的股份。股份持有者称'资东'"②。按：错，财神股不是一般股东出资所认股份。旧时工商店铺利润分配时有"护本金""护身金""财神股"等名目，其中财神股相当于未分盈余，用来平衡盈亏，属于东西，即股东与经营者（掌柜、经理）共有。

3. 贷钱：《手册》释："即质钱。"并引宋袁采《袁氏世范》卷三"今若以中制论之，质库月息二分至四分，贷钱月息三至五分"③ 为证。按：贷钱与质钱是完全不同的两个概念，若由袁采所言，"质库"指典当业的抵押借贷，即"质钱"；而"贷钱"则指"质钱"之外的一般借贷。

4. 当道：《手册》释："中国旧时对典当业的俗称。"又引《广东典当业》第六章"按典当利率，虽未达到当道规定大小三分之限度"云云为证。按：错，当道是对政府的俗称，乃当权者之意。④ 同《手册》释"当行"为当道亦是错误的⑤。

5. 举钱：《手册》释"即质钱"。按：不准确，举钱不等于质钱，质钱指抵押借贷，而举钱指包括质钱在内的整个借贷。如将举钱释为借贷则更准确一些。而所举《敦煌资料》第一辑所载建中三年（782）七月十二日马令痣借钱契，亦不是一份质钱即抵押借贷契约，而是一份信用借贷契约。同理《手册》释"举放""（1）即质举"是不准确的，其所举《唐会要》卷八八载玄宗开元十六年（728）敕文"比来公私举放"云云

---

① 《手册》，第1页。
② 同上。
③ 同上。
④ 同上。
⑤ 同上书，第2页。

亦不能证明这一点，而其另一释义"（2）举债放贷的简称"则可能更准确一些。①

6. 库本：《手册》释"亦称库本钱，即'铺本'"②。按：其中第一项"亦称库本钱"是对的。第二项则不准，因为"库本"只是铺本的一种，而铺本是所有工商金融等各种铺店资本的总称。

7. 铺本：《手册》释"典当机构资本金"③。按：错，如上所述，铺本并不专指典当本金。所引《金陵琐事剩录》卷三"当铺总有五百家，福建铺本少……徽州铺本大"云云，亦不能说明"铺本"这个概念即是指典当业资本金。可能是对文中后两句读法上有误所致，即"本"字须从"少""大"连读，其意才顺。

8. 取解：《手册》释"即解当"④。按：错，取解指赎当，即到期取赎。而不是去当借。其所引《数书九章》卷十八恰好证明了"取解"乃取赎之意。⑤

9. 长生店：《手册》释"即长生库，是其别称"⑥。按：不准确，明清以后，长生店或生长库成了一般典当业的一种称呼，《手册》所引清《北东园笔录》初编卷五"我在长生店中质得钱五百四十千"即是这种含义。其是明、清时期对当铺等的一种口头上的雅称。

10. 贷谷：《手册》释"即以物质谷"。按：不准确，贷谷有两种，一是信用借贷，二是抵押借贷。以物质谷只是指后者。⑦

11. 兑帖：《手册》释"即凭帖"；而释凭帖"（2）旧时当铺发行的信用凭据，票到付钱。始于清代"。又释上帖"即凭帖"⑧。按：不确，三种皆属清代中期山西流行钱票名目，然有一定区别，如道光十八年

---

① 《手册》，第8页，按：开元十六年敕及马令痣借钱契约在《手册副编》第1022页等页又作为典当业原始资料加以转引，是不准确的。
② 同上书，第9页。
③ 同上。
④ 同上。
⑤ 同上。
⑥ 同上书，第13页。
⑦ 同上书，第15页。
⑧ 同上书，第34、35页。

(1838) 山西巡抚申启贤言"凭帖系本铺所出之票；兑帖系此铺兑与彼铺；上帖有当铺上给钱铺者，有钱铺上给当铺者。此三项均系票行付钱，与现钱无异"①。可见是有区别的，而且不光当铺，更主要的是货币经营业的钱铺出票最多。

12. 当户：《手册》释"以物作抵押向典当机构借贷的客户"②。按：错，当户恰好是指典当铺本身或者专门经营典当业的富户。其所引《清高宗实录》卷二一五"先与富户、当户讲定微息"反证了这一点。同样，对当客、当物者、典当人等《手册》均释为"当户"便也是错误的了。

13. 质者：《手册》释"即质物者"③。按：从其所引《萍洲可谈》看，"质者"恰好是指质库经营者，而不是"质物者"，即顾客。

14. 出货：《手册》释"当物的俗称"④。按：错，正确解释应是：典当满货处理的简称。《手册》所引《广东典当业》第八章载："近年因出货价低，（月利）改为五十两以上方减至二分。"含义是：因为满货处理的价格太低，故典当贷出款项时的月利亦相应地有所提高。

15. 作解：《手册》释："旧时指典当机构接受当物而贷出当金。"⑤按：错，从其所引《清明集》看，是指有人拿出本钱来委托别人开设解库。已如上述。

16. 抵当金，《手册》释"即当本，旧时习称"⑥。按：错，从其所引《宋会要辑稿》所言，抵当金乃是指在官府典当业抵当所中抵押金子借钱之后到期不赎的金子，不是指抵当所的资本。出自《宋会要辑稿》职官二七之十七。

五 关于典当税问题

对于历史上典当业税的问题，《手册》等著作在这一问题上存在的缺

---

① 《中国近代货币史资料》第一辑，第 130 页。
② 同上。
③ 《手册》，第 58 页。
④ 同上书，第 50 页。
⑤ 同上书，第 74 页。
⑥ 同上书，第 75 页。

点和失误主要有以下三点。首先，关于最早的典当税问题。《典当史》认为，五代后周时（951—960）便"已经出现了有关'典质'的'税印''税务'事项的说法。这是迄今所见文献中关于征收典当税的最早说法"[①]。也就是说，此时"国家已着手开征典当税了，而且制定了颇为周详的税印规则"。[②] 但实际上，《典当史》所引用的五代后周时开封府的一份奏文却完全证明不了这一观点，奏文是这么说的："其有典质、倚当物业，仰官牙人、业主及四邻人同署文契。委不是曾将物业已经别处重叠倚当，及虚指他人物业，印税之时，于税务内纳契日，一本务司点检，须有官牙人、邻人押署处，及委不是重叠倚当钱物，方得与印。如违犯，应关连人并行科断，仍征还钱物，如业主别无抵当，只仰同契牙保邻人均分代纳。"[③] 如果对这段记载稍加分析便可知，这是一段关于土地买卖管理的条例，要求人户在典质、倚当物业与人时，必须手续齐全，包括：1. 必须是属于自己所有的物业，不是他人的，也不是自己已经典出去的物业。2. 进行交易时，必须有官牙人、业主、四邻之人同署文契。3. 只有在这样的前提下，才能去税务办理过税手续，并加盖官印。4. 如违背这些规定，有关人员要被治罪，并须将价钱退还。如业主没有抵当之物，则由一同署契的牙人、保人、邻人平均摊还。这里所说指的是政府为保证赋税收入落实到土地真正的所有者身上，并维持社会秩序的稳定，便不但承认私有土地的合法性，而且保护及规范土地交易行为的政策。与典当业的动产抵押放贷是没有多大关系的。其所谓"典质、倚当"只不过是土地买卖或抵押的两种不同方式而已。总而言之，以此段材料证明五代便开征典当税是完全错误的。

其次，关于宋代典当税的问题。既然还不能说五代时已经开征了典当税。那么正式的典当税究竟开征于何时呢？对此，上引罗炳绵文提出：南宋宁宗嘉泰元年（1201）"臣僚对宁宗这样建议，要征收寺院长生库的税，结果如何呢？结果是'从之'。然则，一般民办的质库，也难免要负

---

① 《典当史》，第38页。
② 同上书，第192页。
③ 此处所引见《全唐文》卷九七三阙名《请禁业主牙人陵弱商贾奏》。《典当史》只笼统注明见《册府元龟》，无法查对。按："请"当为"禁"。

担此义务的。这样看来,当税似乎更在宁宗之时,便开始了"。实际上,这一观点也是不准确的。因为从其所引《宋会要辑稿》记载的全文看,① 宋政府并不是特别向长生库征税,而是因为长生库通过自己的经营,积累了财产,因而政府要求他们像一般有财产的民户一样,完成政府的和买任务,这与从明朝后期征收的正式的典当税是完全不同的。总而言之,从宋至明前期,对典当业的某种征敛,通常并不是特别针对典当业,虽有某种萌芽性质,但还不能说是一种真正的典当税。② 因此,说典当税早在宋宁宗时期便已开始,也是不准确的。

再次,关于清代典当税的问题,《典当史》在一个地方叙述道:清代"乾隆近20000座当铺,税收尚不足万两。嘉庆23000余座当铺,税收亦止万余两",③ 这一估计,是没有根据的,据各朝会典可知,其典税总量虽不甚可观,也不致于不足万两,乾隆十八年(1753),全国共有当铺18075间,典税共90110两。嘉庆十七年(1818),全国共有当铺23139间,典税共110058两。④

最后,与当税问题稍微有点联系的是:北宋末年政府是否征敛于质库以为军费的问题。《典当史》认为"北宋末年为筹集抵御金兵南下的军费开支,朝廷曾向当铺征缴了数以千万两计算的费用"⑤。实际上此次征括、勒索各权豪贵戚及工商各铺的金银匹帛等根本就不是为了筹集军费,而是为了向金人乞和,以满足金贵族权贵的贪欲。而且应该注意的是,其所谓"千万两"不是指一千万两,而是指每铺被摊派勒索一千两甚至一万两以上的金银及匹帛。⑥

---

① 《宋会要辑稿》七〇之一〇二载:"臣僚言:臣闻有丁则有役,有田则有赋,有物力则有和买。今有物力虽高,而和买不及者,寺观之长生库是矣……乞行下诸州县,应寺观长生库,并令与人户一例推排,均敷和买。"
② 关于这一点,刘秋根《中国典当制度史》第七章第一节已比较详细地叙述,可参见。
③ 《典当史》,第74页。
④ 参见[日]安部健夫《清代典当业的发展趋势》中的统计,载《清代史的研究》(1971年日本创文社刊行)。
⑤ 《典当史》,第196页。按:据《典当史》第44页注,本条所据为傅衣凌《明清时代商人及商业资本》。
⑥ 可参见丁特起《靖康纪闻》,靖康元年十二月十四日。

六 结语

　　以上从典当业的起源、寺院典当业史、典当业历史发展的其他一般情况、典当业发展过程中的业务和制度、典当税五个方面，对中国典当史研究中的一些问题提出了大胆的商榷和批评。从整体上说，《中国典当手册》及其他三种典当史论著在这方面存在的问题不能说不严重，而引起这些问题的根源，客观上讲是因为典当尤其是古代典当业的有关材料十分匮乏，许多细节问题尚无法说清楚。主观上讲，是基于这种贫乏的状况，学者们急于将问题讲清楚，于是错误地解释材料，或使用与典当业无关的材料，或作大胆的推测，或使用二手材料而不查对原书等。显然，这些做法都是犯了历史学的大忌的。历史学作为一门实证的科学，要求历史工作者说的每一句话、下的每一个结论都必须建立在可靠的材料基础之上；在材料不足时，多闻阙疑、宁缺毋滥。

　　典当史的科学研究若从20世纪20年代算起已有80年的历史，尤其是从70年代末开始，典当史研究领域更有了不少扎实的高水平的学术成果。在这里重提历史研究的最基本的原则，呼吁这种耳熟能详的起码的科学精神，是不是显得有些多余呢？如果说，典当史尚有不少的问题必须进行研究，现实经济运行中的典当行业也在不断发展，有的学者甚至提出了建立典当学的问题，[①] 基于这样的前提，借《中国典当手册》出版之机，重提这种原则和精神应该也不完全是多余的吧！

　　当然，在此也应该申明的是：本文虽然是从给《手册》写书评的角度着手的，但读者不难发现，本文只挑出了这些作品的问题和毛病，而对其特点及学术价值却很少从正面予以评说，这些东西是一种明显的客观存在，每一位聪明的读者均不难看出，本文若着重评述这

[①] 曲彦斌：《典当学论略》，载《迈向新世纪的中国典当业——中国典当业复出十年纪念文集》，辽宁人民出版社1999年版。

些内容，除了扩大这些论著的传播之外，对典当史学术进步并无任何益处。因而本文换了一个角度写这篇书评，其良苦用心，读者诸君及上述四种著作的作者和编者当能明了。

修改于 2000 年 9 月 14 日

（原载《新史学》第十三卷第二期，2002 年 6 月）

宋代的抵当所、抵当库

抵当所和抵当库是宋代官营金融机构。目前学术界对它已经有所涉猎，如日本曾我部静雄先生的《宋代的质屋》①，在考察宋代典当业的整体状况时对抵当所作了简要论述。笔者在整体探讨宋代官营借贷资本时对抵当所和抵当库的发展、经营和利率也作了考察。然研究尚简略。本文欲在此基础上对宋代抵当所、抵当库的起源、演变、资本、利率、经营管理等情况作进一步系统探讨。②

一

（一）抵当所与抵当库的关系

宋朝的抵当库与抵当所同属官营借贷机构，其名稍异，一般北宋神宗哲宗时称抵当所，而北宋徽宗以后至南宋末称抵当库。但北宋徽宗前抵当库的名称也偶见于文献资料，如北宋哲宗元祐六年（1091）京东西提刑司曾下令说："诸路州军公库器皿什物等若不系年额钱物置到，除遇造曲时月，或物价乘贱阙钱支用，委非假托侵使，听典质应副，知州限任内抽收了当外，其余即不得于民间及抵当库质当钱物。"③徽宗时大部分记载还称抵当所，已开始较多地称抵当所为抵当库了。政和五年

---

① 载《宋代政经史の研究》（东京吉川弘文馆 1983 年版）。
② 这里所论，实际上包括整个宋代官府典当业，故而一些不是称之为"抵当所""抵当库"的机构亦一并论及。
③ 《续资治通鉴长编》卷四六五，元祐元年闰八月甲申，以下简称《长编》。

(1123)前后丹徒人孙荩"监在京抵当所"①。合肥人柳珹宣和年间在"京西抵当所"②，等等。但二者含义并无区别，故此并称。

《宋史》记载：太府寺"所隶官司二十有五"。抵当所便是其中之一。其职责是"掌以官钱听民质取而济其缓急"③。另《宋史》记载：建炎间，张浚出使川陕，用赵开总领四川财赋，置总领，总领官从此开始。其后大军于江上，间遣版曹或太府、司农卿少卿调其钱粮，皆以总领为名。绍兴十一年，宋高宗收兵权，改诸将帅之兵为御前军，分屯诸处，设置三总领，"使之预闻军政，不独职饷馈而已"。且在淮东西总领之下设有"市易抵当库"④。可见，北宋时抵当所隶属于太府寺管辖，⑤ 南宋随宋金战争的开展，军费筹措成为财政部门的重要职责，加之宋高宗收军权的需要，将原来的财政部门——太府寺的官员的职权扩大，变成总领以分减领军将帅的权力，这样原来隶属太府寺的抵当所便随总领的设立而转移到总领手中，成为军事后勤系统中的机构之一，但其基本功能没有发生改变，因此，北宋的抵当所和南宋的抵当库是一脉相承的，是同一事物的两个不同名称。

在宋代除了抵当所（库）以外，还有其他名称的官营典当业，其名称不一而足。有的称为抵质库。如《景定严州续志》记载："抵质库在军门内东，淳祐辛亥知州赵汝历以旧醋库改充。"⑥ "郡捐帑五万缗就城为抵质库，月收其息，以助养士。"⑦ 又有："比较务抵质库在遂安军门内之东。"⑧ 有的称为典库。如《景定建康志》记载："淮士典库在大木头街。""惠军典库在十三丈街。""典库在转运司廨之东。"⑨ 真德秀在定王

---

① 刘宰：《京口耆旧传》卷二《孙荩传》。
② 孙觌：《鸿庆居士集》卷二三《宋故左中奉大夫致仕柳公墓志铭》。
③ 《宋史》卷一六五《职官志》五。
④ 《宋史》卷一六七《职官志》七。
⑤ 当然北宋时抵当所的管辖权也不断变化。开始检校抵当隶属于开封府，与市易地抵当合并即归于都提举市易司，元丰改制后才转入太府司。这是在京城开封的情况。地方上的抵当所分别隶属于创办的部门。
⑥ 《景定严州续志》卷一。
⑦ 《景定严州续志》卷三。
⑧ 《浙江通志》卷四九。
⑨ 《景定建康志》卷二三。

台罢元夕张灯,"置赡军典库"①。真德秀曾上书称:"目今府库赤立官俸军粮尚且不给,而本军见管典库息钱亦自不多。"② 尚书右司员外郎鲍琚总领鄂州大军钱粮,其上奏军中收入"鄂州官引、典库、房钱、营田杂收钱"等四十一万五千余缗,③ 或直接称之为质库、解库,与民间私营典当的名称相同。"淳熙十一年,溧阳仓斗子坐盗官米,黥配而籍其家,得草书二轴……真本藏于建康府治军质库。"④ 杨存中曾上书,言:"逐军虽有酒坊、解库、房廊、盐米等铺,各和雇百姓开张,依市价出卖,即不曾敷配军士,皆系外入利源。"⑤ 可见军队解库采取雇佣制经营方式,按市场规律办事。而且军队解库的本钱亦不为少。淳祐五年,制帅大卿黄壮猷创激赏解库"本钱二十万贯十七界"。淳祐六年制帅集撰颜颐仲再次在解库投入"本钱三十二万贯十七界"。⑥ 有的称抵库,实与抵当库相同。"郡有平籴仓,以米五千石益之,又以缗钱二十万创抵库,岁收其息以助籴本。"⑦ 又有咸淳元年马光祖建助籴库,其创办的目的与上述抵库的目的一样。"出糶必减时价,却恐米数因此销折,今别拨十八界会子一十万贯置解库一所,名曰咸淳助籴库,则例并依本府解库。趁到息钱,专充补籴,管要籴足十万石之数,若岁久息羡则增数收籴",⑧ 大体源于民间对典当业的各种习惯称呼。

(二) 北宋抵当所的创立及发展

关于抵当所的起源,曾我部静雄认为其起源于"市易抵当";刘秋根则认为起源于"检校库抵当所"。似以后者为是。检校库是宋政府为了管理户绝没官财产和官员的孤幼应获之父母遗产,且用这些财产来抚养遗

---

① 刘克庄:《后村集》卷五〇。
② 真德秀:《西山文集》卷一五。
③ 李心传:《建炎以来系年要录》卷一四四。
④ 厉鹗:《宋诗纪事》卷九〇。
⑤ 李心传:《建炎以来系年要录》卷一七〇。
⑥ 《宝庆四明志》卷三。
⑦ 《宋史》卷四一一。
⑧ 《景定建康志》卷二三。

孤（主要是官员的遗孤）而设立的政府职能机构，隶属开封府。① 王安石变法以后，检校库受到青苗法的影响。故熙宁四年，同勾当开封府司录检校库吴安持上言："本库检校孤幼财物，月给钱，岁给衣，逮及长成，或至罄竭，不足以推广朝廷爱民之本意，乞以见寄金银见钱，依常平仓法贷人，令入抵当出息以给孤幼。"神宗下诏："千缗以下如所奏。"② 因此检校库抵当所（又称抵当免行所）的设立在熙宁四年。而市易抵当是在市易法推行之后，即在熙宁五年。检校库抵当所早于市易抵当。所以说抵当所应起源于检校库抵当所。

检校库抵当所设立以后，其业务在不断壮大，不少机构纷纷将本部门一部分公用钱存入检校库抵当所，以谋取利息。如：熙宁四年（1072）十一月，在权发遣开封府推官晁端彦的请求下，"借左藏库钱七万贯，下开封府检校库抵当生息，差同勾当司录司检校库吴安持与开封府户曹孙迪专一置局管勾息钱支给"③。熙宁五年七月，"诏给武学钱万贯，送检校库出息以供公用"，同年十一月，"诏给国子监钱两万贯送检校库出息以供公用"④。又如：熙宁六年"以朝集院为律学，赐钱万五千缗于开封府界检校所出息，以助给养生员"⑤。此后都水监、国子监分别将本监钱一万五千贯和一万九千贯送抵当所出息。⑥ 短时间内，因大量货币的存入，抵当所本钱迅速膨胀，因此《宋会要》记载：抵当所"凡五窠，检校小儿为一，开封杂供库为一，国子监律武学为一，军器都水监为一，市易务为一"。市易务是最后加入的，但也是影响最大的。在最初几年里，检校库抵当所一直在检校库内，受开封府管辖。

熙宁五年宋政府开始实行市易法。市易务的业务可分为四类：抵当贷钱、抵当赊贷、结保贷钱和结保赊货。其法令条款中的抵当赊贷政府

---

① 见［日］加藤繁《关于宋人的检校库》一文，载《中国经济史考证》第二卷。
② 《长编》卷二二三，熙宁四年五月戊子。又见《宋会要辑稿》（以下简称《宋会要》）职官二七之七。
③ 《长编》卷二三二，神宗熙宁五年四月甲戌。又见《宋会要》食货之三六之一六。
④ 《宋会要》职官二七之八。
⑤ 《长编》卷二四四，神宗熙宁六年四月，又见《宋会要》食货三七之一六。
⑥ 《宋会要》职官二七之九。

货物、官钱的业务，后泛称"市易抵当"。与检校库抵当所的以金银财物为抵借贷官钱的业务相类似。① 市易司与检校库抵当所发生了抵当出息的业务往来。熙宁六年，神宗皇帝下诏："市易司市例钱量留支用外，并送抵当所，出以给吏禄。"而且令其设司置局，"隶都提举市易司，仍令举勾当公事官二员，专检估"②。市易司已可以将自己的触手伸向抵当所，不仅仅是业务上的而且是人事上的。检校库抵当所的部分业务已受市易司和检校库双重管辖。随后市易司吞并了检校库抵当所。

熙宁九年，都提举司提出："本司统辖抵当官钱，然检校库自开封府，若本库留滞差失，无缘检举，乞拨属本司。其事关开封府（按：指其他非抵当事），即仍旧隶府，其余应干事务，并归本司统辖（按：指抵当官钱事）。"③ 从此检校库抵当所划归于市易司管辖。④ 市易司抵当贷钱的范围扩大，可以贷钱给中小商人了，市易抵当经营更灵活。

市易司吸纳了抵当所以后，本身也不断变革。王居卿提举市易司之后，在元丰二年（1079）罢去了结保贷钱法，元丰三年（1080）又罢去新户（按：指元丰三年以后与市易务才有业务关系的商人）结保赊贷之法，结保赊请被完全废止，赊请钱货只有抵押借贷的形式。元丰四年，都提举市易司贾青要求，在开封新旧城内外设置四个抵当所，"委官专管，勾，罢市易上界等处抵当以便内外民户"⑤。从此市易司业务一分为三"莳其贵贱，以平百货则归市易上界"，"飞钱给券以通边籴则归市易下界"，"听民质取以济缓急则归抵当所"⑥。这次业务范围的调整扩大了抵当所的业务范围，由原来的抵当官钱扩充为以抵当物为抵押赊贷钱货，以后抵当所的业务便完全是"市易抵当了"。元丰改制后常平青苗、市易等新法由太府寺统辖，所以有了开头的太府寺下辖抵当所的说法。

---

① 市易司在熙宁九年以前以抵当贷钱仅限于市易务官员。其他以抵当或结保赊请物货针对的是普通商人（包括在务和不在务的商人），且仅以钱为尺度，赊给的只是货物，而不是官钱。也就是说初期的市易法贷钱只针对大商人，即市易务的官员，普通的中小商人只能赊贷货物。
② 《长编》卷二四八，神宗熙宁六年十一月丙申。
③ 《长编》卷二七五，神宗熙宁九年五月辛酉。
④ 市易司抵当贷钱的范围扩大，可以贷给中小商人了，市易抵当经营更灵活。
⑤ 《长编》卷三二一，神宗元丰四年十二月庚申。
⑥ 《宋会要》职官二七之三。与《宋史》卷一六五，职官五记载基本相同。

抵当所的经营区域逐渐由京师向京畿乃至全国辐射。路一级的抵当所于熙宁七年出现，此年正月知大名府韩绛言："本安抚司累岁封桩绸绢或致陈腐，乞下转运司用新绸绢对易或依市易法，令民入抵出息，其余经略安抚司封桩物亦乞依此。"获准。① 因此有安抚司抵当所（库）的说法。元丰五年（1082）春，都提举市易司贾青言："乞推抵当法行之畿县。"获准。② 元丰五年，新知湖州闾邱孝直上书："伏见在京置四抵当所，许以金帛质当见钱，月息一分，欲望推行于诸路州县。其无市易官处，就委场务官兼，以岁终得息多寡为赏格。"③ 元丰六年（1083）正月，太府寺下令将"畿县抵之法"推广至外路，且将"诸路常平司市易赊借钱、宽剩钱，五路各借十万缗，余路各借五万缗"，以充抵当本金，④ 获得批准。元丰七年（1084）八月神宗下诏："诸路常平司存留一半见钱，以二分为市易抵当。"⑤ 由此可见地方上抵当所亦由提举常平司来办理，属提举常平管辖，因此又有"常平抵当所（库）"的说法。安抚司抵当所（库）和常平抵当所（库）并行不悖。

元丰八年（1085）神宗去逝，与新法密切相关的抵当所业务也受到了影响。元丰八年七月，"罢诸镇寨市易抵当"。至八月"诏诸郡抵当有取息薄、可济民乏者存之，其余抵当并州县市易并罢"⑥。可见州一级的抵当所终于度过危机被保留下来，州以下的抵当所被废止。在京抵当所与地方上的情况差不多，哲宗元祐元年（1086）四月户部下令将四抵当所的财物账据封存，查账后再定其去留。户部言"市易务并市易南场、四抵当所、买卖盐场、石炭场已降指挥，以供到见在钱物立为定额，其今来立额合存留事件令本部措置奏闻，寻行下太府寺并逐场

---

① 《宋会要》职官二七之九。
② 《长编》卷三二二神宗元丰五年正月辛亥，又见《宋会要》食货三七之三〇、三一。
③ 《长编》卷三三一神宗元丰五年十一月壬辰。
④ 《长编》卷三三二神宗元丰六年正月乙未，又见《宋会要》食货三七之三〇、三一。
⑤ 《宋史》卷一八六《食货志》下八；又见《长编》卷三四八，神宗元丰七年八月辛卯；另参见《淳熙三山志》。
⑥ 《宋史》卷一八〇《食货志》下八。参见《长编》卷三五九，神宗元丰八年八月己巳。

务取索，据逐取会参详措置合存事件，欲乞施行"。获从。① 元祐二年（1087）三月皇帝下诏"北抵当所"等机构"旧隶三司举官，其令户部奏辟"②。北抵当所的官员辟举由三司转为户部，其他三抵当所的情况如何，不得而知，但从以上材料可知，在京抵当所元祐更化时仍保留下来了。而且镇一级的抵当所也恢复了。元符二年（1099）二月户部上奏说："河北东路提举常平司奏乞将本路诸州官下外镇并依元丰旧法与置抵当。"获准。③

宋徽宗亲政后，恢复了很多熙丰变法时的改革措施。抵当库便是其中一项。崇宁二年（1103），宋徽宗颁布诏令，称："府界诸县万户县及路在要冲，市易抵当已设官置局，其不及万户非冲要，并诸镇有官监而商贩所会，并如元丰令监当官兼领。"④ 开封府界及大小县镇等已普遍恢复了抵当库，只不过小的地方不另置官员，由监当官兼领而已。以上是六月诏，七月九日户部对六月诏作出反应。"有井邑翕集兼在避远、正民间缓急难得现钱去处，乞依旧存留抵当库，令逐处官兼监官看详，欲诸路并依六月十八日已降朝旨施行。"获从。崇宁五年（1106）又下诏称"诸路抵当所可令提刑司相度户口繁庶职事多处即存留，余令监当官兼管勾，仍具状闻奏"⑤。

（三）南宋时的抵当库

南宋建立后，宋高宗君臣将北宋亡国的责任推到王安石身上，极力铲除各项变法措施，不过抵当库能给政府带来丰厚利润，因此被保留下来。建炎二年（1128），"癸亥，罢在京及诸路市易务，以其钱输左藏库，惟抵当库仍旧"⑥。随着战争的频繁，筹措军费成为政府行政的重要内容，于是抵当库的利息成了战争经费的来源之一。绍兴五年（1135）前后，

---

① 《长编》卷三九五，哲宗元祐元年四月壬寅。
② 《长编》卷三九六，哲宗元祐二年三月戊午。
③ 《宋会要》职官二十七之十六。
④ 《宋史》卷一三六《食货志》下八。又见《宋会要》食货三十七之三十四、三十五。
⑤ 《宋会要》职官二十七之十九。
⑥ 李心传：《建炎以来系年要录》卷一三；又见《宋史》卷一八六，《食货志》下八。

抵当库桩四分息钱等一些聚敛"令诸路州县桩管应办军期",① 使地方上一些重要的抵当库渐转入军事后勤系统,由提举常平司而归于安抚司。如泉州安抚司抵当库,有三所,从元丰七年隶属常平司后逐渐寝废。"绍兴初,帅奏行回易,此始置。"② 绍兴十一年(1141)设总领所,其下亦设有市易抵当库。在军事重镇建康等地都有总领属下的抵当库。南宋时不管是安抚司抵当库还是总领所抵当库其目的是一样的,都为筹措军费而设。

南宋时,朝廷没有像北宋那样统一下令兴置抵当,但地方政府经营的抵当库为数不少。各地隶属地方财政系统的抵当库屡有兴废。设在泉州的三座抵当库至宋孝宗时只剩下利涉门下的一座了。③ 设在台州府商税务的抵当库,乾道九年(1173)被大火焚毁,知州尤袤加以重建。④ 孝宗时期,有人要求罢废抵当库,有人要求新置,但不论怎样,此时抵当库仍较多存在则是可以肯定的。洪适在任总领淮东军钱粮所时,上书称:"伏见诸路常平抵当,毋虑百万贯,始欲轻息利民,而出纳者邀留需觅,得之不时,故民间不复与官为市,率皆官吏作弊,以粗恶之物抵质高镪,久而不取,遂成失陷。所存见缗义掌之者挪充侵借,今江东一路抵当库并行减罢。"⑤ 而孝宗淳熙七年六月,周必大则上书要求设置抵当库,其文曰:"今日据江西提刑司申,拘籍到抚州停贼人黄藏器等家金银共计一十四万五千余贯,只此一项可充淳熙八年上半年贴支之数。若令总领转运措置,将朝廷所降本钱,依常平法随置司及屯军处各开抵当库一两所。专收息钱应付诸军,则不惟明年下半年便有指准,兼事体正当,久远可行。"⑥

宋宁宗时抵当库似得到了发展,设立抵当库不仅像以前一样为弥补军事、政治经费不足,有时还发展到了救济穷困灾伤及维修水利工程。如真德秀曾上书请求:"支降官会二万贯,内五千贯付本军打造战船二

---

① 《文献通考》卷一九《征榷考》。
② 《淳熙三山志》卷七。
③ 同上。
④ 《赤城志》卷七。
⑤ 洪适:《盘洲文集》卷四一《乞罢诸路抵当库札子》。
⑥ 周必大:《文忠集》卷一四三《参知政事札子之首·论措置营运》。

只，拨付永宁、宝盖二寨添贴使用，余一万五千贯发下本州，知通同共交管，置抵当库一所于本军，选差将佐一员干当，收到息钱分明上历，不得挪移他用，遇战船舟有损动，即从本军报州，委官计料，立便修葺，所费少而见功多……诸寨之船常新而不坏，所利甚大。"① 宁宗开禧年间都城大火，政府为救济灾民"出官钱百万缗于三十里内分置抵当库十所，应有衣服什物之类，即与抵当，免收息钱，宽之赎限，使之贸易钱米，可以自给"②。设置抵当库被当作一种善举。宁宗时见于记载的地方官设抵当库的最多，为史书大加褒扬。最引人注目的是嘉定间台州抵当库。台州抵当库建于嘉定四年，知州黄畴见"军民当春冬雪寒，质贷多弗售，公（畴）乃捐钱二千缗为此，以便之"③，但其后由于人亡而政息，到嘉定十六年前已废。④ 又有宁宗庆元年间赵槹"设抵当库禀落南无食者"，救济因战争而南下的难民。⑤ 又有宁宗嘉定年间吴机以运判兼知真州，创阅武亭，设抵当库。⑥ 又有宁宗嘉定年间人潘刚中，"知临江军时，郡堤水啮，行者莫济，刚中出缗钱叠石奋筑，易为坦途，又置抵当库，贮公费使来者修筑焉"⑦。又有宁宗嘉定间人陈师复"作抵当库，储积仓，峙数万缗，以拟水旱"⑧。可以说宁宗时迎来了一个地方兴置抵当库的小高潮。

理宗时地方官建立抵当库数量亦不少，值得注意的是还有了民间力量的参与。永州地方乡绅在知州的资助下，以富人抵罪的赎金五万斛建续惠仓，减价粜米，为使续惠仓能维持下去，以众乡绅捐助钱粮创设抵当库，名之曰"平质"。以抵当息钱弥补籴本所耗，使库仓母子相权，计库息多少定米价高低，官府组织其敛散贷收，派郡僚二人共主，一岁一

---

① 真德秀：《西山文集》卷九《对越甲稿》之《奏申》。
② 曹彦约：《昌谷集》卷一二《上丞相论都城火灾札子》。
③ 《赤城志》卷七《公廨门》四。又见《水心集》卷一七《黄子耕墓志铭》；《宋史》卷四二三《黄畴传》，其他纷纷转抄。
④ 《赤城志》后序写为嘉定十六年，作于书写成之时，书成之时抵当库已废。
⑤ 叶适：《水心集》卷二六《故宝谟阁待制知平江府赵公墓志铭》。
⑥ 《江南通志》卷一一五《职官志·名宦四》。
⑦ 《江西通志》卷六一《名宦五》转引自《武林志》。
⑧ 《敬乡录》卷一一《陈师复哀辞》。

替。① 规则比较详备，组织机构较为健全。另外理宗时的徐鹿卿减抵当库息，赈济贫民。② 到景定以前，还有一些官营的抵当库存在。建康即有属于沿江制置司的两处，"一在御街锦绣坊之南，一在宽征坊"。属于总领所的有两处，"一在旧米市，一在鸡行街"③。

度宗以后的抵当库少见记载，情况不得而知。大概随宋蒙战争日益加剧，因南宋的败亡而逐渐走向衰败。

二

（一）抵当所（库）的运营

关于抵当所（库）的运营大致可从四个方面。资本来源及规模；存款的产生；抵当物的回赎和及政府对抵当所（库）的管理；利率问题；兼营商业。

（1）资本的来源及规模

抵当所资本规模大小相差极大，以下就笔者就所见见表1。④

表1　　　　　　　　两宋抵当所（库）资本情况

编号	时间	地区	资本来源、数量	资料出处
1	熙宁四年	开封府	左藏库钱千缗以下	《宋会要》职官二十七之八
2	熙宁五年	开封府	武学钱七万贯	《宋会要》职官二十七之八
3	熙宁五年	开封府	国子监两万贯	《宋会要》职官二十七之八
4	熙宁六年	开封府	律学钱万贯	《宋会要》职官二十七之九
5	熙宁六年	开封府	都水监钱万五千贯	《宋会要》职官二十七之九
6	熙宁六年	开封府	军器监万九千贯	《宋会要》职官二十七之九
7	熙宁六年	开封府	市易司市例钱十万贯	《宋会要》职官二十七之九

---

① 高斯德：《耻堂存稿》卷四《永州续惠仓记》。
② 《宋史》卷四二四《徐鹿卿传》。
③ 《景定建康志》卷二三。
④ 表中编号1—7所列只是检校抵当接受的存款，也就是说只是在京抵当所的一部分本钱，并非全部。

续表

编号	时间	地区	资本来源、数量	资料出处
8	元丰六年	诸路	诸路常平司市易赊借钱宽剩钱五路各借十万缗余路各借五万缗	《宋会要》食货三十七之三十，三十一
9	元丰六年	诸路	诸路常平司存留一半现钱，以二分为市易抵当	《长编》卷三四八元丰七年八月辛卯
10	高宗末孝宗初	江东诸路	诸路常平抵当百万贯	《盘洲文集》卷四一
11	宋宁宗时	泉州	官会一万五千贯	《西山先生真文忠公文集》卷九
12	宁宗开禧时	临安	官钱百万缗分置抵当库十座	《昌谷集》卷一二
13	宁宗嘉定时	台州	知州黄畇捐两千缗置抵当库	《水心集》卷一七
14	理宗开庆前后	太平州	牟子才以缗钱二十六万置抵当库	《宋史》卷四一一
15	度宗时	浙东	常楙为浙东安抚使以十万楮治普惠库	《宋史》卷四二一
16	度宗咸淳时	武冈军	现钱一万贯者创置大礼银纲贴助解库一座	《牟氏陵阳集》卷八
17	南宋末	韶州	州有万缗解库	《定宇集》卷七

由表1所列可见。与私营质库相比，抵当所（库）的资本是比较大的。北宋抵当所（库）创办之初，每笔资本都在万贯以上，市易司投资的一笔即达到十万贯，检校小儿一橐尚不计算在内，抵当所创办之初的本钱总计达到三十万四千贯，以四抵当所计，每所资本近八万贯。诸路常平司所办抵当所五路有五万缗，亦不在少数。南宋所记一库所有资本，除牟子才所办太平州抵当库资本为二百六十贯以外，余者都在千贯以上。

从以上数据可知：（1）北宋抵当所的资本要比南宋时的大。（2）官营抵当所（库）本钱比私营质库的本钱多。见于记载的南宋私营质库的本钱为 20 贯、100 贯、270 贯、1100 贯。最多者为千余贯。① 可见官营抵当库的资本比较雄厚，总数亦有相当大的规模，是宋代典当业中不可忽视的力量。

（2）有息存款的出现

值得注意的是抵当借贷作为一种取利不少而风险又不太大的行业吸引了大量的资金投入。北宋时，都水监、军器监、律学、武学、国子监、市易司等机构将大量的资金投放到抵当所"委托生息"。这是见于文献记载最早的正式的有息存款。我们知道唐代已经出现一些专门替人保管钱物的机构，如柜坊、寄附铺。但这些机构所营钱物寄存业务仍属于保管性质，而且要收取保管费用，因而还不是真正意义上的存款。北宋抵当所出现的有息存款具有突破性意义。

另外从民间质库的情况来看，虽然也有了存款的记载，如南宋后期的孙越，少时家贫，为叔祖所赏识，以为日后必有造就，故"留钱浮屠氏所谓长生库，曰：此子二十登第，吾不及见之矣，留此以助费"②。但是否有利息，尚无明确记载，故而抵当所（库）存款的出现具有突破意义。

（3）抵当物的回赎、满当处理及政府的管理

从有关记载可见，抵当所（库）的抵当物多为金银、珠子、绫罗绸缎等贵重物品，也有米麦和诸州军公库的器皿什物，又有下层民众的衣物农具。《泊宅编》记载，四川有种特产叫黄银，有人以此冒充黄金来质当现钱。"朝散郎颜经，监在京抵当库，有以十钗质钱者，其色重，与上金无异，上石则白。"③

北宋与南宋满当期限也不一样。北宋时法定满当期限为两年。哲宗元祐五年十一月，皇帝下诏："开封府司录检校库人户抵当，满二年不抽，依条估卖，依四抵当所例。"④ 南宋时改为一年。绍兴四年，宋政府"始令诸路依旧质当金银匹帛等"，"满十月不赎者并没官"。有人认为期

---

① 参见刘秋根《中国典当制度史》，第33页所列《中国历代典当业资本数量一览表》。
② 黄幹：《黄氏日钞》卷九六。
③ 方勺：《泊宅编》卷六。
④ 《长编》卷四五〇，哲宗元祐五年十一月壬申。

限太促,要求依绍圣旧法以两年为期,但章谊却指出,"今州县以昔事体不同,恐难积压本钱,守待二年"为理由,要求"诸州抵当物货,并一年不赎,检估"。其意见得到宋高宗的首肯。①

神宗时即有不能按期还款而被没收抵当物的情况。熙宁七年(1074),神宗问王安石"百姓为贷市易抵当所钱多没及枷锢者",王安石回答:"自置市易以来,有六户卖抵当纳欠钱。然四人以欠三司钱或以他事折欠故卖产……若请官钱不立供抵保法即理不可行,若供抵当即本备违欠出卖偿官,若不许出卖偿欠即亦理不可行,两年之间而卖产偿欠及枷锢催欠止于如此,乃无足怪。"②哲宗时,加强了涉及抵当所的立法。刑部言:"应抵当所并州县寄纳人户物色在库者,若有毁失,乞并依弃毁亡失及误毁官私器物律备偿。"③徽宗以前,对过期不赎的抵当物予以估卖,徽宗时开始直接纳入国库。崇宁元年(1102)八月,朝廷用太府少卿郑仅言,免去和买金"应内外抵当库出限不赎金更不估卖,并赴元丰库送纳,以备朝廷支用"④。大观四年(1110)三月又下诏:"诸路抵当出限不赎金银珠子,并有匹绫罗绸绢,令起发赴大观西库送纳,其元当本钱却于本路诸司封桩钱内拨还。"⑤

由此引发的经营管理问题促使朝廷加强了对出限不赎抵当物的管理。大观四年六月,江南东路常平司奏称:解送大观库的金银"不分别高下","因此致官吏等别有抵换"。因此请求"今后所起发及团并处,当职官吏躬亲封押,即当声说系几分金,若干银,当具述山泽或杂白之类,各若干匹帛即言州土、长阔、丈尺、斤重,如此颇有关防"⑥。京畿诸路常平司依此行事。政和二年(1112)七月,太仆寺李寿昌上书又言及过期抵当物解运的管理。李寿昌称:"窃见抵当所所当金银自来只是约称分两,珠子亦不暇细数,出限入官,赴他库送纳亦只以当时近重数为定,

---

① 李心传:《建炎以来系年要录》卷八六,绍兴五年闰二月辛亥壬申。
② 《长编》卷二五一,熙宁七年三月庚戌。
③ 《长编》卷四四五,哲宗元祐五年七月乙亥。
④ 《宋会要》职官二七之一七。
⑤ 《宋会要》职官二七之二〇。
⑥ 同上。

更不收系出剩之数，却虑因缘偷盗。欲乞今后抵当所出限金银珠子并仰当官重别点检，称盘分两数目，珠子仍分大小色额收上文历，方得赴他处送纳，庶得关防，不致偷盗。"获准实行。①

政府还加大了对负责经营的官吏和抵当人通同作弊的惩罚力度，以保护抵当人的权利如："京畿诸路抵当出限银自来逐处一面坏销净银起发上京，后色坏销只令来纳库务坏销净银桩管，如此抵当人户不许计嘱合干人，将有铜锡银尽赴官中抵当，却致亏损官本。"因此皇帝下诏，令"京畿并诸路常平司过所部州军有抵当库，官吏将限银对元抵当钱本看验铧销铤银，依条：如有亏损官中本息，将元受抵当合干人除依条均陪外，并断杖八十。今后人户阕（疑为质）到抵当银并仰仔细辨认色额高下定价取，敢非理阻节不令典当者杖一百"②。可见管理得到细化，惩罚措施亦变得严厉。

（4）抵当所（库）的利率

宋代抵当所（库）利率材料十分匮乏，这里仅就笔者所见史料制成表2，并作简要分析。

表2　　　　　　　　两宋抵当所（库）利率简况

编号	年代	地点	利率	资料摘要及考证	资料出处
1	元丰二年	诸州县	年利1分2厘（12%）	"赊请钱……听以金银物帛抵当，收息勿过一分二厘"	《宋会要》食货三十七之二七
2	元丰五年	京师	月利1分（年利12%）	"京师置四抵当所，许以金帛质当现钱，月息一分"	《宋会要》职官二七之十三
3	元丰绍圣	全国	年利2分（20%）	绍圣三年，王雍言：元丰旧法检校许"召人户供质当举钱，岁取息二分为抚养"	《宋会要》食货六十一之六十二

---

① 《宋会要》职官二七之二一。
② 《宋会要》职官二七之二三、二四。

续表

编号	年代	地点	利率	资料摘要及考证	资料出处
4	政和元年	全国	年利2分（20%）	"检校库抵当放贷岁收二分之息"	《宋会要》食货六十一之六十二
5	绍兴四年	全国	月利3分（年利36%）	"始令诸路依旧质当金银匹帛等每贯月收息三分"	《建炎以来系年要录》卷八六
6	嘉定四年	台州	半年息一分（年息20%）	每年"自十月至三月，每质不过五百，拘息一分"	《宋史》卷四二三《黄畴传》
7	南宋末	韶州	年利约2分（20%）	"本州有万缗解库，岁有收息约二千缗"	《定宇集》卷九

由表2可见，抵当所（库）的利率北宋时由年利12%升至20%，南宋初上升至36%，南宋末又降至20%左右。与宋代典当业整体利率缓慢下降的趋势似乎不甚一致，但因材料尚缺乏，有待今后的进一步探讨。[1] 若与宋代私营质库的利率横向比较，绍兴时年利率36%，孝宗乾道淳熙时33.3%、24%—48%以至100%，南宋湖湘地区40%、30%，最低20%。官营抵当所（库）的利率似稍低于私营质库利率。[2] 由此看来，它应在一定程度上起到了制约私营质库利率的作用。

（5）兼营商业

抵当所在检校库时其业务只是抵当放贷官钱，在合并了市易司抵当以后，抵当赊货的业务归于抵当所，这样抵当所便兼营商业。据张璪上奏说："本州（郑州）旧系开封府界管城县日，本县市易抵当所于元丰二年（1079）五月以后，节次准市易上界牒、准太府寺牒，支降到匹帛、散茶，令搭息出卖。其本州自合依条，许人户用物货抵清，及现钱变

---

[1] 参见刘秋根《中国典当制度史》第六章第一节《历代典当业利率的状况、演变趋势及结构特点》。

[2] 参见刘秋根《中国典当制度史》第六章表1《历代典当利率表》。

易。"① 又有崇宁五年（1106）二月诏："南抵当所卖木炭小使臣一员系创置本处，令本辖官司相度将职事拨并，如不阙事可以减罪者罢，其系增添到员数者罢。"② 从以上史料中可知，抵当所在北宋时是兼营商业批发买卖的。

三

由以上论述可见，抵当所（库）诞生于王安石变法的浪潮中，但并未随王安石变法的失败而告终，而是历经风雨沉浮，顽强地存在了二百年，从北宋中期直至南宋末。在当时的生产力水平之下，小生产者经营的规模狭小，抵御自然灾害、抗击社会风浪的能力很低，一次小的变故就可能受到严重的冲击，而官府救济杯水车薪，无济于事，借贷成了他们的首选，因而它对社会再生产的维持还是能发挥一定的作用的。

其次，市易抵当到抵当所（库）的经营还在一定程度上满足了商人尤其是中小商人对资金的需求。抵当所（库）脱胎于市易法。宋政府制订市易法，通过贷钱或赊货给商人的办法来干预市场，通有无，权贵贱，平定物价。贷款或赊货针对的是商人。与检校合并以后相当一部分资金也贷与商人，因此抵当所（库）一般都设在"商贩要会处"③ 又如：安抚司"元有抵当库，将钱本钱应副猪羊牙户从便打发猪羊客人收息解发。续于乾道八年六月内建康府置库用本，并从本府猪羊打发务依旧拘收息钱，每日分隶解纳本司军需库交纳，每月共收三千一百余贯文"④。又如：北宋蔡硕令干吏张庆借赊欠官钱人罗钱二百贯，"准抵当所公文，称其钱合赴官送纳了当"⑤。这实际是三角债务关系，张庆借朱申钱，朱申借抵当所钱买罗经商。而且金银绸绢等大量贵重物品作为抵当物典当现钱或货物，说明商人需要大量资金投入商业当中，商品经济获得发展促进抵

---

① 苏轼：《东坡全集·奏议》卷一一《论积欠六事乞检会应诏所论四事一处行下状》。
② 《宋会要》职官二七之二〇。
③ 《宋会要》食货三七之三五。
④ 《景定建康志》卷十三。
⑤ 《长编》卷三五〇，神宗元丰七年十一月丁巳。

当物由日常生活用品开始向贵重物品倾斜，商品性物品在整个抵当物中所占比例增大，可见商人从抵当所（库）获得大量的贷款。故抵当所（库）与私营质库等金融机构一起对促进宋以来商业资本积累、商品经济的发展发挥了一定的作用。

宋政府兴办抵当所（库）的直接目的在于增加政府收入，官营抵当所（库）使各级政府得到一定的利息收入，用以弥补了许多事业性的用途及一些需要经常零星支出的财政项目，一些抵当库还具有一定的公益性质，即带有济贫的主观目的和客观功能，因而可能部分改善了民生，为挣扎在死亡线上的下层人民以一线生机，对避免社会矛盾的尖锐化，有利于社会的稳定发挥了一定的作用。

抵当所（库）是一柄双刃剑。在方便下层人民质贷的同时，也增加了人民负担。前述孝宗时洪适乞罢抵当库。原因有二，一是抵当库虽能增加财政收入，但由于官吏贪污挪占，反而失陷官钱；二是出纳之际，吏缘为奸，抵当息钱成为民众的沉重负担"民间不复与官为市"[①]。宁宗嘉定四年，有臣僚上书言及，常平抵当库息钱"一岁约为三千五百余贯"，"其为民害尤无穷也"[②]，因而在肯定其积极作用的同时也应充分认识其消极的一面。

余　论

中唐、宋元时代是中国典当业得到发展并发生较大变化的时代，而典当业的发展又与商品经济发展所导致的社会各阶层生产、生活、商品交易对货币资金的需求的发展有关。这种发展不但表现在资本总量得到扩充上，如投资扩充，投资于典当业的既有私人，这包括贵族官僚地主、富商大贾、一般地主等，也有寺院。开张质库成了地主阶级增殖其财富重要手段。而宋代以后官府除了经营各种形式的直接放贷，如青苗钱、回易抵当之外，更是投资于典当业，开设了官营的抵当所（库）。单个抵

---

① 洪适：《盘洲文集》卷四一《乞罢诸路抵当库札子》。
② 卫泾：《后乐集》卷一二《乞蠲放总制无额窠名钱奏状》。

当所（库）资本规模是私人质库所可望而不可即的，更为重要的是其业务形式得到了丰富和发展。如抵当所（库）的业务除了经营动产的抵押放贷外，还经营起正式的存款业务，从而有了吸收社会闲置资金投入经济运行的功能；放款方面，不但对下层平民进行小额抵押的生活消费性放贷，作为庶民金融存在，更对商人开展了抵押放款，从而与私人典当业一样，成了商人资金的来源之一，资本性、经营性放款成分增大。总之，宋代官营抵当所（库）已经在相当程度上具有了中国早期银行业机构的特点。

日本加藤繁、日野开三郎等学者对唐宋柜坊、寄附铺作了深入细致的研究，肯定了柜坊等作为金融机构的性质，[①] 然因材料不足，钱物寄存是否用于放贷经营尚不能肯定。故而柜坊是否具有金融机构的性质，能否被认为是早期银行业机构尚存疑。相比之下，唐宋时期的典当业虽然较早得到学术界的重视，但是它作为早期银行业的性质却少有人注意。刘秋根曾撰文提出：宋代以后的典当业因有息存款及资本性放贷的发生、发展，已经具有了早期银行业的性质。[②] 作为此文的后续研究。对宋代官营典当业——抵当所（库）的详细探讨对于我们从新的侧面认识中国典当业暨中国早期银行业是有意义的。

（原载《宋史研究论丛》第 9 辑，河北大学出版社 2008 年版。与王文书同学合作）

[①] ［日］加藤繁：《柜坊考》，载《中国经济史考证》卷一；日野开三郎《唐代邸店的研究》上。

[②] 刘秋根：《关于中国早期银行业的几个问题》，《河北大学学报》1995 年第 4 期。

试论宋元寺院金融事业

——以长生库资本为中心

　　长生库，简单地说，即寺院经营的质库（当铺），是一种以抵押借贷为主的金融机构。宋元时又称为"常住库"①"长生局"②"度僧局"③，在元代有时直接称为"解典库"④ 则与世俗质库被称为"解库""解典库"⑤ 等相差无几了。

　　长生库的历史非常悠久，南朝史籍中便有了其活动的记载，如《南史》记载：齐梁之际的甄法崇之孙甄彬以一束苎质钱于荆州长沙库⑥便是如此。隋唐时，它又被称为"质钱舍屋"⑦。宋代寺院经济虽然不如前代兴盛，但以长生库为代表的高利贷资本无疑被继承下来并不断得到发展，因此从北宋至南宋，它的活动（典质借贷）一直非常引人注目。元代，

---

　　①　《安阳县金石录》卷一二《□乡北曲沟礼下舍财施主孝子李珪等长供记》。
　　②　楼钥：《攻媿集》卷一一〇《育王山妙智禅寺塔铭》；《两浙金石志》卷一五《嘉兴资圣禅寺长生修造局记》。
　　③　袁燮：《絜斋集》卷一〇《绍兴报恩光孝四庄记》。
　　④　参见《常山贞石志》卷一七《祁林院圣旨碑》（在灵寺县），蔡美彪《元代白话碑集录》一书将许多这类碑文辑录、注释，极便阅读，有数十处记载寺院有田地、园林、店舍、铺席、解典库等。寺院长生库被称为解库，宋代即有其例，如南宋杭州径山寺有解库，见《武林梵志》卷一〇，然其盛行则是在元代，这大体是宋元之后寺院经济世俗化、私有化所引起的后果之一。
　　⑤　宋代世俗库一般称质库、解库，参见《能改斋漫录》卷二，元代也有称质库、解库的，但是称解典库的多起来了。如《元典章》卷二七户部一三解典等。
　　⑥　《南史》卷七〇《循吏·甄法崇传》。
　　⑦　《山右石刻丛编》卷九《福田寺置粥院碑》（在闻喜县）。

因统治者佞信及提倡佛教，寺院经济陡然大兴，长生库也大大发展起来。故此，作为寺院经济史研究的重要问题，早已引起学术界的注意。据笔者所见，以下成果或多或少地都涉及这一问题：日野开三郎《关于宋代长生库的发展》、曾我部正雄《宋代的质屋》、全汉昇《宋代寺院所经营之工商业》和黄敏枝《宋代佛教社会经济史论集》第六章等。[①] 然而国内（大陆）学术界对此缺乏探讨，尤其是结合元代情况对以长生库为中心的宋元寺院金融事业作系统探讨者更为少见。本文拟从四个方面对此略作探讨。

一

宋元长生库资本的发展，首先表现在其资本来源的广泛及其数量之巨大。其来源大致有以下几种。

第一，赐与。这一点，元代表现得特别突出，元代皇室大都佞佛，因此皇帝不但给予寺院免赋役的特权、赐与土地，而且常常赐给钱钞，作为借贷之本。如仁宗延祐六年六月壬子，"赐大乾元寺钞万锭，俾营子钱"[②]。大都西山大昭孝寺在天历中也曾蒙皇帝赐予钞三百万锭，"以其二买田饭僧，以其一视规息为国家修建佛事"[③]，这是皇帝直接赐给。有皇帝还直接下令让地方政府供给寺院钱钞，如仁宗延祐四年二月，昭文馆大学士资德大夫、功德使司使可剌不花奉圣旨"更问省家要壹百锭中统钞"分给真定府龙兴寺长生库，"存本用息点长明灯者"[④]。

第二，檀越施舍。僧侣生活最初全靠俗众供养，自南北朝，寺院建立起自己的经济体系之后。施舍供养的经济地位有所下降，但一直是寺

[①] 参见日野开三郎《东洋史学论集》第七卷下《关于宋代长生库的发展》；曾我部正雄《宋代政经史研究》第十五章《宋代的质屋》；全汉昇《宋代寺院所经营之工商业》，载台湾大乘文化出版社《佛教经济研究论集》；黄敏枝《宋代佛教社会经济史论集》，台湾学生书局1989年版。

[②] 《元史》卷二六《仁宗本纪三》。

[③] 许有壬：《至正集》卷四七《赐故光禄大夫大司徒释源宗主洪公碑铭》。

[④] 《常山贞石志》卷一九《龙兴寺常明灯钱记》。

院的主要收入之一,①加上以所施财物借贷求利,又为佛家内律所允许,②因而也就成了长生库放贷资本的重要来源之一。如南宋明州阿育王山妙智禅寺,因高僧大慧果公、大圆璞、从廓住此讲经论法,禅名远扬、香火大兴,从廓乃以"施者委金帛,创为度僧局五所"③。创立长生库及接待庄。④元代如彰德府城大天宁禅寺,有寺子李珪等"施财五千贯,收入常住库"⑤。

第三,寄存或合股资本,这就是说,一些俗众及僧侣将钱存寄或投入寺院长生库取利。寺院寄存一般人钱物,渊源甚早,如北魏太武帝始灭佛,长安沙门大都被诛杀,其中有一寺院不但暗藏弓矢矛盾,籍其财产,还"大得酿酒具及州郡牧守富人所寄藏物,盖以万计"⑥。这些寄藏之物是否用于举贷取利,我们不得而知。到宋代,因商品货币资本的发展,一些富户不但在长生库存寄钱物,在许多地方,他们甚至与长生库合股取利,并因此逃避和买与获取厚利,因而至少到南宋,这种寄存或合股营利的钱物成了长生库资本的重要来源。前者如南宋后期,安抚显谟卿孙越,少时家贫,但事父尽孝、读书勤苦,为其叔祖所赏识。以为日后必有出息。所以"留钱浮屠氏所谓长生库,目'此子二十岁登第,吾不及见之矣,留此以助费'"⑦。后者如南宋最有名的长生库"斗纽"资本。嘉泰元年(1201)十二月六日,臣僚言:"今有物力虽高而和买不及者,寺观之长生库是矣……今则不然,鸠集富豪,合力同则,名曰斗纽者,在在皆是,尝以其则例言之:结十人以为局,高下资本自五十万以至十万,大约以十年为期,每岁之穷,轮流出局,通所得之利,不啻倍徙,而本则仍在。初进纳度牒之实,徒遂因缘射利之谋耳。"⑧

---

① 参见吴永猛《中国寺院经济之发展》(载《佛教经济研究论集》),大乘文化出版社《现代佛教学术丛刊》(9)。
② 参见何兹全《佛教经律关于寺院财产的规定》,《中国史研究》1982年第1期。
③ 楼钥:《攻媿集》卷一一〇《育王山妙智禅寺塔铭》。
④ 周应宾:《重修普陀山志》。
⑤ 《安阳县金石录》卷一二《□乡北曲沟礼下舍财施主孝子李珪等长供记》。
⑥ 《魏书》卷一一四《释老志》。
⑦ 黄榦:《黄氏日钞》卷九六《安抚显谟少卿孙公行状》。
⑧ 《宋会要辑稿》食货七〇之一〇二。

这种合股制是宋代高利贷资本的一种新的经营形式，是明、清以后盛行的金融合会在宋代的最早表现，关于这段史料含义的详细考释可参见本文第四部分。

这种寄存及合股制度同样为元代寺院所继承并得到了发展，以致存钱于寺院成了社会上一般人所认识的取利途径之一。如元世祖时，中书省令李留判市油，当时以善言财利闻名于朝的桑哥却对和礼霍孙说：与其这样让汉人侵盗，还不如将本钱交给僧寺或官府存寄生息，和礼霍孙最后同意了他的要求。不久，桑哥果然以所生利钱上交。① 在这里我们不知道桑哥具体是怎样委托寺院或官府生息的，但由他所说的情况看，元代寺院长生库接受个人及团体寄存并付给利息，已经成为惯例。那么。合股制资本的情况怎么样呢？从种种迹象看，类似于宋代。"斗纽"资本的合股制资本在元代长生库中也是存在的。如至治初嘉兴资圣寺有一"勤旧"资瑞，不但捐财作为点长明灯及佛像庄严之资，而且捐统钞2500缗，设"长生局本"，由另外四位"勤旧"掌管，取息专给土木兴修之费，其经营方法是："遇寺支乏，立券就贷；依时生息，岁无丰凶，必本息顿偿；毋缩展转贷，偿廉慎出，内厥息蕃衍。"② 可见，与"斗纽"资本相比，虽有诸多不同之处，如前者是给股东个人谋取暴利，而后者则是为了寺院公用，前者由股东轮流经营，转贷他人取利，后者却似乎不许转贷；前者基金由股东认供，后者则先由一位"勤旧"总出等，但二者在本质及组织制度上却基本一致，从本质上说，二者都是以基金生息的形式满足一定的资金需求；从组织制度上看，"斗纽"资本由股东认供资本，然后另外四位"勤旧"出资营运以供寺用，二者实无大的区别。

第四，其他来源。如以寺院本身的田产、工商收入用作长生库的放贷，南宋绍兴报恩光孝，绍熙有长老惠公主持此寺，整顿佃户欺隐，建立四庄以受土地收入，这些收入除用于土木兴修之外，还建立了度僧局，以钱贷放，取息买牒。③ 有的来源于僧侣化缘所得，如南宋永康县普明寺

---

① 《元史》卷二〇五《桑哥传》。
② 《两浙金石志》卷一五《嘉兴资圣禅寺长生修造局记》。
③ 参见袁燮《絜斋集》卷一〇《绍兴报恩光孝四庄记》。

"僧允禧复为如靖谋,从富人乞谷三百石,贷之下户,量取其息,以为其徒目前之供"①。

二

长生库作为古代生息资本(即高利贷资本),其活动形式是多种多样的,与世俗质库一样,最主要的形式还是各种各样的抵押借贷,即所谓的以物质钱。如北宋开宝末,宋军南伐"金陵城陷,有步卒李贵入佛寺",得南唐李后主时著名画家王齐翰所画的罗汉十六轴,后卖给了商人刘元嗣,带到东京"于一僧处质钱,后元嗣诣僧请赎,其僧以过期拒之,因成争讼"②。此画后为当时的开封尹、后来的宋太宗赵光义所得。这是以名画质钱的例子。至南宋,这类业务活动更为发达,如鄱阳"永宁寺罗汉院,萃众童行本钱,启质库"。以僧智禧为主掌"庆元三年四月二十九日,将结月簿,点检架物,失去一金钗"③。这是以金饰之类贵重物品为质放贷的例子。正因为如此,陆游更直截了当地说:"今僧寺辄作库质钱取利,谓之长生库。"④

元代这类活动更多。以下所叙借贷行为虽未明言典质之物,但从质库的一般规则来看应当是抵押放贷。如原太师秦王答剌罕死后,其妻怯烈真氏便命其子到真定龙兴寺,要求其子"以楮中五千□□寺僧之职出内者,规其息以为汝父秦王薨憨二忌供佛饭僧超度之赀,并与吾母瀛国夫人生辰延寿修营之助"⑤。上述大乾元寺以受赐的钞锭"俾营子钱"⑥也应是这类放贷。

其次,长生库还经营各种实物借贷,尤其是谷物借贷,因为寺庄田产的主要收入是各种谷物,人家施舍之物也有相当一部分是谷米。如南

---

① 《陈亮集》卷一六《普明寺长生谷记》。
② 郭若虚:《图画见闻志》卷三。
③ 洪迈:《夷坚支癸》卷八《徐谦山人》。
④ 陆游:《老学庵笔记》卷六。
⑤ 《常山贞石记》卷二四《秦王夫人长生钱记》。(在正定府)
⑥ 《元史》卷二六《仁宗本纪三》延祐六年。

宋淳熙三年（1176），薛纯一将"山阴田千一百亩，岁为米千三百石有奇入大能仁禅寺"（在绍兴）。① 杭州径山寺大明禅师化缘得"苏州庄"，岁出米二万斛。② 将这些米由长生库经管放贷取处，是合乎情理的。南宋永康县普明寺所拥有的"长生谷"就是用于放贷的。③ 南宋乾道年间吴县光福寺也有"长生衣钵米"，不过这些米在春管——广照和尚园寂之后，被他的后继者卖掉了，以便得钱购买田荡，取租以为忌辰追荐及供养之费。④ 因些一般长生库既存有钱币，也有谷物，如上引普陀山寺院的长生库便是因施舍了钱二万及谷五十石建立起来的。元代一些长生库更直接以常住田产所入之谷用于借贷。如元大德年问，位于常州东南的文明寺，因兴工修复，以书乞请于寺院附近专位姓巢的施主，巢氏果然乐善好施，"慨然拨口已石计者为数五十有口口入口寺之常住，专储其赢，凡寺之欲建立者，欲补苴者，悉惟此之供"⑤，即是以五十石谷租的田产舍入寺院常住，再以谷贷与人，取其息（赢）谷储存起来，作为寺院土木修造之费。

再次，值得注意的是，宋元长生库长有耕牛的借贷、租赁，这就是所谓的"长生牛"。这些牛，有的系由老百姓所施，如宋景德二年（1005）六月"壬子，监察御史监川崔宪言：'前知广德军，有祠山庙，素号灵应，远近之民、多以耕牛为献'"⑥。有的是由债务人抵押而来，就像南朝齐时大臣褚渊将用于驾车黄牛抵质于招提寺一样。⑦ 宋元时期经常出现长生牛的租赁，而长生库又以抵押贷钱为主，反映出这种牛的抵押借贷也是应该存在的。寺院得到这些牲畜之后一般用于出租，如上引宋祠山庙的长生牛便是"听乡民租赁，每一牛岁输绢一匹，供本庙费"。元代有时还出现免除长生牛租的事情，如元至正十八年（1358）时，乌古孙良桢升右丞兼大司农，便下令"罢福建、山东食盐，浙东西长生牛牛

---

① 陆游：《渭南文集》卷五八《能仁寺舍田记》。
② 顾之鲸：《武林梵志》卷一〇《径山寺》。
③ 周应宾：《重修普陀山志》。
④ 《江苏金石志》目十二《广照和尚忌辰追荐公据》。乾道三年，在吴县光福寺。
⑤ 《江苏金石志》卷十九《文明寺檀越巢氏舍田记》。
⑥ 《续资治通鉴长编》卷六〇，景德二年六月。
⑦ 《南齐书》卷二三《褚渊·弟澄传》。

租"①。我们知道，中唐以后，因商品货币经济的冲击，封建地主经济经过长期调整，到北宋时期已经形成了一个一个的土地、商业、高利贷互相融合的综合性的剥削实体。商业、高利贷活动的利润、利息在其总收入中的比重越来越大。以至于一些地主购买土地、进行地租剥削时，他所考虑的就不单纯是表现为实物地租的使用价值收入，而是有价值性的总收入了，因为粮食等实物收上来以后还有投入商业的可能性，还有一个再收入的过程；购买土地之前，他有选择的可能性，他必然要对比考虑此后的地租、利润、利息收入的高低，以便决定是否购买。因而用于土地购买的货币就更多的是把它当成一笔资本，考虑的是它的最终的或连续性的收益，而不光是当成地价，只考虑其单纯的、一次性的收入地租了。这是宋以后逐步发生的，社会生产以及经济运行资本化的一个重要表现。应该说，小生产条件下，社会经济生活的资本化是传统经济结构分解、资本主义生产方式萌芽的一个最为重要的外部条件（环境），研究这一过程的形成、发展、特点及其影响是探讨中国经济发展规律及资本主义萌芽问题的一个重要课题。由本文所提到一些例子可见：寺院地主与世俗地主在剥削形态方面并无二致，也是一个土地、商业、高利贷三位一体的混合型的剥削实体，以上提到的南宋杭州径山寺苏州庄"岁出二万斛、犁牛、舟车、解库，应用百事具足"②。元代"田地、园林、店舍、铺席、解典库"③之类的例子更是举不胜举，正因为如此，与民间质库类似的金融机构长生库经营耕牛的租赁便不足为奇了。

三

从以上的简要叙述可见，宋元时期寺院长生库资本来源广泛、活动形式多种多样，其资本数量也是相当可观的，那么它的利息及对当时社会经济的影响究竟怎么样呢？这是考察长生库资本必须回答的关键问题。

---

① 《元史》卷一八七《乌古孙良桢传》。
② 顾之鲸：《武林梵志》卷一〇《径山寺》。
③ 参见《常山贞石志》卷一七《祁林院圣旨碑》（在灵寿县）。

因为材料的缺乏，我们只能尽量利用一般质库的有关记载来说明问题。

首先，关于长生库利息的直接记载极为缺乏，但从当时的一般情况看，它与当时一般官私质库的利率相差不会太大，以下便将笔者所见到的有关资料制成表1。

表1　　　　　　　　宋元时质库（长生库）利息情况

时间	地区	利息情况	资料来源
元丰二年二月	全国	官府抵当所"收息勿过一分二厘"	《宋会要辑稿》食货三十七之二十七
元丰五年	京师	官府抵当所"月息一分"	《长编》卷四四一
政和元年	全国	孤幼财产抵押放贷"岁收二分之息"	《宋会要辑稿》食货六十一之六二
绍兴五年	诸路	官府抵押放贷"每贯月收息三分"	《建炎以来系年要录》卷八十六
乾道、淳熙	全国	一般质库月息2—4分	《袁氏世范》卷三
南宋初	杭州	寺院常住库月息3分	《春渚纪闻》卷四
淳熙、嘉熙	湖湘农村	解库年息2—4分亦有只收1分7厘半者	《名公书判清明集·户婚门·背主赖库本钱》
绍定—咸淳	全国	质库年息；2分	《名公书判清明集·户婚门·领库本人既贫斟酌监还》
淳祐	全国	质库月息：2分2厘	《数术九章》卷一八《推求典本》
元代	全国	月息4.1%即4分1厘	《四元玉鉴细草》卷下之四
元代	全国	月息3.6%即3分6厘	同上，卷中之六
大德六年	河南省淮安路	"加一取息"（10%）①	《通制条格》卷二七《杂令·解典》
大德八年前后	京师	月利2分	《元典章》卷二七《解典金银并二周年下架》
元代	全国	年利一倍	《元曲选》《看钱奴买冤家债主》②

① 此处年利、月利不明，当为月利；加一即10%。
② 见万有文库本第四十四册。

从表1所列简要情况来看，宋元质库资本（包含长生库资本）利率有两个特点。一是上、下限相差极大，如月息有1分、2分、3分、4分、4分1厘分及加一之息等，上下相差10倍；年息也有2分、4分及倍称之息等，上、下相差也达8倍。二是由宋至元利率呈上升态势，虽然元代利息中"加一取息"属秘密的违法取利行力，但从整体上看，元代质库（长生库）利息比宋代仍然高出不少。而这一点也是与中国古代借贷利率的发展趋势相适应的。①

其次，关手长生库作为质库资本在当时社会经济生活中的作用，我们拟先从两个方面对长生库资本的走向作些探讨，再对其作一整体上的估价。

从债权人即寺院本身的角度来看，长生库的放贷收入主要用于：第一，取息用于本寺僧人的生活消费，主要是购买度牒及供应僧众、伙食，如宋代鄱阳永宁寺罗汉院的长生库便是"储其息以买度牒"②。永康县普明寺的长生谷也是"量取其息，以为其徒目前之供"③。绍熙三年（1192），临安西湖天封寺，在整修佛寺之后，"又衷其余作二库曰资道、曰博利，以供僧及童子绹浣之用"④。有些寺院还专门以长生库放贷的利息作为度荒之用，绍兴府能仁寺"别以钱权其子本以待凶岁"⑤。第二，用于寺院殿堂、山门等设施的土木修造及神像、菩萨的庄严等。南宋明州阿育王山妙智寺长生局所入，一方用于饭僧，"又造金塔以奉舍利"⑥。元代嘉兴资本寺长生局资本"内厥息繁衍，用以贸田入租专给土木工直之费"⑦。第三，用于为施舍财物的檀越或寺院本身做各种佛事，如点长明灯、追荐超度死者、为人求福。宋代台州一寺院"募众缘得钱叁拾叁

---

① 关于中国古代借贷利率发展规律将另文探讨。
② 洪迈：《夷坚支癸》卷八《徐谦山人》。（点校本）
③ 《陈亮集》卷一六《普明寺长生谷记》。
④ 陆游：《渭南文集》卷五九《重修天封寺记》。
⑤ 陆游：《渭南文集》卷五八《能仁寺舍田记》。
⑥ 楼钥：《攻瑰集》卷一一〇《育王山妙智禅寺塔铭》。
⑦ 《两浙金石志》卷一五《嘉兴资圣禅寺长生修造局记》。

贯，入长生库置灯油司，逐年存本，所转利息买油，除殿主殿堂外，别置琉璃明灯"①。元代真定府龙兴寺有一部分长生库本也是"存本用息点长明灯者"。除此之外，便足用于各种佛事的花销，前引元大都大昭孝寺受赐本钱1/3用于"规息为国家修建佛事"②。秦王夫人之所以施财入真定龙兴寺也是为了给已去世的秦王的甍、憨二忌"供佛饭僧超度之资"，以及给自己母亲"生辰延寿修营之助"③。

由此看来，从债权人即寺院本身来看，长生库资本主要走向生活消费（精神生活消费），一供僧（买度僧牒、饭僧），二供佛（土木修造、菩萨庄严、供应各种佛事消费）。而且因商品经济发展得不够，不但封建土地剥削收入（地租等）成了长生库资本的来源之一，长生库资本还直接走向土地，进行封建剥削，如上引元代嘉兴资圣寺以借贷之蓄息"买田入租专给兴修土木工直之费"④，京师大昭孝寺，也是以所赐之本钱的2/3用于"买田饭僧"⑤，从而充分反映出长生库资本作为古代生息资本的保守性。

再次，从债务人的角度来看；向长生库的典质借贷大概也与世俗质库一样，主要是因为生活消费在青黄不接、吉凶喜丧、赋繁役重以及赌博、酒色花费之际发生。

但是，不可否认的是：因商品经济的发展、货币资本在人们经济生活中影响的逐渐加强。质库资本（包含长生库）也表现出与农业、手工业以及商业相结合的趋势，成为社会生产、流通中的一个重要因素。苏东坡于哲宗元祐年间见浙西一带"春夏之交，雨水调匀，浙人喜于岁丰，家家典卖，举债出息以事田作，车水筑圩，高下殆遍，计本已重"⑥，北宋一些家庭纺织业中也靠质库供应资本，"三日不住织，一匹

---

① 《常山贞石志》卷一九《龙兴寺常明灯钱记》。
② 许有壬：《至正集》卷四七《赐故光禄大夫大司徒释源宗主洪公碑铭》。
③ 《常山贞石记》卷二四《秦王夫人长生钱记》（在正定府）。
④ 《两浙金石志》卷一五《嘉兴资圣禅寺长生修造局记》。
⑤ 许有壬：《至正集》卷四七《赐故光禄大夫大司徒释源宗主洪公碑铭》。
⑥ 《东坡全集》卷五七《奏浙西灾伤第一状》。

才可剪……质钱解衣服,买丝添上轴"①,因而质库为宋人生产生活所必需,这一点在荒歉年月,尤为明显,朱熹在孝宗时发现有一年浙东诸州荒歉时,"典质则库户无钱,举贷则上户无力,艺业者技无所用……是以细民无所仰给,狼狈急迫,至于如此"②。可见。质库户及一般借贷者资本枯竭,使得荒歉之害更趋严重,体现了这些地方生产生活对高利贷资本的依赖。

综上所述可见,质库(长生库)资本与人们的生产生活已经有着千丝万缕的联系,但这种联系在当是非社会化、非资本化生产的前提下只能是一种表面的、偶然的联系。质库(长生库)资本,始终还只是作为一种独立的资本状态与生产过程相对立。从外部剥削、腐蚀当时的生产方式。因而,它虽然当时是小生产者所必需的,但也只有在一系列的前提条件下,这种联系及依赖才转变成一种积极作用,如在资本供求关系的影响下,借贷利率的稳定以及趋向下降;小生产者的再生产过程能顺利完成而不受重大意外事故的影响等。

四

综合本文所述可见:第一,宋元寺院长生库资本得到了很大发展,表现为资本来源途径的广泛、数量的庞大以及活动形式的丰富多彩。第二,宋元质库(长生库)利息与一般高利借贷利息一样,表现出上、下限相差极大及由宋到元利率呈上升态势两个方面的特点。第三,长生库资本与当时一般世俗质库资本一样,在主要投入生活(物质生活和精神生活两个方面)领域的同时,也表现出与当时再生产及流通相结合的某些趋势,并在一定的条件下,对当时的社会生产及生活发挥了一定的积极作用。

本文写作过程中,笔者拜读了日野开三郎先生《宋代长生库的发展》和吴永猛先生《中国佛教经济之发展》二文,在深受启发的同时,也有

---

① 文同:《丹渊集》卷三《织妇怨》。
② 朱熹:《朱子大全》卷一六《奏救荒事宜状》。

个别疑虑,写在这里,以聆指教。

吴永猛先生在《中国佛教经济之发展》一文中谈到宋代以后寺院金融事业时说:"唐代称无尽藏,宋代称长生库……而宋代已不如唐代显赫,仅属民间贫穷者的融资地方而已。元朝称解典库以后,亦逐渐衰弱。"① 实际上,在工商业货币经济发展、人们货币需求增加、世俗质库业较之唐代更为发达的基础上,以寺院长生库为代表的宋代寺院金融事业比以无尽藏为代表的唐代寺院金融事业更为发达。元朝为称解典库以后也没有衰落,而是继续得到发展。而且与前代相比,资本的活动及构成获得了新的内容及形式,这是本文表述足以证明的。吴先生之所以说宋长生库不如唐代显赫,大概是因为由隋僧信行创立的三阶教得到了唐帝室及大臣的尊礼,作为其主要寺院的化度寺的无尽藏数量大、制度严,在当时便十分引人注目,《两京新记》《太平广记》对其兴衰又有详细、生动的描述,因而十分显赫。实际上,不但唐代其他寺院无尽藏是否都比得上化度寺值得怀疑,而且宋元以后长生库资本也有不少胜过化度寺无尽藏之处,只是没有那么明确、生动的记载而已。所以贸然地说宋以后寺院金融事业(长生库)衰落不如唐代显赫显然是值得商榷的。

前引日野开三郎先生《宋代长生库的发展》一文在叙述宋代长生库资本构成时,对当时称之为"斗纽"的长生库合制资本特别重视,认为它与宋代商业中的委托经营、商品的委托买卖(牙侩等)、商店的经营联合(交子铺等)、同业公会(行、作)一样,是借贷资本的一种新的经营方法。

而对记载这事实的关键性材料,日野开三郎先生却因各种原因未能作出令人满意的解释,为方便起见,先将这段材料引证如下。

> 嘉泰元年二十月六日,臣僚言:"寺观之长生库是矣……今则不然,鸠集富豪,合力同则,名曰斗纽者,在在皆是,尝以其则例言之:结十人以为局,高下资本自五十万以至十万,大约以十年为期,

---

① 本文载前引《佛教经济研究论集》。

每岁之穷，轮流出局，所得之利，不啻倍蓰，而本则仍在。初进纳度牒之实，徒遂因缘射利之谋耳。

日野先生在文中指出，本段材料中最为关键但又难以考明的有两点：一是"斗纽"的含义；二是"每岁之穷，轮流出局"的含义。关于后者日野先生有所推测，但仍不能满意；关于前者则认为"连一点推测的线索都没有"①。笔者最近接触到一明清时期的材料，由此及彼，对这一问题有所认识，考述如下。

关于"斗纽"，清人平步青记载说："《越言释》卷二，勾合者，所以聚也，即箍桶之箍，桓公九合诸侯，即勾合、取使鲁无鸠乎？即无勾。今人醵钱为会曰纠会，而左氏传之九合，亦作纠合也。今勾音乃如邱。按：今越人曰斗，又纠音之转，会即袷之省。《通俗编》卷二三：[周礼·大宗伯]以袷礼哀国败，注：同盟者，会合财货，以更其所丧。疏：国被祸，丧失财物，出同盟之国，会合财归之。"②

可见，所谓"斗纽"即"纠合""鸠集""会聚"之意，与上述"斗会"基本上是同义，就像以上材料所示"斗纽"是"鸠集富豪，合力同则，名曰斗纽"，"斗会"是"今人醵钱为会，曰纠会"（斗为纠之转音）。另外笔者家乡所在湖南邵阳乡村也将为一个公共目的的聚敛钱物称为"斗"，如"斗钱""斗米"。

既然宋代长生库"斗纽"资本与明清以后"斗会""合会"资本是一致的，那么前者"每岁之穷，轮流出局"的含义便可推而得知。

明清以后，随着高利贷资本的发展，用以"合会"形式聚集的资金进行放贷非常盛行。从记载比较详明的清代来看，有的是宗族合会，即会族众凑合银两，坐享利息。从后者看，一般合会一开始规定供养至多少会为止，每一会以投标方式决定执行人，以出钱最高者得会，之后，便由执会人负责经营，所得利息，大部分交出来作为投标时所认的利息额，归会众均分，剩余的一部分可以归执会人所有。可见执会者可得厚

---

① 前引日野开三郎先生文，第230页。
② 平步青：《霞外捃屑》卷一〇《玉雨淙释谚·斗会》。

利，不执会者亦可分一杯羹。① 据此，"每岁之穷，轮流出局"大概即是说轮流负责经营，出局者除了向参与斗纽的人缴纳定额利息之外，自己还可以另外得利。

(原载《世界宗教研究》1992年第3期)

---

① 清代合会情况参见叶显恩、谭棣华《略论明清珠江三角洲的高利贷资本》，载《明清广东社会经济研究》，广东人民出版社1987年版；近现代合会可参见李景汉《定县社会概况调查》第十五章《农村借贷》等，本书系中国人民大学出版社1986年重印本。

明清民国时期典当业的资金来源及资本构成分析

——以负债经营问题为中心

16世纪（约明正德初年）以后，中国商品货币经济进入一个新的发展时期，与此相适应，商业资本、高利贷资本的积累得到发展。而且因专业商人尤其是地区性商人集团的活动，资本形成了全国性的流动并且开始投入生产，金融信用以及现代经营方法得到发展，新的资本组织方式出现并有了某些近代性的因素。

处在这种前提下的典当业，其资金来源及资本构成各方面均发生了变化。就资金来源来看，表现在以下几个方面。一是商人出资经营典当比宋元时代得到发展，尤其值得注意的是典当业成为徽商、晋商等地区性商人集团的主业之一。二是僧寺经营典当业似不如宋元时代兴盛。三是典当业的合伙经营得到发展。就资本构成来看：宋元及其以前各代典当业主要还是自有资金，既有一家一户的独资，也有数个人的合伙。虽有存款的发展，但对资本构成尚无大的影响，明朝尤其是明中叶以后，典当业的存款行为便走向普遍化了，除存款之外，借贷经营亦走向经常化。至清代以后，典当业还有了货币的发行。商人经营典当业的增加及明清以后借款经营和存款、资本发行发展的一个总的结果是使负债经营在明清典当业中得到了大发展，并且这一趋势延续到了民国时期。以下便拟对这一时期典当业的资金来源及资本构成作探讨。

一

　　从资金来源看，隋唐五代宋元时代典当经营者，既有官府、达官贵族、地主商人也有寺院等，大致可以分为三大类：一是官府典当，二是寺院典当，三是私人典当。隋唐是否有官府经营的质库，尚无材料证明，五代时期一些由藩镇开设的典库、质库也可以说具有一定的官有性质。宋代及与南宋并立的金代则肯定经营了官有质库，宋的官府典当业被称为"抵当所""抵当库"，由市易司统一管理、派人经营。资金主要是政府的财政收入，如市易务的资金及公使钱等。另外南宋军队及地方政府也常设立典库，那是为了满足军队经费需求。寺院经营典当业在南朝及唐都比较兴盛，宋元继承了这一有利事业并有发展，寺院典当业被人称为"长生库"，其资金来源是檀越施舍以及寺院本身的生产而来的货币收入。元代流传到现在的关于免除寺院差发、劳役的碑文中，几乎都载明寺院有长生库、典库等，看来是其财富的重要组成部分之一。另外，由达官贵族以其剥削得来的货币资金设立质库等，数量不多，但很有影响，著名的例子如唐代的太平公主、宋代的杨沂中等。在唐宋时期的各级城市中，质库则是由各地商人设立的，至宋元以后，商人设立质库更是深入中小城市及至镇市，这些商人被称为"库户"。而唐代的地主阶级是否也设立典当，尚无明确材料证明，但这种可能性是存在的。宋代乡村属于地主阶级的上三等主户则是多数开质库、置课场的。

　　明代官府是没有经营典当业的，而寺院是否存在典当业，也无确切材料证实。清代官府则经营了典当业，内务府属于皇帝的"皇当"便有几十座。地方各级官府为了经营生息基金，也设立了不少的当铺。有的学者认为形成了一个从上到下的典当业经营网络。而明清典当资本来源最值得注意的是商人资本尤其是以徽商、晋商为代表的地区性商人集团货币的大量投入，使典当业资本来源更为宽广，典当业资本与纯商业资本之间的转化更加灵活。徽商经营的商业项目很多，几乎无所不包，但是主要是盐、典、木、茶四项，典业居第二位，尤以今天的江苏、浙江、安徽等地区徽州典商的活动最为繁盛。像湖南、江西一些典当不发达、资金供应不足因而本地人所设典当利率又过高的地区，便经常请徽商前来开当，以活跃经济、降低利率。清代中期以后徽州商人的典当资本，随着其商业活动的开展遍及大江南北。明清二代典当业资本的还有另一个重要的来源是官僚私人资本的投资，中国历史上各朝各代的地主阶级总能分成拥有一定政治地位和特权官绅贵族地主与一般不拥有特权的庶族地主两个部分，而这些特权地主一般占有大部分的社会财富，包括土地、房屋及货币资产等。明以后在此基础上，更加向极小部分的权臣、权庵及某些高级将领集中。这便是明文人所慨叹的古代财富不在民则在官，而现在是既不在民也不在官的原因。这些人明代以严嵩、清代以和珅为代表。而这些人所聚敛的财富有相当大的一部分投入了典当业，从清代看，典当业不但得利稳定，而且很便于分散隐藏自己的财富。他们有的是拿出钱来与人合伙，从中分利；有的命自己的奴仆之类领取资本出外开设典当，定期向自己报账交利；有的则是交给那些善于经营的商人资本经营，定期缴纳利息。

各地地主主要在市镇及乡村，个别家产非常殷实的地主则移资入城，在城市开设典当取利。另外属于非法的明清时期的印子铺及清代以后的小当、私押等则多由一些小私有者及至小有资财的军流配犯所有，谋取残酷的高昂利率。

实际上除了这些以未进入运营的、以家财形式存在的资金经营典当之外，一些典当尤其是设在城市中的合伙制典当铺的资金，许多可能是由同城商铺出资设立的，反映清代中后期台湾经济情况的《台湾私法商事编》《台湾私法债权编》有大量典当业的合股及卖股、退股契约可以比较明确是由同城商铺之间订立的。

就民国时期典当业资本来源看，据陆国香的分析，民国时期的典当虽亦有官立典当、公立典当（前者指由市政府、省政府或财政局、教育局等机构出资设立；后者则是由商会、典业公会等设立），但在20世纪30年代前后，官立公立典当均寥寥无几。而私营典当占绝大多数，1931年内政部调查了1939家典当，其中私营者占98.5%，资本占95.9%。而私人资金投向典当业，多采用合伙形式，包括两人、三人、四人、五人、六人直至十人、十一人，最常见的则是两人、三人合伙。每当资本总额三四万元至十万元，最小的只有数百元。在西方股份公司制度传入中国后，典当行业也有模仿他业设立公司经营者，但是为数不多，而且进展相当缓慢。光绪末年公布《公司律》之后，一些典当为适合法律、集合资本，常有将旧有合伙典当改造成某某典当有限公司者，但有时公司制度只是一种权宜措施，往往推行一段时间之后，又去掉"有限"字样，返回合伙制典当。其原因，据当时人分析，是与他业相比，典当业是最需要讲究信用的，如是"有限"则难以保证顾客对典当的信用。正因为如此，股份公司体制在典当业中进展不大。

民间私人典当业从其资本所有者身份分析，则多"在官显宦、富绅豪族"。其次是一般地主和商人。另外当时钱庄、银号乃至银行也拿出一部分资本设立典当，钱庄、银号原来不设典当，因银行的兴起，大宗商业汇兑及部分存放为新式银行夺走，业务范围渐窄，故投资自设典当，如石家庄、唐山、黑龙江、锦县、营口、沈阳、兰溪均有设立者。银行自设以东三省为最早、最多。另外像江西南昌市、吉安及浙江龙游地区银行也设典当。而许多地区农民银行设立的农民小额贷款处、农民抵押贷款所等实际上也是典当业。至于商铺设立典当则自清末以来即比较常见，民国以后也是如此。部分典当本身投资典当，或者设立分当；一些保险公司或其他各业股份公司设立典当之例时有发生，然为数均不多。总而言之，民国时期也与以前各代一样，各个阶层、各级官府均有投资于典当业者，其情况大体如下：

官府：1. 省政府　2. 市政府　3. 教育局、财政局
公有：1. 商会　2. 同业公会　3. 公社
私有：{ 独资 1. 达官显宦　2. 富绅豪族　3. 银号钱庄
　　　 合资 2. 商人　2. 银行　3. 商号　4. 典当　5. 公司

从宋元明清以至民国以来的整体情况看，还是私有典当占绝对统治地位。虽然宋、元、清三代均有官府典当，但无论是资本规模还是对经济的影响均不能与私有典当相比，民国以后就更是如此了。那么在私有典当中，独资典当与合资典当，究竟谁的地位更高呢？明清及以前各代

情况因缺乏材料，无法进行数量分析，但就民国来说，则有几个统计数字可资参考：据上海社会局民国二十四年（1935）的不完全统计，上海典当质押店约有101家，其中标明为独资者为27家，标明为合资的27家，合股的35家，还有12家未言。其中合资、合股从经济学上说均属合伙制，所以有这样的区别可能是有些合伙制典当资本已经分成了股份；有些则是简单地以若干资金合伙经营，尤其是在合伙人数只有两三人时更是如此。[1] 若以二者皆归之合伙制典当，则上海典当合伙制资本占主导地位，约占67.32%，独资只占32.67%，其中12家未标者则各算6家。民国二十三年（1931）十月，属于天津典当同业公会的典当铺共21家，其中合伙制只占6家，独资设立的共达15家，分别占28.57%和71.43%。[2] 据民国二十年（1931）内政部调查，1936家典当中私营者家数即占98.5%，资本占95.9%；其私营中合资、独资的家数、资本数目分析见表1。

表1　民国二十年（1931）1936家典当资本组织方式统计分析（%）

项目 资本组织	家数			资本		
	省区	市区	合计	省区	市区	合计
独资	68.7	29.9	55.5	51.4	17.3	39.2
合资	29.7	68.7	43.0	46.6	74.8	56.7
合计	98.4	98.6	98.5	98.0	92.1	95.9

其中合计之所以未到100%，乃是因为官有、公有典当业也被考虑在内，其家数合计占1.5%；资本合计占4.1%。[3]

因为典当行业的特殊性，与银行等相比，其公司组织进展十分缓慢，所以通过有限公司制度聚集的资本在资本的来源中并不占重要地位，这

---

[1] 材料见《上海市年鉴》，第十一章《金融·上海典押业》，中华书局1936年版。
[2] 据吴石城《天津典当业之研究》，载《银行周报》十九卷，第36期，1935年。
[3] 见陆国香《中国典当业资本之分析》，载《农行月刊》第三卷第5期，1936年4月。表中"市区"与"省区"之含义文中并未明言，当是城市与农村的区别；"合计"则是指整个统计数字中合伙所占的比例。

一点由《台湾私法债权编》《台湾私法商事编》所载有关清末台湾地区典当业资本组织方式的契约合同中公司契约十分罕见等也可证明这一点。

总而言之,因典当业在以小生产方式、自然经济为主的条件下,相对来说,经营风险较小,得利比较稳定,而且资本规模可大可小,故而吸引了各阶层人们乃至封建官府资本的投入。

二

从资本构成分析,典当除自有资本之外,多通过借款、存款、发行等手段,扩大资本规模。

典当业借款经营,明以前尚未见具体事例,明代,尤其清以后,有关事例多起来,就明、清典当业的情况看,一般采取两种形式。一是从典当以外的私人或商铺、银号、账局等借入资金,按当时某一地区或行业借款的习惯性利率还本付利。二是如果是合伙制典当铺,则有时也由股东在加入合伙的资金以外再加垫款,这种垫款,不计入原来的合伙资金,而是采取向典当放款的形式,计算利息,并在结算时归还。这种借款有的是在典当整体状况不佳,赎当迟滞,资本呆滞时,借款以维持经营;有的是经营得利,借款以扩大资本规模。对于后者来说,更多的可能是一种季节性借款。适应农业生产的岁入性质,典当业的经营经常是"春当秋赎",春天时,农耕需款孔亟,典当经营繁忙,对流动资本需求大,便多由借款来维持。而借款的对象,就所见清代前期的情况看,有从私人处借款经营者,也有从账局那里借款经营者。

借款对典当业资本的扩大是很有好处的,如乾福建在乾隆三十九年(1774)规定以五百两为准,五百两以上为大典,以下为小典,二者在取利高低、满当期限等方面标准都不同,但据一些典当业经营者反映,这一标准不易掌握,尤其是原来报开小当的更是如此,因为"各当遇有荒歉,青黄不接之时,民间多当,不能限制,未免借款凑本接济,大当直增万余,并所不禁;小典亦积数千,或及万余,而地棍藉端串诈扰害"[①]。

---

① 《福建省例》十六《当税例·民间开张大小典当,分别行息章程》。

这里若以五百两为下限；而小当的"数千"以五千两为准，那么便可见通过借贷凑本，其资本扩展到十倍以上。如果以报开典当时的五百两为自有资本，而"数千"即五千两为运用资本，或架本，那么架本便比原本扩大十倍以上，显然这一估计可能有些偏高。

从存款来看，由以上对典当业务的叙述看，存款是从唐代开始萌芽，北宋以后正式形成的。但直至元代乃至明初，存款在典当业资本构成中的地位如何，尚无法估计，可能地位不高。但在16世纪以后，随着存款经营在社会上的普遍化和一般化，典当存款在资本构成中当有了一定的地位，并且地位越来越重要。尤其是同城铺商之间互相存储的发展及大量社会性及官府的款项在典当中的存储的发展，更扩大了典当资本规模，这在清代前期尤甚，这种官府存储至清末仍然存在，民国以后因政治变化及银行的发展，典当业的官款乃至私人存款都走向衰落。除此之外，大致从清中叶开始，典当业也与钱铺、钱庄一样，发行信用货币，以代替现钱流通，随着发行的发展，由此也引起了典当业资本构成的变化。

那么，所有借款、存款、信用货币发行在典当资本构成中的地位究竟怎么样呢？约在道光初年，作为山东孔府官员的孔继潢与人合伙在奉天省锦州府锦县开设兴成当，由赵国祥掌柜，后因"年景歉收，放出借贷讨要不齐，生意落荒"，而财东孔继潢身处异乡，想抽回股份，乃于道光八年，在典当行会的主持下，算清总账。由总账看，兴成当原本钱107100吊，"欠外借贷、凭帖往来、生息银两浮存"共95323吊570文。两项共计202423吊570文。① 如果说"欠外借款、凭帖往来、生息两浮存"属于兴成当的借款、信用货币发行、存款的话，那么，其实际运用资本便是202423吊570文，它与原本的比例大致是1.89∶1。此材料还列举了一些细账，但因许多项目尚无法仔细归类，所以无法分别计算借款、存款、信用货币发行在资本构成中的地位究竟如何。关于信用货币发行，笔者还见到一个例子，近年公布的天津商会档案记载：天津户部街有晋商（介休县）所开星盛当，"由庚子年（光绪二十六年）遭乱，该当被抢一空，按照花单，计抢去现银一万七千三百余两，现钱八千余

---

① 《曲阜孔府档案史料选编》第三编第十五册，齐鲁书社1981年版。

吊，钱贴一万四千余吊，架货二十九万余吊，所以家具帐目，均已抢空"。另外还有外欠40万吊有零及官款银3000余两。① 姑以每两现银折合钱1吊算，则现银17300两，相当于现钱17300吊，官款3000两相当于3000吊，再加上现钱、钱帖、架货及外欠、官款存储，则其运用资本总额达到732300吊，其钱帖即发行资本占资本的1.91%；以外欠及官款代表借款与存款，则二者占资本总额的54.62%，因尚不知其开办资本及存款究竟是多少，故这一推测显然是不精确的。

民国典当业的资本构成如何？陆国香先生有一个分析。他将典当资本分成三个部分：一是开设资本，即以上所分析的资本来源中来自各阶层采取独资或合伙形式的原有资本；二是流通资本，指开办资本再加上借款及存款；三是通过发行信用货币等形式的发行资本。他认为将三者之和减去营业费用即是典当的总营业额，或亦称之为架本，亦即本文所谓的运用资本。而由架本对原本之比例，可知存款、借款、发行信用货币在其资本构成中的地位。根据调查，江苏省240家典当，民国二十一年、二十二年、二十三年架本相当于原资本的二至三倍。其具体比例如表2：

表2　　　　20世纪30年代江苏省典当运用资本与原本比例

资本 年代	架本总数 （元）	对原本比率 （%）	每家平均架本 （元）
民国二十一年（1932）	26499941	282.7	110416.42
民国二十二年（1933）	23878901	254.6	99495.42
民国二十三年（1934）	21323432	227.4	88847.63

而同一时期山西省219家典质架本与原本的比例似乎更高，相当于原本的二至三倍以上，高者接近四倍。具体情况见表3。

---

① 《天津商会档案汇编》（1903—1911）上册，天津人民出版社1989年版。

表3　　　　　20世纪30年代山西省典当运用资本与原本比例

资本＼年代	架本总数（元）	对原本比率（%）	每家平均资本（元）
民国二十一年（1932）	4184204	361.7	18941.57
民国二十二年（1933）	4562981	379.9	20835.53
民国二十三年（1934）	3150144	274.7	14384.22
民国二十四年（1935）	3190924	278.2	14570.43

根据陆先生之估计，民国二十三年（1934）至民国二十四年（1935）全国各省市平均情况则见表4：①

表4　　　　　20世纪30年代全国典当运用资本与原有资本比例

资本＼省区市区	开设资本（元）	架本对原本比率（%）	架本估计（元）
省区	68808936	217.0	149315369
市区	27003471	245.7	66347528
合计	95812407	225.1	215662897

综合以上叙述可见：因典当业不论资本多少都能开设，而且得利比较稳定。故自明代尤其是明中叶以后，其资本来源相当广泛，各阶层人们均可投资开设，各级官府及一些社会机构也有出资开设者，随着合伙制的发展以及合伙制资本股份化的进展更促进了社会资本对典当业的投入。与以前各代相比，明朝后期典当业资本的构成发生了重要变化，主要表现为存款的发展及普遍化，借款在其资本构成中的地位也显著提高。从清代开始，因信用货币发行产生和发展，它对资本构成也产生了一定的影响。就清代中后期及民国时期的统计材料看，其运用资本（近似地亦相当于典当所言的架本）总量一般达到原本的两倍、三倍甚至四倍，

---

① 表4及以上三表据《中国典当业资本量之估计》，《农行月刊》第三卷第4期。

这反映了负债经营在明中叶以后在典当中的发展。而这一状况又是明中叶以后商品经济发展、社会经济运行对金融信用及货币需求发展以及随着这一发展而来的工商各业负债经营普遍化的结果。而这一状况对明代中叶以来商业资本的扩展以及生产方式的发展变化的影响是相当深远的。①

(原载《河北大学学报》1999年第4期)

---

① 本文有关叙述及资料注明者外,均参见刘秋根《中国典当制度史》各章节,上海古籍出版社1995年版。

清代典当业的法律调整

关于清代典当业，自 20 世纪 80 年代以来颇得经济史界重视，重要的有罗炳绵①、王廷元②、潘敏德③、韦庆远④，刘秋根⑤，王裕明⑥，刘建生⑦等。这些论著多注重典当业资本形成、利率、经营体制、典当业的经济、历史作用等，对与典当业相关的法律问题的探讨似还薄弱。

近年来清代民法、商法研究蔚为大观，其中具体涉及与典当业相关

---

① 罗炳绵发表过系列文章探讨中国古代至民国时代的典当业，然重点是民国时期。可参见《近代中国典当业的社会意义及其类别和税收》（《近代史研究所辑刊》第 7 辑）、《近代中国典当业的分布趋势和同业组织》（上、下），《食货》第 8 卷第 2、3 期，1978 年 5、6 月等）。

② 王廷元最早研究了徽商典当业，见王廷元《徽州典商述论》，《安徽史学》1986 年第 1 期。

③ 潘敏德比较详细地探讨了清代至民国时代的典当业，见《中国近代典当业之研究》，台湾师范大学历史研究所 1985 年版。

④ 韦庆远对清代内务府典当进行了详细的研究。见韦庆远《论清代的典当》，原载《香港大学 1985 年国际明清史研讨会论文集》；《论清代的"生息银两"与官府经营的典当业》，原载《中华文史论丛》1986 年第 21 期；《清代典当业与官僚资本》，原载《清史论丛》第八辑。此三文均收于韦庆远《明清史辨析》，中国社会科学出版社 1989 年版。

⑤ 刘秋根则有多部（篇）论著涉及或专门探讨了中国典当业，计有《中国典当制度史》，上海古籍出版社 1995 年版；《明清高利贷资本》，社会科学文献出版社 2000 年版；《宋代抵当所与抵当库》，《宋史研究论丛》第八辑，河北大学出版社 2009 年版。

⑥ 王裕明：《明清典簿研究》，硕士学位论文，南京大学，1998 年。

⑦ 刘建生等人对晋商典当经营进行了详尽的研究，见刘建生、燕红忠、王瑞芬《山西典商研究》，山西经济出版社 2007 年版。

法律问题的有经君健①、邱澎生②、刘秋根③、卞利④等。但对这一问题尚未作专门研究。邱澎生教授的论著尤与本文所第四部分直接相关，对于典当铺经营过程中因失窃、失火等"过失"造成的损失的赔偿法律也进行了论述。以其新著第六章为例可见，邱澎生教授第一部分回顾了过失法律在汉唐明代法律中的起源演变及法律原则，对浙江省在这一问题上的法律条例论辩、调整过程作了论述。第二部分对于稍后于浙江、湖南、江西等相关省例对当铺染房失火、失窃赔偿法律的讨论过程，对于《大清律例》中的相关律例在省例影响下的调整变动过程作了论证。第三部分对牙行典当染房过失法律中所体现的官府如何既保全典当商等富人又保护托典穷人利益的原则，及社会上相关的观念和价值观作了总结分析。可见是对明清法律框架及其立法过程的论述与分析，也作了社会史角度的分析。

拙作不欲对这一法律在当时的论辩及立法过程作过多的论证，而主要是希望对于典当收当盗赃的处理，关于典当铺失火（邻火延烧）、失窃的处理的法律变化本身进行概述。力图强调典商呈告对于这一立法的影响，侧重于从"民间经济立法"的角度，分析清代政府面对商品货币经济的发展，及其所引起的社会问题是怎么应对的，制定了什么法律，做了什么，还有什么没有做，这种有作为或不作为对经济发展与向资本主义、近代社会的转型有什么影响。

---

① 经君健以《大清律例》为中心，对清代怎样对待私有财产，包括所有权纠纷、财产继承，怎样处理市场、商业，怎样处理借贷关系等等，从立法角度进行了研究。在对借贷关系立法的论述中亦涉及典当。见《清代关于民间经济的立法》，《中国经济史研究》1994年第1期。

② 邱澎生：《18世纪中国商业法律中的债负与过失论述》，载《复旦史学集刊》，复旦大学出版社2005年版；《当法律遇上经济——明清中国的商业法律》，五南图书出版股份有限公司2008年版第六章。

③ 刘秋根：《明清高利贷资本》第四章第三节"利率管制政策"，涉及清代典当利率的法律管制问题；《中国典当制度史》第六章第二节"历代典当业利息制度"，亦涉及清代法律对典当业利率的规范；《中国封建社会利率管制政策——封建国家对资金市场的调控与干预》，《漆侠先生纪念文集》，河北大学出版社2002年版。

④ 卞利《明清典当和借贷法律规范的调整与乡村社会的稳定》一文对明清正式律典即《大明律》《大清律》中对典当、借贷的立法规定及调整，以及这些调整对明清乡村社会稳定的意义作了探讨。文载《中国农史》2005年第4期。

笔者的研究大体可以说属于"借贷法"的内容，本质上属于"经济法"，当然力图解决的还是经济史问题。

本文意欲从以下四个方面就清政府对典当业的法律调整作探讨。一是对典当的利息高低进行调整的法律规定；二是对典当业务如满当期限、减利时限、货币行使等方面加以规范的法律；三是对典当经营者加以限制的法律，如禁止军流配犯开典，禁止非法小当、私押的开设等；四是对典当加以保护的法律，如处理典当误典贼赃，处理典当失火、失窃等。

本文所言清代，是指清代前期，基本不涉及清代后期。虽然19世纪40年代以后，除了逐渐走向衰落以外，典当业并无本质变化。当然为了论述问题，偶尔也追溯到明代。

本文所言法律调整是指根据一定社会生活的需求，根据自己的价值取向，运用一系列的法律手段，对人的行为进行规范，对现实社会生活关系施加影响，以期建立理想的社会生活秩序的活动。而所谓"清代前期典当业的法律调整"，正是指清代政府运用一系例法律、条例，对典当经营以及在典当铺借贷的人的行为进行规范，以维护双方权益、维持社会秩序、统治稳定的法律行为。当然本文侧重于立法方面，对司法即纠纷及诉讼未涉及。

大体上说，本文所论应是经济法范畴，在中国古代是没有形式上的民商法、经济法的，但不能说实质上也没有，正式律典、则例等法典中便有零散规定，而在记载行会法、地方法、制度性习惯的条例、告示、谕禁、约定等形式的法律文献之中更是系统地存在。就其载体而言，后者常以碑刻的形式公布，有些则连碑刻都没有，仅表现为人们的约定俗成，如土地、商业交易中双方订立的契约，便常内含许多双方都能遵守的且为各级官府审理案件时经常运用的制度。

本文为论述典当法律问题，运用了《大清律例》《大清会典事例》，各省省例，如福建省例、湖南省例、浙江省例等，还有一些告示，其中有省一级的告示，如《读书堂采衣全集》卷四十五《抚吴条约》上《正风俗》、方观承《赈纪》卷八《捐输谕禁·劝谕当商减利听赎农器示》、陆陇其《三鱼堂文集》外集卷五《禁重利示》、《江苏省明清以来碑刻资料选集》十二金融类第一四六《江苏按察司严禁私开押店永杜民害碑》

等；也有府县一级的告示，如《江苏明清以来碑刻资料选集》第三五一《议准典铺取息例碑》、光绪《文登县志》卷三下《邑人林培玠记典肆始末》所记载、《风行录》卷二《分别当赃酌定取赎章程》等。笔者认为，《大清律例》《大清会典事例》当然是国家制定的、全国性的正式法典，其中规范典当行为的相关规定，应属典当法律无疑。而对于此外的省、府乃至县一级的告示、谕禁、劝谕之类，则似应稍加分析，严格地说，它们不是国家制定或颁布的法律。但是，中国古代立法，不可能如今天一样，要受《立法法》的约束。故而即使如县级政权，作为古代的基层政权，县官是皇帝直接任命的，可以视为皇权的直接延伸，因此，即使如县级衙门的告示之类也有了立法的性质，属于国家法律之范畴。

　　清政府对典当业进行法律调整经历了一个由简单到细密的过程。从康熙朝开始，随着社会秩序的稳定、商品货币经济的恢复发展而来的商业高利贷资本的积累、典当业的复兴，清代政府便开始重视对借贷问题的调整，而对典当业似乎更为重视。当然，明朝政府虽无全国性的、系统的法律规定，如《大明律》的规定是笼统地针对典当与其他一般借贷。当然针对客商及本地大户重利放债问题，明朝各级政府是发布了一些告示、榜文予以调整规范的，其中应包括典当业。当然，明末地方政府似已有了对典当利率进行法律调整措施的萌芽，但比较罕见，措施亦不配套。如崇祯年间，艾南英在江西抚州，针对当地典当利率高昂、剥削苛刻的状况，曾上书知府言："明府受民如子，岂容四、五兼并之家横行郡中，然小民有急，虽要其重息，势不能止。"因而请求"于半年内召请徽商于郡开设，请牒抚按，照依直省通例。小民直趋轻息，而兼并之家自不能行计"[①]。

　　就清代来看，笔者目前见到的事例如浙江湖州府、江苏各地尤其是苏州府各县、湖南长沙府、山东文登县等都是从康熙年间开始整顿典当业，而河南至少在雍正初也开始典当业的法律调整。这种整顿，至乾隆年间及以后各代更加频繁，而有关的法规政策规定也更为细致，不少地方经历了长期的商榷甚至斗争，在这一过程中，不但是官府与典当商人

[①] 艾南英：《天佣子集》卷六《三上蔡太尊论战守事宜状》。

之间存在斗争与博弈，各种社会力量亦参与其中，尤其是地方士大夫如乡宦及诸生等。虽然主要采取法律与行政的手段，有些地方却也运用了经济的、社会的手段。据笔者目前的搜集的事例，至少福建、浙江、山东、江西、湖南、陕西这些省份对典当业进行了法律的、行政的调整、整顿行动。实际上省以下各级政府如府、州、县亦常有相关政策。据笔者目前所见到的事例，除上文已提到康熙年间的浙江湖州府、平湖县、湖南长沙府各例外，还有江南地区、直隶无极县、山东文登县、安徽庐州等。

一

对于典当利率，《大清律》将它与其他的一般借贷一样，规定为："凡私放钱债及典当财物，每月取利，并不得过三分，年月虽多，不过一本一利。"① 作为国家处理借贷案件的基本法律规定，在司法实践当然是被严格遵守的，不但处理某个具体的案件时是如此，制定一些全国性的律例及地方性的借贷法规条例时，似乎也是不可违背的。② 不过随着典当业的发展，小生产者对典当经营依赖的加深，清代以后，月利三分的典当利率被社会认为是难以忍受的高利，于是如上所述，从顺治年间即开始对典当业利率进行法律上的调整。这种调整或是强迫典商③在一定幅度内降低利率，如三分改二分、二分改一分五、一分五降为一分等；或是要求在年终时节的一定期限内降利，以便穷民取赎还债。从时间上看，从顺治康熙到乾隆、嘉庆，有一个利率下降的过程；④ 从空间上看，东部、西部表现出利率高低及时间先后的差异。

虽然清政府从顺治五年重申律意"以后止许照律，每两三分行利，

---

① 《大清律例》卷一四《户律·钱债·违禁取利》。此项律令源于明律，文字全同。
② 私债、典当经营者是否完全遵守，则是另一个问题。
③ 这里是指领帖开设、规模较大且缴纳典税的正规当铺。
④ 从地方政府规定的典当利率变化可发现这一点。

即至十年，不过照本算利"①。而实际上一些地方典当利率常高出这一规定，故引起地方政府及社会的关注，如镇江府金坛县县学生员鉴于本地徽商所开当铺"利息虽曰三分，成色称兑之间，几及五分，"所以"呈县，求减半分"，引起典商不满，他们贿赂乡绅入县调酌，规定："两外二分五厘，两内则仍三分。"对于这一结果，诸生极为不满，他们认为，减利本为穷民，穷民哪有两外之质呢？不过此次减利，不了了之。后还因他事酿成极大冤案。② 康熙四十二年（1702），苏州府常熟县也采取一次降减典利的行动，据事后所刻碑载：因各上宪屡次申饬，乃"着令各典务遵督部院宪行，概以二分起息，多者递减"。认为"每两及钱数，概行二分，设多递减，诚为两平"③。由文中所述可见，此事不限于常熟、苏州，可能是全江苏的一项规定，而且时间比康熙四十二年要早得多。赵士麟于康熙二十五年巡抚江苏，在告示中说："典铺之利与徒手告贷者不同……不得仍执律令不过三分为辞也，查前院已经颁示，计两计钱酌定低昂，允为至当，各属典铺俱当一体遵奉，不许浮溢。"④ 可见在康熙二十五年（1686）以前，江苏全省已经对典当利率有了限定。

　　大体同时的浙江也开始了立法减轻典利的行动，相比而言，浙江的行动经历了更长的时期，典商、官府及各种社会力量进行了更激烈的斗争与更复杂的博弈。先是康熙十八年平湖县令景贞运"奉宪檄，行查违法重利。□□（徽人）黄履顺等，唆贞运白镪二百四十金，即以一案干赃事，词讼之上台，劾景罢官。由是典利三分。视京师及他郡邑为独重"⑤。此虽为县志所载，但无疑是由县令奉令行事，所以反映了整个浙江的情况。这次行动看来是失败了，但自此之后，典当利率却可能因此下降，并不完全是"典利三分"了，据《吴兴旧闻》记载：自此"湖郡

---

① 《清世祖章皇帝实录》卷四一，顺治五年十一月末。按：据苏亦工《明清律典与条例》考证，《大清律》应在顺治四年三月。中国政法大学出版社2000年版，第110—114页。可见此诏是在申明律意。
② 花村看行侍者：《花村谈往》卷二《金坛海案》。
③ 《明清苏州工商业碑刻选集》第九目《金融典当业》《常熟县议定典铺取息等理碑》。
④ 《读书堂采衣全集》卷四五《抚吴条约》上《正风俗》。
⑤ 康熙《平湖县志》卷四《风俗》。

典息"变成了三个等级,即"十两以上者每月一分五厘起息,二两以上者每月二分起息,一两以下者每月三分取息"。因"贫民衣饰有限,每票不及一两者多,隔一二年,本利科算,不能取赎,每多没入"。后来有名童国泰者与典商结讼十三年,直至巡抚金鉁"准行审勘,断定概以一分五厘起息"①。康熙三十八年,康熙南巡时,从童国泰还上书来看,此事应在康熙三十八年以前。不过据《平湖县志》记载:在康熙四十一年担任浙江巡抚的赵申乔也"题请分半起息,立石永为定例"。赵申乔去任后,众典商"将谋翻案,绅士无一人挠之者,独山阴赵瞻侯,侨居我湖,不惮劳怨,遍控各宪",才得仍旧例。②处于内地的河北、湖南以及处在海外的台湾在康熙年间也开始了典当利率的法律调整行动。③

综上所述可见,康熙年间的典当利率调整,尚处于初级阶段,表现在地域尚不广泛,措施尚比较简单,当然,各地情况也不一致,如浙江情况就比较特殊一些。乾隆以后,这种状况发生了较大的变化,开始走向全国各省,措施也细致起来,考虑了多方面的因素;④ 不但运用官府行政的、法律的手段,而且常常借助社会力量的推动。我们仍分山东、陕西等华北、西北,安徽、江西、湖南等中部,江苏、浙江、福建等东南沿海三个地区加以论述。

在华北及西北,我们见到了山东、直隶、陕西三个例子。山东典当减利大约分三步,首先于乾隆十一年要求凡遇灾年,正月、二月、三月有取赎衣器者,概以二分起息,其余别物,俱照旧例三分起息。后来,又规定,凡冬月取赎一律减息一分。最后于乾隆二十三年三月,由布政司详请巡抚,指出:原来要求当铺冬月减利一分,由三分改为二分,结果有些原本就取利二分的当铺竟然改回三分,以便冬月减利。故而要求"如有二分行利之当铺,俱照旧通年二分起息,冬月免其减利……并不得

---

① 《吴兴旧闻》卷二引《小谷口荟最》。童国泰是乌程县人,此事光绪《乌程县志》卷一七亦有记载。
② 光绪《平湖县志》卷二五《丛记》。
③ 可见赵申乔《赵恭毅公自治官书类集》卷九《禁当铺违例取息示》、《三鱼堂文集》外集卷五《禁重利示》。
④ 不光是考虑贫苦小民受典当剥削之深,同时考虑到典当经营者经营得利。

借冬月减利改为三分起息"①。

直隶各府县因前尚未查到全省通行之例，但在乾隆年间肯定是曾经推行过同类措施的，乾隆初，方观承在直隶办赈，措施之一是要求典当铺对于赴质的"犁锄及一切农用什物，宜各按每月三分之利，让半听赎。有再能多让少取者，地方官酌量加奖"②。在直隶无极县，县政府亦要求"请于十二月一月，凡民间赎取衣物，减利一分"。值得注意的是，其中提到："直隶岁底减一分之息，听民赎当，然各处不同，有行者，有不行者。"说明岁底减利应是一种直隶全省通行的措施。③

属于西北地区的陕西减利行动则要迟一些，直至嘉庆时"他省质物者，出息不过二分，秦独三分"。藩司徐炘多次劝谕，方"减冬月息为二分，他月仍旧"。"有渭南县南坳底村贺士英闻之，慨然曰：此非官力所强也。吾质库三十处，散布于渭南、临潼、蓝田、咸宁、长安百里之间，在省垣者八。吾者减，则众商皆减矣"。于是改为终年二分，数月之间，西、同、凤、乾、邠五郡四十余州县质库八百余，皆变为终年二分。④

湖南地方官府针对典当业的减利行为在乾隆以后又活跃起来。据乾隆十八年（1753）三月二十日布政使周人骥奉巡抚批示查禁典铺利息问题，在此之前，先据长沙府所申，提出了按所当物值多少，按不同利率取息的方案，被巡抚驳回，后又综合衡阳、常德、辰州、澧州等府及桂阳州所呈报的情况，主要参考常德、澧州二府的方案。酌中制定了一个方案。其各府典当利率及最终方案情况见表1。⑤

---

① 《乾隆朝山东宪规》第一册（不分卷）《当铺常年二分起息，冬月免其让利通饬》。
② 方观承：《赈纪》卷八《捐输谕禁·劝谕当商减利听赎农器示》。
③ 乾隆《无极县志》卷末《附录》。
④ 民国《续修陕西通志稿》卷三四。
⑤ 《湖南省例成案》卷三三《户律·钱债·违禁取利·典当每年十二月初十日起至正月初十日止一月以二分息向赎》。

表1　　　　　　　　　　乾隆初湖南典当法定利率情况

地点	方案	原典当利率情况
长沙府	一两至十两　三分 十两至百两　二分 皮毛　　　　仍三分	
衡阳府、衡阳县	一两至十两　　二分 十两至一百两　一分六厘 百两以上　　　一分二厘 皮衣　　　　　二分五厘	
常德府	数钱、一两至十两　二分五厘 十两至五十两　　　二分二厘 五十两至一百两　　二分	
辰州府	月息一分五厘	仅郡城有二当： 承恩当：月息一分五厘 雄飞当：月息一分五厘
澧州府	统以二分五厘	每月三分
桂阳州	（仅一典，已告退）	
最终方案	一两以下至十两　二分五厘 十两至百两　　　二分 皮褐衣之类　　　仍三分	

江西、安徽在雍正乾隆时也开始了整顿典当利率的行动，如在江西即由按察使凌燽出具告示，要求典当"除行息仍照旧二分外，如有当物期满一年取赎者，让利一月；二年取赎者，让利二月"①。至乾隆三十一年，按察司的规定仍是如此，即"遵循定例，加二取息"。抵押物留当，亦照二分取息，每年让利二月。②

东南沿海地带的江苏，如前所述，此类行动的开展是比较早的，康

---

① 凌燽：《西江视臬纪事》卷四《示当铺》。
② 《西江政要》卷九《严禁典铺票内楷书字迹，毋许违例巧取重利，并愿留取赎定例》。

熙年间即已在一些地区推行，笔者目前尚未得见类似湖南、福建等省这样的针对全省的比较系统的条例，① 但可能性是存在的，如《湖南省例成案》一书在叙述关于处理典当误典盗赃的相关条例时，提到江省于乾隆初年所定之例。② 上引《西江政要》在记载江西按察司讨论典当利率问题时，亦提到有"苏省议详"，可见江苏省例对典当利率及其他业务问题法律调整肯定是存在的，而且时间还比较早，在各省影响也不小。

福建乾隆年间典利的调整，经历了三次变化，③ 最终方案与湖南一案很有相似之处。第一次修改是在乾隆二十九年，第二次修改于乾隆三十九年，第三次修改于乾隆四十八年。表2将乾隆二十九年以前利率情况及两次修改方案列示如下。④

表2　　　　　　　　福建地区乾隆以来典当法定利率情况

地点	乾隆二十九年前所定	乾隆二十九年方案	乾隆三十九年方案	乾隆四十八年方案
福州府、闽清县、侯官县	月三分、二分，三十六月为满			
福州府长乐等县	月三分、二分四厘 二十四、二十六月为满			
福建		私当：三月为满，加一取息，禁之	私当：三月为满，加一取息，禁之	

---

① 《江苏省例》《江苏省例新纂》未见有调整典当利率之类案件。
② 可见《湖南省例成案》卷三三《违禁取利·典商当贼盗赃物差票提起贼赃、追还当本》。
③ 由前引高拱乾在台湾推行减利看，福建在康熙年间应该也开始了典当利率调整行动。
④ 本表参考《福建省例》十六《典当大小息限期》《开张典当分别本银行息期》《民间开张大小典当分别行息章程》有关材料编成。

续表

地点	乾隆二十九年前所定	乾隆二十九年方案	乾隆三十九年方案	乾隆四十八年方案
福建		大典：二分，三十六月为满 小典：二分四厘，二十四月为满	定：本500两以上为大典。本500两以下为小典。利率仍前	初定：小典本至500两即照大典改息限 再定：银三两、钱三千以下，二分四厘，二十四个月；银三两，钱三千以上，二分行息，二十六月为满，不论资本大小 最终：行息照前，满限统为三十个月

在广东，乾隆年间曾规定：按照大清律，"按押一例取息，三年为满"①。至嘉庆五年又规定："每年十二月十五日起至次年正月十五日，减利取赎。"嘉庆十六年，将这一日期规定为十月初至十二月三十日，具体减利的情况是：原月息三分者以二分放赎，二分半者以一分半放赎，二分者以一分放赎。分半息者以八厘放赎。② 不过这里我们作一个合理的猜测：至少在嘉庆十六年以前，广东省藩司、臬司或巡抚等对典当利率应有一次减利行动，否则二分、二分半、二分、一分半之类的利率也不可能完全是民间的市场利率或习惯的利率。

---

① 《粤东例案》（抄本）。

② 《粤东成案》（抄本）。按：两条转引自叶显恩、谭棣华《略论明清珠江三角洲的高利贷资本》，载《明清广东社会经济研究》，广东人民出版社1987年版。按：上注中之《粤东例案》是否《广东成案》之笔误。待考。

综上所述，我们大体可以发现，从康熙年间开始至乾隆、嘉庆年间，各省各府县普遍对典当利率发起了减利的法律调整措施，有些较早，如江苏、浙江；有些较晚，如陕西、安徽；[1] 有些措施细致，如江苏、浙江、福建；有些则似乎比较简单，如山东。

从这场调整行动的形成过程来看，多数是由上到下推动，即由地方政府发动，由布政司、按察使与各府县共同推动，主要体现政府与典当商人之间的斗争、妥协，最为典型的是福建、江西、湖南，一般是以典商呈请为缘由，经府县呈请，藩司、臬司斟酌，报巡抚批示，再修改，再报批，两三个回合之后再作决定，一般不在朝堂讨论。但是有些减利行动中，则借助了社会的力量，如顺治年间的金坛由县学生员发动、康熙年间的浙江各地由社会贤达、退休官员发动及维持。[2]

经过康熙至乾隆嘉庆年间的长时期的减利，各地典当利率整体上是有所下降的。如果康熙年间的利率调整有些还仅限于将利率稳定在三分这一律典所定利率水平的话，那么，乾隆年间以后的减利调整则绝大数是将利率在三分的基础上，再往下降五厘至一分或一分五厘，甚至二分。虽然各地因商品经济、商人货币资本进入的程度不一，各地典当利率的水平并不统一，从以上所述情况看，江苏、浙江似乎水平要更低一些，湖南、江西、山东、福建等似乎要高一些。但可以肯定的是，其利率水平应该是受到了相当的平抑，虽然《大清律例》所载法定利率仍是三分，但在多数地方法规之中，大体应降到了二分左右，有些达到二分以下，低至一分半、一分。

二

对典当业务经营习惯，清代各级政府亦注重从法律上予以规范，如满当期限、减利时限、银钱行使、钱文积存等。对于这几个方面的业务，

---

[1] 有些省份则直至道光年间尚未开展，如河南。可见《清宣宗成皇帝实录》卷二五，道光元年十月乙巳。

[2] 即童国泰、赵瞻侯。

早期即康熙时期的各次行动中尚罕见涉及，乾隆以后，则颇为多见。以下分两个方面依次作论述。

首先，从对满当期限、让利期限等方面来看，苏州等东南发达地域似着先鞭。苏州府常熟县康熙四十二年（1703）关于典铺取利的地方法规便制定了多方面的让利条例。如关于让利"如穷人替换衣服米麦转票之期，向例于月终二十八九日至月初之初十日□算□□□□"①。此条应该是说二十八九日至次月初十日，共四十一日，只取一个月之利，以便给穷人一些优惠。此为以前之例，依此次规定则是"于月之二十五日起，至又次月计四十日，取一月月不过五之旧例"。② 即此月二十五日至次月五日，总计四十日只取一月之利。

至乾隆年间江苏各地似乎还是如此规定的，如常州金匮县于乾隆二十年六月，鉴于典商"饰词蒙混，图翻原案"，再次重申旧规，要求典商"总以三十日为一月，扣算扣足一月之外，所余零日，五日以内，不许加利，十日以内，许收半月之利，十日以外，方许收一月之利"③。这里所规定的是一月之内，在取利日期上，对赎当者的一些优惠。关于让利，江西臬司雍正乾隆年间规定："当物期满一年取赎者，让利一月，二年取赎者，让利二月。"④ 而且要求"典当一月至次月十日以外，方照两个月取息"。对于后者，典当常常不予遵守，往往"典当一月，至次月三五日取赎者，则扣两个月利息，稍不遂额亦揑不给赎"⑤。针对这一情况，乾隆三十一年又重新进行了调整，重申了这一定例。

关于满当期限，市场有十二个月、二十四个月、二十六个月、三十

---

① 为免重复多次引用，以下分两个部分对这四个方面的业务加以叙述。
② 《江苏明清以来碑刻资料选集》第三五一《议准典铺取息例碑》，生活·读书·新知三联书店1959年版，第631—632页。按：此次所定"一月月不过五"之制为此后不少类似行动中所记录。文中"至又次日"当为"至又次月"。
③ 《江苏省明清以来碑刻资料选集》第二〇五《金匮县规定当赎时期及利息碑》，生活·读书·新知三联书店1959年版，第526页。
④ 凌燽：《西江视臬纪事》卷四《示当铺》，《续修四库全书》本，第134页。
⑤ 《西江政要》卷九《严禁典铺票内楷字迹，毋许违例巧取重利，并愿留取赎定例》。

个月、三十六个月之别,依当铺资本大小,地域不同而不同,① 乾隆年间的各地方政府所定条规对此作了不少规定,江西所定期限是:有二十八个月,有二十个月者,并且还要留当两个月。② 湖南省乾隆十六年所定条规定:"俱从二十四个月为满,质当之家恐其限满发卖,计再留六个月,于票内注明。"③ 福建在乾隆二十九年以前各地较乱,二十九年依资本大小分别规定:大典三十六月为满,小典二十四个月为满,至乾隆四十八年,再次调整为统以三十个月为满。④

在银钱行使等方面,通过这种法律调整行动,亦形成了不少制度性的规定。首先,因为典当铺常利用银、钱的成色,比价变化等谋取额外隐性重利,清政府一方面规定当进赎出的货币种类、成色必须统一。另一方面有时还具体规定所用银子的成色,笔者所见最早的规定是苏州府常熟县在顺治十三年应典商之呈请,规定:"自后当钱出入,务于出票时,照依时值,议定银数,填明当票,日后取赎,不论或银或钱,悉照票上银数,照例算还。"康熙四十二年,因为典当铺"平戥轻重,银色高下"不一,更明确规定:"其当赎银色若纹出纹归,在典商倾熔固易,而小民零星取赎,□□不便,今等量一九八颁给,较准官法,出入一体。"⑤ 乾隆初,江西臬司的规定是:"质当一切物件,各典务宜各秉公道,银水戥头,出入一例。"⑥ 湖南于乾隆十六年调整当利时,对于当铺银钱适用亦规定"典当出入一两以下,概用满串钱文,不许扣抵;一两以上听用库平纹银,其银色戥头,毋许高下轻重。责令各州县较准制戥二把,发

---

① 刘秋根:《中国典当制度史》,上海古籍出版社1995年版,第179—183页就此列了一表。可资参考。
② 同前引《西江政要》卷九。
③ 《湖南省例成案》卷三三,《户律·钱债·违例取利·典当每年十二月初十日起至正月初十日止一月以二分向赎》。
④ 同上引《福建省例》十六关于典当利息、满当期限各条。
⑤ 同上引《江苏省明清以来碑刻资料选集》第三三三《典铺当赎值银一例帖》,第591页。《议准典铺取息例碑》,第631—632页。
⑥ 《西江视臬纪事续补·条款·禁临江府典铺苛勒并钱桌包当包赎示》。《续修四库全书》本,第882册,第154页。

给称用"①。

其次，清代前期，钱贵问题是朝廷及各级政府关心的问题，而与铜钱流通关系十分密切的当铺亦是政府法律政策调整关注的重要对象之一，尤其是乾隆前期更是如此，相关规定似主要有三个方面的内容。第一方面是规定典当经营过程中所积聚的钱文数目；第二方面是规定典当铺经营中一两或三五两以上必须用钱；第三方面是规定典当铺必须完成一些帮助政府买卖钱文，以加快钱币流通的公共职能。

从第一方面看，此前曾有人奏请"大当只许存钱七八百串，小当只许存钱一、二百串"。至乾隆三年三月，户部尚书海望等上奏请求"应令大当只许存钱三四百串，小当只许存钱一百串，其余概令发出市卖"②。此条《实录》未载，此后有所谓部议，规定之额度与此比较接近。在地方如福建省在乾隆八年即有定例，规定典当铺经营中积聚铜钱的总数。③乾隆十年，巡抚奏明的制度是："应照部议，富户毋得贮至五十串以上，典铺亦不得过三百串。"④至乾隆二十四年整顿铜钱囤积问题，重申："经前宪奏明定例，凡富户不得积钱五十千，典铺不许存三百千。"⑤

从第二方面看，一般规定一两以上，或三五两以上必须用银。当然也有更低的限度。据乾隆三年海望奏指出："从前御史肖炘奏请五百文以上俱令使银"，被驳议，后来钱价昂贵，御史明德"请嗣后当铺除银六钱以下，仍准当钱，六钱以上，止准当银"。海望认为这样"大当存钱过多，不足以济民间流转之资"。于是提新方案，请求"小当照依该御史所奏，六钱以下仍准当钱，六钱以上只许当银"；"架本充裕之大当，一两以下准其当钱，一两以上只当银"。但这方案未被推行。乾隆八年，福建巡抚周学健奏请："凡买卖交易，一两以下者，准银钱兼用，一两以上，

---

① 《湖南省例成案》卷三三《户律·钱债·违例取利·典当每年十二月初十日起至正月初十日止一月以二分息向赎》。

② 档案：朱批奏折，乾隆三年三月初六日内大臣户部尚书兼管三库事务内务府总管海望等奏。转引自《北京师大学报》1978年第6期。以下朱批奏折数则均引自此。

③ 参见《清高宗纯皇帝实录》卷一九九，乾隆八年八月己卯。中华书局1985年影印本（以下此书版本同，仅注页数）第十一册，第559页。

④ 《清高宗纯皇帝实录》卷二三二，乾隆十年正月辛巳。第十二册，第5页。

⑤ 《福建省例》二十二《钱法例·严禁富户典铺盐商囤积钱文、稽察奸商私收贩运出境》。

只许用银,典当出入银钱,亦照此例。"① 乾隆十年二月,大学士议覆引湖北巡抚晏斯盛请求"民间质当,多系零星,不能禁其使钱。惟价在三五两以上者,当给本色取赎;在二三两以上者,亦照本色交还"。据晏斯盛原奏称湖北汉口等各州县当铺三百八十五座,小民质当"多系些小衣饰器皿,需钱数十百文",故而请求:"所当之物,或价在三五两以上至十余两二三十两者,俱应当给本色银两取赎,在二三两以上者,亦照本色交还。"②

典当铺虽然基本不经营货币兑换,却通过铜钱购销,成为钱币流通中的重要角色,经常干扰钱币的流通,政府对此常加查禁,但有时利用它的这项功能,协助完成活跃货币市场的功能。上引户部尚书海望所奏指出,京师"当铺中人上市买钱,动以五六百两"。为此,从乾隆初年开始,在整顿加速铜钱流通的行动中,便常强制要求当铺将多余钱文发卖,或者要求当铺领取官银上市购买铜钱供应市场流通。乾隆二年户部会同提督衙门奏请:将工部余钱八万串,开设官钱局,将所兑换来的银两,易出各当铺所余之钱,将来交春之际,当铺须钱,许向官局兑换作为资本。给事中田懋以为这样不可,而主张将户工二部之钱发出,令经纪铺户领买,让钱铺购买。以便钱币流通。③ 此后,清政府即按照这一思路行动的,在有关行动中,也多利用当铺,如乾隆九年十月初九日,大学士鄂尔泰在整顿京城钱币流通的奏章中所提出的措施,至少有两项与典当铺有关系。第一,"将京城各当铺,无论官民,每大当货本丰厚,应派给银三千两,听其营运",每日交还制钱二十四串,送回官局发卖,其银仍送回当铺作本,小当则依个人情愿。第二,因秋冬当铺积钱较多,命当铺,"每大当一,彻出制钱三百串;小当一,彻出制钱一百串"。交官局发卖,再易银还铺。④ 而湖北的措施则是令当铺"零星收赎聚积已多至十

---

① 《清高宗纯皇帝实录》卷一九九,乾隆八年己卯。
② 《清高宗纯皇帝实录》卷二三四,乾隆十年二月癸丑。第十二册第23页。其原奏据朱批奏折,乾隆十年正月初十日湖北巡抚晏斯盛奏。
③ 《清经世文编》卷五三《钱币下》田懋《平钱价疏》。
④ 《清高宗纯皇帝实录》卷二二六,乾隆九年十月壬子。

千以上者,即应兑给钱铺发卖"①。

三

对于典当铺的经营,清政府并无准入的限制,虽然时有大当、小当、大典、小押的说法,并且如上所述,在有些地区,对大当、小当的要求也不统一,但并不表示有资本数额的限制,如乾隆初及其以前的山东文登:"凡乡里小有之家,有闲舍二区,识字一人,则于其家开设小当。赀本二、三、四百千不等,未有及千钱者。"② 从雍正六年开始,要求开典当铺均须领帖纳税,经营才算合法,但亦无资本准入之限。当然,当帖的推行,亦含有一定的市场准入意义,因为商人所设,尤其是资本相对充裕的外地客商如徽商、山陕商人所设,且规模较大者更容易、更愿意领帖经营。

但是,清代地方政府对于典当经营者,主要是对于那些不领帖、规模小、利率高的私当、小押亦颇有禁制甚至打击。康熙年间,尚未推行领帖经营之制,一些地方官对典当高利的打击,颇具此意。③ 乾隆以后,对于私当、小押的禁止条令规定得更为细致。

乾隆二十四年七月,湖南查辑私当小押,据长沙知县张为㸅指出:"卑县现在安置军流各犯,原挟有微资者,竟与地方无赖之徒私行开设典押小铺,贱价押进,贵价变出。"且典进贼赃。下令"各速改别业",鉴于别的属县亦有此种情形,于是巡抚批令"在配军流私开典押小铺以销盗赃,实为地方之害,既有此弊,即应查禁"。乾隆三十六年,布政使、按察使奉令查禁私当小押,认为对于私当小押也须首先示禁,禁而不止,再分别情况治罪,因为"私押小典,虽未领帖办课,然皆小本营生,典质之物,为值无几……不过民间押借之类,原与典商不同,此等私押,如有违禁取利,则应照例只追余利"。如故当盗赃,则可治以应得之罪。

---

① 朱批奏折:乾隆十年正月初十日,湖北巡抚晏斯盛奏。《清高宗纯皇帝实录》卷二三四,乾隆十年二月癸丑大学士议覆中所言。
② 光绪《文登县志》卷三下《邑人林培玠记典肆始末》。
③ 陆陇其:《三鱼堂文集》外集卷五《禁重利示》,《四库全书》本。

要求"如有前项军流私开小押者,立即严行查察……概令停押侯赎,毋许复行私押"。如有再开者"一面将衣物查起给主,本追入官,仍将该犯加杖示儆"。这一方案遭到巡抚批驳,后者指出:"小押典质微物,为值无多,无非觅绳利而便贫民,例所不禁,倘违禁取利,知情故押贼赃,事发自有应得之罪。"而军流配犯挟微资开小押,正可让其谋生,不可禁止。① 由乾隆三十六年查禁小押的立法过程看,府县与布政、按察二司与巡抚意见并不统一,最终可谓不了了之。但到了乾隆四十九年时,情况似有变化,此年陆耀为湖南巡抚,对军流配犯开小押,违禁取利,采取了严禁之策,其告示指出,这些私开小押,违禁取利,利高限促,严令"即行停歇小押,并行自行首明免罪,所存物件令各人照三分月利尽行赎回"②。

福建省在乾隆二十九年、三十九年、四十八年调整减利时,有大典、小典的区别,并因此制定了不同的利率及满当期限,对于"私当",则是主张严禁的,如乾隆二十九年在有关典当利、限的巡抚部院批示中说:"另有一种私当,三月为限,加一起利,闾阎受其剥削。兼收贼赃,殊干功令,仰饬各该县实力访查,严行示禁革除。"③ 私典小押在苏州亦极多,嘉庆年间"苏松内外私开小押、重利盘剥者,竟有数百十家,盗贼易于消赃,赌博便于取本"。之所以如此,"为因羁縻军流人犯起见,有一犯准开一店之议。遂致地棍影射,兵役朋开,日渐日多",因而江苏按察司下令禁止,"将所押各物,定例三分,只准放赎,不准再行质押,勒限三个月,再行停止"④。

对私当、小押及其故典贼赃的危害,还曾引起朝廷的关注,嘉庆八年,上谕据巡城御史和静等奏:"现在街市有买卖零星之押铺,牟取重利,凡偷窃物件,俱赴典质。"为此"若将小铺概行查禁,在生理微薄

---

① 《湖南省例成案》卷三三《户律·钱债·违禁取利·严饬私开点押小铺》和《小押毋许违禁取利及知情故押贼赃除照例治罪外,仍不许复开小押》。
② 陆耀:《切问斋集》卷一四《严禁在配流违例私押示》。
③ 《福建省例》十六《当税例·当铺大小行息限期》。
④ 江苏省博物馆编:《江苏省明清以来碑刻资料选集》十二金融类第一四六《江苏按察司严禁私开押店永杜民害碑》,生活·读书·新知三联书店1959年版。

者，或不免生业无依，然不示以例禁，则奸宄公然售卖赃物"。故而要求晓谕"不得仍前开设小押，其在街市摆摊者，总于日后方准售卖"①。

总体说来，虽然经常是禁而不绝，但清代地方官府对私典、小押是认真予以查禁的。有意思的是，正因为这项法令的存在，地方"棍徒""豪强"之类，常将规模较小的当铺当作私当告发，引起社会秩序不稳。为此，地方政府只得从另一角度对此加以禁止，以免扰害正规典当乃至其他粮油等商铺的正常运营。如《居官寡过录》引佟彭年的禁示言："夫商民挟资开典，取生息之利。每年止纳官税五两。"但是"衙门奸蠹，计图私收侵蚀，遇有开张，即构同典头小甲、容隐饱橐。究竟在官有未报之典户"。对于这种情况，本来治典铺以"听蠹容隐拟以不应之罪"即可，但地方官乃"无论先报未报，是典非典，概事混查，甚至米粮油盐铺户，向以斗米斤油与穷民偶通缓急"。乃被"豪强地棍""动捏私典名色具首，地方官不加评察，随即混行拘扰，二三十两之资本倾于一旦"②。显然这种禁令带有保护典当及其他商铺合法经营之意。此事在湖南亦很得地方官府重视。乾隆年间，长沙等地，因典铺开设辽远，里中小民"艰于典当"者，"均不能不仰赖都图、甲里之富户质押钱谷，以济眉急，而救饥馑"，但"地方棍徒常藉私典挟诈"，因而加以禁革。③

四

在清政府对典当业的法律调整规范中，还有一些带有保护性的条例。最著名的是对典当误典盗赃及典当失火、失窃的处理。

关于典当收当盗赃的处理，《钦定大清会典律例》有比较明确的规定，这就是："强窃盗贼见获之赃，各令事主认领外，如不足原失之数，将无主赃物赔补，余剩者入官。如仍不足，将盗犯家产变价赔偿。若诸色人典当收买盗贼赃物，不知情者勿论，止追原赃。其价于犯人名下追

---

① 《钦定大清会典事例》卷一一六十一《步军统领·职制·禁令二》，《续修四库全书》本，第814册，第175页。
② 《居官寡过录》三佟寿民《严饬假公扰民》。
③ 《风行录》卷二《分别当赃酌定取赎章程》。

征给主。"①

而当铺作为地方主要的盗赃出脱场所之一，怎样处理误典盗赃问题是地方政府立法关心的事情之一，故而形成不少地方法规，作出了详细的规定。据笔者目前所见，江苏、浙江、福建、湖南是肯定制定了这一类的条例的。②

江苏省之例，尚未见全文，但由《湖南省例成案》等文献记载，它肯定也是制定了相应的条例的，而且因为制定较早而为各省所仿效。③

在浙江，曾进行过长期、多次的讨论，制定的条例前后变动很大。据《治浙成规》叙述，关于当铺典押盗赃问题，早有定例，乾隆四年、六年等年，布政司、按察司有分别强窃案、窃案而给予不同处理的动议，④ 但经上司驳回，乾隆十年、十七年、十九年、二十年，典商多次具呈，至二十一年，布政、按察二司讨论，巡抚部院批驳，仍维持原例，所谓原例即是："随时查起给主，于犯属名下追还当本。"当商以"贼犯类多赤贫，于定案之后，始行比追，每致当本虚悬"，多次呈请变通，未能成功。但在乾隆十九年的议详中，除了仍坚持旧例外，增加了"起取当赃之后，即查贼犯家产抵给，如有不足，查明无主赃物补给"的内容，⑤ 这可能是典商多次呈请的结果。

但这一方案至乾隆末年发生了重大的转向。在以前方案的讨论过程中，一般是不承认所谓"当本虚悬"、典商受累的，但在乾隆六十年的详案却充分地甚至可以说是过分地认可了这一点，其最终的核议规条是：

—— 凡遇当赃，失主措备一半当本免息取赎，在失主不必守候领赃，兼免房差需索；而典铺误当贼赃，令赔一半当本，询属商民两平。

---

① 《钦定大清会典事例》卷七八三《刑部·刑律·贼律·贼盗·强盗一》。
② 江苏省相关条例未见全文，但由湖南条例所引可见其大概。此点以下将叙述。
③ 《湖南省例成案》卷三三《户律钱债·违禁取利·典商当贼盗赃物差票提起贼赃，追还当本》。
④ 强劫之案，照例查起给主；窃案之赃，认明储当追本，免利取赎。
⑤ 《治浙成规·典铺窃赃先行查起给主于犯属名下追还当本》。

———窃案获贼，供认赃物，当于某典，缴出当票，即时盖印。该县饬役协同事主赴典认明，实系原赃，该典另包存储，听事主随时备一半当本免息取赎，如限满不赎，准该典变卖。其无事主到典认货，概不准半本取赎，以杜冒混。

———贼属名下追出当本，先尽失主，后归典商，分别给领，以昭平先允。①

细绎这三条，完全是为典商利益着想。其与乾隆二十一年以前所议详之例具有完全不同的价值趋向。

与江苏浙江不同的是，湖南省则似乎是维护原例未变。②

其次关于典当铺失火（或邻火延烧）、失窃的处理。《钦定大清会典事例》言："凡典商收当货物，自行烧毁者，以值十当五，照原典价计算，作为准数。邻火延烧者，酌减十分之二。按月扣除利息，照数赔偿。其豆石棉花等粗重之物，典当一年为满者。……给还十分之三，邻火延烧者，减去原价值二分，以减剩八分之数，给还十分之三……其未被焚烧及搬出各物，仍听当主照号取赎。"③ 这是失火（或邻火延烧）导致的损失的赔偿；关于被窃、被劫，《钦定大清会典事例》曰："典铺被窃，无论衣服米豆丝绵木器书画以及金银珠玉铜铁铅锡各货，概照当本银一两再赔一两；如系被劫，照当本银一两再赔五钱。均扣除失事日以前应得利息。如赔还之后，起获原赃，即给予典主领回变卖。不准再行取赎。"④ 各地方政府所定条例可能有细化之处及不同之处。但与处理盗赃问题条例的制定略有不同的是，典商呈告、制约的力量似不那么强大，故而偏离会典条例之处也并不是那么远，湖南、福建等省即如此。而浙江省在这一问题上的条例制定，却经过了较长时间的讨论及斗争。其方案变动大体如表 3 所示。⑤

---

① 《治浙成规·贼犯当赃事主措备一半回赎》，乾隆六十年。
② 《湖南省例成案》卷三三《户律钱债·违禁取利·典商当贼赃物差票提起赃追还当本》。
③ 《钦定大清会典事例》卷八二九《刑部·刑律·杂犯·失火》。
④ 《钦定大清会典事例》卷七六四《刑部·户律·钱债·费用受寄财产》。
⑤ 据《治浙成规·典铺被失分晰议赔》概括而成。

表3　　　　　　　浙江典当失火、失窃处理条例方案变动

时　间	方案摘要
乾隆十一年	失火："将衣服珠玉米谷丝绵木器书画各项物件概以贯五扣利找赔，"金银器饰，"计重扣利"，铜铅锡铁，"贯六扣利找赔"。 失窃："无论强劫鼠窃"，"无论衣服米豆丝绵木器书画以及金银珠玉铜铁铅锡各项货物，照当本银一两，再找银一两，扣利找赔。应扣利银，以失事日为止，如年月已满，概不准找"
乾隆十五年三月方案	失窃：若是"典铺被劫，无论衣服米豆丝绵木器书画以及金银珠玉铜铁铝锡各项货物援照失火之例，概以贯五扣利找赔。再强窃赃物已赔之后，如起获原赃，先给典主认领" 失火："除存者照常召赎外"，不论邻火延烧，还是自行失火，凡当房、住屋尽成灰烬者，"如无放火偷运情弊，取结一体免赔，"而仅烧当房、住屋未焚者，或本典伙计工人偷窃亏侵放火故烧者，照议赔偿。即："应将典质衣服珠玉米谷丝绵及木器书画各项物件概以贯五扣利找赔；金银器饰……以值十当七、计重扣利赔还；铜铅锡铁……应以贯六扣利找赔"
通行方案	"无论衣服米豆丝绵木器书画以及金银珠玉铜锡各项货物，照当本一两，许再找给一两，扣利找赔。应扣利银，以失事日为止，如年月已满，概不准找"

五

　　清代对典当业的法律调整，无疑属于如经君健先生所说的清代"民间经济立法"的一个组成部分，就大清律例及各省省例的构成来看，皆不出"户律钱债·违禁取利·费用受寄财产"两个部分。正是因为如上所言典当业在清代各部门经济尤其是农民再生产及小农生活中的重要地位，所以清政府对于典当的关注，尤甚对于其他金融机构如钱铺、钱庄、银号、账局、票号等的关注。这种关注在"着重于调解和处理纠纷，惩治不法，维持社会安定"[①]的同时，也具有了某种发展经济的

---

① 经君健：《清代关于民间经济的立法》，《中国经济史研究》1994年第1期。

意义。从前文所论而言，如处置典当失火、失窃当然是为了维持秩序，因为如果这种情况下不予适当赔偿，会引起典当百姓不满，导致地方不安定，而且从整体而言，不论是部分降低利率也好，调整满当押期限也好，防止地方"棍徒"以种种手段滋扰典当也好，或者禁止小典私押也好，均有鉴于典当者主要是广大贫苦农民，如果过分苛刻，小民典押负担太重，陷入破产，引起社会动荡，因而必然加以调整控制。但是因为古代小农生产方式的特殊性，保证农民生活即是维持社会再生产，因而以法律手段调整典当经营，当然是有利于经济发展的，亦可以说，这种调整有相当的发展经济的意义包含其中。何况，如上所论，农民、手工业者乃至商人对典当的利用还在相当程度上确实是为了再生产及商业经营。

中国古代立法有一个特点就是，必须有人呈告，方立案处理，处理结果涉及某一类事务，便有可能成为地方条例，在全国有了比较一致的条例时，便可能发展为全国性的条例，甚至修入会典之中。故而如《唐律》《刑统》乃至《明律》《清律》可以说是由国家依统治的需要及士大夫的治平理想统一制定，由上而下，强制推行，虽然每朝每代都作了较大的调整，但是未必符合变化的社会经济情况。也就是说，它的制定未必是实事求是的，但是与之相配套的东西，如唐代的敕令格式、宋代的编敕、明清时代的例，尤其是各省之例，则可以说根据变化的社会经济情况随时予以调整，是贯穿了实事求是的精神的，是对民间社会、经济习惯的运用及提升，是与鲜活的社会经济现实有着血肉联系的。中国的民间习俗、习惯法与公共法律之间实际上并无那么深的鸿沟。不仅如此，就典当业的地方之例而言，它还在各种社会力量的斗争、博弈之中，双方妥协而形成的，虽然因生活所迫而典当的普通老百姓没有参加这种条例的制定，但他们的意愿是官府及其他社会力量如士大夫等所必须考虑而不能随便忽视的。官府也不完全是屈从典商之愿，在典当业最为发达的地区之一——浙江，社会力量的参与便相当积极，其减利的力度相对于其他地区便要大一些。

在中国古代，自井田制崩溃之后，民得买卖土地，土地私有制发展起来，自中唐宋代以后，地主阶级大土地私有制发展起来，占据了统治地位，与此相适应，生产方式是一家一户的小生产方式，也就是说，小农、小手工业者是以一家一户的方式进入市场的，我们知道，中国传统小农生产方式、小农经济既不是以实物满足家庭需要的，以自然经济为主体的模式，也不是在竞争的市场中追求利润，以商品经济为主体的模式，而是一种自然经济与商品经济相结合即自给性的生产与商品性生产结合的模式。[①] 与这一特色相适应，商人、商业资本、高利贷资本较早地进入农村，与农民的再生产、生活发生了千丝万缕的联系。就金融而言，如果由分散的、原子式的小农家庭单独面对高利贷者，因为其经济力量的脆弱，借贷的风险是相当大的。高利贷者既要牟利，又要收取保险金，因而利率是比较高的，即使是提供抵押品的典当铺的借贷也是如此。封建国家既建立在地主土地所有制的基础上，依靠的是地主、小农为之服役、缴纳赋税，那么保护小农，使小农的再生产能够延续，就是封建国家必然的重要职能。在封建国家不能给小农提供金融服务，而封建国家的征敛又要求小农出卖剩余产品，小农再生产条件的不完备性，也使其不得不依赖市场。从而驱使小农只能求助于商人高利贷者时，封建国家运用手中的法律、行政手段对此加以调整，就是必然的了，虽然典当与商人的经营亦有密切的关系，但这种调整，封建国家侧重的是小生产者，尤其是小农，因为他们不但关乎社会生产，更关乎社会秩序之稳定。

　　明中叶以来，专业商人的兴起，以及商人与商品流通及社会再生产关系的密切化，商人不但以其雄厚的资金活跃在各个部门、各地城乡，更重要的是，商人以其自治精神，制定出了商事习惯法，形成了自己的组织，虽然因特殊的财政赋役体制，封建国家未能因国债制度而与商人结成联盟，封建国家的政治法律也不由有产阶级，尤其是大商人决定，但是，至17—18世纪以后，商人力量得到了成长，他们的组织、他们的习惯法已经强大到足以对地方政府立法产生影响，在本文所述典当业法律调整过程中，大部分的地方条例的制定，是由典商为更多更好地牟利而发起的，便是明证。因而封建国家与典商之间可以说形成了某种利益

---

① 参见方行《清代前期的小农经济》，《中国经济史研究》1993年第3期。

的一致性,即典当除了"裕课便民"外,各地典当,尤其是资本较充裕的典当都程度不同也接受了官款及一些官府控制下的社会性的款项,这就关系到国家"帑本"的安危。处在所谓"康熙盛世"且外表强大的清朝,封建国家对商人也表现出了不少的"中立、宽容与软弱"[1]。这些地方法规的实施过程中多数条款所采取的似乎是民事处理办法,而不完全按照《大清律》的规定,以刑法手段处理民法、经济法,有些经过多年的协商、妥协,经历过典商或其他社会力量的多次呈控,多次修改完善。

经过清代前期,尤其康熙后期至乾隆以来的法律调整,典当业利率得到了相当程度上的平抑,业务经营大为规范,对典当业的保护也更为细致。与其他金融机构如钱庄、钱铺、银号、账局乃至后来的票号等一样,其业务也走向多样化,除抵押放款之外,还有存款、信用放款、发行钱票、农产品典押放款、房地产典押放款等,不但面对农民、手工业者,也面对作坊主、商人等,形成一个综合性的金融机构。这实际上已经是早期银行业的一种形态了。清朝政府充分考虑实体经济(小农经济)及社会秩序,对以典当业为代表的、表现为高利贷资本性质的资金市场的重视与调控,对于清代经济的发展的作用,整体说来应该还是积极的。

依约翰·希克斯所说,由传统社会向工业社会的转变,从经济学角度看其起点是由营运资金即流通资金占中心地位转化为固定资金进入中心地位,而从时间上看是从商业扩张到达顶点的 18 世纪开始的。而到了 18 世纪,金融亦得到了革命性的发展,不但利率下降,而且形成了金融市场,各种债券可以很容易地在市场上出售,流通资金,因此流动加快,人们能够很快、很容易地借到钱。[2] 这样便利了商业资本向工业资本的转变,资本主义工商业便是在这样的条件下发展起来的。

而我们回过头来观察 17—18 世纪乃至 19 世纪前期的清代,虽有典当、钱庄、银号、账局、票号等金融机构的大发展,有合伙制、委托生

---

[1] 法国布罗代尔在分析资本主义兴起的条件时,认为"资本主义的发展及成功,需要某些社会条件:比较稳定的社会秩序和国家的中立、宽容或软弱"。见费尔南·布罗代尔《资本主义论丛》,顾良、张慧君译,中央编译出版社 1997 年版,第 99 页。

[2] [苏]约翰·希克斯:《经济史理论》,商务印书馆 2002 年版,第 129—131 页。

息等形式的投资途径,利息率尤其是商人借款的利息率也颇有下降。政府对以典当业为代表的资金市场进行颇多调控,清政府对一般私债也常采取调控措施,如强制降息,对放贷主体、客体加以限制等。

但是在能够促使社会经济转型的高层金融层面,或者说资本市场①的萌芽及初步发展方面,清政府在立法及司法方面却无所作为,这表现在以下几个方面。第一,清代以后,合伙制得到发展,合伙股份的转让相当普遍与常见,合伙制从整体上表现出股份有限公司制度的某些特征。②第二,中国古代的国债制度可能包括两个方面,一是政府对赋税的预征及对商人富室财富强制预借;二是如宋代的"入中"制度及明代的"开中"制度那样,以比较系统而规范的方法,在征榷制度的基础上,向商人预借钱、物,而以盐、茶等征榷偿还。但清以后虽不免有个别地方政府预借赋税的行为,而系统的国债制度则寂然无闻矣。直到清末以后受西方影响,才又重新建立起国债制度。第三,作为早期银行业,清代钱铺钱庄银号、账局、票号及较大型的典当得到了发展,有些金融机构具有了地方银行的性质,但中央银行却未能建立起来。第四,明清时代,商人为筹措资金,常接受别人货币的委托,代为经营,至期付给相应的利息收入。这种经营方式,在数额不大时,表现为私人存款,一般定期提出利息以供家庭用度。在数额较大时,虽表面上仍是存款,但已颇有投资的性质,因而是一种委托生息,尤其在字号开办时的委托生息,更是如此。这种经营形式,便于那些拥有闲资而又不擅长经营的人将资金投入工商业经营,获得利息,故颇有债券之意味。这种行为在明中叶以后,在社会上,尤其是在经济发达或地方性专业商人活跃的地方,尤为常见。第五,随着清代工商业、矿冶业的发展,资金需求也发展了,与之相适应,生产性经营性借贷尤其是较大型的工商业资金借贷得到了发展,商业信用也有相当大的进步,商业信用的票据化也有相当大的进展。针对这几个方面的发展,清政府未能为之构建一个合理的民商法、经济

---

① 中国古代如果不论借贷期限长短,专就资金种类而言,是没有债券市场及股票市场的,也就是说,是不存在资本市场的,但各种较长期限的或较短期限的资金借贷及经营这些借贷的金融机构却是存在的。故而笼统说来,资金市场肯定是存在的。

② 刘秋根:《中国古代合伙制初探》第六章,人民出版社2007年版。

法的环境,而是听之任之,任由商人习惯法调控。① 从而在建立政府信誉②、减少土地上的过度投资风险、将商业资本转化为工业投资方面未能做出什么贡献③。

由此看来,清代以后,虽然诸多行业有了资本主义的萌芽,但发展极其缓慢;自 1872 年以后,因近代工矿业、运输企业发展的需要而引进股份有限公司制度及资本市场之后,其发展也步履维艰,便是不难理解的了。而我们评价清代前期政府对典当业乃对整个资金市场的法律调整行为,正是要将它置于这样一个较长的历史过程之中去看待。

(原载《中国经济史研究》2012 年第 3 期)

---

① 清代商人、商事习惯法参见孙丽娟《清代商业社会的规则与秩序》,中国社会科学出版社 2005 年版,第 8—9 页。
② 所谓政府信誉,是讲与国债制度相适应的,因民商法制完善、近代财政体制建立而建立起来的国民对政府的信任。参见张宇燕《美洲金银和西方世界的兴起》,赵汀阳主编《年度学术 2003:人们对世界的想像》,中国人民大学出版社 2004 年版,第 279—282 页。
③ [美] 费惟恺:《宋代以来的中国政府与中国经济》,《中国史研究》1981 年第 4 期。

清代山西典商的经营及与地方社会的互动

——以乾嘉两份典商诉状为中心

明中叶以来，随着商品经济的发展、商业资本的积累，专业商人兴起并对社会经济的发展产生了巨大的影响，在一些地方甚至起到了决定性的作用，为此封建政府及士大夫在政策及观念方面也有了较大的调整，总的说来，虽然因为商业、商人对于地方经济及地方治安也并未发挥百分之百的积极作用，故而政府打击、抑制的措施也是时常发生的，就明代而言，有时甚至还有硬性的取缔之政，但总的说来，保富与恤商应是当时的主流价值观及政策取向。而所谓的保富也好，恤商也好，主要是针对在异地经营的客商，即打击、压抑地方强势阶层甚至黑恶群体，以保护客商的正常经营及财产、人身安全。与其他工商各业及金融行业不一样，因为典当业与下层百姓的生产、生活、经营关系最为密切，政府对典当业及典当商人尤其关注。对于典当业的经营，清代政府采取了一系列的调整、控制、保护的法令及政策，这一点，笔者已经从立法角度进行了论述。[①] 而对经营于异地的典商而言，他们是如何经营的，地方强势阶层又是如何对待他们的；政府与典商及强势阶层之间是如何协调关系并维护各自的利益的，三者之间发生了一些什么样的矛盾，他们之间又是如何互动的；政府采取了一些什么措施来干预典商的经营，所有这

---

① 刘秋根：《清代典当业的法律调整》，《中国经济史研究》2012年第3期。

些问题，目前学术界研究还相当薄弱。① 本文拟以对新发现的《乾隆宁津县山西典商任良英诉状汇编》和《乾隆—嘉庆观城县汾阳某典商诉状汇编》② 两份资料为主对这些问题作初步的探讨。

一　诉状材料介绍

此两份材料是清代乾隆—嘉庆年间山西典商的纠纷与诉讼案件汇编。两份诉状所涉及的典当商人都是山西汾阳人，分别是在直隶河间府宁津县的典商任良英和山东观城县的典商从九。乾隆年间的汾阳商人任良英，起初在宁津县大柳镇③开设药店，乾隆二十七年至乾隆四十五年，参与宁津人、千总曹德宏开设的当铺的经营管理，乾隆四十六年秋，任良英在宁津县西关与人"伙摊本钱，放账伙开银号"，"共入本钱七百五十千"。山西汾阳先典商从九，乾隆末年在山东观城县开设当铺，其"开设伊始……每年所当架本不过一万有余"，至二十余年后的嘉庆年间清算，"携本一万有余，今上架已四倍于本"。这两份诉状，都是山西典商作为客商在外地经营时期发生的纠纷与诉讼案件汇编，其案情具体如下。

1. 《乾隆宁津县山西典商任良英诉状汇编》及案情

《乾隆宁津县山西典商任良英诉状汇编》案发地系直隶河间府宁津县。该文书系抄本，原无名称，《乾隆宁津县山西典商任良英诉状汇编》

---

① 典商是明清客商的重要组成部分，学术界关于对此关注已久，其中对明清徽州典商研究尤早，其集大成者当属王裕明著《明清徽州典商研究》（人民出版社2012年版）等。而对山西典商研究的代表性成果，主要有刘建生及其学术团队所著《山西典商研究》（山西经济出版社2007年版）及其他相关论文。也有其他学者探讨典当业法律问题时也涉及了典商，如刘秋根的《清代典当业的法律调整》（《中国经济史研究》2012年第3期）。关于客商与当地社会的互动，马勇虎以近代徽商钱号为例，进行了很好的研究，见《徽州钱号与地方社会的互动——以咸同年间万隆、志成账簿为中心》，《安徽师范大学学报》2011年第1期。

② 此两份典商诉状汇编材料由中国钱币学会常务理事、山西钱币学会秘书长、山西省人民银行刘建民先生提供，谨致谢忱！

③ 大柳镇是宁津县重要的商业集镇，在宁津县北十八里，逢二、七日集场（光绪《宁津县志》卷二《舆地志下·集市》）。袁为鹏、马德斌合作的《商业账簿与经济史研究——以统泰升号商业账簿为中心（1798—1850）》（《中国经济史研究》2010年第2期）介绍了1798—1850年位于宁津县大柳镇（今山东省德州市宁津县大柳镇）的统泰升号商业账簿，认为其"可能是国内迄今发现保存最为完备系统的清代民间商业账簿本文"。

系笔者根据内容所拟（以下简称《宁津县典商任良英诉状》）。该文书共有诉状 60 件，全文约 2.05 万字，除第一件为嘉庆二十四年某中人诉任行豫借债不还案、末一件为某人令侄孝期成亲自首状外，其余 58 件均为乾隆四十九年至五十九年山西汾阳典商任良英与河间府宁津县监生张子公、卢建功等人之间的债务纠纷诉状及与此相关的官方文书（禀、覆词）。该诉讼案件时间明确，大多文书之前都有明确的年月日和作者，部分文书只写月日，但可据其内容，推断出大致年份。在案件的空间范围上，案发地在河间府宁津县，但是案件一度转交给河间府东光县审理。

此案的主要内容是：山西汾阳商人任良英，原在河间府宁津县开设药店为生。乾隆二十七年，千总曹德宏在西关开立当铺，聘请任良英在内执掌，直至乾隆四十五年止当不开。乾隆四十六年，任良英领到千总曹德宏本钱，在宁津县西关开设杂货铺。后与苏弼公、卢建功等人合伙在小店另开酒铺，收买杂粮，同时兼营借贷、放债，各方均摊本钱。任良英着其表兄任公臣、姻弟王汝宏掌柜。

乾隆四十六年五月至乾隆四十六年十二月，宁津县监生张子公分三次分别向任良英借钱 1140 千文，利息分别为二分至二分五厘不等。乾隆四十八年，投资人曹德宏见日费甚多，止铺不开，经查卢建功将本钱使去大半，因店内账目，王汝宏与任公臣争闹，以致任公臣投井自尽。嗣缘曹德宏年老，铺内一切欠人钱债并该与外欠钱文，尽数由任良英代偿追讨，其中包括张子公、吴子和、卢建功等人的欠款。乾隆四十九年秋，任良英甥段汝珮领任良英铺本开银号。乾隆四十九年十二月，经清算张子公所欠共 1045 千文，经吴子和等说合，张子公写地 50 亩，每亩 18 千，共作价 900 千文，余下 145 千文将陆续交清，并不行息。

乾隆五十年春，任良英将张子公抵押的 50 亩地租给孟勋耕种。不久，张子公在此地强种高粱，致使任良英钱地两空。乾隆五十年七月，任良英就此事起诉。此后，张子公推说此前借贷中，自己本系中人，未取分文，而自己写下五十亩地的当约，系任良英威逼所至，恃衿抗不到案。乾隆五十一年，张子公将诉状递交至河间府，恳请"本府正堂大老爷恩准提讯，或赏赐批委邻县"，得河间府允，"饬委东光县讯详，尔即赴东光候审"。乾隆五十二年四月，东光县姚太爷庭讯明确详明，限张子公还钱900千文。但张子公躲藏不见，任良英再度到宁津县起诉。乾隆五十二年（1112）七月，张子公赴臬宪控告任良英恃强行霸，任良英遂将诉状递交至臬宪衙门。乾隆五十二年十二月，刘殿臣作证，指控张子公，"身等并无结（借）任良英之钱，（张子公）替身偷递认账呈词，与理不合"。乾隆五十四年七月二十二日，蒙恩详准臬宪牌仰转发到县，照限追完，折责杖结。

此后两年，任良英陆续追回部分钱款，至乾隆五十六年十一月，张子公仍然"下欠钱360千零500文"，"卢建功欠身钱140余千，李学卿欠身钱80千"。乾隆五十七年，宁津县再度判决责令张子公偿还余款到本县贮库。乾隆五十八年十月张子公病故时，仍未偿清。任良英于是将张子公之子张希泰列为被告，"不思盖父之愆，仍肖其狡赖"，至乾隆五十九年，张希泰对所欠之钱，仍然坚抗不还。而店内债务部分，合伙人卢建功以"身所欠伊钱，俱保伙做买卖"为由拒绝偿还。

2.《乾隆—嘉庆观城县汾阳某典商诉状汇编》的定名及案情

该诉状汇编为抄本，原无名称，唯封面题"大清乾隆画册""词录一本""大清乾隆十三年"字样，并钤有"庄敬堂记"阳文篆书收藏印一方，另有椭圆形收藏印一方，惜内容无法识别。全文约1.55万字，内含诉状（具呈、详文、禀文）50件、批文（条）15件，时代、地点俱不详。除封面的"乾隆"字样和诉状49中提及的"嘉庆十八年间教匪滋事"外，并无其他年号、时代信息。诉状中所涉之地点、当事人和年月，均以"○"代替，无法直接确认每个案件发生的准确时代和具体地点。

就地点而言，虽然没有明确的州县名，但是，诉状中仍有蛛丝马迹可循。诉状15中提及"张某人于八月○日赴直隶大名府办事未回"、诉状29提及"近年东街当铺歇业，留商一处，而毗连之某州某县以及与直相连之某县某州，各处典铺均以时值荒歉，规避减息，坚不开设"。可知事发地的大致范围为直隶附近之某县。从小地名看，在诉状4中，某生诉"倚捕白昼行窃，拒捕逞凶殴伤"事，提到行窃者扬言"我等乃某处樱桃园人，一名崔六，一名陆胖。如不甘忍受，我等在尚武寨大庙等候，速来打架"等语。按："樱桃园"一地，清代山东曹州府观城县有地名

"樱桃园",且其附近有村庄曰"尚武寨",据道光《观城县志》记载,耿堌堡下有村名"尚武寨"。① 考山东观城县在鲁西南,北靠朝城县,东依范县,南望河南濮州,西与直隶大名府衔接,与诉状 15 描述之空间范围一致。而且今山东省莘县樱桃园镇有前尚武寨村、后尚武寨村,与诉状 4 中之小地名契合。再从诉状中关于"卧瞳村"的"集草帽客商"看,诉状 31 中提及"切某集(藉)本名卧瞳村,向无市集。某年某邑集市漫散,商贾骈集某庄不去,经某县主详明藩宪,颁帖设集,派生高祖某人管理集务,载在碑记。因之亲赴江南,招集草帽客商,以期振顿,迄今相沿百有余年"。按:观城县并无"卧瞳村"而有"郭瞳集",据道光《观城县志》记载:"郭瞳集在城东二十五里,四八日集。"② 诉状中提到的"草辫",是山东观城县的著名特产,有学者研究指出:清雍正三年(1725),草辫工艺自州首传莘县,随之风靡阳谷、聊城、冠县、东阿、临清。至同治十三年(1874),聊城、观城已成为山东省两大产辫区。日本高等商校叶春墀曾说:"世界产辫国,多数数中国。中国所出,十之七八为山东,而东昌、观城居奇。"③《观城县乡土志·植物制造》指出:"草辫,本境惟此项为大宗,其经精粗不一,款式亦殊,境妇女皆以为业。"《观城县乡土志·商务》也说:"观城地瘠民贫,商务萧条,惟草辫一项,为阖境之命脉,登莱商贾之在城内设局者四五家,每岁收买二十余万斤。……皆铁路运青岛、上海以销外洋。"④ 参之以上文献,可以推断,"卧瞳村"作为草帽客商云集之所,系"郭瞳集"因音近而误记,诉状中之"卧瞳村",当为"郭瞳集",是观城县重要的草帽、草辫制品集散地。此外,在诉状的批文 8 中,县令某人称"本县在观十余年,从无无故拖累穷民之事"。综合以上信息,批文中的"在观十余年"之"观",即位于地处三省(直隶、山东、河南)交界处的"观城县"。

---

① 道光《观城县志》卷一《舆地志·乡里》。
② 道光《观城县志》卷一《舆地志·市集》。
③ 齐保柱:《运河的畅通与聊城经济发展初探》,刘茂才主编《中国当代学者论文精选》,中国书籍出版社 1998 年版,第 252 页。
④ 道光《观城县志》。

关于诉状的时间，诉状中亦以"〇"代替。但是诉状封面题"大清乾隆十三年"（1748）等字样，查道光《观城县志》，康熙末年至乾隆四十二年间观城县令姓氏多佚，或仅存姓名而无任职年月，案件有可能发生在此期间。但据诉状的批文8中，县令某人称"本县在观十余年，从无无故拖累穷民之事"。在县令给府衙的详文中（诉状19），也提到"敬禀者，切〇〇在〇县十余载，办理庶务，一秉至公，从不敢偏袒枉纵，玩误公事"。从中的"在观十余年"可知该县令在某地任职长达十余年，查道光《观城县志》，乾隆二十一年至四十二年，观城县令姓氏多佚，或仅存姓名而无任职年月。乾隆四十二年之后任观城知县者中，浙江仁和人陈锦，癸卯举人，嘉庆八年四月署任，其接任者为山西阳曲人任汉亭，嘉庆十五年十二月任。① 二者之间有将近八年的时间，故陈锦的任期与诉状材料中所言"十余年"较为接近。但与诉状49中唯一的准确时间信息"嘉庆十八年"不符。山西某县典商请求歇业时指出："念自嘉庆十八年（1813）间教匪滋事，前任县主垫办军需，勒借制钱四千吊"。据此，诉讼当发生在嘉庆十八年之后。因诉状封面题有"大清乾隆画册""大清乾隆十三年"字样，其缘由无法确定，且乾隆四十二年之前的观城县令任职情况无法确定，故该诉状的上限当在乾隆十三年以前，下限当在嘉庆十八年（1813）之后，故推定诉讼发生时间范围为乾隆至嘉庆年间的案件。

诉状中当事人的姓名虽然以"〇"代替，但是其中也有诉状16提及"具呈当商，生员某人，几岁，山西汾阳县，现住某〇县"，诉状18提及"告状当商从九，某人年几岁，系山西〇县人，住〇县"，诉状20亦称"某人供，山西汾阳县，年几岁，向在某县开设当铺生理。本年〇月有某县工房书办某人到生员店里，硬借酒壶使用"，可知典商名从九，为山西汾阳人，生员；被告为"某县工房书办"。其他各案，均有"童生""廪生""典商""某庄首富某人""营兵黄某"等表明其身份的信息，可以作为区分案件内容、判定两造身份依据。

据诉状内容，可将此诉状汇编大致分为10个案件。分别是山西汾阳

---

① 道光《观城县志》卷六《职官志·文职》。

县典商从九诉县衙工书某人先是强当铁锄，后又恃衿聚众攒殴，将典商从九殴成重伤，后因诉讼经久不结，又逢观城遇灾减息，当铺本资亏损，典商从九借故求歇业案（39 张诉状）；童生某人诉某县捕班崔六、陆胖白昼行窃、逞凶殴伤案（2 张诉状）；廪生某人诉年连被贼窃十有余次，捕头窝贼同窃案（7 张诉状）；廪生某人诉某庄首富某人借人血本，以假帖串保，逞强胁赖案（5 张诉状）；某典商请求更换当帖事（5 张诉状）；典商某人诉营兵黄某持执小梭逞凶强当案（1 张诉状）；卧疃村（郭疃集）草帽行牙帖更换与充任集头纠纷案（1 张诉状）；当商某人具令皮衣存架状（1 张诉状）；廪生某人诉富恶张某借钱不偿、翻控府宪案（1 张诉状）；当商某人及保人某人诉某人屡讨不还，攒殴保人案（2 张诉状）；当商某人具缴当税、当规礼银状（1 张诉状）。

从以上诉状内容归类可以看出，涉及典商的案件共有 5 件，包括 49 张诉状，占全部诉状的 75.4%，此外还有涉及借贷纠纷的 2 件 6 张，涉及牙帖管理的 1 件 1 张，里面包含的经济史信息相当丰富，笔者根据其主要内容，将诉状定名为《乾隆—嘉庆观城县典商从九诉状汇编》（以下简称《观城县典商从九诉状》）。

二 典当商人经营的法律环境

典当业是清代工商业、金融业中的重要组成部分之一，清代的法律对此多有规定。尽管乾隆十三年五月，在"近阅浙省奏报米价较前增长访求其故"谕中，认为钱价米价等"大概市井之事，当听民间自为流通。一经官办，本求有益于民，而奉行未协，转多捍格"[1]之类的言论，表达出对市场、经济自由的宽容，但是，总体来说，"盖闻能工巧匠，不以规矩不能成方圆，坐商行贾，不立条章不能厘奸宄，以故百行贸易，莫不各有行规，以照划一而重稽查"[2]。国家法律对典当业还是存在诸多规定与规范的。

---

[1] 《清高宗实录》卷三一四，乾隆十三年戊辰五月。
[2] 彭泽益编著：《中国工商行会史料集》，中华书局 1995 年版，第 241 页。

1. "当帖"与行业许可证制度

清代的法律制度中,对典当铺的开设实行行业许可证制度,即开设当铺之前,先要经过一系列的审批手续,经过核准才能开办。清代户部对"典商领帖"的解释为:"开典当,商家必须赴部请领凭帖始许开设。典当者以物质银钱也。"① 官府办法给典当铺的营业资格称为"当帖"。据《清朝通典》载,"雍正六年设典当行帖"②。在具体的执行程序上,并非"商家必须赴部请领",而是在户部统一管理下,由各省布政司盖印交各州县转发给各典当铺。当帖到期之后,应向官府申请颁发、印刷新的当帖。在《观城县典商从九诉状》中,就有典商多次行文,申请颁发当帖,如诉状 2 中典商某人,"蒙票传谕,案蒙本府札开蒙藩宪札饬,当帖内奉旨理,应三抬旧板,尚系两抬,自应另行刊刻更正","为此即将当帖一张,敬呈缴案,以凭专详更换,上叩正堂太爷案下施行"。于是该典商将原"当帖一张"呈缴,申请颁发新帖。在诉状 27 中,典商某人也称"前蒙票传更换当帖,昨已具领在案,至今未发。现在又蒙票传,仰役即将当商传唤,赴县具领。所缴当帖云云,理合具禀,恳乞正堂太爷案下恩准速发,以便收执,感戴无既"。可见,当帖的申请、办理均由州县衙门具体负责。

同样,如果典商因种种原因歇业,也必须先经批准后才能歇业、免税。在《观城县典商从九诉状》诉状 11 中,山西典商某人因与观城县绅衿发生纠纷,"切商因某人父子聚众殴辱等情,闭铺歇业"。但是,即便如此,"蒙谕云现值秋凉取赎棉衣之时,商虽止当歇业,仍自静候取赎,必俟二年期满,方敢远离"。也就是说,典商如要歇业停止一切经营业务,必须先经过官方允许,"期满"方能正式歇业。清代当帖制度规定:"凡民间开设典当,均须呈明地方官转布政司请帖。按年纳税,奏销报部;因无力停歇者,缴帖免税。"又载:"乾隆四十一年,议准各省民间开设典当呈明地方官转详布政司请帖,按年纳税报部,其无力停开者,

---

① [日]内藤乾吉原校,程兆奇标点,程天权审订:《六部成语注解补遗》,浙江古籍出版2007年版,第166页。

② 《皇朝通典》卷八《食货八·杂税附》。

缴帖免税。"① 如果要彻底关闭当铺，则须将当帖交回，在《观城县典商从九诉状》诉状 49 中，典商山西某人的案件久讼不决，萌生退意，故上禀自称"携本在治下本城开设某典铺二十余年，本图发荣滋长，渐臻富有，何期办理失宜，每形穷蹙"，历数艰辛，声称"无力经营，禀请歇业事"，特上禀"为此据情禀恳天恩，俯准歇业，详缴当帖，毋令拖延日久，累及借本，益难为情耳"。可见，典商在退出典当行、当铺歇业之时，也必须事先申请、交回当帖。

2. 典商的典税与其他杂税

典商在开设典当铺之后，也应缴纳相应的税赋——典税。《六部成语》解释说，"典税，业质物典铺之人应纳之税也"②。清代最初实行的是统一的典当行业税。康熙三年，"定当铺每年征银五两，大兴、宛平大行店铺同。十五年定京城行铺税例，上等每年五两，余二两五钱"③。乾隆四十五年，清政府详细地议定了全国各省的当税税率，直隶、江苏等 16 省每年每座税银五两。④ 此后，除云贵、奉天等少数地区外，全国各地的当铺年税率均为每年每铺税银五两，一直沿袭到清末。

在《观城县典商从九诉状》50 中，典商某人禀文说"具缴状当商某人，今于与缴状事，依奉缴到某年当税银五两，当规礼银十六两，不敢冒缴，所缴是实"。县令随即批："准缴存库，候随同地丁银解司。"由此禀文和批文可见，"当税银五两"是典商应当承担的合理负税，在道光《观城县志》记载："当税。当税银五两（原注：各州县一例每铺税银五两，解司）。规礼银，十六两（原注：解司）。"⑤ 当铺规礼银也是正式确定的征收税额，在该典商缴纳当税的同时，还缴纳了超过税率三倍之多的"当规礼银十六两"。从县令的批词"准缴存库，候随同地丁银解司"看，这些"规礼银"并非县令个人搜刮之财，而是早已存在的"合法"规则。

---

① 《光绪大清会典事例》卷二四五《杂赋·牙贴商行当铺税》。
② ［日］内藤乾吉原校、程兆奇标点、程天权审订：《六部成语注解补遗》。
③ 《皇朝通典》卷八《食货八·杂税附》。
④ 光绪《大清会典事例》卷二四五《杂赋·牙贴商行当铺税》。
⑤ 道光《观城县志》卷五《赋役志·当税》。

但是，在法定税率之外，还有诸如耗羡、规费和贴费以及捐输等费用，成为典商的沉重负担，导致其亏损乃至破产歇业。此外，遇到战事，官府经费紧张时，典商便成为官府的"钱库"，在前引《观城县典商从九诉状》29 中，典商山西某人的案件久讼不决，历数二十余年之艰辛，其中一个重要的原因便是"自嘉庆十八年间教匪滋事，前任县主垫办军需，勒借制钱四千吊，至今分文未回，此商亏本之原也"。该典商"开设伊始，地势窄狭，需本无多，每年所当架本不过一万有余"，故前任县令的"借钱"之举，对该典商不啻沉重打击，也是其经营亏损的重要原因。

三 典当商的资本与经营

这两份诉讼材料，主要是典当商人的经营与诉讼资料，其中就不可避免地涉及典商的资本来源与构成方式、典当业的经营等。典商经营的最简单形式是独资经营。如在观城县典商诉状中，山西汾阳典商从九在观城开设的当铺，"开设伊始，地势窄狭，需本无多，每年所当架本不过一万有余"（诉状29），系其独资经营。此后，该当铺的规模扩大，"携本一万有余，今上架已四倍于本"，亦是其"就近无钱可借，远赴某处揭贷"（诉状29），并未与人合伙。独资经营的所有权、控制权、经营权、收益权高度统一，经营好坏同业主个人的经济利益乃至身家性命紧密相连，因而，业主会尽心竭力地把企业经营好。但是这种经营方式也受到投资额高且周期长、成本效益差且即期利润少、经营者作为外来客商难以掌握当地的人文风俗和设立一套符合当地情况的营运制度等因素的影响。

合伙经营的一种类型是资本与劳动之间的合伙，即"一位富于资本的合伙人提供资本，另一位缺乏资本却擅长经营的人领取资本经营，按思想规定的比例分取利润"[①]。以宁津县经营的典商任良英为例，乾隆二十七年，千总曹德宏投资在宁津县西关开立当铺，"任良英在内执掌"。曹德宏"又于四十六年后开小铺，任良英仍旧承管"。此后曹德宏因年老，"铺内一切欠人钱债并该与外欠钱文，尽数良英代偿追讨"（诉状

[①] 刘秋根：《中国古代合伙制初探》，人民出版社2007年版，第219页。

50）。在此过程中，任良英属于商人，经营者任良英以自己的劳动及能力（品德、专业知识等）作为资本的一部分，参与利润的分配，是劳动力以其人力做资本参与的利润分享。① 故在此过程中，任良英以资本与劳动之间的合伙的方式完成与资本所有者曹德宏的合作，即参加合伙的宁津县千总曹德宏投入不变货币资本，任良英负责经营管理，以劳动力投入合伙，参加分红，二者的关系属于资本与劳动之间的合伙。同样在此诉状中，张子公从任良英处借得本钱之后，转交给刘殿臣与张希孔，刘、张二人"两次领到张子公钱七百千，赴口外贩马生理，言明得利平分，折本三股均摊"，此后三人合伙经营失败，刘、张二人"陆续交钱四百六十千，折本二百四十千，每人应摊钱八十千"（诉状24），账目清算之后，刘殿臣仍行外出，诸人各自生理。可见，领本经营也是合伙的一种方式。

　　合伙经营的另一种类型是混合型的合伙制。乾隆四十六年，任良英领到千总曹德宏本钱，在西关开设杂货铺生理。同年秋，任良英与卢建功、吴子和等注入资金，扩大小店的经营范围，"伙摊本钱，放账伙开银号"，"共入本钱八百千，合伙出账目，言明盈亏均估"。任良英与苏弼公之间的合伙，既属于资本与劳动之间的合伙，但是经营者（劳动者）也出一部分资本，因而又具有资本与资本之间合伙的性质，② 是一种混合的合伙制。而任良英的亲属表兄任姓、伊甥段四并姻弟王汝宏，则属于资本对劳动的雇用，其与苏弼公之间，是纯粹的东一伙雇佣关系。

　　在典商的经营内容中，典当商人所开当铺，既包括收纳实物，也包括放债，在一定范围内还有吸收存款的功能。

　　此两处当铺，分别开在直隶宁津县、山东观城县，与农民及中下层城市居民的生产生活有着密切的关系，故而衣物、农具是其重要典质标的物。在《观城县典商从九诉状》中表现得较为突出。在诉状1中，典商从九向县令申诉说："缘商典号架堆满，衣架充盈，毫无余隙。"可见，其收纳的主要是衣服等，在其要求歇业之时，县令批示"现值秋凉取赎棉衣之时，该典何得藉此停当，以致穷民不便?"（批文1）这与史料中

---

① 刘秋根：《中国古代合伙制初探》，人民出版社2007年版，第219页。
② 同上书，第232页。

记载的有些农民在"耕作之际,家中所有,靡不在质库之中。待至秋成,逐件清理。御寒之具,更所必需。每以食米转换寒衣,交春又以寒衣易谷"① 相一致。同时,当铺还是农民遇灾荒时节救急的重要救济资金来源。贫苦农民举债或贷粮是为了救急救命,小额钱粮即可解决问题,民间"凡遇钱粮急迫,一时无措,惟向典铺质银,下而肩挑负贩之徒,孤寡鳏独之辈,等钱一百、五十,以图糊口,取之最便"②。由于灾害连年,农民无以为继,只好靠借贷谋生。当铺恰恰解决了这一时之"需"。再有苛捐与重赋使得农民不堪忍受,为了维持生计,无奈只好求助于借贷,当铺也就成为他们眼中最后的希望。在观城县诉状中,观城县"上年麦收歉薄,各乡典当云集,当货业已满架。当伙公议,凡一切粗重物件,不许狥情典质"(诉状43)。正是因为灾荒时节,乡民典当的都是些农具等粗重物件,故"某月某日,有卑县工书某人因缺钱过节,携农器铁锄赴某典质,当伙某人以质物满架,粗重农器不能收当"而引发争执(诉状40),导致后面一系列事件的发生,也可以从中反观当铺的主要经营业务。

　　明清时期,典当"以物质钱"的传统业务继续巩固,其他业务不断扩展,信用借贷就是其中之一,它是指不提供任何抵押品或只提供一件价值低于贷款的抵押品而进行的借贷。③ 在《宁津县典商诉状》就有典当商人发放贷款、事后因债务人拖欠而追索债务的记录,兹列《当商任良英放债、追债简表》如表1。

表1

时间	性质	内容	所在诉状序号
乾隆四十六年五月间	借贷	刘殿臣烦张子公作保,取到任良英钱五百千,二分行息,有借字可凭	3、7
乾隆四十六年八月间	借贷	刘殿臣烦张子公作保,又取任良英钱二百千,二分五厘行息,有借字可凭	3、7

---

① 《清高宗纯皇帝实录》卷三一一,乾隆十三年三月癸丑。
② 苏州博物馆等编:《明清苏州工商业碑刻集》,江苏人民出版社1981年版,第188页。
③ 刘秋根:《中国典当制度史》,上海古籍出版社1995年版,第121页。

续表

时间	性质	内容	所在诉状序号
乾隆四十六年秋间	借贷	卢建功无本钱,与曹德宏商议,曹德宏将铺内钱着任良英给卢建功四百千	50
乾隆四十六年十二月初六日	借贷	监生张子公取任良英钱四百四十千,系二分行息	2、10、12
乾隆四十八年六月初一日	借贷	监生张子公取任良英钱二百千,系二分行息	2、3
乾隆四十八年六月初一日	保人垫赔利息	张文善在外生理未回,张子公垫赔任良英利钱八十千	4
乾隆五十五年四月初一日	债款追收	任良英领过钱张子公欠款一百五十千	35
乾隆五十六年三月初三日	债款追收	任良英领过张子公欠款钱二百千	35
乾隆五十七年	债款追收	张子公负任良英债共钱九百千,先后领过钱三百五十千,现今贮库未领钱一百八十九千五百文,下欠钱三百六十千零五百文	35、43

资料来源：本表系据《宁津县典商任良英诉状》归纳。

从表1可以看出,典商任良英的诉讼,很大一部分是与张子公之间的债务纠纷。张子公的借贷,既有自己独立的借贷,也有因投资需要而进行的生产性借贷。如在乾隆五十二年十二月初三的刘殿臣证词中就说："缘刘殿臣与张希孔于四十六年五月、七月间,两次领到张子公钱七百千,赴口外贩马生理,言明得利平分,折本三股均摊。陆续交钱四百六十千,折本二百四十千,每人应摊钱八十千,刘殿臣仍行外出,各自生理。……当时伙作买卖系伊出本,身等并无结（借）任良英之钱。"（诉状24）结合表1可知,乾隆四十六年五月至八月,张子公两次从任良英出共借得七百千钱,张子公此番借贷,是为给刘殿臣与张希孔"赴口外贩马生理,言明得利平分,折本三股均摊"。可见,张子公的借贷,目的是投资,故当商任良英放债的利率分别为二分何二分五厘行息。同样,在《观城县典商丛九诉状》中，也出现过一则当商放债的记录，其诉状44、45称，某当商典铺生理，"时将所蓄微资放账取息"，"某年某月某村某人，央托同族某人作保，揭去京钱若干"，"自揭之后，二次收过本钱若干，利钱若干。嗣今算该本利钱共若干，屡次支吾，绝不偿还"。该案例虽隐去具体金额，但是从某人将保人"拖翻倒地，用砖块乱殴"的凶残和当商、保人分别起诉某人的案情看，其金额应该不在少数，而且这一笔债务也对当商有较大影响。

存款也是典当业的重要业务内容。清代以后，既有私人的各种闲款存于典当之中，也有大量官款及其他社会性的款项存典生息。在宁津县和观城县的这两份诉状中，没有关于这些当铺收纳存款的直接记录，但是，在光绪《宁津县志》中，记载了宁津当地书院在当铺的存款情况。在协庆当铺，"存京钱五千串，齐年一分行息，又存银二千四百两，按月一分行息；钰昌茂盐店，存银二千两，按月一分行息"①。需要注意的是，书院除了将资本存在当铺外，也会存在盐店或其他商铺，如宁津县留养局"在城北门内迤东局。房三间，邑令建，捐银三百十五两，除局中支用外，存银三百两，于乾隆十七年商领营运，年息二分，岁收银六十两"②。从以上当商发放贷款和吸收存款的利率可见，其发放贷款利率多为2%—2.5%，而吸收存款的利率仅为1%—2%。实际上，这也是与清代借贷的法律制度有关的。清代法律规定了私放钱债不得多取余利，"凡民间私放钱债及典当财物者，每月取利并不得过三分。年月虽多，不过一本一利"③。规定了民间放债及典当财物的利率每月不许超过本金的3%，不论年月久暂，利息所得不得超过本金的数额。在《宁津县典商任良英诉状》中，有几笔典商借贷的记载，在诉状2中，任良英诉称"监生张子公于（乾隆）四十六年十二月初六日，取身钱四百四十千，又于四十八年六月初一日取身钱二百千，俱系二分行息"。至乾隆四十九年十二月间清算债务，其利率仍然是按照约定的"二分行息"计算；而在诉

---

① 光绪《宁津县志》卷四《学校·书院》。
② 光绪《宁津县志》卷五《经政志·恤政》。
③ 田涛、郑秦点校：《大清律例》卷一四《户律·钱债·违禁取利》，第444页。

状 7 中，张子公也承认其取任良英钱系"二分行息"和"二分五厘行息"，"俱有借字可凭"。可见，双方对该借贷的利率并无争议。再如诉状 1 中，任行豫于嘉庆二十三年向吕姓借"纹银壹佰两，约载每月二分行利，更载限一年"，其月利率为 2%，较法律之规定稍低。在《观城县典商从九诉状》29 中，观城县被列为"灾区减息"州县之列，典商某人为响应地方救灾，"重息转贷，努力支应，以济民急"，典商从九"设法措应……就近无钱可借，远赴某处揭贷，复因途长不便转运。彼处用钱若干，买银一两，来典易钱若干，但求应当，不计赔折，加以月利一分三厘，合得二分一厘行息"。如此低息典当，致使典商"携本一万有余，今上架已四倍于本，若概以一分五厘取赎，则商之资本一赔殆尽"。可见典商在利率的执行方面，还是比较严格的，而且在灾荒年景，并未"规避减息，坚不开设"，在一定程度上对赈灾有所帮助。

  山东的典当业，至乾隆以后才开始推行减息之政，首先于乾隆十一年要求凡遇灾年，正月、二月、三月有取赎农器者，概以二分起息，其余别物，俱照旧例三分起息。后来，又规定，凡冬月取赎一律减息一分。最后于乾隆二十三年三月，一律由三分改为二分，不论时间、不论当物种类。① 这与当时山东地区商品经济发展、商业资本积累、大量货币资本投入典当业有关。如在文登县"至乾隆三四十年间，海运遇利，商贾越海贸易，获息既多，乃于各市开设大当，本各四千、五六千钱不等，意在兼并小当，扬言以二分易三分"②。两份诉讼汇编所言典当利率均在二分以下，低至月利一分五厘，应与这一减息行动有关。

---

  ① 山东地区乾隆年间规定当铺减息的文献有《乾隆朝山东宪规》第一册（不分卷）《凡遇灾年正二月取赎农器概以二分取息，其余别物仍照三分取赎》、《乾隆朝山东宪规》第一册（不分卷）《当铺常年二分起息，冬月免其让利通饬》。
  ② 光绪《文登县志》卷三下《邑人林培玠记典肆始末》。按：所言"大当""本各四、五六千钱不等"，依以下文意，当是四千、五千、六千（千）。

四　典商经营过程中与地方政府及社会各阶层的矛盾、互动

典当作为一种商业行为，在交易的过程中，不可避免地会出现种种矛盾，甚至引发诉讼，民当在此过程中发生矛盾、引发诉讼的概率更大。从《宁津县典商任良英诉状》和《观城县典商从九诉状》看，清代典商涉及的经济纠纷与诉讼主要源于以下矛盾。

典当与当户强当的矛盾。典当业的主要业务是当户将其动产、财产权利作为当物质押或者将其房地产作为当物抵押给典当行，交付一定比例费用，取得当金，并在约定期限内支付当金利息、偿还当金、赎回当物的行为。具体而言，当铺收储当户的动产或不动产，当铺所收当的物品主要为金银首饰、衣服、农具等，在农村则主要以衣服、农具为主，同时也有用田产抵押的。但是，有的时候往往出现用价值量较小的物品要求强当的情形。在《观城县典商从九诉状》3中，就有某日午后，营兵黄某，"执持小梭三匹有零，勒当京钱若干"，而小梭三匹"回以实价，亦不到此数"，典商拒当，则被其"肆行辱骂"，"更复持砖乱砸"；黄某仗恃兵势，"历年讹借强当，不敢（胜）枚举，均有账据可凭"的记载，说明"营兵"凭借其特殊身份，经常使用"讹借强当"的伎俩，此为该典商诉讼之缘由。此外，也有故意强当滋事的，如《观城县典商从九诉状》中的观城县工书某人，"素本无赖，积年讹（山西典）商钱文无算……执持铁锄二张来当。商不肯收执，伊肆口辱骂"，最后该工书故意寻衅滋事，"率领伊子某人等数十余人，在商门首滋闹"，"将商摔发倒地，拳足交加"，典商被人"踢伤小腹"引发长达数年的诉讼。从贷款人的角度而言，就是用衣物、首饰等实物典押给当铺以贷出现金，按约定期限再到当铺赎取实物并支付贷款本息，这一关系本是建立在平等、自愿的基础之上，但是生活中地方豪强、无赖的强当行为，是引发矛盾的重要原因。

典当与当户的债务纠纷。明清时期，典当"以物质钱"的传统业务继续巩固，其他业务不断扩展，如"在长期的经营过程中，也经常出现

信用借贷和信当的事情，即不提供任何抵押品，或只提供一件价值大大低于贷款的抵押品而进行的借贷。前者是纯粹的信用借贷，后者则是一种信当；其中前者既有个人信用，也有他人信用"①。在诉状中，多有发生信用借贷和信当之后，拒不还钱的案件。如《宁津县典商任良英诉状》中，任良英开设杂货铺时，张子公两次从其处借款，至乾隆四十九年十二月间，"同吴粹菴等算明，二宗共该钱壹千吊零四十五千，张子公情愿拿出地五十亩作当，亲指边界，立契以清前项，有当契可凭，中人吴粹菴可问"（诉状2）。至此，已经形成事实上的典当关系，即张子公以五十亩田作为抵押，当得钱一千吊零四十五千。但是到乾隆五十年春，张子公"又负约硬种"，以致典商"钱地两空"，引发持久的诉讼。再如《观城县典商从九诉状》9中，"某庄某人并其子某人，开设某铺二号。实为某庄首富，于上岁某月央托某人作中，某字号出帖，揭去〇京钱若干，约载十个月，本利归还"。到还钱之时，"屡次支吾"，甚至"不惟不肯认还，直称借〇钱债，已请过中保酒席，须得按年分还"，并将典商殴辱。而《观城县典商从九诉状》45中，商典的遭遇也与此类似，"切商典铺生理"，"某年某月某村某人央托同族某人作保，揭去京钱若干，立有借约为凭，粘呈验证"。"嗣今算该本利钱共若干，屡次支吾，绝不偿还"，典商求偿不得，寻找保人理论，"更将保人被伊父子攒殴成伤"。

　　土客矛盾，主要是指外地典商与本地豪强、无赖的矛盾。作为外来典商，其势力微单，面对本地豪强、无赖的寻衅滋事时，往往处于下风。如前引《宁津县诉状》中，任良英与张子公的债务转移成典当之后引发诉讼后，在此后的诉讼中，任良英也一直强调自己的"异乡"身份，"张子公为人奸猾，欺身异离"，"身异乡懦弱，势难与敌，叩宪抑强扶弱……勿令异乡人抛家在外，苦积钱文被伊倾吞，难以回家"，在向河间府递交的诉状中，任良英声称，"距今已经二年，颗粒未获，以致身铺不能开，家不能回……似此欺凌异乡，为富不仁……"在给东光县令递交的诉状中，也称"似此仗恃本地豪强，欺压异乡懦弱"。在《观城县典商从九诉状》中，也不乏对山西典商与当地人的矛盾的记载，如典商某人

---

① 刘秋根：《中国典当制度史》，上海古籍出版社1995年版，第121页。

因拒绝强当被殴伤后，其在诉状中说"商异乡孤苦，原不过营求生计"。在《观城县典商从九诉状》44 中，某人作为保人出面向借债人追索债务，"不料某人存心抗债，恨身偏袒异乡"，将保人重殴。此案件之特殊之处在于保人被殴，原因竟然是"偏袒异乡"，亦即偏袒外来的典当商人。可见，外地典商与本地人之间的矛盾，已经成为典商经营中的主要问题。

典商与官府管理的矛盾。如前文所述，典商在其开办、经营和歇业的每一个阶段，都需要接受官府的管理和监督。但是，由于种种原因，官府的管理与监督存在拖沓等习气，对典商的正常经营造成影响，引发典商与官府的矛盾。如《观城县典商从九诉状》中，观城县典商"蒙此合行票传更换，为此仰役即赴〇典当，令其将当帖赴县呈缴，以凭详请更换"。典商的当帖到期，当更换新帖，遵从管理，本无可厚非，但是，当典商将旧帖上缴之后，观城县却拖延时日，久不发新帖，"前蒙票传更换当帖，昨已具领在案，至今未发。现在又蒙票传，仰役即将当商传唤，赴县具领"，"恳乞正堂太爷案下恩准速发，以便收执，感戴无既"。另外，当典商因某种原因需要歇业、退出时，官府也未必会及时批准。如前引观城县典商因强当事件被工书殴伤后，典商"为此仰恳仁天鉴商愚忱，怜商孤苦，俯准缴帖止当，保全性命，别求生业"，被观城县以"至该典本年二三月青黄不接之时"为由，责令"经本县押令开设，不许停止"（批文5），但另一方面却对典商被殴案件拖延不办。在调解土客矛盾的时候，官府也未必能秉公主持，如在前引任良英与张子公的诉讼案件中，该诉讼从乾隆四十八年至五十八年，前后拖延长达十年之久，其中固然有张子公作为宁津县士绅故意抗讼的一面，但是官府的执行不力也是重要原因。而在观城县某典商被殴伤案中，尽管观城县令在详文中一再声称"在〇县十余载办理庶务，一秉至公，从不敢偏袒枉纵，玩误公事"，却又不断诉说自己的苦衷："若恐其不实不尽，遽加诃责，必疑〇〇庇护绅士、工书，事不从公。某人恃列青衿，抗不实供，若因其无礼先行戒饬详革，必疑徇庇富商，责辱士子，只得细心静照录供词状。"如此想两边讨好的态度，只能是置事实与法律于不顾，对受害人的诉求置若罔闻。

五　典商的诉讼权利与案件的影响因素

典商在经营中遇到的矛盾，容易引发诉讼，从而展现出典商的诉讼权利、典商与地方官府权利运作以及典商与会馆的关系等社会层面的丰富内容。

典商的诉讼权与上诉权。典商的诉讼权是其基本权利之一。在《宁津县诉状汇编》中，大部分案件都是由典商首先提起诉讼的。如任良英向张子公追讨欠债未果，进而提起诉讼，因张子公推诿、反诉而使案情扑朔迷离。在《观城县典商从九诉状》中，某典商诉营兵黄某"倚势横行逞凶搅扰"，也是典商首被殴之后先报官提起诉讼。由此可见，典商在提起诉讼方面，其权利得到了较好的保护，而且州县的受理也比较及时。另外，在案件的审理过程中，典商作为诉讼的一方，可以依法向州府一级提请上诉。任良英之案，自乾隆五十年七月上诉以来，张子公拒不到案，毫无进展，故任良英与乾隆五十年十月十二日前往河间府，"不得不奔鸣宪辕，恳恩提究"，随即获批"批仰宁津且查报"。另外，张子公也"叩乞本府正堂大老爷恩准提讯，或赏赐批委邻县，生免受本县差役之村辱"，最后转移到东光县审理，确认了任良英的合法权益，任良英也表示"去岁在宪天控刁监张子公欠债一案，蒙批东光县姚太爷庭讯明断，令还钱九百千"（诉状21）。可见，任良英对东光县的审理还是比较满意的。

身份、特权对案件的影响。古代社会是一个以身份等级为基础的特权社会。每个人在社会中的等级不一、权利不一，是诉讼中的司法地位并不一样。一般而言，外来客商在本地社会政治生活中的地位并不高，如其诉讼的另一方为享有司法特权的绅衿，案件的审理难免受到影响。在宁津县诉状中，任良英诉张子公欠债不还，宁津县也很快受理此案，但是，"张子公系宁津县契力之家"，但张子公有监生的身份，"南乡俱称板子监生"（诉状4），虽然名声不好，却能在向东光县递交诉状之后，"公然回家，将契当与身地内禾稼尽行收获，亨（享）其家室之乐"（诉状14）。可见，在此案中，张子公的监生身份可以使其轻易规避法律。而在观城县某典商的诉讼中，被告人一方为"工书某人，素本无赖"，其人"父子仗恃绅衿,为所欲为,招集无赖,资藉武断",其侄子生员某人更是将典商殴成重伤的凶手。顺治八年就规定诸生,"其有事不干己,辄便出入衙门,乞恩网利,议论官员贤否者,许即申呈提学官,以行止有亏革退"①。在该案中,县令认为该生员"事不干己,与人斗殴滋讼,并写直名揭帖,已据供认不讳,是其平日之不守卧碑,恃符多事",故而判定"应请开复衣顶。惟恃符不服审讯,大属不合,应请发学戒饬,以昭炯戒"。"恃符多事""请发学戒饬"则说明县令对生员身份也无可奈何,必须由县学申报,因为乾隆二十四年规定绅衿涉案的管辖权"一体归学","府、州、县仍遵例将犯案缘由,申报督、抚、学政查核"②。故在某生员被褫革之前,即便观城县下达传票,要求到案,但是"某人父子抗拒仁台信票,不服差传,某人等亦匿不到案。蒙恩移学再传,更复嚷闹,学署观者如堵,差役为之心悸,书斗望风胆裂"。可见,地方豪强无赖借助绅衿身份,使典商的合法权益受到极大的损害,也影响了司法公正。

典商与会馆在诉讼中的作用。明清时期的会馆、商帮是商人组织发展的标志,也是明清商业发展的重要标志。在两份诉状的案发地以及周边地区,都有山西商人建立的会馆。在河间府宁津县城,"在今卫生队处有一座关帝庙,庙前有一大院,房十余间,叫'山西会馆',据说是在县城开染坊的山西同乡所建"③。此外,宁津县"西南至吴桥县、德州界三十里;至吴桥县城五十里、德州城百一十里;西北至东光县界四十五里,至东光县城八十里"④。其周边吴桥县"早在清康熙五十九年(1720),山西商人在吴桥建起美轮美奂的山西会馆戏楼"⑤。此外,宁津附近的故城县城郑家口正大街西头的山西会馆,创建于清乾隆二十五年(1790)⑥

---

① [清]素尔讷纂修,霍有明、郭文海校注:《钦定学政全书校注》卷二四《约束生监》。
② 同上。
③ 郭步云:《解放前宁津县城风貌》,政协宁津县委员会文史资料组编《宁津文史资料(第三辑)》。
④ 《光绪宁津县志》卷一《舆地志分界》。
⑤ 沧州戏曲志编辑部编:《沧州戏曲春秋》,中国戏剧出版社1991年版,第58页。
⑥ 刘文峰:《山陕商人与梆子戏》,文化艺术出版社1996年版,第225页。

任良英有长达十余年的诉讼,他可以往返于宁津县与东光县之间打官司,却未曾见其与吴桥、故城县等处的山西会馆往来及求助的记载。在观城县诉状中也有同样的情况。在山东省,"山西商人在山东省开设当铺虽晚于其他商铺,但在清乾隆年间已经取代了徽商的地位"①。在山东观城县所属的聊城,"山陕会馆建于清乾隆八年(1743)",计有殿堂楼阁160余间,②是聊城规模最大的会馆。在观城县诉状中,山西汾阳典商虽然声称"商异乡孤苦""商等恐有性命之忧",屡屡抱怨"本资亏损,实系无力再为经营",在案件发生后,却也未见其与聊城等地的山西会馆联系、向其求援。分析其原因,可能有如下问题值得我们思考:首先从资本的来源与资本构成看,任良英是与曹德宏、苏弼公等人合伙开设当铺,其并非完全独立的山西典商,且其经营活动与会馆、山西商帮没有直接联系,因此山西会馆参与诉讼并不合适。其次,债权人曹德宏为千总、苏弼公为衙门工书、任良英有生员身份,其与张子公的监生地位并无多少差异,诉讼期间还有苏弼公、吴子和等人多方调处并收到一定实效,故也不需要山西会馆的直接干预。最后,从任良英所开当铺、酒店的发展来看,任良英邀苏弼公、吴子和、卢建功及其乡亲董姓"在小店另开酒铺","收买杂粮,均摊本钱",共"入本钱七百五十千"(诉状45、46),该铺同时兼营放债,"伙摊本钱,放账伙开银号"(诉状49)。较之观城县典商从九"携本一万有余",任良英等人经营的规模并不大,典当并非唯一业务,且合伙者的关系复杂,类似于此种店铺的债务纠纷,会馆也不适合进行直接干预。

结　语

明代中期以后,典当得到了发展,入清以后,尤其是康熙后期以来,典当业愈趋繁荣,当铺的数量与空间分布、资本总量、对社会经济运行以及城乡人们生活的影响都是空前的,特别是商人跨区域投资经营典当

---

① 黄鉴晖:《中国典当业史》,山西经济出版社2006年版,第34—35页。
② 刘茂林、王庆新等:《山东名胜楹联》,山东人民出版社1993年版,第334—335页。

业，成为当时引人注目的社会现象，典当业成为连接金融市场与工商业经营及农村社会生产的纽带，在调节资金流向、促进商业发展等方面有着积极意义。在社会生活中，典当及典商与城乡平民百姓日常生活也有着密切的关系，对当地的学校、书院以及各种慈善组织的运行发挥着重要的乃至决定性的影响。清代官方多认可典当业便民缓急、有利社会稳定的作用，多方面促进和鼓励典当业的发展，也从立法方面对典当进行了多方面的调整。清代典当业在经营和业务管理上日趋条理化、规范化，中国典当业日臻成熟。以徽商、晋商等专业性商人集团为代表的典当商人携带着他们以独有的方式筹集到的资本，走出山区、走出高原，到全国各地放债开当。随着汇兑业务的发展及技术的进步，资金调拨的方便，典当业资本也与其他商业资本一样，形成了全国性的流动趋势。

　　本文依据两份诉讼汇编资料对山西典当商在异地的经营，他们所遇到法律环境，他们与地方政府及各全阶层的矛盾、斗争等进行了梳理与论证。由本文所述可见：清代山西典商在其经营过程中，一直在寻求与官府和地方势力三者之间的平衡局面。清代官府意识到典当业对社会经济的重要作用，对典商的权益进行了有效的保护，但是，作为外来客商之一的典商在经营中也极易引发与当户、地方势力的各种纠纷与诉讼。在此过程中，典商固然有起诉、上诉等一般的法律权利，但是，地方官府往往又忌惮与地方势力的关系，尽量在典商与地方势力之间维持平衡，表现在具体的司法程序上就是有意或无意的推托、延宕。同时，在典商的维权之路上，也未必能得到会馆组织的直接帮助，更多的是依靠自己不屈的抗争。

　　这两份文书作为罕见的典商诉状汇编，是表现清代前期典商、典当业的重要第一手资料，对于还原典商的社会生活也有重要的价值，值得我们进一步进行关注和运用。

（原载《人文杂志》2014年第6期。与彭志才同学合作）

晚清典当业的几个问题

学界对晚清时期典当业关注是比较早的，民国年间的杨肇遇[①]、宓公干[②]、区季鸾[③]等已有所涉猎，20世纪七八十年代以来罗炳绵[④]、潘敏德[⑤]、刘建生[⑥]等学者探讨明清民国典当业的历史时也对晚清时期典当业作了一些研究。但整体说来，人们对晚清典当业的重视程度，与对它以前各代包括清代前期及以后的民国时期相比，是相当不够的。这可能是中国典当史研究的薄弱环节之一。有鉴于此，本文拟截取晚清一段，对当时典当铺的数量、发展趋势和新的变化等方面作些分析探讨，以便我们对中国典当史了解得更加全面。

一 晚清时期典当业的数量变化

众所周知，典当业的数量在清代中期发展至顶峰，据嘉庆十七年（1812）统计，全国典当业数量达到23139家。然而随着鸦片战争的爆发、资本主义国家的入侵、国内农民起义的频发等，典当业在晚清时期

---

① 杨肇遇：《中国典当业》，商务印书馆1933年版。
② 宓公干：《典当论》，国立中山大学经济调查处，1936年版影印。
③ 区季鸾编述：《广东之典当业》，国立中山大学经济调查处，1934年版影印。
④ 罗炳绵：《近代中国典当业的分布趋势和同业组织》（上、下），《食货》1978年第八卷第二、四期；《清代以来典当业的管制及其衰落》（上、下），《食货》1977年第七卷第五、六期；《中国典当业的起源和发展》，《食货》第八卷第七期等。
⑤ 潘敏德：《中国近代典当业之研究》，台湾师大历史研究所，1985年。
⑥ 刘建生、王瑞芬：《清代以来山西典商的发展及原因》，《中国经济史研究》2002年第1期；刘建生、燕红忠等：《山西典商研究》，山西经济出版社2007年版。

出现了巨大的生存危机。光绪十四年（1888），全国当铺除北京外"共七千数百余庄"，而北京有"当行二百余家"①，总计 7500 家左右，这一数量不及嘉庆十七年的 1/3。② 根据 1912 年农商部的调查，1911 年底全国登记的当铺仅有 4000 余家。③

一些经济较为发达、典当业较为兴盛的地区，受战乱等原因的影响，当铺数量骤减。如山西省乾隆十八年（1753）典当业数量达到顶峰，全省有当铺 5175 家，为全国之最。然而至光绪十三年（1887）山西全省典当业数量减至 1713 家，减少了 67%。④ 乾嘉时期江苏典当业非常兴盛，仅南京地区嘉庆十五年共有典当 121 家。然而到了清朝末年，南京屡遭兵燹，辛亥革命前仅存 14 家，而且不久也相继歇业。⑤ 安徽在清代最多时当铺遍及全省，达 796 家。光绪二十二年（1896）统计，安徽全省有当铺 113 家。辛亥革命爆发，省内当铺全部停歇。⑥ 北京在咸丰、同治年间共有当铺 210 家，至光绪二十六年（1900）八国联军侵入北京前当铺数量达到 260 家。但好景不长，八国联军入侵后北京城内当铺被洗劫一空，"未被抢夺及抢夺未尽者只有十座，此外全被抢空，估值不下数百万金"⑦。在天津，据光绪三十年（1904）商部札天津商会言，"庚子前津郡当铺多至四十四家，商民称便。自兵燹后，各当多被抢掠，复开者仅十七家"⑧。

然而，在一些经济欠发达、受战乱波及较小的地区，典当业却并没有濒临险境，反而有所发展。如同治十一年（1872），重庆有当铺 5 家，1885 年有 11 家，1910 年达到 160 家。⑨ 云南省嘉庆时期全省当银 2012

---

① 李华：《明清以来北京工商会馆碑刻选编》，北京文物出版社 1980 年版，第 111 页。
② 刘建生、燕红忠等：《山西典商研究》，山西经济出版社 2007 年版，第 27 页。
③ 农商部总务厅：《第一次农商统计表》，北京农商部总务厅，1914 年，第 267 页。
④ 刘建生、燕红忠等：《山西典商研究》，山西经济出版社 2007 年版，第 60 页。
⑤ 江苏省金融志编辑室：《江苏典当钱庄》，南京大学出版社 1992 年版，第 73 页。
⑥ 安徽省地方志编纂委员会编：《安徽省志金融志》，方志出版社 1999 年版，第 61 页。
⑦ 陈璧：《望岳堂奏稿》卷三《整顿当商章程以重帑款而便民用折》，台湾文海出版社 1982 年版。
⑧ 天津市档案馆等编：《天津商会档案》上册，天津人民出版社 1998 年版，第 713 页。
⑨ 李睿：《重庆近代金融建筑研究》，重庆大学建筑历史及理论专业硕士论文，杨嵩林教授指导，2006 年。

两，按云南每年税银 4 两计算，云南典当有 503 家，到光绪末年典当又有增加。① 一些历经战乱的地区，经过战后重建，典当业也恢复到一定数量，如辽宁省咸丰十一年（1861）由于营口开埠通商，市场繁荣，仅盛京城一地就有典当 63 家。到了光绪三十一年（1905），由于日俄战争的影响，全省经济萧条，盛京当铺仅余 3 家。辛亥革命成功后，奉天省经济回升，至民国元年（1912），全省增至 120 家。② 吉林省光绪二十四年（1898）九月统计显示，全省共当铺 60 家，至民国元年增加至 152 家。③ 黑龙江省光绪二十九年（1903）有典当业十余家，至 1912 年增加至 30 家。④ 湖南省在经历了太平天国起义后，光绪十四年（1888）全省领帖纳税的当铺仅 68 家，至光绪二十三年（1897）全省纳税当铺增至 81 家，民国元年更增至 201 家，居全国第六位。⑤ 鸦片战争之后，广东与西方商业往来越加频繁，对典当业的需求大增。广东的当铺数量在嘉庆十七年时就已经达到 2688 家，晚清时期由于小押和私押的数量太多从而无法统计全省当铺数量。但据罗炳绵先生所说，在清末民初时期，广东的典当业是极为旺盛的。⑥

相比典当数量的减少，小押的数量则增加了许多。晚清时期百姓疲敝，家无值钱之物，只有春当冬衣冬日取，而大当一般不收押破旧衣物用具，偶有送当，亦必掷出斥逐之，因此在走投无路之下，贫苦百姓只能进入小押质钱。小押剥削严酷，"每质物一百文，只给九十一文，谓之'九抽'；赎时仍满其数。每十日，一百文计息六文。其限期之缓急，以

---

① 云南省地方志编纂委员会编：《云南省志·金融志》，云南出版社 1994 年版，第 88 页。
② 辽宁省地方志编纂委员会编：《辽宁省志·金融志》上卷，辽宁省科学技术出版社 1996 年版，第 14 页。
③ 吉林省地方志编纂委员会编：《吉林省志·金融志》，吉林省人民出版社 1991 年版，第 18 页。
④ 黑龙江省地方志编纂委员会编：《黑龙江省志·金融志》，黑龙江人民出版社 1989 年版，第 114 页。
⑤ 湖南省地方志编纂委员会编：《湖南省志·金融志》，湖南出版社 1995 年版，第 154—155 页。
⑥ 罗炳绵：《近代中国典当业的分布和同业组织》（上），《食货》1978 年第八卷第二期，第 57 页。

物之高下为差，然无过一岁者"。① 取利更甚者被称为"九出十三归"，即当期3个月，月息10分（即当10元物品每月纳息1元），押入物品10元，押店只付9元，到期取赎加3个月利息3元，即要交13元。如江苏省的江都、甘泉二县私押"如押物得钱九百五十文，一月往赎即须一千三百文"②。

小押的开设往往是在大当因战乱等歇闭之后，如光绪十年（1884）九江地区由于质铺倒闭，小押店得以横行，"声言押金钱不押衣物，照月四分取息，十二个月满"③。灾荒之年往往也是小押横行的时期，如光绪十九年（1893），"旱蝗为灾，秋收荒歉，乡民呼庚呼癸，饥瘠不堪。今春以来，狡狯之徒，开设小押，借以渔利，无论何物，皆可典质，利取三分，百日未满"④。虽然小押获得的是不义之财，但由于其恰逢其时且能救百姓于危亡之间，所以小押得以一直兴盛至民国时期。由于小押多为私设，有关文献介绍不详，所以全国小押的总数尚无法统计。

以上所述可见，由于典当业大多集中在经济发达的东南沿海地区，而这一地区是清末受战乱波及影响最大的地区，所以典当业的总体数量呈减少趋势；在深受战乱影响的地区，典当业没有稳定的发展空间，即便短暂复苏，往往也在又一次的战乱波及中破败，而未受过战乱或战乱波及较轻的地区，典当业具有较为平稳的发展空间，从而使典当业在数量上能够与清中期典当业顶峰时期相接近、持平，甚至在一些地区出现了增长。由于适应社会发展的需求，小押作为典当业的一种在晚清时期得以迅速发展。

一 晚清典当业衰落的原因

晚清典当业发展受到战乱兵灾、经济政策和典当业自身痼疾等多重

---

① 韦庆远：《清代典当业的社会功能》，载《明清史新析》，中国社会科学出版社1995年版，第432页。
② 丁日昌：《抚吴公牍》卷三一，广州古籍书店影印本1988年版，第173页。
③ 《申报》，光绪十年二月二十九日。
④ 李文治：《中国近代农业史资料》第一辑，生活·读书·新知三联书店1957年版，第474页。

原因的影响而出现衰落,但由于典当业在传统金融行业中的独特地位,其在封建社会生活中具有不可替代的作用,因此晚清典当业的衰落呈现出的是一种长期缓慢的过程。

晚清典当业的衰落,首先是战乱兵灾的原因。战乱兵灾包括外患和内忧两方面。外患方面,西方资本主义国家为了获得市场和资源,通过武力打开了中国国门。在鸦片战争后的数次侵华战争中,凡被波及地区,典当业多被焚抢,"不但现银、现钱、钱帖、架货被抢掠一空,家具账目一切,均以抢空,家产净尽"①。内忧方面,以太平天国运动为代表的农民起义和以辛亥革命为代表的资产阶级革命运动使得大江南北广大地区深受战乱影响。如咸丰十年五月初一日,太平军"新入党贼十余名,突至沙头镇,抢长生、日茂两当金银,土匪乘机亦到,货物一空,余未扰。太属各镇罢市,支塘、何市亦然"②。安徽"建德县城南三里有尧渡镇,为商贾辐辏之区,向来典铺鼎峙,乡民赖以挹注。自兵燹后,三足俱折,荡然无存"③。辛亥革命中,四川成都巡防勇不听调遣,"伙同进城的申贺之哥老会万余人放火烧藩库,并将藩库、当铺、银号、票号、盐号及大商富室、城外铺户一律抢空"④。除了起义军,各地层出不穷的土匪也是破坏地方经济的罪魁之一。咸丰朝时,"永平土匪才宝善等,举众数百人,劫掠迁安县当铺"⑤。同治朝"盛京吉林所属地方骑马匪贼,动辄聚集数百人肆行劫掠,烧杀村民,并于各城附近地方行劫当铺"⑥。之所以各地当铺损失惨重,是因为在一般人眼中,"典当业为财库之所在,因此在内地劫掠的目标,总集中在典业,虽则每家典当大都有碉楼更夫及相当的警卫力,然在大伙入劫时,也往往无法抵抗,尤其每当兵灾一起,典当因所典者大都系不便于迁移之物,因此为其洗劫者,更不可胜数"⑦。

---

① 天津市档案馆等主编:《天津商会档案汇编(1903—1911)》下册,天津人民出版社1989年版,第717页。
② 虞阳避难叟辑:《鳅闻日记》卷上,学苑出版社2005年版。
③ 李杕主笔:《益闻录》,第一五六号,光绪八年四月初八日。
④ 夏东元编:《郑观应集》上册,上海人民出版社1982年版,第1031页。
⑤ 《清文宣实录》第三四七卷,咸丰十一年三月乙巳。
⑥ 《清穆宗实录》第一三九卷,同治四年丙寅。
⑦ 张一凡:《我国典当业之研究》,《中国经济》第二卷第八期,1934年8月。

其次是经济原因。经济原因也分为国内影响和国际影响两方面。国际方面,随着中国被打开国门,开始进入国际市场,世界性的金融危机开始波及中国的金融市场。在东南沿海地区发生的金融危机使得大量相关当铺损失惨重。以 1860 年、1871—1873 年、1878—1879 年、1883 年四次金融风潮,1897 年股票风潮,1910 年橡皮股票风潮为代表的数次金融风暴对传统金融行业产生了巨大的影响,造成典当业的流动资金来源缩减,周转不灵。如 1883 年上海发生严重的倒账危机,造成诸如徐润、胡光墉等大商人破产,胡氏旗下阜康银号倒闭,与阜康银号相关的众多典当尽皆倒闭。由于胡光墉本人破产,其旗下的所有典当皆被查抄。[1] 国内方面,清政府在应对国家财政危机时企图采取发行新制的官票、宝钞和铜铁大钱的方式来摆脱财政困境,挽救清廷的统治。但由于清政府发放的大钱、官票和宝钞信誉极差,大量发行流通造成了恶性通货膨胀且不断贬值,"始而每吊价值五六百文,后则日甚一日,每吊只值三百余文,今日毫无行市矣"[2]。户部将大钱发给河道等官,作为"河饷"河员得之,与大钱之当百当五十者分发各州县富贾典商易制钱,商贾无所用,则卖给报捐之人,十钱才值二三,自捐局以外皆不肯收。[3] 货币的贬值使得人们纷纷到当铺抢当,造成当铺损失惨重,"将各当架本取赎一空"。[4]

再次,作为典当业本身而言,其经营业务始终以抵押借贷为主。以物质钱,为典当业的基本特征。其经营种类和范围狭小,不经营存款业务,也就不能有效地吸收社会闲散资金,难以壮大自己的资本规模,无法充分满足商品经济发展的要求。随着晚清时期票号和银行的兴起,典当业对商品经济的作用逐渐减弱,其地位不断下降。

晚清典当业虽然有所衰落,但相对社会各阶层而言,典当业具有极为重要的作用。

首先是人民对典当业的迫切需求。晚清时期的天灾人祸经济动荡等

---

[1] [日] 大桥式羽:《胡雪岩外传》,光绪二十九年日本东京爱美社排印本。
[2] 中国人民银行总行参事室史料组编:《中国近代货币史资料》第一辑上册,中华书局 1964 年版,第 271 页。
[3] 小横香室主人:《清朝野史大观》卷四,《当十大钱·钞票》,第 115 页。
[4] 李华编:《明清以来北京工商业会馆碑刻选编》,文物出版社 1980 年版,第 111 页。

因素造成了典当业的困境，但由于百姓穷困，需要典当器物衣饰从当行借款来缓解生活的窘境或解一时之需，所以对典当行的需求不减反增。如江浙地区常遭飓风袭击，"每亩顶上之田，所收不满十斤，下等之田，分毫未收"。为使第二年丰收，"所以夏天凑资耕作，将棉被袄裤等当在典中，大望丰收赎取"①。随着帝国主义的入侵以及中国逐渐融入世界市场，中国的农业呈现出商品化和专业化的趋势。棉花、烟草和丝绸大量出口，从而刺激了农民投入更多的资金用于生产经济作物以获得更多的收益。因此农民需要更多的资金，典当行成为农民获取资金的主要途径。清同治年间浙江湖州府长兴县农民自当铺贷钱养蚕甚为火爆，"鬻钗质衣，典铺拥挤，至昏不得合户"②。江南、河北的农民自当铺或当或贷获取生产资金，用于发展棉花、烟草和丝绸的生产，获得收益时再还清钱款。③

其次是大量官绅豪族、地主商人投资于典当业以获利。有需求就有市场，由于城乡民众对典当业需求的增大，同时典当业本身获利较高，因此大量官绅、富商投身典当业之中。官僚个人开当的情况在清代极为普遍，且因为官僚背景，往往其当铺资本较丰厚，获利也较多。光绪二十三年（1897），满洲贵族那桐在任户部郎中期间，在北京北新桥北大街路东"购买增裕当铺为己产……架本三万金，存项一万金，统计领去五万三千余金"④。清末邮传部大臣盛宣怀在无锡开典当三盘，在江阴开典当三盘，仪征开典当一盘，每典确数资本未查明。此外还有嘉定济平典、常熟大正典股份若干。⑤ 绅商中开当最有名的莫过于"红顶商人"胡光墉，在光绪初年之前他就在浙江省德清城有公顺当，新市镇有庆余、恒生、同庆三典，海宁城有义慎、裕丰二典，硖石镇万和典，石门城有大亨、裕大、大生三典，杭州城有公济、广顺、泰安、公义四典，金华城

---

① 刘秋根：《中国典当制度史》，上海古籍出版社1995年版，第279页。
② 《长兴县志》卷八，清光绪元年刻本。
③ Pan, Ming-te, "*Rural Credit Market and the Peasant Economy (1600–1949): The State, Elite, Peasant, and 'Usury'.*" Ph. D. diss. University of California, Irvine, 1994, p. 244.
④ 祥吉：《晚清的北京当铺——以〈那桐日记〉为线索》，《博览群书》2009年第7期。
⑤ 刘声木：《苌楚斋随笔》卷五，《盛宣怀产业数目》，中华书局1998年版。

有源生典，衢州城有广裕典。除在浙江各属设典铺外，他还在江苏苏州设悦来典，镇江府城设裕丰、祥泰、丰裕三典；湖北省兴国设乾生典、德和镇设乾泰典等二十六典。①

最后是地方政府对于典当业的重视。受到多次战乱的影响，部分地区典当业损失惨重。各级地方政府鉴于各地对典当业的需求，开始在各地恢复典当业。丁日昌在江苏巡抚任上"变通章程，召开公典，取利三分，一年为满……当本三十两以上减为二分四厘，十两以上者减为二分六厘，十两以内者减为二分八厘"。他还进一步修订了江苏对当铺利息上限和期限长度的条款，将利息上限从每月2%增至每月3%，并将当铺贷款到期时间从36个月减至12个月。前一个措施增加了利益的盈余，后者则使资本流通速度加快，从而提高了当铺的盈利能力。② 与丁日昌提高利息以发展典当的政策相悖的是，1882年，两江总督左宗棠，旨在降低当铺利息上限——从每月3%降低至2%，延长偿还时间——从12个月增至24个月，同时适当降低当铺税捐，规定"每年除典税照章完纳外，城典每月只准捐钱二十千文，乡典每月只准捐钱十千文，此外公事一概免捐"。这一政策虽短时间内使典当业利息收入减少，但也减少了支出，整体上有利于典当业的发展，使得江浙两省典当业逐步恢复。③

二 典当业中传统制度的衰落

在内忧外困的社会局势中，典当业作为传统金融行业的一个重要组成部分，一些传统的组织和制度形式逐渐被时代所淘汰。

《清稗类钞》中记载："典质业者，以物质钱之所也。最大曰典，次曰质，又次曰押。典、质之性质略相等，赎期较长，取息较少，押则

---

① 中国人民银行山西省分行等编：《山西票号史料》，山西人民出版社1990年版，第206页。
② 丁日昌：《抚吴公牍》卷四七，广州古籍书店影印本1988年版，第216页。
③ 浙江政协文史资料委员会编：《浙江籍资本家的兴起》，浙江人民出版社1986年版，第16页。

反是。"① 作为行业名称，典与当是行业的主要制度形式。典铺与当铺是向官府领帖报税的大型当铺。典铺对当物不设限，任何贵重之物入质典铺不可托词拒受。当铺则对放款额有一定限制，如当物过于贵重，可婉辞拒绝。当铺所受之物仅为动产，而典铺则可将不动产或不动产的产权作为抵押。此外两者的区别还有在柜台的形式，典铺的柜台为一字形，而当铺则是曲尺形。这是典铺与当铺的两大分别。晚清时期，典铺数量很少，按陆国香之言，至清末时可称为典者，全国仅两家，一家在南京，另一家在北京。后因故自行歇业。② 此后典铺便逐渐消失了。之所以会发生这种问题，一方面在于典铺经营需要成本较高，经营需要稳定的社会环境，在晚清这样一个动乱的时代，是难以实现的；另一方面，随着钱庄和银行业的发展，典铺的作用逐渐被其所取代，典铺已经不再适应社会发展的需要了。正是由于这样的原因，典铺逐渐退出了历史舞台。

乾隆朝末期财政拮据，宫廷经费不足，为弥补起见，乾隆帝特允许内务府开皇当以谋求收益。其形式主要是采取自设和收买民当。皇当的利润还是很高的。嘉庆六年（1801）内务府18家当铺获利极其丰厚，达到54.4万吊。③ 到了道光二十六年（1846），庆成当呈报曰旧庆成当原成本钱5万吊，获利钱1.5万吊，续领官房租库钱2万吊，共核钱8.5万吊。内务府皇当开设年限自嘉庆四年（1799）至光绪二年（1876）结束，共经营了60多年。到了光绪朝，由于经营不善，加上皇帝常将皇当赏赐给朝臣，因此至皇当停开时仅剩10家，且家家亏损严重。

典当业为了扩大经营资本、改善经营，发行了钱票，这些钱票，与早期钱庄发行的一样，是由当铺签发的一种兑换券，让它代替货币在市面上流通，随时兑现。钱票的利处在于：民间生活之中，用银处少，用钱处多，"其价在千文者，尚系现钱交易，若至数十千数百千以上，不特转运维艰，且盘查短数，收剔小钱，尤非片时所能完

---

① 徐珂编：《清稗类抄》，海南国际新闻出版中心1996年版，第467页。
② 陆国香：《中国之典当》，载《银行周报》第十二卷第二期，1936年1月21日。
③ 黄鉴晖：《中国典当业史》，山西经济出版社2006年版，第40页。

竣……是以直隶、河南、山东、山西等省多用钱票"。这些钱票"有凭帖、兑帖、上帖名目，凭帖系本铺所出之票，兑帖系此铺兑与彼铺；上帖有当铺上给钱铺者，亦有钱票上给当铺者，此三项均系票到付钱，与现钱无异"①。更有钱票在市面流通，具有了货币的功能。然而由于典当发行的钱票没有强力的支撑，无法发展成为货币，加上一些当铺私开钱票，无序发行，造成了市场上钱票混乱、钱票信用受到冲击。到了民国初期，政府统一货币，并禁止钱票的发行，典当业发行的钱票逐渐被时代所淘汰。

三 晚清典当业的新变化

晚清时期典当业的新变化，包括政策、制度、组织形式等多重方面的改变。其主要原因还是典当业处于晚清这样一个交融多变的时代，其自身受到内外双重的影响，因此产生了许多新的变化。

晚清时期的内忧外患使得国家疲敝，政府对典当业一改过去的轻税扶持的政策、竭泽而渔，大大增加了典当业的税收负担。光绪十三年（1887）八月，户部提请令各省典商承缴银两，即预交白银一百两作为二十年的当税扣除（光绪十四年至三十三年）。当时全国典当共七千余家，先后缴纳银两七十余万两。光绪二十三年（1897），"无论何省，每座（当铺）按年纳税银五十两，岁可共征银三十余万两……其有光绪十四年已预缴二十年税银者，除已歇业不计外，凡现经开设者，均自本年起，准其案照预缴之数分年扣除"②。先后两次加税，使得典当业背上了沉重的包袱，一些经营不善的典当纷纷关闭、转让、破产，经营较好的也只是勉强维持。这一增税措施也是晚清时期典当业数量剧减的主要原因之一。

随着西方资本主义打开中国的国门，在中国的土地上出现了具有西

---

① 沈云龙主编：《近代中国史料丛刊续编》之《中国近代货币史资料》，台湾文海出版社1974年版，第128页。

② 朱寿朋编：《光绪朝东华录》，中华书局1958年版，第4025页。

方资本主义性质的近代股份公司经营方式，其形式上与传统的合股方式基本类似，但股东责任有所不同。合股制中股东须负无限责任，但在股份公司制中，股东只以出资为限。如光绪三十年（1904）天津出现了数家典当有限公司，据天津商会档案记载，设于天津咸水沽的源庆当因财东借北京汇丰银行洋债做生意亏本，以其架本做抵押，止典候赎，濒临倒闭。附近商民"典质无门，人情困厄已极"，于是"邀集京津各商凑股本洋银八万元，即以源庆当改名为义济有限公司"，并声明"先试开五年……倘未至五年期限而有富商大贾可以独立承担请开当铺者，商等将资本收齐，情愿退让。所有一切办法，均照有限公司章程……此系权变一时，接济一方，至他处当铺，市面通行，商民殷实，不难周转，均不得援此为例"①。当然，当铺改制为公司往往是典当遇到危机而濒临破产时，以有限责任公司的形式集资重振典当。这种更改更多的是一种权宜之计，一旦当铺经营有所好转，又会回复传统形式之中。如宣统二年（1910）十二月，位于天津市吴家咀的永益成当因周转不灵向天津商会申请保护，"随开欠内欠外清单附呈备档，并请派员监查架本及个人产业，以便作抵"。但其债主却认为权宜之计应保全典当，改作公司，吸收闲散资金再图发展。然而宣统三年后典当公司恰逢天津经济停滞，银根紧缩加上壬子兵变，公司"大受影响，勉强支付"。1913年后政局稍稳，公司即又改为同盛当。② 笔者曾经指出："这是在小生产方式条件下形成的典当业不能适应在近代社会化大生产条件下形成的近代股份制原则的一种表现。……虽然名称上、形式上由合股制转变为近代股份有限公司，其内容也就难以改变，新瓶装旧酒，资本原始所有者也就不得不承担起无限清偿责任，以昭信用。"③

鸦片战争之后，西方资本主义在中国沿海地区设立租借地。租借地内的典当行也实行资本主义社会的管理方式。香港1853年公布施行了第一部典当法律《当押商条例》，其中规定典当开业牌照费500元，期限一

---

① 天津市档案馆等主编：《天津商会档案汇编（1903—1911）》上册，天津人民出版社1989年版，第711—712页。

② 同上书，第722、725—726页。

③ 刘秋根：《中国典当制度史》，上海古籍出版社1995年版，第75页。

年，此牌照费既是当铺年税。① 1866年上海租界工部局布告规定：租界当铺每家每季征执照大洋30元。根据1867年度工部局收入统计，当铺税每季征收800元，年3200元，折合白银2336两。② 此外在租界内当铺的经营方式上，以上海为例，上海典业公所设立《典业公所公议章程十则》中规定："租界以内各典，兼守工部局租界章程。查工部局定章，凡专为洋人所用物件，不得收当。"③

晚清时期社会舆论要求典当业减低利息、取消不合理剥削，使典当业不得不减少利润，随之也减少了店员的薪酬。为了维护店员的薪酬待遇，代表典当押业店员职工利益的典当押业工会组织随之出现。宣统年间广东出现的"群智研究社"就是这样一个为典当铺店员服务的团体组织。组织形式比较松散，没有固定工作地址，有事集体会议，事毕则解散，主要以解决会员工作薪酬问题为目的。④

晚清典当业的资本形式除了旧有的官府典当、私人典当外，在晚清时期又有了新的社会阶层的加入，如买办、华侨及外商。据上海知名买办唐廷枢自述：他在1858年来到上海前，曾在香港开设过两家当铺，前后搞了4年，每年都能有25%—40%的盈利。1866年他来到上海后，与怡和洋行买办林钦及怡和洋行经理机昔合力租办一家当铺，由唐廷枢出资十万两，占当铺二分之一的股份，林钦交五万两，占四分之一，机昔分摊剩下的五万两，当铺利息为10%或12%。⑤ 仅上海南市、虹口一带由买办所开设的典当达60户。福建广东等地侨乡有许多华侨回国开设典当，如福建福清县新加坡华侨林乐七资产达30万两，投资典业。又有漳州安南县马尼拉华侨蔡某，资产约一千万两投资开设典当名为"晋美"。外商投资则主要集中在各地开埠租界内，如英商在营口开设永远当和隆

---

① 李沙：《中外典当概览》，新华出版社2000年版，第120页。
② 傅为群：《老上海的当铺与当票》，上海古籍出版社2006年版，第16页。
③ 上海博物馆图书资料室编：《上海碑刻资料选编》，上海人民出版社1980年版，第410页。
④ 罗炳绵：《近代中国典当业的分布趋势和同业组织》（下），《食货》1978年第八卷第三期，第163页。
⑤ 李飞等编：《中国金融通史》第二卷，中国金融出版社2003年版，第427页。

茂当，美商开设义生当。日本侨民开设区域则更广，包括上海日租界、天津等大城市以及山东和东三省。①

此外在经营职能方面，晚清时期有些地区典当业除了具有传统典当业的基本职能外，还兼具一些近代银行业的职能。淮军将领、首任台湾巡抚刘铭传在家乡所开设的"继勋典当"由于地处金寨山区，是土特产的集散地，商人将各种土特产运往河南、山东，另购入大批工业品。鉴于这样的情况，继勋典当也就兼营放款汇兑的业务。其对外放款的方式，第一种是经济担保放款，借款人自找经济殷实客户或信用可靠人担保，到期不还由承保人（店）归还。第二种是经济抵押放款，以金银珠宝或者商品作抵押。第三种是商店存折往来户包括中小商店约折。贷款以后，每日情贷款要缴，年终一次结算。放款特点是短期，一般为三个月，最长半年收回。而存款方面已分定期与活期两种。定期没有档次，都是一种利息，利息的高低也视银根紧与否而定，一般按放款利息的三分之二。活期按放款利息的四分之一。② 从此案例可以看出，晚清时期在一些商品经济比较发达、资金需求较为旺盛的地区，典当业往往在进行一般的直接货币放贷以外，还与商业信用相合，进行放款，这样其所兼营的放款和汇兑业务便具有了银行业的性质。可见典当业的业务也是随着社会经济和时代要求而发展的。

如上文所述，典当业向典当银行转变是否可行呢？笔者认为答案是肯定的。首先，从典当业自身来看，一些大型典当行其资金是极为丰厚的，而丰厚的资金是开设银行的基础。以胡雪岩所建立的典当行为例，其二十三家当铺，本钱共计二百四十四万七千九百四十八千文。③ 平均每家超过十万千。而江南一些大典更是资本逾百万千。其次，从典当业的经营方式上来看，晚清时期典当业的经营模式具有近代银行业的一些特征。晚清时期一些地区的典当行在经营抵押业务的基础上，开始经营汇兑、存款业务，有的还发行钱票用于流通，这些举措都具有了近代银行

---

① 潘敏德：《中国近代典当业之研究》，台湾师大历史研究所，1985年，第220页。
② 政协椒江市委员会文史资料研究委员会编：《金寨文史资料》第五辑，第151页。
③ [日] 大桥式羽：《胡雪岩外传》，1903年日本东京爱美社排印本，附录。

业的雏形。再次，从市场角度来看，晚清时期资本主义国家强势进入中国市场，而中国被卷入国际市场。新式金融机构纷纷涌入，传统的金融机构逐渐失势。传统行业向新式行业转型成为一种趋势，而典当银行的形成是顺应时代发展趋势的。

然而战乱的影响、经济的衰退、传统的观念和行会规则的束缚使得典当向典当银行的全面转型没有完成。

结　语

综上所述可见，晚清时期典当业，既继承了前代典当业的传统，又有了时代的新变化。在典当业的数量方面，全国典当总数量由于战乱频繁、赋税沉重等多重原因而减少，但各地区由于其地方情况而各有不同，或呈现衰落，或持平，或增长。之所以有如此波折，一方面战乱、经济和典当业自身等原因造成典当业整体数量的减少。另一方面由于典当业对社会各阶层具有重要作用，再加上典当作为传统金融机构，所需资本较少，容易重建，典当业在环境相对平稳时又能够缓慢回升甚至增长；一些旧的制度被社会所淘汰，而一些新的制度和方式又生成增长起来。最后应该指出的是：晚清典当业虽然在一些地方表现出了银行业的特色，但整体上并未能够突破行业自身的限制，成为具有新时代特性的典当银行，从而也失去了前进的方向。这样，受困于整个社会经济转型及社会秩序的混乱不堪而逐步走入衰落的晚清典当业，因其在社会民生方面的重要作用而并未直线衰落，而表现为一个缓慢、起伏的过程，而延续至民国以后，但也并未整体重生，或在经营方面发生什么本质的变化。

（原载《文化学刊》2011年第4期。与阴若天同学合作）